2022

上海市社区养老评价报告

（2021）

Evaluation Report on
Community Pension in Shanghai (2021)

主　编／黄　钢　吴　韬

副主编／钱芝网　万广圣　张　捷　郭　琪

社会科学文献出版社

SOCIAL SCIENCES ACADEMIC PRESS (CHINA)

主要编撰者简介

黄　钢　医学博士，二级教授，博士生导师，上海健康医学院原校长，上海市分子影像重点实验室主任，兼任亚太地区核医学与生物学联盟主席，教育部医学技术类教学指导委员会副主任，教育部临床医学专业认证委员会副主任，中国模拟医学教育联盟理事长，中国医用电器标准化委员会主任，中国卫生信息与健康大数据学会智能医疗健康专委会主委，中华医学会核医学分会第九届主委，中国医师协会核医学医师分会候任会长，上海市医师协会副会长，上海市康复医学会副会长，上海医学会医学教育专委会主委，上海医学会健康管理专委会候任主委等；《中华核医学与分子影像学杂志》主编，《中华生物医学工程杂志》、《高校医学教育》、*NUCL. SCI. & TECH.*（SCI 收录杂志）等杂志副主编；影像医学国家临床重点专科及上海市重点学科带头人，分别获卫生部有突出贡献中青年专家、享受国务院政府特殊津贴专家、上海市领军人才、上海市医学领军人才、上海康复医学建设发展功臣奖、"宝钢优秀教师奖"等称号、奖项；先后在 *Chemical Review*、*Science* 等发表 SCI 论文及评述二百余篇，入选 Elsevier 中国高被引学者；主编 *Nuclear Medicine in Oncology* 及 *Personalized Pathway – Activated Systems Imaging in Oncology* 等 Springer 出版的英文专著 3 部，《PBL 导论》《核医学》《影像核医学与分子影像》等中英文教材与专著 30 余本，获授权发明专利 20 余项；作为首席科学家及项目负责人承担科技部重大研发计划、"973"项目、国家自然科学基金重点项目及国家新药创制项目等科研课题 30 余项，先后获国家科技进步二等奖、华夏医学科技一等奖、国家级教学特等奖及二等奖、上海市医学科技一等奖等十余项奖励。

吴韬 博士，研究员，博士生导师，上海市医学领军人才，上海市临床康复优秀学科带头人，现任上海健康医学院校长，担任上海市医卫青联主席、上海市 5G + 智慧医疗创新实验室主任、上海市智能医疗器械与主动健康协同创新中心主任、上海交通大学中国医院发展研究院医学智能发展研究所所长、中国医工转化与健康产业融合专业委员会副主任委员；主要研究领域为主动健康与智慧医疗，作为首席科学家承担科技部国家重点研发计划项目和国家自然科学基金重大研究计划项目等 20 多项，在国内外学术期刊上发表论文 70 余篇，主编和参编论著 8 部；受聘担任人工智能领域 EI 收录源刊 *International Journal of Intelligent Systems Technologies and Applications* 国际主编，中华医学会《智慧医学》英文期刊副主编，人工智能领域 SCI – 1 区期刊 *Knowledge – Based Systems* 编委、SSCI & SCI 双检索 *Journal of Organizational and End User Computing* 编委。

钱芝网 博士，三级教授，硕士生导师，现任上海健康医学院发展规划处处长。主要从事健康管理研究，已出版著作 4 本，发表论文近 100 篇，其中 SCI、SSCI 论文 11 篇，主持、参与国家级、省市级及政府和企业纵横向项目 110 多项；主编"十一五"和"十二五"国家级规划教材 5 本、省级精品教材 1 本，主编并公开出版其他级别教材 25 本；主持建设了上海市精品课程 1 门、上海市优秀教学团队 1 支，2 项教学成果分别被评为上海市教学成果二等奖和全国医学教育百篇优秀论文三等奖，13 项科研成果分别获得全国一、二、三等奖；被授予上海市"育才奖"和上海市教学名师荣誉称号，2016 年当选为上海市徐汇区第十六届人大代表。

万广圣 管理学博士，副教授，上海健康医学院护理与健康管理学院副院长。曾在华东师范大学心理与认知科学学院和加拿大多伦多大学健康经济、管理与政策评估中心访问学习。主要从事健康服务、健康管理行为及健康保险领域研究；发表学术论文 40 多篇，其中 SSCI/SCI 检索论文 7 篇，主持或参与各类课题 10 多项，担任副主编或参编教材 8 本。

张捷 双学士 + 硕士，高级工程师，曾长期在上海交通大学从事教学、科研工作，并曾任微创医疗（香港上市公司）核心高管；现任上海中侨职业技术大学执行董事、护理与健康学院创始人兼院长、创业学院院长；医疗健康领域复合型专家。目前主要从事医疗健康领域的天使投资和早期项目的孵化指导工作，投资了"逸思医疗"、"纽脉医疗"、"福寿康医疗养老"等一批优秀创业公司，并致力于养老护理和康复人才的培养，倡导并推动智慧养老和积极老龄化；荣获上海市科技创业领军人物、长三角创业精英人物十佳、浦东新区先进生产工作者。

郭　琪　博士，教授，博士生导师，现任上海健康医学院康复学院院长、上海市慢性疾病康复研究中心主任。长期致力于生活方式疾病与老年性疾病预防与康复相关专业的教学、科研和临床工作。临床擅长心—肺—肾为主的脏器康复。近年来，以第一作者和通讯作者共发表论文 80 余篇（其中 40 多篇 SCI 合计影响因子 150 余点），主编出版著作 7 本，主译 2 本，编写（副主编）"十三五"规划教材和人民卫生出版社教材各 1 本，参编临床指南教材 2 本，参编原著 16 本。共主持包括国家自然科学基金在内的科研项目 10 余项，获得经费资助 700 余万元。获得专利 5 项，软件著作权 3 项。取得国际学会奖项 4 项。在国内外 20 余个学术团体兼职理事、副主委、常委等职务。

前　言

　　上海是我国最早进入老龄化社会的城市，也是我国老龄化程度最深的超大型城市，早在 1979 年，上海 60 岁及以上户籍老年人口占户籍总人口比例就超过了 10%，上海开始步入老龄化社会。第七次全国人口普查数据显示，截至 2020 年 12 月底，全市 60 岁及以上人口为 581.55 万人，占全市常住人口的 23.4%，其中，65 岁及以上人口为 404.9 万人，占全市常住人口的 16.3%。上海市卫生健康委员会、上海市老龄工作委员会办公室和上海市统计局的统计数据显示，截至 2020 年 12 月 31 日，全市 1478.09 万户籍人口中 60 岁及以上老年人口 533.49 万人，占户籍总人口的 36.1%，其中 65 岁及以上老年人口 382.44 万人，占户籍总人口的 25.9%。上述数据意味着上海市已经逐渐走入了深度老龄化社会，并且正向着高龄化、快速化和空巢化方向不断发展。

　　面对日益严重的老龄化问题，上海市主动面对，积极应对，不断建立、健全和优化符合超大城市特点的养老服务体系。2007 年，《上海民政事业发展"十一五"规划》中首次以正式文件的形式提出了"着力构建与人口老龄化进程相适应的养老福利服务模式，逐步形成居家养老为主、机构养老为辅的养老格局。全市户籍老年人中，90% 由家庭自我照顾，7% 享受社区居家养老（照顾）服务，3% 享受机构养老服务"，简称"9073"社会养老服务格局。社区养老作为承接居家养老和机构养老的中间模式，是"9073"养老格局建设中的关键环节，为此，《上海民政事业发展"十一五"规划》明确规定："大力发展社区居家养老（照顾）服务。以家庭为核心，以社区为依托，以专业化服务组织为载体，通过上门、日托、邻里互助、'自雇'等服务形式，为居家老年人提供以'六助'（助餐、助洁、助急、助浴、助行、助医）为主要内容的社区居家养老（照顾）服务。大力培育社区居家养老（照顾）服务组织和专业队伍，推行集约化运作、项目化服务，促进社区居家养老（照顾）服务社会化、专业化发展。"2017 年，上海市出台了《上海市社区养老服务管理办法》，明确社区养老服务是指以居家为基础，主要依托社区养老服务设施和机构，为老年人提供生活照料、医疗护理、紧急救援、精神慰藉、健康管理、康复辅助、家庭照料支持等养老服务的活动；同时，对社区养老服务在制度建设、服务类型、供给主体、部门职责、服务规范等方面作了统一和规范。2020 年 12 月，上海市人大常委会出台了《上海市养老服务条例》，该条例专门设立了"社区养老服务"专章，立法规范社区养老服务，并将社区养老服务设施建设纳入城市更新的重要内容，规定社区养老服务设施建筑面积应当不低于常住人口每千人 40 平方米，并根据经济社会发展及时优化调整。

上海市社区养老服务经过多年的实践摸索，取得了很大的成绩。根据2020 年上海市老龄人口和老年事业监测统计信息，截至 2020 年底，全市长者照护之家、日间照料中心、综合为老服务中心三类社区养老主要服务机构有 1300 家左右，各类社区养老服务组织有 400 家左右，"嵌入式"养老、"邻里汇"、"养老顾问"制度、"老吾老计划"等，已成为上海市社区养老的典型模式和实践经验，成为大城养老"上海方案"的核心组成部分之一，"15 分钟养老服务圈"和"5 分钟社区生活圈"初步形成，社区养老服务供给逐渐完善，大多数老年人的养老需求都能得到满足，切实提高了老年人生活质量，增进了老年人福祉，提升了养老服务水平。

为了进一步了解上海市社区养老服务情况，探寻上海市社区养老存在的问题，上海健康医学院组建了由 40 多人组成的调研队，分成 14 个调研小组，自 2019 年 8 月至 2020 年 10 月，历经一年多时间，对上海市 16 个区的长者照护之家、日间照料中心、综合为老服务中心进行了现场调研和数据采集，掌握了第一手资料，建立了上海市社区养老数据库，在此基础上，进行了深度研究与分析，形成了《上海市社区养老评价报告（2021）》一书。

《上海市社区养老评价报告（2021）》由上海健康医学院原校长、博士生导师黄钢教授和上海健康医学院校长、博士生导师吴韬研究员统筹设计撰写框架，并担任主编，上海健康医学院发展规划处处长钱芝网教授、护理与健康管理学院副院长万广圣副教授、康复学院院长郭琪教授，上海中侨职业技术大学执行董事兼护理与健康学院院长张捷高级工程师担任副主编。参加本报告撰写的作者还有：上海健康医学院施毓凤、濮桂萍、汪颖霞、程洪涛、吴萍、时尉，浙江工商大学俞立平教授及其研究生程凯林，三让（上海）医疗科技有限公司吴孟华，上海同宽健康管理有限公司张良宽，上海戒毒康复中心张俭琛，自然医学基金会张毓臻，以及钱芝网教授的研究生宋婉婷、常姗姗、孙林、王卫乐。

上海健康医学院护理与健康管理学院万广圣、白洁、何丽、马文娟、彭向东、濮桂萍、唐庆蓉、陶太珍、王峰、赵印懿、施毓凤等老师及学生陈嫣、陈怡雯、戴纪琳、龚诗锐、刘鑫、刘宜、卢朔、芦凯玥、陆晨秋、吕景新、谭雨欣、谭铮、唐晨玙、唐佳莹、郗月明、谢冰嫣、谢仕宏、张安东、张诗宇，上海健康医学院发展规划处钱芝网、程洪涛，三让（上海）医疗科技有限公司吴孟华、罗懿、王颖、冯晨，上海同宽健康管理有限公司张良宽、王勇，以及宋婉婷、常姗姗、孙林、王卫乐，参加了本次调研与数据处理。

本报告在调研过程中得到了上海市民政局和各区民政局的大力支持和帮助，在此一并表示衷心的感谢！

由于作者水平有限，书中难免有不足之处，敬请广大读者批评指正。

编　者

2021 年 7 月于上海

目　录

第一章　绪论 ·· 1

　　第一节　社区养老服务模式 ··· 1

　　第二节　上海社区养老服务发展历程 ·································· 2

　　第三节　上海社区养老服务典型做法 ·································· 9

第二章　上海市社区养老总体发展现状 ······························ 31

　　第一节　上海市日间照料中心发展现状 ····························· 31

　　第二节　上海市长者照护之家发展现状 ····························· 44

　　第三节　上海市综合为老服务中心发展现状 ······················· 54

第三章　上海市 16 个区社区养老发展现状（上） ·················· 67

　　第一节　黄浦区社区养老发展现状 ··································· 67

　　第二节　徐汇区社区养老发展现状 ··································· 101

　　第三节　虹口区社区养老发展现状 ··································· 135

　　第四节　杨浦区社区养老发展现状 ··································· 167

　　第五节　长宁区社区养老发展现状 ··································· 200

　　第六节　静安区社区养老发展现状 ··································· 234

　　第七节　普陀区社区养老发展现状 ··································· 266

第四章　上海市16个区社区养老发展现状（下）……………… 300

　第一节　浦东新区社区养老发展现状…………………………… 300

　第二节　闵行区社区养老发展现状……………………………… 334

　第三节　宝山区社区养老发展现状……………………………… 369

　第四节　松江区社区养老发展现状……………………………… 400

　第五节　奉贤区社区养老发展现状……………………………… 435

　第六节　嘉定区社区养老发展现状……………………………… 464

　第七节　青浦区社区养老发展现状……………………………… 497

　第八节　金山区社区养老发展现状……………………………… 518

　第九节　崇明区社区养老发展现状……………………………… 551

第五章　上海市中心城区社区养老评价分析………………… 583

　第一节　上海市中心城区日间照料中心评价分析……………… 583

　第二节　上海市中心城区长者照护之家评价分析……………… 617

　第三节　上海市中心城区综合为老服务中心评价分析………… 642

第六章　上海市郊区社区养老评价分析……………………… 671

　第一节　上海市郊区日间照料中心评价分析…………………… 671

　第二节　上海市郊区长者照护之家评价分析…………………… 695

　第三节　上海市郊区综合为老服务中心评价分析……………… 708

第七章　上海市社区养老存在的主要问题与政策建议……… 726

　第一节　上海市社区养老存在的主要问题……………………… 726

　第二节　提升上海市社区养老发展水平的政策建议…………… 740

主要参考文献………………………………………………………… 756

第一章 绪论

第一节 社区养老服务模式

一 社区养老服务模式的含义

社区养老，是指以家庭为核心，以社区为依托，采取全托、日托、上门等方式，为社区或居家生活的老年人提供生活照料、康复护理、助餐助行、紧急救援、精神慰藉等服务，并引入养老机构专业化服务方式的居家养老服务体系。发展社区养老服务，顺应了大多数老年人居家和社区养老的意愿，是养老服务体系建设中十分重要的基础性工作，这种服务模式既解决了在养老院养老亲情淡泊的问题，又解决了传统居家养老服务不足的难题，是一种介于家庭养老和机构养老之间的新型养老模式。

二 社区养老服务模式的优势

俗话说，"金窝银窝不如自己的草窝"。再豪华的养老院、再高档的疗养所，都比不上温馨的家庭。所谓老有所归，家庭无疑是最好的归宿。中国人的养老观念更倾向于选择居家养老。2019～2020年上海健康医学院关于养老方式选择的调查结果显示，96.8%的受访者选择在社区居家养老，只有3.2%的受访者选择在养老机构养老。究其原因，一方面是"孝亲敬老"、"老吾老以及人之老"、"邻里守望相助"等优秀传统文化的深远影响，选择居家养老为主顺理成章；另一方面，老人在家庭这种熟悉的环境中养老会感到安全、温馨、舒适，居家养老有利于老年人独立自主，发挥功能，实现个人价值，促进社会进步，也有利于代际关系和谐。与此同时，养老，既要物质上养老，更要精神上养老。根据我们的调查，上海步入老年阶段的人群中80%以上是独生子女父母，"纯老家庭"现象愈加明显。在上海的纯老户中，43.7%为老两口家庭，7.5%为独居家庭，2.6%为同父母一起生活的两代老人家庭，空巢老人家庭比重逾五成，很多老人心里很空虚、很寂寞。在填补老人们的空虚和寂寞、丰富老年人精神生活上，社区居家养老服务无疑具有先天优势。以社区为平台，整合社区内各种服务资源，为老人提供助餐、助洁、助浴、助医等服务，老年人不但可以不用改变原来的生活方式、生活习惯，而且还能老有所养、老有所依、老有所学、老有所教、老有所为、老有所乐。这样的养老方式，让老年人有了更多的归属感，少了离家的乡愁之忧，更符合中国的传统文化。

我国是提前进入老龄化社会的国家，呈现出"未富先老"的特征。一个家庭如果有失能（半失能）失智老人需要照顾，子女势必要分散很大一部分时间和精力，很难全身心地投入工作，即便雇请保姆，从经济的角度讲也会带来很大负担。而现阶段，单纯靠政府、靠机构来发展养老福利事业还是不够现实的。社区居家养老的服务模式和机构养老服务相比较，具有成本较低、覆盖面比较广，服务方式也比较灵活等优点，依托社区养老服务机构，组织医护人员和志愿者将养老服务延伸到社区和家庭，为老人提供生活照料、医疗护理、精神慰藉等各项服务，能满足不同老年人的服务需求，这不仅能切实提高这些失能失智老人的生活品质，而且大大节省了各种配套费用，减轻其家庭负担，使其家庭成员可以把更多的时间和精力投入工作中。

社区养老服务模式既解决了在养老院养老亲情淡泊的问题，又解决了传统居家养老服务不足的难题，是一种介于家庭养老和机构养老之间的新型养老模式，更具有个性化和亲情化特征，老人在自己熟悉的社区，有熟悉的环境和熟悉的居住伙伴，这更有益于老年人的身心健康，社区养老有天然的地缘和亲缘优势，因此被誉为最温情、最人性化的养老模式。

第二节　上海社区养老服务发展历程

上海市从2000年开始进行社区居家养老服务的试点工作，经过20年的发展，上海市的社区居家养老服务工作无论是在覆盖范围、资金情况还是管理制度方面都日渐完善。上海市的社区居家养老服务主要经历以下阶段。

一　试点阶段（2000年）

2000年6月，上海市率先在黄浦区、卢湾区、静安区、长宁区、杨浦区和嘉定区共16个街道中开展社区居家养老服务的试点工作。服务的对象主要是高龄老人、空巢老人、失能老人、独居老人和对社会有重大贡献的老年人；服务内容是为服务对象提供"六助"服务，包括助餐、助洁、助急、助浴、助行、助医。

二　推广阶段（2001~2003年）

2001年4月，《上海市民政局关于印发〈关于全面开展居家养老服务的意见〉的通知》（沪民事发〔2001〕23号）指出，需大力发展居家养老服务体系，形成机构养老和居家养老相结合的服务网络。要面向社区老人提供上门护理照料和日间护理照顾服务，在社区逐步形成一个多层次、多形式、广覆盖的居家养老服务网络。在全市各区县全面推开居家养老服务，为高龄老人、经济困难老人、有特殊贡献老人等提供生活照料服务，服务采用服务人员上门与社区日间服务两种形式，并下发700万元资金，对开展居家养老服务的街镇给予补贴，年底，全市接受居家养老服务的老年人达3000余人。

2002年，上海市为了进一步促进养老服务的日间服务机构的发展，出台相关文件对日间服务机构的建立和运行提出了相关要求，并规定机构要配有休息室、饭堂、卫生间和浴室等设施。

2003年，为了进一步规范居家养老服务补贴经费的管理和使用，上海市发布了《关于进一步规范居家养老服务补贴经费管理和使用的通知》（沪民福发〔2003〕28号），对居家养老服务补贴资金的配套比例、居家养老服务补贴经费的补贴对象和标准、居家养老服务补贴经费的结算方法做了详细规定，并探索政府购买服务，可以通过发放服务券为服务对象提供优惠。

三 全面推进阶段（2004～2007年）

2004年，上海市民政局发布了《关于进一步推进深化居家养老服务工作的通知》（沪民福发〔2004〕6号），将居家养老服务和社区助老万人就业两大项目进行统筹，从2004年起，计划用1～2年的时间，建立起覆盖全市各区（县）、街道（乡镇）的较为完善的居家养老服务网络，形成良性的运行机制，促进本市老年人福利事业进一步发展。对推进原则、主要任务、补贴对象、服务内容、运作机制、招聘人员、教育培训、资金来源、费用标准、优惠政策、工作要求都做了详实的阐述和说明，提出按照市场化运作方法，政府采取"服务券"形式向服务机构购买养老服务，为老年人提供专业化服务，上海市的养老服务工作步入了全面推进时期。

2005年，上海市将居家养老服务首次列入市政府为民办实事项目，并正式列入政府预算，当年用于购买服务的补贴近5000万元。

2006年，上海市政府办公厅转发了市民政局等部门关于进一步发展居家养老服务的意见，调整服务补贴标准，补贴范围从部分生活困难的老年人扩大到70岁以上收入低且失能的老年人和70岁以下是低保户且失能的老年人，扩大补贴范围，提高服务人员收入，服务的补贴资金将纳入政府的财政预算中，当年服务人数突破10万人。同年，上海市民政局先后出台了《上海市居家养老服务需求评价表》和《上海市居家养老服务工作用表》（申请/审批），进一步完善养老服务的内容和工作。同年10月，上海市发布了《关于进一步促进本市养老服务事业发展的意见》，表示以社区居家养老服务为中心的服务格局将在上海"十一五"期间基本形成，享受服务人数将增加到25万人，占户籍常住老年人口数量的7%。

2007年1月1日开始，上海市全面执行《养老服务需求评价标准》，补贴标准的依据由老年人的年龄转变为老年人的身体情况；评价的内容主要包括老年人的生活自理能力、认知能力、情感能力、视觉能力、居住环境和疾病状况。根据评价标准将老年人的生理情况划分为轻、中、高三个等级，并根据等级的不同给予不同的补贴。2007年底，上海市获得政府服务补贴的老年人口数量达到68413人。

四　发展成熟阶段（2008 年至今）

2008 年上海市社区居家养老服务的发展进入了成熟阶段，并出台了《关于全面落实 2008 年市政府养老服务实事项目，进一步推进本市养老服务工作的意见》（沪民福发〔2008〕5 号），文件指出通过提高补贴标准、扩大服务范围、建立助餐服务点、加强服务队伍建设、发挥服务中心指导作用等措施来进一步完善上海市社区居家养老服务工作，实现服务受益范围扩大到部分农村地区的目标。至 2010 年底，全市已建立老年人日间服务中心 300 余家，接受居家养老服务老人已达 25 万余人，其中上门服务占 93%，日间服务占 7%。

2009 年，上海市政府针对如何开展具体的生活护理工作出台了《社区居家养老服务规范》，明确规定了服务机构的管理制度和服务质量的评价机制，从而使得上海市实行社区居家养老服务有了地方标准。

2012 年，上海市人民政府印发《上海市老龄事业发展"十二五"规划》（沪府发〔2012〕22 号）。规划提出，深入开展"老年友好城市"和"老年宜居社区"创建工作，依据世界卫生组织有关"老年友好城市"的标准，结合上海实际研究制定上海"老年友好城市"和"老年宜居社区"创建标准，探索相关政策措施，推进服务和设施等方面的建设改造。政策着力于促进形成环境优良、交通便利、住所适宜、尊老助老、健康积极、生活美好的，适宜老年人生活的社会和社区环境，全面构建老年宜居社区，提高老年人的生活质量。

2013 年，上海市推出《上海市老年友好城市建设导则（试行）》（沪老龄办发〔2013〕19 号），从户外环境和设施、社会尊重和优待等九大方面对上海建设"老年友好城市"进行指导，以期推进上海"老年友好城市"建设工作的制度化、规范化和长效化。

2014 年 3 月，为了进一步应对老龄化发展趋势，满足本市生活自理困难老年人的养老服务需求，不断提高本市养老服务的供给能力，上海市出台了《关于调整本市社区居家养老服务相关政策的实施意见》（沪民老工发〔2014〕9 号），对养老服务补贴标准调整的对象范围、服务量的设定、服务安排、养老服务补贴发放和使用、评估经费标准及出资渠道、评估员和评估机构要求等进行了调整。同年 8 月，上海市老龄工作委员会办公室、上海市民政局发布《关于推进老年宜居社区建设试点的指导意见》（沪老龄办发〔2014〕10 号），要求全面摸清社区老年人需求、服务项目、服务设施、组织队伍、政策机制等"五个清单"；构建社区综合为老服务工作平台，每个试点社区原则上设立一个"社区综合为老服务体"；推进社区居家养老服务设施建设，逐步形成"一站多点"的设施网络，构建统一的养老服务信息平台，建立养老服务数据库，实现分析决策功能，推进养老网上办事和服务；完善社区居家生活照护、社区居家医疗护理和健康服务、社区居家支持和邻里互助服务；大力倡导老有所为，营造孝亲敬老的社会氛围；积极引导企业进入社区，繁荣养老服务业市场。着力完善社区居家养老网络体系，努力推动服务设施网点化、服务资源集约化、服务方式智能化、服务主体多元化、服务项目特色化，使老年人生活的社区在环境优美、居住舒适、设施齐全、服务完善、文明和谐五个方面得到有效提升，满足老年人日益增长的多层次、多样化养老服务需求。

2015 年 6 月，上海市《关于印发〈社区居家养老服务规范实施细则（试行）〉的通知》（沪民老工发〔2015〕4 号）指出：社区居家养老服务主要有上门服务和日间照料服务等服务形式，服务对象为本市年满 60 周岁及以上，依据《上海市老年人统一照护需求评估标准》，经第三方评估，有照料需求的老年人（患有传染性疾病、精神疾病的老年人除外），并对生活护理、助餐服务、助浴服务、助洁服务、洗涤服务、助行服务、代办服务、康复辅助、相谈服务、助医服务这十大服务的具体服务内容与要求做了严格的规定，同时，对服务机构和人员要求、服务过程控制、服务质量评价也提出了具体要求，健全了社区居家养老服务的各项制度。同年 8 月，上海市《关于印发〈关于全面推进本市医养结合发展的若干意见〉的通知》（沪民福发〔2015〕19 号）中明确提出了促进社区居家医养结合发展的四大举措，分别是："一要加强社区卫生服务中心为社区托养机构提供医疗服务，由社区卫生服务中心与社区托养机构（日间照料中心、长者照护之家、综合为老服务中心等）签约，开展巡诊、健康宣教、慢病管理等基本医疗卫生服务。二要推进高龄老人医疗护理计划试点工作，结合老年照护统一需求评估工作的全面推进，完善居家医疗护理的医保支付政策,逐步扩大覆盖面,在此基础上,积极探索符合本市实际的老年长期护理保障制度。三要加快形成一批社会办的老年照护机构,明确老年照护机构的职能定位,加强对老年照护机构的引导扶持和监督管理,明确设置标准、审批流程。鼓励社会力量积极申请开办老年照护机构,大力提高社区及居家老年照护的供给能力。四要深入推进家庭医生为居家老年人服务,继续将居家老年人群作为家庭医生签约服务的重点和优先对象,进一步扩大覆盖面;继续实施为65岁以上老年人开展免费体检和健康评估,建立和更新健康档案,加强健康管理、健康教育。"该通知还提出了一系列配套政策。

2016年3月,上海市出台了《关于加强社区综合为老服务中心建设的指导意见》,提出了社区综合为老服务中心建设的基本要求,明确社区综合为老服务中心必须实现"一站式综合服务"、"一体化资源统筹"、"一网覆盖的信息管理"、"一门式的办事窗口"四个功能,将建设社区综合为老服务中心列入市政府重点工作。同年9月,上海市政府印发了《上海市老龄事业发展"十三五"规划》(沪府发〔2016〕85号),提出到2020年,社区居家养老服务设施按照建筑面积40平方米每千人、兼顾"15分钟养老服务圈"的规划要求,实现城镇社区和农村社区全覆盖;大力发展社区托养机构,并引导社区托养机构向嵌入式、小规模、多功能方向发展,促进居家、社区、机构养老服务相互依托、融合发展。

2017年,上海市政府办公厅发出《关于转发市民政局制订的〈上海市社区养老服务管理办法〉的通知》(沪府办发〔2017〕35号),对社区居家养老的基本涵义、发展导向、服务类型、设施建设要求、部门(街镇)职责、运营管理、服务规范、监督管理等方面做出了相关的规定,增强实用性和可操作性。

2018年5月,上海市民政局发出《关于开展社区"养老顾问"试点工作的通知》(沪民老工发〔2018〕7号),为老年人提供触手可及的政策咨询、资源链接、个性化养老方案定制等服务,彻底打通养老服务供需对接的"最后100米"。

2018年12月,上海市出台了《关于资助开展社区日间照护机构运营模式试点的通知》(沪民老工发〔2018〕22号),提出为了进一步完善社区养老服务工作，推进日间照护机构社会化、专业化运营，上海市将在黄浦区、宝山区、嘉定区等地区开展社区日间照护机构运营模式试点，探索社区日间照护机构运营模式。

2019 年 5 月，上海市人民政府印发《上海市深化养老服务实施方案（2019—2022 年）》（沪府规〔2019〕26 号），提出：社区居家养老服务设施达到每千人建筑面积 40 平方米的规划指标；对政府和事业单位的空置房屋，各区和街镇可探索允许免费提供给社会力量，供其在社区为老年人开展日间照料、康复护理、助餐助行等服务；加快完成社区嵌入式养老服务设施布点，重点打造枢纽型的社区养老综合体（综合为老服务中心或分中心），集成日托、全托、助餐、医养结合、康养服务等功能，强化社区养老资源与服务的统筹调配能力；推动农村地区养老服务设施均衡布局，分片建设面向有养老服务刚需的老年人的社区托养场所；在村域范围发展村组睦邻点，推进"不离乡土、不离乡邻、不离乡音、不离乡情"的互助式养老服务，到 2022 年，全市示范村组睦邻点不少于 2500 个；推动社区综合为老服务中心与社区卫生服务站、护理站或其他医疗设施同址或邻近设置。同年 11 月，上海市发布了《上海市社区嵌入式养老服务工作指引》，对社区嵌入式养老的布局主体、服务圈、服务供给、服务场景、服务功能、服务设施、服务机构和队伍等都做了规定和细化，提出上海在未来的养老服务体系建设进程中将把社区嵌入式养老服务作为首选的模式。

2020 年 3 月，上海市民政局关于印发《2020 年上海养老服务工作要点》的通知中提出，2020 年全市要新增 50 家社区综合为老服务中心、200 个社区老年助餐场所；推出一批社区嵌入式养老服务示范街镇，完善社区综合为老服务中心的枢纽功能；充分利用社区养老服务场所，探索体养结合服务模式；推广社区养老顾问制度，新设 1500 个居村养老顾问点和一批专业机构养老顾问点，做好"空中养老顾问"直播，优化"智能养老顾问"系统，并持续开展养老顾问员的能力提升培训。

2020 年 12 月，上海市人大常委会颁布了《上海市养老服务条例》（以下简称《条例》），这是上海市养老服务领域的"基本法"，《条例》规定：本市按照区域内常住老年人口和需求配置社区养老服务设施，全市社区养老服务设施建筑面积应当不低于常住人口每千人 40 平方米，并根据经济社会发展及时优化调整，新建居住区应当按照规划要求和建设标准，配套建设相应的养老服务设施，配套建设的养老服务设施应当与住宅同步规划、建设，并由民政部门按照相关规定参与评审验收，社区养老服务设施建设将作为城市更新的重要内容，已建成居住区的养老服务设施未达到规划要求或者建设标准的，所在地的区人民政府应当通过新建、改建、购置、置换、租赁等方式予以补充和完善。乡镇人民政府、街道办事处应当开设社区食堂、老年助餐点等社区助餐服务场所，为有需求的老年人提供膳食加工配制、外送及集中用餐等服务，并保证膳食质量；鼓励符合条件的养老机构或者机关、企业事业单位的食堂，为老年人提供社区助餐服务；本市通过政府购买服务、合作共建等方式，支持社会餐饮企业、商业零售企业和网络订餐平台等，为老年人提供社区助餐服务。支持在社区养老服务设施或者其他公共服务设施开辟专区，为老年人提供康复辅助器具的演示、体验等服务，支持企业开展康复辅助器具社区租赁服务。《条例》为规范养老服务工作，健全养老服务体系，满足老年人养老服务需求，促进养老服务发展，探索符合超大城市特点的"老有所养"提供了重要法治保障。

总体来说，上海市社区养老服务经过 20 年来的探索发展，已形成了多层次、多形式覆盖全市各社区的服务网络，建立了市、区、街镇三个层面的服务组织机构，制定了较为规范的社区养老服务流程，初步形成了一系列社区养老服务标准。2020 年上海市老龄人口和老年事业监测统计信息显示：全市已建成社区综合为老服务中心 320 家，实现街镇全覆盖，其中，以短期住养照料为主的长者照护之家 204 家，提供白天照料的社区日间服务中心 720 家，社区老年助餐服务场所 1232 个，标准化老年活动室 6150 家，"一碗汤"距离的上海社区养老服务初步实现。

第三节　上海社区养老服务典型做法

一　体现大城养老"上海方案"的社区嵌入式养老模式

上海实行的是"9073"养老服务模式，即90%的老年人以家庭自我照料为主，7%的老年人可以得到政府福利政策支持的社区养老服务，3%的老年人会选择到养老机构养老。家庭和社区是上海老人养老的最重要场所，面对超大型城市人口密度大、土地资源紧缺和大型养老机构建设成本高昂等客观因素的制约，上海积极探索社区嵌入式养老服务的新型供给模式。

社区嵌入式养老是指在社区内围绕老年人生活照料、康复护理、精神慰藉等基本需求，嵌入相应的功能性设施、适配性服务和情感性支持，让处于深度老龄化的社区具备持续照料能力，让老年人在熟悉的环境中、在亲情的陪伴下原居安养。社区嵌入式养老实际上就是养老机构与社区有机融合在一起的养老模式，是以社区为载体，以资源嵌入、功能嵌入和多元运作方式嵌入为理念，在社区内嵌入一个市场化运营的养老机构，整合周边养老服务资源，为老年人就近养老提供专业化、个性化、便利化的养老服务。

社区嵌入式养老起源于上海闵行区颛桥镇的养老方式探索。为满足老人"在家门口养老"的愿望，2013年，颛桥镇政府利用社区中闲置的公共配套设施，建设了一个规划面积623平方米、仅有30张床位的"迷你"养老院，采用政府购买专业化运营服务的模式，为周边生活半自理、轻度失智失能老人提供全天候的护理照料服务，并通过日托、助餐等方式，辐射到社区其他有需要的老年人群体。这种机构运行方式就是日后"长者照护之家"的典型模式，"社区嵌入式养老"概念就此诞生。

2014年3月，上海市民政局印发《"长者照护之家"试点工作方案》，明确提到"长者照护之家"是为老年人就近提供集中照护服务的社区托养设施，一般采取社区嵌入式设置，辐射周边社区。随后，上海市人民政府进一步发布《关于加快发展养老服务业推进社会养老服务体系建设的实施意见》，明确提出要"因地制宜兴办家庭化、小型化养老机构"。2014年下半年开始，上海以长者照护之家、社区综合为老服务中心等为重点，开展社区嵌入式、多功能、综合性养老服务机构的试点工作。

2015年，社区嵌入式养老试点工作被正式纳入上海市政府实事项目加以推进，社区嵌入式养老迅速发展。

2019年5月，上海市人民政府印发《上海市深化养老服务实施方案（2019—2022年）》，提出加快社区嵌入式养老服务布局，重点打造枢纽型的社区养老综合体（综合为老服务中心或分中心），集成日托、全托、助餐、医养结合、康养服务等功能，社区综合为老服务中心（分中心）在街镇全覆盖的基础上数量实现"翻番"，不少于 400 家。同年 11 月，上海市发布了《上海市社区嵌入式养老服务工作指引》，正式宣布上海在未来的养老服务体系建设进程中将把社区嵌入式养老服务作为首选的模式。

2020 年 12 月，上海市人大常委会发布了《上海市养老服务条例》，用地方立法的形式规定：本市在中心城区和城镇化地区重点发展社区嵌入式养老服务，在社区内根据实际嵌入不同规模和功能的养老服务和设施，为老年人提供便利可及的养老服务。

2021 年 6 月，上海市人民政府办公厅发布了《上海市老龄事业发展"十四五"规划》，提出构建社区嵌入式养老服务"1 + 8"体系。"1"是指每个服务圈内至少建有 1 家集多种养老服务功能于一体的社区综合为老服务中心，"8"是指围绕每个服务圈应具备八项标配功能，分别是专业照护类、助餐服务类、医养结合类、健康促进类、智能服务类、家庭支持类、养老顾问类、精神文化类。

2017 年"嵌入式养老"首次写入国家文件，在民政部、财政部《关于做好第一批中央财政支持开展居家和社区养老服务改革试点工作的通知》中要求，"重点增设嵌入式居家和社区养老服务设施和机构"。此后，"社区嵌入式养老"成为上海继"9073"之后又一项在全国引领养老服务业发展方向的重要举措，也是上海为国家构建新型养老服务体系贡献的又一"上海智慧"。

目前，上海市社区嵌入式养老服务机构主要有两种类型：一种是专业化的长者照护之家，截至 2020 年底，全市已建成 204 家；另一种是社区综合为老服务中心，截至 2020 年底，全市已建成 320 家，并且实现了 215 个街镇全覆盖。除此之外，有些社区结合具体情况在社区嵌入设置了其他类型的养老服务机构如日间照料中心，截至 2020 年底，全市已建成 720 家。

社区嵌入式养老服务机构建立在社区内部，利用社区闲置房屋、土地或者改建居民建筑，布点灵活，充分利用了社区的闲置资源，不仅能够降低运营成本，有效节约大量政府投入，而且能够为开办和推广创造更有利的条件。由于其地理位置就在老年人生活的社区内，便于老年人的家属日常探望，也增进了父母与子女间的交流，社会接受度很高。在服务功能方面，这一养老模式能够提供康复医疗、日间照料、短期托养、社工介入、上门服务、短期寄养、机构内长期照护等多种服务供老人们自行选择，融合了居家、社区、机构养老的功能。既有机构养老的基础设备支持，又有社区服务提供生活上的照料，还有专业的医疗护理，可以确保所有老人的需求都能得到满足，有效地缓解了社会养老压力。这一模式还具有放大社区溢出效应的优势，不仅仅服务于机构内老人，对小区或周边有同样需求的老人，也可以提供助餐、助浴、康复、洗衣等上门服务。

总之，社区嵌入式养老模式在内容上填补了社区照料在喘息服务、中度失能老人服务、家庭护理专业指导等方面的空白；在能力上显著提升了社区养老服务的专业性及其对于老年人及其家庭的支持能力，一定程度上弥补了社区养老服务在专业性和效能上的短板，缩短了和机构服务能力之间的差距；在效率上充分发挥了社区零散土地资源的作用以及各项社区服务之间的集合效应。这一模式既克服了家庭养老社会化不足的弊端，又解决了机构养老过度社会化带来的问题，是一种适度社会化的养老模式，让老人既能够继续在熟悉的社区环境甚至家中养老，有子女陪在身边，又能够在家门口就可以享受到专业化的养老服务，维系了老人们原有的社交圈和生活圈，不少社区嵌入式机构离中心城区优质医疗资源近，也方便了老人及时就医。因此，这一养老模式越来越受到老年人及其子女的欢迎，社区嵌入式养老模式正引领着我国新型养老服务体系的发展方向。

二 实现养老供需信息精准化对接的社区养老顾问制度

为了使养老供需信息对称，更好地向老年人解释相关养老政策，介绍养老服务资源，帮助有需要的老年人选择适合的养老方式和服务项目，解决养老服务供需对接的"最后一公里"问题，提升养老服务精准化水平，2018 年 4 月 20 日，上海市民政局发布了《关于开展社区"养老顾问"试点工作的通知》（沪民老工发〔2018〕7 号），要求根据"以人为本，服务群众以需求为导向，为老年人提供个性化的养老服务"的原则，分类推进、分步实施，根据实际情况，逐步在街镇、居村、专业机构设立顾问点，提供全方位的养老顾问服务。2018 年 5 月 2 日，上海市正式启动了社区"养老顾问"试点工作。

2019 年 5 月，上海市人民政府印发《上海市深化养老服务实施方案（2019—2022 年）》，再次要求依托各类养老服务场所和居村工作人员，建立覆盖城乡社区的养老顾问网络，为老年人及其家庭提供养老方式、政策法规、康复辅具等方面的咨询和指导服务，并要通过"养老指南"、线上服务、广播电视传播等多种方式，拓展社区养老顾问工作渠道。同时，支持有资质的社会服务机构开展养老服务咨询、代理等业务，接受无子女、残疾等特殊老年人委托，依法代为办理入住养老机构、就医等事务，探索推进养老顾问的社会化、专业化发展。

2020 年 7 月 29 日，上海市民政局《关于深化本市养老顾问制度建设的实施意见》（沪民养老发〔2020〕22 号）提出了健全养老顾问服务网络、规范养老顾问点管理、加强养老顾问员队伍建设、推动养老顾问服务创新发展、落实养老顾问工作保障等进一步推广和完善养老顾问制度的具体举措和要求。

所谓社区"养老顾问"，顾名思义，是由政府组织实施，利用各类社会服务设施、机构和人员等资源，为市民特别是老年人寻找养老服务提供支撑的一项便民服务工作。服务内容主要包括基本服务和拓展服务两类。其中，基本服务主要为老年人提供养老服务资源介绍，包括辖区内各类养老设施信息；提供养老政策咨询，包括养老服务补贴、长期护理保险等基本公共政策的指导和办事指南。拓展服务是指在做好基本服务的基础上，可制定养老服务清单，开发和推介适合不同老年人特点的"养老服务包"或养老服务项目手册，提供家庭养老支持等。

上海市民政局本着高质量、高水平的服务理念，采取了一系列措施，强化养老顾问制度的规范化、有序化、标准化发展。

第一，构建了社区"养老顾问"的"5H"制度体系。

如前所述，为了创新发展社区养老顾问制度，上海市民政局先后发布了《关于开展社区"养老顾问"试点工作的通知》《关于深化本市养老顾问制度建设的实施意见》，上海市人民政府印发了《上海市深化养老服务实施方案（2019—2022 年）》，这些通知、意见和实施方案的核心内容形成了上海市社区"养老顾问"的"5H"制度体系。

一是明确地点（where）。充分利用现有各类养老服务设施、机构和人员等资源，分门别类设立"街镇顾问点"、"居村顾问点"和"专业机构顾问点"，提供全方位的养老顾问服务。

二是明确队伍（who）。主要依托街镇综合为老服务中心现有工作力量以及其他长期从事养老服务工作的管理人员，提供顾问服务。

三是明确事项（what）。明确了各类顾问点的必备项目。同时，顾问点可根据社区老年人需求，进一步拓展个性化服务内容。

四是明确时间（when）。要求顾问点必须确保在工作时段内提供相关服务。顾问点服务人员以兼职为主，一般不少于2人，确保随时提供服务。

五是明确制度（how）。除了要求统一标识，明确硬件配置等标准，还对服务态度、业务要求、服务记录等作出明确规定，严格把控服务质量。

第二，不断强化养老顾问员队伍建设。

一是明确养老顾问员基本要求。要求养老顾问员在提供服务时，要耐心、细致、热情，不得搪塞、敷衍、推诿；介绍养老服务资源时，要做到客观、公正，不应违背服务对象意愿，也不得因人情、利益关系进行选择性推介。对不符合要求的养老顾问员加强教育，并建立退出机制。

二是加强养老顾问员培训。上海市民政局组织编写养老顾问员培训教材，涵盖服务内容、政策法规、沟通技能、工作要求等内容，并建立和更新养老顾问服务案例及知识库，在养老顾问工作中推广使用；养老顾问员应当经过培训后才能上岗提供服务；定期开展全员培训和分层分级培训，通过集中授课、实地观摩、在线培训等方式，让养老顾问员做到应知应会，并不断更新知识技能。

三是提升养老顾问员专业服务能力。在养老顾问员中培养业务骨干，推选"金牌顾问"，发挥典型示范作用。2020年11月第一届"金牌养老顾问"推选活动共评选出50名"金牌养老顾问"，通过举办"金牌顾问"活动，为养老顾问提供了自我展示的平台，体现了养老顾问的专业形象，树立了养老顾问标杆人物，让全市养老顾问学有榜样、赶有目标，并以此鼓励"金牌养老顾问"不断发挥模范带头作用，扩大社会影响力，持续推进全市养老顾问工作，为广大老年人答疑解惑，真正做好老年朋友的"贴心人"，为大城养老发挥积极作用。与此同时，上海市民政局注重运用社会工作理念和专业方法，引入了社会工作者参与社区养老顾问服务，提高养老顾问服务的专业度和有效性，探索建立了养老顾问员水平评价指标体系，形成了养老顾问员水平等级序列。

第三，持续推动养老顾问服务创新发展。

上海市民政局坚持制度创新，融合线上服务与线下服务，不断拓展"养老顾问"的内涵和外延。依托上海市综合为老服务信息平台，打造了"智能养老顾问"，已上线"上海养老顾问"微信公众号，为市民提供指尖上的养老服务，市民借助智能手机，只需动动手指，就能对全市3000家养老服务机构、5417家养老顾问点以及各类养老项目、养老数据等进行查询、了解，从而实现"一屏查询、一目了然、一键直达"；和上海人民广播电台联合打造了"市民政务通－空中养老顾问"专栏节目，在节目现场答疑解惑，让更多市民找到适合自己"个性化"的养老方式。此外，还大力支持开展"组团式"养老顾问服务，探索养老顾问服务社会化发展。

上海市社区养老顾问制度实施以来，经过3年多时间的实践探索，已取得了令人瞩目的成绩，截至2021年6月，全市共有5417家养老顾问点，其中街镇顾问点331家、居村顾问点4871家、专业机构顾问点215家，共有养老顾问7603人，已形成"线上"、"空中"和"线下"三位一体的社区养老顾问服务格局，为全市老年人和广大市民提供全方位顾问服务。

三 运用科技赋能的智慧养老解决方案

智慧养老是指借助人工智能、机器人、大数据、云计算、区块链等前沿高科技，优化改善老年人的日常生活护理、医疗保健、社交娱乐、健康监测等服务，方便获取养老服务资源，并可根据实时监测数据及历史数据库的信息追溯发出预警，提前处置，降低风险，减少损失。

早在2010年，上海市就富有远见地提出了发展"智慧城市"的宏伟战略，从政务、经济、民生、城建等方面给出了具体的指导意见和实施细则。经过 10 年多的发展，上海市智慧城市建设已经取得丰硕成果，主要包括四大体系：便民惠民的智慧生活服务体系、纵深立体的城市管理信息化体系、与经济转型升级相匹配的智慧经济体系、透明高效的智慧政务服务体系。其中，在智慧生活服务领域上海明确了重点发展智慧养老服务的战略定位，大力发展智慧养老产业及其配套设施，提高本市养老服务整体智慧化水平，培育扶持养老高科技企业，助力人工智能、机器人、大数据、云计算等前沿科技在养老服务领域的落地。上海市在智慧养老方面，主要采取了以下措施：

第一，构建了智慧养老政策制度和标准体系。

为了促进智慧养老的快速发展，上海市出台了一系列政策、制度，不断强化智慧养老建设。2011 年上海市民政局在《上海市民政局 2011 年工作要点》中明确提出：积极利用科技手段推动老龄科研和老龄产业发展；2012 年上海市人民政府《上海市国民经济和社会信息化"十二五"规划》中要求：积极探索建设公共信息服务平台和养老数据库，运用信息技术提升为老服务能力；2014 年上海市经信委《上海市健康物联网推进工作方案》强调：加速推进物联网在智慧健康、智能养老方面的应用，重点聚焦民生领域，积极培育以物联网为基础的智慧健康产业链，创新服务模式、商业模式，有效契合广大的民生需求；2017 年上海市民政局、市经信委《上海市"一键通"为老服务项目指南》把智慧养老作为促进养老服务业升级的战略举措，作为为老年人提供优质养老服务的重要手段；2019 年 11 月上海市民政局《上海市社区嵌入式养老服务工作指引》明确要求：依托智慧养老平台及呼叫中心、终端设备，为居家老年人提供 24 小时紧急呼叫救援服务；依托智慧养老平台及物联网等技术设备，为养老服务机构和居家老年人提供电子围栏、烟雾报警、跌倒报警等安全技防服务；依托智慧养老平台和相关智能设备，为居家照护、医疗诊断、健康管理等提供远距离看护及技术辅助服务。2020 年 12 月上海市人大常委会《上海市养老服务条例》用地方立法的形式规定："本市推动人工智能、物联网、云计算、大数据等新一代信息技术在养老服务领域的应用，定期发布智慧养老服务需求应用场景，制订完善智慧养老相关产品和服务标准，重点扶持安全防护、照料护理、健康促进、情感关爱等领域的智能产品、服务及支持平台，提升老年人生活品质。"2021 年 6 月，上海市人民政府办公厅发布了《上海市老龄事业发展"十四五"规划》，提出要推广智慧养老应用，充分利用区块链、云计算、大数据、物联网等新一代信息技术提供物联化、互联化、智能化的养老服务，布设互联感知的智慧养老设施，开发与智能设备、医疗设备对接的云边协同的智联网养老系统。制订完善智慧养老相关产品和服务标准，开展多种应用场景的试点，支持发展社区居家"虚拟养老院"，培育一批智慧养老应用示范基地、示范社区和示范品牌。推进上海市银发族大数据、老年健康服务信息管理等数据平台建设。支持智能交互、智能操作、多机协作等关键技术研发，提升适老产品的智能水平。上述制度、政策、条例和规划为上海市推进智慧养老提供了依据。

不仅如此，上海市还制定了一系列规范、标准来促进智慧养老的高质量发展。上海市在全国率先制定了《养老机构设施和服务规范》《养老机构服务应用标识规范》《社区居家养老服务规范》等地方标准和规范；出台了《老年友好城市建设导则》《老年宜居社区建设细则》，研究制定了《家庭照护床位建设标准》，并适时上升为地方标准；开展了《上海市养老机构等级评定标准》以及《上海市社区养老服务机构等级评定标准（试点）》（含长者照护之家等级评定标准、社区日托所等级评定标准）团体标准项目研究；印发了《上海市长期护理保险社区居家和养老机构护理服务规程（试行）》；发布了《上海市社区嵌入式养老服务工作指引》；制定了《上海市"一键通"为老服务项目指南》。这一系列措施有效推进了上海市智慧养老服务发展的标准化、规范化进程。

第二，成立了上海市老龄科学研究中心智慧养老研究所。

2014 年 3 月 19 日，上海市老龄科学研究中心与海阳老年事业发展服务中心共同发起成立了上海市老龄科学研究中心智慧养老研究所，研究所专门从事智慧养老前沿研究，着重理论创新、科研成果转化及智慧养老行业标准探索，为智慧养老服务事业和产业提供政策建议和科学方案，研究制定智慧养老系统的标准和技术导则，探索应用科技智慧，提升老年人的生活品质。

第三，搭建了上海市养老服务信息化平台。

2016 年 10 月 26 日，"上海市综合为老服务平台（www. shweilao. cn）"正式上线，综合为老服务平台上线运行后，同时承担上海的"为老信息服务统一门户网站"、"养老服务行业管理统一入口"、"为老服务资源大数据库"三项功能。依托该平台，不仅能整合和链接各类为老服务信息，方便公众浏览查询行业内容及服务信息，而且能实现各类为老服务机构和人员队伍的动态管理，加强行业服务和监管，还能够涵盖为老服务的需求、项目、队伍、设施和政策的综合数据，从而有效地服务社会公众、各类养老服务机构，以及相关政府与行业管理部门。该平台的投入运行，标志着上海智慧养老建设工作取得了重要进展，全市老年人由此将更加方便地获取养老服务资源。

为了方便市民查找合适的养老资源，2019 年 5 月，上海市民政局上线了"上海市养老服务平台"，以此进一步推动养老领域公共数据开放共享，从基本养老服务申请受理、过程管理到资金结算、信息推送，更开放的数据平台在打破信息樊篱的同时，也让老人们可以像网购一样及时、便捷地享受到各类养老服务。随后又推出"姊妹版"——上海养老顾问微信公众号，方便市民对养老机构的收费、距离以及是否为长护险定点等进行查询。平台还链接了上海"随申办"公共服务平台，提供为老服务项目信息、全市各社区养老顾问点及个人、机构相关办事指南。各区也上线了区级智慧养老大数据平台，除了对接市级养老服务平台外，区级平台更关注"精准服务"，比如 2020 年疫情期间，长宁区智慧养老大数据平台上线智能化疫情排查系统，通过二维码，迅速采集、掌控、追溯、统计各养老机构返院老人情况，高效地支持了长宁养老服务机构疫情防控。

第四，开辟了"空中养老顾问"专栏节目。

上海市民政局携手上海人民广播电台《直通 990》节目联合打造了"空中养老顾问"专栏节目，邀请"养老顾问"在节目现场答疑解惑，打造《大城养老》广播版，讲好上海养老故事，让更多市民找到适合自己的"个性化"的养老方式。节目于 2018 年 10 月 13 日首播，每周六下午一点到两点，在 FM93.4/AM990 上海人民广播电台新闻广播《直通 990》节目播出，主要从上海养老设施形态类型、服务方式选择、养老政策待遇等多方面向市民介绍上海养老服务的整体情况。从 2018 年 10 月 20 日起，

"空中养老顾问"陆续走进上海 16 个区，从老年人的实际需求出发，结合多年来各区在为老服务方面的布局、探索和发展，为市民全方位呈现上海的养老现状，从政策咨询到产品服务为上海老人提供更符合生活需求的养老产品，通过社区"养老顾问"答疑解惑、现场问询等方式解决养老服务供需对接的"最后一公里"问题，提升养老服务精准化水平，让生活在上海的老人能"老有所养"、"老有所乐"，感受上海这座城市的温度。

第五，持续发布智慧养老应用场景需求引导企业贴近研发产品。

2020 年 4 月 27 日，上海市民政局联合市经信委发布首批 12 个智慧养老应用场景需求，引导科技企业在研发服务和产品时贴近智慧养老需求。首期发布的 12 个场景，既有安全防护类，包括老年人防跌倒场景、老年人紧急救援场景、认知障碍老人防走失场景、机构出入管控场景、机构智能查房场景、机构智能视频监控场景等；也有照护服务类，包括老年人卧床护理场景、家庭照护床位远程支持场景等；还有健康服务类，包括老年慢性病用药场景、机构无接触式智能消毒场景；以及情感关爱类，包括老年人智能语音交流互动场景、老年人智能相伴场景。希望通过需求发布，能够以场景应用为导向、以老人需求为中心，引导社会各界和企业提供新的创意、积极开发解决方案，为老年人提供实时、快捷、高效、低成本，同时又具备物联化、互联化、智能化特征的养老服务。应用场景至少符合 5 个基本要求：一是紧贴用户需求，着眼最直接、最现实、最迫切的需求，实现个人、家庭、社区、机构与养老资源的有效对接和优化配置；二是形成服务闭环，按"小切口、标准化、可组合"原则，全面考虑相关的服务对象、服务流程、服务环境、服务保障等环节，提供完整的解决方案；三是强化服务配套，在提供技术与产品时，同步提供相应的服务支持，确保服务响应及时、服务资源可及、服务保障可持续；四是力求价廉物美，提供成本可控、质量可靠、持续有效、高性价比的产品和服务；五是注重人文关怀，产品和服务体现人性化、有温度，不宜简单替代老年人尚有的生活能力。

首批应用场景发布后，受到科技企业的广泛关注，各区民政部门和街镇积极开展场景落地应用。在 2020 年由市民政局等主办的第八届中国老年福祉产品创意创新创业大赛上，涌现了智能药盒、非接触式人体行为异常检测设备、智能康复机器人等"适老"产品。上海多个社区推行智能水表、门磁系统、烟感报警、AI 外呼、红外检测等智慧养老服务和产品，将其安装在独居老人家中，让高科技"守护"居家养老的老人。

上海养老服务企业主动积极运用信息科技手段提升服务能级，比如北新泾街道综合为老服务中心，通过一张智能床垫就能自动检测躺在上面的老人的呼吸、血压、心率等基本生命体征，并同步传输到护士台和老人家属手机等设备，形成每日健康报告，一旦有预警情况发生，护理员能够及时干预。陆家嘴街道梅三居民区的社区助餐点，则引入了"刷脸吃饭"的智能应用。老人取餐时，将加装特定芯片的餐盘放到收银台上，智能系统就能自动识别出菜品价格。支付时，也进行人脸识别，老人们"刷刷脸"就能吃饭，十分方便。

2021 年 6 月 29 日，上海市民政局发布第二批 8 个智慧养老应用场景，这 8 个应用场景分别是智慧助餐场景、健康码智能核验场景、认知障碍老年人认知训练场景、行动不便老人出行"一键叫车"、养老机构老人常见病配药场景、居家失能老人助浴场景、老年人上下楼梯辅助场景、老年人用水用电智能监测。希望通过场景描述的方式，直观呈现信息技术与养老服务的融合发展，推动智慧养老产品和服务落地应用，为老年人提供实时、快捷、高效、低成本，同时又具备物联化、互联化、智能化特征的养老服务。

与此同时，为了促进新一代信息技术和智能产品在养老服务领域的应用，持续推动智慧养老产业发展，从 2019 年开始，上海市养老服务行业协会、上海市物联网行业协会等单位每年都在全市范围内联合组织开展"智慧养老应用场景案例征集"活动，并从中评选出智慧养老优秀案例，加以宣传、推广并给予资金等支持。2019 年共评选出"上海市智慧养老十大优秀案例"和"上海市智慧养老十大提名案例"，2020 年评选出 18 项上海市智慧养老应用场景优秀案例和 16 项上海市智慧养老应用场景入围案例。通过智慧养老应用场景案例征集，为养老服务数字化转型、智慧养老应用推广、产业发展和形成标准规范提供支持，全方位提升养老服务能级。

目前，上海市已先后获批 4 个区级的智慧健康养老示范基地、25 个示范街道、8 家示范企业，6 个智慧健康的养老产品和 7 项智慧健康养老服务被列入国家示范推广目录，上海的智慧健康养老工作走在了全国最前列。如今，"积极推进养老服务数字化转型"已写入上海市"十四五"规划。未来，在政府、社会、企业等各方通力合作下，上海老年人将乘坐"智慧养老"这列列车，享有更优质便利的养老生活。

四 提升老年人幸福感、获得感、安全感的社区居家环境适老化改造

为了让老年人社区居家养老更舒适，提升老年人的幸福感、获得感、安全感，上海市将社区居家养老环境适老化改造列入市委、市政府"民心工程"的民生项目，在全市范围内全面推进，探索形成了符合超大型城市特点的适老化改造创新模式。

第一，形成了社区居家养老环境适老化改造政策体系。

2012 年，上海市人民政府印发的《上海市老龄事业发展"十二五"规划》（沪府发〔2012〕22 号）提出：深入开展"老年友好城市"和"老年宜居社区"创建工作，依据世界卫生组织有关"老年友好城市"的标准，结合上海实际研究制定上海"老年友好城市"和"老年宜居社区"创建标准，探索相关政策措施，推进服务和设施等方面的建设改造。

2016 年 9 月，上海市人民政府发布的《上海市老龄事业发展"十三五"规划》提出：加强对城市适老环境建设的宏观研究和总体规划，推进与老年人生活相关的公共设施和家庭无障碍改造。通过政府支持、社会参与、家庭自助等方式，为有需求的老年人家庭环境实施居室适老性改造，"十三五"时期，为符合条件的困难老人家庭环境实施居室适老性改造完成 5000 户。

2019 年 5 月 27 日，上海市人民政府发布了《上海市深化养老服务实施方案（2019—2022 年）》（沪府规〔2019〕26 号），要求结合城市更新计划、美丽街区建设等，制订居室和小区适老化环境改造建设标准，采取市场化运作和政府资助等方式，引导困难、无子女、失能、高龄等老年人家庭实施适老化改造。

2019 年 12 月 31 日，上海市民政局发布了《关于本市开展老年人居

家环境适老化改造试点的通知》（沪民养老发〔2019〕31号），指出在未来一年内，在上海部分街道试点开展面向老年人家庭的居室环境适老化改造（以下简称"适老化改造"），首批试点街道为黄浦区南京东路街道，徐汇区凌云路街道，长宁区华阳路街道，杨浦区江浦路街道、控江路街道，闵行区江川路街道，以及开展家庭照护床位试点的街道，并对试点原则、试点范围、服务对象、改造内容、办理流程、补贴对象、标准、范围及结算、工作要求做了详细的规定。

2020年12月24日，上海市民政局发布了《关于本市居家环境适老化改造扩大试点工作的通知》（沪民养老发〔2020〕31号），决定在全市范围内45个街镇扩大试点，并对适老化改造试点的总体要求、试点范围及对象、改造内容、申办方式、政策支持、工作要求进行了细化、补充和完善。

2020年12月30日，上海市人大常委会通过并公布了《上海市养老服务条例》，规定本市支持为老年人提供家庭适老化改造、适老性产品安装、康复辅助器具配备和使用指导、智慧养老相关硬件和软件安装使用等服务。符合条件的经济困难老年人进行家庭适老化改造的，由市、区人民政府给予适当补贴。

2021年6月，上海市人民政府办公厅发布了《上海市老龄事业发展"十四五"规划》，提出制订完善适老化房屋建设和改造标准，探索"政府补贴一点、企业让利一点、家庭自负一点"的资金分担机制，引导困难、无子女、失能、高龄等老年人家庭实施适老化改造，支持将新城纳入居家环境适老化改造政策范围。

第二，出台了可供自由选择的适老化改造项目清单。

上海市民政局根据适老性、普遍性和多样性的原则，聚焦老年人安全、健康等需求，形成涵盖卫生间、厨房、客厅、卧室等七大日常生活场景的60余项200多种产品供老年人选择，这些产品共分为三个服务包，分别是基础产品服务包、专项产品服务包和个性化产品服务包。基础产品服务包主要是满足老年人家庭基本适老化需求，包括根据肢体支撑需要，安装易于抓握、手感舒适的扶手和抓杆类产品；根据地面防滑处理需要，安装防滑贴、防滑垫等产品；根据紧急呼救需要，安装易燃气体和火灾自动监测报警、防灾应急装置等老年安全防护产品。专项产品服务包主要是针对试点中反映出来的普遍存在的浴缸洗浴不便且不安全的问题，提供"浴改淋"标准化套餐服务，包括浴缸拆除、防滑处理、淋浴及助浴设备安装等服务。个性化产品服务包主要是满足个性化居住环境要求，提供智能家居类、健康监测类等产品及服务，以及局部或全屋适老化施工改造服务。这三类"服务包"的产品配置和组合方式将持续优化，逐步增加产品清单种类，丰富老年人的选择。

第三，建立了社区居家养老环境适老化改造体验点。

为更有效地宣传发动，将居家环境适老化改造送到居民家门口，让老人能"看得见、摸得着、听得懂、放心改"，目前全市已建成并开放了6个"居家环境适老化改造体验点"，分别位于南京东路街道、华阳路街道、控江路街道、龙华街道、虹桥街道、江湾镇，将适老化改造的生活场景进行实景呈现，将产品融入场景中进行展示，以方便居民亲身体验适老化改造带来的益处。

第四，采取了市场化资金分摊机制。

在适老化改造过程中，上海市试点采取了市场化运作与政府补贴相结合的方式，探索"政府补贴一点、企业让利一点、家庭自负一点"的资金分担机制，引导和支持包括困难、无子女、失能、高龄等特殊群体在内的全体老年人家庭实施适老化改造。积极探索调动各方力量参与，多渠道提升老年人支付能力，如积极协调公积金用于适老化改造，鼓励和引导公益慈善组织、爱心企业等社会力量捐赠支持，发动商业保险机构创新适老化相关保险产品设计等，从而推动适老化改造在全市范围内开展。

第五，实行了梯度化资金补贴标准。

凡是本市户籍年满60周岁的老年人，且对申请改造的住房拥有产权或长期使用权，改造内容符合要求的，可申请享受补贴，每户家庭最高补贴额度为3500元。其中，最低生活保障家庭的老年人，低收入家庭的老年人，年满80周岁且本人月收入低于上年度城镇企业月平均养老金的老年人，分别按照实际改造费用的100%、80%、50%进行补贴；经上海市老年照护统一需求评估具有二级及以上照护等级的老年人，经街镇审核认定的无子女的老年人以及高龄独居或者纯老家庭的老年人，按40%补贴。

补贴资金主要由福利彩票公益金给予支付。在全市统一补贴政策的基础上，部分区、街镇也可给予一定补贴。

第六，实施了试点先行、逐步推开的稳健策略。

上海是全国率先推动社区居家养老环境适老化改造的城市之一，2011年以公益项目模式开始试点居家适老化改造，当时规模很小；2012年和2013年将居家适老化改造列入政府办实事项目，从公益项目变为公共服务；2014年起又创新政府主导、社会参与、各方协同的新模式，让社会组织参与到为老服务中。自2012年起，由上海市级福彩金每年出资2000万元，连续8年每年对1000户低保困难老年人居住的房屋进行适度功能改造，增加适老化的设施设备，消除风险因素。截至2019年底，上海已为8000户符合条件的困难老年人家庭实施居家环境适老化改造，有效改善了困难老年人家庭的居住条件和生活质量。然而，与上海市老龄化程度和家庭适老化需求相比，之前开展的传统式适老化改造还存在覆盖面小、缺乏规范标准、消费市场尚未全面打开等问题。为此，2019年底，上海发布《关于本市开展老年人居家环境适老化改造试点的通知》，在5个区（黄浦、徐汇、长宁、杨浦、闵行）的6个街道开展居家环境适老化改造试点，将服务对象从以往每年1000户扩大到试点街道所有上海户籍60周岁以上老人。2020年底，试点范围已扩大至上海全市16个区的51个街镇。目前，上海共有4072户老年人家庭通过适老化改造平台提出申请，2340户完成入户评估，1168户完成改造。

经过为期一年半的试点，上海市民政局决定从2021年7月起，在本市全面推进居家环境适老化改造，年内将在上海中心城区实现街镇全覆盖，计划完成改造建设5000户。同时，根据实际需求与条件，项目将有序向上海郊区拓展。

第七，制定了居家养老环境适老化改造标准。

为了加快推进本市既有住宅适老化改造工作，为老年人提供适老、宜居的居住环境，2021年6月，上海市住房和城乡建设管理委员会、市民政局研究制订了《上海市既有住宅适老化改造技术导则》（以下简称《导则》），《导则》从安全性、功能性、舒适性、前瞻性4个维度对既有住宅的适老化检查与前评估、小区环境及设施的适老化改造设计、公共空间的适老化改造设计、套内空间的适老化改造设计、建筑设备与设施的适老化改造设计、适老化改造的施工与验收、适老化改造的后评估等 7 个方面进行了规范，作为适老化改造的技术指南；同时，初步梳理形成了适老化改造服务商标准。以此为依据，在适老化改造申请、评估、设计、施工、验收、结算、售后等各个环节开展全过程的服务与监管，不断提升居家适老化改造质量及水平。

第八，提供了智能化适老化改造服务平台。

上海市民政局采用统一的适老化改造平台提供线上服务，在"上海市养老服务平台"上设立"适老化改造专区"，开通了"上海市居家环境适老改造服务平台"微信公众号及小程序，符合条件的老年人可通过这两个平台在线进行申请，实现老年人适老化改造"一趟也不跑"。系统还可自动比对老年人补贴类别，计算并发放补贴；审核以及全流程的电子化监管，可全程实时对适老化改造各环节进行监督管理，确保服务质量。

五 做到以人为本的老年照护统一需求评估体系

如前所述，上海是全国老龄化程度最深的城市，也是全国平均期望寿命最长的城市，随着老龄化、高龄化程度增加，老年人易患疾病的发病率和伤残率升高，失能、失智人群加大，导致有照护需求的老年人群规模不断增大。为此，上海市针对老年群体的个性差异和需求服务的多样化，加快推进老年人能力评估工作深入开展，因地制宜创新政策，在细化完善评估指标体系、精准对接老年人服务需求、培育专业评估队伍、制定评估标准和指南等方面，进行了很多有益探索，形成了具有上海特色的老年照护统一需求评估体系。

2014 年底，上海市印发了《上海市开展老年照护统一需求评估体系建设试点工作意见（试行）》，同时在徐汇、闵行、杨浦、普陀和浦东等五个区先行开展试点。试点以来，相关部门通力协作、紧密配合，相关试点区积极准备、大胆尝试，取得了明显成效。但也暴露了不少问题，主要有：民政、卫生、医保等部门老年照护需求评估各成体系，标准不一，缺乏有效衔接的问题；各类老年照护资源"碎片化"，缺乏转介机制的问题；老年人申请照护服务，可能需要接受不同部门多次评估，导致重复评估、成本增加、资源浪费的问题；老年人获得照护服务的公平性问题，等等。

2016年8月14日，上海市人民政府办公厅转发市人力资源社会保障局等八部门2016年7月20日制定的《关于本市开展高龄老人医疗护理计划试点工作的意见》（沪府办〔2016〕67号）（以下简称《意见》），《意见》要求充分利用和整合现有老年医疗护理服务资源，依托基本医疗保险制度，对本市城镇高龄老人经老年医疗护理需求评估达到一定护理需求等级的，由基层医疗卫生机构提供基本的居家医疗护理服务，试行医保支付居家医疗护理费用政策。试点阶段从参加本市职工基本医疗保险的居家高龄老人开始，各区可以结合实际，逐步扩大试点街镇范围，让符合条件的参保老人应保尽保。《意见》还对试点的对象和范围、老年医疗护理需求的评估、老年医疗护理服务的提供、居家医疗护理费用的支付和结算、老年医疗护理服务的监督管理，以及试点工作要求做了详细的说明和规定。

2016年6月，人社部明确上海市作为全国首批开展长期护理保险试点的15个城市之一，从2017年1月起，在徐汇、普陀、金山三个区先行试点。为此，2016年12月29日，上海市人民政府印发了《上海市长期护理保险试点办法》（沪府发〔2016〕110号），明确规定：凡是参加职工医保的人员和参加居民医保的60周岁及以上的人员都是本办法的适用对象。市人力资源社会保障局（市医保办）是本市长期护理保险的主管部门，负责本市长期护理保险的政策制定和统一管理，以及长期护理保险基金的监督管理工作；市人力资源社会保障局（市医保办）会同市发展改革委、市民政局、市卫生计生委、市财政局协同推进老年照护统一需求评估工作。各区人力资源社会保障局（区医保办）负责本辖区内长期护理保险的管理工作。如何登记缴费、如何筹集资金、如何对基金进行管理、如何评估认定、对定点护理服务机构和护理服务人员的要求、提供的服务形式和服务内容、待遇享受条件、社区居家照护待遇、养老机构照护待遇、院医疗护理待遇、如何调整待遇、如何进行风险防控，以及不予支付范围、长期护理保险服务管理等，都做了详实的规定。

2016年12月29日，上海市人民政府办公厅印发《关于全面推进老年照护统一需求评估体系建设意见的通知》（沪府办〔2016〕104号），明确提出当前和今后一个时期全面推进老年照护统一需求评估体系建设的工作目标、基本原则、适用对象、主要任务和工作要求，全面部署本市老年照护统一需求评估体系建设工作，力争到2017年底，本市老年照护统一需求评估体系基本健全，评估标准逐步完善，第三方评估机制不断优化，老年照护统一需求评估发挥长期护理保险的"守门人"作用，养老服务资源配置的效率和透明度明显提高；到2020年底，随着长期护理保险制度的建立，老年照护统一需求评估体系充分发挥作用，促进养老基本公共服务"应保尽保"，满足各类基本老年照护需求。

为了推进长期护理险试点工作，健全长期护理保险需求评估的有效管理，2016年12月30日，上海市人力资源和社会保障局、上海市医疗保险办公室发布了关于印发《上海市长期护理保险需求评估实施办法（试行）》（以下简称《实施办法》）的通知（沪人社医监发〔2016〕58号），《实施办法》明确：市人力资源社会保障局（市医保办）是本市长护险评估机构定点管理工作的行政主管部门，负责本市长护险需求评估协议规则、工作程序以及相关管理工作。市医疗保险事业管理中心负责长护险定点评估机构协议化管理经办工作，并履行相应的经办管理职责。市医保监督检查所受市人力资源社会保障局（市医保办）委托，负责对定点评估机构执行长护险相关政策法规以及履行需求评估协议情况进行监督检查；各区人力资源社会保障局（区医保办）负责本辖区内长护险需求评估管理工作，区医疗保险事务中心负责做好长护险需求评估经办和定点评估机构协议化管理具体工作。《实施办法》列明了定点评估机构应具备的基本条件，对评估人员如何配置、如何进行协议管理、采用什么评估工具和评估标准都做了说明，还从申请和评估两个方面阐明了初次评估流程；此外，对复核评估、期末评估、状态评估、"绿色通道"评估、后续评估以及监督管理、责任处理都有具体的条目进行清晰的诠释。

2017年1月起，在徐汇、普陀、金山三个区先行进行的长期护理险试点工作推进较为顺利，总体情况符合预期。在总结先行试点经验的基础上，为将改革成果更多、更公平地惠及全市人民，2017年12月30日，上海市修订了《上海市长期护理保险试点办法》，并于2018年1月1日起，在全市开展长期护理保险试点工作。修订后的《上海市长期护理保险试点办法》明确，年满 60 周岁的职工医保或居民医保参保人员，可自愿申请老年照护统一需求评估，经评估后，评估等级为二至六级的失能老人，由定点护理服务机构为其提供相应的护理服务，并按规定结算护理费用。护理服务有以下三类：第一类是社区居家照护，由护理人员为居家的参保老人上门提供照护服务，或者在社区日间照料中心等场所集中提供照护服务。第二类是养老机构照护，由养老机构为入住的参保老人提供照护服务。护理服务内容有 40 余项，涵盖了基本生活照料和常用临床护理两类。这些项目都是失能老人急需的，又适宜在居家或养老机构开展的服务。今后，随着长期护理保险基金支付能力逐步增加、定点护理服务机构服务能力不断提升，还会继续增加相应的护理服务内容，为长期失能的参保老人提供更好的护理保障。第三类是住院医疗护理，仍按照现行的基本医保制度规定结算相关费用，即职工医保参保人员按职工医保规定执行，居民医保参保人员按居民医保规定执行。

为规范本市老年照护统一需求评估工作，2018 年 1 月 5 日，上海市人民政府办公厅发布《上海市老年照护统一需求评估及服务管理办法》（沪府办规〔2018〕2 号）（以下简称《办法》），《办法》对制定目的、适用对象、部门职责、评估机构要求和评估人员要求、应遵守的评估行为规范、采用的评估方法、如何申请评估、如何开展评估、如何进行结论告知、评估结论分为几个等级、结论有效期多长、如何对评估结论复核和终核、评估费用和服务费用如何支付、服务如何提供、服务计划如何制定、信息保密等，规定得非常详尽，实用性、可操作性较强。同日，为完善本市老年照护统一需求评估办理流程、对定点评估机构实施协议管理，上海市人力资源和社会保障局、上海市医疗保险办公室发布了关于印发《上海市老年照护统一需求评估办理流程和协议管理实施细则（试行)》的通知（沪人社规〔2018〕3 号）（以下简称《细则》），《细则》对定点评估机构基本条件、评估人员配置、协议管理、评估工具和评估标准、初次评估流程、复核和终核评估、期末评估、状态评估、评估费用、监督管理做了详细的阐释，较上述《办法》更加细化，操作性更强。

为了加强社区居家照护、养老机构、老年护理机构等老年照护服务的有机衔接，科学确定老年人的照护需求，保障老年人合法权益，2018 年

10 月 18 日，上海市卫生和计划生育委员会、上海市民政局等四部门在整合现行的上海市老年照护等级评估、上海市高龄老人医疗护理服务需求评估以及上海市老年护理医院出入院标准的基础上统一制定了《上海市老年照护统一需求评估标准（试行）》（1.0 版）（以下简称《评估标准》），《评估标准》将评估结果分为正常、照护一级、照护二级、照护三级、照护四级、照护五级、照护六级、建议至相关医疗机构就诊共 8 个等级，并从自理能力维度和疾病轻重维度两个方面进行了分级维度划分，评估等级也由自理能力和疾病轻重两个维度的得分值决定，分值越高表示所需的照护等级越高。另外，根据本标准另行制定了老年照护统一需求评估指南，指导评估员开展评估工作。

2019 年 12 月 6 日，上海市卫生健康委员会等部门联合发布了关于印发《上海市老年照护统一需求评估标准（试行）》（2.0 版）的通知（沪卫老龄〔2019〕3 号），与 1.0 版相比较，2.0 版只在"分级维度"方面有所调整，具体调整情况如下：一是将 1.0 版中的自理能力维度所包含的日常生活活动能力、工具性日常生活活动能力、认知能力三个方面的权重分别从 85%、10%、5% 调整为 65%、10%、25%，并将日常生活活动能力包括的 13 项表现调整为 20 项、工具性日常生活活动能力包括的 2 项表现调整为 8 项、认知能力包括的 4 项表现调整为 22 项；二是在 1.0 版中的"疾病轻重维度"中老年人群患病率比较高的 10 种疾病的基础上，增加了"认知障碍等疾病"的表述，删除了"10 种疾病"的表述。除此之外，没有其他修改。

为进一步加强老年照护统一需求评估机构行业管理，2019 年 12 月 26 日，上海市卫生健康委员会、上海市民政局和上海市医疗保障局联合发布了《关于加强本市老年照护统一需求评估机构行业管理的通知》（沪卫老龄〔2019〕4 号）（以下简称《通知》），《通知》要求对评估机构的管理必须遵循"政府主导，属地管理；社会共治，公开公正；改革创新，提升效能"的原则，必须形成"政府部门协同监管、行业组织规范自律、评估机构自我管理、社会公众参与监督"的监管体系，必须要采取建立诚信档案、定期进行抽查、加强质量控制、实行信息公开等监管方式，并将监管结果由医保部门作为长护险评估机构定点、评估费用拨付的重要依据，由社会组织管理部门作为社会组织年检、信息公示的重要内容，为了保障落实，《通知》还明确了责任部门的工作职责，建立了综合监管督查机制。

为了和老年照护统一需求评估体系相适应，上海市还建立了统一的老年综合津贴制度。2015 年、2016 年、2018 年、2019 年，上海市民政局、上海市财政局先后发布了《关于调整本市养老服务补贴政策有关事项的通知》（沪民老工发〔2015〕7 号）、《关于印发〈上海市老年综合津贴发放管理办法〉的通知》（沪年老工发〔2016〕12 号）、《关于进一步调整本市养老服务补贴政策的通知》（沪民规〔2018〕1 号）、《关于调整本市养老服务补贴标准的通知》（沪民规〔2019〕2 号）；2016 年，上海市人大常委会制定了《上海市老年人权益保障条例》，上海市人民政府印发了《上海市人民政府关于建立老年综合津贴制度的通知》（沪府发〔2016〕24 号）；2021 年，上海市民政局出台《上海市养老服务补贴管理办法（试行）》；等等，通过政策、制度、地方立法的形式，确立了统一的老年综合津贴制度，明确了补贴对象、补贴标准、补贴梯度、申请发放程序，补贴以非现金的补贴券（卡）等形式发放，用于购买养老服务，或者直接补贴给经过审核认定的提供养老服务的机构。

老年照护统一需求评估体系是上海市"五位一体"社会养老服务体系的重点，也是本市建立长期护理保险制度的基础。自 2018 年长期护理保险试点在全市推开以来，仅 2020 年就完成老年照护统一需求评估 34.4 万余人次，惠及老年人达 42.7 万人。老年综合津贴自 2016 年 5 月实施以来，全市共发放老年综合津贴 257 亿元，累计 426 万人享受老年综合津贴，极大地提高了上海市老年人的晚年生活质量和幸福感。

（吴　韬　钱芝网）

第二章 上海市社区养老总体发展现状

上海市社区养老机构主要有日间照料中心、长者照护之家与综合为老服务中心三种类型。本次针对上海市社区养老机构的调查，从 2019 年 8 月开始，至 2020 年 10 月结束，持续时间一年多，对上述三类社区养老机构逐一上门进行深入调查，最终获得有效样本数分别为：日间照料中心 410 家、长者照护之家 119 家、综合为老服务中心 169 家。

第一节 上海市日间照料中心发展现状

410 家日间照料中心调查有效样本中，从服务机构类型看，392 家为非营利性机构，10 家为营利性机构，8 家为其他类型；从服务机构地理区位看，内环线以内为 91 家，内环线以外、中环线以内为 59 家，中环线以外、外环线以内为 30 家，外环线以外为 230 家；从机构开始运营时间来看，56.10% 的被调查日间照料中心于 2016～2020 年成立并开始运营，各时间段运营机构数量如图 2-1 所示。

一 上海市日间照料中心硬件设施情况

（1）设施面积与功能区域设置

在日间照料中心设施面积上，调查结果显示，建筑总面积平均值为 714.49 平方米，使用面积平均值为 616.77 平方米，室外活动场地面积平均值为 275.59 平方米，室外绿地面积平均值为 185.31 平方米（见表 2-1）。

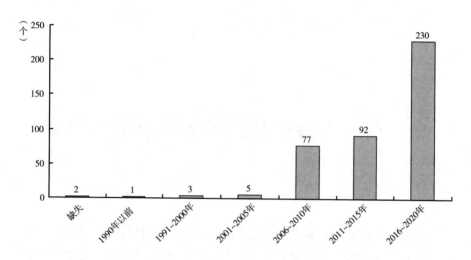

图 2-1　上海市日间照料中心成立以来运营数量的时间分布

表 2-1　上海市日间照料中心设施面积

单位：平方米

	总建筑面积	使用面积	室外活动场地面积	室外绿地面积
平均	714.49	616.77	275.59	185.31
标准差	1218.85	1085.70	541.64	522.58
观测数	392	354	311	285

在被调查的日间照料中心中，设置比例较高的基本服务区域为公共活动区域和生活服务区域，占比分别为 89.27% 和 81.71%，设置保健服务区域的比例为 67.56%（见表 2-2）。从各个服务区域面积来看，生活服务区域平均面积最大，为 155.69 平方米；公共活动区域平均面积为 148.20 平方米，详见表 2-3。67.56% 的机构设置了保健服务区域，269 家提供保健服务区域面积的被调查机构数据显示，保健服务区域的平均面积为 70.99 平方米。

表 2-2　上海市日间照料中心中基本服务区域设置

	生活服务区域	公共活动区域	保健服务区域	服务保障区域
无	44(10.73%)	18(4.39%)	91(22.20%)	123(30.00%)
有	335(81.71%)	366(89.27%)	277(67.56%)	228(55.61%)
缺失	31(7.56%)	26(6.34%)	42(10.24%)	59(14.39%)

表2-3 上海市日间照料中心中基本服务区域面积

单位：平方米

	生活服务区域面积	公共活动区域面积	保健服务区域面积	服务保障区域面积
平均	155.69	148.20	70.99	59.36
标准差	567.93	158.77	119.75	99.45
观测数	280	294	269	236

基本生活辅助用房配置中，公共卫生间、餐厅及公用浴室是配置比例较高的辅助用房，污物处理间的配置比例最低，为32.93%，如图2-2所示。对提供各类基本生活辅助用房配置面积的样本进行统计，结果显示，餐厅的平均面积最大，为57.67平方米；配置污物处理间的面积基本相近，平均面积为6.56平方米。各类生活辅助用房配置面积统计数据如表2-4所示。

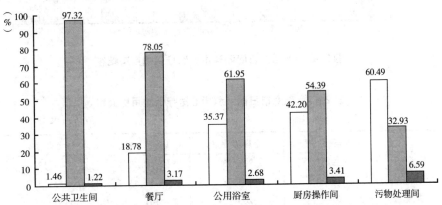

图2-2 上海市日间照料中心中生活辅助用房配置

表2-4 上海市日间照料中心中生活辅助用房配置面积

单位：平方米

	公共卫生间面积	餐厅面积	公用浴室面积	厨房操作间面积	污物处理间面积
平均	25.48	57.67	17.67	24.17	6.56
标准差	22.21	103.30	26.39	34.59	11.15
观测数	334	291	263	259	202

在医疗保健用房配置上，上海市的日间照料中心中，康复训练室的配置率最高，达到45.85%；其次为医务室/卫生室，配置率达到37.80%。中医保健室和心理疏导室的配置比例较低，仅分别为19.51%和37.32%（见图2-3）。对提供医疗保健用房配置面积的机构进行统计，结果显示，医务室/卫生室的配置面积最大，平均面积为29.07平方米，其他数据如表2-5所示。

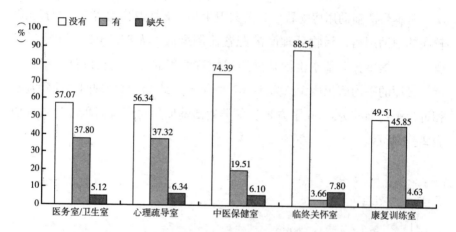

图2-3 上海市日间照料中心医疗保健用房配置

表2-5 上海市日间照料中心医疗保健用房面积

单位：平方米

	医务室/卫生室	心理疏导室	中医保健室	康复训练室
平均	29.07	11.13	7.70	1.18
标准差	43.60	13.78	12.43	5.22
观测数	201	203	161	131

在公共活动用房配置上，电影/电视室、棋牌室和多功能厅是配置较多的公共活动用房，其他公共活动用房配置情况如图2-4所示。

此外，有314家被调查机构报告设置了办公用房，平均办公用房面积约为8.85平方米；129家被调查机构报告还设置了其他用房。

（2）服务设备配置

在服务设备配置方面，上海市被调查的日间照料中心中，健身器材、功能轮椅、康复训练器具是配置比例较高的服务设置，占比分别达

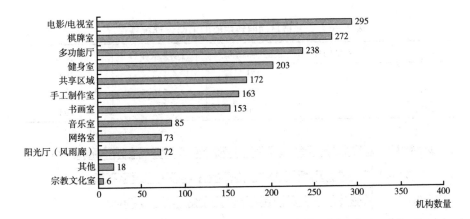

图2-4　上海市日间照料中心公共活动用房配置情况

到63.41%、48.05%和46.83%，其他服务设备的配置情况如图2-5所示。

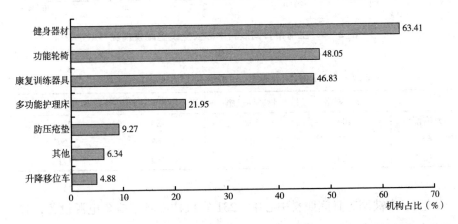

图2-5　上海市日间照料中心服务设备配置情况

在消防设施配置上，灭火器、消防栓是最为常见的设施，此外，也有236家机构配置了自动火灾报警系统，如表2-6所示。各类安全设施的配置，73.88%的被调查机构配置了扶手/防撞装置设施，如图2-6所示。在智慧养老设施上，设置的配置比例不高，仅有43.2%的机构配置互联网络，智能检测系统设备等其他智慧养老设施的配置比例均比较低，如表2-7所示。

表2-6 上海市日间照料中心的消防设施配置情况

	灭火器、消防栓	消防喷淋系统	自动火灾报警	其他
无	9	181	153	104
有	397	209	236	13
缺失	4	20	21	293

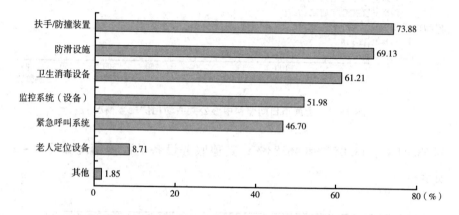

图2-6 上海市日间照料中心安全设施配置情况

表2-7 上海市日间照料中心智慧养老设施配置情况

	互联网络	物联网设施	智能检测系统设备	远程医疗设备
没有配置	104	192	185	210
配置	177	47	63	29
缺失	129	171	162	171

上海市被调查日间照料中心中，231家机构配备了应急电源设备，39家机构配备了老人接送车辆，35家机构配备了物品采购车辆。其中，224家机构报告服务场所设置在建筑物的一层或底层，146家机构报告设置在建筑物的二层及以上楼层，其中，89家机构均配置了电梯或无障碍设施。

在服务设施中，平均每家机构设置床位数为13.62张，其中，62家机构报告设置了护理床位。老人休息室平均每家机构设置1.67间，单间容纳老人数平均值为14.86人。老人服务设施的其他信息如表2-8和表2-9所示。在被调查的410家日间照料中心中，仅有36家机构设置了护理站。

表 2 - 8　上海市日间照料中心老人服务设施信息

	总床位数	护理床位数	老人休息室数	单间容纳老人数
平均	13.62	2.53	1.67	14.86
标准差	14.97	6.83	1.81	9.93
观测数	333	259	368	346

表 2 - 9　上海市日间照料中心老人用房的规格设置

单位：厘米

	房门净宽度	室内走道净宽度
平均	120.33	172.94
标准差	52.21	73.79
观测数	346	332

（3）服务设施辨识度

在上海市被调查的 410 家日间照料中心中，有 185 家机构对其外观建筑做过色调处理以增加机构的辨识度；314 家服务机构的外观具有醒目的标识；310 家服务机构具有独立的出入口。

二　上海市日间照料中心人员配置情况

（1）护理员

上海市 410 家被调查机构中的 313 家报告了护理员数量，共计 907人，平均每家机构护理员 2.90 人。护理员少部分来自本地，绝大多数来自安徽、河南、贵州等省份。从护理员的年龄构成上看，59.54% 的护理员年龄在 51 岁及以上，各年龄段分布如表 2 - 10 所示。从护理员的学历构成看，主要是初中及以下学历和高中/中职学历，占比分别为 73.76%和 26.24%，如表 2 - 11 所示。

表 2 - 10　护理员年龄构成

单位：%

	21~30 岁	31~40 岁	41~50 岁	51 岁及以上
占比	1.43	6.84	32.19	59.54

表 2 - 11   护理员学历构成

单位：%

	初中及以下	高中/中职	大专/高职	本科及以上
占比	73.76	26.24	0	0

（2）医生与护士

在被调查的日间照料中心中，121 家机构报告配备了 160 名医生。从医生的职称结构看，88.13% 的为主治医师及以下职称，副主任医师和主任医师分别只有 10% 和 1.87%。从医生的学历结构看，67.50% 为专科学历，30.00% 为本科学历，2.50% 为硕士研究生学历。

在护士配备上，有 82 家机构报告配备了 113 名护士。从年龄构成上看，21 ~ 30 岁占比 1.76%，31 ~ 40 岁占比 12.39%，41 ~ 50 岁占比 25.67%，51 岁及以上占比 60.18%。从学历构成看，高中/中职学历占比 77.87%，大专/高职占比 22.12%。

（3）其他技术人员

在康复师的配置上，75 家机构报告配备了 115 名康复师。从年龄结构看，21 ~ 30 岁占比 16.52%，31 ~ 40 岁占比 30.43%，41 ~ 50 岁占比 8.70%，51 岁及以上占比 44.35%。从学历结构看，高中/中职学历占比 58.26%，大专/高职学历占比 37.39%，本科及以上学历占比 4.35%。

在营养师的配置上，共计 52 家机构报告配备了 52 名营养师。从营养师的年龄结构看，21 ~ 30 岁占比 9.62%，31 ~ 40 岁占比 21.15%，41 ~ 50 岁占比 23.08%，51 岁及以上占比 46.15%。从学历结构看，高中/中职学历占比 44.23%，大专/高职学历占比 42.31%，本科及以上学历占比 13.46%。

（4）管理人员及其他

在管理人员配置上，共计 346 家机构报告配备了 787 名管理人员，平均每个机构配备 2.27 名管理人员。从管理人员的学历结构看，初中及以下学历占比 6.22%，高中/中职学历占比 23.38%，大专/高职学历占比 46.38%，本科及以上学历占比 24.02%。从年龄结构看，21 ~ 30 岁占比

8.13%，31~40岁占比28.84%，41~50岁占比45.36%，51岁及以上占比17.66%。

在被调查的410家日间照料中心中，388家机构报告了员工总人数，共计2278人，平均每家机构员工数为5.87人。近一年内，员工离职人数共计为176人。截至调查时间点，目前在服务志愿者平均每家11.57人，在服务义工平均每家2.02人，如表2-12所示。

表2-12　上海市日间照料中心工作人员统计数据

	员工总人数	最近一年内离职人数	目前在服务志愿者人数	目前在服务义工人数
平均	5.87	0.55	11.57	2.02
标准差	10.38	1.83	19.32	7.05
观测数	388	321	347	265

三　上海市日间照料中心管理制度情况

上海市日间照料中心内，各项管理制度设置均比较全面，如图2-7所示。其中，72.93%的日间照料中心建立了老年人服务档案管理制度。在老年人服务档案记录中，除老人基本信息登记外，还有服务申请信息、老人当日状况登记信息、每日出入登记信息等，均是各个机构重点登记的信息，如图2-8所示。

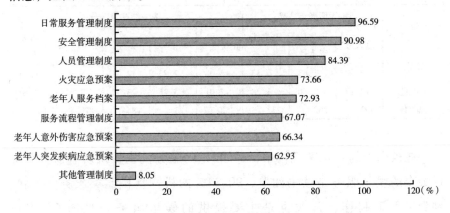

图2-7　上海市日间照料中心内部管理制度设置情况

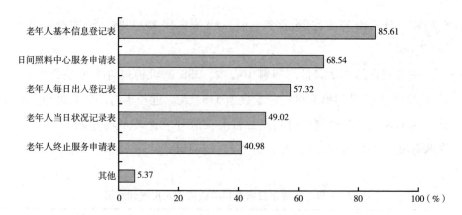

图 2-8　上海市日间照料中心老人服务档案中记录的主要信息

四　上海市日间照料中心服务水平情况

上海市日间照料中心每家每天（调查时过去一周内）服务老人数的平均值为 19.34 人，其中，半失能老人数为每家机构每天平均为 1.83 人，全失能老人数每家机构每天平均为 0.33 人。每家机构每天服务的老人中，对部分报告人数的样本统计显示，正常老人平均值为 14.08 人，各失能等级对应的人数如表 2-13 所示。从被服务老人住家与日间照料中心之间的最远距离看，平均值为 2.48 公里。

表 2-13　上海市日间照料中心平均每天服务老人数

	每天服务老人数			按失能等级区分				
	总人数	半失能老人数	全失能老人数	正常老人	1 级	2 级	3 级	4 级及以上
平均	19.34	1.83	0.33	14.08	2.23	2.41	1.35	0.91
标准差	12.17	2.86	1.28	12.01	3.26	3.72	2.31	1.61
观测数	403	262	233	258	187	184	179	181

在被调查的 410 家机构中，79.02% 的服务机构提供就餐服务；提供最多的娱乐服务是读书阅览，90.24% 的机构提供此类服务，棋牌、健身、手工制作、游戏也是主要提供的娱乐服务（见图 2-9）；84.88% 的被调查机构提供午间休息服务；50.00% 的机构提供协助如厕

服务；在生活照料服务中，测血压、量体温是最常见的服务，如图2-10所示；在饮食服务中，44.88%的机构提供送餐上门服务，仅有4家机构提供上门做饭服务；在提供的各类健康教育咨询服务中，最多的是保健养生、常见疾病预防和老年营养指导，详见图2-11；在提供的心理慰藉服务中，沟通与情绪疏导是最常见的两种服务，见图2-12；在保健康复服务中，按摩服务是提供最多的服务，36.34%的机构均提供按摩服务，其次为中医传统保健服务，详见图2-13；在31家设立护理站的机构中，护理站主要提供基础护理、健康宣教、营养指导和社区康复指导。

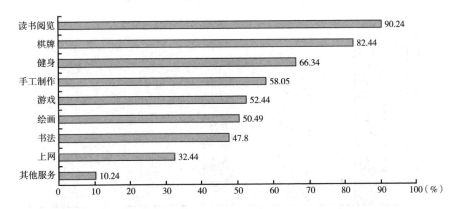

图2-9　上海市日间照料中心提供的文化娱乐服务

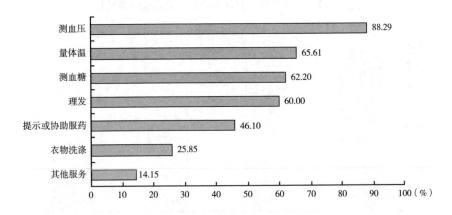

图2-10　上海市日间照料中心提供的生活照料服务

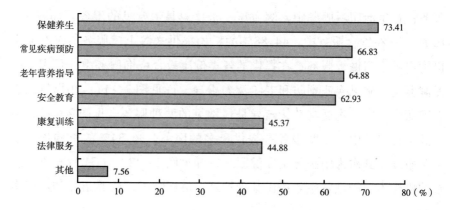

图2-11　上海市日间照料中心提供的健康教育咨询服务

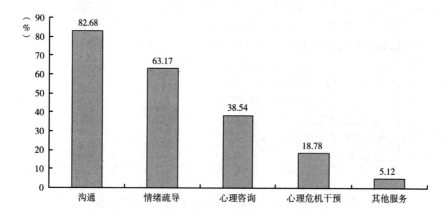

图2-12　上海市日间照料中心提供的心理慰藉服务

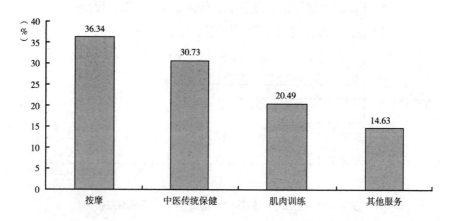

图2-13　上海市日间照料中心提供的保健康复服务

在上海市日间照料中心中，有122家机构报告了本机构服务项目有社会组织承接服务项目情况，服务的主要内容为委托运营管理、老人日间照料等。在机构服务特色方面，86家机构报告认为自身有特色服务提供。在服务收费方面，收费主要包括托管费、餐费两个类别。

五　上海市日间照料中心其他情况

在被调查的日间照料机构中，有190家机构报告了是否获得政府补贴的情况，共计获得各类政府补贴7561.12万元，平均每家机构39.80万元。在各类补贴的总额中，包含开办补贴2790.31万元，年度补贴2204.68万元。从补贴费用内容看，在获得政府补贴的机构中，64.86%的受补贴机构用于购买服务，71.62%的受补贴机构用于水电煤，16.89%的受补贴机构补贴内容为以奖代补，还有31.76%的受补贴机构用于其他项目。在经营业绩方面，仅有122家机构能够并愿意提供经营数据。自开业以来，平均每家服务机构获得经营收入26.82万元，但是经营成本支出平均每家达到64.86万元，反映了日间照料中心目前的经营困境（见表2-14）。

表2-14　上海市日间照料中心接收政府财政补贴统计

单位：万元

	政府财政补贴			自开业以来获得经营收入	自开业以来支付各类成本费用
	补贴总额	包含开办补贴	包含年度补贴		
平均	39.80	19.51	15.00	26.82	64.86
标准差	94.13	37.58	29.53	66.66	131.06
求和	7561.12	2790.31	2204.68	3271.80	7264.05
观测数	190	143	147	122	112

影响老人选择使用日间照料机构服务的因素有多种，调查对象报告显示，地理位置和交通便捷程度是影响最大的因素，55.12%的被调查机构认为地理位置最为重要（见图2-14）。69.51%的被调查机构认为，到本机构来的老人数量还是比较多的，但也有25.85%的被调查机构认为，到本机构来的老人数量不多。82.93%的被调查机构认为，他们在经营中能

够留住老人在本机构使用服务，但仅有 32.44% 的被调查机构认为他们能从服务的老人那里收到相关项目的服务费。此外，10.98% 的被调查机构能够做到多元化赢利。被调查服务机构中，有 100 家服务机构是连锁经营的日间照护机构。

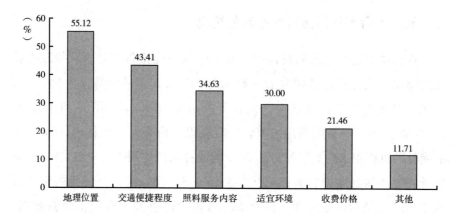

图 2-14　影响老人入住上海市日间照料中心的主要因素

第二节　上海市长者照护之家发展现状

119 家长者照护之家调查有效样本中，从服务机构类型看，108 家为非营利性机构，7 家为营利性机构，4 家为其他类型；从服务机构地理区位看，内环线以内为 35 家，内环线以外、中环线以内为 30 家，中环线以外、外环线以内为 16 家，外环线以外为 38 家；从机构开始运营时间来看，被调查的长者照护之家主要在 2015 年及之后开始运营，各年份运营机构数量如图 2-15 所示。

一　上海市长者照护之家硬件设置情况

（1）设施面积与功能区域设置

在长者照护之家机构设施面积上，调查结果显示，单个机构建筑总面积平均值为 1131.47 平方米，被调查长者照护之家的最大单家机构面积达到 13000.00 平方米；老年人居室总（使用）面积平均值为每家 458.53 平

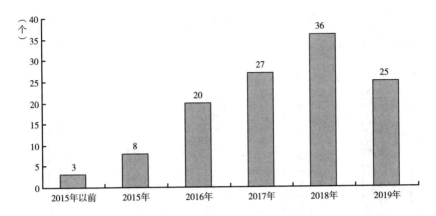

图 2 – 15 上海市长者照护之家开始运营数量的时间分布

方米；床均建筑面积平均值为 14.05 平方米，居室单床的使用面积平均值为 7.87 平方米（见表 2 – 15）。

表 2 – 15 上海市长者照护之家各项面积统计

单位：平方米

	总建筑面积	老年人居室总（使用）面积	床均建筑面积	居室单床使用面积
平均	1131.47	458.53	14.05	7.87
标准差	1554.24	459.44	12.02	6.01
观测数	114	92	84	79

在被调查的长者照护之家中，有 100 家机构设置了独立的出入口。从机构用房性质看，其中 48 家机构的用房属于居住类用房，其余为非居住类用房或其他类型用房。从机构的周边环境看，机构周边 300 米范围内，有公共绿化或花园的有 101 家，有室外公共活动场所的有 89 家。

从机构内基本生活辅助用房的配置情况看，较各类型辅助用房配置的比例均比较高，其中，公共卫生间和公共浴室比例较高，分别达到 95.80% 和 92.44%，如图 2 – 16 所示。总体看，在单个机构内，公共卫生间设置数量最多，平均值为 3.65 间，餐厅、公用浴室、厨房操作间和污物处理间平均每家机构设置为 1 ~ 2 间。从面积看，其中餐厅是每家机构配置面积最大的生活辅助用房，单家机构的平均面积达到 71.60 平方米，如表 2-16 所示。

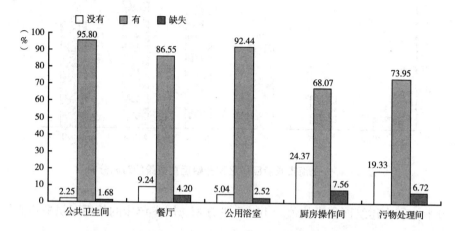

图 2-16　上海市长者照护之家基本生活辅助用房配置情况

表 2-16　上海市长者照护之家基本生活辅助用房配置数量及面积

单位：间，平方米

	公共卫生间		餐厅		公用浴室		厨房操作间		污物处理间	
	房间数	共计面积	房间数	共计面积	房间数	共计面积	房间数	共计面积	房间数	共计面积
平均	3.65	25.20	1.24	71.60	2.14	28.39	1.21	35.97	1.21	11.77
标准差	3.83	23.90	0.66	78.39	3.27	39.82	0.95	34.01	1.14	15.84
观测数	103	87	96	83	103	86	84	72	94	75

在医疗保健用房配置上，医务室/卫生室、康复训练室的配置比例较高，分别为 42.02% 和 38.66%，临终关怀室的配置比例很低，中医保健室的设置比例约为 10.92%，如图 2-17 所示。在公共活动用房配置方面，阅览室是配置比例最高的公共活动用房，有 81 家机构设置了阅览室。此外，多功能厅、电影/电视室、棋牌室也是配置比例较高的活动用房，如图 2-18 所示。

（2）服务设备配置

在服务设备配置上，上海市长者照护之家中多功能护理床配置比例最

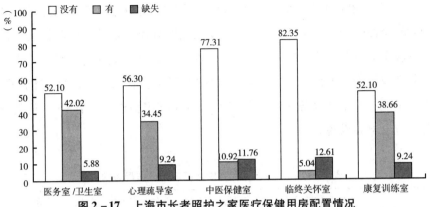

图 2-17 上海市长者照护之家医疗保健用房配置情况

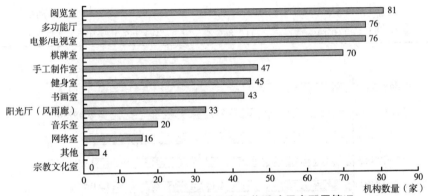

图 2-18 上海市长者照护之家公共活动用房配置情况

高，73.11% 的机构配置此类设备，其次是功能轮椅和健身器材等，如图 2-19 所示。

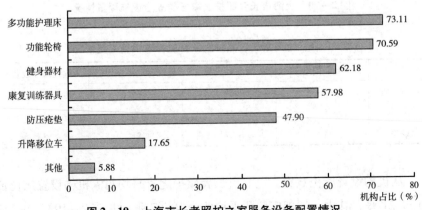

图 2-19 上海市长者照护之家服务设备配置情况

47

在消防设施的配置方面，上海市长者照护之家中各类消防设施的配置相对较全面（见表2-17）。在安全设施配置方面，各类安全防护设施的配置较全面（见图2-20），28.57%的机构已经使用老人定位设备。在智慧养老设施配置方面，已经有21家机构配置了物联网设施，34家机构配置了智能检测系统设备（见表2-18）。在119家机构中，有93家机构配置了应急电源设备。

表2-17 上海市长者照护之家消防设施配置情况

	灭火器、消防栓	消防喷淋系统	自动火灾报警	其他
无	1(0.84%)	18(15.13%)	5(4.20%)	20(16.81%)
有	117(98.32%)	100(84.03%)	110(92.44%)	7(5.88%)
缺失	1(0.84%)	1(0.84%)	4(3.36%)	92(77.31%)

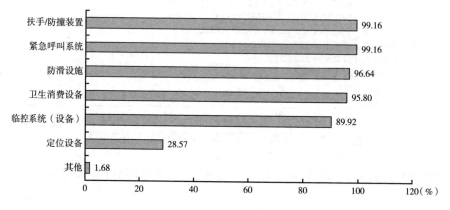

图2-20 上海市长者照护之家各类安全设施配置情况

表2-18 上海市长者照护之家智慧养老设施配置情况

	互联网络	物联网设施	智能检测系统设备	远程医疗设备
没有配置	20	61	57	69
配置	80	21	34	15
缺失	19	37	28	35

从机构设置床位数看，上海市长者照护之家平均每家机构设置床位数为29.21张，其中，护理床位数平均值为18.67张（见表2-19）。在119

家机构中，有 28 家机构报告配置了认知症照护床位，共计 422 张认知症照护床位。此外，有 29 家机构设有医务室/卫生室，40 家机构设有社区卫生服务中心延伸医务室/站；有 19 家机构设有护理站，护理站的面积在 30~50 平方米居多。

表 2-19　上海市长者照护之家床位配置情况

	床位数	护理床位数
平均	29.21	18.67
标准差	13.03	15.34
观测数	106	104

二　上海市长者照护之家人员配置情况

（1）护理员

上海市被调查的长者照护之家护理员总数为 634 人，平均每家机构护理员为 5.33 人。20% 左右的来自本地，外地来源中以江苏、安徽、河南等地居多。从护理员的年龄结构看，以 51 岁及以上年龄群为主，占比 59.31%，如表 2-20 所示。从护理员的学历构成看，以初中及以下学历为主，占比 74.74%，如表 2-21 所示。

表 2-20　护理员年龄构成

单位：%

	21~30 岁	31~40 岁	41~50 岁	51 岁及以上
占比	2.05	6.62	32.02	59.31

表 2-21　护理员学历构成

单位：%

	初中及以下	高中/中职	大专/高职	本科及以上
占比	74.74	25.26	0	0

（2）医生与护士

在 119 家长者照护之家机构中，仅有 46 家机构报告配备了 55 名医生，其中，主治医师及以下职称占比 82.27%，副主任医师职称占比 12.28%，主任医师职称占比 5.45%。从医生的学历结构看，65.45% 为专科学历，34.55% 为本科学历。被调查长者照护之家中，有 74 家机构报告配备了 87 名护士。从护士的年龄结构看，21～30 岁占比 8.05%，31～40 岁占比 18.39%，41～50 岁占比 35.63%，51 岁及以上占比 37.93%。从护士的学历结构看，高中/中职学历占比 78.16%，大专/高职学历占比 20.69%，本科及以上学历占比 1.15%。

（3）其他技术人员

在被调查机构中，有 28 家机构报告配备了 31 名康复师，均为接受康复技能专业培训人员。康复师的年龄分布为 21～30 岁占比 25.81%，31～40 岁占比 38.71%，41～50 岁占比 19.35%，51 岁及以上占比 16.13%。从学历结构看，高中/中职学历占比 51.61%，大专/高职学历占比 38.71%，本科及以上学历占比 9.68%。

在营养师配置上，有 36 家机构配备了 36 名营养师。其中，21～30 岁占比 22.22%，31～40 岁占比 33.33%，41～50 岁占比 16.67%，51 岁及以上占比 27.78%。营养师的学历分布为：高中/中职学历占比 19.44%，大专/高职学历占比 44.45%，本科及以上学历占比 36.11%。

（4）管理人员及其他

在管理人员配置上，其中 116 家机构报告共计配置了 288 名管理人员，平均每家机构配备 2.48 名管理人员。从管理人员的学历结构看，初中及以下学历占比 7.43%，高中/中职学历占比 18.96%，大专/高职学历占比 41.64%，本科及以上学历占比 31.97%。从年龄结构看，21～30 岁占比 21.27%，31～40 岁占比 22.76%，41～50 岁占比 19.40%，51 岁及以上占比 36.57%。

上海市被调查长者照护之家机构中，有 116 家报告了员工总人数，平均每家机构员工数为 10.10 人。近一年内，平均每家机构离职 1.38 人。截至调查时间点，在服务志愿者及义工人数如表 2－22 所示。此外，被调查机构中，仅有 18 家设立了护理站，共配置了 31 名执业注册护士。

表2-22 上海市长者照护之家工作人员统计数据

	员工总人数	最近一年内离职人数	目前在服务志愿者人数	目前在服务义工人数
平均	10.10	1.38	8.49	1.26
标准差	5.54	1.88	12.85	2.88
观测数	116	103	99	88

三 上海市长者照护之家管理制度情况

从上海市被调查长者照护之家的各项管理制度制定情况看，各机构均制定了各类管理制度，且制定的比例均比较高，如图2-21所示。在老年人服务档案制度中，重点规范各类老年人服务档案的建设，各类老年人服务信息档案的包含情况如图2-22所示。

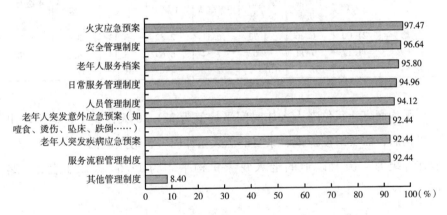

图2-21 上海市长者照护之家制定的管理制度

四 上海市长者照护之家服务水平情况

上海市长者照护之家每家每天（调查时过去一周内）服务入住老人数的平均值为21人，其中，半失能老人数为每家机构每天平均为6.26人，全失能老人数每家机构每天平均为4.73人。每家机构每天服务的老人中，正常老人平均值为6.11人，各失能等级对应的人数如表2-23所示。从被服务老人住家与长者照护之家之间的最远距离看，平均值为12.55公里。

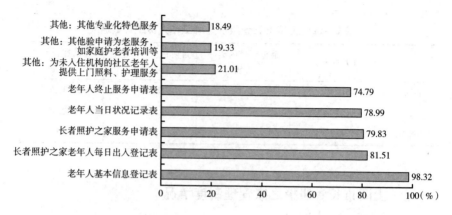

图 2-22　上海市长者照护之家老年人服务档案包含的主要信息

表 2-23　上海市长者照护之家平均每天服务人数

	每天服务老人数			按失能等级区分				
	总人数	半失能老人数	全失能老人数	正常老人	1 级	2 级	3 级	4 级及以上
平均	21.00	6.26	4.73	6.11	2.82	3.13	3.60	8.10
标准差	11.12	7.11	7.62	7.34	6.69	3.14	4.56	7.78
观测数	112	101	101	62	54	61	57	80

平均而言，每位老人入住时间平均值为 281.26 天；其中，老人转出本机构后，需要继续护理、康复的老人累计而言，每家机构平均 8.13 人。收住等级为 4 级及以上的老人每家机构平均为 17.64 人，如表 2-24 所示。

表 2-24　上海市长者照护之家服务老人情况

	每位老人入住时间（天）	出机构后需继续护理人数	收住 4 级及以上老人
平均	281.26	8.13	17.64
标准差	406.16	19.08	29.31
观测数	78	68	75

上海市长者照护之家中提供的基本服务最多的两种是个人生活照料服务和住宿服务，占比分别为 91.60% 和 90.76%，其次是日间生活照料服务和日间护理服务，如图 2-23 所示。107 家长者照护之家提供助餐服务，109 家长者照护之家提供助浴服务。

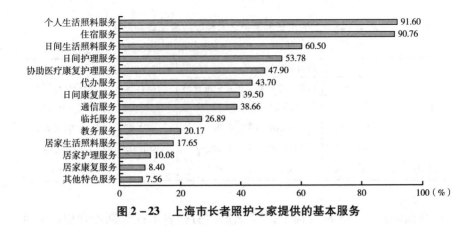

图 2 - 23　上海市长者照护之家提供的基本服务

上海市被调查的 119 家长者照护之家中，有 20 家机构设有护理站，100 家机构设立了老人入住筛选标准，70 家机构设立了老人出院评估标准。67 家长者照护之家报告了床位的轮转时间，平均而言，床位轮转时间为 201. 29 天。有 10 家机构报告经营过程中有老人"霸床"现象，其中，"霸床"时间最长为 200 天。

长者照护之家中，白天平均每家机构有 4 名养老护理员在岗，晚上有 1~2 名养老护理员在岗。在被调查的机构中，有 33 家机构拥有承接本机构服务项目的社会组织，承接的服务项目主要有委托运营管理、照护服务等。在被调查的长者照护之家中，有 35 家机构报告提供特色服务项目。

五　上海市长者照护之家其他情况

在被调查长者照护之家中，有 75 家机构提供了政府财政补贴情况。平均而言，每家机构获得政府补贴 76. 88 万元，75 家机构共计获得约 5765. 67 万元补贴，其中开办费补贴总额为 1833. 50 万元。补贴主要用在购买服务、水电煤。有 57 家机构提供了经营收入数据，统计结果显示，自开业以来平均每家长者照护之家获得的经营收入平均值为 164. 93 万元，但是支付各类成本平均每家 238. 25 万元，如表 2 - 25 所示。这反映了长者照护之家目前的经营现状，多数机构靠获取政府财政补贴来维持运营。

表2-25 上海市长者照护之家接收政府财政补贴统计

单位：万元

	政府财政补贴			自开业以来获得经营收入	自开业以来支付各类成本费用
	补贴总额	包含开办补贴	包含年度补贴		
平均	76.88	28.21	18.72	164.93	238.25
标准差	210.77	39.07	26.03	371.62	719.50
求和	5765.67	1833.50	1067.19	9401.18	13342.08
观测数	75	65	57	57	56

在被调查的119家机构中，59家机构明确表示在长期经营中，本机构不能赢利；仅有23家机构表示能够赢利，37家机构未提供相关信息。对影响长者照护之家入住率的主要因素，地理位置是最为重要的影响因素，如图2-24所示。119家机构中，49家机构明确反馈到该机构的老人不多，57家机构认为到机构的老人比较多，另有13家机构没有反馈相关信息。入住老人不多的主要原因有地理位置偏僻、交通不便利、宣传不够等。

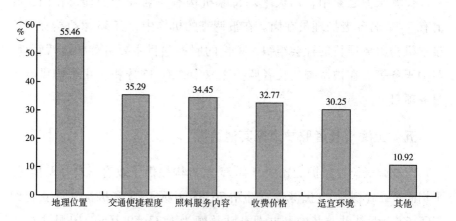

图2-24 影响上海市长者照护之家入住率的主要因素

第三节 上海市综合为老服务中心发展现状

169家综合为老服务中心调查有效样本中，从服务机构类型看，164

家被调查机构为非营利性机构，3 家机构为营利性机构，2 家为其他类型；从服务机构地理区位看，内环线以内为 40 家，内环线以外、中环线以内为 20 家，中环线以外、外环线以内为 15 家，外环线以外为 94 家；从机构开始运营时间来看，2017～2018 年成立的机构数量最多，机构成立开始运营的时间分布信息如图 2－25 所示。

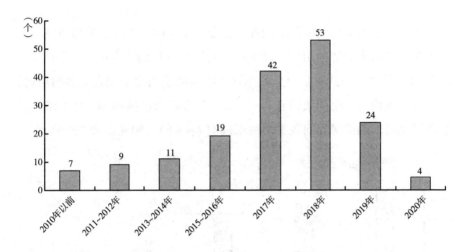

图 2－25　上海市综合为老服务中心运营时间分布

一　上海市综合为老服务中心硬件设施情况

（1）设施与功能区域

上海市被调查综合为老服务中心，平均每家机构的建筑面积为 1462.56 平方米，最大的机构达到 17925 平方米。其中，老年人居室总（使用）面积平均为每家机构 705.26 平方米，如表 2－26 所示。

在被调查的 169 家机构中，151（89.35%）家机构设有独立的出入口。从机构用房性质看，有 22（13.02%）家机构的用房属于居住类房屋，106（62.72%）家机构的用房属于非居住类，41 家机构用房属于其他性质。被调查机构中，有 145（85.8%）家机构周边 300 米范围内有公共绿化或花园，133（78.7%）家机构周边 300 米范围内有室外公共活动场所。

表 2 − 26　上海市综合为老服务中心设施面积

单位：平方米

	总建筑面积	老年人居室总（使用）面积
平均	1462.56	705.26
标准差	1718.34	1523.48
观测数	165	130

在各类基本生活辅助用房配置上，公共卫生间、餐厅、公用浴室是配置比例较高的生活辅助用房，72% 以上的被调查机构均有配置，如图 2 − 26 所示。其中，公共卫生间是各类基本生活辅助用房中配置最多的用房，平均每家机构的卫生间数量在 3 ~ 4 间，平均面积达到 41.42 平方米。其余各类生活辅助用房的间数平均每家机构 1 ~ 2 间，如表 2 − 27 所示。

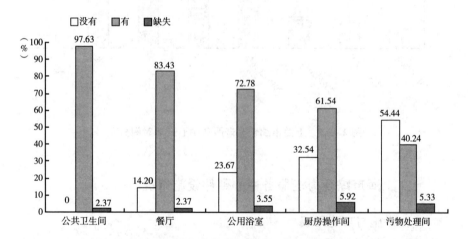

图 2 − 26　上海市综合为老服务中心基本生活辅助用房配置

表 2 − 27　上海市综合为老服务中心基本生活辅助用房配置数量及面积

单位：间，平方米

	公共卫生间		餐厅		公用浴室		厨房操作间		污物处理间	
	房间数	共计面积	房间数	共计面积	房间数	共计面积	房间数	共计面积	房间数	共计面积
平均	3.65	41.42	1.09	84.80	1.60	29.47	0.98	35.61	0.89	11.36
标准差	2.68	49.11	0.56	96.71	1.75	54.45	0.75	40.10	1.71	23.56
观测数	157	140	140	118	131	114	123	102	103	78

在医疗保健用房配置上，57.40%的被调查机构配置了康复训练室，54.44%的被调查机构配置了心理疏导室，是配置比例较高的两类医疗保健用房，如图2-27所示。其中，康复训练室的配置面积平均每家机构为35.33平方米，心理疏导室平均每家机构的面积为19.24平方米。

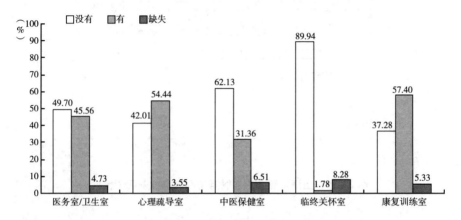

图2-27　上海市综合为老服务中心医疗保健用房配置情况

在各类公共活动用房配置上，阅览室和多功能厅是配置比例较高的公共活动用房，配置比例分别为80.47%和79.29%，此外，电影/电视室的配置比例也在70%以上，如图2-28所示。

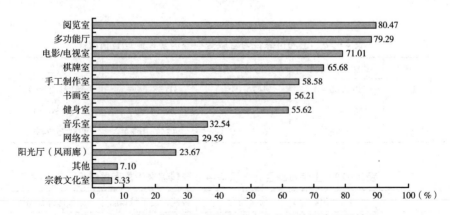

图2-28　上海市综合为老服务中心公共活动用房配置情况

（2）服务设备配置

被调查综合为老服务中心配置的各类服务设备中，健身器材、功能轮椅和康复训练器具是配置比例较高的服务设备，各类服务设备的配置情况如图 2 - 29 所示。

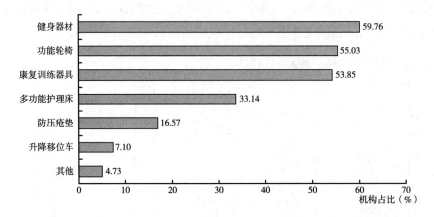

图 2 - 29　上海市综合为老服务中心服务设备配置情况

在消防设施的配置上，被调查机构的各类消防设施配置比例均比较高，如表 2 - 28 所示。在综合为老服务中心内，各类安全保护装置的配置比例也比较高，如图 2 - 30 所示。在智慧养老设施的配置上，除互联网络外，其他各类智慧养老设施的配置比例并不高，如表 2 - 29 所示。

表 2 - 28　上海市综合为老服务中心消防设施配置情况

	灭火器、消防栓	消防喷淋系统	自动火灾报警	其他
无	0(0.00%)	44(26.04%)	31(18.34%)	36(21.30%)
有	166(98.22%)	119(70.41%)	126(74.56%)	5(2.96%)
缺失	3(1.78%)	6(3.55%)	12(7.10%)	128(75.74%)

表 2 - 29　上海市综合为老服务中心智慧养老设施配置情况

	互联网络	物联网设施	智能检测系统设备	远程医疗设备
没有配置	34(20.12%)	83(49.11%)	78(46.15%)	89(52.66%)
配置	97(57.40%)	25(14.79%)	35(20.71%)	19(11.24%)
缺失	38(22.49%)	61(36.09%)	56(33.14%)	61(36.09%)

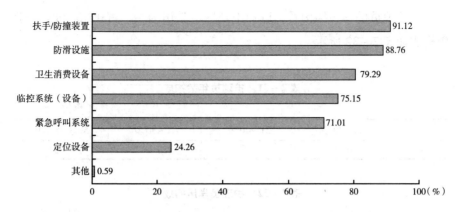

图 2-30　上海市综合为老服务中心安全设备配置情况

从被调查综合为老服务中心设置的床位数量来看，共计140家机构报告了床位数量，平均每家机构设置23.53张床，平均每家机构设置约7.42张护理床位，如表2-30所示。在被调查的机构中，有27家机构设有医务室/卫生室，有57家机构设有社区卫生服务中心延伸医务室/站。有25家机构设立护理站，平均每家机构设置的护理站面积平均值为66.32平方米。

表 2-30　上海市综合为老服务中心设置床位数

	总床位数	护理床位数
平均	23.53	7.42
标准差	13.51	13.36
观测数	140	125

二　上海市综合为老服务中心人员配置情况

（1）护理员

在被调查的综合为老服务中心中，129家机构报告配备了524名护理员，平均每家机构配备了4.06名护理员。其中，18.50%的护理员来自本地，其余护理员主要来自安徽、贵州、云南等地。从护理员的年龄构成看，护理员以大龄为主，其中，51岁及以上占比55.53%，如表2-31所示。从护理员的学历结构看，以初中及以下学历为主，占比 75.38%，学历构成如表 2-32 所示。

表 2-31 护理员年龄构成

单位：%

	21~30 岁	31~40 岁	41~50 岁	51 岁及以上
占比	0.98	7.42	36.07	55.53

表 2-32 护理员学历构成

单位：%

	初中及以下	高中/中职	大专/高职	本科及以上
占比	75.38	24.62	0	0

（2）医生和护士

被调查机构中，仅有 40 家机构报告配备了 73 名医生。医生的职称以主治医师为主，占比 94.52%，副主任医师占比 4.11%，主任医师占比 1.37%；学历构成主要为专科学历，占比 67.12%，本科学历占比 32.88%。

在护士人员配置上，仅有 40 家机构报告配备了 57 名护士。护士年龄构成上，21~30 岁占比 17.54%，31~40 岁占比 31.58%，41~50 岁占比 19.30%，51 岁及以上占比 31.58%。护士学历构成上，高中/中职学历占比 66.67%，大专/高职学历占比 31.58%，本科及以上学历占比 1.75%。

（3）其他技术人员

在被调查机构中，24 家机构配备了 28 名康复师。从康复师的年龄看，21~30 岁占比 32.14%，31~40 岁占比 28.57%，41~50 岁占比 21.43%，51 岁及以上占比 17.86%。从康复师的学历看，高中/中职学历占比 28.57%，大专/高职学历占比 60.72%，本科及以上学历占比 10.71%。

有 20 家机构报告配备了 20 名营养师。从营养师的年龄看，21~30 岁占比 35.00%，31~40 岁占比 30.00%，41~50 岁占比 20.00%，51 岁及以上占比 15.00%。从营养师的学历看，高中/中职学历占比 15.00%，大专/高职学历占比 60.00%，本科及以上学历占比 25.00%。

（4）管理人员及其他

在管理人员配置上，155 家被调查机构报告配备了 469 名管理人员，平均每个机构配备 3.03 名管理人员。从管理人员的学历结构看，初中及以下学历占比 4.05%，高中/中职学历占比 24.95%，大专/高职学历占比 47.97%，本科及以上学历占比 23.03%。从年龄结构看，21～30 岁占比 10.66%，31～40 岁占比 24.09%，41～50 岁占比 39.67%，51 岁及以上占比 25.58%。

被调查机构平均每家机构员工数为 10.15 人。近一年内，平均每家机构员工离职人数为 0.89 人。截至调查时间点，目前在服务志愿者及义工人数，如表 2－33 所示。在设置护理站的 22 家机构内，配置了 54 名执业注册护士，8 名社区护士，305 名其他护理人员。在被调查机构中，有 105 家机构配备了养老顾问，养老顾问主要来自本机构、社区综合服务中心及志愿者。

表 2－33　上海市综合为老服务中心员工及志愿者/义工人数

	员工总人数	最近一年内离职人数	目前在服务志愿者人数	目前在服务义工人数
平均	10.15	0.89	12.42	1.79
标准差	8.01	2.01	12.49	3.47
观测数	165	134	132	112

三　上海市综合为老服务中心管理制度情况

从管理制度设置看，上海市综合为老服务中心内各项管理制度设置较为全面，如图 2－31 所示。在老年人服务档案中，基本信息、服务申请、每日出入登记等信息是记录比例最高的三类信息，如图 2－32 所示。

四　上海市综合为老服务中心服务水平情况

统计显示，在调查时点过去的一周内，平均每家机构每天服务老人数为 28.22 人，其中，半失能老人数为 4.20 人，全失能老人数为 2.29 人。

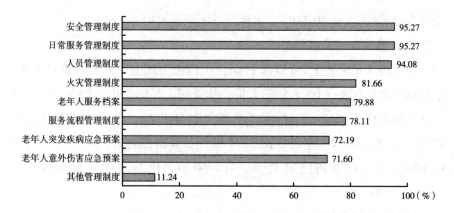

图2-31　上海市综合为老服务中心管理制度设置情况

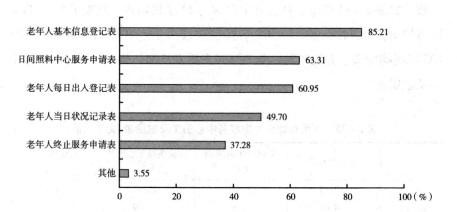

图2-32　上海市综合为老服务中心老年人服务档案记录的主要信息

从开业运营时间看，截至调查时间，平均运营时长为34.16个月，如表2-34所示。从被服务老人住家与综合为老服务中心地理距离看，最远距离平均值为5.65公里。

表2-34　上海市综合为老服务中心服务人数

	每天服务老人数			自机构运营以来运营时长（月）
	总人数	半失能老人数	全失能老人数	
平均	28.22	4.20	2.29	34.16
标准差	15.75	6.42	6.73	29.51
观测数	161	123	116	159

上海市综合为老服务中心提供的各类生活照料服务中，最多的是助餐，82.84%的机构均提供助餐服务；其次是理发，有71.01%的被调查机构提供此项服务。此外，助浴、午间休息服务等，也是提供比例较高的服务，如图2-33所示。

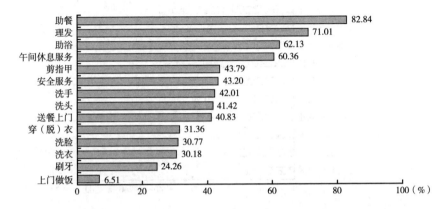

图2-33　上海市综合为老服务中心提供的生活照料服务

综合为老服务中心提供的各类护理服务中，最多的是提示或协助服药，有31.95%的被调查机构提供此类服务。此外，仅有15.38%的被调查机构提供认知症照护，各类护理服务提供的情况如图2-34所示。在25家设立护理站的机构中，主要提供基础护理、社区康复指导和健康宣教服务。

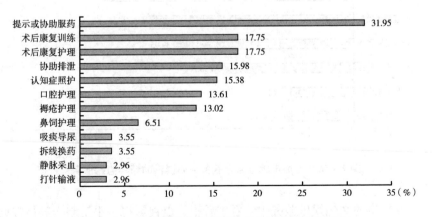

图2-34　上海市综合为老服务中心提供的护理服务

在提供的医疗服务中，60.36%的被调查机构提供日常健康管理服务（常见疾病预防，测量血压、血糖、体温等）；26.63%的被调查机构提供联系紧急救护，其余各类服务如图2-35所示。

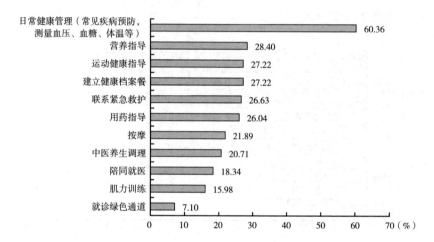

图2-35　上海市综合为老服务中心提供的医疗服务

在提供的精神慰藉服务中，60.95%的被调查机构提供陪聊（言语沟通），此外，情绪疏导、心理健康教育也是提供较多的精神慰藉服务，如图2-36所示。

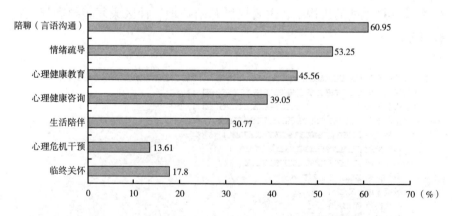

图2-36　上海市综合为老服务中心提供的精神慰藉服务

在提供的文化娱乐服务中，看书看报、电视影视、手工制作等是常见的文化娱乐服务项目，其他各类服务提供情况如图2-37所示。

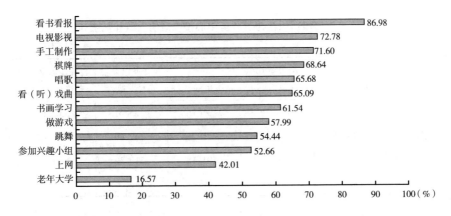

图 2 - 37 上海市综合为老服务中心提供的文化娱乐服务

在被调查的综合为老服务中心中，有 68 家机构提供照料者服务技术指导，有 58 家机构提供养老辅具租赁服务，有 41 家机构提供喘息服务，还有 67 家机构为老人提供上门服务。为老人提供上门服务的机构中，92.53% 的机构提供助餐助浴，64.17% 的提供护理服务，25.37% 的提供医疗服务。

在被调查的 165 家机构中，有 71 家机构实现了"一网覆盖"信息管理，建成了本区域统一网络门户和数据库；有 84 家机构设有"一站式"办事窗口；69 家机构实施老人统一需求评估与审核；90 家机构实现综合体公共服务平台的枢纽作用；85 家机构能够整合各种综合为老服务资源，实现"一体化资源统筹"。此外，69 家机构有承接本机构服务项目的社会组织，最主要的是委托运营管理。51 家机构报告认为有自身特色服务项目。

五 上海市综合为老服务中心其他情况

被调查综合为老服务中心有 82 家机构提供了政府财政补贴情况。平均而言，每家机构获得政府补贴 68.28 万元，82 家机构共计获得 5598.88 万元补贴。开办费补贴总额为 1819.50 万元，年度补贴共计 2191.18 万元。补贴内容主要集中在购买服务和水电煤两方面。仅有 59 家机构提了经营收入数据，57 家机构提供了成本开支数据，统计结果如表 2 - 35 所示。

表2-35 上海市综合为老服务中心接收政府财政补贴统计

单位：万元

	政府财政补贴			自开业以来获得经营收入	自开业以来支付各类成本费用
	补贴总额	包含开办补贴	包含年度补贴		
平均	68.28	24.59	31.76	25.61	68.62
标准差	110.85	52.62	75.26	62.60	165.49
求和	5598.88	1819.50	2191.18	1510.82	3911.33
观测数	82	74	69	59	57

在被调查综合为老服务中心中，116家机构报告了长期经营能否赢利的问题，其中，108家机构均认为不能够赢利。从影响综合为老服务中心入住率的因素看，地理位置是最为重要的因素，其次是交通便捷程度，如图2-38所示。在被调查的综合为老服务中心中，有35家机构是连锁经营机构。

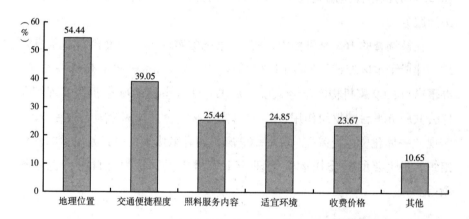

图2-38 影响上海市综合为老服务中心入住率的主要因素

（吴 韬 万广圣）

第三章　上海市16个区社区养老
发展现状（上）

本章主要分析了黄浦区、徐汇区、虹口区、杨浦区、长宁区、静安区、普陀区7个区的社区养老发展现状，这7个区主要位于上海市的核心区域。

第一节　黄浦区社区养老发展现状

一　黄浦区日间照料中心发展现状

黄浦区日间照料中心调查共获得有效样本28家，从服务机构类型看，28家为非营利性机构；从服务机构地理区位看，内环线以内为28家；从机构开始运营时间来看，53.6%的日间照料中心于2011年及之后开始运营，一家机构运营时间不详，各年份运营机构数量如图3-1所示。

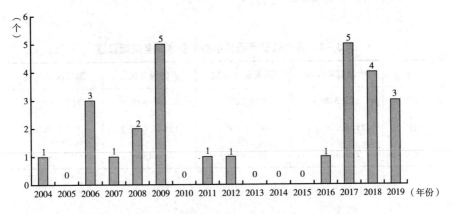

图3-1　黄浦区日间照料中心开始运营数量的时间分布

67

（一）黄浦区日间照料中心硬件设施情况

（1）设施面积与功能区域设置

调查结果显示，黄浦区日间照料中心建筑总面积平均值为 549.67 平方米，4 家机构总面积不详，以 200 平方米的建筑面积居多；使用面积平均值为 307.61 平方米，室外活动场地面积平均值为 60.45 平方米，室外绿地面积平均值为 44.05 平方米（见表 3-1）。

表 3-1　黄浦区日间照料中心设施面积

单位：平方米

	总建筑面积	使用面积	室外活动场地面积	室外绿地面积
平均	549.67	307.61	60.45	44.05
标准差	830.80	391.25	111.73	114.84
观测数	24	18	22	21

在被调查的日间照料中心中，设置比例较高的基本服务区域为公共活动区域和生活服务区域，占比分别为 92.86% 和 89.29%。从各个服务区域面积来看，生活服务区域平均面积最大，为 100.58 平方米；公共活动区域平均面积为 73.75 平方米，详见表 3-3。46.43% 的机构设置了保健服务区域，23 家提供保健服务区域面积的被调查机构数据显示，保健服务区域的平均面积为 24.09 平方米。

表 3-2　黄浦区日间照料中心中基本服务区域设置

	生活服务区域	公共活动区域	保健服务区域	服务保障区域
无	1(3.57%)	0(0.00%)	13(46.43%)	7(25.00%)
有	25(89.29%)	26(92.86%)	13(46.43%)	19(67.86%)
缺失	2(7.14%)	2(7.14%)	2(7.14%)	2(7.14%)

表 3 - 3　黄浦区日间照料中心中基本服务区域面积

单位：平方米

	生活服务区域面积	公共活动区域面积	保健服务区域面积	服务保障区域面积
平均	100.58	73.75	24.09	24.15
标准差	168.92	107.69	36.76	44.21
观测数	20	20	23	20

　　基本生活辅助用房配置中，公共卫生间是配置比例最高的辅助用房，污物处理间的配置比例最低，为 17.86%，如图 3 - 2 所示。对提供各类基本生活辅助用房面积的样本进行统计，结果显示，餐厅的平均面积最大，为 38.35 平方米；配置污物处理间的平均面积为 5.70 平方米。各类生活辅助用房面积统计数据如表 3 - 4 所示。

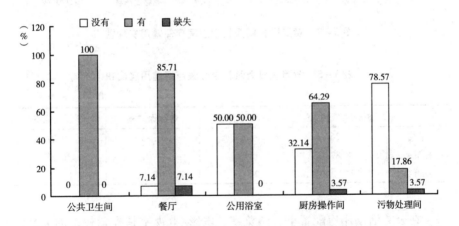

图 3 - 2　黄浦区日间照料中心中生活辅助用房配置

表 3 - 4　黄浦区日间照料中心中生活辅助用房配置面积

单位：平方米

	公共卫生间面积	餐厅面积	公用浴室面积	厨房操作间面积	污物处理间面积
平均	22.33	38.35	19.22	12.60	5.70
标准差	22.46	69.09	66.14	15.78	24.98
观测数	21	20	23	23	23

　　在医疗保健用房配置上，黄浦区的日间照料中心中，康复训练室的配置率最高，达到 42.86%；其次为心理疏导室，配置率达到 28.58%。中

医保健室和医务室/卫生室的配置比例较低，仅为17.86%（见图3-3）。对提供医疗保健用房面积的机构进行统计，结果显示，康复训练室的配置面积最大，平均面积为9.22平方米，其他数据如表3-5所示。

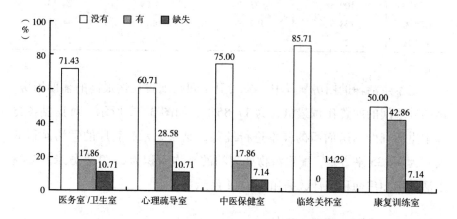

图3-3　黄浦区日间照料中心医疗保健用房配置

表3-5　黄浦区日间照料中心医疗保健用房面积

单位：平方米

	医务室/卫生室	心理疏导室	中医保健室	康复训练室
平均	3.26	5.69	1.89	9.22
标准差	8.87	13.66	4.07	16.02
观测数	24	22	20	21

在公共活动用房配置上，阅览室、电影/电视室是配置较多的公共活动用房，其他公共活动用房配置情况如图3-4所示。

此外，有19家被调查机构报告设置了办公用房，平均办公用房面积约为17.22平方米；2家被调查机构报告还设置了其他用房。

（2）服务设备配置

在服务设备配置方面，黄浦区被调查的日间照料中心中，功能轮椅是配置比例最高的服务设备，占比达到42.86%，康复训练器具、健身器材占比均为39.29%，其他服务设备的配置情况如图3-5所示。

在消防设施配置上，均配置了不同类型的消防设施，灭火器、消防栓是最为常见的设施，此外，也有19家机构配置了自动火灾报警系统。各

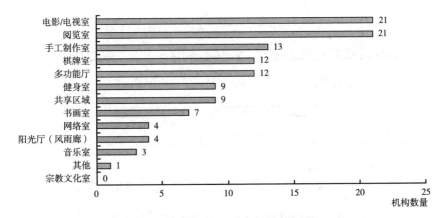

图 3−4　黄浦区日间照料中心公共活动用房配置情况

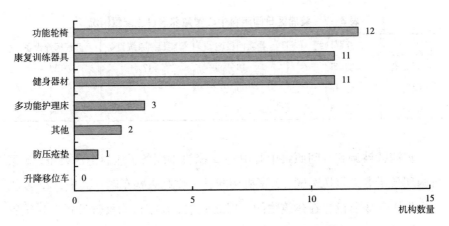

图 3−5　黄浦区日间照料中心服务设备配置情况

类安全设施的配置上，有 75% 的机构配置了扶手/防撞装置，仅有 7.14% 的机构配置了老人定位设备，如图 3−6 所示。在智慧养老设施上，配置比例不高，仅有 50.00% 的机构配置了互联网络，智能检测系统设备等其他智慧养老设施的配置比例均比较低，如表 3−7 所示。

表 3−6　黄浦区日间照料中心的消防设施配置情况

	灭火器、消防栓	消防喷淋系统	自动火灾报警	其他
无	0	4	7	17
有	28	22	19	0
缺失	0	2	2	11

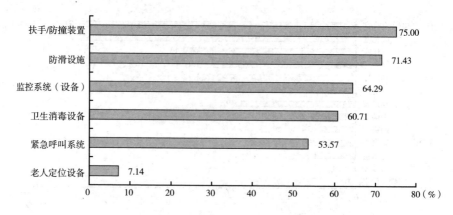

图 3−6　黄浦区日间照料中心安全设施配置情况

表 3−7　黄浦区日间照料中心智慧养老设施配置情况

	互联网络	物联网设施	智能检测系统设备	远程医疗设备
没有配置	11	18	17	20
配置	14	5	7	4
缺失	3	5	4	4

　　黄浦区被调查日间照料中心中，22 家机构配备了应急电源设备，3 家机构配备了老人接送车辆，3 家机构配备了物品采购车辆。其中，22 家机构报告服务场所设置在建筑物的一层或底层，6 家机构报告设置在建筑物的二层及以上楼层，6 家机构均配置了电梯或无障碍设施。

　　在服务设施中，平均每家机构设置床位数为 14.04 张，部分机构设置了护理床位。老人休息室平均每家机构设置 1.38 间，单间容纳老人数平均值为 14.48 人。老人服务设施的其他信息如表 3−8 和表 3−9 所示。在被调查的 28 家日间照料中心中，仅有 2 家机构设置了护理站。

表 3−8　黄浦区日间照料中心老人服务设施信息

	总床位数	护理床位数	老人休息室数	单间容纳老人数
平均	14.04	3.77	1.38	14.48
标准差	17.10	11.94	0.97	8.63
观测数	23	22	24	23

表 3 – 9 黄浦区日间照料中心老人用房的规格设置

单位：厘米

	房门净宽度	室内走道净宽度
平均	105.61	123.44
标准差	26.96	58.04
观测数	18	16

（3）服务设施辨识度

在黄浦区被调查的 28 家日间照料中心中，有 8 家机构对其外观建筑做过色调处理以增加机构的辨识度，14 家服务机构的外观具有醒目的标识，15 家服务机构具有独立的出入口。

（二）黄浦区日间照料中心人员配置情况

（1）护理员

黄浦区被调查机构中的 27 家报告了护理员数量，共计 63 人，平均每家机构护理员 2.33 人，主要来自安徽、河南等地。从护理员的年龄构成上看，55.56% 的护理员年龄在 51 岁及以上，各年龄段分布如表 3 – 10 所示。从护理员的学历构成看，以初中及以下居多，占比 71.43%，其他学历构成如表 3 – 11 所示。

表 3 – 10 护理员年龄构成

单位：%

	20 岁及以下	21 ~ 30 岁	31 ~ 40 岁	41 ~ 50 岁	51 岁及以上
占比	0	3.17	11.11	30.16	55.56

表 3 – 11 护理员学历构成

单位：%

	初中及以下	高中/中职	大专/高职	本科及以上
占比	71.43	28.57	0	0

（2）医生与护士

在被调查的日间照料中心中，14 家机构配备了共计 22 名医生，其中兼职医生人数为 15 人。从医生的职称结构看，19 人为主治医生及以下，

2 人为副主任医师，1 人为主任医师。从医生的学历结构看，15 人为专科学历，7 人为本科学历。

在护士配备上，仅有 4 家机构报告配置了护士，共计 4 人。从年龄构成上看，2 人为 41～50 岁，2 人为 51 岁及以上。从学历构成看，高中/中职学历 3 人，大专/高职学历 1 人。

（3）其他技术人员

在康复师的配置上，7 家机构报告配备了 9 名康复师。从年龄结构看，21～30 岁的 2 名，31～40 岁的 3 名，41～50 岁的 4 名。从学历结构看，6 人高中/中职学历，3 人大专/高职学历。

在营养师的配置上，共计 9 家机构报告配备了 9 名营养师。从营养师的年龄结构看，21～30 岁的 1 名，31～40 岁的 3 名，51 岁及以上的 5 名。从学历结构看，8 人高中/中职学历，1 人大专/高职学历。

（4）管理人员及其他

在管理人员配置上，共计 23 家机构报告配备了 38 名管理人员，平均每个机构配备 1.65 名管理人员。从管理人员的学历结构看，2 人初中及以下学历，30 人高中/中职学历，4 人大专/高职学历，2 人本科及以上学历。从年龄结构看，21～30 岁的 4 名，31～40 岁的 16 名，41～50 岁的 12 名，51 岁及以上的 6 名。

在被调查的 28 家日间照料中心中，26 家机构报告了员工总人数，共计 109 人，平均每家机构员工数为 4.19 人。近一年内，员工离职人数共计 14 人。截至调查时间点，在服务志愿者平均每家机构 9.94 人，在服务义工平均每家机构 1.53 人，如表 3-12 所示。其中，志愿者提供的服务主要有各类慰问康乐服务、健康讲座与健康检查、生活便民服务以及陪聊沟通等；义工提供的服务相对集中，主要为卫生清洁、老人照看与生活服务等。

表 3-12　黄浦区日间照料中心工作人员统计数据

	员工总人数	最近一年内离职人数	目前在服务志愿者人数	目前在服务义工人数
平均	4.19	0.50	9.94	1.53
标准差	2.81	0.92	21.87	2.57
观测数	28	28	18	17

（三）黄浦区日间照料中心管理制度情况

黄浦区日间照料中心内，各项管理制度设置均比较全面，如图 3 – 7 所示。其中，老年人服务档案是各个服务机构比较关注的管理制度，除老人基本信息登记外，还有服务申请信息、老人当日状况登记信息、每日出入登记信息等，均是各个机构重点登记的信息，如图 3 – 8 所示。

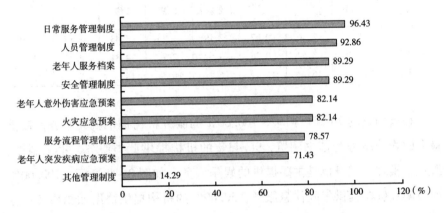

图 3 – 7　黄浦区日间照料中心内部管理制度设置情况

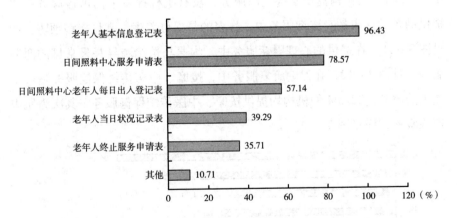

图 3 – 8　黄浦区日间照料中心老人服务档案中记录的主要信息

（四）黄浦区日间照料中心服务水平情况

黄浦区日间照料中心每家每天（在被调查时过去的一周内）服务老人数的平均值为 22.63 人，其中，半失能老人每家机构每天平均为 2.5 人，全失能老人每家机构每天平均为 0.07 人。每家机构每天服务的老人中，正常老人平均值为 7.19 人，各失能等级对应的人数如表 3-13 所示。从被服务老人住家与日间照料中心之间的最远距离看，平均值为 0.86 公里。

表 3-13　黄浦区日间照料中心平均每天服务老人数

	每天服务老人数			按失能等级区分			
	总人数	半失能老人数	全失能老人数	正常老人	1 级	2 级	3 级	4 级及以上
平均	22.63	2.50	0.07	7.19	1.33	3.43	1.87	1.15
标准差	18.28	3.52	0.26	8.62	2.77	4.31	2.45	1.95
观测数	27	16	15	16	15	14	15	13

在被调查的 28 家机构中，100.00% 的服务机构提供就餐服务；提供最多的娱乐服务是读书阅览，96.43% 的机构提供此类服务，手工制作、游戏、棋牌、健身也是主要提供的娱乐服务，如图 3-9 所示；100.00% 的被调查机构提供午间休息服务；50.00% 的机构提供协助如厕服务；在生活照料服务中，测血压是最常见的服务，如图 3-10 所示；在饮食服务中，46.43% 的机构提供送餐上门服务，没有机构提供上门做饭服务；在提供的各类健康教育咨询服务中，最多的是保健养生、常见疾病预防，详见图 3-11；在提供的心理慰藉服务中，沟通与情绪疏导是最常见的两种服务，见图 3-12；在保健康复服务中，按摩、中医传统保健服务是最多提供的服务，28.5% 的机构均提供按摩、中医传统保健服务，其次为肌肉训练服务，详见图 3-13。

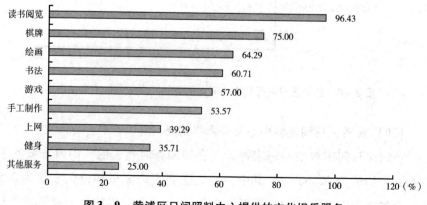

图 3-9　黄浦区日间照料中心提供的文化娱乐服务

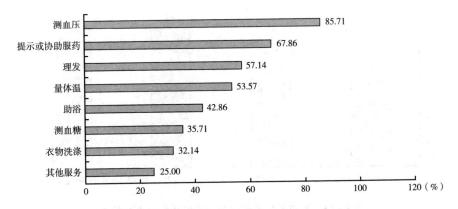

图 3 - 10　黄浦区日间照料中心提供的生活照料服务

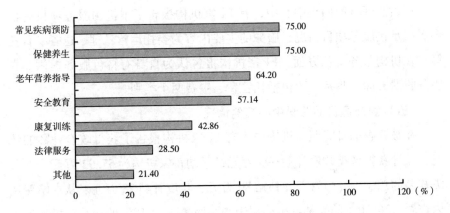

图 3 - 11　黄浦区日间照料中心提供的健康教育咨询服务

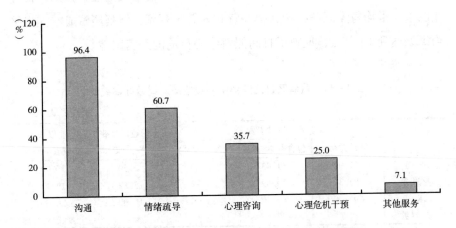

图 3 - 12　黄浦区日间照料中心提供的心理慰藉服务

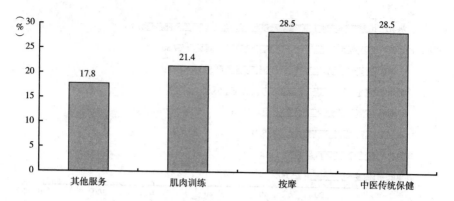

图 3 - 13　黄浦区日间照料中心提供的保健康复服务

在黄浦区日间照料中心中，有 14 家机构报告了本机构服务项目有社会组织承接服务项目情况，服务的主要内容为委托运营管理、送餐、日托等。在机构服务特色方面，14 家机构报告认为自身有特色服务提供。在服务收费方面，收费主要包括托管费、餐费两个类别。

（五）黄浦区日间照料中心其他情况

在被调查的日间照料机构中，有 11 家机构报告了获得政府补贴的情况，共计获得各类政府补贴 695 万元，平均每家机构为 57.92 万元。在各类补贴的总额中，包含开办补贴 80 万元，年度补贴 23 万元。从补贴费用内容看，36.36% 的受补贴机构用于购买服务，18.18% 的受补贴机构用于水电煤。在经营业绩方面，仅有 4 家机构能够并愿意提供经营数据。自开业以来，平均每家服务机构获得经营收入 2.5 万元，但是经营成本支出平均每家达到 10 万元，反映了日间照料中心目前的经营困境。

表 3 - 14　黄浦区日间照料中心接收政府财政补贴统计

单位：万元

	政府财政补贴			自开业以来获得经营收入	自开业以来支付各类成本费用
	补贴总额	包含开办补贴	包含年度补贴		
平均	57.92	11.43	3.29	2.50	10.00
标准差	82.39	10.69	3.99	3.32	14.14
求和	695.00	80.00	23.00	10.00	20.00
观测数	12	7	7	4	2

影响老人选择使用日间照料中心服务的因素有多种，调查显示，地理位置是影响最大的因素，39.2% 的被调查机构均认为这个因素最为重要（图 3-14）。46.43% 的被调查机构认为，到本机构来的老人数量还是比较多的，但也有 53.57% 的被调查机构认为，到本机构来的老人数量不多。53.57% 的被调查机构认为，他们在经营中能够留住老人在本机构使用服务，但仅有 25.00% 的被调查机构认为他们能从服务的老人那里收到相关项目的服务费。此外，10.71% 的被调查机构能够做到多元化赢利。被调查对象反馈，出现上述经营中无法有效赢利的主要原因，一是机构属于非营利性机构，很多机构不收取服务费，赢利模式也较为单一，因此出现了不能赢利的现象；二是，政府统一购买服务，且不能引入收费项目。

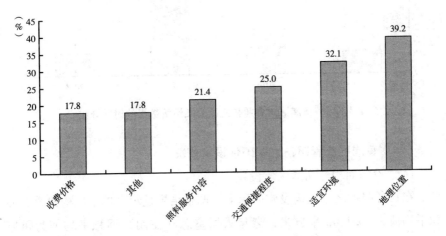

图 3-14 影响老人入住黄浦区日间照料中心的主要因素

被调查服务机构中，有 21 家服务机构是连锁经营的日间照护机构。在政府支持帮助建议上，被调查机构主要提出如下建议：第一，出台并完善相关养老福利政策，且针对社区养老机构开展免费学习计划，例如，组织养老服务工作人员进行专业培训以及专业技能的训练等；第二，政府提供相关资金支持，搭建沟通平台，增加社区其他相关资源；第三，为社区养老机构提供宣传推广的途径，使更多的老人了解到机构和服务等。

二 黄浦区长者照护之家发展现状

黄浦区长者照护之家调查共获得有效样本 11 家，从服务机构类型看，11 家全为非营利性机构；从服务机构地理区位看，全部机构均在内环线以内；从机构开始运营时间来看，除一家信息不详之外，被调查的长者照护之家均在 2015 年及之后开始运营，各年份运营机构数量如图 3 - 15 所示。

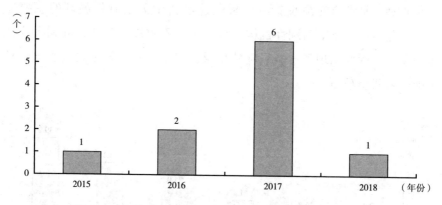

图 3 - 15　黄浦区长者照护之家开始运营数量的时间分布

（一）黄浦区长者照护之家硬件设置情况

（1）设施面积与功能区域设置

在长者照护之家机构设施面积上，调查结果显示，单个机构建筑总面积平均值为 1051.45 平方米，老年人居室总（使用）面积平均值为每家 667.20 平方米，床均建筑面积为 17.50 平方米，居室内单床的使用面积平均值为 8.00 平方米（见表 3 - 15）。

表 3 - 15　黄浦区长者照护之家的各项面积统计

单位：平方米

	总建筑面积	老年人居室总（使用）面积	床均建筑面积	居室单床使用面积
平均	1051.45	667.20	17.50	8.00
标准差	973.14	561.95	9.88	3.27
观测数	11	5	4	4

在被调查的长者照护之家中，有 10 家机构设置了独立的出入口。从机构用房性质看，其中 5 家机构的用房属于居住类用房，其余为非居住类用房或其他类型用房。从机构的周边环境看，机构周边 300 米范围内，有公共绿化或花园的有 7 家，有室外公共活动场所的有 5 家。

从机构内基本生活辅助用房的配置情况看，各类型辅助用房配置的比例均比较高，其中，公共卫生间比例最高，达到 100%，如图 3 – 16 所示。总体看，在单个机构内，公共卫生间设置数量最多，平均值为 4.89 间，餐厅、公用浴室、厨房操作间和污物处理间平均每家机构设置为 1 ~ 2 间。从面积看，其中公用浴室是每家机构配置面积最大的生活辅助用房，单家机构的平均面积达到 75.67 平方米，如表 3 – 16 所示。

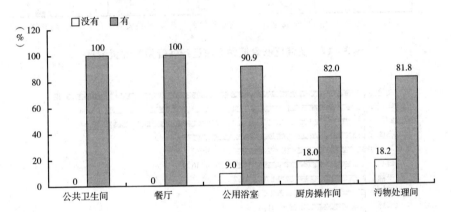

图 3 – 16　黄浦区长者照护之家基本生活辅助用房配置情况

表 3 – 16　黄浦区长者照护之家的基本生活辅助用房配置数量及面积

单位：间，平方米

	公共卫生间		餐厅		公用浴室		厨房操作间		污物处理间	
	房间数	共计面积	房间数	共计面积	房间数	共计面积	房间数	共计面积	房间数	共计面积
平均	4.89	33.67	1.63	91.48	2.11	75.67	0.86	16.75	2.63	33.20
标准差	4.20	34.44	0.74	123.34	1.54	123.00	0.69	20.06	2.50	49.97
观测数	9	6	13	5	9	6	7	4	8	5

在医疗保健用房配置上，心理疏导室的配置比例最高，达到 63.64%，临终关怀室的配置比例很低，仅为 18.18%，27.27% 的机构设有中医保

健室，如图3－17所示。在公共活动用房配置方面，阅览室是配置比例最高的公共活动用房，有72.73%的机构设置了阅览室。此外，手工制作室、电影/电视室也是配置比例较高的活动用房，如图3－18所示。

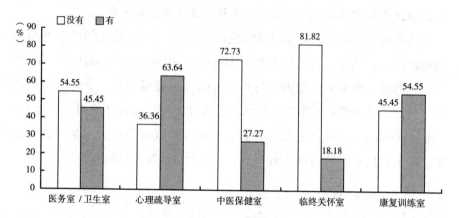

图3－17　黄浦区长者照护之家医疗保健用房配置情况

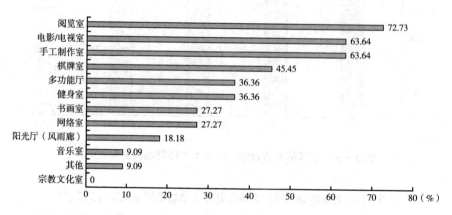

图3－18　黄浦区长者照护之家公共活动用房配置情况

（2）服务设备配置

在服务设备配置上，黄浦区长者照护之家中功能轮椅配置比例最高，达到了81.82%，其次是康复训练器具和多功能护理床等，如图3－19所示。

在消防设施的配置方面，黄浦区长者照护之家中各类消防设施的配置相对较全面（见表3－17）。在安全设施配置方面，各类安全防护设置的

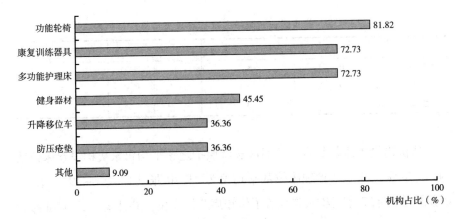

图 3－19 黄浦区长者照护之家服务设备配置情况

配置较全面（见图 3－20），但是只有 9.09% 的机构使用老人定位设备。在智慧养老设施配置方面，已经各有 3 家机构配置了物联网设施，4 家机构配置了智能检测系统设备（如表 3－18）。在 11 家机构中，有 9 家机构配置了应急电源设备。

表 3－17 黄浦区长者照护之家消防设施配置情况

	灭火器、消防栓	消防喷淋系统	自动火灾报警
无	0	0	0
有	11	11	11

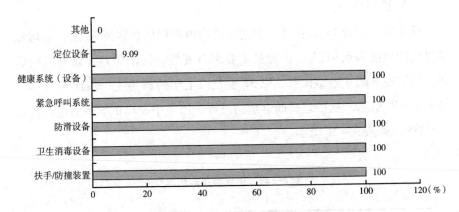

图 3－20 黄浦区长者照护之家各类安全设施配置情况

表 3 – 18　黄浦区长者照护之家智慧养老设施配置情况

	互联网络	物联网设施	智能检测系统设备	远程医疗设备
没有配置	0	5	4	6
配置	9	4	4	2
缺失	2	3	3	3

从机构设置床位数看，黄浦区长者照护之家平均每家机构设置床位数为 32.73 张，其中，护理床位数平均值为 21.70 张（如表 3 – 19）。在 11 家机构中，有 2 家机构报告配置了认知症照护床位，共计 21 张认知症照护床位。此外，有 5 家机构设有医务室/卫生室，4 家机构设有社区卫生服务中心延伸医务室/站；有 1 家机构设有护理站，护理站的面积为 30 平方米，其中诊室面积约为 12 平方米，治疗室约为 6 平方米，处置室为 3 平方米。

表 3 – 19　黄浦区长者照护之家床位配置情况

	床位数	其中护理床位数
平均	32.73	21.70
标准差	12.88	18.12
观测数	11	10

（二）黄浦区长者照护之家人员配置情况

（1）护理员

黄浦区被调查 11 家长者照护之家机构内护理员总数为 76 人，平均每家机构护理员为 6.91 人。护理员主要来自安徽、河南等地，以安徽的居多。从护理员的年龄结构看，以 51 岁及以上年龄群为主，占比 57.89%，如表 3 – 20 所示。从护理员的学历构成看，以初中及以下学历为主，占比 76.32%，如表 3 – 21 所示。

表 3 – 20　护理员年龄构成

单位：%

	20 岁及以下	21 ~ 30 岁	31 ~ 40 岁	41 ~ 50 岁	51 岁及以上
占比	0	0	10.53	31.58	57.89

表 3 - 21　护理员学历构成

单位：%

	初中及以下	高中/中职	大专/高职	本科及以上
占比	76. 32	23. 68	0	0

（2）医生与护士

在 11 家长者照护之家机构中，有 6 家机构报告配备了 10 名医生，其中，9 人为主治医师及以下职称，1 名副主任医师。从医生的学历结构看，专科学历 7 人，本科学历 3 人。10 家机构报告配备了 13 名护士。从护士的年龄结构看，21 ~ 30 岁的 1 名，31 ~ 40 岁的 5 名，51 岁及以上的 7 名。从护士的学历结构看，11 人高中/中职学历，2 人大专/高职学历。

（3）其他技术人员

在被调查机构中，有 4 家机构配置了康复师，共计 4 人，3 人为接受康复技能专业培训人员。康复师的年龄分布为 21 ~ 30 岁 1 人，41 ~ 50 岁 3 人。从学历结构看，均为大专/高职学历。

在营养师配置上，有 6 家机构配置了营养师，共计 6 人。营养师中 21 ~ 30 岁 1 人，31 ~ 40 岁 2 人，51 岁及以上 3 人。营养师的学历分布为高中/中职学历 1 人，大专/高职学历 2 人，本科及以上学历 3 人。

（4）管理人员及其他

在管理人员配置上，其中 11 家机构报告配备了 32 名管理人员，平均每个机构配备 2.91 名管理人员。从管理人员的学历结构看，20 人高中/中职学历，8 人大专/高职学历，2 人本科及以上学历。从年龄结构看，21 ~ 30 岁的 2 人，31 ~ 40 岁的 4 人，41 ~ 50 岁的 19 人，51 岁及以上的 7 人。

11 家被调查机构报告了员工总人数，平均每家机构员工数为 11 人。近一年内，平均每家机构员工离职人数 0.64 人。截至调查时间点，在服务志愿者及义工人数如表 3 - 22 所示。其中，志愿者提供服务主要有理发、按摩、读书读报等；义工提供的服务主要为按摩、测量血压等。此外，被调查机构中，仅有 1 家设立了护理站，配置了 1 名执业注册护士。

表 3 - 22　黄浦区长者照护之家服务机构工作人员统计数据

	员工总人数	最近一年内离职人数	目前在服务志愿者人数	目前在服务义工人数
平均	11.00	0.64	5.00	0.67
标准差	3.46	1.03	6.39	1.12
观测数	11	11	10	9

（三）黄浦区长者照护之家管理制度情况

从黄浦区被调查长者照护之家的各项管理制度设置看，各机构均设置了各类管理制度，且设置的比例均比较高，如图 3 - 21 所示。在老年人服务档案制度中，重点规范各类老年人服务档案的建设，各类老年人服务信息档案的包含情况如图 3 - 22 所示。

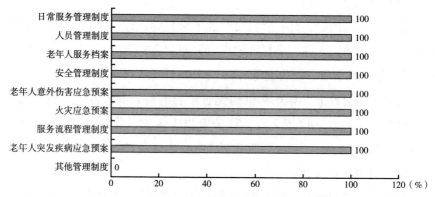

图 3 - 21　黄浦区长者照护之家制定的管理制度情况

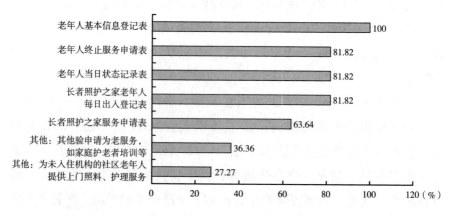

图 3 - 22　黄浦区长者照护之家老年人服务档案包含的主要信息

（四）黄浦区长者照护之家服务水平情况

黄浦区长者照护之家在过去一周内，每家每天服务老人数的平均值为29.55 人，其中，半失能老人数为每家机构每天平均为 8.30 人，全失能老人数每家机构每天平均为 4.30 人。每家机构每天服务的老人中，正常老人平均值为 9.14 人，各失能等级对应的人数如表 3 - 23 所示。从被服务老人住家与长者照护之家之间的最远距离看，平均值为 6.73 公里。

表 3 - 23　黄浦区长者照护之家平均每天服务人数

	每天服务老人数			按失能等级区分				
	总人数	半失能老人数	全失能老人数	正常老人	1 级	2 级	3 级	4 级及以上
平均	29.55	8.30	4.30	9.14	0.29	2.14	1.71	7.14
标准差	12.77	11.73	7.38	10.02	0.76	3.39	3.40	8.49
观测数	11	10	10	7	7	7	7	7

平均而言，自开业以来，每位老人入住时间平均值为 199.80 天；其中，老人转出本机构后，全都不需要继续护理、康复。收住等级为 4 级及以上的老人每家机构平均为 8.76 人。

表 3 - 24　黄浦区长者照护之家服务老人情况

	每位老人入住时间（天）	出机构后需继续护理人数	收住 4 级及以上老人
平均	199.80	0.00	8.76
标准差	337.92	0.00	2.22
观测数	8	6	7

黄浦区长者照护之家中提供的基本服务最多的是个人生活照料服务，占比为 100.00%，其次是住宿服务，如图 3 - 23 所示。9 家长者照护之家提供助餐服务，10 家长者照护之家提供助浴服务。

黄浦区被调查长者照护之家中，9 家机构设立了老人入住筛选标准，5 家机构设立了老人出院评估标准。7 家长者照护之家报告了床位的轮转时间，平均而言，床位轮转时间为 129 天。有 2 家机构报告经营过程中有老人"霸床"现象，2 家机构曾有 7 位老人有过"霸床"现象，平均

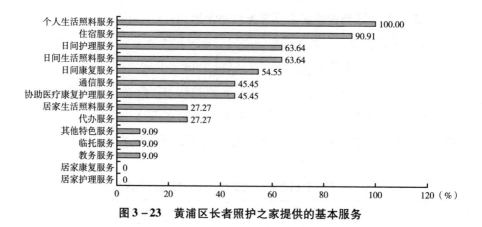

图 3 – 23　黄浦区长者照护之家提供的基本服务

"霸床"时间为 180 天。

长者照护之家中，白天平均每家机构有 2～5 名养老护理员在岗，晚上有 1～5 名养老护理员在岗。在被调查的机构中，有 2 家机构拥有承接本机构服务项目的社会组织。在被调查的长者照护之家中，有 5 家机构报告提供特色服务项目。

（五）黄浦区长者照护之家其他情况

在被调查长者照护之家中，有 6 家机构提供了政府财政补贴情况。平均而言，每家机构获得政府补贴 47.62 万元，6 家机构共计获得 285.70 万元补贴，其中开办费补贴总额为 39 万元。补贴内容集中在年度补贴上。仅有 3 家机构提了经营收入与成本开支数据，统计结果显示，自开业以来平均每家长者照护之家获得的经营收入为 144.67 万元，但支付各类成本平均每家 161.93 万元，如表 3 – 25 所示。这反映了长者照护之家目前的经营现状，多数机构靠获取政府财政补贴来维持运营。

表 3 – 25　黄浦长者照护之家接收政府财政补贴统计

单位：万元

	政府财政补贴			自开业以来获得经营收入	自开业以来支付各类成本费用
	补贴总额	包含开办补贴	包含年度补贴		
平均	47.62	7.80	45.62	144.67	161.93
标准差	37.04	10.96	44.94	33.65	19.66
求和	285.70	39.00	273.7	434.00	485.80
观测数	6	5	6	3	3

在被调查的 11 家机构中，5 家机构明确表示在长期经营中，本机构不能盈利；仅有 2 家机构表示能够盈利。对影响长者照护之家入住率的主要因素，地理位置、照料服务内容和收费价格均是重要的影响因素（见图 3-24）。11 家机构中，8 家机构明确反馈到该机构的老人比较多，1 家机构认为到机构的老人不多。

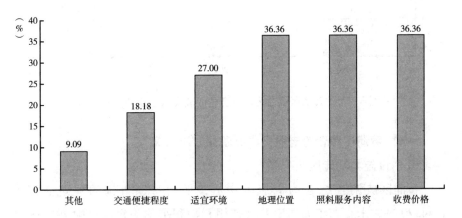

图 3-24　影响黄浦区长者照护之家入住率的主要因素

被调查机构对政府提供支持帮助长者照护之家运营的建议，主要为：一是希望政府能够提供更多的经济上的补贴；二是需要政策的扶持以及政府的宣传。在被调查机构中有 2 家机构是连锁化经营，他们认为连锁经营有规模效益，可降低综合成本，扩大服务品牌影响力，实现多赢；同时，因每个区情况不同，政府对长者照护之家要求和支持力度各不相同，因此运营方操作起来存在一定难度，尽管是连锁经营，但仍然是"单打独斗"。

三　黄浦区综合为老服务中心发展现状

黄浦区综合为老服务中心调查共获得有效样本 10 家，从服务机构类型看，10 家被调查机构均为非营利性机构；从服务机构地理区位看，均为内环线以内；从机构开始运营时间来看，除 3 家时间不详外，其余机构均在 2016 年及之后开始运营，各年份运营机构数量如图 3-25 所示。

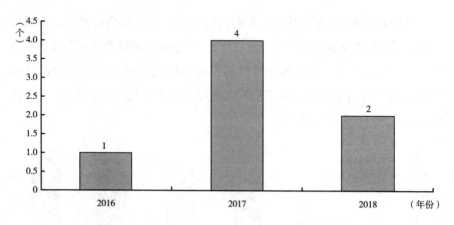

图 3 - 25　黄浦区综合为老服务中心成立以来运营时间分布

（一）黄浦区综合为老服务中心硬件设施情况

（1）设施与功能区域

黄浦区被调查综合为老服务中心，平均每家机构的建筑面积为1344.70 平方米，老年人居室总（使用）面积平均为每家机构797.43 平方米，如表 3 - 26 所示。

表 3 - 26　黄浦区综合为老服务中心设施面积

单位：平方米

	总建筑面积	老年人居室总(使用)面积
平均	1344.70	797.43
标准差	1025.90	544.56
观测数	10	7

在被调查的 10 家机构中，有 9 家机构设有独立的机构出入口。从机构用房性质看，有 2 家机构的用房属于居住类房屋，7 家机构的用房属于非居住类或其他房屋，1 家机构数据缺失。被调查机构中，有 7 家机构周边 300 米范围内有公共绿化或花园，6 家机构周边 300 米范围内有室外公共活动场所。

在各类基本生活辅助用房配置上，公共卫生间是配置最高的生活辅助用房，100% 的被调查机构均有配置，其次是公用浴室，配比 90%，如图3 - 26 所示。其中，公共卫生间的数量是各类基本生活辅助用房中配置最多的用房，平均每家机构的卫生间数量在 4～5 间，平均面积达到 44.57 平方米。其余各类生活辅助用房的间数平均每家机构 1～2 间，如表 3 - 27 所示。

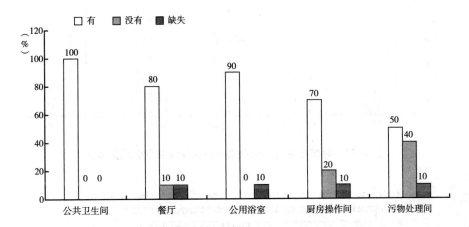

图 3 - 26　黄浦区综合为老服务中心内基本生活辅助用房配置

表 3 - 27　黄浦区综合为老服务中心基本生活辅助用房配置数量及面积

单位：间，平方米

	公共卫生间		餐厅		公用浴室		厨房操作间		污物处理间	
	房间数	共计面积	房间数	共计面积	房间数	共计面积	房间数	共计面积	房间数	共计面积
平均	4.90	44.57	1.38	31.23	2.78	61.57	0.89	13.13	1.22	19.29
标准差	3.28	30.04	0.74	19.54	1.72	105.58	0.60	15.25	1.48	44.55
观测数	10	7	8	7	9	7	9	7	9	7

医疗保健用房配置上，80% 的被调查机构配置了康复训练室、心理疏导室，60% 的被调查机构配置了医务室/卫生室，40% 的被调研机构设置了中医保健室，如图 3 - 27 所示。其中，康复训练室的配置面积平均每家机构为 19 平方米，心理疏导室平均每家机构的面积为 65.83 平方米。

在各类公共活动用房配置上，手工制作室、多功能厅是配置比例最高的公共活动用房，配置比例均为 80%，电影/电视室、阅览室的配置比例也均为 70%，健身室、书画室、棋牌室配置比例均为 40%，如图3 - 28 所示。

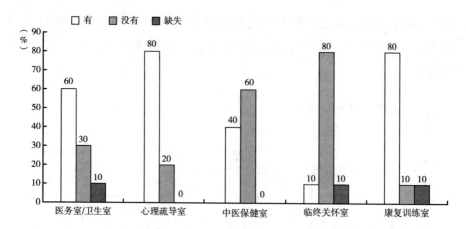

图3-27 黄浦区综合为老服务中心医疗保健用房配置情况

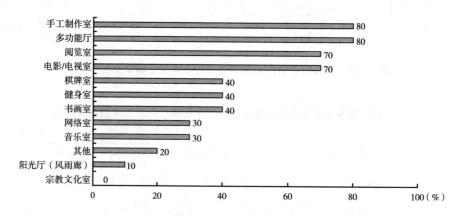

图3-28 黄浦区综合为老服务中心公共活动用房配置情况

（2）服务设备配置

被调查综合为老服务中心配置的各类服务设备中，功能轮椅配置比例最高，达到80%，健身器材和康复训练器具配置比例均为50%，多功能护理床配置比例为40%。各类服务设备的配置情况如图3-29所示。

在消防设备的配置上，被调查机构的各类消费设备配置比例均比较高，灭火器、消防栓和自动火灾报警的配置比例达到90%，如表3-38所示。在综合为老服务中心内，各类安全保护装置的配置比例也比较高，健康系统（设备）配置比例为100%，防滑设备、扶手/防撞装置配置比

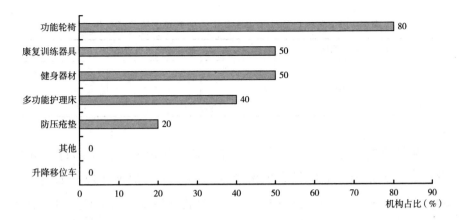

图 3 – 29 黄浦区综合为老服务中心服务设备配置

例均为 90%，如图 3 – 30 所示。在智慧养老设置的配置上，互联网配置比例达到 100%，智能检测系统设备的配置比例为 60%，其他各类智慧养老智能设备的配置比例并不高，如表 3 – 29 所示。

表 3 – 28 黄浦区综合为老服务中心的消防设施配置情况

	灭火器、消防栓	消防喷淋系统	自动火灾报警	其他
无	0	2	1	6
有	9	8	9	0
缺失	1	0	0	4

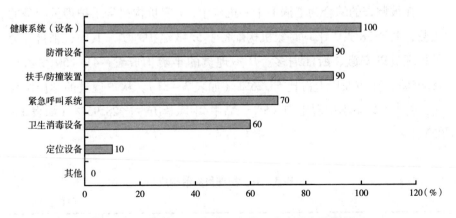

图 3 – 30 黄浦区综合为老服务中心安全设备配置情况

表3-29　黄浦区综合为老服务中心智慧养老设施配置情况

	互联网络	物联网设施	智能检测系统设备	远程医疗设备
没有配置	0	6	3	7
配置	10	2	6	2
缺失	0	2	1	1

从被调查综合为老服务中心设置的床位数量来看，平均每家机构设置29.75张床，平均每家机构设置约18.38张护理床位，如表3-30。在被调查的10家机构中，有6家机构设有医务室/卫生室，有3家机构设有社区卫生服务中心延伸医务室/站，有1家机构设立护理站。

表3-30　黄浦区综合为老服务中心设置床位数

	总床位数	护理床位数
平均	29.75	18.38
标准差	19.96	25.36
观测数	8	8

（二）黄浦区综合为老服务中心人员配置情况

（1）护理员

在被调查的综合为老服务中心机构中，7家机构报告了护理员配备的人数，共计38人，平均每家机构配备了5.43名护理员。其中，来自外地的护理员以安徽、浙江居多。从护理员的年龄构成看，41～50岁占比28.95%，51岁及以上占比55.26%（如表3-31）。从护理员的学历结构看，初中及以下学历占比71.05%，高中/中职学历占比28.95%（如表3-32）。

表3-31　护理员年龄构成

单位：%

	21～30岁	31～40岁	41～50岁	51岁及以上
占比	2.63	13.16	28.95	55.26

表 3 – 32　护理员学历构成

单位：%

	初中及以下	高中/中职	大专/高职	本科及以上
占比	71.05	28.95	0	0

（2）医生和护士

被调查机构中，有 6 家机构报告配备了 14 名医生，医生的职称主要为主治医师及以下，专科学历 10 人，本科学历 4 人。在护士人员配置上，仅有 4 家机构报告配备了共计 4 名护士。其中，护士年龄构成，21～30 岁 1 名，31～40 岁 1 名，51 岁及以上 2 名；护士学历构成，高中/中职学历 3 名，大专/高职学历 1 名。

（3）其他技术人员

在被调查机构中，有 4 家机构报告配备了康复师，其中 1 家机构配置 3 名康复师，3 家机构均配置了 1 名康复师。从康复师的年龄看，21～30 岁 4 名，31～40 岁 1 名，41～50 岁 1 名。从康复师的学历看，大专/高职学历 4 名，本科及以上学历 2 名。

有 4 家机构报告配备了 4 名营养师。从营养师的年龄看，21～30 岁 2 名，31～40 岁 2 名。从营养师的学历看，大专/高职学历 1 名，本科及以上学历 3 名。

（4）管理人员及其他

在管理人员配置上，8 家被调查机构报告了人数配置情况，共计有 15 名管理人员，平均每个机构配备 1.88 名管理人员。从管理人员的学历结构看，大专/高职学历的 6 人，本科及以上学历的 9 人。从年龄结构看，21～30 岁的 3 人，31～40 岁的 5 人，51 岁及以上的 7 人。

被调查机构中，平均每家机构员工数为 12.80 人。近一年内，平均每家机构员工离职人数为 1.57 人。截至调查时间点，在服务志愿者及义工人数如表 3 – 33 所示。在被调查机构中，有 5 家机构配备了养老顾问，养老顾问主要来自居委退休人员、第三方社会组织、综合服务中心机构人员及志愿者，服务时间主要集中在周一至周五。

表 3 - 33 黄浦区综合为老服务中心员工及志愿者/义工人数

	员工总人数	最近一年内离职人数	目前在服务志愿者人数	目前在服务义工人数
平均	12.80	1.57	16.43	2.14
标准差	8.34	2.94	14.72	3.58
观测数	10	7	7	7

（三）黄浦区综合为老服务中心管理制度情况

从管理制度设置看，黄浦区综合为老服务中心内各项管理制度设置较为全面，如图 3 - 31 所示。在老年人服务档案中，老年人基本信息登记表是占比最高的，如图 3 - 32 所示。

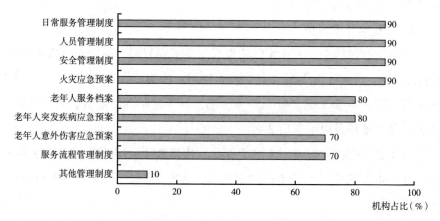

图 3 - 31 黄浦区综合为老服务中心管理制度设置情况

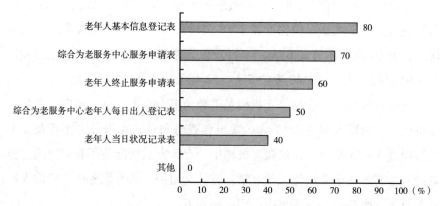

图 3 - 32 黄浦区综合为老服务中心老年人服务档案记录的主要信息

（四）黄浦区综合为老服务中心服务水平情况

黄浦区综合为老服务中心，在调查时过去一周内，平均每家机构每天服务老人数为 35.11 人，其中，平均每家机构半失能老人数为 6.86 人，全失能老人数为 5.71 人。自运营以来，平均每家机构运营时长 34.29 个月，如表 3 - 34 人。从被服务老人住家与综合为老服务中心地理距离看，最远距离平均值为 8.21 公里。

表 3 - 34　黄浦区综合为老服务中心服务人数

	每天服务老人数			自机构运营以来运营时长（月）
	总人数	半失能老人数	全失能老人数	
平均	35.11	6.86	5.71	34.29
标准差	18.05	6.62	15.12	8.28
观测数	9	7	7	7

黄浦区综合为老服务中心提供各类生活照料服务中，最多的是理发、助浴、助餐，有 80% 的被调查机构提供这些服务。此外，午间休息服务也是提供比例较高的服务，如图 3 - 33 所示。

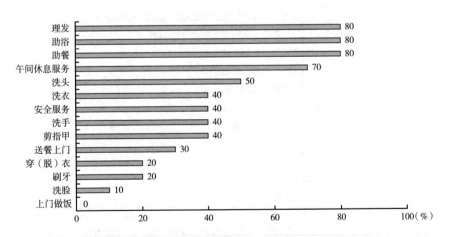

图 3 - 33　黄浦区综合为老服务中心提供的生活照料服务

综合为老服务中心提供的各类护理服务中，最多的是提示或协助服药，有 50% 的被调查机构提供此类服务。此外，被调查机构均不提供吸痰导尿、鼻饲护理、拆线换药、静脉采血、打针输液服务，各类护理服务提供的情况如图3－34所示。

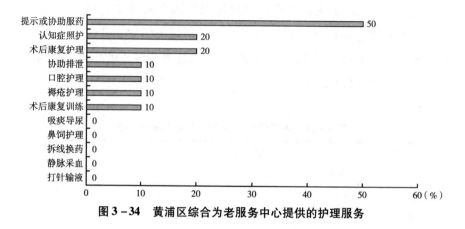

图3－34　黄浦区综合为老服务中心提供的护理服务

在提供的医疗服务中，90%的被调查机构提供日常健康管理服务（常见疾病预防，测量血压、血糖、体温等）；70%的机构提供营养指导；40%的机构提供联系紧急救护、建立健康档案餐等；其余各类服务如图3－35所示。

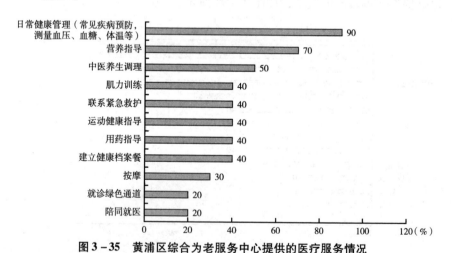

图3－35　黄浦区综合为老服务中心提供的医疗服务情况

在提供的精神慰藉服务中，60%的被调查机构提供陪聊（言语沟通）、情绪疏导、心理健康教育。此外，心理健康咨询也是提供较多的精神慰藉服务，如图3－36所示。

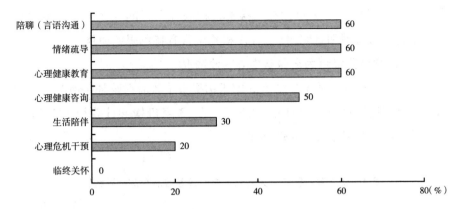

图 3 – 36　黄浦区综合为老服务中心提供的精神慰藉服务

在提供的文化娱乐服务中，80% 的被调查机构提供做游戏、看（听）戏曲、看书看报等文化娱乐服务，其他各类服务提供情况如图 3 – 37 所示。

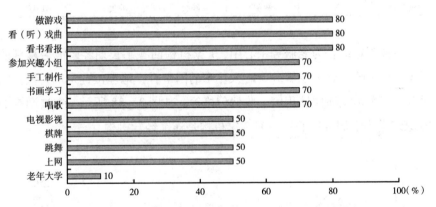

图 3 – 37　黄浦区综合为老服务中心提供的文化娱乐服务

在被调查的综合为老服务中心中，有 5 家机构提供照料者服务技术指导，有 4 家机构提供养老辅具租赁服务，有 4 家机构提供喘息服务，还有 2 家机构为老人提供上门服务。在 2 家为老人提供上门服务的机构中，全都提供助餐、助浴服务，50% 的提供护理服务。

在被调查机构中，有 7 家机构实现了"一网覆盖"信息管理，建成了本区域统一网络门户和数据库；有 7 家机构设有"一站式"办事窗口；5 家机构实施老人统一需求评估与审核；7 家机构实现综合体公共服务平台的枢纽作用；6 家机构能够整合各种综合为老服务资源，实现"一体化资源统筹"。此外，7 家机构有承接本机构服务项目的社会组织，最主要的是委托运营管理和日间照护。4 家机构报告有特色服务项目。

（五）黄浦区综合为老服务中心其他情况

被调查综合为老服务中心有 3 家机构提供了政府财政补贴情况。平均而言，每家机构获得政府补贴 57.33 万元，3 家机构共计获得 172.00 万元补贴，统计结果如表 3 - 35 所示。

表 3 - 35　黄浦区综合为老服务中心接收政府财政补贴统计

单位：万元

	政府财政补贴			自开业以来获得经营收入	自开业以来支付各类成本费用
	补贴总额	包含开办补贴	包含年度补贴		
平均	57.33	缺失	缺失	缺失	缺失
标准差	33.08	缺失	缺失	缺失	缺失
求和	172.00	缺失	缺失	缺失	缺失
观测数	3	缺失	缺失	缺失	缺失

在被调查综合为老服务中心中，1 家机构回答了长期经营能否赢利的问题。从影响综合为老服务中心入住率的因素看，地理位置是最为重要的因素，其次是交通便捷程度、收费价格等，如图 3 - 38 所示。在被调查的10 家综合为老服务中心中，有 2 家机构是连锁经营机构。

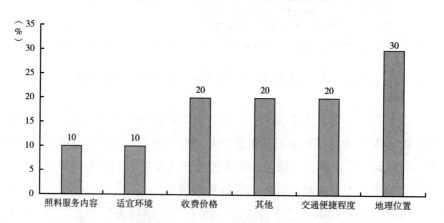

图 3 - 38 影响黄浦区综合为老服务中心入住率的主要因素

（宋婉婷　钱芝网）

第二节　徐汇区社区养老发展现状

一　徐汇区日间照料中心发展现状

徐汇区日间照料中心调查共获得有效样本 19 家，从服务机构类型看，17 家为非营利性机构，1 家为营利性机构，1 家为其他类型；从服务机构地理区位看，内环线以内为 10 家，内环线以外、中环线以内为 7 家，中环线以外、外环线以内为 1 家，外环线以外为 1 家；从机构开始运营时间来看，89.5% 的日间照料中心于 2011 年及之后开始运营，各年份开始运营的机构数量如图 3 - 39 所示。

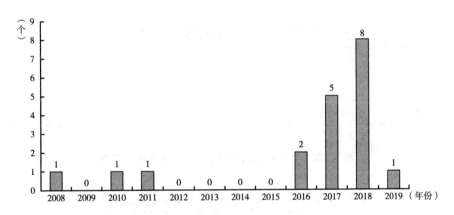

图 3 - 39　徐汇区日间照料中心开始运营数量的时间分布

（一）徐汇区日间照料中心硬件设施情况

（1）设施面积与功能区域设置

在日间照料中心设施面积上，调查结果显示，建筑总面积平均值为 699.64 平方米；室外活动场地面积平均值为 432.47 平方米，室外绿地面积平均值为 177 平方米（见表 3 - 36）。

在被调查的日间照料中心中，设置比例较高的基本服务区域为公共活动区域和生活服务区域，占比分别为 84.22% 和 78.96%，设置保健服务区

表 3-36 徐汇区日间照料中心设施面积

单位：平方米

	总建筑面积	使用面积	室外活动场地面积	室外绿地面积
平均	699.64	248.04	432.47	177.00
标准差	1122.50	200.43	722.82	206.05
观测数	18	13	17	16

域的比例为 63.16%，设置服务保障区域的比例为 47.37%（见表 3-37）。从各个服务区域面积来看，保健服务区域平均面积最大，为 204.55 平方米；公共活动区域平均面积为 196.36 平方米，详见表 3-38。78.96% 的机构设置了生活服务区域，11 家提供保健服务区域面积的被调查机构数据显示，生活服务区域平均面积为 72.55 平方米。

表 3-37 徐汇区日间照料中心基本服务区域设置

	生活服务区域	公共活动区域	保健服务区域	服务保障区域
无	2(10.52%)	1(5.26%)	4(21.05%)	6(31.58%)
有	15(78.96%)	16(84.22%)	12(63.16%)	9(47.37%)
缺失	2(10.52%)	2(10.52%)	3(15.79%)	4(21.05%)

表 3-38 徐汇区日间照料中心基本服务区域面积

单位：平方米

	生活服务区域面积	公共活动区域面积	保健服务区域面积	服务保障区域面积
平均	72.55	196.36	204.55	67.50
标准差	69.33	188.64	394.43	100.65
观测数	11	11	11	10

基本生活辅助用房配置中，公共卫生间、公用浴室及餐厅是配置比例较高的辅助用房，厨房操作间的配置比例最低，为 47.37%，如图 3-40 所示。对提供各类基本生活辅助用房面积的样本进行统计，结果显示，餐厅的平均面积最大，为 67.80 平方米；配置污物处理间的面积最小，平均面积为 8.03 平方米。各类生活辅助用房面积统计数据如表 3-39 所示。

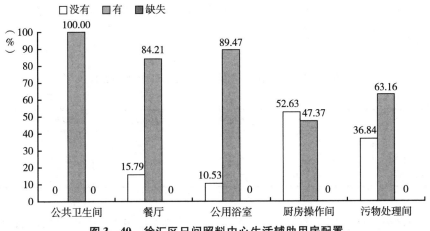

图 3 - 40　徐汇区日间照料中心生活辅助用房配置

表 3 - 39　徐汇区日间照料中心生活辅助用房配置面积

单位：平方米

	公共卫生间面积	餐厅面积	公用浴室面积	厨房操作间面积	污物处理间面积
平均	28.37	67.80	25.57	31.57	8.03
标准差	25.91	84.67	22.07	43.87	7.59
观测数	15	15	14	14	14

在医疗保健用房配置上，徐汇区的日间照料中心中，康复训练室的配置率最高，达到 57.89%；其次为医务室/卫生室和心理疏导室，配置率均达到 36.84%。中医保健室和临终关怀室的配置比例较低，仅分别为 26.32% 和 5.26%（如图 3 - 41）。对提供医疗保健用房面积的机构进行统

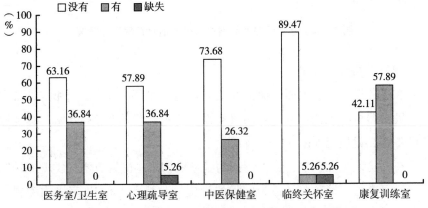

图 3 - 41　徐汇区日间照料中心医疗保健用房配置

计，结果显示，康复训练室的配置面积最大，平均面积为21.83平方米，其他数据如表3-40所示。

表3-40　徐汇区日间照料中心医疗保健用房面积

单位：平方米

	医务室/卫生室	心理疏导室	中医保健室	康复训练室
平均	6.31	3.58	3.33	21.83
标准差	4.73	5.34	4.41	25.72
观测数	13	12	12	12

在公共活动用房配置上，多功能厅、阅览室、电影/电视室是配置较多的公共活动用房，其他公共活动用房配置情况如图3-42所示。

此外，有15家被调查机构报告设置了办公用房，平均办公用房面积为33.87平方米；12家被调查机构报告还设置了其他用房。

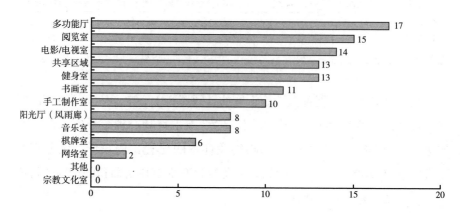

图3-42　徐汇区日间照料中心公共活动用房配置情况

（2）服务设备配置

在服务设备配置方面，徐汇区被调查的日间照护机构中，康复训练器具、健身器材是配置比例最高的服务设备，占比都达到78.95%，其他服务设备的配置情况如图3-43所示。

在消防设施配置上，在被调查的服务机构中均配置有不同类型的消防设施，灭火器、消防栓是最为常见的设施，此外，也有17家机构配置了自动火灾报警系统，见表3-41所示。各类安全设施的配置方面仅有

104

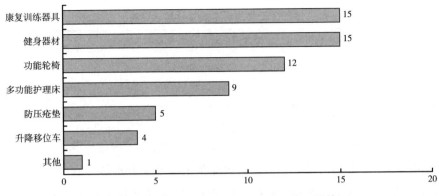

图 3 - 43　徐汇区日间照料中心服务设施配置情况

50% 左右的机构配置了基本相应设施，如图 3 - 44 所示。智慧养老设施的配置方面，有 15.79% 的机构配置互联网络，物联网设施、智能检测系统设备、远程医疗设备等其他智慧养老设施的配置比例均比较低，见表 3 - 42 所示。

表 3 - 41　徐汇区日间照料中心的消防设施配置情况

	灭火器、消防栓	消防喷淋系统	自动火灾报警	其他
无	0	2	2	5
有	19	16	17	3
缺失	0	1	0	11

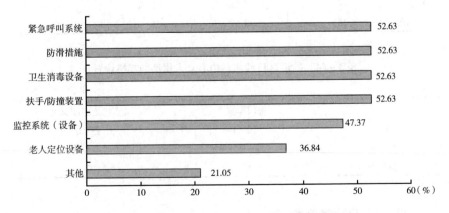

图 3 - 44　徐汇区日间照护机构安全设施配置情况

表3-42　徐汇区日间照料中心智慧养老设施配置情况

	互联网络	物联网设施	智能检测系统设备	远程医疗设备
没有配置	3	11	11	14
配置	16	6	7	4
缺失	0	2	1	1

　　徐汇区被调查日间照料中心中，15家机构配备了应急电源设备，4家机构配备了老人接送车辆，3家机构配备了物品采购车辆。其中，9家机构报告服务场所设置在建筑物的一层或底层，5家机构未具体告知建筑物楼层情况，5家机构报告设置在建筑物的二层及以上楼层，其中，只有3家机构配置了电梯或无障碍设施。

　　在服务设施中，平均每家机构设置床位数为13.67张，部分机构设置了护理床位。老人休息室平均每家机构设置1.25间，单间容纳老人数平均值为10.64人。老人服务设施的其他信息如表3-43和表3-44所示。在被调查的19家日间照料中心，仅有1家机构设置了护理站。

表3-43　徐汇区日间照料中心老人服务设施信息

	总床位数	护理床位数	老人休息室数	单间容纳老人数
平均	13.67	2.50	1.25	10.64
标准差	8.04	8.20	0.56	4.35
观测数	18	13	16	14

表3-44　徐汇区日间照料中心老人用房的规格设置

单位：厘米

	房门净宽度	室内走道净宽度
平均	106.15	136.00
标准差	41.10	48.81
观测数	13	13

（3）服务设施辨识度

　　在徐汇区被调查的19家日间照料中心中，有10家机构对其外观建筑做过色调处理以增加机构的辨识度；12 家服务机构的外观具有醒目的标识；11 家服务机构具有独立的出入口。

（二）徐汇区日间照料中心人员配置情况

（1）护理员

徐汇区被调查机构中的 18 家报告了护理员数量，共计 88 人，平均每家机构护理员 4.89 人，护理员主要来自外地。从护理员的年龄构成上看，56.82% 的护理员年龄在 51 岁及以上，各年龄段分布如表 3-45 所示。从护理员的学历构成看，以初中及以下居多，占比为 68.18%，其他学历构成如表 3-46 所示。

表 3-45　护理员年龄构成

单位：%

	21～30 岁	31～40 岁	41～50 岁	51 岁及以上
占比	3.41	10.23	29.54	56.82

表 3-46　护理员学历构成

单位：%

	初中及以下	高中/中职	大专/高职	本科及以上
占比	68.18	31.82	0	0

（2）医生与护士

在被调查的日间照料中心中，仅有 3 家机构报告配备了 8 名医生，其中兼职医生人数为 1 人。从医生的职称结构看，提供信息的医生均为主治医师及以下。从医生的学历结构看，6 人专科学历，2 人本科学历。

在护士配备上，16 家机构报告配备了 16 名护士。从年龄构成上看，21～30 岁的 2 人，31～40 岁的 4 人，51 岁及以上的 10 人。从学历构成看，高中/中职 13 人，大专/高职 3 人。

（3）其他技术人员

在康复师的配置上，4 家机构报告配备了 4 名康复师。从年龄结构看，21～30 岁的 1 人，31～40 岁的 3 人。从学历结构看，高中/中职学历的 3 人，大专/高职学历的 1。

在营养师的配置上，共计 2 家机构报告配备了 2 名营养师。从营养师的年龄结构看，21~30 岁的 1 人，31~40 岁的 1 人。从学历结构看，大专/高职学历的和本科及以上学历的各 1 人。

（4）管理人员及其他

在管理人员配置上，共计 16 家机构报告配置了 31 名管理人员，平均每个机构配备 1.93 名管理人员。从管理人员的学历结构看，高中/中职学历的 5 人，大专/高职学历的 16 人，本科及以上学历的 10 人。从年龄结构看，21~30 岁的 2 人，31~40 岁的 7 人，41~50 岁的 15 人，51 岁及以上的 7 人。

在被调查的 19 家日间照料中心中，17 家机构报告了员工总人数，共计 210 人，平均每家机构员工数为 12.35 人。近一年内，员工离职人数共计 25 人。截至调查时间点，在服务志愿者平均每家机构 6.97 人，在服务义工平均每家机构 0.93 人，如表 3-47 所示。其中，志愿者提供服务主要有组织活动、科普讲座、康乐陪伴、按摩理发、心理讲坛、管理绿化和设施等；义工提供的服务主要为卫生打扫和老人陪护等。

表 3-47　徐汇区日间照料中心工作人员统计数据

	员工总人数	最近一年内离职人数	目前在服务志愿者人数	目前在服务义工人数
平均	12.35	1.79	6.97	0.93
标准差	18.07	2.65	19.77	2.60
观测数	17	14	16	15

（三）徐汇区日间照料中心管理制度情况

徐汇日间照料中心内，各项管理制度设置均比较全面，如图 3-45 所示。其中，老年人服务档案是被调查服务机构中都实行的管理制度，除老人基本信息登记外，还有老年人当日状况记录、日间照料中心服务申请等，均是各个机构重点登记的信息，如图 3-46 所示。

（四）徐汇区日间照料中心服务水平情况

徐汇区日间照料中心每家每天服务老人数（在被调查时过去的一周内）的平均值为 20.89 人，其中，半失能老人数为每家机构每天平均为

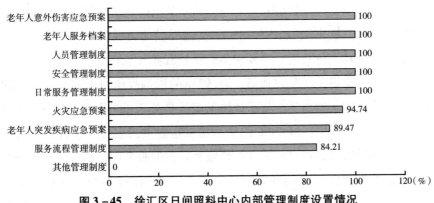

图 3 − 45 徐汇区日间照料中心内部管理制度设置情况

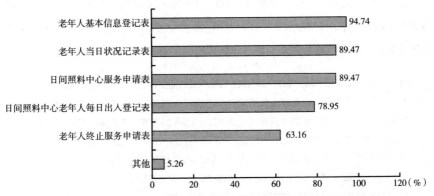

图 3 − 46 徐汇区日间照料中心老人服务档案中记录的主要信息

1.71 人，全失能老人每家机构每天平均为 0.19 人。每家机构每天服务的老人中，正常老人平均值为 14.75 人，各失能等级对应的人数如表 3 − 48 所示。从被服务老人住家与日间照料中心之间的最远距离看，平均值为 2.63 公里。

表 3 − 48 徐汇区日间照料中心平均每天服务老人数

	每天服务老人数			按失能等级区分				
	总人数	半失能老人数	全失能老人数	正常老人	1 级	2 级	3 级	4 级及以上
平均	20.89	1.71	0.19	14.75	1.17	2.25	2.13	1.40
标准差	6.75	3.10	0.75	3.96	2.04	3.50	3.14	1.713
观测数	18	17	16	8	6	8	8	10

在被调查的 19 家机构中，89.47% 的服务机构提供就餐服务；提供最多的娱乐服务是读书阅览，94.74% 的机构提供此类服务，手工制作、绘画、书法、游戏、健身也是主要提供的娱乐服务（见图 3−47）；97.74% 的被调查机构提供午间休息服务；78.95% 的机构提供协助如厕服务；在生活照料服务中，测血压、提示或协助服药是最常见的服务，如图 3−48 所示；在饮食服务中，31.58% 的机构提供送餐上门服务，仅有一家机构提供上门做饭服务；在提供的各类健康教育咨询服务中，最多的是安全教育、保健养生和常见疾病预防，详见图 3−49；在提供的心理慰藉服务中，沟通与情绪疏导是最常见的两种服务，见图 3−50；在保健康复服务中，按摩服务是最多提供的服务，63.16% 的机构均提供按摩服务，其次为肌肉训练服务，详见图 3−51；在 1 家设立护理站的机构中，护理站主要提供的是基础护理服务。

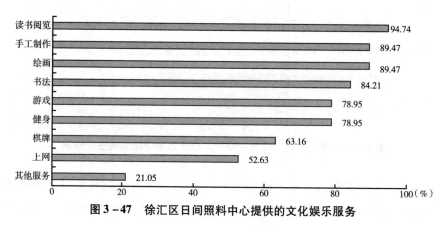

图 3−47　徐汇区日间照料中心提供的文化娱乐服务

图 3−48　徐汇区日间照料中心提供的生活照料服务

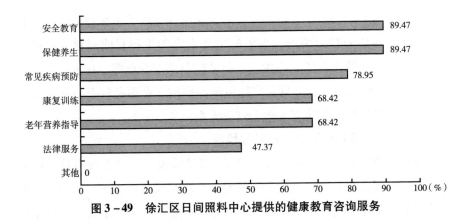

图 3 - 49　徐汇区日间照料中心提供的健康教育咨询服务

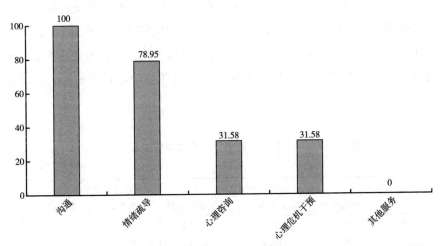

图 3 - 50　徐汇区日间照料中心提供的心理慰藉服务

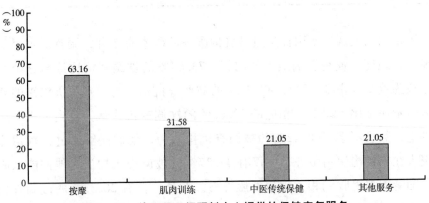

图 3 - 51　徐汇区日间照料中心提供的保健康复服务

在徐汇区日间照料服务机构中，有 8 家机构报告了本机构服务项目有社会组织承接服务项目情况，服务的主要内容为进行日间照料、精神慰藉、康复服务、家政服务、巡检、上门体检及活动开展等。在机构服务特色方面，4 家机构报告认为自身有特色服务提供。在服务收费方面，收费主要集中在托管费、护理费和餐费这三方面。

（五）徐汇区日间照料中心其他情况

在被调查的日间照料机构中，有 13 家机构报告了获得政府补贴的情况，共计获得各类政府补贴约 218 万元，平均每家机构 16.77 万元。在各类补贴的总额中，包含开办补贴 75 万元，年度补贴 143 万元。从补贴费用内容看，15.79% 的受补贴机构用于购买服务，26.32% 的受补贴机构用于水电煤。在经营业绩方面，仅有 10 家机构能够并愿意提供经营数据。自开业以来，平均每家服务机构获得经营收入 266 万元，经营成本支出平均每家达到 110.88 万元，反映了徐汇区日间照料中心目前的经营状况整体较好。

表 3-49　徐汇区日间照料中心接收政府财政补贴统计

单位：万元

	政府财政补贴			自开业以来获得经营收入	自开业以来支付各类成本费用
	补贴总额	包含开办补贴	包含年度补贴		
平均	16.77	6.25	11.92	266.00	110.88
标准差	26.50	16.47	27.84	712.38	192.29
求和	218.01	75.00	143.00	2660.00	887.00
观测数	13	13	13	10	10

影响老人选择使用日间照料机构服务的因素有多种，调查对象报告显示，地理位置是影响最大的因素，73.68% 的被调查机构认为这个因素最为重要（图 3-52）。47.37% 的被调查机构认为，到本机构来的老人数量还是比较多的，相应的 52.63% 的被调查机构认为，到本机构来的老人数量不多。68.42% 的被调查机构认为，他们能够通过经营留住老人在本机构使用服务，但仅有 47.37% 的被调查机构认为他们能从服务的老人那里收到相关项目的服务费。此外，仅有 26.32% 的被调查机构能够做到多元化赢利。被调查对象反馈，出现上述经营中无法有效赢

利的主要原因，一是机构属于非营利性机构，无法设立过多名目收费；二是老人退休工资不高，支付能力受限；三是受场地限制，无法提供老人所需的付费服务。

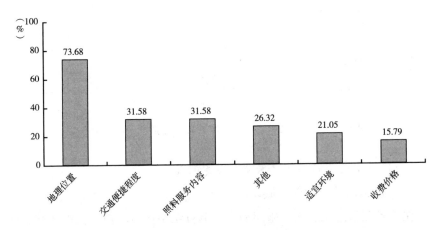

图 3-52　影响老人入住徐汇区日间照料中心的主要因素

被调查服务机构中，有 4 家服务机构是连锁经营的日间照护机构。在政府支持帮助建议上，被调查机构主要提出如下建议：第一，希望政府从政策层面上，出台相关支持文件及标准化执行文件。第二，希望政府能够通过财政在硬件、物资及其他资源上给予补助，例如，拓宽场地、加装电梯或轨道式爬楼机、配备接送车辆、提供医疗资源、购买老人康乐活动器材。第三，希望政府能够提供"软实力"支持，提供品牌宣传、志愿服务项目及服务补助、政府购买服务等。

二　徐汇区长者照护之家发展现状

徐汇区长者照护之家调查共获得有效样本 12 家，从服务机构类型看，11 家为非营利性机构，1 家为其他类型；从服务机构地理区位看，内环线以内为 5 家，内环线以外、中环线以内为 5 家，中环线以外、外环线以内为 1 家，外环线以外为 1 家；从机构开始运营时间来看，被调查的长者照护之家均在 2017 年及之后开始运营，各年份运营机构数量如图 3-53所示。

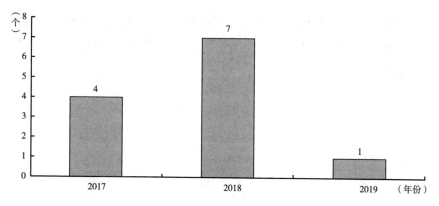

图 3 - 53　徐汇区长者照护之家开始运营数量的时间分布

（一）徐汇区长者照护之家硬件设置情况

（1）设施面积与功能区域设置

在长者照护之家机构设施面积上，调查结果显示，单个机构建筑总面积平均值为892.27平方米，老年人居室总（使用）面积平均值为每家375.73平方米，床均建筑面积平均值为13.27平方米，居室内单床使用面积平均值为6.60平方米（见表3-50）。

表 3-50　徐汇区长者照护之家的各项面积统计

单位：平方米

	总建筑面积	老年人居室总(使用)面积	床均建筑面积	居室单床使用面积
平均	892.27	375.73	13.27	6.60
标准差	1340.09	526.20	13.37	2.94
观测数	12	12	12	12

在被调查的长者照护之家中，有10家机构设置了独立的出入口。从机构用房性质看，参与回答的被调查机构中，4家机构的用房属于居住类用房，5家属于非居住类房屋，3家为其他用房性质。从机构的周边环境看，机构周边300米范围内，有公共绿化或花园的有11家，有室外公共活动场所的有9家。

从机构内基本生活辅助用房的配置情况看，各类型辅助用房配置的比例均比较高，其中，公共卫生间、公用浴室、污物处理间比例最高，都达到了 100%，如图 3 - 54 所示。总体看，在单个机构内，公共卫生间设置数量最多，平均值为 2.30 间，餐厅、公用浴室、厨房操作间和污物处理间平均每家机构设置在 1 间左右。从面积看，其中餐厅是每家机构配置面积最大的生活辅助用房，单家机构的平均面积达到 55.89 平方米，如表 3 - 51 所示。

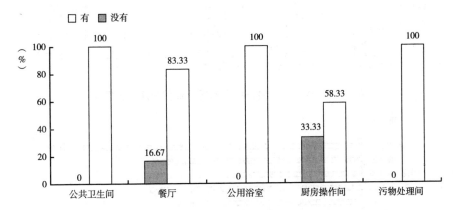

图 3 - 54　徐汇区长者照护之家的基本生活辅助用房配置情况

表 3 - 51　徐汇区长者照护之家的基本生活辅助用房配置数量及面积

单位：间，平方米

	公共卫生间		餐厅		公用浴室		厨房操作间		污物处理间	
	房间数	共计面积	房间数	共计面积	房间数	共计面积	房间数	共计面积	房间数	共计面积
平均	2.30	21.89	1.00	55.89	1.18	20.00	0.75	21.43	1.18	14.38
标准差	1.42	11.83	0.45	87.65	0.39	21.67	0.43	32.81	0.57	8.08
观测数	12	12	12	12	12	12	12	12	12	12

在医疗保健用房配置上，康复训练室的配置比例最高，达到 66.67%，临终关怀室的配置比例最低，在徐汇区被调查的机构中没有一家设立临终关怀室，如图 3 - 55 所示。在公共活动用房配置方面，多功能厅是配置比例最高的公共活动用房，有 91.67% 的机构设置了多功能厅。此外，阅览室、电影/电视室、健身室、书画室也是配置比例较高的活动用房，见图 3 - 56 所示。

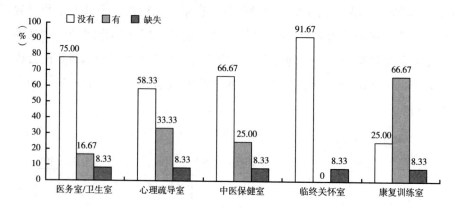

图 3 - 55　徐汇区长者照护之家医疗保健用房配置情况

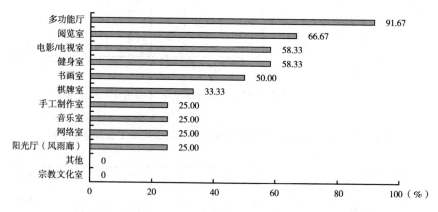

图 3 - 56　徐汇区长者照护之家公共活动用房配置情况

（2）服务设备配置

在服务设备配置上，徐汇区长者照护之家中多功能护理床配置比例最高，83.33%的机构配备此类设备，其次是健身器材和功能轮椅等，如图 3 - 57 所示。

在消防设施的配置方面，徐汇区长者照护之家中各类消防设施的配置相对较全面（见表 3 - 52）。在安全设施配置方面，各类安全防护设置的配置较全面（见图 3 - 58），41.67%的机构已经使用老人定位设备。在智慧养老设施配置方面，已经有 3 家机构配置了物联网设施和远程医疗设备（如表 3 - 53）。在 12 家机构中，11 家机构都配置了应急电源设备。

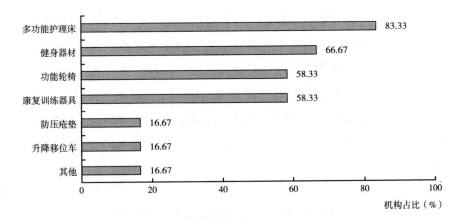

图 3 - 57　徐汇区长者照护之家服务设备配置情况

表 3 - 52　徐汇区长者照护之家消防设施配置情况

	灭火器、消防栓	消防喷淋系统	自动火灾报警
无	0	3	0
有	12	9	11
缺失值	0	0	1

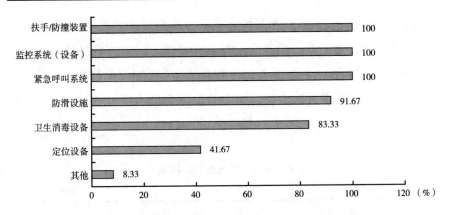

图 3 - 58　徐汇区长者照护之家各类安全设施配置情况

表 3 - 53　徐汇区长者照护之家智慧养老设施配置情况

	互联网络	物联网设施	智能检测系统设备	远程医疗设备
没有配置	3	7	7	7
配置	8	3	4	3
缺失	1	2	1	2

　　从机构设置床位数看，徐汇区长者照护之家平均每家机构设置床位数为20.50张，其中，护理床位数平均值为10.60张（如表3-54）。在12家机构中，有2家机构报告配置了认知症照护床位，共计10张认知症照护床位。此外，有2家机构设有医务室/卫生室，2家机构设有社区卫生服务中心延伸医务室/站；有2家机构设有护理站，护理站的面积在50平方米左右，其中诊室面积约为20平方米，治疗室约为10平方米，处置室为10平方米。

表3-54　徐汇区长者照护之家床位配置情况

	床位数	其中护理床位数
平均	20.50	10.60
标准差	9.26	1.43
观测数	12	10

（二）徐汇区长者照护之家人员配置情况

（1）护理员

　　徐汇区被调查12家长者照护之家机构内护理员总数为48人，平均每家机构护理员为4人。护理员主要来自安徽、河南、贵州等地。从护理员的年龄结构看，以51岁及以上年龄为主，占比56.25%，如表3-55所示。在这12家机构中，以初中及以下学历为主，占比如表3-56所示。

表3-55　护理员年龄构成

单位：%

	21~30岁	31~40岁	41~50岁	51岁及以上
占比	2.08	10.42	31.25	56.25

表3-56　护理员学历构成

单位：%

	初中及以下	高中/中职	大专/高职	本科及以上
占比	68.75	31.25	0	0

（2）医生与护士

在 12 家长者照护之家机构中，仅有 2 家机构报告配备了 2 名医生，2 名医生的职称均为主治医师。从医生的学历结构看，主要是本科学历。12 家机构报告共配备了 13 名护士。从护士的年龄结构看，21～30 岁的 1 人，31～40 岁的 5 人，51 岁及以上的 7 人。从护士的学历结构看，高中/中职学历的 11 人，大专/高职学历的 2 人。

（3）其他技术人员

在被调查机构中，有 3 家机构报告配备了 3 名康复师，均为接受康复技能专业培训人员。康复师的年龄分布为 21～30 岁 1 人，31～40 岁 2 人。从学历结构看，3 人均为高中/中职学历。

在营养师配置上，有 2 家机构配备了 2 名营养师。营养师中 31～40 岁的 2 人，学历都为本科及以上学历。

12 家被调查机构报告了员工总人数，平均每家机构员工数为 8.75 人。近一年内，平均每家机构员工离职人数为 2.55 人。截至调查时间点，在服务志愿者及义工人数如表 3-57 所示。其中，志愿者提供服务主要有各类慰问康乐服务以及聊天娱乐等；义工提供的服务主要为聊天沟通、整理老人生活用品、制作手工点心等。此外，被调查机构中，仅有 2 家设立了护理站，共计配置了 2 名执业注册护士，1 名康复治疗师，1 名社区护士，以及 1 名其他护理人员。

表 3-57　徐汇区长者照护之家工作人员统计数据

	员工总人数	最近一年内离职人数	目前在服务志愿者人数	目前在服务义工人数
平均	8.75	2.55	5.33	1.11
标准差	5.46	2.91	12.69	3.33
观测数	12	11	9	9

（三）徐汇区长者照护之家管理制度情况

从徐汇区被调查长者照护之家的各项管理制度设置看，各机构均设置了各类管理制度，且设置的比例均非常高，如图 3-59 所示。在老年人服务档案制度中，重点规范各类老年人服务档案的建设，各类老年人服务信息档案的包含情况如图 3－60 所示。

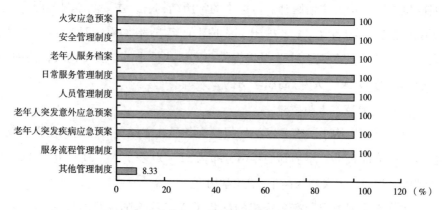

图 3－59　徐汇区长者照护之家制定的管理制度

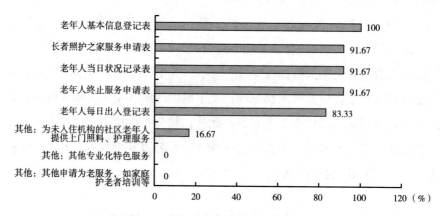

图 3－60　徐汇区长者照护之家老年人服务档案包含的主要信息

（四）徐汇区长者照护之家服务水平情况

徐汇区长者照护之家在调查时间点过去的一周内，每家每天服务老人数的平均值为 18.92 人，其中，半失能老人数为每家机构每天平均为 2.70 人，全失能老人每家机构每天平均为 1.90 人。每家机构每天服务的老人中，正常老人平均值为 1.00 人，各失能等级对应的人数如表 3－58 所示。从被服务老人住家与长者照护之家之间的最远距离看，平均值为 6.33 公里。

表 3 – 58　徐汇区长者照护之家平均每天服务人数

	每天服务老人数			按失能等级区分				
	总人数	半失能老人数	全失能老人数	正常老人	1 级	2 级	3 级	4 级及以上
平均	18.92	2.70	1.90	1.00	1.00	1.33	4.00	4.40
标准差	7.01	3.43	2.64	2.65	1.55	0.82	4.63	3.24
观测数	12	10	10	7	6	6	8	10

平均而言，每位老人入住时间平均值为 167.70 天；其中，老人转出本机构后，需要继续护理、康复的老人累计而言，每家机构平均 8.17 人。收住等级为 4 级及以上的老人每家机构平均为 7.40 人。

表 3 – 59　徐汇区长者照护之家服务老人情况

	每位老人入住时间（天）	出机构后需继续护理人数	收住 4 级及以上老人
平均	167.70	8.17	7.40
标准差	83.29	8.15	7.39
观测数	12	12	10

徐汇区长者照护之家中提供的基本服务最多的是住宿服务，占比为100%，其次是个人生活照料服务，如图 3 – 61 所示。12 家长者照护之家中 83.33% 的机构提供助餐服务和助浴服务。

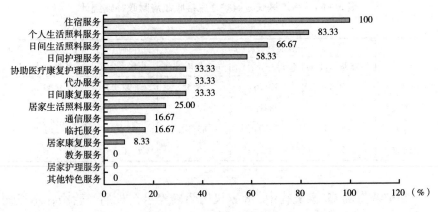

图 3 – 61　长徐汇区长者照护之家提供的基本服务

121

徐汇区被调查长者照护之家中，12 家机构设立了老人入住筛选标准，7 家机构设立了老人出院评估标准。11 家长者照护之家报告了床位的轮转时间，平均而言，床位轮转时间为 119.68 天。被调查的机构中没有机构报告经营过程中出现老人"霸床"现象。

长者照护之家中，白天平均每家机构有 7~8 名养老护理员在岗，晚上有 1~2 名养老护理员在岗。在被调查的机构中，有 3 家机构拥有承接本机构服务项目的社会组织，承接的服务项目主要有委托运营管理、住养服务等。在被调查的长者照护之家中，有 3 家机构报告提供特色服务项目。

（五）徐汇区长者照护之家其他情况

在被调查长者照护之家中，有 7 家机构提供了政府财政补贴情况。平均而言，每家机构获得政府补贴 19.86 万元，7 家机构共计获得 218.50 万元补贴；有 9 家机构提供了开办费补贴情况，总额为 95.04 万元。补贴内容按照占比从多到少分别为：水电煤、购买服务、以奖代补。仅有 6 家机构提了经营收入与成本开支数据，统计结果显示，自开业以来平均每家长者照护之家获得的经营收入为 92.00 万元，但是支付各类成本平均每家 100.33 万元，如表 3-60 所示。这反映了长者照护之家目前的经营现状，多数机构需要靠获取政府财政补贴来维持运营。

表 3-60　徐汇区长者照护之家接收政府财政补贴统计

单位：万元

	政府财政补贴			自开业以来获得经营收入	自开业以来支付各类成本费用
	补贴总额	包含开办补贴	包含年度补贴		
平均	19.86	10.56	8.35	92.00	100.33
标准差	26.32	28.13	12.20	54.08	76.17
求和	218.50	95.04	83.50	552.00	602.00
观测数	7	9	10	6	6

在被调查的 12 家机构中，8 家机构明确表示在长期经营中，本机构不能赢利；仅有 1 家机构表示能够赢利。对影响长者照护之家入住率的主要因素，交通便捷程度和适宜环境是最为重要的影响因素（图 3-

62）。12 家机构中，2 家机构明确反馈到该机构的老人不多，7 家机构认为到机构的老人比较多。机构认为入住老人不多的主要原因，一是地理交通位置不佳；二是床位较少；三是硬件设备欠缺；四是对老人的考核标准较高。

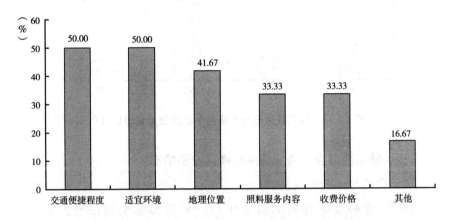

图 3 - 62　影响徐汇区长者照护之家入住率的主要因素

被调查机构对政府提供支持帮助长者照护之家运营的建议，主要为：一是希望政府能够提供更多的财力支持，支持资源协调，规范服务标准；二是加强配备和加装硬件设备，提升宣传推广；三是提升机构的管理理念和团队建设。在被调查机构中有 6 家机构是连锁化经营，他们认为连锁化经营能够统一专业化运营，实现服务质量标准化；同时，人员成本高和运营成本高也是制约机构生存的最主要因素。

三　徐汇区综合为老服务中心发展现状

徐汇区综合为老服务中心调查共获得有效样本 9 家，从服务机构类型看，9 家被调查机构中 8 家为非营利性机构，1 家为其他机构类型；从服务机构地理区位看，内环线以内为 5 家，内环线以外、中环线以内为 3 家，外环线以外为 1 家；从机构开始运营时间来看，除 1 家综合为老服务中心在 2008 年成立并运营外，其余机构均在 2017 年及之后开始运营。各年份运营机构数量如图 3 - 63 所示。

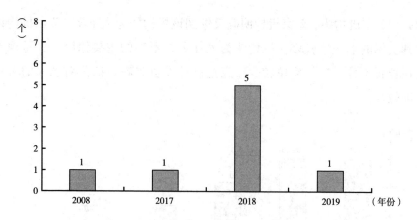

图 3-63　徐汇区综合为老服务中心成立运营时间分布

（一）徐汇区综合为老服务中心硬件设施情况

（1）设施与功能区域

徐汇区被调查综合为老服务中心，平均每家机构的建筑面积为1585.75 平方米，其中，老年人居室总（使用）面积平均为每家机构552.80 平方米，如表 3-61 所示。

表 3-61　徐汇区综合为老服务中心设施面积

单位：平方米

	总建筑面积	老年人居室总(使用)面积
平均	1585.75	552.80
标准差	1378.95	730.91
观测数	8	5

在被调查的 9 家机构中，有 8 家机构设有独立的机构出入口。从机构用房性质看，有 2 家机构的用房属于居住类房屋，5 家机构的用房属于非居住类房屋，2 家机构的用房属于非居住类或其他房屋。被调查机构中，有 9 家机构周边 300 米范围内有公共绿化或花园，7 家机构周边 300 米范围内有室外公共活动场所。

在各类基本生活辅助用房配置上，公共卫生间、餐厅、公用浴室是配置最高的生活辅助用房，100% 的被调查机构均有配置，如图 3-64 所示。其中，公共卫生间的数量和面积是各类基本生活辅助用房中配置最多的用房，平均每家机构的卫生间数量在 3 间，平均面积达到 26.67 平方米。其余各类生活辅助用房的间数平均每家机构 1 间左右，如表 3 - 62 所示。

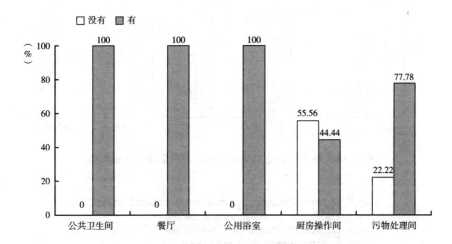

图 3 - 64 徐汇区综合为老服务中心内基本生活辅助用房配置

表 3 - 62 徐汇区综合为老服务中心基本生活辅助用房配置数量及面积

单位：间，平方米

	公共卫生间		餐厅		公用浴室		厨房操作间		污物处理间	
	房间数	共计面积	房间数	共计面积	房间数	共计面积	房间数	共计面积	房间数	共计面积
平均	3.00	26.67	1.00	108.67	1.00	26.00	0.60	30.00	1.17	11.00
标准差	1.50	12.47	0.00	104.52	0.00	27.28	0.49	41.23	0.90	10.20
观测数	8	6	7	6	7	5	5	4	6	5

在医疗保健用房配置上，66.67% 的被调查机构配置了康复训练室，55.56% 的被调查机构配置了心理疏导室，是配置比例最高的两类医疗保健用房，如图 3 - 65 所示。其中，康复训练室的配置面积平均每家机构为 40.00 平方米，心理疏导室平均每家机构的面积为 15.75 平方米。

在各类公共活动用房配置上，多功能厅是配置比例最高的公共活动用房，配置比例为 100%，此外，电影/电视室和阅览室的配置比例也均在 60% 以上，如图 3 - 66 所示。

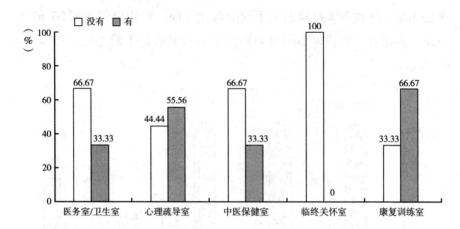

图 3 - 65　徐汇区综合为老服务中心医疗保健用房配置情况

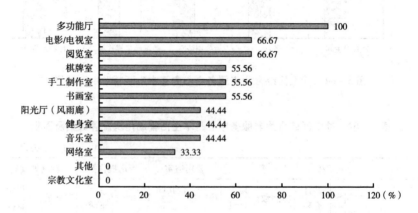

图 3 - 66　徐汇区综合为老服务中心公共活动用房配置情况

（2）服务设备配置

被调查综合为老服务中心配置的各类服务设备中，功能轮椅是配置比例最高的服务设备，66.67%的被调查机构配置了这类服务设备。各类服务设备的配置情况如图 3 - 67 所示。

在消防设备的配置上，被调查机构的各类消费设备配置比例均比较高，如表 3 - 63 所示。在综合为老服务中心内，各类安全保护装置的配置配比也比较高，如图 3 - 68 所示。在智慧养老设置的配置上，除互联网外，其他各类智慧养老智能设备的配置比例在 50% 左右，如表 3 - 64 所示。

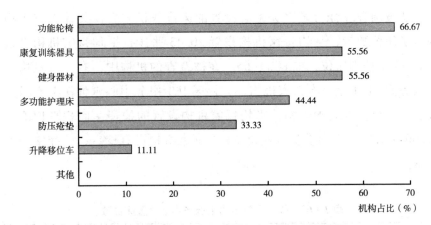

图3-67　徐汇区综合为老服务中心服务设备配置

表3-63　徐汇区综合为老服务中心的消防设施配置情况

	灭火器、消防栓	消防喷淋系统	自动火灾报警	其他
无	0	1	1	0
有	9	8	8	0
缺失	0	0	0	9

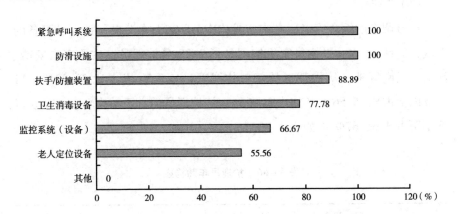

图3-68　徐汇区综合为老服务中心安全设备配置情况

表3-64　徐汇区综合为老服务中心智慧养老设施配置情况

	互联网络	物联网设施	智能检测系统设备	远程医疗设备
没有配置	0	4	4	4
配置	7	2	3	3
缺失	2	3	2	2

从被调查综合为老服务中心设置的床位数量来看，共计 6 家机构报告了床位数量，平均每家机构设置 20.43 张床，平均每家机构设置约 8.33 张护理床位，如表 3 - 65。在被调查的机构中，有 3 家机构设有医务室/卫生室，有 2 家机构设有社区卫生服务中心延伸医务室/站。仅有 2 家机构设立护理站，平均每家机构设置的护理站面积平均值为25.00 平方米。在内设护理站机构中，1 家机构设有诊室、治疗室和处置室。

表 3 - 65　徐汇区综合为老服务中心设置床位数

	总床位数	护理床位数
平均	20.43	8.33
标准差	14.26	7.53
观测数	7	6

（二）徐汇区综合为老服务中心人员配置情况

（1）护理员

在被调查的综合为老服务中心机构中，8 家机构汇报了护理员配备的人数，共计 18 人，平均每家机构配备了 2.25 名护理员，主要来自安徽、河南、云南等地。从护理员的年龄构成看，41 ~ 50 岁占比 33.33%，51 岁及以上占比 55.56%（如表 3 - 66）。从护理员的学历结构看，初中及以下学历占比 66.67%（如表 3 - 67）。

表 3 - 66　护理员年龄构成

单位：%

	21 ~ 30 岁	31 ~ 40 岁	41 ~ 50 岁	51 岁及以上
占比	0	11.11	33.33	55.56

表 3 - 67　护理员学历构成

单位：%

	初中及以下	高中/中职	大专/高职	本科及以上
占比	66.67	33.33	0	0

（2）医生和护士

被调查机构中，仅有 1 家机构报告配备了 3 名医生。从医生的职称结构分布来看，主治医师及以下、副主任医师、主任医师各 1 名，学历构成都为本科。在护士人员配置上，仅有 3 家机构报告配备了 7 名护士。护士年龄构成，21～30 岁的 2 人，31～40 岁的 5 人；护士学历构成上，5 人高中/中职学历，2 人大专/高职学历。

（3）其他技术人员

在被调查机构中，仅 1 家机构报告配备了 1 名康复师。从康复师的年龄看，21～30 岁 1 名。从康复师的学历看，大专/高职学历 1 名。

有 1 家机构报告配备了 1 名营养师。从营养师的年龄看，为 21～30 岁。从营养师的学历看，为大专/高职学历。

（4）管理人员及其他

在管理人员配置上，7 家被调查机构报告人数配置情况，共计有 23 名管理人员，平均每个机构配备 3.29 名管理人员。从管理人员的学历结构看，7 人高中/中职学历，11 人大专/高职学历，5 人本科及以上学历。从年龄结构看，21～30 岁的 3 人，31～40 岁的 7 人，41～50 岁的 7 人，51 岁及以上的 6 人。

被调查机构中平均每家机构员工数为 11.44 人。近一年内，员工离职人数共计为 14 人。截至调查时间点，在服务志愿者及义工人数情况，如表 3－68 所示。在设置护理站的 2 家机构内，配置了 1 名执业注册护士，1 名社区护士，3 名其他护理人员。在被调查机构中，有 5 家机构配备了养老顾问，总计 8 名，养老顾问主要来自本机构和第三方管理公司，服务时间主要集中在工作日正常上班时间。

表 3－68　徐汇区综合为老服务中心员工及志愿者/义工人数

	员工总人数	最近一年内离职人数	目前在服务志愿者人数	目前在服务义工人数
平均	11.44	2.00	2.50	2.50
标准差	9.49	3.16	5.00	5.00
观测数	9	7	4	4

（三）徐汇区综合为老服务中心管理制度情况

从管理制度设置看，徐汇区综合为老服务中心内各项管理制度设置较为全面，如图3-69所示。在老年人服务档案中，老年人基本信息记录表是记录比例最高的信息，其他档案记录信息如图3-70所示。

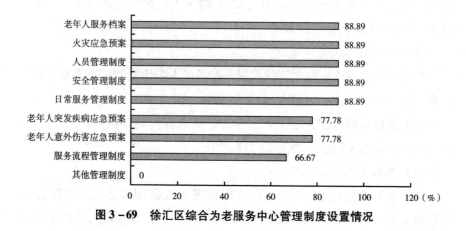

图3-69　徐汇区综合为老服务中心管理制度设置情况

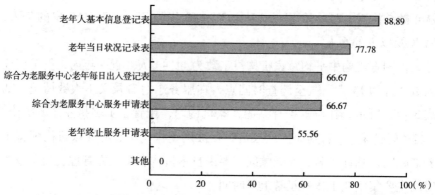

图3-70　徐汇区综合为老服务中心老年人服务档案记录的主要信息

（四）徐汇区综合为老服务中心服务水平情况

徐汇区综合为老服务中心，平均每家机构每天（在被调查时过去的一周内）服务老人数为26.57人，其中，半失能老人数为5.00人，全失能老人数为1.20人。从开业运营时间看，截至调查时间，平均运营时长为60.25个月，如表3-69所示。从被服务老人住家与综合为老服务中心地理距离看，最远距离平均值为3.67公里。

表 3 – 69　徐汇区综合为老服务中心服务人数

	每天服务老人数			自机构运营以来运营时长（月）
	总人数	半失能老人数	全失能老人数	
平均	26.57	5.00	1.20	60.25
标准差	14.99	8.37	2.17	37.50
观测数	7	6	5	8

　　徐汇区综合为老服务中心提供各类生活照料服务中，最多的是助浴和助餐，88.89% 的机构均提供这两项服务；其次是理发，有 77.78% 的被调查机构提供此项服务。此外，午间休息服务也是提供比例较高的服务，如图 3 – 71 所示。

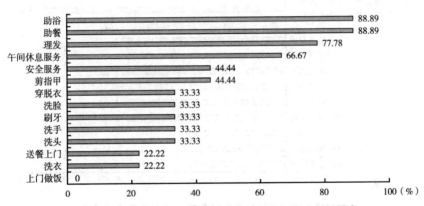

图 3 – 71　徐汇区综合为老服务中心提供生的活照料服务

　　综合为老服务中心提供的各类护理服务中，最多的是提示或协助服药和鼻饲护理，有 33.33% 的被调查机构提供此类服务。此外，不到 1/3 的机构提供送餐上门和洗衣等服务。护理服务提供的情况如图 3 – 72 所示。在 2 家设立护理站的机构中，主要提供基础护理、专科护理、营养指导、社区康复指导和健康宣教服务。

　　在提供的医疗服务中，33.33% 的被调查机构提供日常健康管理服务（常见疾病预防，测量血压、血糖、体温等），其余各类服务如图 3 – 73 所示。

　　在提供的精神慰藉服务中，77.78% 的被调查机构提供陪聊（言语沟通）和情绪疏导，此外，生活陪伴也是提供较多的精神慰藉服务，如图 3 – 74 所示。

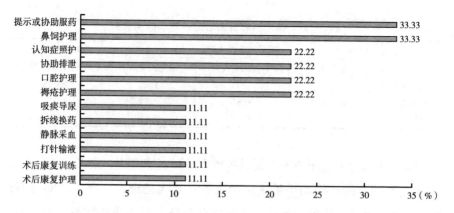

图 3 - 72　徐汇区综合为老服务中心提供的护理服务

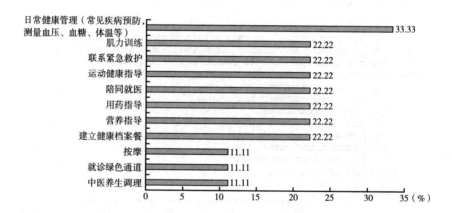

图 3 - 73　徐汇区综合为老服务中心提供的医疗服务情况

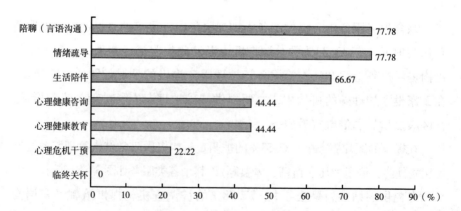

图 3 - 74　徐汇区综合为老服务中心提供的精神慰藉服务

　　在提供的文化娱乐服务中，88.89% 的被调查机构提供手工制作和看书看报，其他文化娱乐服务提供情况如图 3－75 所示。

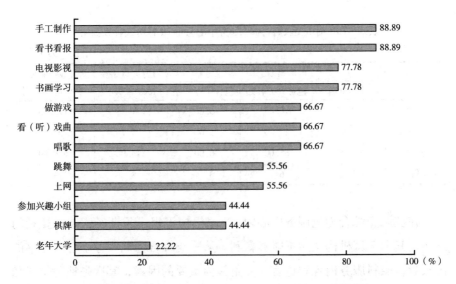

手工制作	88.89
看书看报	88.89
电视影视	77.78
书画学习	77.78
做游戏	66.67
看（听）戏曲	66.67
唱歌	66.67
跳舞	55.56
上网	55.56
参加兴趣小组	44.44
棋牌	44.44
老年大学	22.22

图 3－75　徐汇区综合为老服务中心提供的文化娱乐服务

　　在被调查的综合为老服务中心中，有 6 家机构提供照料者服务技术指导，有 4 家机构提供养老辅具租赁服务，有 3 家机构提供喘息服务，还有 3 家机构为老人提供上门服务。在 3 家为老人提供上门服务的机构，66.67% 的提供助餐、助浴和护理服务。

　　在被调查机构中，有 6 家机构实现了"一网覆盖"信息管理，建成了本区域统一网络门户和数据库；有 6 家机构设有"一站式"办事窗口；5 家机构实施老人统一需求评估与审核；7 家机构实现综合体公共服务平台的枢纽作用；7 家机构能够整合各种综合为老服务资源，实现"一体化资源统筹"。此外，5 家机构有承接本机构服务项目的社会组织，最主要的是日托服务，5 家机构报告有特色服务项目。

　　（五）徐汇区综合为老服务中心其他情况

　　被调查综合为老服务中心有 5 家机构提供了政府财政补贴情况。平均而言，每家机构获得政府补贴 19.00 万元，其中除未获得政府补贴的机构外，4 家机构共计获得 95.00 万元补贴。开办补贴总额为 65.00 万元，年度补贴共计 30.00 万元。补贴内容在购买服务费、水电煤免费、以奖代补、其他这四方面的比例均等。仅有 3 家机构提供了经营收入数据，同时提供了成本开支数据，统计结果如表 3 – 70 所示。

表 3 – 70　徐汇区综合为老服务中心接收政府财政补贴统计

单位：万元

	政府财政补贴			自开业以来获得经营收入	自开业以来支付各类成本费用
	补贴总额	包含开办补贴	包含年度补贴		
平均	19.00	10.83	5.00	171.35	175.63
标准差	21.01	22.06	5.60	79.79	93.17
求和	95.00	65.00	30.00	514.04	526.89
观测数	5	6	6	3	3

在被调查综合为老服务中心中，8 家机构汇报了长期经营能否赢利的问题，其中 7 家机构认为不能够赢利。从影响综合为老服务中心入住率的因素看，照料服务内容和适宜环境是最为重要的因素，其次是地理位置和交通便捷程度，如图 3 – 76 所示。在被调查的 9 家综合为老服务中心中，有 2 家机构是连锁经营机构。他们认为连锁经营模式能够实现统一管理，专业化运营，保证服务质量。

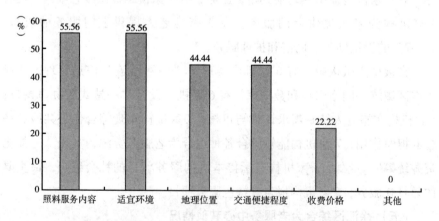

图 3 – 76　影响徐汇区综合为老服务中心入住率的主要因素

（钱芝网　汪颖霞）

第三节 虹口区社区养老发展现状

一 虹口区日间照料中心发展现状

虹口区日间照料中心调查共获得有效样本 9 家，从服务机构类型看，9 家全部为非营利性机构；从服务机构地理区位看，内环线以内为 6 家，内环线以外、中环线以内为 3 家；从机构开始运营时间来看，77.8% 的日间照料中心于 2011 年及之后开始运营，各机构运营年份数量如图 3 - 77 所示。

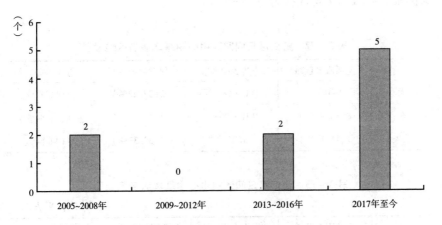

图 3 - 77 虹口区日间照料中心开始运营数量的时间分布

（一）虹口区日间照料服务机构硬件设施情况

（1）设施面积与功能区域设置

在日间照料服务机构设施面积上，调查结果显示，建筑总面积平均值为 492 平方米，各机构建筑面积差异较大；使用面积平均值为 473.25 平方米，室外活动场地面积平均值为 322 平方米，室外绿地面积平均值为 230 平方米（见表 3 - 71）。

在被调查的日间照料中心中，设置比例最高的基本服务区域为公共活动区域，占比 100.00%，生活服务区域占比 88.89%，保健服务区域的比例为 44.44%（见表 3 - 72）。从各个服务区域面积来看，生活服务区域

表 3 – 71　虹口区日间照料中心设施面积

单位：平方米

	总建筑面积	使用面积	室外活动场地面积	室外绿地面积
平均	492	473.25	322	230
标准差	292.24	290.79	0	0
观测数	8	8	1	1

平均面积最大，为 114.67 平方米；公共活动区域平均面积为 87.43 平方米，详见表 3 – 73。4 家提供保健服务区域面积的被调查机构数据显示，保健服务区域的平均面积为 20 平方米。

表 3 – 72　虹口区日间照料中心中基本服务区域设置

	生活服务区域	公共活动区域	保健服务区域	服务保障区域
无	0(0%)	0(0%)	2(22.22%)	1(11.11%)
有	8(88.89%)	9(100.00%)	4(44.44%)	4(44.44%)
缺失	1(11.11%)	0(0%)	3(33.33%)	4(44.44%)

表 3 – 73　虹口区日间照料中心中基本服务区域面积

单位：平方米

	生活服务区域面积	公共活动区域面积	保健服务区域面积	服务保障区域面积
平均	114.67	87.43	20.00	59.44
标准差	65.44	41.63	14.14	39.00
观测数	6	7	4	3

基本生活辅助用房配置中，公共卫生间、餐厅配置比例较高，污物处理间的配置比例最低，为 22.22%，如图 3 – 78 所示。对提供各类基本生活辅助用房面积的样本进行统计，结果显示，厨房操作间的平均面积最大，为 79.33 平方米；污物处理间的平均面积为 18.50 平方米。各类生活辅助用房面积统计数据如表 3 – 74 所示。

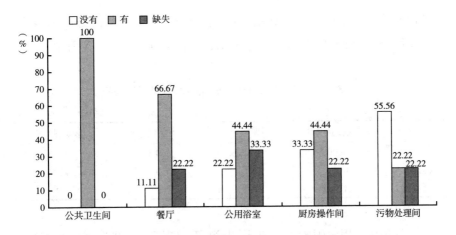

图 3 - 78　虹口区日间照料中心生活辅助用房配置

表 3 - 74　虹口区日间照料中心生活辅助用房配置面积

单位：平方米

	公共卫生间面积	餐厅面积	公用浴室面积	厨房操作间面积	污物处理间面积
平均	16.71	70.40	10.00	79.33	18.50
标准差	13.29	80.57	10.39	111.54	4.95
观测数	5	5	3	3	2

　　在医疗保健用房配置上，虹口区的日间照料中心配置均不高，医务室/卫生室的配置率为 11.11%，心理疏导室、中医保健室、康复训练室的配置率均为 22.22%（如图 3 - 79）。对提供医疗保健用房面积的机

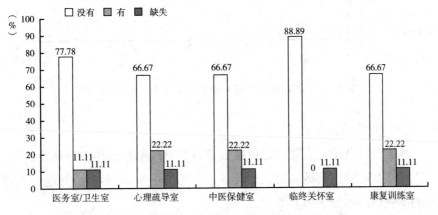

图 3 - 79　虹口区日间照料中心医疗保健用房配置

构进行统计，结果显示，医务室/卫生室和中医保健室的配置面积较大，平均面积分别为 30 平方米和 20 平方米，其他数据如表 3 - 75 所示。

表 3 - 75 虹口区日间照料中心医疗保健用房面积

单位：平方米

	医务室/卫生室	心理疏导室	中医保健室	康复训练室
平均	30.00	15.00	20.00	缺失
标准差	0	0	0	缺失
观测数	1	1	1	0

在公共活动用房配置上，电影/电视室、阅览室、共享区域是配置较多的公共活动用房，其他公共活动用房配置情况如图 3 - 80 所示。

此外，有 6 家被调查机构报告设置了办公用房，平均办公用房面积约为 17 平方米；1 家被调查机构报告还设置了其他用房。

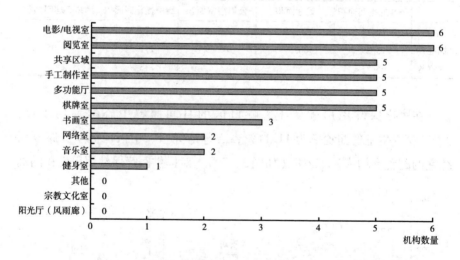

图 3 - 80 虹口区日间照料中心公共活动用房配置情况

（2）服务设备配置

在服务设备配置方面，虹口区被调查的日间照护机构中，功能轮椅、防压疮垫是配置比例最高的服务设备，占比均达到 44.44%，其他服务设备的配置情况如图 3 - 81 所示。

在消防设施配置上，所有服务机构均配置不同类型的消防设施，灭火

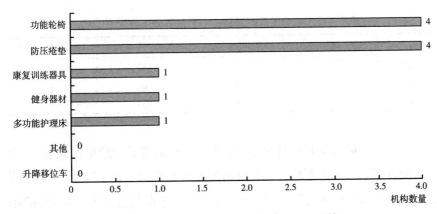

图 3-81 虹口区日间照料中心服务设施配置情况

器、消防栓是最为常见的设施，此外，也有 7 家机构配置了消防喷淋系统，见表 3-76 所示。各类安全设施的配置，有 77.78% 的机构基本配置了监控系统、防滑设施等，没有 1 家机构配置老人定位设备，如图 3-82 所示。在智慧养老设施上，有 66.67% 的机构配置互联网络，尚未有机构配置智能检测系统设备等其他智慧养老设施，见表 3-77 所示。

表 3-76 虹口区日间照料中心消防设施配置情况

	灭火器、消防栓	消防喷淋系统	自动火灾报警	其他
无	0	1	1	1
有	9	7	3	0
缺失	0	1	5	8

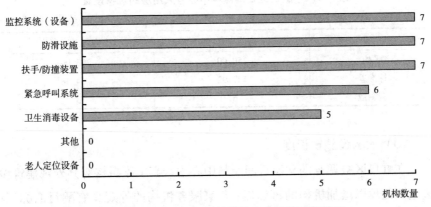

图 3-82 虹口区日间照护机构安全设施配置情况

表 3-77　虹口区日间照料中心智慧养老设施配置情况

	互联网络	物联网设施	智能检测系统设备	远程医疗设备
没有配置	2	4	4	4
配置	6	0	0	0
缺失	1	5	5	5

虹口区被调查日间照料中心中，8 家机构配备了应急电源设备，1 家机构配备了老人接送车辆，没有机构配备物品采购车辆。其中，5 家机构报告服务场所设置在建筑物的一层或底层，4 家机构报告设置在建筑物的二层及以上楼层，4 家机构均配置了电梯或无障碍设施。

在服务设施中，平均每家机构设置床位数为 16.29 张，6 家机构设置了护理床位。老人休息室平均每家机构设置 1.25 间，单间容纳老人数平均值为 11.13 人。老人服务设施的其他信息如表 3-78 和表 3-79 所示。在被调查的 9 家日间照料中心中，没有一家机构设置护理站。

表 3-78　虹口区日间照料中心老人服务设施信息

	总床位数	护理床位数	老人休息室数	单间容纳老人数
平均	16.29	8.00	1.25	11.13
标准差	4.80	8.58	0.49	4.91
观测数	7	6	8	8

表 3-79　虹口区日间照料中心老人用房的规格设置

单位：厘米

	房门净宽度	室内走道净宽度
平均	250.00	203.00
标准差	147.92	64.38
观测数	6	5

（3）服务设施辨识度

在虹口区被调查的 9 家日间照料中心中，有 1 家机构对其外观建筑做过色调处理以增加机构的辨识度；8 家服务机构的外观具有醒目的标识；4 家服务机构具有独立的出入口。

（二）虹口区日间照料中心人员配置情况

（1）护理员

虹口区被调查机构中的 8 家报告了护理员数量，共计 19 人，平均每家机构护理员 2.38 人。护理员主要来自本地和安徽，其中来自本地护理员 4 名，来自安徽护理员 15 名。从护理员的年龄构成上看，78.95% 的护理员年龄在 51 岁及以上，各年龄段分布如表 3－80 所示。从护理员的学历构成看，以初中及以下居多，占比 78.94%，其他学历构成如表 3－81 所示。

表 3－80　护理员年龄构成

单位：%

	31～40 岁	41～50 岁	51 岁及以上
占比	5.26	15.79	78.95

表 3－81　护理员学历构成

单位：%

	初中及以下	高中/中职	大专/高职	本科及以上
占比	78.94	21.06	0	0

（2）医生与护士

在被调查的日间照料中心中，仅有 1 家机构配备了 2 名医生，且这两名医生均为兼职医生。从医生的职称结构看，这两名医生均为主治医师及以下。从医生的学历结构看，2 人均为本科学历。

在护士配备上，仅有 2 家机构报告配备了 3 名护士。从年龄构成上看，1 人为 21～30 岁，1 人为 41～50 岁，1 人为 51 岁及以上。从学历构成看，2 人为高中/中职学历，1 人为大专/高职学历。

（3）其他技术人员

在康复师的配置上，2 家机构报告配备了 2 名康复师。从年龄结构看，1 人为 21～30 岁，1 人为 31～40 岁。从学历结构看，2 人均为大专/高职学历。

在营养师的配置上，共计 2 家机构报告配备了 2 名营养师。从营养师的年龄结构看，1 人为 41～50 岁，1 人为 51 岁及以上。从学历结构看，1人高中/中职学历，1 人大专/高职学历。

（4）管理人员及其他

在管理人员配置上，共计 9 家机构报告配置了 14 名管理人员，平均每个机构配备 1.56 名管理人员。从管理人员的学历结构看，2 人初中及以下学历，5 人高中/中职学历，7 人大专/高职学历。从年龄结构看，1人 21～30 岁，5 人 31～40 岁，4 人 41～50 岁，4 人 51 岁及以上。

在被调查的 9 家日间照料中心中，9 家机构报告了员工总人数，共计40 人，平均每家机构员工数为 4.44 人。近一年内，员工离职人数共计为7 人。截至调查时间点，在服务志愿者与义工人数如表 3－82 所示。其中，志愿者提供服务主要有各类慰问康乐服务、健康讲座与健康检查、生活便民服务以及陪聊沟通等；义工提供的服务相对集中，主要为卫生清洁、老人照看与生活服务等。

表 3－82　虹口区日间照料中心工作人员统计数据

	员工总人数	最近一年内离职人数	目前在服务志愿者人数	目前在服务义工人数
平均	4.44	0.78	21.33	3.50
标准差	2.40	0.97	21.39	2.12
观测数	9	9	3	2

（三）虹口区日间照料中心管理制度情况

虹口区日间照料中心内，各项管理制度设置均比较全面，如图 3－83 所示。其中，老年人服务档案是各个服务机构比较关注的管理制度，除老人基本信息登记外，还有服务申请信息、老人当日状况登记信息、每日出入登记信息等，均是各个机构重点登记的信息，如图 3－84所示。

（四）虹口区日间照料中心服务水平情况

虹口区日间照料中心每家每天（在被调查时过去的一周内）服务老人数的平均值为 19.89 人，其中，半失能老人数为每家机构每天平均为5.33 人。每家机构每天服务的老人中，正常老人平均值为 5.67 人，各失

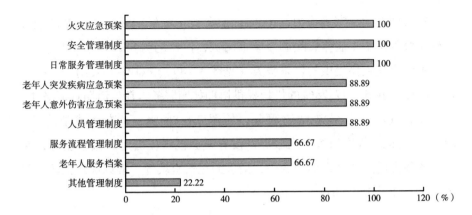

图 3 - 83　虹口区日间照料中心内部管理制度设置情况

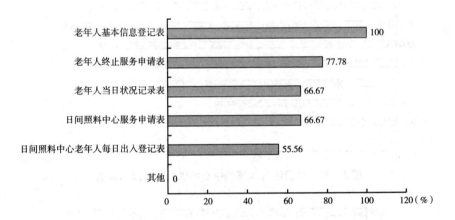

图 3 - 84　虹口区日间照料中心老人服务档案记录的主要信息

能等级对应的人数如表 3 - 83 所示。从被服务老人住家与日间照料中心的最远距离看，平均值为 3.5 公里。

表 3 - 83　日间照料中心平均每天服务老人数

	每天服务老人数			按失能等级区分				
	总人数	半失能老人数	全失能老人数	正常老人	1 级	2 级	3 级	4 级及以上
平均	19.89	5.33	1.00	5.67	4.00	4.00	2.75	2.50
标准差	6.59	2.94	.	4.41	3.32	3.16	1.71	2.08
观测数	9	6	1	6	5	4	4	4

在被调查的 9 家机构中，100% 的服务机构提供就餐服务；提供最多的娱乐服务是手工制作、绘画、读书阅览，占比均为 88.89%，游戏、棋牌、书法也是主要提供的娱乐服务（见图 3-85）；100% 的被调查机构提供午间休息服务；77.78% 的机构提供协助如厕服务；在生活照料服务中，测血压、量体温是最常见的服务，如图 3-86 所示；在饮食服务中，22.22% 的机构提供送餐上门服务，没有一家机构提供上门做饭服务；在提供的各类健康教育咨询服务中，最多的是安全教育、常见疾病预防、保健养生，详见图 3-87。

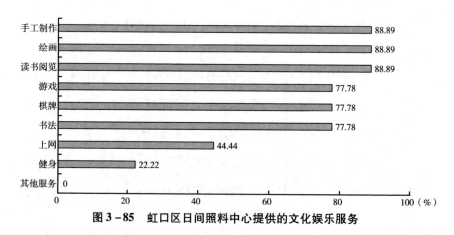

图 3-85　虹口区日间照料中心提供的文化娱乐服务

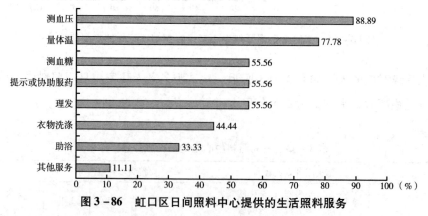

图 3-86　虹口区日间照料中心提供的生活照料服务

在提供的心理慰藉服务中，沟通与情绪疏导是最常见的两种服务，见图 3-88；在保健康复服务中，按摩服务是提供最多的服务，55.56% 的机构均提供按摩服务，其次为中医传统保健服务，详见图 3-89。

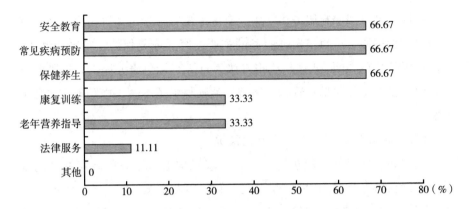

图 3 - 87 虹口区日间照料中心提供的健康教育咨询服务

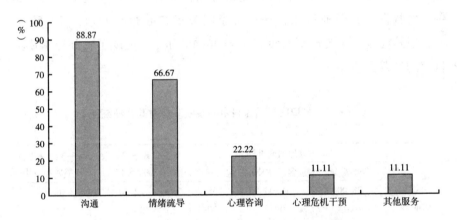

图 3 - 88 虹口区日间照料中心提供的心理慰藉服务

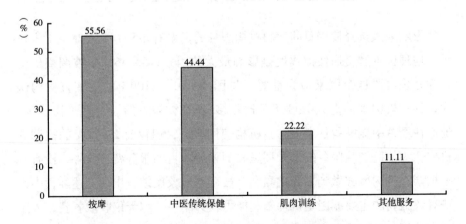

图 3 - 89 虹口区日间照料中心提供的保健康复服务

在虹口区日间照料服务机构中，有 1 家机构报告了本机构服务项目有社会组织承接服务项目情况，服务的主要内容为康复保健、社区活动等；在机构服务特色方面，3 家机构报告认为自身有特色服务提供。在服务收费方面，收费主要包括托管费、餐费、活动材料工本费、中医理疗费几个类别。

（五）虹口区日间照料中心其他情况

在被调查的日间照料机构中，有 2 家机构汇报了获得政府补贴的情况，共计获得各类政府补贴 56 万元，包含开办补贴 18 万元，年度补贴 38 万元。从补贴费用内容看，50% 的受补贴机构用于购买服务，50% 的受补贴机构用于水电煤。在经营业绩方面，仅有 2 家机构能够并愿意提供经营数据。自开业以来，平均每家服务机构获得经营收入 22.50 万元，但是经营成本支出平均每家达到 36.40 万元，反映了日间照料中心目前的经营困境。

表 3−84　虹口区日间照料中心接收政府财政补贴统计

单位：万元

	政府财政补贴			自开业以来获得经营收入	自开业以来支付各类成本费用
	补贴总额	包含开办补贴	包含年度补贴		
平均	28.00	18.00	38.00	22.50	36.40
标准差	14.14	0	0	24.75	19.23
求和	56.00	18.00	38.00	45.00	72.80
观测数	2	1	1	2	2

影响老人选择使用日间照料机构服务的因素有多种，调查对象报告显示，地理位置和交通便捷程度是影响最大的因素，55.56% 的被调查机构认为地理位置这个因素最为重要（见图 3−90）。100% 的被调查机构认为，到本机构来的老人数量还是比较多的。88.89% 的被调查机构认为，他们在经营中能够留住老人在本机构使用服务，但仅有 22.22% 的被调查机构认为他们能从服务的老人那里收到相关项目的服务费。此外，没有一家被调查机构能够做到多元化赢利。被调查对象反馈，出现上述经营中无法有效赢利的主要原因是机构赢利能力较为单一，每天仅收取餐费，人工成本较高，导致成本大于收入，赢利能力差。

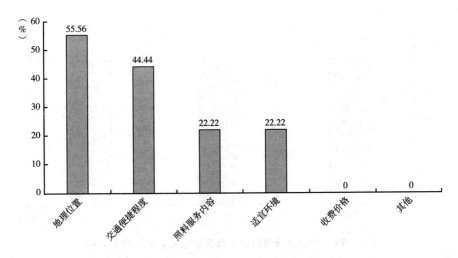

图 3 - 90　影响老人入住虹口区日间照料中心的主要因素

被调查服务机构中，有 44.44% 的服务机构是连锁经营的日间照护机构。在政府支持帮助建议上，被调查机构主要提出如下建议：第一，希望社区或者各大医院为日间照护机构提供相关的医疗服务。第二，增加日间照料中心基层服务人员的补贴，提升服务人员工资水平，减少其离职率和流动率。第三，希望街道居委会给予更多的宣传支持，让更多的老年人了解日间照护机构。

二　虹口区长者照护之家发展现状

虹口区长者照护之家调查共获得有效样本 3 家，从服务机构类型看，这 3 家全部为非营利性机构；从服务机构地理区位看，内环线以内 2 家，中环线以外、外环线以内 1 家；从机构开始运营时间来看，被调查的长者照护之家均在 2016 年及之后开始运营，各年份运营机构数量如图 3 - 91 所示。

（一）虹口区长者照护之家硬件设置情况

（1）设施面积与功能区域设置

在长者照护之家机构设施面积上，调查结果显示，单个机构建筑总面积平均值为 353.50 平方米，老年人居室总（使用）面积平均值为每家192.50 平方米，床均建筑面积为 5 平方米，居室内单床的使用面积平均值为 5 平方米（见表 3 - 85）。

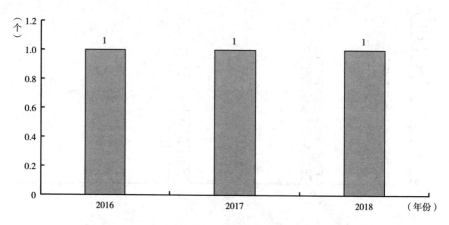

图 3 - 91　虹口区长者照护之家开始运营数量的时间分布

表 3 - 85　虹口区长者照护之家的各项面积统计

单位：平方米

	总建筑面积	老年人居室总（使用）面积	床均建筑面积	居室单床使用面积
平均	353.50	192.50	5	5
标准差	0.71	152.03	0	0
观测数	2	2	1	1

　　在被调查的长者照护之家中，均设置了独立的出入口。从机构用房性质看，其中 1 家机构的用房属于居住类用房，其余为其他类型用房。从机构的周边环境看，机构周边 300 米范围内，有公共绿化或花园的有 2 家，有室外公共活动场所的有 2 家。

　　从机构内基本生活辅助用房的配置情况看，各类型辅助用房配置的比例均比较高，其中，公共卫生间、餐厅、公用浴室、厨房操作间比例最高，达到 100%，如图 3 - 92 所示。总体看，在单个机构内，公共卫生间设置数量最多，平均值为 2 间，餐厅、公用浴室、厨房操作间平均每家机构设置为 1 间。从面积看，其中餐厅是每家机构配置面积最大的生活辅助用房，单家机构的平均面积达到 37.50 平方米，如表 3 - 86 所示。

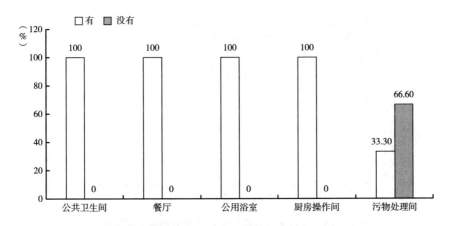

图 3-92　虹口区长者照护之家的基本生活辅助用房配置情况

表 3-86　虹口区长者照护之家的基本生活辅助用房配置数量及面积

单位：间，平方米

	公共卫生间		餐厅		公用浴室		厨房操作间		污物处理间	
	房间数	共计面积	房间数	共计面积	房间数	共计面积	房间数	共计面积	房间数	共计面积
平均	2.00	12.50	1.00	37.50	1.00	10.00	1.00	30.00	0.50	3.50
标准差	1.00	3.54	0.00	31.82	0.00	0.00	0.00	0.00	0.71	4.95
观测数	3	2	2	2	2	2	1	1	2	2

在医疗保健用房配置上，虹口区的 3 家长者照护之家均未设立医务室/卫生室、心理疏导室、中医保健室、临终关怀室、康复训练室。在公共活动用房配置方面，多功能厅是配置比例最高的公共活动用房，有 66.66%的机构设置了多功能厅。此外，电影/电视室、棋牌室、阅览室配置比例均为 33.33%，但这 3 家机构均未设置手工制作室、网络室、宗教文化室、音乐室、阳光厅（风雨廊）、健身室、书画室等，见图 3-93 所示。

（2）服务设备配置

在服务设备配置上，虹口区长者照护之家中多功能护理床配置比例最高，达到了 100%，其次是健身器材和功能轮椅，配置比例均达到了 66.66%，如图 3-94 所示。

在消防设施的配置方面，虹口区长者照护之家中各类消防设施的配置相对较全面，均配置了灭火器、消防栓和自动火灾报警系统（见表 3-87）。在

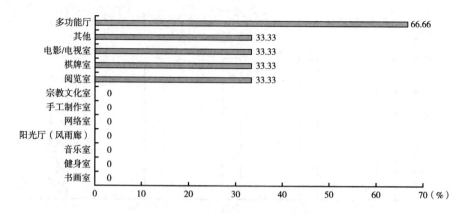

图 3 - 93　虹口区长者照护之家公共活动用房配置情况

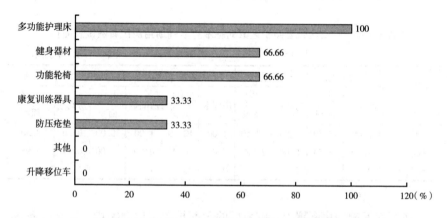

图 3 - 94　虹口区长者照护之家服务设备配置情况

安全设施配置方面，各类安全防护设置的配置较全面（见图 3 - 95），但是老人定位设备尚未普及，还未有机构使用。在智慧养老设施配置方面，互联网的配置比例较高，仅有一家机构配置了智能检测系统设备（如表 3 - 88）。在 3 家机构中，均配置了应急电源设备。

表 3 - 87　长虹口区长者照护之家消防设施配置情况

	灭火器、消防栓	消防喷淋系统	自动火灾报警
无	0	1	0
有	3	2	3

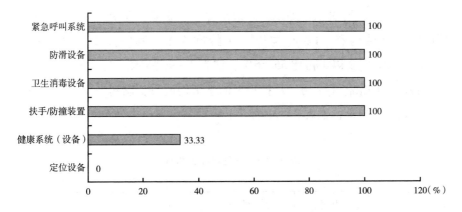

图3-95 虹口区长者照护之家各类安全设施配置情况

表3-88 虹口区长者照护之家智慧养老设施配置情况

	互联网络	物联网设施	智能检测系统设备	远程医疗设备
没有配置	0	2	1	2
配置	3	0	1	0
缺失	0	1	1	1

从机构设置床位数看，虹口区长者照护之家平均每家机构设置床位数为17张，其中，护理床位数平均值为11.67张（如表3-89）。在3家机构中，仅有2家机构报告配置了认知症照护床位，共计13张认知症照护床位。此外，这3家机构均未设有医务室/卫生室，1家机构设有社区卫生服务中心延伸医务室/站；没有一家机构设有护理站。

表3-89 虹口区长者照护之家床位配置情况

	床位数	护理床位数
平均	17.00	11.67
标准差	5.20	3.22
观测数	3	3

（二）虹口区长者照护之家人员配置情况

（1）护理员

虹口区被调查3家长者照护之家护理员总数为9人，平均每家机构护理员为 3 人。护理员来自外地，外地来源中以安徽、河南等地居多。从护理员的年龄结构看，以 40 岁以上年龄群为主，其中，41 ~ 50 岁占比 22.22%，51 岁及以上占比 55.56%，如表 3 - 90 所示。在这 3 家机构中，有 8 名护理员报告了学历，从护理员的学历构成看，以初中及以下学历为主，占比 75.00%，如表 3 - 91 所示。

表 3 - 90　护理员年龄构成

单位：%

	21 ~ 30 岁	31 ~ 40 岁	41 ~ 50 岁	51 岁及以上
占比	0	22.22	22.22	55.56

表 3 - 91　护理员学历构成

单位：%

	初中及以下	高中/中职	大专/高职	本科及以上
占比	75.00	25.00	0	0

（2）医生与护士

在 3 家长者照护之家机构中，均未报告医生和护士的人数、学历及年龄结构。

（3）其他技术人员

在被调查机构中，均未配置康复师。在营养师配置上，仅有 1 家机构报告配备了 1 名营养师，年龄为 31 ~ 40 岁，学历为本科。

（4）管理人员及其他

在管理人员配置上，其中 3 家机构报告共计配置了 7 名管理人员，平均每个机构配备 2.33 名管理人员。从管理人员的学历结构看，3 人为高中/中职学历，4 人为大专/高职学历，没有本科学历的管理人员。从年龄结构看，21 ~ 30 岁的 1 人，31 ~ 40 岁的 2 人，41 ~ 50 岁的 2 人，51 岁及以上的 2 人。

3 家被调查机构报告了员工总人数，共计 25 人，平均每家机构员工数为 8.33 人。近一年内，员工离职人数共计为 3 人。被调查的 3 家长者照护之家均未报告该机构的志愿者及义工人数，因此该数据缺失。

表 3 − 92 虹口区长者照护之家工作人员统计数据

	员工总人数	最近一年内离职人数	目前在服务志愿者人数	目前在服务义工人数
平均	8.33	1.50	0.00	缺失
标准差	5.86	0.71	0.00	缺失
观测数	3	2	0	0

（三）虹口区长者照护之家管理制度情况

从虹口区被调查长者照护之家的各项管理制度设置看，各机构均设置了各类管理制度，设置的比例均比较高，其中老年人突发疾病应急预案、服务流程管理制度、老年人服务档案、火灾应急预案等制度配置比例达到100%，如图 3 − 96 所示。在老年人服务档案制度中，重点规范各类老年人服务档案的建设，各类老年人服务信息档案较为齐全，各类型服务档案包含的主要信息情况如图 3 − 97 所示。

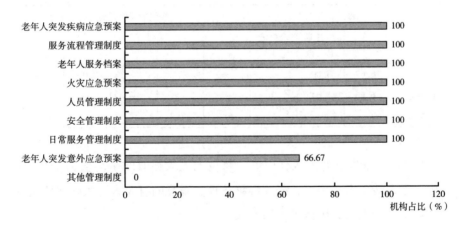

图 3 − 96 虹口区长者照护之家制定的管理制度

（四）虹口区长者照护之家服务水平情况

虹口区长者照护之家在过去一周内，每家每天服务老人数的平均值为15.67 人，其中，半失能老人数每家机构每天平均为 3 人，没有全失能老人。每家机构每天服务的老人中，正常老人数值缺失，各失能等级对应的人数如表 3 − 93 所示。从被服务老人住家与长者照护之家的最远距离看，平均值为 2.5 公里。

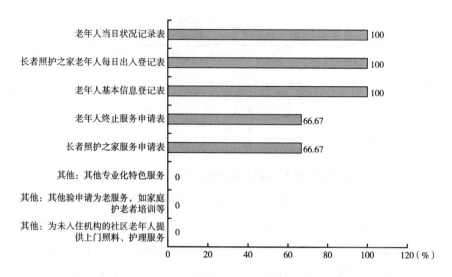

图 3 - 97　虹口区长者照护之家老年人服务档案包含的主要信息

表 3 - 93　虹口区长者照护之家平均每天服务人数

	每天服务老人数			按失能等级区分				
	总人数	半失能老人数	全失能老人数	正常老人	1 级	2 级	3 级	4 级及以上
平均	15.67	3.00	0	—	—	—	2.00	6.00
标准差	6.66	1.41	0	—	—	—	—	—
观测数	3	2	2	0	0	0	1	1

　　1 家机构报告了老人入住时间，每位老人入住时间平均值为 180 天；其中，老人转出本机构后，需要继续护理、康复的有 8 人。收住等级为 4 级及以上的老人每家机构平均为 8 人。

表 3 - 94　虹口区长者照护之家服务老人情况

	每位老人入住时间(天)	出机构后需继续护理人数	收住 4 级及以上老人
平均	180.00	8.00	8.00
标准差	0	0	0

　　虹口区长者照护之家中提供的基本服务最多的两种是住宿服务和个人生活照料服务，占比均为 100%，其次是日间护理服务和日间生活照

料服务，比例均为 66.67%，如图 3 - 98 所示。2 家长者照护之家提供助浴服务。

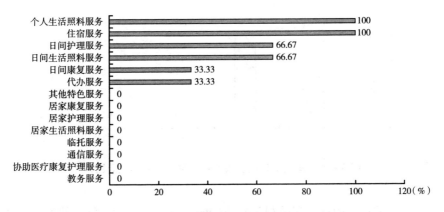

个人生活照料服务　100
住宿服务　100
日间护理服务　66.67
日间生活照料服务　66.67
日间康复服务　33.33
代办服务　33.33
其他特色服务　0
居家康复服务　0
居家护理服务　0
居家生活照料服务　0
临托服务　0
通信服务　0
协助医疗康复护理服务　0
教务服务　0

图 3 - 98　虹口区长者照护之家提供的基本服务

虹口区被调查长者照护之家中，2 家机构设立了老人入住筛选标准，1 家机构设立了老人出院评估标准。3 家长者照护之家报告了床位的轮转时间，平均而言，床位轮转时间为 135 天。3 家机构均未有老人出现"霸床"现象。

长者照护之家中，白天平均每家机构有 2 名养老护理员在岗，晚上有 1 名养老护理员在岗。在被调查的机构中，这 3 家机构均未承接本机构服务项目的社会组织。在被调查的长者照护之家中，仅有 1 家机构报告提供特色服务项目。

（五）虹口区长者照护之家其他情况

在被调查长者照护之家中，均未提供政府财政补贴情况、营业收入与营业支出情况，故此项数据缺失。

在被调查的 3 家机构中，赢利能力数据也存在缺失情况。对影响长者照护之家入住率的主要因素，地理位置、适宜环境是最为重要的影响因素（如图 3 - 99）。3 家机构中，均明确反馈到该机构的老人较多。

被调查机构对政府提供支持帮助长者照护之家运营的建议，主要为：一是受场地设施限制，长者照护之家规模较小，且与居民区相邻，容易发生矛盾，政府应帮助长者照护之家扩大场地范围，提升软硬件水平；二是

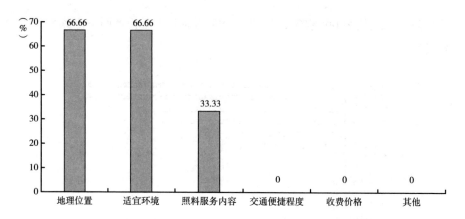

图 3 - 99　影响虹口区长者照护之家入住率的主要因素

希望更多的社会团体、民非机构提供捐赠、志愿活动，让更多的人关爱老年人群体。在被调查机构中有 1 家机构是连锁化经营，连锁经营有利于将养老资源规模化，降低其运营成本。

三　虹口区综合为老服务中心发展现状

虹口区综合为老服务中心调查共获得有效样本 7 家，从服务机构类型看，7 家被调查机构均为非营利性机构；从服务机构地理区位看，7 家机构均在内环线以内；从机构开始运营时间来看，除 2 家综合为老服务中心运营时间在 2008、2009 年外，其余 5 家机构均在 2017 年及之后开始运营，各年份运营机构数量如图 3 - 100 所示。

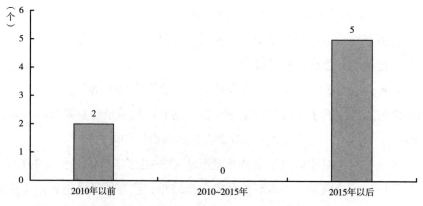

图 3 - 100　虹口区综合为老服务中心成立运营时间分布

（一）虹口区综合为老服务中心硬件设施情况

（1）设施与功能区域

虹口区被调查综合为老服务中心，平均每家机构的建筑面积为 1033.33 平方米，最大的机构达到 1600.00 平方米。其中，老年人居室总（使用）面积平均为每家机构 640.00 平方米，如表 3 – 95 所示。

表 3 – 95　虹口区综合为老服务中心设施面积

单位：平方米

	总建筑面积	老年人居室总(使用)面积
平均	1033.33	640.00
标准差	458.98	468.24
观测数	6	5

在被调查的 7 家机构中，有 4 家机构设有独立的机构出入口。从机构用房性质看，除一家机构数据缺失外，其余 6 家机构的用房均属于非居住类或其他房屋。被调查机构中，有 6 家机构周边 300 米范围内有公共绿化或花园，3 家机构周边 300 米范围内有室外公共活动场所。

在各类基本生活辅助用房配置上，公共卫生间是配置最高的生活辅助用房，100% 的被调查机构有配置，其次是餐厅，配置比例为 71.43%，如图 3 – 101 所示。其中，公共卫生间的数量是各类基本生活辅助用房中配置最多的用房，平均每家机构的卫生间数量为 2.14 间，

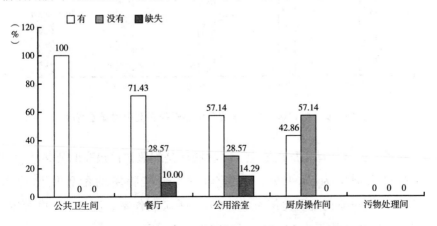

图 3 – 101　虹口区综合为老服务中心基本生活辅助用房配置

平均面积达到 14.5 平方米。其余各类生活辅助用房的情况如表 3 – 96 所示。

表 3 – 96　虹口区综合为老服务中心基本生活辅助用房配置数量及面积

单位：间，平方米

	公共卫生间		餐厅		公用浴室		厨房操作间		污物处理间	
	房间数	共计面积	房间数	共计面积	房间数	共计面积	房间数	共计面积	房间数	共计面积
平均	2.14	14.5	0.86	250.00	1.00	10.67	0.67	36.67	0.00	0.00
标准差	1.77	8.80	0.39	300.00	0.00	4.04	0.52	11.55	0.00	0.00
观测数	7	6	7	4	4	3	6	3	5	5

在医疗保健用房配置上，40.00% 的被调查机构配置了中医保健室、康复训练室，仅有 28.57% 的机构配置了心理疏导室，如图 3 – 102 所示。其中，康复训练室的配置面积平均每家机构为 40 平方米，心理疏导室平均每家机构的面积为 15.00 平方米。

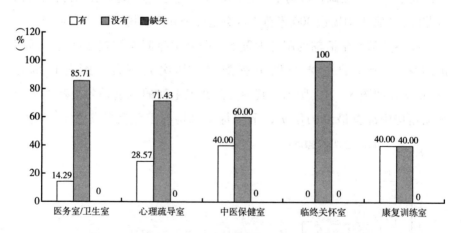

图 3 – 102　虹口区综合为老服务中心医疗保健用房配置情况

在各类公共活动用房配置上，多功能厅是配置比例最高的公共活动用房，配置比例均为 71.43%，电影/电视室、棋牌室的配置比例均为 57.14%，阅览室的配置比例为 42.86%，手工制作室、健身室、书画室、网络室配置比例均仅为 14.29%，如图 3 – 103 所示。

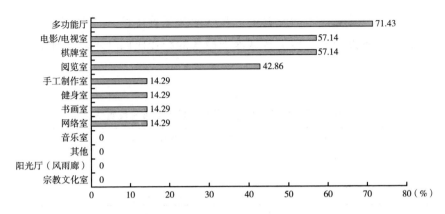

图 3 – 103 虹口区综合为老服务中心公共活动用房配置情况

（2）服务设备配置

被调查综合为老服务中心配置的各类服务设备中，功能轮椅配置比例最高，达到 57.14%，健身器材和康复训练器具配置比例均为 42.86%，多功能护理床配置比例为 28.57%。各类服务设备的配置情况如图 3 – 104 所示。

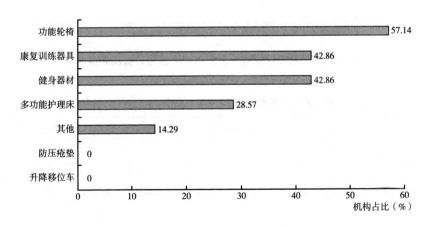

图 3 – 104 虹口区综合为老服务中心服务设备配置

在消防设施的配置上，被调查机构的各类消防设施配置比例均比较高，灭火器、消防栓的配置比例达到 100%，如表 3 – 97 所示。在综合为老服务中心内，各类安全保护装置的配置比例也比较高，防滑设备、扶手/防撞装置、紧急呼叫系统配置比例均为 100%，如图 3 – 105

所示。在智慧养老设施的配置上，互联网络配置比例达到100%，智能检测系统设备以及其他各类智慧养老设备的配置比例并不高，如表3-98所示。

表3-97　虹口区综合为老服务中心的消防设施配置情况

	灭火器、消防栓	消防喷淋系统	自动火灾报警	其他
无	0	1	0	9
有	7	6	2	9
缺失	0	0	5	7

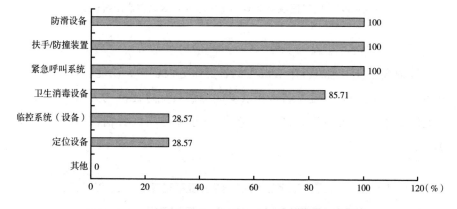

图3-105　虹口区综合为老服务中心安全设备配置情况

表3-98　虹口区综合为老服务中心智慧养老设施配置情况

	互联网络	物联网设施	智能检测系统设备	远程医疗设备
没有配置	1	6	6	6
配置	6	0	0	0
缺失	0	1	1	1

　　从被调查综合为老服务中心设置的床位数量来看，共计5家机构报告了床位数量，平均每家机构设置14.80张床，其中，床位数最多的达到20张。此外，平均每家机构设置9.60张护理床位，如表3-99。在被调查的7家机构中，有1家机构设有医务室/卫生室，有2家机构设有社区卫生服务中心延伸医务室/站，没有机构设立护理站。

表 3－99　虹口区综合为老服务中心设置床位数

	总床位数	护理床位数
平均	14.80	9.60
标准差	4.82	9.53
观测数	5	5

（二）虹口区综合为老服务中心人员配置情况

（1）护理员

在被调查的综合为老服务中心机构中，6 家机构报告了护理员配备的人数，共计 29 人，平均每家机构配备了 4.83 名护理员，护理员来自安徽、河南的居多。从护理员的年龄构成看，21～30 岁占比 0，31～40 岁占比 6.90%，41～50 岁占比 44.83%，51 岁及以上占比 48.28%（如表 3－100）。从护理员的学历结构看，以初中及以下学历为主，占比 65.52%（如表 3－101）。

表 3－100　护理员年龄构成

单位：%

	21～30 岁	31～40 岁	41～50 岁	51 岁及以上
占比	0	6.90	44.83	48.28

表 3－101　护理员学历构成

单位：%

	初中及以下	高中/中职	大专/高职	本科及以上
占比	65.52	34.48	0	0

（2）医生和护士

被调查机构中，7 家机构均未提供医生、护士的配置情况，因此虹口区综合为老服务中心的医生、护士人数、学历、年龄结构等数据缺失。

（3）其他技术人员

被调查机构中，7 家机构均未提供康复师、营养师的配置情况，因此虹口区综合为老服务中心康复师、营养师的人数、学历、年龄结构等数据缺失。

（4）管理人员及其他

在管理人员配置上，6 家被调查机构报告共计配备了 14 名管理人员，平均每个机构配备 2.33 名管理人员。从管理人员的学历结构看，6 人为高中/中职学历，8 人为大专/高职学历。从年龄结构看，2 人为 21～30岁，4 人为 31～40 岁，8 人为 41～50 岁。

被调查机构中共计 7 家报告了员工总人数，员工总人数 44 人，平均每家机构员工数为 6.29 人。近一年内，员工离职人数共计为 1 人。被调查的 7 家综合为老服务中心未提供志愿者服务人数、义工人数，此处数据缺失，如表 3－102 所示。在被调查机构中，均未配备养老顾问。

表 3－102　虹口区综合为老服务中心员工及志愿者/义工人数

	员工总人数	最近一年内离职人数	目前在服务志愿者人数	目前在服务义工人数
平均	6.29	0.17	缺失	缺失
标准差	4.23	0.41	缺失	缺失
观测数	7	6	缺失	缺失

（三）虹口区综合为老服务中心管理制度情况

从管理制度设置看，虹口区综合为老服务中心内各项管理制度设置较为全面，如图 3－106 所示。在老年人服务档案中，各机构服务档案记录较少，基本信息、服务申请表等配置比例仅为 28.57%，如图 3－107 所示。

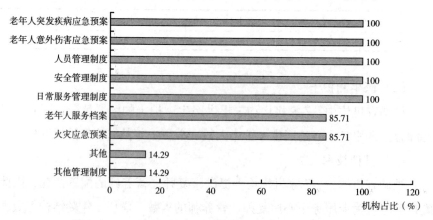

图 3－106　虹口区综合为老服务中心管理制度设置情况

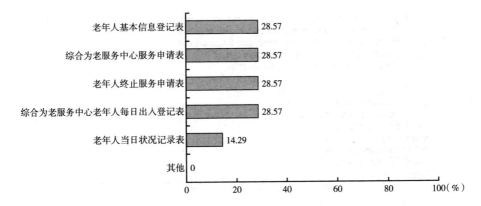

图 3 - 107　虹口区综合为老服务中心老年人服务档案记录的主要信息

（四）虹口区综合为老服务中心服务水平情况

虹口区综合为老服务中心，在调查时过去的一周内，平均每家机构每天服务老人数为 30.14 人，其中，半失能老人数为 8.50 人，全失能老人数为 3.00 人。从开业运营时间看，截至调查时间，平均运营时长为 68.43 个月，如表 3 - 103 所示。从被服务老人住家与综合为老服务中心地理距离看，最远距离平均值为 2.67 公里。

表 3 - 103　虹口区综合为老服务中心服务人数

	每天服务老人数			自机构运营以来运营时长（月）
	总人数	半失能老人数	全失能老人数	自机构运营以来运营时长（月）
平均	30.14	8.50	3.00	68.43
标准差	14.79	2.12	—	48.09
观测数	7	2	1	7

虹口区综合为老服务中心提供的各类生活照料服务中，最多的是助餐，所有机构均提供此项服务，其次是理发、午间休息服务，57.14% 的机构均提供此服务。此外，助浴、洗头、送餐上门等服务配置比例不太高，如图 3 - 108 所示。

综合为老服务中心提供的各类护理服务均过少，仅有 14.29% 的机构提供提示或协助服药、术后康复护理服务，认知症照护、口腔护理等护理服务均未有提供，如图 3 - 109 所示。

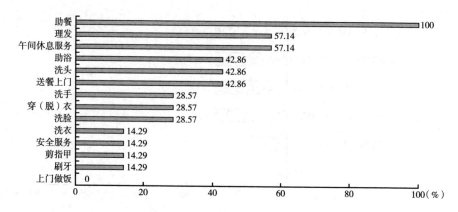

图 3-108　虹口区综合为老服务中心提供的生照料服务

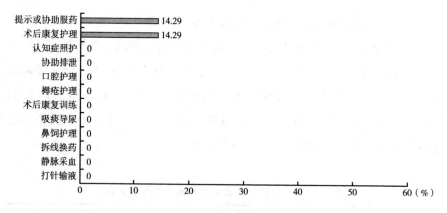

图 3-109　虹口区综合为老服务中心提供的护理服务

在提供的医疗服务中，仅有 14.29% 的机构提供日常健康管理、联系紧急救护服务，营养指导、肌力训练等医疗服务均未涉及，如图 3-110 所示。

在提供的精神慰藉服务中，这 7 家提供的精神慰藉服务过少，仅有 28.57% 的机构提供情绪疏导、生活陪伴服务，没有机构提供临终关怀服务，如图 3-111 所示。

在提供的文化娱乐服务中，85.71% 的被调查机构提供看书看报、手工制作服务，71.43% 的机构提供看（听）戏曲、电影/电视等服务，其他各类服务提供情况如图 3-112 所示。

在被调查的综合为老服务中心中，7 家机构均未提供照料者服务技术

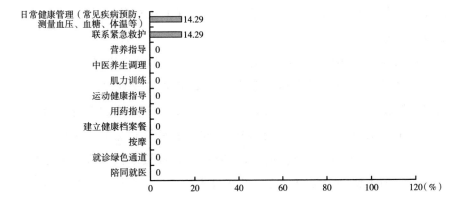

图 3－110　虹口区综合为老服务中心提供的医疗服务情况

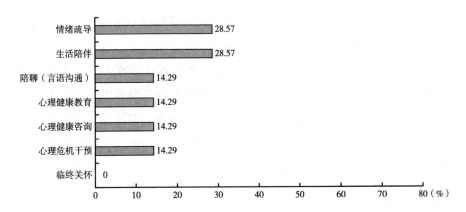

图 3－111　虹口区综合为老服务中心提供的精神慰藉服务

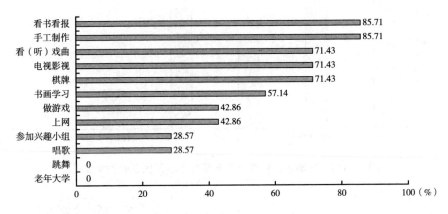

图 3－112　虹口区综合为老服务中心提供的文化娱乐服务

指导、养老辅具租赁服务、喘息服务，仅有 1 家机构为老人提供上门服务。

在被调查机构中，有 2 家机构实现了"一网覆盖"信息管理，建成了本区域统一网络门户和数据库；有 1 家机构设有"一站式"办事窗口；2 家机构实施老人统一需求评估与审核；2 家机构实现综合体公共服务平台的枢纽作用；2 家机构能够整合各种综合为老服务资源，实现"一体化资源统筹"。此外，仅 1 家机构有承接本机构服务项目的社会组织，最主要的是提供日托、长护险等服务。2 家机构报告有特色服务项目。

（五）虹口区综合为老服务中心其他情况

被调查的 7 家综合为老服务中心均未提供政府补贴数据、营业收入数据、成本开支数据，因此此处数据均缺失。

在被调查综合为老服务中心中，3 家机构汇报了长期经营能否赢利的问题，3 家机构均认为不能够赢利。从影响综合为老服务中心入住率的因素看，地理位置、交通便捷程度是最为重要的因素，其次是适宜环境，如图 3－113 所示。在被调查的 7 家综合为老服务中心中，仅有 1 家机构是连锁经营机构。

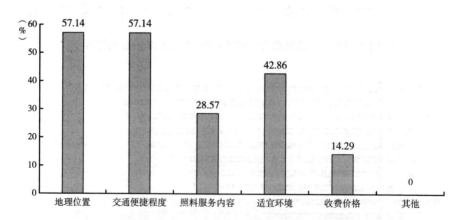

图 3－113　影响虹口区综合为老服务中心入住率的主要因素

（黄　钢　宋婉婷）

第四节　杨浦区社区养老发展现状

一　杨浦区日间照料中心发展现状

杨浦区日间照料中心调查共获得有效样本 21 家，从服务机构类型看，21 家皆为非营利性机构；从服务机构地理区位看，内环线以内为 6 家，内环线以外、中环线以内为 10 家，中环线以外、外环线以内为 5 家，外环线以外为 0 家；从机构开始运营时间来看，61.9% 的日间照料中心于 2011 年及之后开始运营，各年份运营机构数量如图 3 – 114 所示。

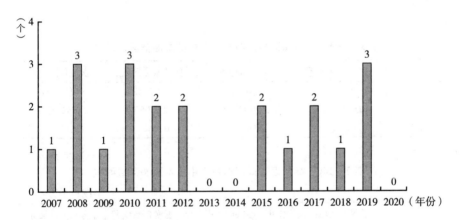

图 3 – 114　杨浦区日间照料中心开始运营数量的时间分布

（一）杨浦区日间照料中心硬件设施情况

（1）设施面积与功能区域设置

在日间照料服务机构设施面积上，调查结果显示，建筑总面积平均值为 1406.4 平方米；使用面积平均值为 1709.81 平方米，室外活动场地面积平均值为 367.50 平方米，室外绿地面积平均值为 356.40 平方米（见表 3 – 104）。

在被调查的日间照料中心中，设置比例最高的基本服务区域为公共活动区域和生活服务区域，占比均为 100%，设置保健服务区域的比例为

表3-104　杨浦区日间照料中心设施面积

单位：平方米

	总建筑面积	使用面积	室外活动场地面积	室外绿地面积
平均	1406.40	1709.81	367.50	356.40
标准差	3650.27	5508.52	1122.97	1495.56
观测数	21	20	20	20

80.95%（见表3-105）。从各个服务区域面积来看，公共活动区域平均面积最大，为141.32平方米；生活服务区域平均面积为124.41平方米，详见表3-106。80.95%的机构设置了保健服务区域，17家提供保健服务区域面积的被调查机构数据显示，保健服务区域的平均面积为37.82平方米。

表3-105　杨浦区日间照料中心中基本服务区域设置

	生活服务区域	公共活动区域	保健服务区域	服务保障区域
无	0(0%)	0(0%)	4(19.05%)	8(16.67%)
有	21(100%)	21(100%)	17(80.95%)	13(83.33%)
缺失	0(0%)	0(0%)	0(0%)	0(0%)

表3-106　杨浦区日间照料中心中基本服务区域面积

单位：平方米

	生活服务区域面积	公共活动区域面积	保健服务区域面积	服务保障区域面积
平均	124.41	141.32	37.82	34.38
标准差	146.79	128.47	30.28	37.23
观测数	19	19	17	16

基本生活辅助用房配置中，公共卫生间、餐厅及公用浴室是配置比例最高的辅助用房，厨房操作间次之，污物处理间的配置比例最低，为52.38%，如图3-115所示。对提供各类基本生活辅助用房面积的样本进行统计，结果显示，餐厅的平均面积最大，为47.60平方米；污物处理间的面积基本相近，平均面积为8.24平方米。各类生活辅助用房面积统计数据如表3-107所示。

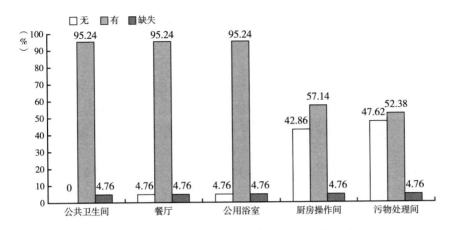

图 3-115 杨浦区日间照料中心生活辅助用房配置

表 3-107 杨浦区日间照料中心生活辅助用房配置面积

单位：平方米

	公共卫生间面积	餐厅面积	公用浴室面积	厨房操作间面积	污物处理间面积
平均	29.57	47.60	23.10	24.63	8.24
标准差	28.61	28.62	25.42	28.39	9.92
观测数	21	21	21	16	17

在医疗保健用房配置上，杨浦区的日间照料中心中，康复训练室的配置率最高，为 47.62%；其次为心理疏导室，配置率为 42.86%。中医保健室和医务室/卫生室的配置率较低，均为 33.33%（如图 3-116）。对提

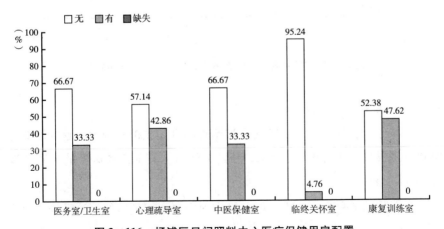

图 3-116 杨浦区日间照料中心医疗保健用房配置

供医疗保健用房面积的机构进行统计，结果显示，心理疏导室的配置面积最大，平均面积为13.14平方米，其他数据如表3-108所示。

表3-108 杨浦区日间照料中心医疗保健用房面积

单位：平方米

	医务室/卫生室	心理疏导室	中医保健室	康复训练室
平均	13.08	13.14	11.08	3.00
标准差	17.14	16.48	14.45	9.49
观测数	12	14	13	10

在公共活动用房配置上，阅览室、电影/电视室、棋牌室是配置较多的公共活动用房，其他公共活动用房配置情况如图3-117所示。

此外，有20家被调查机构报告设置了办公用房，平均办公用房面积约为24.32平方米；8家被调查机构报告还设置了其他用房。

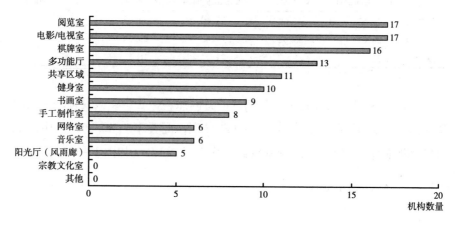

图3-117 杨浦区日间照料中心公共活动用房配置情况

（2）服务设备配置

在服务设备配置方面，杨浦区被调查的日间照护机构中，健身器材是配置比例最高的服务设备，占比达到90.48%，其他服务设备的配置情况如图3-118所示。

在消防设施配置上，21家服务机构均配置不同类型的消防设施，灭火器、消防栓是最为常见的设施，此外，也有19家机构配置了自动火灾报警

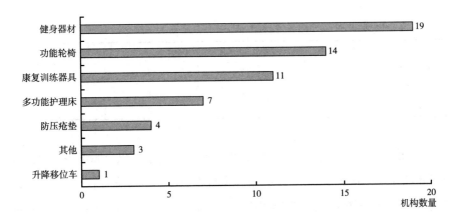

图3-118　杨浦区日间照料中心服务设备配置情况

系统。各类安全设施的配置，除老人定位设备仅有1家配置外，其他相应设施大都有配置，如每家机构均有扶手/防撞装置，如图3-119所示。在智能养老设施上，仅有52.38%的机构配置互联网络，其他物联网设施及远程医疗设备的智慧养老设施亦仅有1~2家配置，如表3-110所示。

表3-109　杨浦区日间照料中心的消防设施配置情况

	灭火器、消防栓	消防喷淋系统	自动火灾报警	其他
无	0	4	2	5
有	21	17	19	1
缺失	0	0	0	15

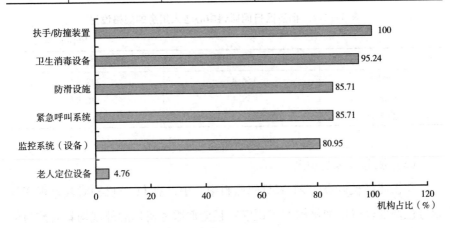

图3-119　杨浦区日间照护机构安全设施配置情况

表3-110 杨浦区日间照料中心智慧养老设施配置情况

	互联网络	物联网设施	智能检测系统设备	远程医疗设备
没有配置	8	17	18	18
配置	11	2	1	1
缺失	2	2	2	2

杨浦区被调查日间照料中心中，18家机构配备了应急电源设备，但仅有6家配备了老人接送车辆，此外，有4家机构配备了物品采购车辆。另外，13家机构报告服务场所设置在建筑物的一层或底层，8家机构报告设置在建筑物的二层及以上楼层，其中仅有3家机构均配置了电梯或无障碍设施。

在服务设施中，平均每家机构设置床位数为19.25张，有2家机构设置护理床位。老人休息室平均每家机构设置2.25间，单间容纳老人数平均值为17.47人。老人服务设施的其他信息如表3-111和表3-112所示。在被调查的21家日间照料中心中，有1家机构设置了护理站。

表3-111 杨浦区日间照料中心老人服务设施信息

	总床位数	护理床位数	老人休息室数	单间容纳老人数
平均	19.25	3.16	2.25	17.47
标准差	12.89	9.17	2.27	12.31
观测数	20	2	20	19

表3-112 杨浦区日间照料中心老人用房的规格设置

单位：厘米

	房门净宽度	室内走道净宽度
平均	166.43	247.37
标准差	238.17	346.97
观测数	21	19

（3）服务设施辨识度

在杨浦区被调查的21家日间照料中心中，有11家机构对其外观建筑做过色调处理以增加机构的辨识度；且全部服务机构的外观均具有醒目的标识以及独立的出入口。

（二）杨浦区日间照料中心人员配置情况

（1）护理员

杨浦区被调查机构中的 21 家报告了护理员数量，共计 48 人，平均每家机构护理员 2.29 人。护理员主要来自外地。从护理员的年龄构成上看，54.17% 的护理员年龄在 51 岁及以上，各年龄段分布如表 3 - 113 所示。从护理员的学历构成看，以初中及以下为主，占比 68.75%，其他学历构成如表 3 - 114 所示。

表 3 - 113　护理员年龄构成

单位：%

	21 ~ 30 岁	31 ~ 40 岁	41 ~ 50 岁	51 岁及以上
占比	6.25	8.33	31.25	54.17

表 3 - 114　护理员学历构成

单位：%

	初中及以下	高中/中职	大专/高职	本科及以上
占比	68.75	31.25	0	0

（2）医生与护士

在被调查的日间照料中心中，仅有 10 家机构报告配备了 14 名医生，其中兼职医生人数为 9 人。从医生的职称结构看，全部为主治医师及以下，无副主任医师及主任医师；从医生的学历结构看，10 人为专科学历，4 人为本科学历。

在护士配备上，有 5 家机构报告配备了 5 名护士。从年龄构成上看，1 人为 21 ~ 30 岁，1 人为 31 ~ 40 岁，2 人为 41 ~ 50 岁，1 人为 51 岁及以上；从学历构成看，3 人为高中/中职学历，2 人为大专/高职学历。

（3）其他技术人员

在康复师的配置上，4 家机构报告配置了共计 4 名康复师。从年龄结构看，1 人为 21 ~ 30 岁，3 人为 31 ~ 40 岁。从学历结构看，3 人为高中/中职学历，1 人为大专/高职学历。

在营养师的配置上，仅有 1 家机构报告配置了 1 名营养师。从营养师的年龄结构看，为 31～40 岁。从学历结构看，该名营养师为大专/高职学历。

（4）管理人员及其他

在管理人员配置上，共计 21 家机构报告配置了 42 名管理人员，平均每个机构配备 2 名管理人员。从管理人员的学历结构看，无初中及以下学历，8 人为高中/中职学历，27 人为大专/高职学历，7 人为本科及以上学历。从年龄结构看，1 人为 21～30 岁，7 人为 31～40 岁，25 人为 41～50 岁，9 人为 51 岁及以上。

在被调查的 21 家日间照料中心中，员工总人数为 114 人，平均每家机构员工数为 5.43 人。近一年内，员工离职人数共计为 11 人。截至调查时间点，在服务志愿者平均每家机构 8.14 人，在服务义工平均每家机构 1.43 人，相关统计数据如表 3－115 所示。其中，志愿者提供服务主要有各类慰问康乐服务、健康讲座、生活便民服务以及陪聊沟通等；义工提供的服务相对集中，主要为陪聊沟通与生活服务。

表 3－115　杨浦区日间照料中心工作人员统计数据

	员工总人数	最近一年内离职人数	目前在服务志愿者人数	目前在服务义工人数
平均	5.43	0.55	8.14	1.43
标准差	3.50	0.83	12.96	5.21
观测数	21	20	21	21

（三）杨浦区日间照料中心管理制度情况

杨浦区日间照料中心各项管理制度设置均比较全面，如图 3－120 所示。其中，各个服务机构对多数管理制度均相当重视，而在老人服务档案中，除老年人终止服务申请表外，其他均是各个机构重点登记的信息，如图 3－121 所示。

（四）杨浦区日间照料中心服务水平情况

杨浦区日间照料中心，在被调查时过去的一周内，每家每天服务老人数的平均值为 25.76 人，其中，半失能老人数每家机构每天平均为 1.10 人，全失能老人数每家机构每天平均为 0.05 人。每家机构每天服务的老

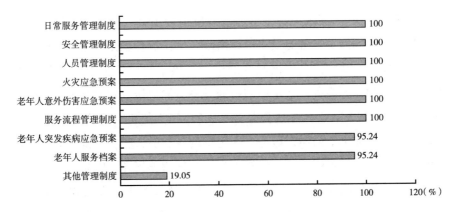

图 3 – 120　杨浦区日间照料中心内部管理制度设置情况

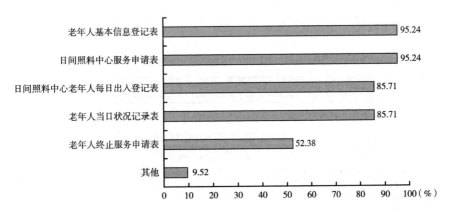

图 3 – 121　杨浦区日间照料中心老人服务档案记录的主要信息

人中，正常老人平均值为 13.44 人，各失能等级对应的人数如表 3 – 116 所示。从被服务老人住家与日间照料中心之间的最远距离看，平均值为 1.68 公里。

表 3 – 116　杨浦区日间照料中心平均每天服务老人数

	每天服务老人数			按失能等级区分				
	总人数	半失能老人数	全失能老人数	正常老人	1 级	2 级	3 级	4 级及以上
平均	25.76	1.10	0.05	13.44	1.80	1.60	1.60	0.46
标准差	14.79	2.43	0.22	8.46	3.08	2.76	3.37	0.82
观测数	21	21	21	18	10	10	10	11

在被调查的21家机构中，全部服务机构提供就餐服务；提供最多的娱乐服务是读书阅览、健身及棋牌，游戏、手工制作也是主要提供的娱乐服务（见图3－122）；全部被调查的机构提供午间休息服务；85.71%的机构提供协助如厕服务；在生活照料服务中，测血压、理发是最常见的服务，如图3－123所示；在饮食服务中，71.43%的机构提供送餐上门服务，但无机构提供上门做饭服务；在提供的各类健康教育咨询服务中，占比前两位的是常见疾病预防及保健养生，老年营养指导、康复训练和安全教育次之，详见图3－124；在提供的心理慰藉服务中，沟通与情绪疏导是最常见的两种服务，见图3－125；在保健康复服务中，按摩是提供最多的服务，有57.14%的机构提供，其次是中医传统保健，详见图3－126；此外，仅有1家机构设立护理站，提供基础护理服务和专科护理。

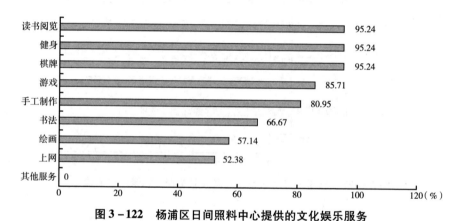

图3－122 杨浦区日间照料中心提供的文化娱乐服务

图3－123 杨浦区日间照料中心提供的生活照料服务

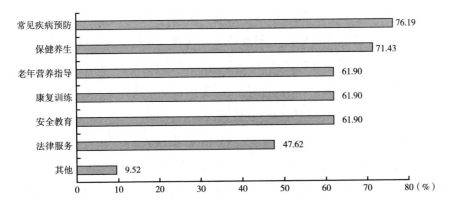

图 3 – 124　杨浦区日间照料中心提供的健康教育咨询服务

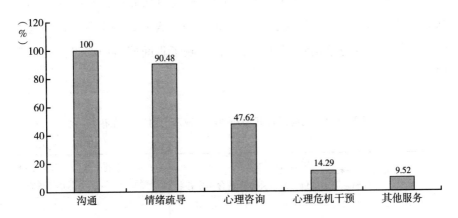

图 3 – 125　杨浦区日间照料中心提供的心理慰藉服务

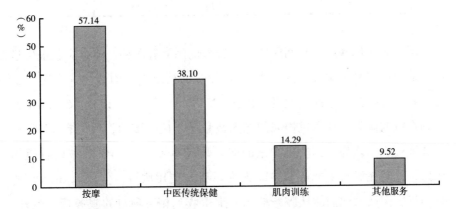

图 3 – 126　杨浦区日间照料中心提供的保健康复服务

在杨浦区日间照料服务机构中，有 8 家机构报告了本机构服务项目有社会组织承接服务项目情况，服务的主要内容为委托老人日间照料、康乐活动及心理辅导等。在机构服务特色方面，5 家机构报告认为自身有特色服务提供。在服务收费方面，收费主要集中在托管费上。

（五）杨浦区日间照料中心其他情况

在被调查的日间照料机构中，有 18 家机构提供了获得政府补贴情况，共计获得各类政府补贴 371.16 万元，平均每家机构 20.62 万元。有 14 家机构提供了开办补贴 132.86 万元，年度补贴 48.72 万元。从补贴费用内容看，52.38% 的受补贴机构用于购买服务，33.33% 的受补贴机构用于水电煤。在经营业绩方面，有 18 家机构能够并愿意提供经营数据。自开业以来，平均每家服务机构获得经营收入 52.84 万元，但是经营成本支出平均每家达到 61.06 万元，反映了日间照料中心目前的经营困境。

表 3-117   杨浦区日间照料中心接收政府财政补贴统计

单位：万元

	政府财政补贴			自开业以来获得经营收入	自开业以来支付各类成本费用
	补贴总额	包含开办补贴	包含年度补贴		
平均	23.20	9.49	3.48	52.84	61.06
标准差	12.66	7.31	2.71	44.15	49.65
求和	371.23	132.81	48.72	951.20	1099.00
观测数	18	14	14	18	18

影响老人选择使用日间照料机构服务的因素有多种，调查对象报告显示，地理位置是影响最大的因素，71.43% 的被调查机构认为这个因素最为重要，其次为交通便捷程度，占比 52.38%（见图 3-127）。52.38% 的被调查机构认为，到本机构来的老人数量还是比较多的，但也有 47.62% 的被调查机构认为，到本机构来的老人数量不多。95.24% 的被调查机构认为，他们在经营中能够留住老人在本机构使用服务，但仅有 61.9% 的被调查机构认为他们能从服务的老人那里收到相关项目的服务费。此外，仅有 33.33% 的被调查机构能够做到多元化赢利。被调查对象反馈，出现

上述经营中无法有效赢利的主要原因是机构本身为非营利性服务提供商，且老人群体的收入支配有限。

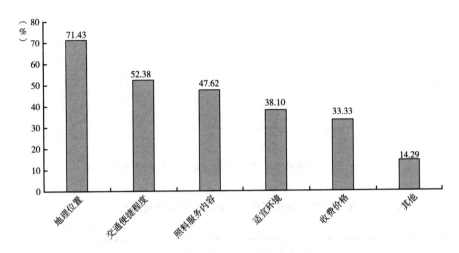

图 3 - 127　影响老人入住杨浦区日间照料中心的主要因素

被调查服务机构中，有 7 家服务机构是连锁经营的日间照护机构。在政府支持帮助建议上，被调查机构提出的建议多数为希望提供更多政府补贴及人力资源支持等。

二　杨浦区长者照护之家发展现状

杨浦区长者照护之家调查共获得有效样本 11 家，从服务机构类型看，11 家均为非营利性机构；从服务机构地理区位看，内环线以内 3 家，内环线以外、中环线以内 7 家，中环线以外、外环线以内 1 家；从机构开始运营时间来看，被调查的长者之家均在 2014 年及之后开始运营，各年份运营机构数量如图 3 - 128 所示。

（一）杨浦区长者照护之家硬件设置情况

（1）设施面积与功能区域设置

在长者照护之家机构设施面积上，调查结果显示，单个机构建筑总面积平均值为 1252.61 平方米，老年人居室总（使用）面积平均值为每家569.09 平方米，床均建筑面积为 13.64 平方米，居室内单床的使用面积平均值为 9.82 平方米（见表 3 - 118）。

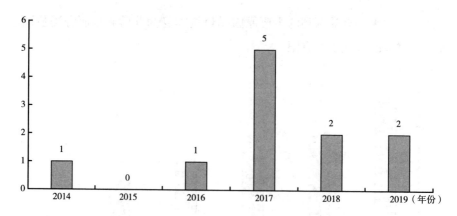

图 3-128　杨浦区长者照护之家开始运营数量的时间分布

表 3-118　杨浦区长者照护之家的各项面积统计

单位：平方米

	总建筑面积	老年人居室总（使用）面积	床均建筑面积	居室单床使用面积
平均	1252.61	569.09	13.64	9.82
标准差	1448.58	731.74	7.51	10.02
观测数	11	11	11	11

在被调查的长者照护之家中，所有机构均设置了独立的出入口。从机构用房性质看，其中仅 2 家机构的用房属于居住类用房，6 家为非居住类用房，3 家为其他类型用房。从机构的周边环境看，机构周边300 米范围内，所有机构均有公共绿化或花园，有室外公共活动场所的有 7 家。

从机构内基本生活辅助用房的配置情况看，各类型辅助用房配置的比例均比较高，其中，公共卫生间比例最高，达到 100%，如图 3-129 所示。总体看，在单个机构内，公共卫生间设置数量最多，平均值为 3.22 间，餐厅、公用浴室、厨房操作间和污物处理间平均每家机构设置为 1~2 间。从面积看，其中餐厅是每家机构配置面积最大的生活辅助用房，单家机构的平均面积达到 127.78 平方米，如表 3-119所示。

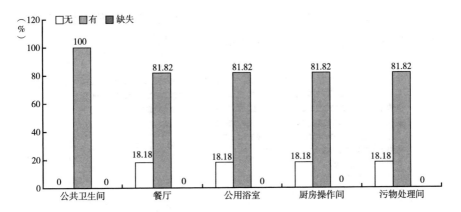

图 3 - 129　杨浦区长者照护之家的基本生活辅助用房配置情况

表 3 - 119　杨浦区长者照护之家的基本生活辅助用房配置数量及面积

单位：间，平方米

	公共卫生间		餐厅		公用浴室		厨房操作间		污物处理间	
	房间数	共计面积	房间数	共计面积	房间数	共计面积	房间数	共计面积	房间数	共计面积
平均	3.22	31.78	1.33	127.78	2.22	27.11	1.78	51.11	1.00	11.78
标准差	1.64	30.19	0.50	156.35	1.56	33.36	0.83	28.92	0.71	12.09
观测数	9	9	9	9	9	9	9	9	9	9

在医疗保健用房配置上，医务室/卫生室的配置比例最高，达到 54.55%，中医保健室的配置比例很低，仅为 9.09%，如图 3 - 130 所示。在公共活动用房配置方面，电影/电视室是配置比例最高的公共活动用房，

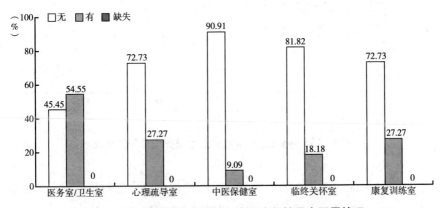

图 3 - 130　杨浦区长者照护之家医疗保健用房配置情况

有100%的机构设置了电影/电视室。此外，阅览室、棋牌室也是配置比例较高的活动用房，见图3-131所示。

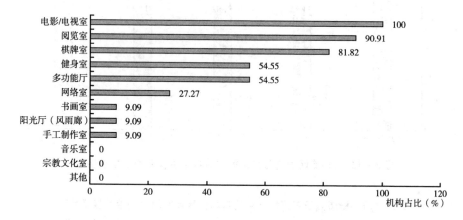

图3-131　杨浦区长者照护之家公共活动用房配置情况

（2）服务设备配置

在服务设备配置上，杨浦区长者照护之家中健身器材配置比例最高，达到了81.82%，其次是多功能护理床和功能轮椅等，如图3-132所示。

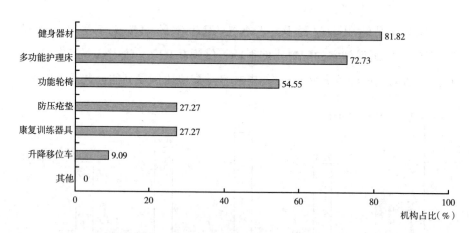

图3-132　杨浦区长者照护之家服务设备配置情况

在消防设施的配置方面，杨浦区长者照护之家中各类消防设施的配置相对较全面（见表3-120）。在安全设施配置方面，监控系统（设备）

仅有 63.64% 的机构配置，且尚无机构配置老人定位设备，其他各类安全防护设置的配置则较全面（见图 3 - 133）。在智慧养老设施配置方面，仅有 1 家机构配置了物联网设施和智能检测系统设备（如表 3 - 121）。在 11 家机构中，全都配置了应急电源设备。

表 3 - 120　杨浦区长者照护之家消防设施配置情况

	灭火器、消防栓	消防喷淋系统	自动火灾报警
无	0	2	2
有	11	9	9

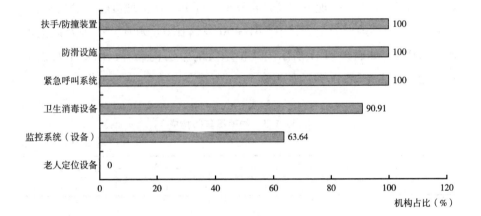

图 3 - 133　杨浦区长者照护之家各类安全设施配置情况

表 3 - 121　杨浦区长者照护之家智慧养老设施配置情况

	互联网络	物联网设施	智能检测系统设备	远程医疗设备
没有配置	4	10	10	11
配置	7	1	1	0
缺失	0	0	0	0

从机构设置床位数看，杨浦区长者照护之家平均每家机构设置床位数为 25.64 张，其中，护理床位数平均值为 15.60 张（如表 3 - 122）。在 11 家机构中，仅有 2 家机构报告配置了认知症照护床位，共计 14 张认知症照护床位。此外，有 6 家机构设有医务室/卫生室，3 家机构设有社区卫生服务中心延伸医务室/站；此外，无一家机构设有护理站。

表 3 – 122 杨浦区长者照护之家床位配置情况

	床位数	其中护理床位数
平均	25.64	15.60
标准差	14.22	11.69
观测数	11	10

（二）杨浦区长者照护之家人员配置情况

（1）护理员

杨浦区被调查 11 家长者照护之家护理员总数为 50 人，平均每家机构护理员为 4.55 人。护理员主要来自安徽、江苏。从护理员的年龄结构看，以 40 岁以上年龄群为主，其中，41～50 岁占比 34.00%，51 岁及以上占比 60.00%，如表 3 – 123 所示。从护理员的学历构成看，以初中及以下学历为主，占比 70.00%，如表 3 – 124 所示。

表 3 – 123 护理员年龄构成

单位：%

	21～30 岁	31～40 岁	41～50 岁	51 岁及以上
占比	0	6.00	34.00	60.00

表 3 – 124 护理员学历构成

单位：%

	初中及以下	高中/中职	大专/高职	本科及以上
占比	70.00	30.00	0	0

（2）医生与护士

在 11 家长者照护之家中，有 8 家机构报告分别配备了 1 名医生，且 8 名医生均为主治医师及以下职称。从医生的学历结构看，主要是本科学历，共有 7 名医生，另 1 名为专科学历。11 家机构中仅有 2 家配备了 2 名护士。从护士的年龄结构看，31～40 岁和 41～50 岁各 1 名。从护士的学历结构看，大专/高职学历和本科及以上学历各 1 名。

（3）其他技术人员

在被调查机构中，仅有 1 家机构配置了 1 名康复师，为接受康复技能专业培训人员。康复师的年龄为 21～30 岁，学历为大专/高职学历。

在营养师配置上，无机构报告报告营养师情况。

（4）管理人员及其他

在管理人员配置上，其中 11 家机构报告共计配置了 30 名管理人员，平均每个机构配备 2.72 名管理人员。从管理人员的学历结构看，4 人为高中/中职学历，14 人为大专/高职学历，12 人为本科及以上学历。从年龄结构看，2 人为 31～40 岁，17 人为 41～50 岁，11 人为 51 岁及以上。

11 家被调查机构报告了员工总人数，平均每家机构员工数为 8.73 人。近一年内，平均每家机构员工离职人数为 0.82 人。截至调查时间点，在服务志愿者及义工人数如表 3－125 所示。其中，志愿者与义工提供服务主要为各类慰问康乐服务。此外，被调查机构中，无一家机构设立护理站。

表 3－125　杨浦区长者照护之家工作人员统计数据

	员工总人数	最近一年内离职人数	目前在服务志愿者人数	目前在服务义工人数
平均	8.73	0.82	1.00	0.60
标准差	3.13	1.08	3.16	1.90
观测数	11	11	10	10

（三）杨浦区长者照护之家管理制度情况

从杨浦区被调查长者照护之家的各项管理制度设置看，各机构均设置了各类管理制度，且设置的比例均比较高，如图 3－134 所示。在老年人服务档案制度中，所有机构均提供老年人基本信息登记表、长者照护之家服务申请表、长者照护之家老年人每日出入登记表、老年人当日状况记录表，各类老年人服务档案包含的主要信息情况如图 3－135 所示。

（四）杨浦区长者照护之家服务水平情况

杨浦区长者照护之家每家每天（在被调查时过去的一周内）服务入住老人数的平均值为 22 人，其中，半失能老人数为每家机构每天平均为 4 人，全失能老人每家机构每天平均为 2 人。每家机构每天服务的老人中，正常老人平均值为 9.22 人，各失能等级对应的人数如表 3－126 所示。从被服务老人住家与长者照护之家的最远距离看，平均值为 6.83 公里。

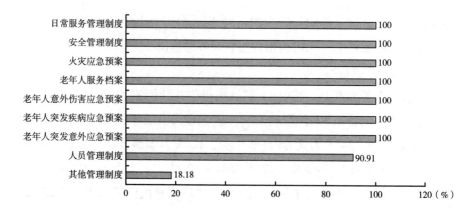

图3-134 杨浦区长者照护之家制定的管理制度情况

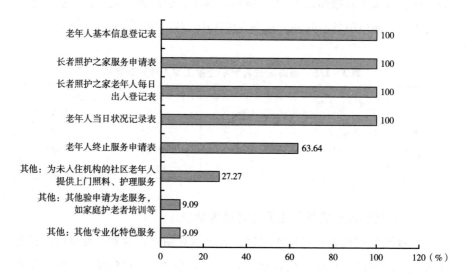

图3-135 杨浦区长者照护之家老年人服务档案包含的主要信息

表3-126 杨浦区长者照护之家平均每天服务人数

	每天服务老人数			按失能等级区分				
	总人数	半失能老人数	全失能老人数	正常老人	1级	2级	3级	4级及以上
平均	22.00	4.00	2.00	9.22	3.00	2.40	1.60	4.29
标准差	11.42	3.06	2.75	5.89	5.48	2.88	2.19	3.95
观测数	11	10	10	9	6	5	5	7

杨浦区长者照护之家平均而言每位老人入住时间平均值为 160.83 天；其中，老人转出本机构后，需要继续护理、康复的老人累计而言，每家机构平均 5.5 人。收住等级为 4 级及以上的老人每家机构平均为 6.60 人。

表 3 - 127　杨浦区长者照护之家服务老人情况

	每位老人入住时间（天）	出机构后需继续护理人数	收住 4 级及以上老人
平均	160.83	5.50	6.60
标准差	113.51	4.12	4.56
观测数	6	4	5

杨浦区长者照护之家中提供的基本服务最多的两种是住宿服务和个人生活照料服务，占比均为 100%，其次是通信服务服务和代办服务，如图 3 - 136 所示。11 家长者照护之家均提供助餐服务和助浴服务。

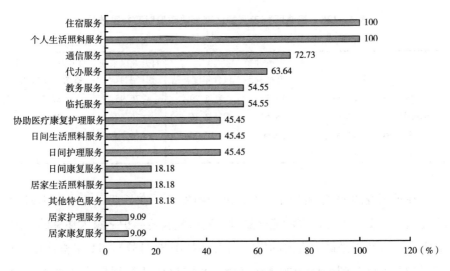

图 3 - 136　杨浦区长者照护之家提供的基本服务

杨浦区被调查长者照护之家中，6 家机构设立了老人入住筛选标准，9 家机构设立了老人出院评估标准。3 家长者照护之家报告了床位的轮转时间，平均而言，床位轮转时间为 80 天。无一家机构经营过程中遭遇老人"霸床"现象。

长者照护之家中，白天平均每家机构有 3.36 名养老护理员在岗，晚上有 1.63 名养老护理员在岗。在被调查的机构中，仅有 1 家机构拥有承接本机构服务项目的社会组织，承接的服务项目有心灵关怀、认知症照护等。在被调查的长者照护之家中，仅有 1 家机构报告提供特色服务项目。

（五）杨浦区长者照护之家其他情况

在被调查长者照护之家中，11 家机构均提供了政府财政补贴情况。平均而言，每家机构获得政府补贴 25 万元，11 家机构共计获得 275 万元补贴，提供开办费补贴的 9 家机构，其开办费补贴总额为 129 万元。补贴内容所有机构均用于购买服务，仅有 3 家用于水电煤。11 家机构提供的经营收入与成本开支数据统计结果显示，自开业以来平均每家长者照护之家获得的经营收入为 76.95 万元，但是支付各类成本平均每家 87.27 万元，如表 3－128 所示。这反映了长者照护之家目前的经营现状，多数机构靠获取政府财政补贴来维持运营。

表 3－128　杨浦区长者照护之家接收政府财政补贴统计

单位：万元

	政府财政补贴			自开业以来获得经营收入	自开业以来支付各类成本费用
	补贴总额	包含开办补贴	包含年度补贴		
平均	25.00	14.33	5.29	76.95	87.27
标准差	13.89	8.62	2.36	36.69	36.13
求和	250.00	129.00	37.00	846.40	960.00
观测数	11	9	7	11	11

在被调查的 11 家机构中，3 家机构明确表示在长期经营中，本机构不能赢利；有 8 家机构表示能够赢利。对影响长者照护之家入住率的主要因素，适宜环境是最为重要的影响因素（如图 3－137）。11 家机构中，3 家机构明确反馈到该机构的老人不多，8 家机构认为到机构的老人比较多。入住老人不多的主要原因，一是面积太小，活动范围小；二是宣传力度不够。

被调查机构对政府提供支持帮助长者照护之家运营的建议，主要为：一是帮助机构在社区宣传推广，让更多的老人了解和接受机构；二是对机构的补贴及医疗设备的提供。在被调查机构中仅有 2 家机构是连锁化经营，他们认为连锁化经营能有更丰富的经验。

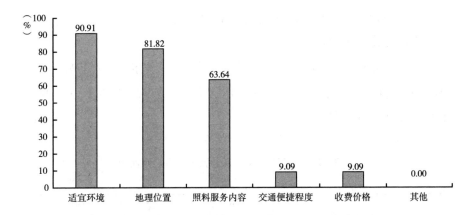

图 3 - 137　影响杨浦区长者照护之家入住率的主要因素

三　杨浦区综合为老服务中心发展现状

杨浦区综合为老服务中心调查共获得有效样本 10 家，从服务机构类型看，有 9 家被调查机构为非营利性机构，1 家为其他类型；从服务机构地理区位看，内环线以内 4 家，内环线以外、中环线以内 5 家，中环线以外、外环线以内 1 家；从机构开始运营时间来看，除 1 家综合为老服务中心在 2012 年成立并运营外，其余机构均在 2015 年及之后开始运营，各年份运营机构数量如图 3 - 138 所示。

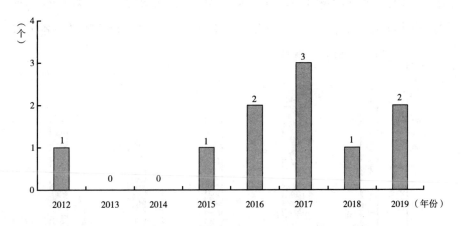

图 3 - 138　杨浦区综合为老服务中心成立运营时间分布

（一）杨浦区综合为老服务中心硬件设施情况

（1）设施与功能区域

杨浦区被调查综合为老服务中心，平均每家机构的建筑面积为1040.54平方米，老年人居室总（使用）面积平均为每家机构403.80平方米，如表3-129所示。

表3-129 杨浦区综合为老服务中心设施面积

单位：平方米

	总建筑面积	老年人居室总（使用）面积
平均	1040.54	403.80
标准差	429.46	300.26
观测数	10	10

在被调查的10家机构中，全部机构均设有独立的机构出入口。从机构用房性质看，无一家机构的用房属于居住类房屋，6家机构的用房属于非居住类，4家为其他房屋。被调查机构中，有9家机构周边300米范围内有公共绿化或花园，8家机构周边300米范围内有室外公共活动场所。

在各类基本生活辅助用房配置上，公共卫生间是配置最高的生活辅助用房，100%的被调查机构均有配置，餐厅和公用浴室次之，有90%的被调查机构有配置，如图3-139所示。其中，公共卫生间的数量是各类基

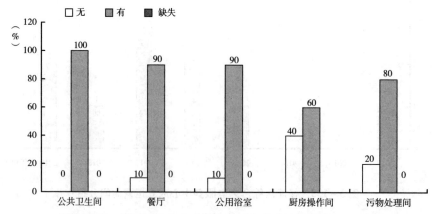

图3-139 杨浦区综合为老服务中心内基本生活辅助用房配置

本生活辅助用房中配置最多的用房，平均每家机构的卫生间数量在 2.7 间，面积则是餐厅配置最大，平均面积达到 59.67 平方米。其余各类生活辅助用房的间数平均每家机构 1 间左右，如表 3 - 130 所示。

表 3 - 130　杨浦区综合为老服务中心基本生活辅助用房配置数量及面积

单位：间，平方米

	公共卫生间		餐厅		公用浴室		厨房操作间		污物处理间	
	房间数	共计面积	房间数	共计面积	房间数	共计面积	房间数	共计面积	房间数	共计面积
平均	2.70	46.20	1.00	59.67	1.60	33.70	0.70	21.70	1.00	17.90
标准差	1.34	35.35	0.47	33.90	1.07	28.50	0.67	20.71	0.67	18.19
观测数	10	10	10	10	10	10	10	10	10	10

在医疗保健用房配置上，50% 的被调查机构配置了康复训练室和中医保健室，是配置比例最高的两类医疗保健用房，如图 3 - 140 所示。其中，中医保健室的配置面积平均每家机构为 21.6 平方米，康复训练室平均每家机构的面积为 10.75 平方米。

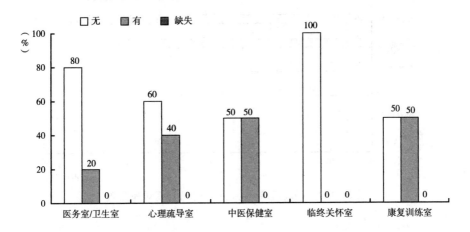

图 3 - 140　杨浦区综合为老服务中心医疗保健用房配置情况

在各类公共活动用房配置上，多功能厅是配置比例最高的公共活动用房，配置比例为 80%，此外，阅览室、电影/电视室和健身房的配置比例也有 70%，如图 3 - 141 所示。

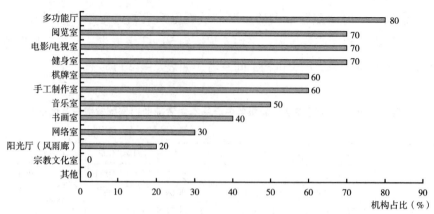

图 3 – 141　杨浦区综合为老服务中心公共活动用房配置情况

（2）服务设备配置

被调查综合为老服务中心配置的各类服务设备中，健身器材和康复训练器具是配置比例最高的服务设备，有70%的被调查机构配置了这两类服务设备。各类服务设备的配置情况如图3 – 142所示。

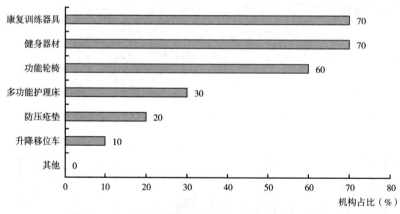

图 3 – 142　杨浦区综合为老服务中心服务设备配置

在消防设施的配置上，被调查机构的各类消防设施配置比例均比较高，如表3 – 131所示。在综合为老服务中心内，除老人定位设备外，其他各类安全保护装置的配置比例也比较高，如图3 – 143所示。在智慧养老设施的配置上，有6家机构配置互联网络，其他各类智慧养老设施的配置比例并不高，如表3 – 132所示。

表 3 – 131　杨浦区综合为老服务中心的消防设施配置情况

	灭火器、消防栓	消防喷淋系统	自动火灾报警	其他
无	0	1	0	2
有	10	9	10	2
缺失	0	0	0	6

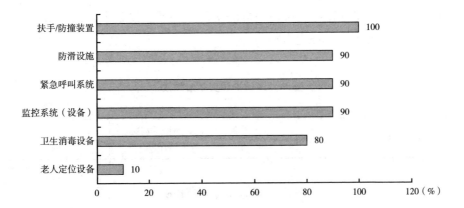

图 3 – 143　杨浦区综合为老服务中心安全设备配置情况

表 3 – 132　杨浦区综合为老服务中心智慧养老设施配置情况

	互联网络	物联网设施	智能检测系统设备	远程医疗设备
没有配置	4	7	9	10
配置	6	3	1	0
缺失	0	0	0	0

　　从被调查长者照护之家设置的床位数量来看，共计 8 家机构报告了床位数量，平均每家机构设置 24.88 张床，平均每家机构设置 9 张护理床位，如表 3 – 133。在被调查的机构中，有 2 家机构设有医务室/卫生室，有 7 家机构设有社区卫生服务中心延伸医务室/站，有 1 家机构设立护理站。

表 3 – 133　杨浦区综合为老服务中心设置床位数

	总床位数	护理床位数
平均	24.88	9.00
标准差	10.88	13.15
观测数	8	8

（二）杨浦区综合为老服务中心人员配置情况

（1）护理员

在被调查的综合为老服务中心机构中，8 家机构提供了护理员配备的人数，共计 32 人，平均每家机构配备了 4 名护理员，主要来自外省市。从护理员的年龄构成看，41～50 岁占比 31.25%，51 岁及以上占比 59.38%（如表 3－134）。从护理员的学历结构看，以初中及以下学历为主，占比 71.88%（如表 3－135）。

表 3－134　护理员年龄构成

单位：%

	21～30 岁	31～40 岁	41～50 岁	51 岁及以上
占比	0	9.37	31.25	59.38

表 3－135　护理员学历构成

单位：%

	初中及以下	高中/中职	大专/高职	本科及以上
占比	71.88	28.12	0	0

（2）医生和护士

被调查机构中，有 6 家机构报告配备了 10 名医生。医生的职称均为主治医师及以下，学历构成主要为专科学历 7 人，本科 3 人。在护士人员配置上，仅有 4 家机构报告配备了 4 名护士。其中，护士年龄构成上，1 人为 31～40 岁，1 人为 41～50 岁，2 人为 51 岁及以上。护士学历构成上，3 人为高中/中职学历，1 人为大专/高职学历。

（3）其他技术人员

在被调查机构中，仅 1 家机构报告配备了 1 名康复师，康复师年龄为 21～30 岁，学历为大专/高职学历。仅有 1 家机构报告配备了 1 名营养师，该营养师为大专/高职学历，但未提供年龄信息。

（4）管理人员及其他

在管理人员配置上，10 家被调查机构报告人员配置情况，共计有 20 名管理人员，平均每个机构配备 2 名管理人员。从管理人员的学历结构看，7 人为高中/中职学历，11 人为大专/高职学历，2 人为本科及以上学历。从年龄结构看，6 人为 31～40 岁，11 人为 41～50 岁，3 人为 51 岁及以上。

被调查机构中共计 10 家报告了员工总人数，平均每家机构员工数为 7.2 人。近一年内，员工离职人数共计为 9 人。截至调查时间点，在服务志愿者及义工人数情况如表 3－136 所示。此外，有 1 家机构设置护理站。在被调查机构中，有 8 家机构配备了养老顾问，养老顾问主要来自本机构、街道及志愿者，服务时间主要集中在工作日正常上班时间。

表 3－136　杨浦区综合为老服务中心员工及志愿者/义工人数

	员工总人数	最近一年内离职人数	目前在服务志愿者人数	目前在服务义工人数
平均	7.20	0.90	12.10	1.89
标准差	3.88	1.20	13.93	3.44
观测数	10	10	10	9

（三）杨浦区综合为老服务中心管理制度情况

从管理制度设置看，杨浦区综合为老服务中心内各项管理制度设置较为全面，如图 3－144 所示。在老年人服务档案中，老年人基本信息登记表和老年人每日出入登记表是记录比例高的两类信息，如图 3－145 所示。

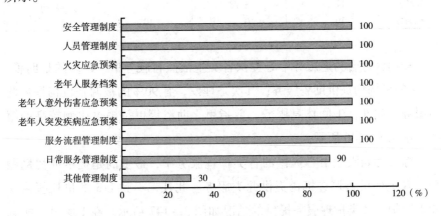

图 3－144　杨浦区综合为老服务中心管理制度设置情况

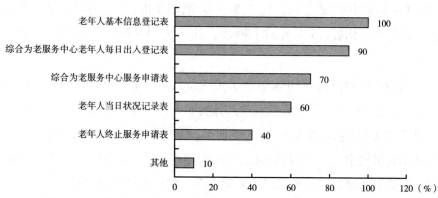

图 3 – 145   杨浦区综合为老服务中心老年人服务档案记录的主要信息

（四）杨浦区综合为老服务中心服务水平情况

杨浦区综合为老服务中心在调查时过去的一周内，平均每家机构每天服务老人数为 37.6 人，其中，半失能老人数为 1.4 人，全失能老人数为 0。从开业运营时间看，截至调查时间，平均运营时长为 30.3 个月，如表 3 – 137 所示。从被服务老人住家与综合为老服务中心地理距离看，最远距离平均值为 2.3 公里。

表 3 – 137   杨浦区综合为老服务中心服务人数

	每天服务老人数			自机构运营以来运营时长（月）
	总人数	半失能老人数	全失能老人数	
平均	37.60	1.40	0	30.30
标准差	17.51	3.78	0	23.94
观测数	10	10	10	10

杨浦区综合为老服务中心提供各类生活照料服务中，最多的是助餐，100% 的机构均提供助餐服务；其次是理发，有 90% 的被调查机构提供此项服务。此外，午间休息服务、剪指甲、助浴等也是提供比例较高的服务，如图 3 – 146 所示。

综合为老服务中心提供的各类护理服务中，最多的是提示或协助服药，有 60% 的被调查机构提供此类服务。此外，不到 1/3 的机构提供认知症照护，各类护理服务提供的情况如图 3 – 147 所示。在 1 家设立护理站的机构中，主要提供基础护理和专科护理。

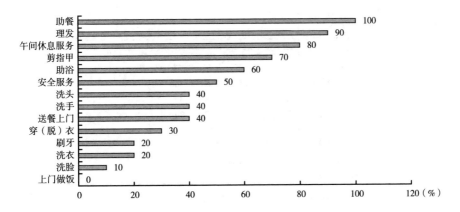

图 3 – 146　杨浦区综合为老服务中心提供的生活照料服务

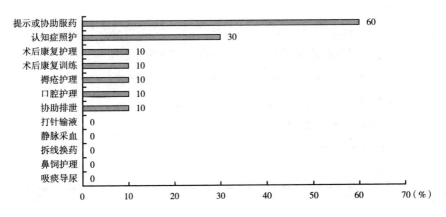

图 3 – 147　杨浦区综合为老服务中心提供的护理服务

在提供的医疗服务中，60% 的被调查机构提供日常健康管理服务（常见疾病预防，测量血压、血糖、体温等）和中医养生调理；50% 的被调查机构提供运动健康指导；其余各类服务如图 3 – 148 所示。

在提供的精神慰藉服务中，80% 的被调查机构提供陪聊（言语沟通），此外，心理健康教育和情绪疏导也是提供较多的精神慰藉服务，如图 3 – 149 所示。

在提供的文化娱乐服务中，所有的机构均提供电视/影视，有 90% 的被调查机构提供看书看报、唱歌、棋牌和手工制作，其他各类服务提供情况如图 3 – 150 所示。

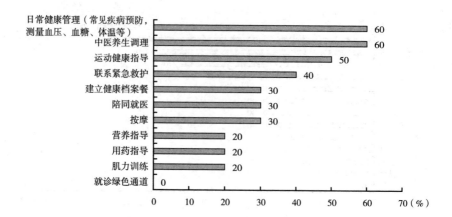

图 3-148　杨浦区综合为老服务中心提供的医疗服务

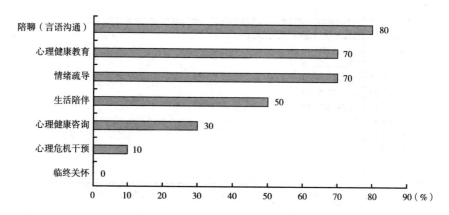

图 3-149　杨浦区综合为老服务中心提供的精神慰藉服务

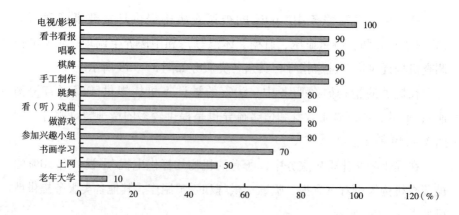

图 3-150　杨浦区综合为老服务中心提供的文化娱乐服务

在被调查的综合为老服务中心中，有 6 家机构提供照料者服务技术指导，有 4 家机构提供养老辅具租赁服务，有 3 家机构提供喘息服务，还有 5 家机构为老人提供上门服务。在 5 家为老人提供上门服务的机构中，100% 的提供助餐助浴，60% 的提供护理服务，但不提供医疗服务。

在被调查机构中，6 家机构实现了"一网覆盖"信息管理，建成了本区域统一网络门户和数据库；9 家机构设有"一站式"办事窗口；6 家机构实施老人统一需求评估与审核；9 家机构实现了综合体公共服务平台的枢纽作用；8 家机构能够整合各种综合为老服务资源，实现"一体化资源统筹"。此外，3 家机构有承接本机构服务项目的社会组织，最主要的是老人助餐、讲座培训、心灵关怀等。4 家机构报告有特色服务项目。

（五）杨浦区综合为老服务中心其他情况

在被调查综合为老服务中心中，10 家机构均提供了政府财政补贴情况。平均而言，每家机构获得政府补贴 19.17 万元，10 家机构共计获得 191.70 万元补贴。开办费补贴总额为 36.00 万元，年度补贴共计 18.00 万元。补贴内容在购买服务费和水电煤免费两方面。有 10 家机构提供了经营收入数据，9 家机构提供了成本开支数据，统计结果如表 3 - 138 所示。

表 3 - 138　杨浦区综合为老服务中心接收政府财政补贴统计

单位：万元

	政府财政补贴			自开业以来获得经营收入	自开业以来支付各类成本费用
	补贴总额	包含开办补贴	包含年度补贴		
平均	19.17	4.00	2.00	51.88	60.42
标准差	17.11	3.84	3.16	44.56	49.89
求和	191.70	36.00	18.00	518.80	543.80
观测数	10	9	9	10	9

在被调查综合为老服务中心中，10 家机构汇报了长期经营能否赢利的问题，有 5 家机构均认为不能够赢利。从影响综合为老服务中心入住率的因素看，地理位置和适宜环境是最为重要的因素，其次是交通便捷程度，如图 3 - 151 所示。在被调查的 10 家综合为老服务中心中，有 4 家机构是连锁经营机构。

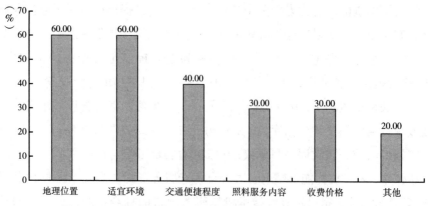

图 3 - 151　影响杨浦区综合为老服务中心入住率的主要因素

（张毓臻　吴梦华）

第五节　长宁区社区养老发展现状

一　长宁区日间照料中心发展现状

长宁区日间照料中心调查共获得有效样本 12 家，从服务机构类型看，12 家皆为非营利性机构；从服务机构地理区位看，内环线以内 7 家，内环线以外、中环线以内 2 家，中环线以外、外环线以内 3 家，外环线以外 0 家；从机构开始运营时间来看，66.67% 的日间照料中心于 2011 年及之后开始运营，各年份运营机构数量如图 3 - 152 所示。

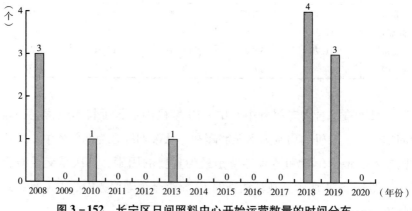

图 3 - 152　长宁区日间照料中心开始运营数量的时间分布

（一）长宁区日间照料中心硬件设施情况

（1）设施面积与功能区域设置

在日间照料中心设施面积上，调查结果显示，建筑总面积平均值为686.67 平方米，使用面积平均值为 314.30 平方米，室外活动场地面积平均值为 112.43 平方米，室外绿地面积平均值为 55.50 平方米（见表 3 - 139）。

表 3 - 139　长宁区日间照料中心设施面积

单位：平方米

	总建筑面积	使用面积	室外活动场地面积	室外绿地面积
平均	686.67	314.30	112.43	55.50
标准差	586.41	158.11	55.87	72.60
观测数	12	12	7	6

在被调查的日间照料中心中，设置比例最高的基本服务区域为公共活动区域和生活服务区域，占比均为 100%，保健服务区域的比例为 75%（见表 3 - 140）。从各个服务区域面积来看，公共活动区域平均面积最大，为 93.42 平方米；生活服务区域平均面积为 70.03 平方米，详见表 3 - 141。75% 的机构设置了保健服务区域，9 家提供保健服务区域面积的被调查机构数据显示，保健服务区域的平均面积为 31.92 平方米。

表 3 - 140　长宁区日间照料中心中基本服务区域设置

	生活服务区域	公共活动区域	保健服务区域	服务保障区域
无	0(0%)	0(0%)	3(25%)	2(16.67%)
有	12(100%)	12(100%)	9(75%)	10(83.33%)
缺失	0(0%)	0(0%)	0(0%)	0(0%)

表 3 - 141　长宁区日间照料中心中基本服务区域面积

单位：平方米

	生活服务区域面积	公共活动区域面积	保健服务区域面积	服务保障区域面积
平均	70.03	93.42	31.92	59.81
标准差	54.83	88.97	16.49	61.60
观测数	12	12	9	10

基本生活辅助用房配置中，公共卫生间及餐厅是配置比例较高的辅助用房，公用浴室及厨房操作间次之，污物处理间的配置比例最低，约为33.33%，如图3-153所示。对提供各类基本生活辅助用房面积的样本进行统计，结果显示，厨房操作间的平均面积最大，为48.63平方米；污物处理间平均面积为12.38平方米。各类生活辅助用房面积统计数据如表3-142所示。

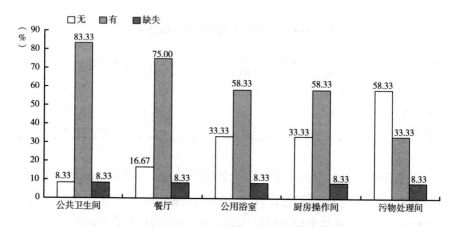

图3-153 长宁区日间照料中心中生活辅助用房配置

表3-142 长宁区日间照料中心中生活辅助用房配置面积

单位：平方米

	公共卫生间面积	餐厅面积	公用浴室面积	厨房操作间面积	污物处理间面积
平均	17.50	39.63	34.05	48.63	12.38
标准差	11.57	16.26	27.66	30.72	17.13
观测数	10	9	7	7	4

在医疗保健用房配置上，长宁区的日间照料中心中，康复训练室的配置率最高，为50.00%；其次为医务室/卫生室，配置率为41.67%。中医保健室和心理疏导室的配置比例较低，均为33.33%（如图3-154）。对提供医疗保健用房面积的机构进行统计，结果显示，康复训练室的配置面积最大，平均面积为38.42平方米，其他数据如表3-143所示。

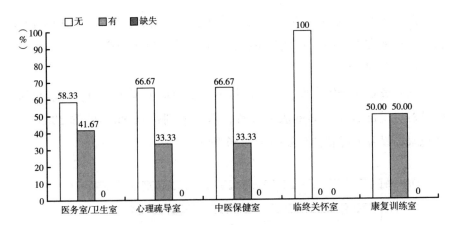

图3-154　长宁区日间照料中心医疗保健用房配置

表3-143　长宁区日间照料中心医疗保健用房面积

单位：平方米

	医务室/卫生室	心理疏导室	中医保健室	康复训练室
平均	12.56	16.75	13.38	38.42
标准差	4.86	9.60	3.59	21.63
观测数	5	4	4	6

　　在公共活动用房配置上，阅览室、共享区域、棋牌室、多功能厅是配置较多的公共活动用房，其他公共活动用房配置情况如图3-155所示。

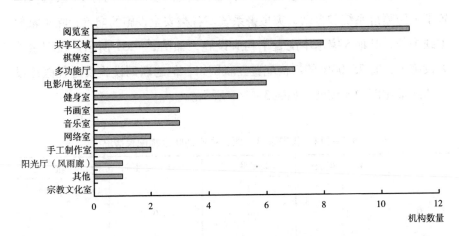

图3-155　长宁区日间照料中心公共活动用房配置情况

此外，有 11 家被调查机构报告设置了办公用房，平均办公用房面积为 15.34 平方米；10 家被调查机构报告还设置了其他用房。

（2）服务设备配置

在服务设备配置方面，长宁区被调查的日间照料中心中，功能轮椅、健身器材是配置比例高的服务设置，占比分别达到 66.67% 和 58.33%，其他服务设置的配置情况如图 3－156 所示。

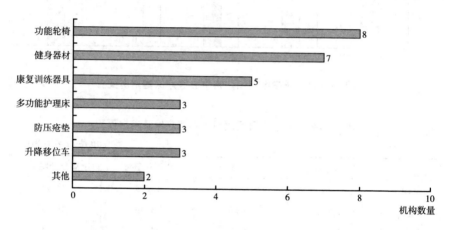

图 3－156　长宁区日间照料中心服务设备配置情况

在消防设施配置上，除 1 家机构外，其他服务机构均配置不同类型的消防设施，灭火器、消防栓是最为常见的设施，此外，也有 10 家机构配置了消防喷淋系统和自动火灾报警系统。各类安全设施的配置，除 4 家数据缺失外，其他 8 家基本配置了相应设施，如图 3－157 所示。在智慧养老设施上，有 75.00% 的机构配置互联网络，但物联网设施及远程医疗设备的配置比例均比较低，见表 3－145 所示。

表 3－144　长宁区日间照料中心消防设施配置情况

	灭火器、消防栓	消防喷淋系统	自动火灾报警	其他
无	1	2	2	8
有	11	10	10	0
缺失	0	0	0	4

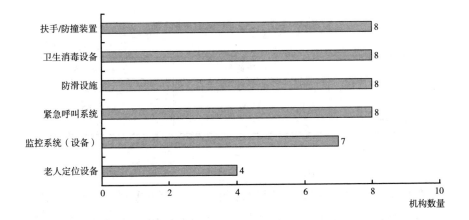

图 3-157　长宁区日间照护机构中安全设施配置情况

表 3-145　长宁区日间照料中心中智慧养老设施配置情况

	互联网络	物联网设施	智能检测系统设备	远程医疗设备
没有配置	3	10	6	10
配置	9	2	6	2
缺失	0	0	0	0

　　长宁区被调查日间照料中心中，12 家机构均配备了应急电源设备，但均没有配备老人接送车辆，此外，仅有 2 家机构配备了物品采购车辆。另外，10 家机构报告服务场所设置在建筑物的一层或底层，2 家机构报告设置在建筑物的二层及以上楼层，且此 2 家机构均配置了电梯或无障碍设施。

　　在服务设施中，平均每家机构设置床位数为 16.25 张，但无机构报告设置了护理床位。老人休息室平均每家机构设置 1.92 间，单间容纳老人数平均值为 10.42 人。老人服务设施的其他信息如表 3-146 和表 3-147 所示。在被调查的 12 家日间照料中心中，仅有 2 家机构报告设置了护理站。

表 3-146　长宁区日间照料中心中老人服务设施信息

	总床位数	护理床位数	老人休息室数	单间容纳老人数
平均	16.25	0	1.92	10.42
标准差	7.41	0	1.38	4.89
观测数	12	12	12	12

表 3 - 147　老人用房的规格设置

单位：厘米

	房门净宽度	室内走道净宽度
平均	107.33	145.25
标准差	33.12	39.88
观测数	12	12

（3）服务设施辨识度

在长宁区被调查的 12 家日间照料中心中，有 6 家机构对其外观建筑做过色调处理以增加机构的辨识度；9 家服务机构的外观具有醒目的标识；11 家服务机构具有独立的出入口。

（二）长宁区日间照料服务机构人员配置情况

（1）护理员

长宁区被调查机构中的 12 家报告了护理员数量，共计 20 人，平均每家机构护理员 1.67 人。护理员主要来自外地。从护理员的年龄构成上看，55% 的护理员年龄在 51 岁及以上，各年龄段分布如表 3 - 148 所示。从护理员的学历构成看，以初中及以下为主、高中/中职次之，占比分别为 75% 和 25%，其他学历构成如表 3 - 149 所示。

表 3 - 148　护理员年龄构成

单位：%

	21~30 岁	31~40 岁	41~50 岁	51 岁及以上
占比	0	0	45	55

表 3 - 149　护理员学历构成

单位：%

	初中及以下	高中/中职	大专/高职	本科及以上
占比	75	25	0	0

（2）医生与护士

在被调查的日间照料中心中，仅有 5 家机构共计配备了 5 名医生，其中兼职医生人数为 4 人。从医生的职称结构看，4 人为主治医生及以下，

1 人为副主任医师。从医生的学历结构看，2 人为专科学历，3 人为本科学历。

在护士配备上，有 7 家机构报告配备了 8 名护士。从年龄构成上看，2 人为 21～30 岁，3 人为 31～40 岁，3 人为 51 岁及以上。从学历构成看，5 人为高中/中职，3 人为大专/高职。

（3）其他技术人员

在康复师的配置上，3 家机构报告配备了 4 名康复师。从年龄结构看，1 人为 21～30 岁，2 人为 31～40 岁，1 人为 51 岁及以上。从学历结构看，1 人为高中/中职，3 人为大专/高职。

在营养师的配置上，共计 4 家机构报告配备了 4 名营养师。从营养师的年龄结构看，1 人为 21～30 岁，3 人为 41～50 岁。从学历结构看，3 人为大专/高职，1 人为本科及以上。

（4）管理人员及其他

在管理人员配置上，共计 12 家机构报告配置了 26 名管理人员，平均每个机构配备 2.17 名管理人员。从管理人员的学历结构看，3 人为高中/中职，17 人为大专/高职，6 人为本科及以上。从年龄结构看，1 人为 21～30 岁，7 人为 31～40 岁，13 人为 41～50 岁，5 人为 51 岁及以上。

在被调查的 12 家日间照料中心中，员工总人数为 83 人，平均每家机构员工数为 6.92 人。近一年内，员工离职人数共计为 18 人。截至调查时间点，在服务志愿者人数平均每家机构 17.08 人，在服务义工数平均每家机构 4.91 人，相关统计数据如表 3-150 所示。其中，志愿者提供服务主要有各类慰问康乐服务、健康讲座与健康检查、生活便民服务以及陪聊沟通等；义工提供的服务相对集中，主要为陪聊沟通与生活服务。

表 3-150 长宁区日间照料中心工作人员统计数据

	员工总人数	最近一年内离职人数	目前在服务志愿者人数	目前在服务义工人数
平均	6.92	1.50	17.08	4.91
标准差	6.13	2.68	29.89	14.27
观测数	12	12	12	12

（三）长宁区日间照料中心管理制度情况

长宁区日间照料中心内，各项管理制度设置均比较全面，如图 3 – 158 所示。其中，各个服务机构对多数管理制度均相当重视，而在老人服务档案中，除老年人终止服务申请表及老年人当日状况记录表外，其他均是各个机构重点登记的信息，如图 3 – 159 所示。

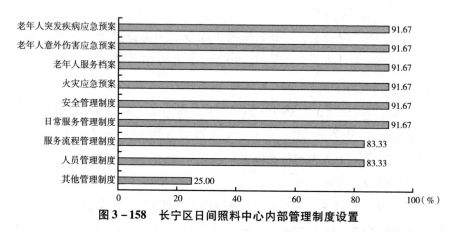

图 3 – 158 长宁区日间照料中心内部管理制度设置

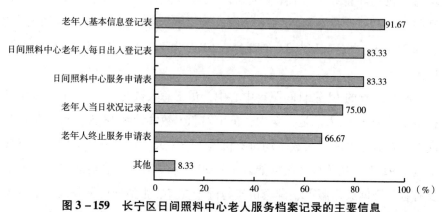

图 3 – 159 长宁区日间照料中心老人服务档案记录的主要信息

（四）长宁区日间照料中心服务水平情况

长宁区日间照料中心，在被调查时过去的一周内，每家每天服务老人数的平均值为 24 人，其中，半失能老人数为每家机构每天平均为 0.82 人，无全失能老人。每家机构每天服务的老人中，正常老人平均值为 16.75 人，各失能等级对应的人数如表 3 – 151 所示。从被服务老人住家与日间照料中心之间的最远距离看，平均值为 2.06 公里。

表 3 - 151 日间照料中心平均每天服务老人数

	每天服务老人数			按失能等级区分				
	总人数	半失能老人数	全失能老人数	正常老人	1 级	2 级	3 级	4 级及以上
平均	24.00	0.82	0	16.75	1.50	1.40	1.13	1.00
标准差	15.80	1.54	0	15.42	2.68	2.72	2.48	1.83
观测数	12	11	10	12	10	10	8	7

在被调查的 12 家机构中，全部服务机构提供就餐服务；提供最多的娱乐服务是读书阅览，全部机构均提供此类服务，游戏、棋牌、健身、绘画也是主要提供的娱乐服务（见图 3 - 160）；全部被调查的机构均提供午间休息服务；66.67% 的机构提供协助如厕服务；在生活照料服务中，理发、测血压是最常见的服务，如图 3 - 161 所示；在饮食服务中，66.67% 的机构提供送餐上门服务，但无机构提供上门做饭服务；在提供的各类健康教育咨询服务中，最多的是常见疾病预防，保健养生、安全教育和老年营养指导也较多，详见图 3 - 162；在提供的心理慰藉服务中，情绪疏导与沟通是最常见的两种服务，见图 3 - 163；在保健康复服务中，中医传统保健是提供最多的服务，有 41.67% 的机构均提供，其次为按摩服务，详见图 3 - 164；在 2 家设立护理站的机构中，1 家提供除临终护理外的其他服务，另 1 家则提供基础护理、社区康复指导和健康宣教。

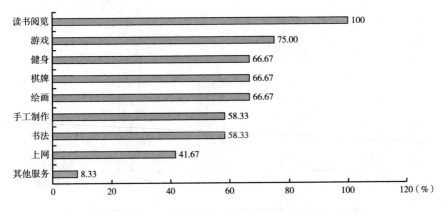

图 3 - 160 长宁区日间照料中心心提供的文化娱乐服务

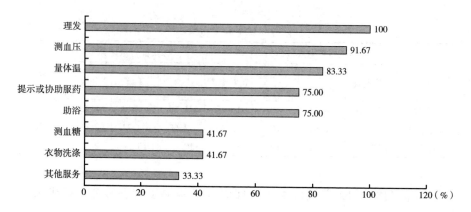

图 3－161　长宁区日间照料中心提供的生活照料服务

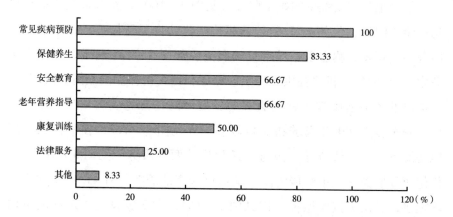

图 3－162　长宁区日间照料中心提供的健康教育咨询服务

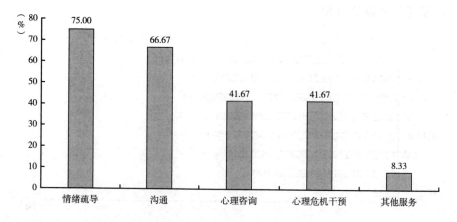

图 3－163　长宁区日间照料中心提供的心理慰藉服务

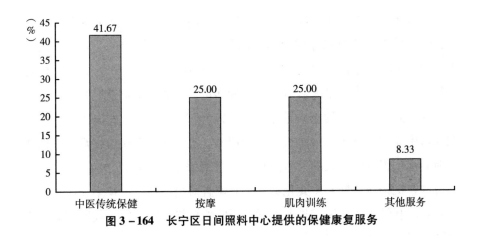

图 3 - 164　长宁区日间照料中心提供的保健康复服务

在长宁区日间照料中心中，有 7 家机构报告了本机构服务项目有社会组织承接服务项目情况，服务的主要内容为委托老人日间照料、康复及心理辅导等。在机构服务特色方面，7 家机构报告认为自身有特色服务提供。在服务收费方面，收费主要包括托管费。

（五）长宁区日间照料中心其他情况

在被调查的日间照料机构中，有 9 家机构报告了是否获得政府补贴的情况，共计获得各类政府补贴约 580 万元，平均每家机构 64.44 万元。在各类补贴的总额中，包含开办补贴 98 万元，年度补贴 321.50 万元。从补贴费用内容看，70% 的受补贴机构用于购买服务，20% 的受补贴机构用于水电煤，还有 10% 的受补贴机构用于其他项目。在经营业绩方面，有 9 家机构能够并愿意提供经营数据。自开业以来，平均每家服务机构获得经营收入 20.49 万元，但是经营成本支出平均每家达到 45.42 万元，反映了日间照料中心目前的经营困境。

表 3 - 152　长宁区日间照料中心接收政府财政补贴统计

单位：万元

	政府财政补贴			自开业以来获得经营收入	自开业以来支付各类成本费用
	补贴总额	包含开办补贴	包含年度补贴		
平均	64.44	12.25	40.19	20.49	45.42
标准差	84.29	23.67	65.98	27.78	42.13
求和	580.00	98.00	321.50	184.40	408.80
观测数	9	8	8	9	9

影响老人选择使用日间照料机构服务的因素有多种，调查对象报告显示，收费价格和照料服务内容是影响最大的两个因素，超过50%的被调查机构认为这两个因素最为重要（见图3－165）。66.67%的被调查机构认为，到本机构来的老人数量还是比较多的，但也有33.33%的被调查机构认为，到本机构来的老人数量不多。91.67%的被调查机构认为，他们在经营中能够留住老人在本机构使用服务，且有83.33%的被调查机构认为他们能从服务的老人那里收到相关项目的服务费。此外，仅有33.33%的被调查机构能够做到多元化赢利。被调查对象反馈，出现上述经营中无法有效赢利的主要原因，是老人群体对收费价格比较敏感，收费高老人不愿意，但服务成本又高。

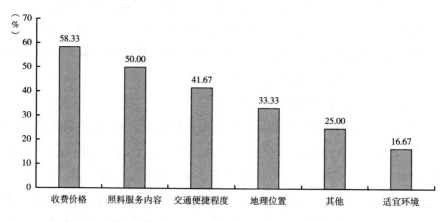

图3－165　影响老人入住长宁区日间照料中心的主要因素

被调查服务机构中，有6家服务机构是连锁经营的日间照护机构。在政府支持帮助建议上，被调查机构提出的建议多数是希望提供更多的政府补贴。

二　长宁区长者照护之家发展现状

长宁区长者照护之家调查共获得有效样本11家，从服务机构类型看，11家均为非营利性机构；从服务机构地理区位看，内环线以内2家，内环线以外、中环线以内5家，中环线以外、外环线以内3家，外环线以外1家；从机构开始运营时间来看，被调查的长者照护之家均在2016年及之后开始运营，各年份运营机构数量如图3－166所示。

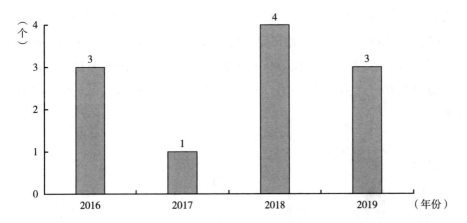

图 3 - 166　长宁区长者照护之家开始运营数量的时间分布

（一）长宁区长者照护之家硬件设置情况

（1）设施面积与功能区域设置

在长者照护之家机构设施面积上，调查结果显示，单个机构建筑总面积平均值为 756.18 平方米，老年人居室总（使用）面积平均值为每家297.17 平方米；床均建筑面积为 14.28 平方米，居室内单床的使用面积平均值为 7.58 平方米（见表 3 - 153）。

表 3 - 153　长宁区长者照护之家的各项面积统计

单位：平方米

	总建筑面积	老年人居室总（使用）面积	床均建筑面积	居室单床使用面积
平均	756.18	297.17	14.28	7.58
标准差	435.59	219.04	7.90	4.26
观测数	11	11	11	10

在被调查的长者照护之家中，有 10 家机构设置了独立的出入口。从机构用房性质看，其中 5 家机构的用房属于居住类用房，其余为非居住类用房或其他类型用房。从机构的周边环境看，机构周边 300 米范围内，11家均有公共绿化或花园，有室外公共活动场所的有 9 家。

从机构内基本生活辅助用房的配置情况看，各类型辅助用房配置的比例均比较高，其中，公共卫生间及公用浴室比例最高，达到 100%，如图 3 - 167 所示。总体看，在单个机构内，公共卫生间设置数量最多，平均值为 3 间，餐厅、公用浴室、厨房操作间和污物处理间平均每家机构设置为 1~2 间。从面积看，其中餐厅是每家机构配置面积最大的生活辅助用房，单家机构的平均面积达到 39.06 平方米，如表 3 - 154 所示。

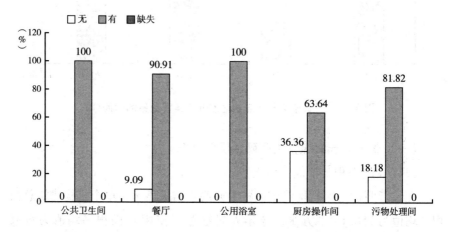

图 3 - 167　长宁区长者照护之家的基本生活辅助用房配置情况

表 3 - 154　长宁区长者照护之家的基本生活辅助用房配置数量及面积

单位：间，平方米

	公共卫生间		餐厅		公用浴室		厨房操作间		污物处理间	
	房间数	共计面积	房间数	共计面积	房间数	共计面积	房间数	共计面积	房间数	共计面积
平均	3.00	16.96	1.09	39.06	2.00	19.02	1.09	19.22	1.00	6.66
标准差	2.53	15.33	0.54	29.42	2.37	18.61	1.30	23.03	0.77	10.77
观测数	11	11	11	11	11	11	11	11	11	11

在医疗保健用房配置上，医务室/卫生室的配置比例最高，达到72.73%，中医保健室的配置比例很低，仅有 9.09% 的机构设有中医保健机构，如图 3 - 168 所示。在公共活动用房配置方面，阅览室是配置比例最高的公共活动用房，有 81.82% 的机构设置了阅览室。此外，棋牌室与多功能厅也是配置比例较高的活动用房，见图 3 - 169 所示。

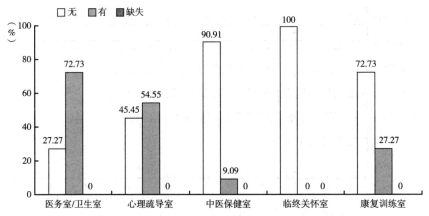

图 3-168　长宁区长者照护之家医疗保健用房配置情况

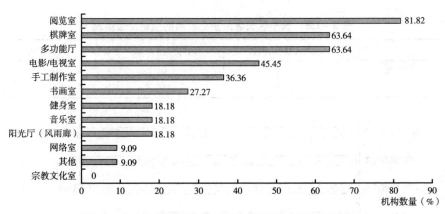

图 3-169　长宁区长者照护之家公共活动用房配置情况

（2）服务设备配置

在服务设备配置上，长宁区长者照护之家中防压疮垫与功能轮椅配置比例最高，81.82%的机构配备此类设备，其次是多功能护理床和健身器材等，如图 3-170 所示。

在消防设施的配置方面，长宁区长者照护之家中各类消防设施的配置相对较全面（见表 3-155）。在安全设施配置方面，各类安全防护设置的配置较全面（见图 3-171），36.36%的机构已经使用老人定位设备。在智慧养老设施配置方面，已经各有 3 家与 5 家机构分别配置了物联网设施和智能检测系统设备（如表 3-156）。在 11 家机构中，有 10 家机构配置了应急电源设备。

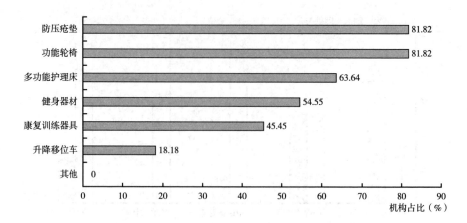

图 3 – 170　长宁区长者照护之家服务设备配置情况

表 3 – 155　长宁区长者照护之家消防设施配置情况

	灭火器、消防栓	消防喷淋系统	自动火灾报警
无	1	0	0
有	10	11	11

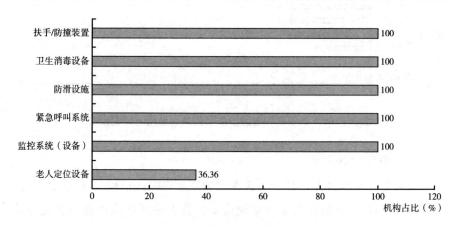

图 3 – 171　长宁区长者照护之家各类安全设施配置情况

表 3 – 156　长宁区长者照护之家智慧养老设施配置情况

	互联网络	物联网设施	智能检测系统设备	远程医疗设备
没有配置	0	8	6	10
配置	11	3	5	1
缺失	0	0	0	0

从机构设置床位数看，长宁区长者照护之家平均每家机构设置床位数为 30.27 张，其中，护理床位数平均值为 16.90 张（如表 3－157）。在 11 家机构中，仅有 2 家机构报告配置了认知症照护床位，共计 19 张认知症照护床位。此外，有 8 家机构设有医务室/卫生室，5 家机构设有社区卫生服务中心延伸医务室/站；有 2 家机构设有护理站，其中 1 家护理站的面积为 60 平方米，其诊室面积约为 20 平方米。

表 3－157　长宁区长者照护之家床位配置情况

	床位数	其中护理床位数
平均	30.27	16.90
标准差	13.60	20.96
观测数	11	10

（二）长宁区长者照护之家人员配置情况

（1）护理员

长宁区被调查 11 家长者照护之家机构内护理员总数为 50 人，平均每家机构护理员为 4.55 人。护理员主要来自安徽、江苏、河南等地。从护理员的年龄结构看，以 40 岁以上年龄群为主，其中，41～50 岁占比 34.00%，51 岁及以上占比 64.00%，如表 3－158 所示。从护理员的学历构成看，以初中及以下学历为主，占比 68.00%，如表 3－159 所示。

表 3－158　护理员年龄构成

单位：%

	21～30 岁	31～40 岁	41～50 岁	51 岁及以上
占比	2.00	0	34.00	64.00

表 3－159　护理员学历构成

单位：%

	初中及以下	高中/中职	大专/高职	本科及以上
占比	68.00	32.00	0	0

（2）医生与护士

在 11 家长者照护之家机构中，有 7 家机构报告配备了 7 名医生，其中，

6 名主治医师及以下职称，1 名副主任医师。从医生的学历结构看，主要是专科学历和本科学历，分别有 5 人和 2 人。5 家机构报告配备了 5 名护士。从护士的年龄结构看，21 ~ 30 岁、31 ~ 40 岁、41 ~ 50 岁各 1 人，51 岁及以上 2 人。从护士的学历结构看，4 人为高中/中职学历，1 人为大专/高职学历。

（3）其他技术人员

在被调查机构中，有 2 家机构报告配备了 2 名康复师，均为接受康复技能专业培训人员。康复师的年龄分布为 21 ~ 30 岁 1 人，31 ~ 40 岁 1 人。从学历结构看，高中/中职学历 1 人，大专/高职学历 1 人。

在营养师配置上，有 5 家机构报告配备了 5 名营养师。营养师中 21 ~ 30 岁 1 人，41 ~ 50 岁 4 人。营养师的学历分布为，高中/中职学历 1 人，大专/高职学历 3 人，本科及以上学历 1 人。

（4）管理人员及其他

在管理人员配置上，其中 11 家机构报告共计配置了 29 名管理人员，平均每个机构配备 2.63 名管理人员。从管理人员的学历结构看，5 人为高中/中职学历，17 人为大专/高职学历，7 人为本科及以上学历。从年龄结构看，1 人为 21 ~ 30 岁，6 人为 31 ~ 40 岁，13 人为 41 ~ 50 岁，9 人为 51 岁及以上。11 家被调查机构报告了员工总人数，平均每家机构员工数为 9.91 人。近一年内，平均每家机构员工离职人数 2.46 人。截至调查时间点，在服务志愿者及义工人数如表 3 – 160 所示。其中，志愿者与义工提供的服务主要有各类慰问康乐服务以及陪聊沟通等。此外，被调查机构中，仅有 2 家设立了护理站。

表 3 – 160　长宁区长者照护之家服务机构工作人员统计数据

	员工总人数	最近一年内离职人数	目前在服务志愿者人数	目前在服务义工人数
平均	9.91	2.46	12.55	2.00
标准差	4.39	2.62	17.35	3.49
观测数	11	11	11	11

（三）长宁区长者照护之家管理制度情况

从长宁区被调查长者之间的各项管理制度设置看，各机构均设置了各类管理制度，如图 3–172 所示。在老年人服务档案制度中，重点规范各类老年人服务档案的建设，各类老年人服务档案包含的主要信息情况如图 3–173 所示。

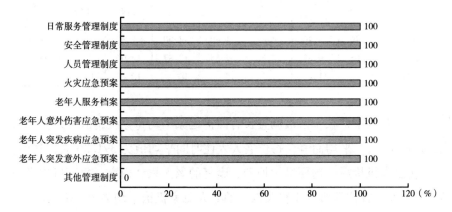

图 3–172　长宁区长者照护之家制定的管理制度

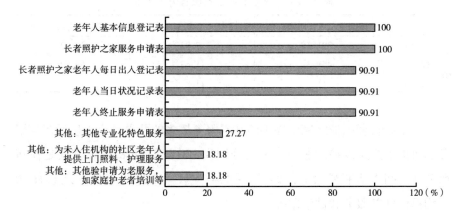

图 3–173　长宁区长者照护之家老年人服务档案包含的主要信息

（四）长宁区长者照护之家服务水平情况

长宁区长者照护之家，在被调查时过去的一周内，每家每天服务老人数的平均值为 27.46 人，其中，半失能老人数为每家机构每天平均为 8.46 人，全失能老人每家机构每天平均为 4.82 人。每家机构每天服务的老人中，正常老人平均值为 1.40 人，各失能等级对应的人数如表 3–161

所示。从被服务老人住家与长者照护之家之间的最远距离看，平均值为9.32 公里。

表 3-161　长宁区长者照护之家平均每天服务人数

	每天服务老人数			按失能等级区分				
	总人数	半失能老人数	全失能老人数	正常老人	1 级	2 级	3 级	4 级及以上
平均	27.46	8.46	4.82	1.40	7.60	1.30	1.60	8.91
标准差	12.65	9.82	7.65	2.55	13.87	2.00	1.90	11.79
观测数	11	11	11	10	10	10	10	11

自运营以来，长宁区被调查长者照护之家平均每家机构服务入住老人数为 58.09 人。平均而言，每位老人入住时间平均值为 391.36 天；其中，老人转出本机构后，需要继续护理、康复的老人累计而言，每家机构平均为 7.82 人。收住等级为 4 级及以上的老人每家机构平均为 30.82 人。

表 3-162　长者照护之家服务老人情况

	每位老人入住时间(天)	出机构后需继续护理人数	收住 4 级及以上老人
平均	391.36	7.82	30.82
标准差	459.31	11.63	59.82
观测数	11	11	11

长宁区长者照护之家中提供的基本服务最多的两种是个人生活照料服务和协助医疗康复护理服务，占比分别为 100% 和 81.82%，其次是住宿服务和日间生活照料服务，如图 3-174 所示。11 家长者照护之家有 10 家均提供助餐服务和助浴服务。

长宁区被调查长者照护之家中，11 家机构设立了老人入住筛选标准，8 家机构设立了老人出院评估标准。10 家长者照护之家报告了床位的轮转时间，平均而言，床位轮转时间为 171.5 天。有 2 家机构报告经营过程中有老人"霸床"现象，1 家机构曾有 12 位老人有过"霸床"现象，平均"霸床"时间为 30 天。

长者照护之家中，白天平均每家机构有 4~5 名养老护理员在岗，晚上

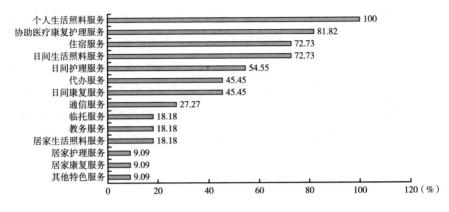

图 3 - 174　长宁区长者照护之家提供的基本服务

有 2~3 名养老护理员在岗。在被调查的机构中，有 4 家机构拥有承接本机构服务项目的社会组织，承接的服务项目主要有委托运营管理、照护服务等。在被调查的长者照护之家中，仅有 1 家机构报告提供特色服务项目。

（五）长宁区长者照护之家其他情况

在被调查长者照护之家中，有 10 家机构提供了政府财政补贴情况。平均而言，每家机构获得政府补贴 90.1 万元，10 家机构共计获得 901 万元补贴，其中开办费补贴总额为 346 万元。补贴内容在购买服务、水电煤、以奖代补三种形式上分别有 6 家、5 家及 4 家。全部的机构均提供经营收入与成本开支数据，统计结果显示，自开业以来平均每家长者照护之家获得的经营收入为 148.46 万元，但是支付各类成本平均每家 189.31 万元，如表 3 - 163 所示。这反映了长者照护之家目前的经营现状，多数机构靠获取政府财政补贴来维持运营。

表 3 - 163　长宁区长者照护之家接收政府财政补贴统计

单位：万元

	政府财政补贴			自开业以来获得经营收入	自开业以来支付各类成本费用
	补贴总额	包含开办补贴	包含年度补贴		
平均	90.10	34.60	21.47	148.46	189.31
标准差	37.43	45.61	18.98	149.53	201.39
求和	901.00	346.00	214.70	1633.01	2082.42
观测数	10	10	10	11	11

在被调查的 11 家机构中，7 家机构明确表示在长期经营中，本机构不能赢利；仅有 4 家机构表示能够赢利。对影响长者照护之家入住率的主要因素，照料服务内容和收费价格是最为重要的影响因素（如图 3 – 175）。11家机构中，7 家机构明确反馈到该机构的老人不多，仅 4 家机构认为到机构的老人比较多。入住老人不多的主要原因是开办时间较短，知晓度不够，另外与地理交通位置不佳、老人入住养老院观念以及收入有关。

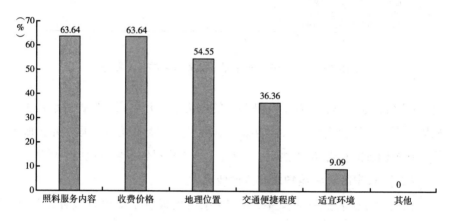

图 3 – 175　影响长宁区长者照护之家入住率的主要因素

被调查机构对政府提供支持帮助长者照护之家运营的建议，主要为：一是政府增加对机构的运营经费补贴；二是帮助机构在社区宣传推广，让更多的老人了解和接受机构。在被调查机构中有 6 家机构是连锁化经营，有机构认为连锁化经营能够实现资源互通共享，利于与社区紧密结合；但同时，运营成本高也是制约机构生存的重要因素。

三　长宁区综合为老服务中心发展现状

长宁区综合为老服务中心调查共获得有效样本 5 家，从服务机构类型看，5 家被调查机构均为非营利性机构；从服务机构地理区位看，内环线以内 2 家，内环线以外、中环线以内 1 家，中环线以外、外环线以内 2家；从机构开始运营时间来看，有 3 家综合为老服务中心在 2018 年成立并运营，另外 2 家机构在 2019 年及之后开始运营，各年份运营机构数量如图 3 – 176 所示。

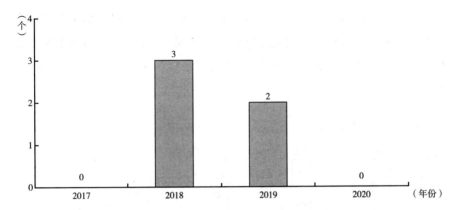

图 3－176　长宁区综合为老服务中心成立运营时间分布

（一）长宁区综合为老服务中心硬件设施情况

（1）设施与功能区域

长宁区被调查综合为老服务中心，平均每家机构的建筑面积为 1659 平方米，老年人居室总（使用）面积平均为每家机构 408.84 平方米，如表 3－164 所示。

表 3－164　长宁区综合为老服务中心设施面积

单位：平方米

	总建筑面积	老年人居室总（使用）面积
平均	1659.00	408.84
标准差	975.92	259.06
观测数	5	5

在被调查的 5 家机构中，5 家机构均设有独立的机构出入口。从机构用房性质看，仅有 1 家机构的用房属于居住类房屋，3 家机构的用房属于非居住类房屋，1 家为其他房屋。被调查机构中，5 家机构周边 300 米范围内均有公共绿化或花园，4 家机构周边 300 米范围内有室外公共活动场所。

在各类基本生活辅助用房配置上，公共卫生间、餐厅、公用浴室是配置最高的生活辅助用房，100% 的被调查机构均有配置，如图 3－177 所示。其中，公共卫生间的数量和面积是各类基本生活辅助用房中配置最多的用房，平均每家机构的卫生间数量在 6.2 间，平均面积达到 65.8 平方米。其余各类生活辅助用房的间数平均每家机构 1 – 2 间，如表 3 – 165 所示。

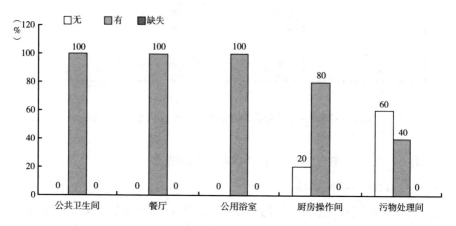

图 3 – 177　长宁区综合为老服务中心基本生活辅助用房配置

表 3 – 165　长宁区综合为老服务中心基本生活辅助用房配置数量及面积

单位：间，平方米

	公共卫生间		餐厅		公用浴室		厨房操作间		污物处理间	
	房间数	共计面积	房间数	共计面积	房间数	共计面积	房间数	共计面积	房间数	共计面积
平均	6.20	65.80	1.80	64.25	1.40	33.68	1.50	60.70	1.00	10.00
标准差	3.70	52.88	35.20	38.80	0.55	29.23	1.00	30.27	1.41	18.69
观测数	5	5	5	5	5	5	4	4	4	4

在医疗保健用房配置上，80% 的被调查机构配置了心理疏导室和康复训练室，是配置比例最高的两类医疗保健用房，如图 3 – 178 所示。其中，康复训练室的配置面积平均每家机构为 50 平方米，心理疏导室平均每家机构的面积为 16.75 平方米。

在各类公共活动用房配置上，阅览室是配置比例最高的公共活动用房，配置比例为 100%，此外，电影/电视室、多功能厅和手工制作室的配置比例均为 80%，如图 3 – 179 所示。

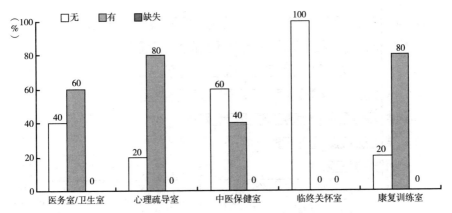

图 3 - 178 长宁区综合为老服务中心医疗保健用房配置情况

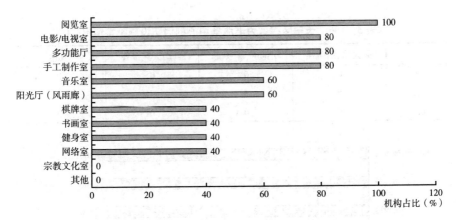

图 3 - 179 长宁区综合为老服务中心公共活动用房配置情况

（2）服务设备配置

被调查综合为老服务中心配置的各类服务设备中，多功能护理床是配置比例最高的服务设备，高达 100%，功能轮椅、健身器材和康复训练器具次之，有 80% 的被调查机构配置了这三类服务设备。各类服务设备的配置情况如图 3 - 180 所示。

在消防设施的配置上，被调查机构均配置有各类消防设施，如表 3 - 166 所示。在综合为老服务中心内，各类安全设备的配置比例也比较高，如图 3 - 181 所示。在智慧养老设施的配置上，所有机构均配置互联网络和智能检测系统设备，物联网设施也有 3 家机构配置，如表 3 - 167 所示。

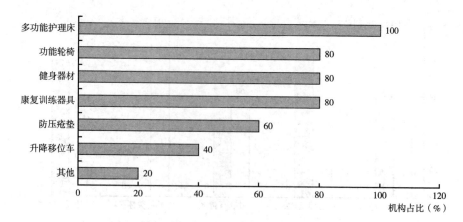

图3-180　长宁区综合为老服务中心服务设备配置

表3-166　长宁区综合为老服务中心的消防设施配置情况

	灭火器、消防栓	消防喷淋系统	自动火灾报警	其他
无	0	0	0	2
有	5	5	5	0
缺失	0	0	0	3

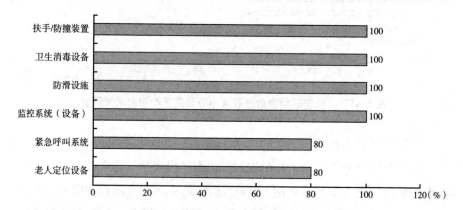

图3-181　长宁区综合为老服务中心安全设备配置情况

表3-167　长宁区综合为老服务中心智慧养老设施配置情况

	互联网络	物联网设施	智能检测系统设备	远程医疗设备
没有配置	0	2	0	2
配置	5	3	5	2
缺失	0	0	0	1

从被调查综合为老服务中心设置的床位数量来看，5 家机构报告了床位数量，平均每家机构设置 38.20 张床，平均每家机构设置 28.40 张护理床位，如表 3-168。在被调查的机构中，仅有 3 家机构设有医务室/卫生室，有 3 家机构设有社区卫生服务中心延伸医务室/站。有 2 家机构设立护理站，平均每家机构设置的护理站面积平均值为 50.00 平方米。在内设护理站机构中，1 家机构设有诊室、治疗室和处置室，另 1 家机构仅设有诊室。

表 3-168　长宁区综合为老服务中心设置床位数

	总床位数	护理床位数
平均	38.20	28.40
标准差	13.26	20.18
观测数	5	5

（二）长宁区综合为老服务中心人员配置情况

（1）护理员

在被调查的综合为老服务中心中，5 家机构报告了护理员配备的人数，共计 32 人，平均每家机构配备了 6.4 名护理员，全部来自外地。从护理员的年龄构成看，以 40 岁以上年龄群为主，41~50 岁占比 43.75%，51 岁及以上占比 53.13%（如表 3-169）。从护理员的学历结构看，以初中及以下学历为主，占比 78.13%（如表 3-170）。

表 3-169　护理员年龄构成

单位：%

	21~30 岁	31~40 岁	41~50 岁	51 岁及以上
占比	3.13	0	43.75	53.13

表 3-170　护理员学历构成

单位：%

	初中及以下	高中/中职	大专/高职	本科及以上
占比	78.13	21.87	0	0

（2）医生和护士

被调查机构中，仅有 2 家机构报告配备了 2 名医生。医生的职称均为主治医师及以下，2 人均为本科学历。在护士人员配置上，5 家机构报告配备了 6 名护士，护士年龄构成为 31~40 岁 4 名，41~50 岁 1 名，51 岁及以上 1 名，学历构成为高中/中职 4 名，大专/高职 2 名。

（3）其他技术人员

在被调查机构中，仅有 2 家机构报告配备了 4 名康复师。从康复师的年龄看，21~30 岁 1 名，31~40 岁 3 名。从康复师的学历结构看，大专/高职学历 3 名，本科及以上学历 1 名。

仅有 2 家机构报告配备了 2 名营养师。从营养师的年龄结构看，2 人均为 21~30 岁。从营养师的学历结构看，2 人均为本科及以上学历。

（4）管理人员及其他

在管理人员配置上，5 家被调查机构报告人数配置情况，共计有 22 名管理人员，平均每个机构配备 4.4 名管理人员。从管理人员的学历结构看，1 人为高中/中职学历，13 人为大专/高职学历，8 人为本科及以上学历。从年龄结构看，21~30 岁 1 人，31~40 岁 7 人，41~50 岁 10 人，51 岁及以上 4 人。

5 家被调查机构报告了员工总人数，平均每家机构员工数为 18.20 人。近一年内，员工离职人数共计为 20 人。截至调查时间点，在服务志愿者及义工人数情况如表 3-171 所示。在被调查机构中，5 家机构配备了养老顾问，养老顾问主要来自本机构、街道工作人员和其他养老服务中心，服务时间主要集中在工作日正常上班时间。

表 3-171　长宁区综合为老服务中心员工及志愿者/义工人数

	员工总人数	最近一年内离职人数	目前在服务志愿者人数	目前在服务义工人数
平均	18.20	4.00	12.60	2.60
标准差	7.09	3.81	14.42	4.34
观测数	5	5	5	5

（三）长宁区综合为老服务中心管理制度情况

从管理制度设置看，长宁区综合为老服务中心内各项管理制度设置较为全面，如图 3 - 182 所示。在老年人服务档案中，除 1 家机构未提供老年人服务档案外，其他机构均提供了全部的信息档案，如图 3 - 183 所示。

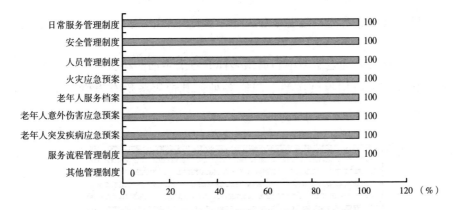

图 3 - 182　长宁区综合为老服务中心管理制度设置

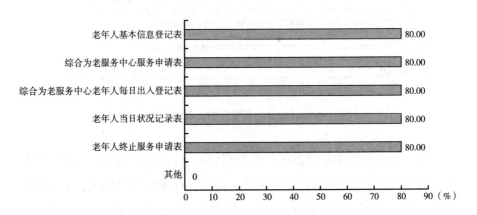

图 3 - 183　长宁区综合为老服务中心老年人服务档案记录的主要信息

（四）长宁区综合为老服务中心服务水平情况

长宁区综合为老服务中心，在被调查时过去的一周内，平均每家机构每天服务老人数为 45.00 人，其中，半失能老人数为 12.40 人，全失能老人数为 4.00 人。从开业运营时间看，截至调查时间，平均运营时长为 31.20 个月，如表 3 - 172 所示。从被服务老人住家与综合为老服务中心地理距离看，最远距离平均值为 2.4 公里。

表3－172　长宁区综合为老服务中心服务人数

	每天服务老人数			自机构运营以来运营时长（月）
	总人数	半失能老人数	全失能老人数	
平均	45.00	12.40	4.00	31.20
标准差	10.10	10.43	5.48	12.00
观测数	5	5	5	5

长宁区综合为老服务中心提供多样的各类生活照料服务，除无提供上门做饭与部分机构提供送餐上门服务外，其他服务均有提供，如图3－184所示。

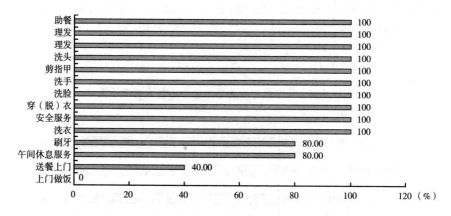

图3－184　长宁区综合为老服务中心提供的生活照料服务

综合为老服务中心提供的各类护理服务中，最多的是术后康复护理，有100%的被调查机构提供此类服务。此外，有80%的机构提供术后康复训练、褥疮护理、协助排泄和提示或协助服药，各类护理服务提供的情况如图3－185所示。在2家设立护理站的机构中，有1家提供全面的护理站服务如基础护理、专科护理、临终护理、消毒隔离技术指导、营养指导、社区康复指导和健康宣教服务；另1家仅提供基础护理。

在提供的医疗服务中，100%的被调查机构提供日常健康管理服务（常见疾病预防，测量血压、血糖、体温等）；80%的被调查机构提供联系紧急救护；60%的被调查机构提供建立健康档案餐、用药指导和运动健康指导；其余各类服务如图3－186所示。

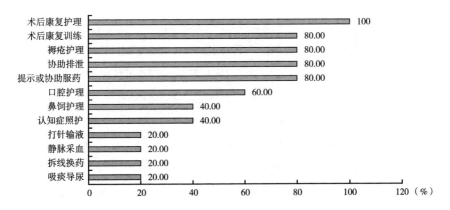

图 3 - 185　长宁区综合为老服务中心提供的护理服务

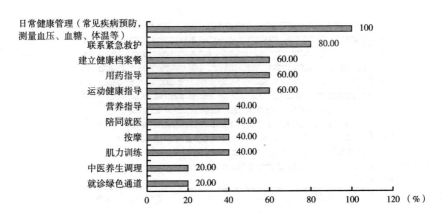

图 3 - 186　长宁区综合为老服务中心提供的医疗服务

在提供的精神慰藉服务中，100% 的被调查机构提供心理健康教育、心理健康咨询和情绪疏导，此外，陪聊（言语沟通）也是提供较多的精神慰藉服务，如图 3 - 187 所示。

在提供的文化娱乐服务中，100% 的被调查机构提供看书看报、唱歌、棋牌、电视影视、手工制作和做游戏等文化娱乐服务，其他各类服务提供情况如图 3 - 188 所示。

在被调查的综合为老服务中心中，有 4 家机构提供照料者服务技术指导，有 3 家机构提供养老辅具租赁服务，有 5 家机构提供喘息服务，还有 3 家机构为老人提供上门服务。在 3 家为老人提供上门服务的机构中，均提供助餐助浴和护理服务，仅 1 家提供医疗服务。

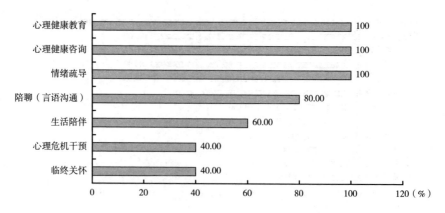

图3-187 长宁区综合为老服务中心提供的精神慰藉服务

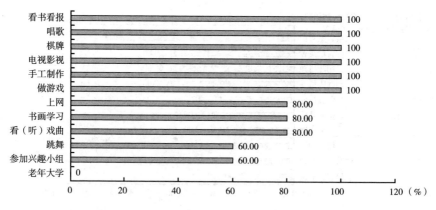

图3-188 长宁区综合为老服务中心提供的文化娱乐服务

在被调查机构中，5家机构均实现了"一网覆盖"信息管理，建成了本区域统一网络门户和数据库；5家机构均设有"一站式"办事窗口；3家机构实施老人统一需求评估与审核；5家机构实现综合体公共服务平台的枢纽作用；5家机构能够整合各种综合为老服务资源，实现"一体化资源统筹"。此外，4家机构有承接本机构服务项目的社会组织，最主要的是委托长者照护、心理咨询等。3家机构报告有特色服务项目。

（五）长宁区综合为老服务中心其他情况

被调查综合为老服务中心有4家机构提供了政府财政补贴情况。平均而言，每家机构获得政府补贴89万元，4家机构共计获得356万元补贴。

开办费补贴总额为 60 万元，年度补贴共计 236 万元。补贴内容在购买服务和水电煤两方面。仅有 3 家机构提供了经营收入数据，3 家机构提供了成本开支数据，统计结果如表 3 - 173 所示。

表 3 - 173　长宁区综合为老服务中心接收政府财政补贴统计

单位：万元

	政府财政补贴			自开业以来获得经营收入	自开业以来支付各类成本费用
	补贴总额	包含开办补贴	包含年度补贴		
平均	89.00	20.00	78.67	14.33	42.80
标准差	60.70	34.64	92.12	12.90	32.23
求和	356.00	60.00	236.00	43.00	128.40
观测数	4	3	3	3	3

在被调查综合为老服务中心中，5 家机构汇报了长期经营能否赢利的问题，5 家机构均认为不能够赢利。从影响综合为老服务中心入住率的因素看，地理位置和收费价格是最为重要的因素，其次是交通便捷程度和照料服务内容，如图 3 - 189 所示。在被调查的 5 家综合为老服务中心中，有 2 家机构是连锁经营机构。

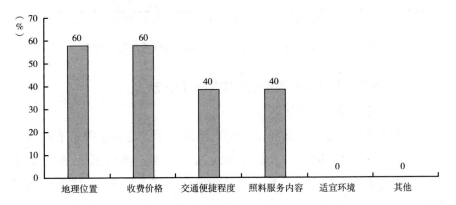

图 3 - 189　影响长宁区综合为老服务中心入住率的主要因素

（张毓臻　张良宽）

第六节　静安区社区养老发展现状

一　静安区日间照料中心发展现状

静安区日间照料中心调查共获得有效样本9家，所有机构都为非营利性机构；从服务机构地理区位看，内环线以内7家，剩余2家均为内环线以外、中环线以内；从机构开始运营时间来看，只有1家自2009年开始运营，时间较长，其余均为2016年之后才开始运营。各年份运营机构数量如图3-190所示。

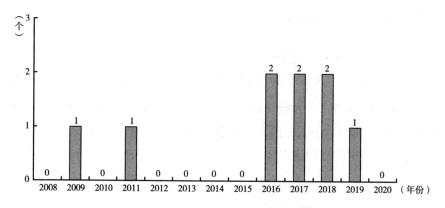

图3-190　静安区日间照料中心开始运营数量的时间分布

（一）静安区日间照料服务机构硬件设施情况

（1）设施面积与功能区域设置

在日间照料中心设施面积上，调查结果显示，建筑总面积平均值为460.75平方米，以200平方米的建筑面积居多，使用面积平均值为384.25平方米，室外活动场地面积平均值为38.75平方米，室外绿地面积平均值为6.25平方米（见表3-174）。

在被调查的日间照料中心中，设置比例较高的为生活服务区域，达到88.89%，公共活动区域达到77.78%，而保健服务区域和服务保障区域比例较低，仅分别为55.56%和44.44%（见表3-175）。从各个服务区域面积来看，生活服务区域平均面积最大，为271.43平方米；公共活动

表 3 - 174　静安区日间照料中心设施面积

单位：平方米

	总建筑面积	使用面积	室外活动场地面积	室外绿地面积
平均数	460.75	384.25	38.75	6.25
标准差	293.6.17	266.34	71.00	17.68
观测数	8	8	8	8

区域平均面积为 155.00 平方米，详见表 3 - 176。55.56% 的机构设置了保健服务区域，5 家提供保健服务区域面积的被调查机构数据显示，保健服务区域的平均面积为 53.33 平方米。

表 3 - 175　静安区日间照料中心中基本服务区域设置

单位：平方米

	生活服务区域面积	公共活动区域面积	保健服务区域面积	服务保障区域面积
无	1(11.11%)	1(11.11%)	4(44.44%)	4(44.44%)
有	8(88.89%)	7(77.78%)	5(55.56%)	4(44.44%)
缺失	0(0%)	1(11.11%)	0(0%)	1(11.11%)

表 3 - 176　静安区日间照料中心中基本服务区域面积

单位：平方米

	生活服务区域面积	公共活动区域面积	保健服务区域面积	服务保障区域面积
平均数	271.43	155.00	53.33	108.33
标准差	348.35	145.71	81.65	176.00
观测数	7	6	6	6

基本生活辅助用房配置中，公共卫生间、餐厅是配置比例最高的辅助用房，厨房操作间的配置比例最低，为 33.33%，如图 3 - 191 所示。对提供各类基本生活辅助用房面积的样本进行统计，结果显示，餐厅的平均面积最大，为 59.17 平方米。各类生活辅助用房面积统计数据如表 3 - 177 所示。

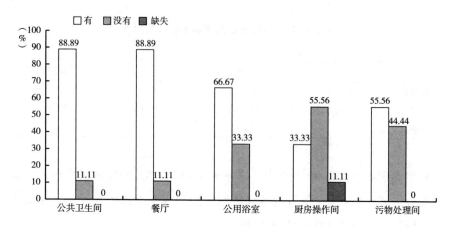

图 3－191　静安区日间照料中心生活辅助用房配置

表 3－177　静安区日间照料中心生活辅助用房配置面积

单位：平方米

	公共卫生间面积	餐厅面积	公用浴室面积	厨房操作间面积	污物处理间面积
平均数	21.59	59.17	32.60	26.67	16.75
标准差	13.03	31.69	37.87	11.55	10.37
观测数	8	6	5	3	4

在医疗保健用房配置上，静安区的日间照料中心中，中医保健室的配置率最高，达到 33.33%；其次为心理疏导室和医务室/卫生室，配置率达到 22.22%。临终关怀室和康复训练室的配置比例较低，仅为 11.11%（如图 3－192）。对提供医疗保健用房面积的机构进行统计，结果显示，

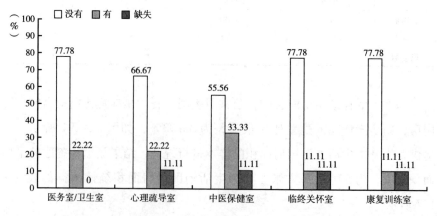

图 3－192　静安区日间照料服务机构医疗保健用房配置

医务室/卫生室的配置面积较大，平均面积为 45.27 平方米，其他数据如表 3 - 178 所示。

表 3 - 178　静安区日间照料服务机构医疗保健用房面积

单位：平方米

	医务室/卫生室	中医保健室
平均数	45.27	15.00
标准差	23.62	7.07
观测数	2	2

在公共活动用房配置上，阅览室、多功能厅是配置较多的公共活动用房，其他公共活动用房配置情况如图 3 - 193 所示。

此外，有 4 家被调查机构报告设置了办公用房，平均办公用房面积约为 14 平方米。

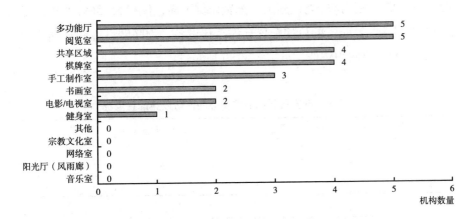

图 3 - 193　静安区日间照料中心公共活动用房配置情况

（2）服务设备配置

在服务设备配置方面，静安区被调查的日间照护机构中，多功能护理床的配置比例是最高的，达到 66.67%，并且康复训练器具和防压疮垫的配置比例也达到 55.55% 的水平，其他服务设备的配置情况如图 3 - 194 所示。

在消防设施配置上，常见的灭火器、消防栓，消防喷淋系统和自动火灾报警系统所有机构全部配置，详情如表 3 - 179 所示。在安全设施的配

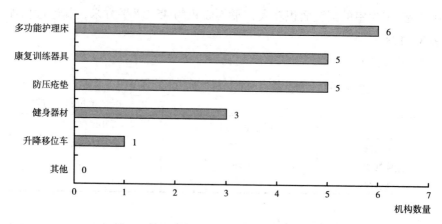

图 3 – 194　静安区日间照料中心服务设施配置情况

置上，各机构防范意识都很高，基本的防滑设施，扶手/防撞装置所有机构全都配置，并且设有紧急呼叫系统的机构比例高达 88.89%，其他情况见图 3 – 195。在智慧养老设施上，配置比例不高，仅有 55.56% 的机构配置互联网络和 42.86% 的机构配置远程医疗设备，物联网设施和智能检测系统设备配置比例均较低，见表 3 – 180 所示。

表 3 – 179　静安区日间照料中心的消防设施配置情况

	灭火器、消防栓	消防喷淋系统	自动火灾报警	其他
有	9	9	6	0
没有	0	0	0	1
缺失	0	0	3	8

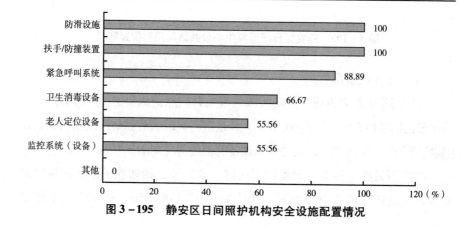

图 3 – 195　静安区日间照护机构安全设施配置情况

表 3 – 180　静安区日间照料中心智慧养老设施配置情况

	互联网络	物联网设施	智能检测系统设备	远程医疗设备
有配置	5	1	1	3
没有配置	4	6	7	4
缺失	0	2	1	2

　　静安区被调查日间照料中心中，9 家机构全部配备了应急电源设备，仅有 2 家机构配备了老人接送车辆，1 家机构配备了物品采购车辆。其中，4 家机构报告服务场所设置在建筑物的一层或底层，5 家机构报告设置在建筑物的二层及以上楼层，7 家机构均配置了电梯或无障碍设施。

　　在服务设施中，平均每家机构设置床位数为 19 张，少部分机构设置了护理床位。老人休息室平均每家机构设置 3.60 间，单间容纳老人数平均为 11.56 人。老人服务设施的其他信息如表 3 – 181 和表 3 – 182 所示。在被调查的 9 家日间照料中心中，仅有 2 家机构设置了护理站。

表 3 – 181　静安区日间照料中心中老人服务设施信息

	总床位数	护理床位数	老人休息室数	单间容纳老人数
平均数	19.00	1.00	3.60	11.56
标准差	10.23	—	0.44	3.50
观测数	4	1	9	9

表 3 – 182　静安区日间照料中心中老人用房的规格设置

单位：厘米

	房门净宽度	室内走道净宽度
平均	151.00	160.00
标准差	45.88	30.82
观测数	5	5

（3）服务设施辨识度

　　在静安区被调查的 9 家日间照料中心中，仅有 3 家机构对其外观建筑做过色调处理以增加机构的辨识度；7 家服务机构的外观具有醒目的标识；6 家服务机构具有独立的出入口。

（二）静安区日间照料服务机构人员配置情况

（1）护理员

静安区被调查机构中的 9 家报告了护理员数量，共计 17 人，平均每家机构有护理员 1.89 人。护理员主要来自外地。从护理员的年龄构成上看，41.18% 的护理员年龄在 41～50 岁，52.94% 的护理员年龄在 51 岁及以上，各年龄段分布如表 3－183 所示。从护理员的学历构成看，以初中及以下居多，占比达到 76.47%，其他学历构成如表 3－184 所示。

表 3－183　护理员年龄构成

单位：%

	21～30 岁	31～40 岁	41～50 岁	51 岁及以上
占比	0	5.88	41.18	52.94

表 3－184　护理员学历构成

单位：%

	初中及以下	高中/中职	大专/高职	本科及以上
占比	76.47	23.53	0	0

（2）医生与护士

在被调查的日间照料中心中，有 4 家机构配备医生，但未提供信息。在护士配备上，所有机构均未提供相应信息。

（3）其他技术人员

在康复师的配置上，仅有 1 家机构报告配备了 1 名康复师，其他机构未提供相应信息。

在营养师的配置上，仅有 1 家机构报告配备了 1 名营养师，年龄段为 31～40 岁，为本科及以上学历。

（4）管理人员及其他

在管理人员配置上，共计 7 家机构报告配置了 15 名管理人员，平均每个机构配备 2.14 名管理人员。从管理人员的学历结构看，5 人为高中/中职学历，8 人为大专/高职学历，2 人为本科及以上学历。从年龄结构看 21～30 岁 1 人，31～40 岁 3 人，41～50 岁 7 人，51 岁及以上 4 人。

在被调查的 9 家日间照料中心中，7 家机构报告了员工总人数，平均每家机构员工数为 6.57 人。近一年内，员工离职人数共计为 2 人。截至调查时间点，仍在机构提供志愿者服务的人数平均每家机构 23.5 人，在服务义工平均每家机构 1.43 人，如表 3 – 185 所示。其中，志愿者提供服务主要有陪伴、手工、法律咨询、做饭、接送、理发、唱歌等；义工提供的服务相对集中，主要为健康保健等。

表 3 – 185　静安区日间照料中心工作人员统计数据

	员工总人数	最近一年内离职人数	目前在服务志愿者人数	目前在服务义工人数
平均	6.57	0.29	23.5	1.43
标准差	5.00	1.00	28.32	3.78
观测数	7	7	8	7

（三）静安区日间照料中心管理制度情况

静安区日间照料中心内，各项管理制度设置均比较全面，如图 3 – 196 所示。其中，老年人服务档案是各个服务机构比较关注的管理制度，除老年人基本信息登记表外，日间照料服务中心申请表和老年人终止服务申请表都是较为重要的信息表，如图 3 – 197 所示。

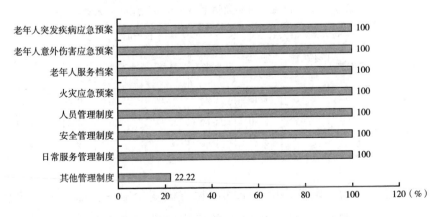

图 3 – 196　静安区日间照料中心内部管理制度设置

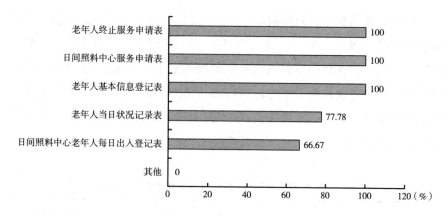

图3-197　静安区日间照料中心老人服务档案记录的主要信息

（四）静安区日间照料中心服务水平情况

静安区日间照料中心，在被调查时过去的一周内，每家每天服务老人数的平均值为34.44人，其中，半失能老人数为每家机构每天平均为2.11人，全失能老人每家机构每天平均为1.13人。每家机构每天服务的老人中，正常老人平均值为31.25人，各失能等级对应的人数如表3-186所示。从被服务老人住家与日间照料中心之间的最远距离看，平均值为2.06公里。

表3-186　静安区日间照料中心平均每天服务老人数

	每天服务老人数			按失能等级区分				
	总人数	半失能老人数	全失能老人数	正常老人	1级	2级	3级	4级及以上
平均	34.44	2.11	1.13	31.25	3.33	0.00	0.00	0.50
标准差	26.99	2.93	2.80	24.62	5.77	0.00	0.00	0.71
观测数	9	9	8	4	3	2	2	2

在被调查的9家机构中，全部机构提供就餐服务；提供最多的娱乐服务是读书阅览，占比88.89%的机构提供此类服务，棋牌、手工制作也是主要提供的娱乐服务（见图3-198）；所有被调查机构提供午间休息服务；55.56%的机构提供协助如厕服务；在生活照料服务

中，理发、助浴、测血压是最常见的服务，如图 3 – 199 所示；在饮食服务中，55.56% 的机构提供送餐上门服务，没有机构提供上门做饭服务；在提供的各类健康教育咨询服务中，较多的是老年营养指导和安全教育，详见图 3 – 200；在提供的心理慰藉服务中，沟通与情绪疏导是最常见的两种服务，见图 3 – 201；在保健康复服务中，中医传统保健是提供最多的服务，55.56% 的机构提供此项服务，详见图 3 – 202；在 2 家设立护理站的机构中，护理站提供的服务较全，设有基础护理、专科护理和消毒隔离技术指导、营养指导、健康宣传和其他护理服务。

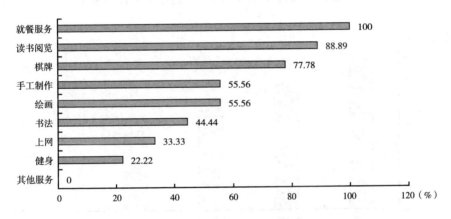

图 3 – 198　静安区日间照料中心提供的文化娱乐服务

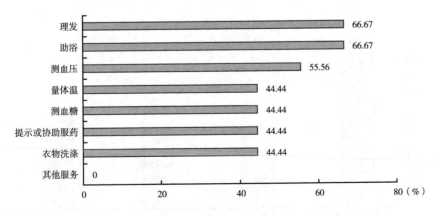

图 3 – 199　静安区日间照料中心提供的生活照料服务

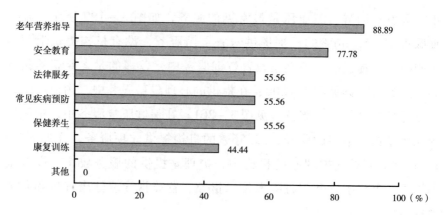

图3-200　静安区日间照料中心提供的健康教育咨询服务

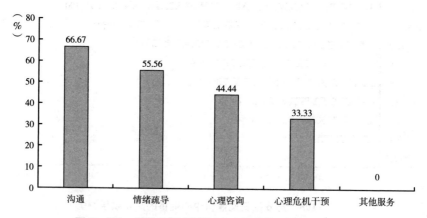

图3-201　静安区日间照料中心提供的心理慰藉服务

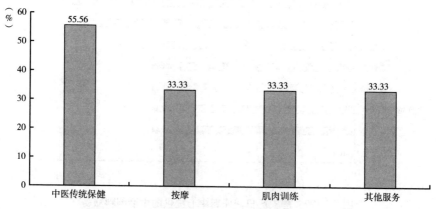

图3-202　静安区日间照料中心提供的保健康复服务

在静安区日间照料服务机构中，所有机构均没有社会组织承接服务项目情况。在机构服务特色方面，3 家机构报告认为自身有特色服务提供。在服务收费方面，收费主要包括托管费、餐费两个类别。

（五）静安区日间照料中心其他情况

在被调查的日间照料机构中，有 7 家机构报告了获得政府补贴的情况，共计获得各类政府补贴 128 万元，平均每家机构 18.29 万元，其中包含年度补贴 47 万元。从补贴费用内容看，补贴费用基本用于购买服务费。在经营业绩方面，没有机构能够并愿意提供经营数据。

影响老人选择使用日间照料机构服务的因素有多种，调查对象报告显示，交通便捷程度和地理位置是影响较大的因素，其中 77.78% 的被调查机构认为交通便捷程度重要，55.56% 的被调查机构认为地理位置重要（图 3 - 203）。77.78% 的被调查机构认为到本机构来的老人数量还是比较多的，但也有22.22% 的被调查机构认为到本机构来的老人数量不多。所有被调查机构认为，他们在经营中能够留住老人在本机构使用服务，但仅有 33.33% 的被调查机构认为他们能从服务的老人那里收到相关项目的服务费。此外，11.11% 的被调查机构能够做到多元化赢利。被调查对象反馈，出现上述经营中无法有效赢利的主要原因，一是日间照料机构与综合为老服务中心资源共享，无法形成合理的赢利方式；二是老人群体对收费价格比较敏感，老人付费购买服务的观念太弱；三是总体供给资源受限，难以新增付费项目。

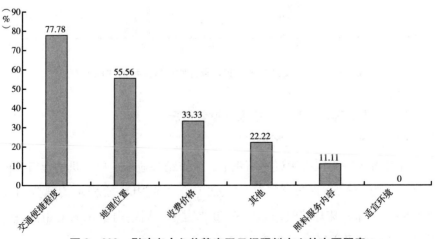

图 3 - 203　影响老人入住静安区日间照料中心的主要因素

被调查服务机构中，有5家服务机构是连锁经营的日间照护机构。在政府支持帮助建议上，被调查机构主要提出如下建议：第一，日间照料服务机构属于福利性的机构，运营长期处于亏损状态，因此希望政府增加资金上的支持；第二，机构整体可利用资源受限，例如土地资源、设备资源等，机构希望政府能够在设备、土地等资源配备上提供帮助；第三，为方便老人享受服务，提供便利的交通工具等。

二 静安区长者照护之家发展现状

静安区长者照护之家调查共获得有效样本6家，从机构的营利性质和所处地理位置看，所有机构均为非营利性机构，并且只有1家位于中环线以外、外环线以内，其余5家均位于内环线以内；从机构开始运营时间来看，被调查的长者照护之家均在2016年及之后开始运营，各年份运营机构数量如图3－204所示。

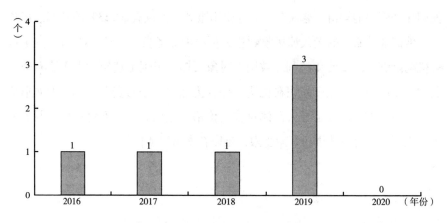

图3－204　静安区长者照护之家开始运营数量的时间分布

（一）静安区长者照护之家硬件设置情况

（1）设施面积与功能区域设置

在长者照护之家机构设施面积上，调查结果显示，单个机构建筑总面积平均值为453.50平方米，老年人居室总（使用）面积平均值为每家297.60平方米；床均建筑面积为9.50平方米，居室内单床的使用面积平均值为15.00平方米（见表3－187）。

表 3 –187 静安区长者照护之家的各项面积统计

单位：平方米

	总建筑面积	老年人居室总（使用）面积	床均建筑面积	居室单床使用面积
平均	453.50	297.60	9.50	15.00
标准差	262.16	322.31	7.78	3.54
观测数	6	5	3	3

在被调查的长者照护之家中，6 家机构全部设置了独立的出入口。从机构用房性质看，其中 3 家机构的用房属于居住类用房，其余为非居住类用房或其他类型用房。从机构的周边环境看，机构周边 300 米范围内，有公共绿化或花园的有 5 家，有室外公共活动场所的有 5 家。

从机构内基本生活辅助用房的配置情况看，各类型辅助用房配置的比例均比较高，其中，公共卫生间比例最高，达到 100%，如图 3 – 205 所示。总体看，在单个机构内，公共卫生间设置数量最多，平均值为 3.17 间，餐厅、公用浴室、厨房操作间和污物处理间平均每家机构设置为 1~2 间。从面积看，其中餐厅是每家机构配置面积最大的生活辅助用房，单家机构的平均面积达到 57.50 平方米，如表 3 – 188 所示。

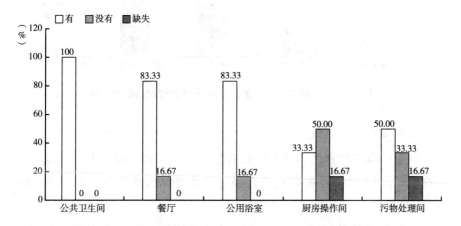

图 3 –205 静安区长者照护之家基本生活辅助用房配置情况

表 3 - 188　静安区长者照护之家基本生活辅助用房配置数量及面积

单位：间，平方米

	公共卫生间		餐厅		公用浴室		厨房操作间		污物处理间	
	房间数	共计面积	房间数	共计面积	房间数	共计面积	房间数	共计面积	房间数	共计面积
平均	3.17	16.50	1.00	57.50	1.60	21.67	1.00	0.00	1.00	9.00
标准差	0.98	12.26	0.00	31.82	1.34	9.07	0.00	0.00	0.00	1.00
观测数	6	4	4	2	5	3	2	0	4	3

在医疗保健用房配置上，6 家机构的医务室/卫生室、心理疏导室和中医保健室配置比例都为 33.33%，并且都不配备临终关怀室和康复训练室，如图 3 - 206 所示。在公共活动用房配置方面，阅览室是配置比例最高的公共活动用房，所有机构设置了阅览室。此外，多功能厅和棋牌室也是配置比例较高的活动用房，见图 3 - 207 所示。

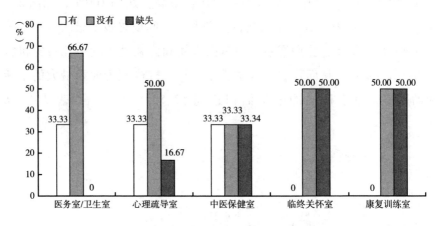

图 3 - 206　静安区长者照护之家医疗保健用房配置情况

（2）服务设备配置

在服务设备配置上，静安区长者照护之家中多功能护理床配置比例最高，83.33% 的机构配备此类设备，其次是功能轮椅等，如图 3 - 208 所示。

在消防设施的配置方面，静安区长者照护之家中各类消防设施的配置相对较全面（见表 3 - 189）。在安全设施配置方面，各类安全防

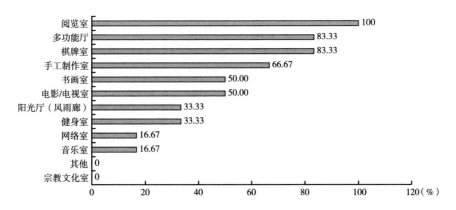

图 3 - 207　静安区长者照护之家公共活动用房配置情况

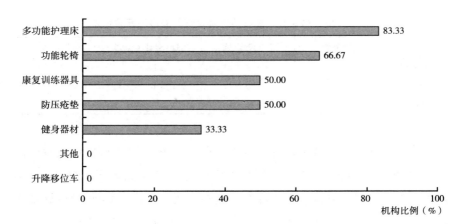

图 3 - 208　静安区长者照护之家服务设备配置情况

护设置的配置较全面（见图 3 - 209），83.33% 的机构已经使用老人定位设备。在智慧养老设施配置方面，已经各有 3 家机构配置了智能检测系统设备（如表 3 - 190）。在 6 家机构中，有 4 家机构配置了应急电源设备。

表 3 - 189　静安区长者照护之家消防设施配置情况

	灭火器、消防栓	消防喷淋系统	自动火灾报警	其他
有	6	6	4	0
没有	0	0	0	0
缺失	0	0	2	6

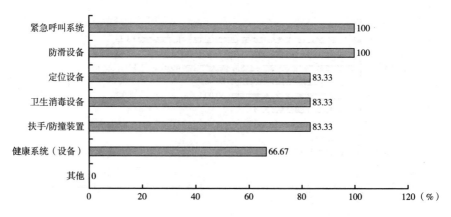

图 3 – 209　静安区长者照护之家各类安全设施配置情况

表 3 – 190　静安区长者照护之家智慧养老设施配置情况

	互联网络	物联网设施	智能检测系统设备	远程医疗设备
没有配置	0	2	1	1
配置	6	0	3	1
缺失	0	4	2	4

从机构设置床位数看，静安区长者照护之家平均每家机构设置床位数为 15.57 张，其中，护理床位数平均值为 9 张（如表 3 – 191）。在 6 家机构中，仅有 1 家机构报告配置了认知症照护床位，共计 10 张认知症照护床位。此外，有 2 家机构设有医务室/卫生室，1 家机构设有社区卫生服务中心延伸医务室/站；有 2 家机构设有护理站，护理站的面积约 150 平方米。

表 3 – 191　静安区长者照护之家床位配置情况

	床位数	其中护理床位数
平均	15.17	9.00
标准差	7.55	5.39
观测数	6	5

（二）静安区长者照护之家人员配置情况

（1）护理员

有 5 家机构报告的护理员总数为 23 人，平均每家机构护理员为 4.6

人，主要来自安徽、江苏、河南等地。从护理员的年龄结构看，以 40 岁以上年龄群为主，其中，41 ~ 50 岁占比 39.13%，51 岁及以上占比 56.52%，如表 3 – 192 所示。从护理员的学历构成看，以初中及以下学历为主，占比 78.26%，如表 3 – 193 所示。

表 3 – 192　护理员年龄构成

单位：%

	21 ~ 30 岁	31 ~ 40 岁	41 ~ 50 岁	51 岁及以上
占比	0	4.35	39.13	56.52

表 3 – 193　护理员学历构成

单位：%

	初中及以下	高中/中职	大专/高职	本科及以上
占比	78.26	21.74	0	0

（2）医生与护士

在 6 家长者照护之家中，没有机构报告配备了医生，1 家机构报告配备了 3 名护士，护士的年龄结构看，全部为 31 ~ 40 岁，学历为高中/中职。

（3）其他技术人员

在被调查机构中，没有机构报告配备了康复师。

在营养师配置上，有 1 家机构报告配备了 1 名营养师，营养师为 31 ~ 40 岁年龄段，且为本科及以上学历。

（4）管理人员及其他

在管理人员配置上，其中 6 家机构报告共计配置了 17 名管理人员，平均每个机构配备 2.83 名管理人员。从管理人员的学历结构看，高中/中职学历 2 人，大专/高职学历 11 人，本科及以上学历 4 人。从年龄结构看，21 ~ 30 岁 1 人，31 ~ 40 岁 3 人，41 ~ 50 岁 8 人，51 岁及以上 5 人。

6 家被调查机构，其中共 4 家报告了员工总人数，平均每家机构员工数为 6.75 人。近一年内，员工离职人数共计为 1 人。截至调查时间点，在服务志愿者及义工人数如表 3 – 194 所示。其中，志愿者提供服务主要有各类咨询，才艺表演和上课等；义工提供的服务主要为维持秩序和健康保健等。此外，被调查机构中，仅有 2 家设立了护理站。

表 3 – 194　静安区长者照护之家服务机构工作人员统计数据

	员工总人数	最近一年内离职人数	目前在服务志愿者人数	目前在服务义工人数
平均	6.75	0.25	32.00	6.67
标准差	3.10	0.50	10.39	5.77
观测数	4	4	3	3

（三）静安区长者照护之家管理制度情况

从静安区被调查长者照护之家的各项管理制度设置看，各机构均设置了各类管理制度，且设置的比例均比较高，如图 3 – 210 所示。在老年人服务档案制度中，重点规范各类老年人服务档案的建设，各类老年人服务档案包含的主要信息情况如图 3 – 211 所示。

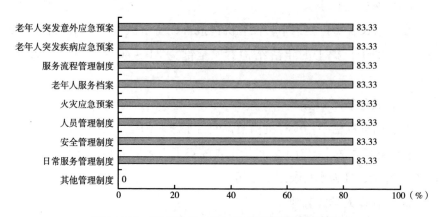

图 3 – 210　静安区长者照护之家制定管理制度情况

（四）静安区长者照护之家服务水平情况

静安区长者照护之家，在被调查时过去的一周内，每家每天服务老人数的平均值为 18.00 人，其中，半失能老人数为每家机构每天平均为 6.60 人，全失能老人每家机构每天平均为 4.00 人。每家机构每天服务的老人中，正常老人平均值为 2.00 人，各失能等级对应的人数如表 3 – 195

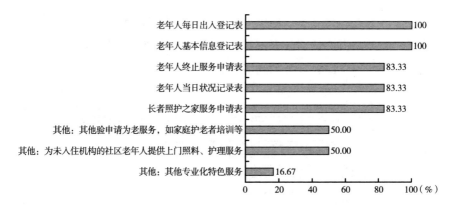

图 3-211　静安区长者照护之家老年人服务档案包含的主要信息

所示。从被服务老人住家与长者照护之家之间的最远距离看，平均值为
6.17 公里。

表 3-195　静安区长者照护之家平均每天服务人数

	每天服务老人数			按失能等级区分				
	总人数	半失能老人数	全失能老人数	正常老人	1 级	2 级	3 级	4 级及以上
平均	18.00	6.60	4.00	2.00	0.67	2.50	5.50	11.00
标准差	2.45	5.73	5.96	—	0.58	2.12	6.36	12.73
观测数	6	5	5	1	3	2	2	2

平均而言，每位老人入住时间平均值为 70.00 天；其中，老人转出本
机构后，需要继续护理、康复的老人累计而言，每家机构平均 6.25 人。
收住等级为 4 级及以上的老人每家机构平均为 26.67 人。

表 3-196　静安区长者照护之家服务老人情况

	每位老人入住时间（天）	出机构后需继续护理人数	收住 4 级及以上老人
平均	70.00	6.25	26.67
标准差	66.33	10.59	37.86
观测数	4	4	3

静安区长者照护之家中提供的基本服务最多的两种是住宿服务和个人生活照料服务，占比分别为100%和83.33%，如图3-212所示。6家长者照护之家均提供助餐服务和助浴服务。

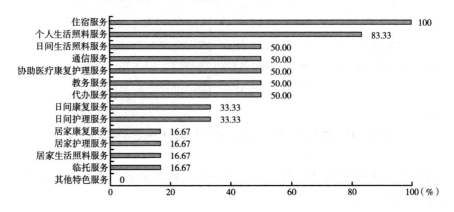

图3-212　静安区长者照护之家提供的基本服务

静安区被调查长者照护之家中，5家机构设立了老人入住筛选标准，5家机构设立了老人出院评估标准。4家长者照护之家报告了床位的轮转时间，平均而言，床位轮转时间为142.50天。没有机构报告经营过程中有老人"霸床"现象。

长者照护之家中，白天平均每家机构有3～4名养老护理员在岗，晚上有1～2名养老护理员在岗。在被调查的机构中，没有机构拥有承接本机构服务项目的社会组织。在被调查的长者照护之家中，没有机构报告提供特色服务项目。

（五）静安区长者照护之家其他情况

在被调查长者照护之家中，有3家机构提供了政府财政补贴情况。平均而言，每家机构获得政府补贴34.00万元，3家机构共计获得102.00万元补贴。补贴内容主要为购买服务费。仅有1家机构提供了经营收入与成本开支数据，统计结果显示，自开业以来平均经营收入为0.09万元，支付各类成本0.09万元，如表3-197所示。这反映了长者照护之家目前的经营现状，多数机构靠获取政府财政补贴来维持运营。

表 3 – 197　静安区长者照护之家接收政府财政补贴统计

单位：万元

	政府财政补贴			自开业以来获得经营收入	自开业以来支付各类成本费用
	补贴总额	包含开办补贴	包含年度补贴		
平均	34.00	0	0	0.09	0.09
标准差	16.82	0	0	0	0
求和	102.00	0	0	0.09	0.09
观测数	3	3	3	1	1

　　在被调查的 6 家机构中，3 家机构明确表示在长期经营中，本机构不能赢利；仅有 1 家机构表示能够赢利。对影响长者照护之家入住率的主要因素，交通便捷程度是最为重要的影响因素（如图 3 – 213）。6 家机构中，2 家机构明确反馈到该机构的老人不多，3 家机构认为到机构的老人比较多。入住老人不多的主要原因是没有需求。仅有 1 家机构为连锁经营形式，并且在上海市共有 5 家。

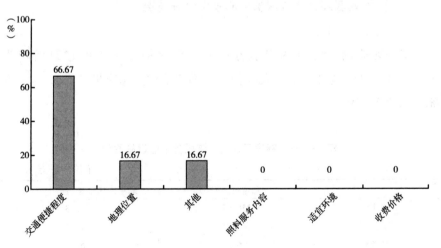

图 3 – 213　影响静安区长者照护之家入住率的主要因素

三　静安区综合为老服务中心发展现状

　　静安区综合为老服务中心调查共获得有效样本 7 家，从服务机构类型看，7 家被调查机构均为非营利性机构；从服务机构地理区位看，内环线以内 6 家，剩下 1 家为内环线以外、中环线以内；从机构开始运营时间来看，除 1 家综合为老服务中心在 2009 年成立并运营外，其余机构均在 2016 年及之后开始运营，各年份运营机构数量如图 3 - 214 所示。

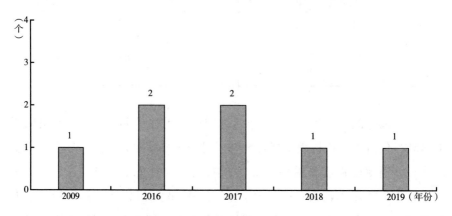

图 3 - 214　静安区综合为老服务中心成立运营时间分布

（一）静安区综合为老服务中心硬件设施情况

（1）设施与功能区域

静安区被调查综合为老服务中心，平均每家机构的建筑面积为738.67 平方米，老年人居室总（使用）面积平均为每家机构 346.83 平方米，如表 3 - 198 所示。

表 3 - 198　静安区综合为老服务中心设施面积

单位：平方米

	总建筑面积	老年人居室总(使用)面积
平均	738.67	346.83
标准差	146.94	331.01
观测数	6	6

在被调查的 7 家机构中，有 6 家机构设有独立的机构出入口。从机构用房性质看，有 3 家机构的用房属于居住类房屋，4 家机构的用房属于非居住类或其他房屋。被调查机构中，有 4 家机构周边 300 米范围内有公共绿化或花园，4 家机构周边 300 米范围内有室外公共活动场所。

在各类基本生活辅助用房配置上，所有机构配备公共卫生间，71.43% 的机构配备公用浴室，如图 3 - 215 所示。其中，公共卫生间的数量是各类基本生活辅助用房中最大的，平均每家机构的卫生间数量在 3 ~ 4 间，平均面积达到 27.71 平方米。其余各类生活辅助用房的间数平均每家机构 1 ~ 2 间，如表 3 - 199 所示。

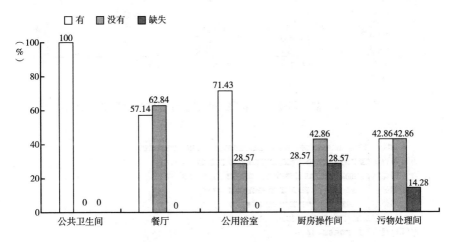

图 3 - 215　静安区综合为老服务中心基本生活辅助用房配置

表 3 - 199　静安区综合为老服务中心基本生活辅助用房配置数量及面积

单位：间，平方米

	公共卫生间		餐厅		公用浴室		厨房操作间		污物处理间	
	房间数	共计面积	房间数	共计面积	房间数	共计面积	房间数	共计面积	房间数	共计面积
平均	3.71	27.71	0.57	49.29	1.29	27.57	0.60	7.50	0.71	2.83
标准差	2.06	18.93	0.53	57.04	1.25	34.22	0.89	15.00	1.11	4.40
观测数	7	7	7	7	7	7	5	4	7	6

在医疗保健用房配置上，42.86% 的被调查机构配置了中医保健室，是配置比例最高的医疗保健用房，如图 3 - 216 所示。其中，中医保健室的配置面积平均每家机构为 32.50 平方米。

在各类公共活动用房配置上，多功能厅是配置比例最高的公共活动用房，配置比例达到 71.43%，此外，棋牌室和阅览室也达到 57.14%，如图 3 - 217 所示。

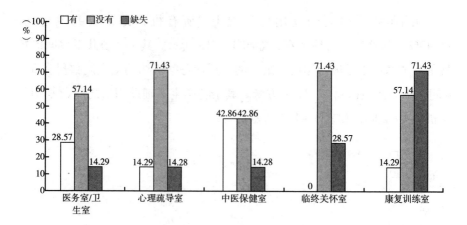

图 3 - 216　静安区综合为老服务中心医疗保健用房配置情况

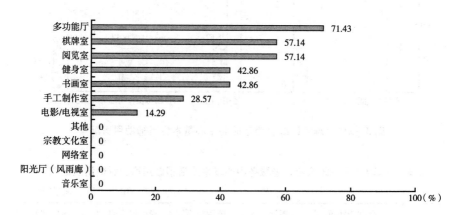

图 3 - 217　静安区综合为老服务中心公共活动用房配置情况

（2）服务设备配置

被调查综合为老服务中心配置的各类服务设备中，多功能护理床和功能轮椅配置比例较高，分别达到 71.43% 和 57.14%。各类服务设备的配置情况如图 3 - 218 所示。

在消防设施的配置上，被调查机构的各类消防设施配置比例均比较高，如表 3 - 200 所示。在综合为老服务中心内，各类安全设备的配置比例也比较高，如图 3 - 219 所示。在智慧养老设施的配置上，除互联网络外，其他各类智慧养老设施的配置比例并不高，如表 3 - 201 所示。

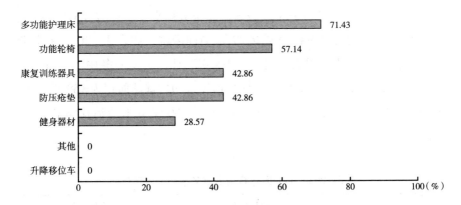

图 3 - 218　静安区综合为老服务中心服务设备配置

表 3 - 200　静安区综合为老服务中心消防设施配置情况

	灭火器、消防栓	消防喷淋系统	自动火灾报警	其他
无	0	0	0	1
有	7	6	3	0
缺失	0	1	4	6

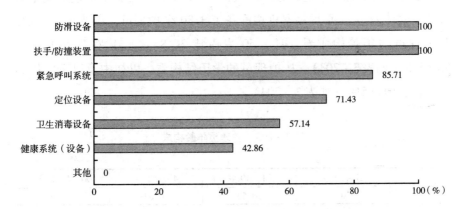

图 3 - 219　静安区综合为老服务中心安全设备配置情况

表 3 - 201　静安区综合为老服务中心智慧养老设施配置情况

	互联网络	物联网设施	智能检测系统设备	远程医疗设备
没有配置	3	4	5	5
配置	4	1	1	1
缺失	0	2	1	1

从被调查综合为老服务中心设置的床位数量来看，平均每家机构设置18.25 张床，平均每家机构设置 9.29 张护理床位，如表 3 – 202。在被调查的机构中，2 家机构设置医务室/卫生室和社区卫生服务中心延伸医务室/站。有 1 家机构设立护理站，该机构设置的护理站面积为 150 平方米。在内设护理站中，设置了 20 平方米的诊室、30 平方米的治疗室和 20 平方米的处置室。

表 3 – 202　静安区综合为老服务中心设置床位数

	总床位数	护理床位数
平均	18.25	9.29
标准差	10.78	11.00
观测数	7	7

（二）静安区综合为老服务中心人员配置情况

（1）护理员

在被调查的综合为老服务中心机构中，5 家机构汇报了护理员配备的人数，共计 19 人，平均每家机构配备了 3.80 名护理员，主要来自外地。从护理员的年龄构成看，41～50 岁占比 36.84%，51 岁及以上占比52.63%（如表 3 – 203）。从护理员的学历结构看，以初中及以下学历为主，占比 78.95%（如表 3 – 204）。

表 3 – 203　护理员年龄构成

单位：%

	21～30 岁	31～40 岁	41～50 岁	51 岁及以上
占比	0	10.53	36.84	52.63

表 3 – 204　护理员学历构成

单位：%

	初中及以下	高中/中职	大专/高职	本科及以上
占比	78.95	21.05	0	0

（2）医生和护士

被调查机构中，没有机构报告配备了医生。在护士人员配置上，仅有

2 家机构报告配备了 4 名护士，其中，41～50 岁 1 名，51 岁及以上 3 名。护士学历构成上，高中/中职学历 3 名，大专/高职学历 1 名。

（3）其他技术人员

在被调查机构中，没有机构报告配备康复师的情况，有 1 家机构报告配备了 1 名营养师，该营养师年龄为 31～40 岁，学历为大专。

（4）管理人员及其他

在管理人员配置上，7 家被调查机构报告配备了 21 名管理人员，平均每个机构配备 3 名管理人员。从管理人员的学历结构看，高中/中职学历 5 人，大专/高职学历 12 人，本科及以上学历 4 人。从年龄结构看，21～30 岁 1 人，31～40 岁 4 人，41～50 岁 11 人，51 岁及以上 5 人。

被调查机构中，平均每家机构员工数为 9.14 人。近一年内，员工离职人数共计为 4 人。截至调查时间点，在服务志愿者及义工人数情况，如表 3－205 所示。在设置护理站的 1 家机构内，配置了 2 名执业注册护士。在被调查机构中，有 3 家机构配备了养老顾问，养老顾问主要来自社区医院和志愿者，服务频率为每周 1 次。

表 3－205 静安区综合为老服务中心员工及志愿者/义工人数

	员工总人数	最近一年内离职人数	目前在服务志愿者人数	目前在服务义工人数
平均	9.14	0.67	16.14	0
标准差	6.91	1.21	13.17	0
观测数	7	6	7	6

（三）静安区综合为老服务中心管理制度情况

从管理制度设置看，静安区综合为老服务中心内各项管理制度设置较为全面，如图 3－220 所示。在老年人服务档案中，基本信息登记表、服务申请表和终止服务申请表等信息是记录比例最高的三类信息，如图 3－221 所示。

（四）静安区综合为老服务中心服务水平情况

静安区综合为老服务中心，在被调查时过去的一周内，平均每家机构

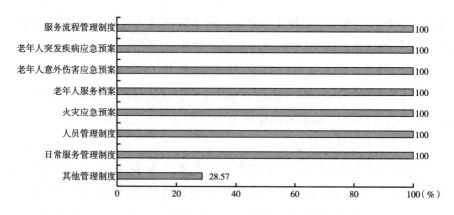

图 3 - 220　静安区综合为老服务中心管理制度设置

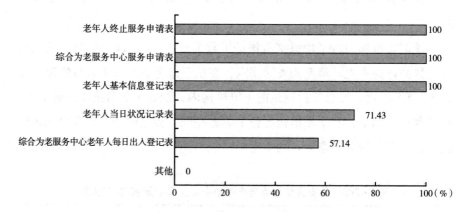

图 3 - 221　静安区综合为老服务中心老年人服务档案记录的主要信息

每天服务老人数为 34.14 人，其中，半失能老人数为 2.29 人，全失能老人数为 2.57 人。从开业运营时间看，截至调查时间，平均运营时长为 36.57 个月，如表 3 - 206 所示。从被服务老人住家与综合为老服务中心地理距离看，最远距离平均值为 6.14 公里。

表 3 - 206　静安区综合为老服务中心服务人数

	每天服务老人数			自机构运营以来运营时长（月）
	总人数	半失能老人数	全失能老人数	
平均	34.14	2.29	2.57	36.57
标准差	15.85	4.79	5.26	16.22

静安区综合为老服务中心提供各类生活照料服务中，最多的是午间休息服务，85.71% 的机构均提供午间休息服务；其次是理发、助浴、助餐，有 71.43% 的被调查机构提供此类服务，如图 3-222 所示。

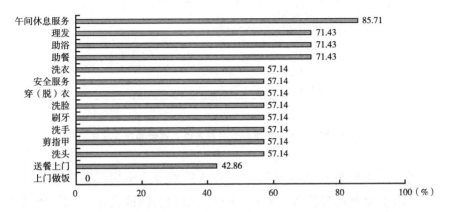

图 3-222　静安区综合为老服务中心提供的生活照料服务

综合为老服务中心提供的各类护理服务中，最多的是提示或协助服药和术后康复护理，有 28.57% 的被调查机构提供此类服务，如图 3-223 所示。

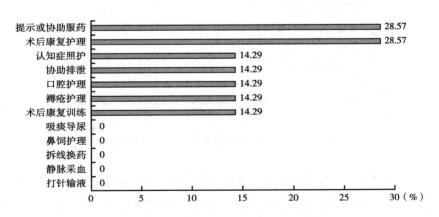

图 3-223　静安区综合为老服务中心提供的护理服务

在提供的医疗服务中，57.14% 的机构提供营养指导服务，42.86% 的被调查机构提供日常健康管理服务（常见疾病预防，测量血压、血糖、体温等）和建立健康档案餐，其余各类服务如图 3-224 所示。

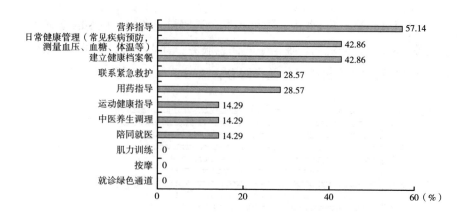

图 3 – 224　静安区综合为老服务中心提供的医疗服务

在提供的精神慰藉服务中，57.14% 的被调查机构提供心理健康教育，其次是情绪疏导服务，有 42.86% 的机构提供该服务，如图 3 – 225 所示。

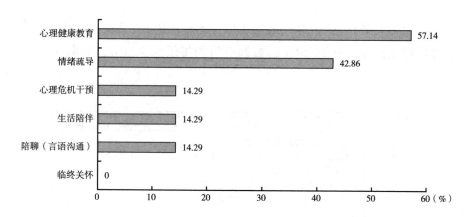

图 3 – 225　静安区综合为老服务中心提供的精神慰藉服务

在提供的文化娱乐服务中，所有机构都提供看书看报服务，71.43% 的机构提供棋牌类服务，其他各类服务提供情况如图 3 – 226 所示。

在被调查的综合为老服务中心中，有 4 家机构提供照料者服务技术指导，有 1 家机构提供养老辅具租赁服务，有 4 家机构提供喘息服务，还有 1 家机构为老人提供上门服务。为老人提供上门服务的机构，主要提供助餐助浴、护理以及医疗服务。

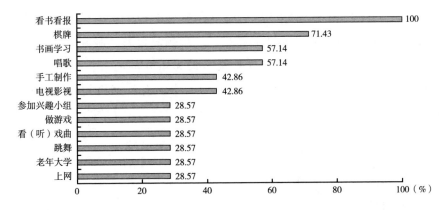

图 3 - 226　静安区综合为老服务中心提供的文化娱乐服务情况

在被调查机构中，有 3 家机构实现了"一网覆盖"信息管理，建成了本区域统一网络门户和数据库；有 3 家机构设有"一站式"办事窗口；3 家机构实施老人统一需求评估与审核；3 家机构实现综合体公共服务平台的枢纽作用；2 家机构能够整合各种综合为老服务资源，实现"一体化资源统筹"。此外，没有机构有承接本机构服务项目的社会组织。

（五）静安区综合为老服务中心其他情况

被调查综合为老服务中心有 4 家机构提供了政府财政补贴情况。平均而言，每家机构获得政府补贴 34.00 万元，4 家机构共计获得 102.00 万元补贴。补贴内容在购买服务费和其他。仅有 2 家机构提供了经营收入数据，2 家机构提供了成本开支数据，统计结果如表 3 - 207 所示。

表 3 - 207　静安区综合为老服务中心接收政府财政补贴统计

单位：万元

	政府财政补贴			自开业以来获得经营收入	自开业以来支付各类成本费用
	补贴总额	包含开办补贴	包含年度补贴		
平均	34.00	0.00	0.00	0.05	0.05
标准差	16.82	0.00	0.00	0.00	0.00
求和	102.00	0.00	0.00	0.09	0.09
观测数	4	3	3	2	2

在被调查综合为老服务中心中，5 家机构汇报了长期经营能否赢利的问题，5 家机构均认为不能够赢利。从影响综合为老服务中心入住率的因素看，地理位置和交通便捷程度是最为重要的因素，如图 3 - 227 所示。在被调查的 7 家综合为老服务中心中，有 4 家机构是连锁经营机构。

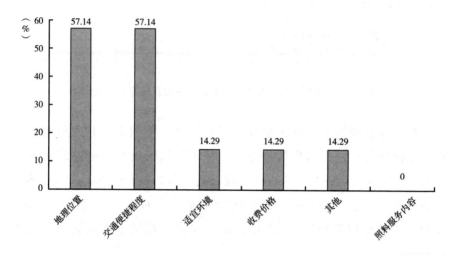

图 3 - 227　影响静安区综合为老服务中心入住率的主要因素

（张　捷　王卫乐）

第七节　普陀区社区养老发展现状

一　普陀区日间照料中心发展现状

普陀区日间照料中心调查共获得有效样本 28 家，从服务机构类型看，27 家为非营利性机构，1 家为营利性机构；从服务机构地理区位看，内环线以内 10 家，内环线以外、中环线以内 16 家，中环线以外、外环线以内 2 家；从机构开始运营时间来看，92.8% 的日间照料中心于 2011 年及之后开始运营，各年份运营机构数量如图 3 - 228 所示。

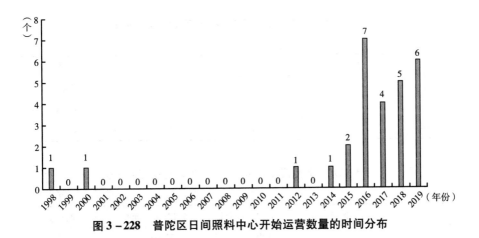

图 3 - 228　普陀区日间照料中心开始运营数量的时间分布

（一）普陀区日间照料中心硬件设施情况

（1）设施面积与功能区域设置

在日间照料中心设施面积上，调查结果显示，建筑总面积平均值为548.56 平方米，以 120 平方米的建筑面积居多，使用面积平均值为437.83 平方米，室外活动场地面积平均值为 88.75 平方米，室外绿地面积平均值为 23.00 平方米（见表 3 - 208）。

表 3 - 208　普陀区日间照料中心设施面积

单位：平方米

	总建筑面积	使用面积	室外活动场地面积	室外绿地面积
平均	548.56	437.83	88.75	23.00
标准差	583.11	583.53	144.55	35.65
观测数	27	24	24	20

在被调查的日间照料中心中，设置比例最高的基本服务区域为公共活动区域和生活服务区域，占比分别为 92.86% 和 78.57%，设置保健服务区域的比例为 71.43%（见表 3 - 209）。从各个服务区域面积来看，公共活动区域平均面积最大，为 129.37 平方米；生活服务区域平均面积为72.63 平方米，详见表 3 - 210。71.43% 的机构设置了保健服务区域，15家提供保健服务区域面积的被调查机构数据显示，保健服务区域的平均面积为 52.07 平方米。

267

表3-209 普陀区日间照料中心中基本服务区域设置

单位：%

	生活服务区域	公共活动区域	保健服务区域	服务保障区域
无	10.71	0	21.43	25.00
有	78.57	92.86	71.43	64.29
缺失	10.71	7.14	7.14	10.71

表3-210 普陀区日间照料中心中基本服务区域面积

单位：平方米

	生活服务区域面积	公共活动区域面积	保健服务区域面积	服务保障区域面积
平均	72.63	129.37	52.07	55.92
标准差	92.74	181.97	96.44	79.55
观测数	16	19	15	13

基本生活辅助用房配置中，公共卫生间是配置比例最高的辅助用房，污物处理间的配置比例最低，为25.00%，如图3-229所示。对提供各类基本生活辅助用房面积的样本进行统计，结果显示，餐厅的平均面积最大，为32.79平方米；污物处理间的面积基本相近，平均面积为12.00平方米。各类生活辅助用房面积统计数据如表3-211所示。

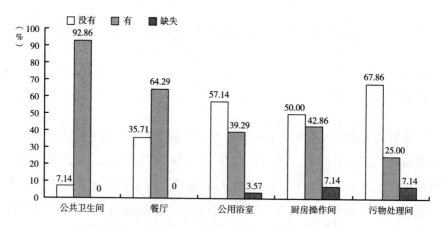

图3-229 普陀区日间照料中心生活辅助用房配置

表 3 – 211　普陀区日间照料中心生活辅助用房配置面积

单位：平方米

	公共卫生间面积	餐厅面积	公用浴室面积	厨房操作间面积	污物处理间面积
平均	16.29	32.79	20.88	14.22	12.00
标准差	14.09	25.99	17.25	10.17	5.26
观测数	24	14	8	9	6

在医疗保健用房配置上，普陀区的日间照料中心中，医务室/卫生室和康复训练室的配置率最高，均达到 32.14%；其次为心理疏导室，配置率达到 25.00%。中医保健室和临终关怀室的配置率较低，仅分别为 17.86% 和 7.14%（如图 3 – 230）。对提供医疗保健用房面积的机构进行统计，结果显示，医务室/卫生室的配置面积最大，平均面积为 51.00 平方米，其他数据如表 3 – 212 所示。

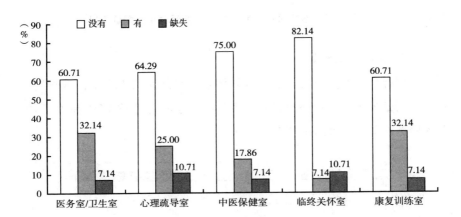

图 3 – 230　普陀区日间照料中心医疗保健用房配置

表 3 – 212　普陀区日间照料中心医疗保健用房面积

单位：平方米

	医务室/卫生室	心理疏导室	中医保健室	康复训练室
平均	51.00	22.40	22.50	0
标准差	68.43	14.39	7.50	0
观测数	6	5	2	2

在公共活动用房配置上，阅览室、电影/电视室、棋牌室是配置较多的公共活动用房，其他公共活动用房配置情况如图3-231所示。

此外，有21家被调查机构报告设置了办公用房，平均办公用房面积为35.17平方米；12家被调查机构报告还设置了其他用房。

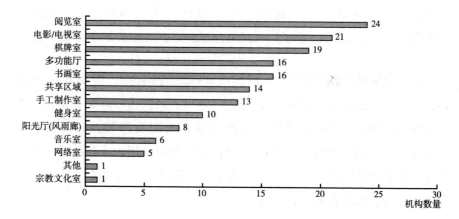

图3-231　普陀区日间照料中心公共活动用房配置情况

（2）服务设备配置

在服务设备配置方面，普陀区被调查的日间照料中心中，健身器材、功能轮椅是配置比例较高的服务设备，占比分别达到42.86%和35.71%，其他服务设备的配置情况如图3-232所示。

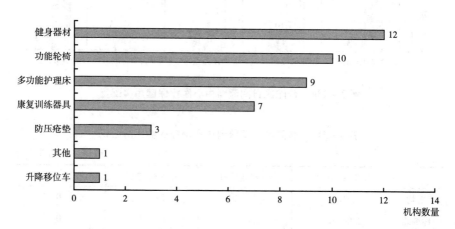

图3-232　普陀区日间照料中心服务设备配置情况

在消防设施配置上，各服务机构均配置不同类型的消防设施，灭火器、消防栓是最为常见的设施，此外，也有 18 家机构配置了自动火灾报警系统，如表 3 - 213 所示。各类安全设施的配置，仅有 50% 左右的基本配置了相应设施。在智慧养老设施上，配置比例不高，仅有 35.71% 的机构配置互联网络，智能检测系统设备等其他智慧养老设施的配置比例均比较低，见表 3 - 214 所示。

表 3 - 213　普陀区日间照料中心消防设施配置情况

	灭火器、消防栓	消防喷淋系统	自动火灾报警	其他
无	0	11	8	2
有	27	15	18	2
缺失	1	2	2	24

表 3 - 214　普陀区日间照料中心智慧养老设施配置情况

	互联网络	物联网设施	智能检测系统设备	远程医疗设备
没有配置	4	13	8	8
配置	11	1	7	5
缺失	13	14	13	15

普陀区被调查日间照料中心中，9 家机构配备了应急电源设备，24 家机构配备了老人接送车辆，20 家机构配备了物品采购车辆。其中，18 家机构报告服务场所设置在建筑物的一层或底层，10 家机构报告设置在建筑物的二层及以上楼层，5 家机构均配置了电梯或无障碍设施。

在服务设施中，平均每家机构设置床位数为 11.79 张。老人休息室平均每家机构设置 2.74 间，单间容纳老人数平均值为 13.39 人。老人服务设施的其他信息如表 3 - 215 和表 3 - 216 所示。在被调查的 28 家日间照料中心中，仅有 3 家机构设置了护理站。

表 3 - 215　普陀区日间照料中心老人服务设施信息

	总床位数	护理床位数	老人休息室数	单间容纳老人数
平均	11.79	7.74	2.74	13.39
标准差	25.53	12.17	5.58	7.04
观测数	19	10	23	18

表 3 – 216　普陀区日间照料中心老人用房的规格设置

单位：厘米

	房门净宽度	室内走道净宽度
平均	360.87	245.23
标准差	989.98	395.64
观测数	23	22

（3）服务设施辨识度

在普陀区被调查的 28 家日间照料中心中，有 14 家机构对其外观建筑做过色调处理以增加机构的辨识度；21 家服务机构的外观具有醒目的标识；20 家服务机构具有独立的出入口。

（二）普陀区日间照料中心人员配置情况

（1）护理员

普陀区被调查机构中的 23 家报告了护理员数量，共计 68 人，平均每家机构护理员 2.96 人。从护理员的年龄构成上看，76.47% 的护理员年龄在 51 岁及以上，各年龄段分布如表 3 – 217 所示。从护理员的学历构成看，以初中及以下居多，占比 75.00%，其他学历构成如表 3 – 218 所示。

表 3 – 217　护理员年龄构成

单位：%

	20 岁及以下	21 ~ 30 岁	31 ~ 40 岁	41 ~ 50 岁	51 岁及以上
占比	1.64	1.47	2.94	19.12	76.47

表 3 – 218　护理员学历构成

单位：%

	初中及以下	高中/中职	大专/高职	本科及以上
占比	75.00	25.00	0	0

（2）医生与护士

在被调查的日间照料中心中，仅有 6 家机构配备了 8 名医生，全部为兼职医生。从医生的职称结构看，6 人为主治医师及以下，副主任医师 2 人。从医生的学历结构看，6 人为专科学历，2 人为本科学历。

在护士配备上，仅有 7 家机构报告配备了 9 名护士。从年龄构成上看，31～40 岁 2 人，41～50 岁 3 人，51 岁及以上 4 人。从学历构成看，高中/中职学历 5 人，大专/高职学历 4 人。

（3）其他技术人员

在康复师的配置上，6 家机构报告配备了 6 名康复师。从年龄结构看，31～40 岁 2 名，41～50 岁 4 名。从学历结构看，高中/中职学历 2 人，大专/高职学历 4 人。

在营养师的配置上，6 家机构报告配备了 6 名营养师。从营养师的年龄结构看，21～30 岁 1 人，41～50 岁 3 人，51 岁及以上 2 人。从学历结构看，高中/中职学历 3 人，大专/高职学历 3 人。

（4）管理人员及其他

在管理人员配置上，共计 25 家机构报告配备了 52 名管理人员，平均每个机构配备 2.08 名管理人员。从管理人员的学历结构看，高中/中职学历 11 人，大专/高职学历 28 人，本科及以上学历 13 人。从年龄结构看，21～30 岁 1 人，31～40 岁 9 人，41～50 岁 27 人，51 岁及以上 15 人。

在被调查的 28 家日间照料中心中，27 家机构报告了员工总人数，共计 229 人，平均每家机构员工数为 8.48 人。近一年内，员工离职人数共计为 43 人。截至调查时间点，在服务志愿者平均每家机构 19.32 人，在服务义工平均每家机构 3.94 人，如表 3-219 所示。其中，志愿者提供服务主要有各类慰问康乐服务、健康讲座与健康检查、生活便民服务以及陪聊沟通等；义工提供的服务相对集中，主要为卫生清洁、老人照看与生活服务等。

表 3-219　普陀区日间照料中心工作人员统计数据

	员工总人数	最近一年内离职人数	目前在服务志愿者人数	目前在服务义工人数
平均	8.48	1.87	19.32	3.94
标准差	7.32	5.07	29.56	11.97
观测数	27	23	25	17

（三）普陀区日间照料中心管理制度情况

普陀区日间照料中心内，各项管理制度设置均比较全面，如图 3-233

所示。其中，老年人服务档案是各个服务机构比较关注的管理制度，除老人基本信息登记外，还有服务申请信息、老人当日状况记录信息、每日出入登记信息等，均是各个机构重点登记的信息，如图3－234所示。

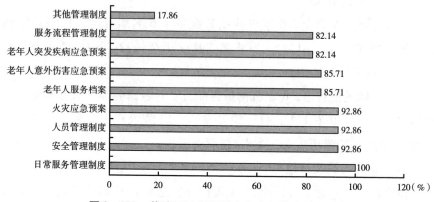

图3－233　普陀区日间照料中心内部管理制度设置

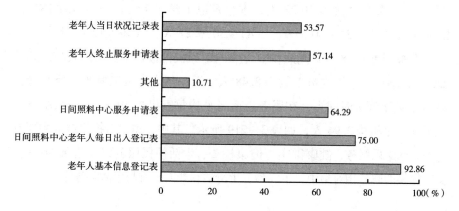

图3－234　普陀区日间照料中心老人服务档案记录的主要信息

（四）普陀区日间照料中心服务水平情况

普陀区日间照料中心，在被调查时过去的一周内，每家每天服务老人数的平均值为21.77人，其中，半失能老人数为每家机构每天平均为2.94人，全失能老人每家机构每天平均为0.67人。每家机构每天服务的老人中，正常老人平均值为14.42人，各失能等级对应的人数如表3－220所示。从被服务老人住家与日间照料中心之间的最远距离看，平均值为3.12公里。

表 3 - 220 普陀区日间照料中心平均每天服务老人数

	每天服务老人数			按失能等级区分				
	总人数	半失能老人数	全失能老人数	正常老人	1 级	2 级	3 级	4 级及以上
平均	21.77	2.94	0.67	14.42	2.33	2.67	2.57	2.50
标准差	14.25	3.86	2.09	10.25	4.08	3.33	3.05	2.74
观测数	26	17	15	12	6	6	7	6

在被调查的 28 家机构中，21.43% 的服务机构提供就餐服务；提供最多的娱乐服务是读书阅览，占比 89.29% 的机构提供此类服务，手工制作、棋牌、健身也是主要提供的娱乐服务（见图 3 - 235）；89.29% 的被调查机构提供午间休息服务；53.57% 的机构提供协助如厕服务；在生活照料服务中，测血压、量体温是最常见的服务，如图 3 - 236 所示；在饮食服务中，39.29% 的机构提供送餐上门服务；在提供的各类健康教育咨询服务中，最多的是保健养生、常见疾病预防、安全教育和老年营养指导，详见图 3 - 237；在提供的心理慰藉服务中，沟通与情绪疏导是最常见的两种服务，见图 3 - 238；在保健康复服务中，按摩服务是提供最多的服务，28.57% 的机构均提供按摩服务，详见图 3 - 239；在 3 家设立护理站的机构中，护理站主要提供基础护理、健康宣教、社区康复指导和消毒隔离技术指导。

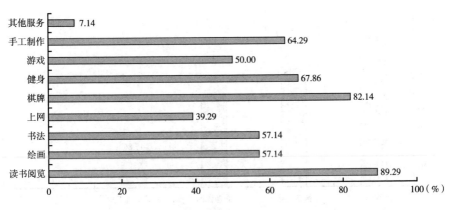

图 3 - 235 普陀区日间照料中心提供的文化娱乐服务

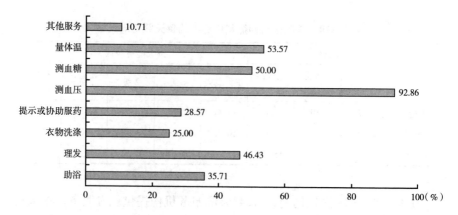

图3－236　普陀区日间照料中心提供的生活照料服务

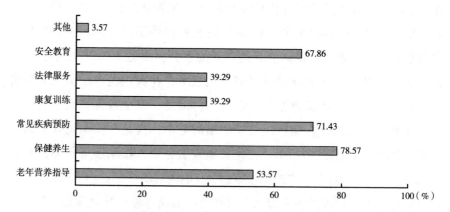

图3－237　普陀区日间照料中心提供的健康教育咨询服务

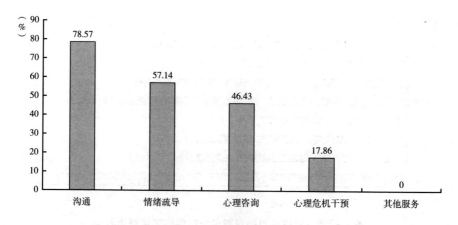

图3－238　普陀区日间照料中心提供的心理慰藉服务

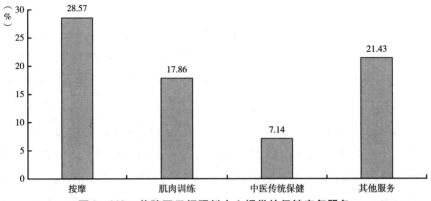

图 3 - 239　普陀区日间照料中心提供的保健康复服务

在普陀区日间照料中心中，有 11 家机构报告了本机构服务项目有社会组织承接服务项目情况，服务的主要内容为为老服务站运营，公益为老服务、为老服务、运营管理等。在机构服务特色方面，8 家机构报告认为自身有特色服务提供。在服务收费方面，收费主要包括日托费、用餐费两个类别。

（五）普陀区日间照料中心其他情况

在被调查的日间照料机构中，有 10 家机构汇报了是否获得政府补贴的情况，共计获得各类政府补贴 489.00 万元，平均每家机构 48.90 万元。在各类补贴的总额中，包含开办补贴 130.00 万元，年度补贴 179.00 万元。从补贴费用内容看，39.29% 的受补贴机构用于购买服务，17.86% 的受补贴机构用于水电煤。在经营业绩方面，仅有 5 家机构能够并愿意提供经营数据。自开业以来，平均每家服务机构获得经营收入 13.40 万元，但是经营成本支出平均每家达到 47.25 万元，反映了日间照料中心目前的

表 3 - 221　普陀区日间照料中心接收政府财政补贴统计

单位：万元

	政府财政补贴			自开业以来获得经营收入	自开业以来支付各类成本费用
	补贴总额	包含开办补贴	包含年度补贴		
平均	48.90	16.25	19.89	13.40	47.25
标准差	56.94	35.43	11.44	26.23	9.22
求和	489.00	130.00	179.00	67.00	189.00
观测数	10	8	9	5	4

经营困境。

影响老人选择使用日间照料机构服务的因素有多种，调查对象报告显示，地理位置和适宜环境是影响最大的因素，44.00%的被调查机构认为这两个因素最为重要（见图3－240）。78.57%的被调查机构认为，到本机构来的老人数量还是比较多的，但也有17.86%的被调查机构认为，到本机构来的老人数量不多。89.26%的被调查机构认为，他们在经营中能够留住老人在本机构使用服务，但仅有53.57%的被调查机构认为他们能从服务的老人那里收到相关项目的服务费。此外，10.71%的被调查机构能够做到多元化赢利。被调查对象反馈，出现上述经营中无法有效赢利的主要原因，一是机构属于非营利机构，很多机构不收取服务费，不能赢利；二是，老人群体对收费价格比较敏感，收费太高，老人会拒绝服务。

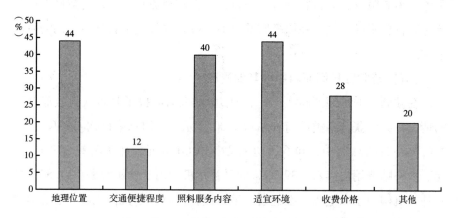

图3－240　影响普陀区日间照料中心入住率的主要因素

被调查服务机构中，有14家服务机构是连锁经营的日间照护机构。在政府支持帮助建议上，被调查机构主要提出如下建议：第一，希望政府给予更多的经济、设备支持，多方面获得政府的服务支援，为老人提供多元化的服务，提高日间照料机构的人气。第二，增加养老中心的老人补贴，提高从业人员的待遇，增加对从业人员的专业照护技能培训。第三，多安排老年人保健养生活动，丰富活动内容，安排老师上门指导保健操、跳舞等。

二　普陀区长者照护之家发展现状

普陀区长者照护之家调查共获得有效样本 13 家，从服务机构类型看，13 家全为非营利性机构；从服务机构地理区位看，内环线以内 2 家，内环线以外、中环线以内 9 家，中环线以外、外环线以内 2 家；从机构开始运营时间来看，被调查的长者照护之家均在 2016 年及之后开始运营，各年份运营机构数量如图 3 – 241 所示。

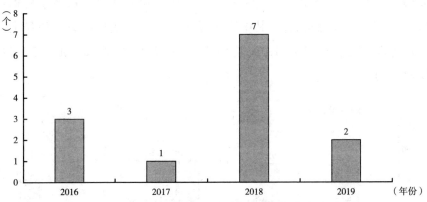

图 3 – 241　普陀区长者照护之家开始运营数量的时间分布

（一）普陀区长者照护之家硬件设置情况

（1）设施面积与功能区域设置

在长者照护之家机构设施面积上，调查结果显示，单个机构建筑总面积平均值为 1336.10 平方米，老年人居室总（使用）面积平均值为每家 219.67 平方米；床均建筑面积为 7.00 平方米，居室内单床的使用面积平均值为 7.98 平方米（见表 3 – 222）。

表 3 – 222　普陀区长者照护之家各项面积统计

单位：平方米

	总建筑面积	老年人居室总（使用）面积	床均建筑面积	居室单床使用面积
平均	1336.10	219.67	7.00	7.98
标准差	2393.32	284.52	6.06	6.33
观测数	10	9	9	8

　　在被调查的长者照护之家中，11 家机构设置了独立的出入口。从机构用房性质看，其中 8 家机构的用房属于居住类用房，其余为非居住类用房或其他类型用房。从机构的周边环境看，机构周边 300 米范围内，有公共绿化或花园的有 10 家，有室外公共活动场所的有 10 家。

　　从机构内基本生活辅助用房的配置情况看，各类型辅助用房配置的比例均比较高，其中，公用浴室比例最高，达到 100%，如图 3 – 242 所示。总体看，在单个机构内，公共卫生间设置数量最多，平均值为 3.89 间，餐厅、公用浴室、厨房操作间和污物处理间平均每家机构设置为 1～2 间。从面积看，其中厨房操作间是每家机构配置面积最大的生活辅助用房，单家机构的平均面积达到 29.13 平方米，如表 3 – 223 所示。

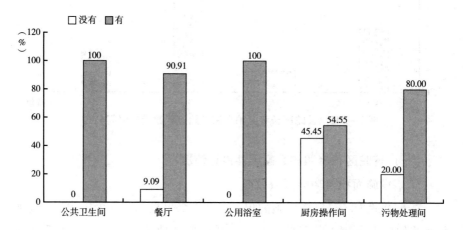

图 3 – 242　普陀区长者照护之家基本生活辅助用房配置情况

表 3 – 223　普陀区长者照护之家基本生活辅助用房配置数量及面积

单位：间，平方米

	公共卫生间		餐厅		公用浴室		厨房操作间		污物处理间	
	房间数	共计面积	房间数	共计面积	房间数	共计面积	房间数	共计面积	房间数	共计面积
平均	3.89	27.33	1.17	25.00	2.00	22.33	1.00	29.13	1.00	14.40
标准差	4.48	23.16	1.21	5.77	1.41	13.72	0	13.14	0	10.53
观测数	9	6	6	4	8	6	4	4	7	5

在医疗保健用房配置上，医务室/卫生室的配置比例最高，所调查的机构无一家设有中医保健室，如图 3 - 243 所示。在公共活动用房配置方面，多功能厅是配置比例最高的公共活动用房，有 53.85% 的机构设置了多功能厅。此外，棋牌室、电影/电视室和阅览室也是配置比例较高的活动用房，见图 3 - 244 所示。

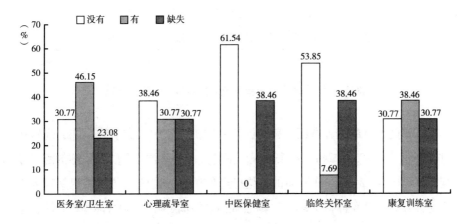

图 3 - 243　普陀区长者照护之家医疗保健用房配置情况

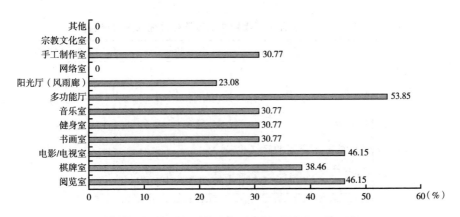

图 3 - 244　普陀区长者照护之家公共活动用房配置情况

（2）服务设备配置

在服务设备配置上，普陀区长者照护之家中功能轮椅配置比例最高，84.62% 的机构配备此类设备，其次是健身器材和多功能护理床等，如图 3 - 245 所示。

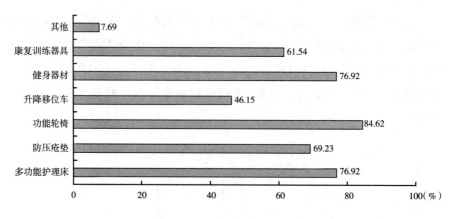

图 3-245　普陀区长者照护之家服务设备配置情况

在消防设施的配置方面，普陀区长者照护之家中各类消防设施的配置相对较全面（见表 3-224）。在安全设施配置方面，各类安全防护设施的配置较全面（见图 3-246），30.77% 的机构已经使用老人定位设备。在智慧养老设施配置方面，已经各有 3 家和 5 家机构配置了物联网设施和智能检测系统设备（如表 3-225）。在 13 家机构中，有 7 家机构配置了应急电源设备。

表 3-224　普陀区长者照护之家消防设施配置情况

	灭火器、消防栓	消防喷淋系统	自动火灾报警
无	0	1	1
有	12	11	12

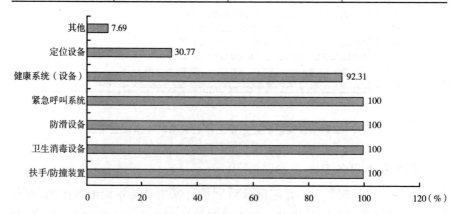

图 3-246　普陀区长者照护之家各类安全设施配置情况

表 3 – 225 普陀区长者照护之家智慧养老设施配置情况

	互联网络	物联网设施	智能检测系统设备	远程医疗设备
没有配置	2	2	4	4
配置	7	3	5	2
缺失	4	8	4	7

从机构设置床位数看，普陀区长者照护之家平均每家机构设置床位数为 29.92 张，其中，护理床位数平均值为 19.09 张（如表 3 – 226）。在 13 家机构中，有 6 家机构报告配置了认知症照护床位，共计 99 张认知症照护床位。此外，有 6 家机构设有医务室/卫生室，8 家机构设有社区卫生服务中心延伸医务室/站；有 2 家机构设有护理站。

表 3 – 226 普陀区长者照护之家床位配置情况

	床位数	其中护理床位数
平均	29.92	19.09
标准差	14.59	12.96
观测数	13	11

（二）普陀区长者照护之家人员配置情况

（1）护理员

普陀区被调查 13 家长者照护之家机构内护理员总数为 61 人，平均每家机构护理员为 4.69 人。护理员主要来自安徽、江苏、山东等地。从护理员的年龄结构看，以 40 岁以上年龄群为主，其中，41～50 岁占比 42.63%，51 岁及以上占比 54.10%，如表 3 – 227 所示。从护理员的学历构成看，以初中及以下学历为主，占比 73.77%，如表 3 – 228 所示。

表 3 – 227 护理员年龄构成

单位：%

	21～30 岁	31～40 岁	41～50 岁	51 岁及以上
占比	0	3.27	42.63	54.10

表 3 - 228   护理员学历构成

单位：%

	初中及以下	高中/中职	大专/高职	本科及以上
占比	73.77	26.23	0	0

（2）医生与护士

在13家长者照护之家机构中，仅有3家机构报告配备了5名医生，均是主治医师及以下职称。从医生的学历结构看，3人为专科学历，2人为本科学历。9家机构报告配置了11名护士。从护士的年龄结构看，21~30岁2人，31~40岁3人，51岁及以上6人。从护士的学历结构看，高中/中职学历9人，大专/高职学历2人。

（3）其他技术人员

在被调查机构中，有5家机构报告配备了6名康复师，均为接受康复技能专业培训人员。康复师的年龄分布为21~30岁1人，31~40岁5人。从学历结构看，高中/中职4人，大专/高职学历2人。

在营养师配置上，有7家机构报告配备了7名营养师。营养师中21~30岁1人，31~40岁2人，51岁及以上4人。营养师的学历分布为，大专/高职学历5人，本科及以上学历2人。

（4）管理人员及其他

在管理人员配置上，其中11家机构报告共计配置了17名管理人员，平均每家机构配备1.55名管理人员。从管理人员的学历结构看，高中/中职学历2人，大专/高职学历11人，本科及以上学历4人。从年龄结构看，21~30岁1人，31~40岁5人，41~50岁7人，51岁及以上4人。

13家被调查机构报告了员工总人数，共计94人，平均每家机构员工数为7.23人。近一年内，员工离职人数共计为7人。截至调查时间点，在服务志愿者及义工人数如表3-229所示。其中，志愿者提供服务主要有各类娱乐服务等；义工提供的服务主要为陪聊沟通等。此外，被调查机构中，仅有2家设立了护理站，共计配置了2名执业注册护士。

表 3 -229　普陀区长者照护之家服务机构工作人员统计数据

	员工总人数	最近一年内离职 人数	目前在服务志愿者 人数	目前在服务义工 人数
平均	7.23	0.88	7.09	0.50
标准差	4.68	0.99	11.78	0.76
观测数	13	8	11	8

（三）普陀区长者照护之家管理制度情况

从普陀区被调查长者之间的各项管理制度设置看，各机构均设置了各类管理制度，且设置的比例均比较高，如图 3 - 247 所示。在老年人服务档案制度中，重点规范各类老年人服务档案的建设，各类老年人服务档案包含的主要信息情况如图 3 - 248 所示。

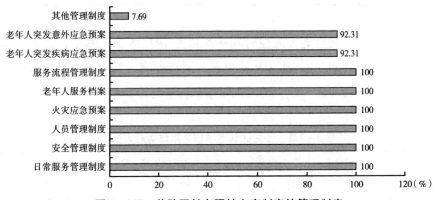

图 3 - 247　普陀区长者照护之家制定的管理制度

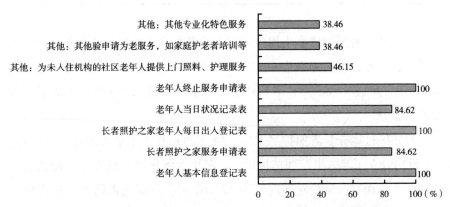

图 3 - 248　普陀区长者照护之家老年人服务档案包含的主要信息

（四）普陀区长者照护之家服务水平情况

普陀区长者照护之家，在被调查时过去的一周内，每家每天服务老人数的平均值为28人，其中，半失能老人数为每家机构每天平均为9.18人，全失能老人每家机构每天平均为4.82人。每家机构每天服务的老人中，正常老人平均值为6.14人，各失能等级对应的人数如表3-230所示。

表3-230　普陀区长者照护之家平均每天服务人数

	每天服务老人数			按失能等级区分			
	总人数	半失能老人数	全失能老人数	正常老人	1级	2级	3级	4级及以上
平均	28.00	9.18	4.82	6.14	3.75	4.86	13.25	11.00
标准差	13.98	5.86	5.21	5.90	3.59	3.02	6.50	8.79
观测数	13	11	11	7	4	7	4	9

平均而言，每位老人入住时间平均值为142.78天；其中，老人转出本机构后，需要继续护理、康复的老人累计而言，每家机构平均29.29人。收住等级为4级及以上的老人每家机构平均为17.50人。

表3-231　普陀区长者照护之家服务老人情况

	每位老人入住时间（天）	出机构后需继续护理人数	收住4级及以上老人
平均	142.78	29.29	17.50
标准差	134.35	53.69	20.30
观测数	9	7	8

普陀区长者照护之家中提供的基本服务最多的两种是住宿服务和个人生活照料服务，占比分别为100%和92.31%，其次是日间护理服务和日间生活照料服务，如图3-249所示。10家长者照护之家均提供助餐服务和助浴服务。

普陀区被调查长者照护之家中，14家机构设立了老人入住筛选标准，9家机构设立了老人出院评估标准。8家长者照护之家报告了床位的轮转时间，平均而言，床位轮转时间为225.63天。所调查机构经营过程中无老人"霸床"现象。

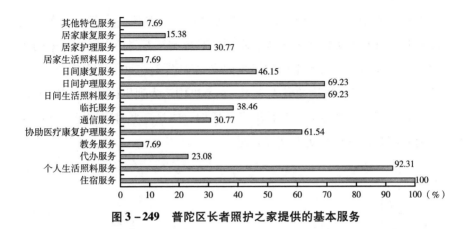

图 3 - 249　普陀区长者照护之家提供的基本服务

长者照护之家中，白天平均每家机构有 3~4 名养老护理员在岗，晚上有 2~3 名养老护理员在岗。在被调查的机构中，有 2 家机构拥有承接本机构服务项目的社会组织，承接的服务项目主要有娱乐表演、照护等。在被调查的长者照护之家中，仅有 7 家机构报告提供特色服务项目。

（五）普陀区长者照护之家其他情况

在被调查长者照护之家中，有 7 家机构提供了政府财政补贴情况。平均而言，每家机构获得政府补贴 40.00 万元，7 家机构共计获得 280.00 万元补贴，其中开办费补贴总额为 163.00 万元。补贴内容在购买服务费、水电煤免费、以奖代补三种形式上的比例相当。仅有 7 家机构提供了经营收入与成本开支数据，统计结果显示，自开业以来平均每家长者照护之家获得的经营收入为 128.31 万元，但是支付各类成本平均每家 134.19 万元，如表 3 - 232 所示。这反映了长者照护之家目前的经营现状，多数机构靠获取政府财政补贴来维持运营。

表 3 - 232　普陀区长者照护之家接收政府财政补贴统计

单位：万元

	政府财政补贴			自开业以来获得经营收入	自开业以来支付各类成本费用
	补贴总额	包含开办补贴	包含年度补贴		
平均	40.00	32.60	17.00	128.31	134.19
标准差	49.20	40.97	21.75	139.56	182.65
求和	280.00	163.00	85.00	898.20	939.30
观测数	7	5	5	7	7

在被调查的 13 家机构中，3 家机构明确表示在长期经营中，本机构不能赢利；仅有 1 家机构表示能够赢利。对影响长者照护之家入住率的主要因素，地理位置是最为重要的影响因素（如图 3 – 250）。13 家机构中，5 家机构明确反馈到机构的老人不多，4 家机构认为到机构的老人比较多。入住老人不多的主要原因，一是地理位置偏；二是开办时间较短，社区居民知道的不多；三是交通不是很方便。

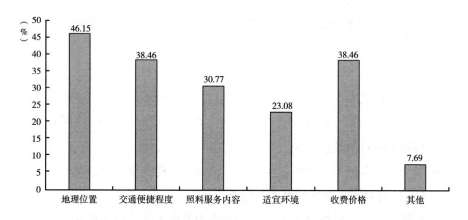

图 3 – 250　影响普陀区长者照护之家入住率的主要因素

被调查机构对政府提供支持帮助长者照护之家运营的建议，主要为：一是要有好的服务环境，提高护理员专业性；二是当前护工工资不高，需增加护工补贴；三是需要资金补贴、政策扶持、更多的设施设备。

三　普陀区综合为老服务中心发展现状

普陀区综合为老服务中心调查共获得有效样本 11 家，从服务机构类型看，11 家被调查机构均为非营利性机构；从服务机构地理区位看，内环线以内 3 家，内环线以外、中环线以内 6 家，中环线以外、外环线以内 2 家；从机构开始运营时间来看，11 家被调查机构均在 2016 年及之后开始运营，各年份运营机构数量如图 3 – 251 所示。

（一）普陀区综合为老服务中心硬件设施情况

（1）设施与功能区域

普陀区被调查综合为老服务中心，平均每家机构的建筑面积为

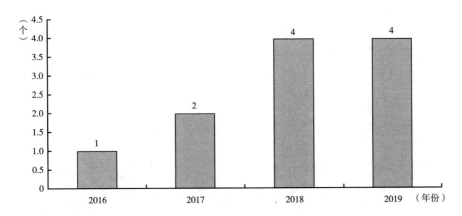

图 3 – 251　普陀区综合为老服务中心成立运营时间分布

941.91 平方米，最大的机构达到 2134.00 平方米。其中，老年人居室总
（使用）面积平均为每家机构 418.30 平方米，如表 3 – 233 所示。

表 3 – 233　普陀区综合为老服务中心设施面积

单位：平方米

	总建筑面积	老年人居室总（使用）面积
平均	941.91	418.30
标准差	709.36	578.14
观测数	11	10

　　在被调查的 11 家机构中，有 11 家机构设有独立的机构出入口。
从机构用房性质看，有 2 家机构的用房属于居住类房屋，9 家机构的
用房属于非居住类或其他房屋。被调查机构中，有 9 家机构周边 300
米范围内有公共绿化或花园，9 家机构周边 300 米范围内有室外公共
活动场所。

　　在各类基本生活辅助用房配置上，公共卫生间和餐厅是配置比例
较高的生活辅助用房，80% 以上的被调查机构均有配置，如图 3 – 252
所示。其中，公共卫生间的数量是各类基本生活辅助用房中配置最多
的，平均每家机构的卫生间数量在 2 ~ 3 间，平均面积达到 27.00 平
方米。其余各类生活辅助用房的间数平均每家机构 1 间左右，如表
3 – 234 所示。

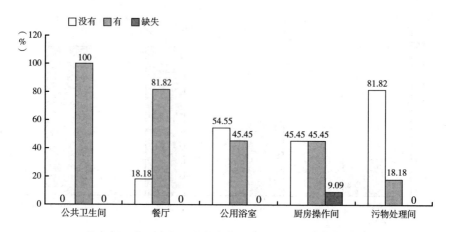

图 3 - 252 普陀区综合为老服务中心内基本生活辅助用房配置

表 3 - 234 普陀区综合为老服务中心基本生活辅助用房配置数量及面积

单位：间，平方米

	公共卫生间		餐厅		公用浴室		厨房操作间		污物处理间	
	房间数	共计面积	房间数	共计面积	房间数	共计面积	房间数	共计面积	房间数	共计面积
平均	2.67	27.00	1.14	89.00	1.25	16.67	0.80	46.67	0.67	15.00
标准差	1.50	20.93	0.38	119.50	0.50	11.55	0.45	47.26	0.58	
观测数	9	8	7	5	4	3	5	3	3	1

在医疗保健用房配置上，54.55%的被调查机构配置了康复训练室，63.64%的被调查机构配置了心理疏导室，是配置比例较高的两类医疗保健用房，如图 3 - 253 所示。其中，康复训练室的配置面积平均每家机构为 52.50 平方米，心理疏导室平均每家机构的面积为 29.00 平方米。

在各类公共活动用房配置上，阅览室和多功能厅是配置比例高的公共活动用房，配置比例分别为 90.91% 和 81.82%，此外，电影/电视室、手工制作室的配置比例也均在 60% 以上，如图 3 - 254 所示。

（2）服务设备配置

被调查综合为老服务中心配置的各类服务设备中，健身器材是配置比例最高的服务设备，超过 60.00% 的被调查机构配置了这类服务设备。各类服务设备的配置情况如图 3 - 255 所示。

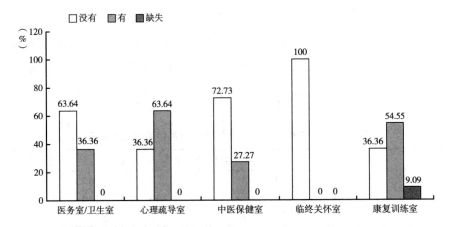

图 3 - 253 普陀区综合为老服务中心医疗保健用房配置情况

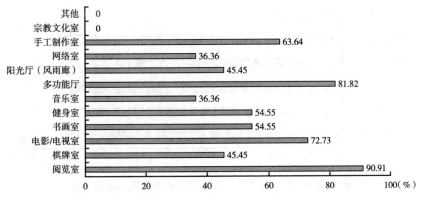

图 3 - 254 普陀区综合为老服务中心公共活动用房配置情况

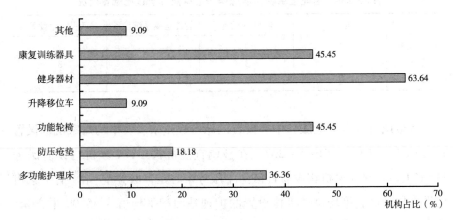

图 3 - 255 普陀区综合为老服务中心服务设备配置

在消防设施的配置上，被调查机构的各类消防设施配置比例均比较高，如表 3－235 所示。在综合为老服务中心内，各类安全保护装置的配置比例也比较高，如图 3－256 所示。在智慧养老设施的配置上，除互联网络外，其他各类智慧养老智能设备的配置比例并不高，如表 3－236 所示。

表 3－235　普陀区综合为老服务中心消防设施配置情况

	灭火器、消防栓	消防喷淋系统	自动火灾报警	其他
无	0	4	3	1
有	11	6	8	0
缺失	0	1	0	10

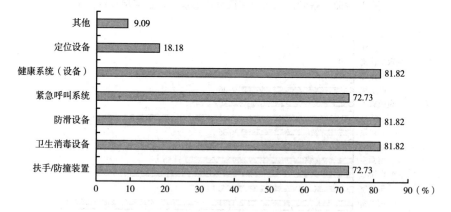

图 3－256　普陀区综合为老服务中心安全设备配置情况

表 3－236　普陀区综合为老服务中心智慧养老设施配置情况

	互联网络	物联网设施	智能检测系统设备	远程医疗设备
没有配置	1	6	6	5
配置	8	3	4	3
缺失	2	2	1	3

从被调查综合为老服务中心设置的床位数量来看，平均每家机构设置 3.80 张护理床位，如表 3－237。在被调查的机构中，4 家机构设有医务室/卫生室，有 3 家机构设有社区卫生服务中心延伸医务室/站。有 1 家机构设立护理站，平均每家机构设置的护理站面积平均值为 45.00 平方米。在内设护理站机构中，仅 1 家机构设有处置室。

表 3 - 237　普陀区综合为老服务中心设置床位数

	总床位数	护理床位数
平均	24.50	3.80
标准差	7.78	8.50
观测数	5	5

（二）普陀区综合为老服务中心人员配置情况

（1）护理员

被调查机构中，10 家机构报告配备了 76 名护理员，平均每家机构 7.60 名，主要来自外地。从护理员的年龄构成看，41 ~ 50 岁占比 23.69%，51 岁及以上占比 65.79%（如表 3 - 238）。从护理员的学历结构看，以初中及以下学历为主，占比 68.42%（如表 3 - 239）。

表 3 - 238　护理员年龄构成

单位：%

	21 ~ 30 岁	31 ~ 40 岁	41 ~ 50 岁	51 岁及以上
占比	2.63	7.89	23.69	65.79

表 3 - 239　护理员学历构成

单位：%

	初中及以下	高中/中职	大专/高职	本科及以上
占比	68.42	31.58	0	0

（2）医生和护士

被调查机构中，7 家机构报告配备了 8 名医生，医生的职称均为主治医师及以下，学历构成主要为专科。在护士人员配置上，有 4 家机构报告配备了 6 名护士，其中，21 ~ 30 岁 3 名，31 ~ 40 岁 2 名，51 岁及以上 1 名。护士学历构成上，高中/中职学历 5 名，大专/高职学历 1 名。

（3）其他技术人员

在被调查机构中，有 1 家机构报告配备了 1 名康复师。从康复师的年龄结构看，21 ~ 30 岁有 1 人；从康复师的学历结构看，高中/中职学历 1 人。

有 1 家机构报告配备了 1 名营养师。从营养师的年龄结构看，为 51 岁及以上；从营养师的学历结构看，为大专学历。

（4）管理人员及其他

在管理人员配置上，9 家被调查机构报告配备了 20 名管理人员，平均每家机构配备 2.22 名管理人员。从管理人员的学历结构看，高中/中职学历 6 人，大专/高职学历 9 人，本科及以上学历 5 人。从年龄结构看，21～30 岁 1 人，31～40 岁 4 人，41～50 岁 9 人，51 岁及以上 6 人。

被调查机构中平均每家机构员工数为 11.82 人。近一年内，员工离职人数共计为 5 人。截至调查时间点，在服务志愿者及义工情况如表 3 - 240 所示。在设置护理站的 1 家机构内，仅配置了 2 名执业注册护士。在被调查机构中，有 8 家机构配备了养老顾问，养老顾问主要来自本机构、社区综合服务中心、政府及医院，服务时间主要集中在工作日正常上班时间。

表 3 - 240　普陀区综合为老服务中心员工及志愿者/义工人数

	员工总人数	最近一年内离职人数	目前在服务志愿者人数	目前在服务义工人数
平均	11.82	0.83	8.00	2.00
标准差	10.14	1.17	12.20	4.00
观测数	11	6	8	6

（三）普陀区综合为老服务中心管理制度情况

从管理制度设置看，普陀区综合为老服务中心各项管理制度设置较为全面，如图 3 - 257 所示。在老年人服务档案中，基本信息、老人每日出入登记、当日状况记录等信息是记录比例最高的三类信息，如图 3 - 258 所示。

（四）普陀区综合为老服务中心服务水平情况

普陀区综合为老服务中心，在被调查时过去的一周内，平均每家机构每天服务老人数为 36.91 人，其中，半失能老人数为 9 人，全失能老人数为 7.50 人。从开业运营时间看，截至调查时间，平均运营时长为 33.09

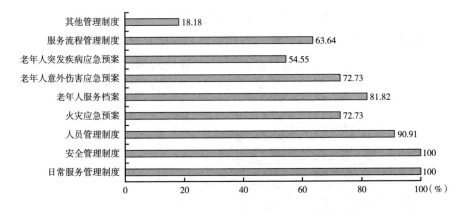

图 3 – 257　普陀区综合为老服务中心管理制度设置

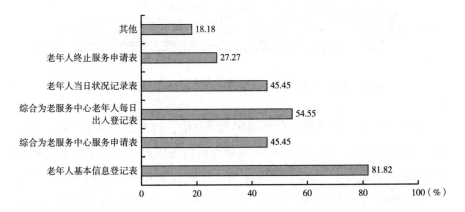

图 3 – 258　普陀区综合为老服务中心老年人服务档案记录的主要信息

个月，如表 3 – 241 所示。从被服务老人住家与综合为老服务中心地理距离看，最远距离平均值为 2.45 公里。

表 3 – 241　普陀区综合为老服务中心服务人数

	每天服务老人数			自机构运营以来运营时长（月）
	总人数	半失能老人数	全失能老人数	
平均	36.91	9.00	7.50	33.09
标准差	18.20	8.99	13.03	19.78
观测数	11	8	8	11

普陀区综合为老服务中心提供各类生活照料服务中，最多的是助餐和午间休息服务，63.64%的机构均提供助餐和午间休息服务。此外，送餐上门、理发、洗头、洗手等，也是提供比例较高的服务，如图3-259所示。

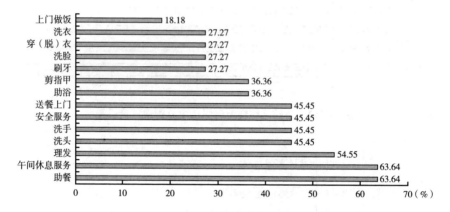

图3-259 普陀区综合为老服务中心提供的生活照料服务

综合为老服务中心提供的各类护理服务中，最多的是提示或协助服药和术后康复训练，均有36.36%的被调查机构提供此两类服务，各类护理服务提供的情况如图3-260所示。在1家设立护理站的机构中，主要提供基础护理、消毒隔离技术指导、营养指导、社区康复指导和健康宣教服务等。

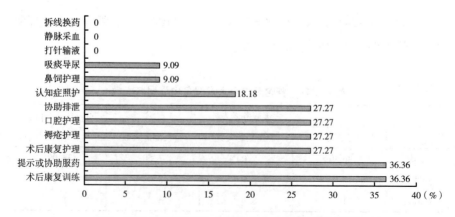

图3-260 普陀区综合为老服务中心提供的护理服务

在提供的医疗服务中，54.55% 的被调查机构提供日常健康管理服务（常见疾病预防，测量血压、血糖、体温等），其余各类服务如图 3 - 261 所示。

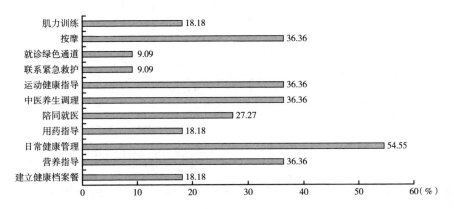

图 3 - 261　普陀区综合为老服务中心提供医疗服务情况

在提供的精神慰藉服务中，陪聊（言语沟通）、情绪疏导和心理健康教育占比是最高的，比例为 54.55%。如图 3 - 262 所示。

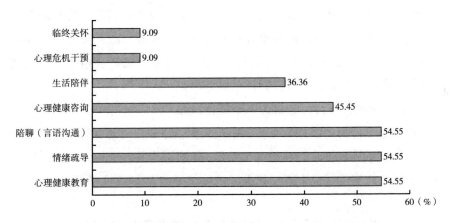

图 3 - 262　普陀区综合为老服务中心提供的精神慰藉服务

在提供的文化娱乐服务中，90.91% 的被调查机构提供参加兴趣小组、看书看报、书画学习等文化娱乐服务，其他各类服务提供情况如图 3 - 263 所示。

在被调查的综合为老服务中心中，有 5 家机构提供照料者服务技术指导，有 5 家机构提供养老辅具租赁服务，有 3 家机构提供喘息服务，还有

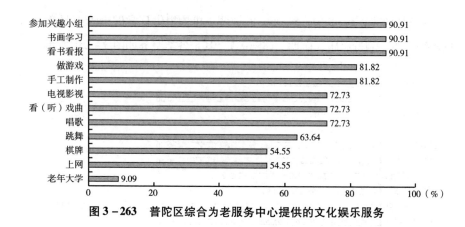

图 3 – 263　普陀区综合为老服务中心提供的文化娱乐服务

5 家机构为老人提供上门服务。在 5 家为老人提供上门服务的机构中，60.00% 的提供助餐助浴，60.00% 的提供护理服务，20.00% 的提供医疗服务。

在被调查机构中，有 5 家机构实现了"一网覆盖"信息管理，建成了本区域统一网络门户和数据库；有 3 家机构设有"一站式"办事窗口；2 家机构实施老人统一需求评估与审核；5 家机构实现综合体公共服务平台的枢纽作用；4 家机构能够整合各种综合为老服务资源，实现"一体化资源统筹"。此外，6 家机构有承接本机构服务项目的社会组织，最主要的是餐饮服务。5 家机构报告有特色服务项目。

（五）普陀区综合为老服务中心其他情况

被调查综合为老服务中心有 2 家机构提供了政府财政补贴情况。平均而言，每家机构获得政府补贴 7.5 万元，2 家机构共计获得 15 万元补贴。仅有 3 家机构提供了成本开支数据，统计结果如表 3 – 242 所示。

表 3 – 242　普陀区综合为老服务中心接收政府财政补贴统计

单位：万元

	政府财政补贴			自开业以来获得经营收入	自开业以来支付各类成本费用
	补贴总额	包含开办补贴	包含年度补贴		
平均	7.50	0.00	0.00	0.00	66.67
标准差	10.61	无	无	0.00	115.47
求和	15.00	0.00	0.00	0.00	200.00
观测数	2	1	1	2	3

在被调查综合为老服务中心中，有 5 家机构汇报了长期经营能否赢利的问题，4 家机构均认为不能够赢利。从影响综合为老服务中心入住率的因素看，地理位置和其他方面是最为重要的两项因素，如图 3 – 263 所示。在被调查的 10 家综合为老服务中心中，有 1 家机构是连锁经营机构。

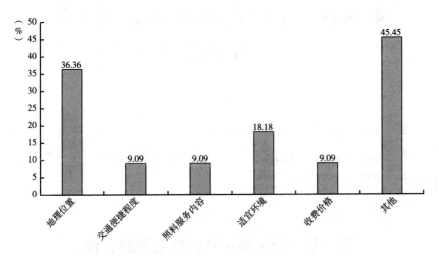

图 3 – 263　影响普陀区综合为老服务中心入住率的主要因素

（孙　林　郭　琪）

第四章 上海市 16 个区社区养老
发展现状（下）

本章主要分析了浦东新区、闵行区、宝山区、松江区、奉贤区、嘉定区、青浦区、金山区、崇明区 9 个区的社区养老发展现状，这 9 个区主要位于上海市的近郊及远郊。

第一节 浦东新区社区养老发展现状

一 浦东新区日间照料中心发展现状

浦东新区日间照料中心调查获得有效样本 72 家，从服务机构类型看，66 家为非营利性机构，2 家为营利性机构，4 家为其他类型；从服务机构地理区位看，内环线以内 14 家，内环线以外、中环线以内 17 家，中环线以外、外环线以内 15 家，外环线以外 26 家；从机构开始运营时间来看，62.5% 的日间照料中心于 2011 年及之后开始运营，各年份运营机构数量如图 4-1 所示。

（一）浦东新区日间照料中心硬件设施情况

（1）设施面积与功能区域设置

在日间照料中心设施面积上，调查结果显示，建筑总面积平均值为644.36 平方米，以 400 平方米的建筑面积居多，使用面积平均值为522.63 平方米，室外活动场地面积平均值为 438.39 平方米，室外绿地面积平均值为 267.38 平方米（见表 4-1）。

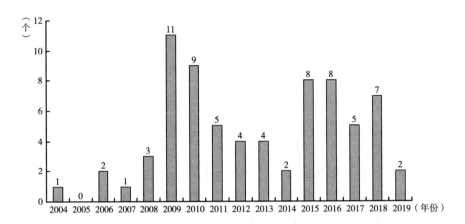

图 4-1 浦东新区日间照料中心开始运营数量的时间分布

表 4-1 浦东新区日间照料中心设施面积

单位：平方米

	总建筑面积	使用面积	室外活动场地面积	室外绿地面积
平均	644.36	522.63	438.39	267.38
标准差	502.20	381.49	645.89	432.70
观测数	70	59	38	39

在被调查的日间照料中心中，设置比例较高的基本服务区域为公共活动区域和生活服务区域，占比分别为 90.28% 和 86.11%，设置保健服务区域的比例为 73.61%（见表 4-2）。从各个服务区域面积来看，公共活动区域平均面积最大，为 165.20 平方米；生活服务区域平均面积为 133.24 平方米，详见表 4-3。73.61% 的机构设置了保健服务区域，37 家提供保健服务区域面积的被调查机构数据显示，保健服务区域的平均面积为 64.52 平方米。

表 4-2 浦东新区日间照料中心基本服务区域设置

	生活服务区域	公共活动区域	保健服务区域	服务保障区域
无	3(4.17%)	1(1.39%)	6(8.33%)	8(11.11%)
有	62(86.11%)	65(90.28%)	53(73.61%)	43(59.72%)
缺失	7(9.72%)	6(8.33%)	13(18.06%)	21(29.17%)

表4－3　浦东新区日间照料中心基本服务区域面积

单位：平方米

	生活服务区域面积	公共活动区域面积	保健服务区域面积	服务保障区域面积
平均	133.24	165.20	64.52	127.61
标准差	115.48	146.22	50.38	173.16
观测数	41	43	37	29

基本生活辅助用房配置中，公共卫生间、公用浴室及餐厅是配置比例较高的辅助用房，污物处理间的配置比例最低，为36.11%，如图4－2所示。对提供各类基本生活辅助用房面积的样本进行统计，结果显示，餐厅的平均面积最大，为68.05平方米；污物处理间的面积基本相近，平均面积为5.66平方米。各类生活辅助用房面积统计数据如表4－4所示。

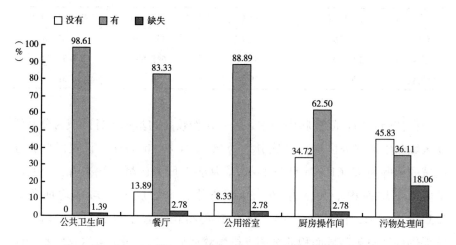

图4－2　浦东新区日间照料中心中生活辅助用房配置

表4－4　浦东新区日间照料中心生活辅助用房配置面积

单位：平方米

	公共卫生间面积	餐厅面积	公用浴室面积	厨房操作间面积	污物处理间面积
平均	27.26	68.05	16.08	20.91	5.66
标准差	24.34	44.14	8.74	23.19	3.12
观测数	45	37	42	32	17

在医疗保健用房配置上，浦东新区的日间照料中心中，康复训练室的配置率最高，达到 73.61%；其次为心理疏导室，配置率达到 50.00%。中医保健室和医务室/卫生室的配置比例较低，仅分别为 18.06% 和 22.22%（见图4-3）。对提供医疗保健用房面积的机构进行统计，结果显示，医务室/卫生室和康复训练室的配置面积较大，平均面积分别为 50.46 平方米和 40.97 平方米，其他数据如表4-5 所示。

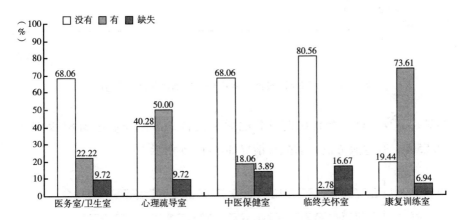

图4-3　浦东新区日间照料中心医疗保健用房配置

表4-5　浦东新区日间照料中心医疗保健用房面积

单位：平方米

	医务室/卫生室	心理疏导室	中医保健室	康复训练室
平均	50.46	17.63	26.00	40.97
标准差	90.24	10.09	18.97	36.51
观测数	10	20	7	31

在公共活动用房配置上，阅览室、多功能厅、电影/电视室是配置较多的公共活动用房，其他公共活动用房配置情况如图 4-4 所示。

此外，有 61 家被调查机构报告设置了办公用房，平均办公用房面积为 25.39 平方米；33 家被调查机构报告还设置了其他用房。

（2）服务设备配置

在服务设备配置方面，浦东新区被调查的日间照料中心中，康复训练

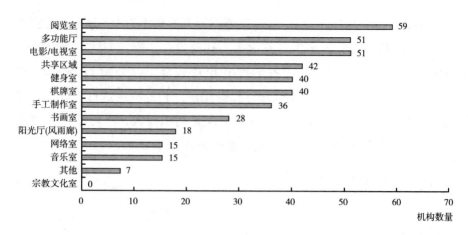

图4-4　浦东新区日间照料中心公共活动用房配置情况

器具、健身器材是配置比例较高的服务设备，占比分别达到81.94%和80.55%，其他服务设备的配置情况如图4-5所示。

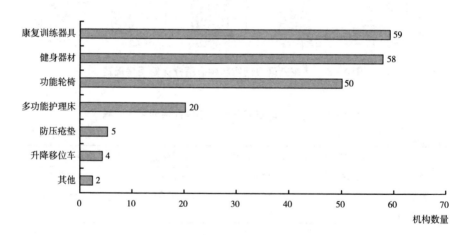

图4-5　浦东新区日间照料中心服务设备配置情况

在消防设施配置上，除1家机构外，其他服务机构均配置不同类型的消防设置，灭火器、消防栓是最为常见的设施，此外，也有60家机构配置了自动火灾报警系统。各类安全设施的配置，仅有50%左右的基本配置了相应设施，如图4-6所示。在智慧养老设施上，设施的配置比例不高，仅有51.38%的机构配置互联网络，智能检测系统设备等其他智慧养老设施的配置比例均比较低，如表4-7所示。

表 4 - 6　浦东新区日间照料中心消防设施配置情况

	灭火器、消防栓	消防喷淋系统	自动火灾报警	其他
无	1	20	7	4
有	71	44	60	4
缺失	0	8	5	64

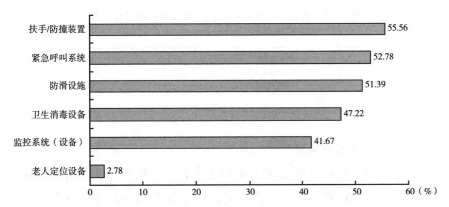

图 4 - 6　浦东新区日间照料中心安全设施配置情况

表 4 - 7　浦东新区日间照料中心智慧养老设施配置情况

	互联网络	物联网设施	智能检测系统设备	远程医疗设备
没有配置	8	17	13	23
配置	37	9	15	4
缺失	27	46	44	45

浦东新区被调查日间照料中心中，47 家机构配备了应急电源设备，11 家机构配备了老人接送车辆，5 家机构配备了物品采购车辆。41 家机构报告服务场所设置在建筑物的一层或底层，21 家机构报告设置在建筑物的二层及以上楼层，21 家机构均配置了电梯或无障碍设施。

在服务设施中，平均每家机构设置床位数为 27.24 张，少部分机构设置了护理床位。老人休息室平均每家机构设置 1.66 间，单间容纳老人数平均值为 19.13 人。老人服务设施的其他信息如表 4 - 8 和表 4 - 9 所示。在被调查的 72 家日间照料中心中，仅有 2 家机构设置了护理站。

表 4 - 8   浦东新区日间照料中心老人服务设施信息

	总床位数	护理床位数	老人休息室数	单间容纳老人数
平均	27.24	5.28	1.66	19.13
标准差	12.82	7.98	0.84	10.53
观测数	62	32	67	61

表 4 - 9   浦东新区日间照料中心老人用房的规格设置

单位：厘米

	房门净宽度	室内走道净宽度
平均	123.07	196.03
标准差	50.14	78.54
观测数	55	54

（3）服务设施辨识度

在浦东新区被调查的72家日间照料中心中，有30家机构对其外观建筑做过色调处理以增加机构的辨识度；53家服务机构的外观具有醒目的标识；55家服务机构具有独立的出入口。

（二）浦东新区日间照料中心人员配置情况

（1）护理员

浦东新区被调查机构中的70家报告了护理员数量，共计202人，平均每家机构护理员2.88人。护理员主要来自外地。从护理员的年龄构成上看，58.91%的护理员年龄在51岁及以上，各年龄段分布如表4 - 10所示。从护理员的学历构成看，以初中及以下居多，占比72.28%，其他学历构成如表4 - 11所示。

表 4 - 10   护理员年龄构成

单位：%

	21~30岁	31~40岁	41~50岁	51岁及以上
占比	0	1.49	39.60	58.91

表 4 - 11   护理员学历构成

单位：%

	初中及以下	高中/中职	大专/高职	本科及以上
占比	72.28	27.72	0	0

（2）医生与护士

在被调查的日间照料中心中，仅有 14 家机构报告配备了 21 名医生，其中兼职医生人数为 18 人。从医生的职称结构看，15 人为主治医师及以下，6 人为副主任医师、主任医师。从医生的学历结构看，12 人为专科学历，9 人为本科学历。

在护士配备上，仅有 13 家机构报告配置了 16 名护士。从年龄构成上看，21~30 岁的 1 人，31~40 岁的 2 人，41~50 岁的 4 人，51 岁及以上的 9 人。从学历构成看，14 人高中/中职学历，2 人大专/高职学历。

（3）其他技术人员

在康复师的配置上，25 家机构报告配置了 31 名康复师。从年龄结构看，21~30 岁的 3 人，31~40 岁的 7 人，41~50 岁的 16 人，51 岁及以上的 5 人。从学历结构看，24 人高中/中职学历，7 人大专/高职学历。

在营养师的配置上，共计 15 家机构报告配置了 15 名营养师。从营养师的年龄结构看，21~30 岁的 1 人，31~40 岁的 4 人，41~50 岁的 6 人，51 岁及以上的 4 人。从学历结构看，9 人为高中/中职学历，4 人为大专/高职学历，2 人为本科及以上学历。

（4）管理人员及其他

在管理人员配置上，共计 59 家机构报告配置了 101 名管理人员，平均每家机构配备 1.71 名管理人员。从管理人员的学历结构看，初中及以下学历 2 人，高中/中职学历 35 人，大专/高职学历 56 人，本科及以上学历 8 人。从年龄结构看，21~30 岁的 5 人，31~40 岁的 36 人，41~50 岁的 45 人，51 岁及以上的 15 人。

在被调查的 72 家日间照料中心中，67 家机构报告了员工总人数，共计 299 人，平均每家机构员工数为 4.46 人。近一年内，员工离职人数共计为 16 人。截至调查时间点，在服务志愿者平均每家 9.76 人，在服务义工平均每家 3.28 人，如表 4-12 所示。其中，志愿者提供服务主要有各类慰问康乐服务、健康讲座与健康检查、生活便民服务以及陪聊沟通等；义工提供的服务相对集中，主要为卫生清洁、老人照看与生活服务等。

表4-12　　浦东新区日间照料中心工作人员统计数据

	员工总人数	最近一年内离职人数	目前在服务志愿者人数	目前在服务义工人数
平均	4.46	0.28	9.76	3.28
标准差	2.65	0.67	16.38	6.92
观测数	67	57	62	29

（三）浦东新区日间照料中心管理制度情况

浦东新区日间照料中心内，各项管理制度设置均比较全面，如图4-7所示。其中，老年人服务档案是各个服务机构最为关注的管理制度，除老年人基本信息登记外，还有服务申请信息、老年人当日状况记录信息、每日出入登记信息等，均是各个机构重点登记的信息，如图4-8所示。

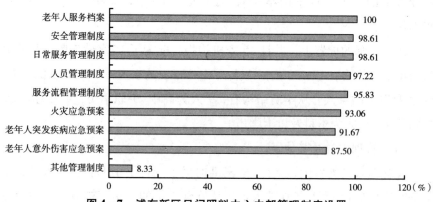

图4-7　浦东新区日间照料中心内部管理制度设置

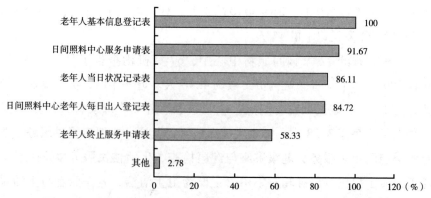

图4-8　浦东新区日间照料中心老年人服务档案中记录的主要信息

（四）浦东新区日间照料中心服务水平情况

浦东新区日间照料中心，在被调查时过去一周内，每家每天服务老人数的平均值为 17.18 人，其中，半失能老人数为每家机构每天平均 2.77 人，全失能老人每家机构每天平均为 0.51 人。每家机构每天服务的老人中，正常老人平均值为 7.11 人，各失能等级对应的人数如表 4 - 13 所示。从被服务老人住家与日间照料中心之间的最远距离看，平均值为 3.12 公里。

表 4 - 13　日间照料中心平均每天服务老人数

	每天服务老人数			按失能等级区分			
	总人数	半失能老人数	全失能老人数	正常老人	1 级	2 级	3 级	4 级及以上
平均	17.18	2.77	0.51	7.11	4.14	5.06	2.74	1.48
标准差	10.62	3.15	1.41	10.46	3.82	4.43	2.60	1.82
观测数	72	52	45	56	52	51	49	48

在被调查的 72 家机构中，91.66% 的服务机构提供就餐服务；提供最多的文化娱乐服务是读书阅览，97.22% 的机构提供此类服务，手工制作、游戏、棋牌、健身也是主要提供的文化娱乐服务（见图 4 - 9）；97.22% 的被调查机构提供午间休息服务；86.11% 的机构提供协助如厕服务；在生活照料服务中，测血压、理发是最常见的服务，如图 4 - 10 所示；在饮食服务中，50.00% 的机构提供送餐上门服务，仅有一家机构提供上门做饭服务；在提供的各类健康教育咨询服务中，较多的是安全教育、保健养生、康复训练和常见疾病预防，详见图 4 - 11；在提供的心理慰藉服务中，沟通与情绪疏导是最常见的两种服务，见图 4 - 12；在保健康复服务中，按摩是提供最多的服务，63.89% 的机构均提供按摩服务，其次为肌肉训练服务，详见图 4 - 13；在 2 家设立护理站的机构中，护理站主要提供基础护理、专科护理和消毒隔离技术指导。

在浦东新区日间照料中心中，有 28 家机构报告了本机构服务项目有社会组织承接服务项目情况，服务的主要内容为委托运营管理、老人

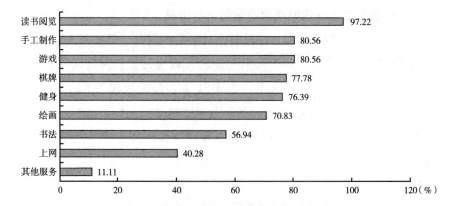

图 4 – 9　浦东新区日间照料中心提供的文化娱乐服务

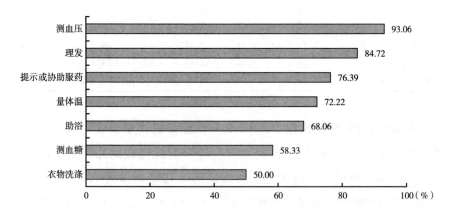

图 4 – 10　浦东新区日间照料中心提供的生活照料服务

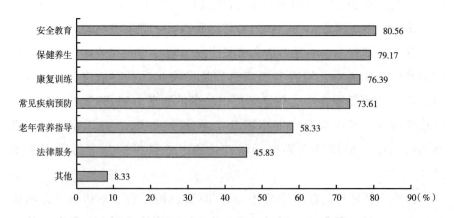

图 4 – 11　浦东新区日间照料中心提供的健康教育咨询服务

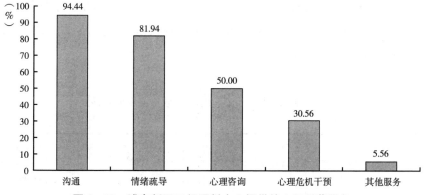

图 4－12　浦东新区日间照料中心提供的心理慰藉服务

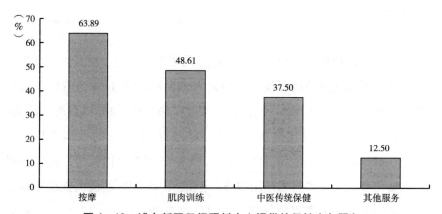

图 4－13　浦东新区日间照料中心提供的保健康复服务

日间照料、康复及认知训练等。在机构服务特色方面，26 家机构报告认为自身有特色服务提供。在服务收费方面，收费主要包括托管费、餐费两个类别。

（五）浦东新区日间照料中心其他情况

在被调查的日间照料中心中，有 29 家机构汇报了是否获得政府财政补贴的情况，共计获得各类政府财政补贴 1323.43 万元，平均每家机构 45.64 万元。在各类补贴的总额中，包含开办补贴 564.00 万元，年度补贴 616.38 万元。从补贴费用内容看，44.83% 的受补贴机构用于购买服务，27.59% 的受补贴机构用于水电煤，17.24% 的受补贴机构补贴内容为以奖代补，还有 10.34% 的受补贴机构用于其他项目。在经营业绩方面，仅有不足 20 家机构能够并愿意提供经营数据。自开业以来，平均每家服务机构获得经营收入 46.74 万元，但是经营成本支出平均每家达到 102.98 万元，反映了日间照料中心目前的经营困境。

表 4 – 14　浦东新区日间照料中心接收政府财政补贴统计

单位：万元

	政府财政补贴			自开业以来获得经营收入	自开业以来支付各类成本费用
	补贴总额	包含开办补贴	包含年度补贴		
平均	45.64	33.18	24.66	46.74	102.98
标准差	58.59	37.17	32.41	71.96	129.31
求和	1323.43	564.00	616.38	844.39	1750.58
观测数	29	17	25	18	17

影响老人选择使用日间照料中心服务的因素有多种，调查对象报告显示，地理位置和交通便捷程度是影响最大的因素，61.11% 的被调查机构均认为这两个因素最为重要（见图 4 – 14）。56.94% 的被调查机构认为，到本机构来的老人数量还是比较多的，但也有 41.66% 的被调查机构认为，到本机构来的老人数量不多。84.72% 的被调查机构认为，他们在经营中能够留住老人在本机构使用服务，但仅有 50.00% 的被调查机构认为他们能从服务的老人那里收到相关项目的服务费。此外，13.88% 的被调查机构能够做到多元化赢利。被调查对象反馈，出现上述经营中无法有效赢利的主要原因，一是机构属于非营利机构，很多机构不收取服务费，不能赢利；二是老人群体对收费价格比较敏感，收费变动影响老人服务使用选择。

被调查服务机构中，有 22 家服务机构是连锁经营的日间照料中心。在政府支持帮助建议上，被调查机构主要提出如下建议。第一，希望更多机构能够享受政府补贴，实现各类资源的共享对接，提高日间照料中心的人气。例如，日间照料中心与养老院对接、开通医院直通车方便老人就医、基层社区帮助机构宣传等。第二，对日间照料中心从业人员，提高其待遇，增加对从业人员的专业照护技能培训。第三，便利老人享受服务，提供便利交通工具或者交通补贴等。

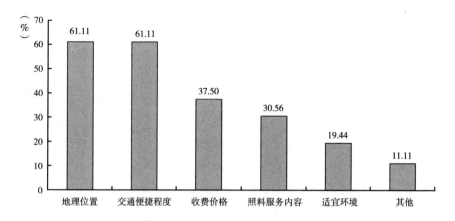

图 4-14　影响浦东新区日间照料中心入住率的主要因素

二　浦东新区长者照护之家发展现状

浦东新区长者照护之家调查有效样本 16 家，从服务机构类型看，13 家为非营利性机构，2 家为营利性机构，1 家为其他类型；从服务机构地理区位看，内环线以内 3 家，内环线以外、中环线以内 4 家，中环线以外、外环线以内 4 家，外环线以外 5 家；从机构开始运营时间来看，被调查的长者照护之家均在 2015 年及之后开始运营，各年份运营机构数量如图 4-15 所示。

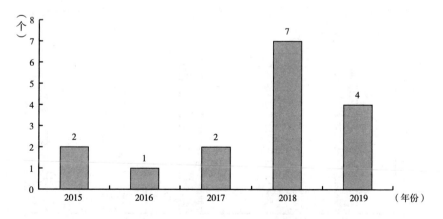

图 4-15　浦东新区长者照护之家开始运营数量的时间分布

（一）浦东新区长者照护之家硬件设置情况

（1）设施面积与功能区域设置

在长者照护之家机构设施面积上，调查结果显示，单个机构建筑总面积平均值为 1756.49 平方米，老年人居室总（使用）面积平均值为每家 527.45 平方米；床均建筑面积为 22.48 平方米，居室内单床的使用面积平均值为 6.11 平方米（见表 4 – 15）。

表 4 – 15　浦东新区长者照护之家各项面积统计

单位：平方米

	总建筑面积	老年人居室总 （使用）面积	床均建筑面积	居室单床使用面积
平均	1756.49	527.45	22.48	6.11
标准差	3042.99	301.07	23.96	3.30
观测数	16	11	10	9

在被调查的长者照护之家中，有 9 家机构设置了独立的出入口。从机构用房性质看，其中 6 家机构的用房属于居住类用房，其余为非居住类用房或其他类型用房。从机构的周边环境看，机构周边 300 米范围内，有公共绿化或花园的有 13 家，有室外公共活动场所的有 12 家。

从机构内基本生活辅助用房的配置情况看，各类型辅助用房配置的比例均比较高，其中，公用浴室比例最高，达到 93.75%，如图 4 – 16 所示。

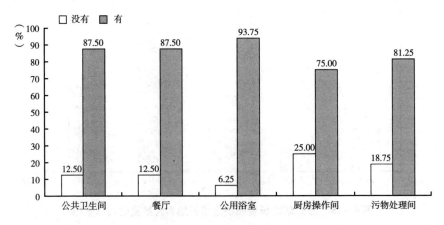

图 4 – 16　浦东新区长者照护之家基本生活辅助用房配置情况

总体看，在单个机构内，公共卫生间设置数量最多，平均值为 5.67 间。从面积看，其中餐厅是每家机构配置面积最大的生活辅助用房，单家机构的平均面积达到 79.09 平方米，如表 4 – 16 所示。

表 4 – 16　浦东新区长者照护之家基本生活辅助用房配置数量及面积

单位：间，平方米

	公共卫生间		餐厅		公用浴室		厨房操作间		污物处理间	
	房间数	共计面积	房间数	共计面积	房间数	共计面积	房间数	共计面积	房间数	共计面积
平均	5.67	37.45	1.21	79.09	3.38	35.50	1.64	44.11	1.71	9.52
标准差	7.22	38.88	0.43	49.08	7.14	40.80	4.21	30.90	1.59	5.62
观测数	15	11	14	11	16	12	11	9	14	10

在医疗保健用房配置上，康复训练室的配置比例最高，达到 50.00%，中医保健室的配置比例很低，仅 12.5% 的机构设有中医保健室，如图 4 – 17 所示。在公共活动用房配置方面，电影/电视室是配置比例最高的公共活动用房，有 75.00% 的机构设置了电影/电视室。此外，手工制作室、多功能厅、书画室和阅览室也是配置比例较高的活动用房，如图 4 – 18 所示。

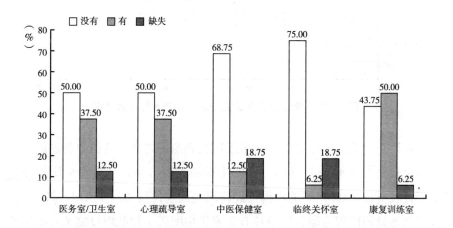

图 4 – 17　浦东新区长者照护之家医疗保健用房配置情况

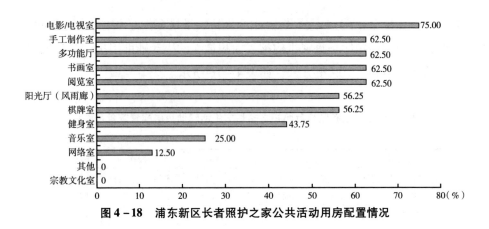

图 4 - 18　浦东新区长者照护之家公共活动用房配置情况

（2）服务设备配置

在服务设备配置上，浦东新区长者照护之家中康复训练器具配置比例最高，75% 的机构配备此类设备，其次是功能轮椅和多功能护理床等，如图 4 - 19 所示。

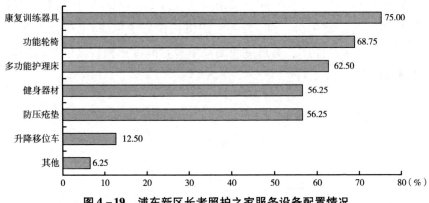

图 4 - 19　浦东新区长者照护之家服务设备配置情况

在消防设施的配置方面，浦东新区长者照护之家中各类消防设施的配置相对较全面（见表 4 - 17）。在安全设施配置方面，各类安全防护设置的配置较全面，18.75% 的机构已经使用老人定位设备（见图 4 - 20）。在智慧养老设施配置方面，已经各有 2 家机构配置了物联网设施和智能检测系统设备（见表 4 - 18）。在 16 家机构中，有 10 家机构配置了应急电源设备。

表 4 – 17　浦东新区长者照护之家消防设施配置情况

	灭火器、消防栓	消防喷淋系统	自动火灾报警
无	0	3	0
有	16	13	16

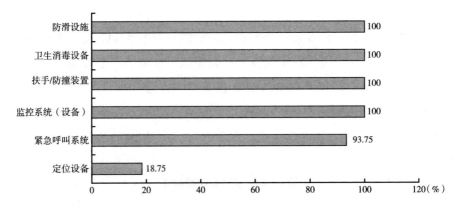

图 4 – 20　浦东新区长者照护之家各类安全设施配置情况

表 4 – 18　浦东新区长者照护之家智慧养老设施配置情况

	互联网络	物联网设施	智能检测系统设备	远程医疗设备
没有配置	3	8	9	11
配置	9	2	2	0
缺失	4	6	5	5

从机构设置床位数看，浦东新区长者照护之家平均每家机构设置床位数为 34.47 张，其中，护理床位数平均值为 26.00 张（见表 4 – 19）。在 16 家机构中，有 7 家机构报告配置了认知症照护床位，共计 158 张认知症照护床位。此外，有 1 家机构设有医务室/卫生室，2 家机构设有社区卫生

表 4 – 19　浦东新区长者照护之家床位配置情况

	床位数	其中护理床位数
平均	34.47	26.00
标准差	13.66	20.69
观测数	15	13

服务中心延伸医务室/站；有 2 家机构设有护理站，护理站的面积在 40 ~ 70 平方米，其中诊室面积约为 20 平方米，治疗室约为 15 平方米，处置室为 10 平方米。

（二）浦东新区长者照护之家人员配置情况

（1）护理员

浦东新区被调查 16 家长者照护之家护理员总数为 117 人，平均每家机构护理员为 7.31 人。护理员主要来自安徽、江苏、河南等地。从护理员的年龄结构看，以 40 岁以上年龄群为主，其中，41 ~ 50 岁占比 25.64%，51 岁及以上占比 59.83%，如表 4 - 20 所示。从护理员的学历构成看，以初中及以下学历为主，占比 76.92%，如表 4 - 21 所示。

表 4 - 20　护理员年龄构成

单位：%

	21 ~ 30 岁	31 ~ 40 岁	41 ~ 50 岁	51 岁及以上
占比	3.42	11.11	25.64	59.83

表 4 - 21　护理员学历构成

单位：%

	初中及以下	高中/中职	大专/高职	本科及以上
占比	76.92	23.08	0	0

（2）医生与护士

有 4 家机构报告配备了 4 名医生，其中，2 名主治医师及以下职称、1 名副主任医师、1 名主任医师。从医生的学历结构看，3 人专科学历，1 人本科学历。

9 家机构报告配置了 12 名护士。从护士的年龄结构看，21 ~ 30 岁的 1 人，31 ~ 40 岁的 2 人，41 ~ 50 岁的 3 人，51 岁及以上的 6 人。从护士的学历结构看，高中/中职学历 10 人，大专/高职学历 2 人。

（3）其他技术人员

有 5 家机构报告配置了 5 名康复师，均为接受康复技能专业培训人员。康复师的年龄分布为 21 ~ 30 岁 3 人，31 ~ 40 岁 1 人，51 岁及以上 1

人。从学历结构看，高中/中职学历 2 人，大专/高职学历 2 人，本科及以上学历 1 人。

有 6 家机构报告配置了 6 名营养师，营养师中 31～40 岁 5 人，41～50 岁 1 人。营养师的学历分布为：高中/中职学历 3 人，大专/高职学历 2 人，本科及以上学历 1 人。

（4）管理人员及其他

在管理人员配置上，其中 15 家机构报告共计配置了 35 名管理人员，平均每个机构配备 2.33 名管理人员。从管理人员的学历结构看，高中/中职学历 5 人，大专/高职学历 18 人，本科及以上学历 12 人。从年龄结构看，21～30 岁 4 人，31～40 岁 8 人，41～50 岁 15 人，51 岁及以上 8 人。

16 家被调查机构报告了员工总人数，平均每家机构员工数为 11.38 人。近一年内，平均每家机构离职 1.13 人。截至调查时间点，在服务志愿者及义工人数如表 4－22 所示。其中，志愿者提供的服务主要有各类慰问康乐服务以及陪聊沟通等；义工提供的服务主要为卫生清洁、生活服务等。此外，被调查机构中，仅有 2 家设立了护理站，共计配置了 9 名执业注册护士。

表 4－22　浦东新区长者照护之家工作人员统计数据

	员工总人数	最近一年内离职人数	目前在服务志愿者人数	目前在服务义工人数
平均	11.38	1.13	12.79	2.91
标准差	6.99	1.13	13.00	4.01
观测数	16	15	14	11

（三）浦东新区长者照护之家管理制度情况

从浦东新区被调查长者照护之家的各项管理制度设置看，各机构均设置了各类管理制度，且设置的比例均比较高，如图 4－21 所示。在老年人服务档案制度中，重点规范各类老年人服务档案的建设，各类老年人服务档案包含的主要信息情况如图 4－22 所示。

（四）浦东新区长者照护之家服务水平情况

浦东新区长者照护之家在被调查时间点过去的一周内，每家每天服务老人数的平均值为 19.13 人，其中，半失能老人数为每家机构每天平均

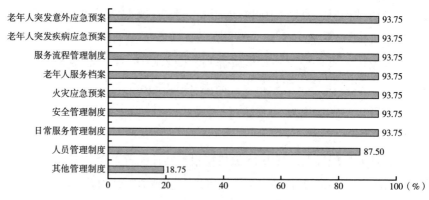

图 4-21　浦东新区长者照护之家管理制度情况

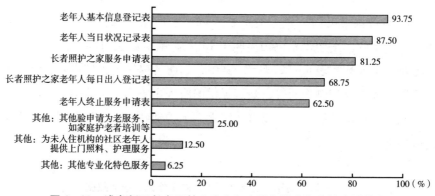

图 4-22　浦东新区长者照护之家老年人服务档案包含的主要信息

5.93 人，全失能老人每家机构每天平均为 8.93 人。每家机构每天服务的老人中，正常老人平均值为 3.00 人，各失能等级对应的人数如表 4-23 所示。从被服务老人住家与长者照护之家之间的最远距离看，平均值为 11.75 公里。

表 4-23　浦东新区长者照护之家平均每天服务人数

	每天服务老人数			按失能等级区分				
	总人数	半失能老人数	全失能老人数	正常老人	1级	2级	3级	4级及以上
平均	19.13	5.93	8.93	3.00	0.80	4.71	2.29	9.29
标准差	11.00	8.44	12.93	3.61	0.45	4.19	0.95	6.90
观测数	16	14	14	3	5	7	7	14

平均而言，每位老人入住时间平均值为 158.89 天；其中，老人转出本机构后，需要继续护理、康复的老人累计而言，每家机构平均 6.14 人。收住等级为 4 级及以上的老人每家机构平均为 32.50 人。

表 4-24　浦东新区长者照护之家服务老人情况

	每位老人入住时间(天)	出机构后需继续护理人数	收住 4 级及以上老人
平均	158.89	6.14	32.50
标准差	124.1.26	8.28	28.74
观测数	9	7	10

浦东新区长者照护之家中提供的基本服务最多的两种是住宿服务和个人生活照料服务，占比分别为 93.75% 和 87.50%，其次是日间护理服务和日间生活照料服务，如图 4-23 所示。16 家长者照护之家均提供助餐服务和助浴服务。

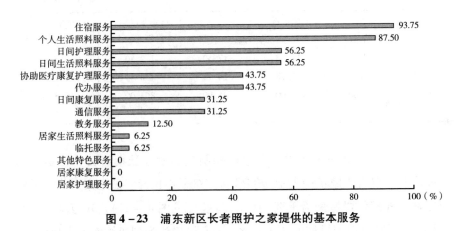

图 4-23　浦东新区长者照护之家提供的基本服务

浦东新区被调查长者照护之家中，14 家机构设立了老人入住筛选标准，8 家机构设立了老人出院评估标准。10 家长者照护之家报告了床位的轮转时间，平均而言，床位轮转时间为 171.5 天。有 2 家机构报告经营过程中有老人"霸床"现象，1 家机构曾有 12 位老人有过"霸床"现象，平均"霸床"时间为 30 天。

长者照护之家中，白天平均每家机构有 4~5 名养老护理员在岗，晚上有 2~3 名养老护理员在岗。在被调查的机构中，有 4 家机构拥有承接本机构服务项目的社会组织，承接的服务项目主要有委托运营管理、照护服务等。在被调查的长者照护之家中，仅有 1 家机构报告提供特色服务项目。

（五）浦东新区长者照护之家其他情况

在被调查长者照护之家中，有 6 家机构提供了政府财政补贴情况。平均而言，每家机构获得政府财政补贴 60.83 万元，6 家机构共计获得 365.00 万元补贴，其中开办费补贴总额为 107.00 万元。补贴内容在购买服务、水电煤、以奖代补三种形式上的比例相当。仅有 5 家机构提供了经营收入与成本开支数据，统计结果显示，自开业以来平均每家长者照护之家获得的经营收入为 172.80 万元，但是支付各类成本平均每家 215.00 万元，如表 4-25 所示。这反映了长者照护之家目前的经营现状，多数机构靠获取政府财政补贴来维持运营。

表 4-25　浦东新区长者照护之家接收政府财政补贴统计

单位：万元

	政府财政补贴			自开业以来获得经营收入	自开业以来支付各类成本费用
	补贴总额	包含开办补贴	包含年度补贴		
平均	60.83	17.83	17.50	172.80	215.00
标准差	83.10	13.18	24.75	135.44	153.38
求和	365.00	107.00	35.00	864.00	1075.00
观测数	6	6	2	5	5

在被调查的 16 家机构中，7 家机构明确表示在长期经营中，本机构不能赢利；仅有 2 家机构表示能够赢利。对影响长者照护之家入住率的主要因素，地理位置是最为重要的影响因素（见图 4-24）。16 家机构中，8 家机构明确反馈到机构的老人不多，5 家机构认为到机构的老人比较多。入住老人不多的主要原因，一是地理交通位置不佳；二是开办时间较短，知晓度不够；三是长者照护之家的床位轮转时间限制，老人不满意。

被调查机构对政府提供支持帮助长者照护之家运营的建议，主要为：一是帮助机构在社区宣传推广，让更多的老人了解和接受机构；二是对机构的工作人员工资待遇改善给予支持。在被调查机构中有 3 家机构是连锁化经营，他们认为连锁化经营能够实现资源互通共享，利于与社区紧密结合；同时，运营成本高也是制约机构生存的重要因素。

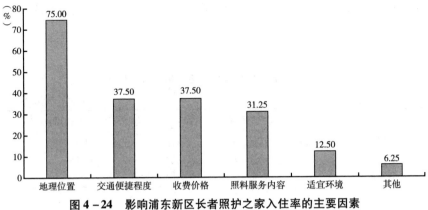

图 4 - 24 影响浦东新区长者照护之家入住率的主要因素

三 浦东新区综合为老服务中心发展现状

浦东新区综合为老服务中心调查共获得有效样本 30 家，从服务机构类型看，30 家被调查机构均为非营利性机构；从服务机构地理区位看，内环线以内 3 家，内环线以外、中环线以内 4 家，中环线以外、外环线以内 5 家，外环线以外 18 家；从机构开始运营时间来看，除 1 家综合为老服务中心在 2009 年成立并运营外，其余机构均在 2012 年及之后开始运营，各年份运营机构数量如图 4 - 25 所示。

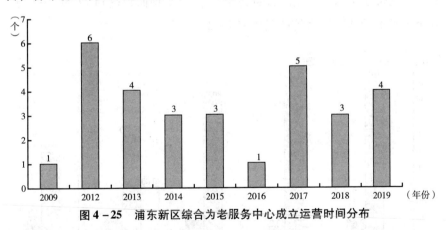

图 4 - 25 浦东新区综合为老服务中心成立运营时间分布

（一）浦东新区综合为老服务中心硬件设施情况

（1）设施面积与功能区域设置

浦东新区被调查综合为老服务中心，平均每家机构的建筑面积为

2244.30 平方米，老年人居室总（使用）面积平均为每家机构 689.94 平方米，如表 4 - 26 所示。

表 4 - 26　浦东新区综合为老服务中心设施面积

单位：平方米

	总建筑面积	老年人居室总（使用）面积
平均	2244.30	689.94
标准差	1890.29	459.15
观测数	30	17

在被调查的 30 家机构中，有 26 家机构设有独立的出入口。从机构用房性质看，有 6 家机构的用房属于居住类房屋，24 家机构的用房属于非居住类或其他房屋。被调查机构中，有 25 家机构周边 300 米范围内有公共绿化或花园，24 家机构周边 300 米范围内有室外公共活动场所。

在各类基本生活辅助用房配置上，公共卫生间、餐厅、公用浴室是配置比例较高的生活辅助用房，80% 以上的被调查机构均有配置，如图 4 - 26 所示。其中，公共卫生间的数量是各类基本生活辅助用房中配置最多的，平均每家机构的卫生间数量为 4.58 间，平均面积达到 77.58 平方米。其余各类生活辅助用房的情况如表 4 - 27 所示。

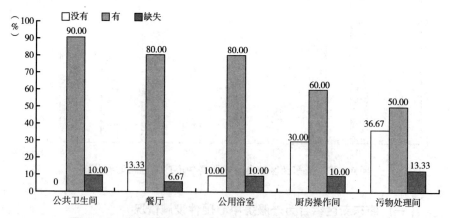

图 4 - 26　浦东新区综合为老服务中心基本生活辅助用房配置

表 4 – 27　浦东新区综合为老服务中心基本生活辅助用房配置数量及面积

单位：间，平方米

	公共卫生间		餐厅		公用浴室		厨房操作间		污物处理间	
	房间数	共计面积	房间数	共计面积	房间数	共计面积	房间数	共计面积	房间数	共计面积
平均	4.58	77.58	1.14	117.52	1.65	23.48	1.40	48.39	1.08	7.50
标准差	3.53	98.24	0.48	81.53	1.57	16.25	1.12	44.16	0.67	4.04
观测数	24	20	21	16	20	18	15	12	12	8

在医疗保健用房配置上，63.33% 的被调查机构配置了康复训练室，56.67% 的被调查机构配置了心理疏导室，是配置比例较高的两类医疗保健用房，如图 4 – 27 所示。其中，康复训练室的配置面积平均每家机构为 69.97 平方米，心理疏导室平均每家机构的面积为 20.22 平方米。

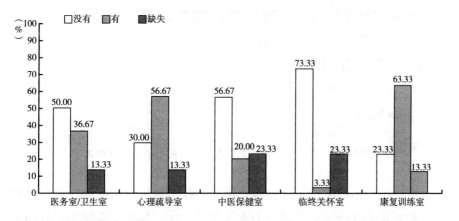

图 4 – 27　浦东新区综合为老服务中心医疗保健用房配置情况

在各类公共活动用房配置上，阅览室和多功能厅是配置比例高的公共活动用房，配置比例分别为 86.67% 和 83.33%，此外，电影/电视室、手工制作室和健身室的配置比例也均在 70% 以上，如图 4 – 28 所示。

（2）服务设备配置

被调查综合为老服务中心配置的各类服务设备中，健身器材和康复训练器具是配置比例高的服务设备，超过 60.00% 的被调查机构配置了这两类服务设备。各类服务设备的配置情况如图 4 – 29 所示。

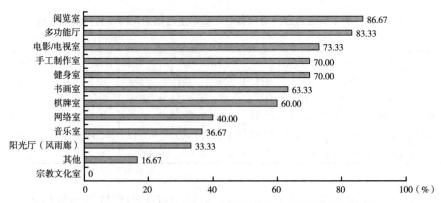

图 4 – 28　浦东新区综合为老服务中心公共活动用房配置情况

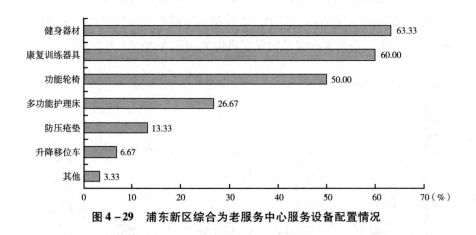

图 4 – 29　浦东新区综合为老服务中心服务设备配置情况

在消防设施的配置上，被调查机构的各类消防设施配置比例均比较高，如表4 – 28所示。在综合为老服务中心内，各类安全保护装置的配置比例也比较高，如图4 – 30所示。在智慧养老设施的配置上，除互联网络外，其他各类智慧养老智能设备的配置比例并不高，如表4 – 29所示。

表 4 – 28　浦东新区综合为老服务中心的消防设施配置情况

	灭火器、消防栓	消防喷淋系统	自动火灾报警	其他
无	0	5	2	1
有	28	22	26	1
缺失	2	3	2	28

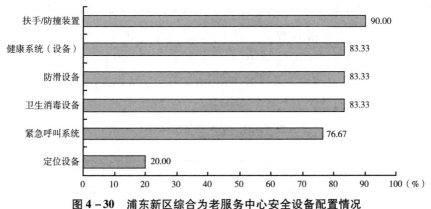

图 4－30 浦东新区综合为老服务中心安全设备配置情况

表 4－29 浦东新区综合为老服务中心智慧养老设施配置情况

	互联网络	物联网设施	智能检测系统设备	远程医疗设备
没有配置	2	4	5	7
配置	14	3	3	0
缺失	14	23	22	23

从被调查综合为老服务中心设置的床位数量来看，平均每家机构设置31.00张床位，平均每家机构设置5.93张护理床位，如表4－30所示。在被调查的机构中，有2家机构设有医务室/卫生室，有8家机构设有社区卫生服务中心延伸医务室/站。有3家机构设立护理站，平均每家机构设置的护理站面积平均值为38.00平方米。在内设护理站机构中，3家机构均设有治疗室和处置室，1家机构设有诊室。

表 4－30 浦东新区综合为老服务中心设置床位数

	总床位数	护理床位数
平均	31.00	5.93
标准差	13.17	13.05
观测数	17	14

（二）浦东新区综合为老服务中心人员配置情况

（1）护理员

在被调查机构中，25家机构报告了护理员配备的人数，共计71人，平均每家机构配备了 2.84 名护理员，其中来自本地的护理员人数达到 40 名。从护理员的年龄构成看，31~40 岁占比 7.04%，41~50 岁占比 30.99%，51 岁及以上占比 61.97%（见表 4-31）。从护理员的学历结构看，以初中及以下学历为主，占比 67.61%（见表 4-32）。

表 4-31 护理员年龄构成

单位：%

	21~30 岁	31~40 岁	41~50 岁	51 岁及以上
占比	0	7.04	30.99	61.97

表 4-32 护理员学历构成

单位：%

	初中及以下	高中/中职	大专/高职	本科及以上
占比	67.61	32.39	0	0

（2）医生和护士

在被调查机构中，仅有 4 家机构报告配置了 9 名医生，医生的职称均为副主任医师及以下，专科学历 6 人，本科学历 3 人。

在护士人员配置上，仅有 7 家机构报告配备了 10 名护士，护士年龄构成上，21~30 岁 2 名，31~40 岁 4 名，41~50 岁 2 名，51 岁及以上 2 名。护士学历构成上，高中/中职学历 2 名，大专/高职学历 8 名。

（3）其他技术人员

在被调查机构中，有 8 家机构报告配有康复师，每家机构配置了 1 人。从康复师的年龄结构看，21~30 岁 3 名，31~40 岁 2 名，41~50 岁 2 名，51 岁及以上 1 名。从康复师的学历结构看，高中/中职学历 3 名，大专/高职学历 5 名。

仅有 5 家机构报告配置了 5 名营养师。从营养师的年龄结构看，21~30 岁 1 名，31~40 岁 2 名，41~50 岁 2 名。从营养师的学历结构看，高中/中职学历 1 名，大专/高职学历 4 名。

（4）管理人员及其他

在管理人员配置上，27 家被调查机构报告了人数配置情况，共计有 93 名管理人员，平均每个机构配备 3.44 名管理人员。从管理人员的学历结构看，初中及以下学历 4 人，高中/中职学历 15 人，大专/高职学历 44 人，本科及以上学历 30 人。从年龄结构看，21~30 岁的 9 人，31~40 岁的 28 人，41~50 岁的 36 人，51 岁及以上的 20 人。

被调查机构中，平均每家机构员工数为 11.20 人，平均每家机构最近一年内离职 0.82 人。截至调查时间点，在服务志愿者及义工人数如表 4-33 所示。在设置护理站的 3 家机构内，配置了 6 名执业注册护士。在被调查机构中，有 19 家机构配备了养老顾问，养老顾问主要来自本机构、社区综合服务中心及志愿者，服务时间主要集中在工作日正常上班时间。

表 4-33 浦东新区综合为老服务中心员工及志愿者/义工人数

	员工总人数	最近一年内离职人数	目前在服务志愿者人数	目前在服务义工人数
平均	11.20	0.82	13.00	3.62
标准差	8.19	1.14	10.72	4.57
观测数	30	22	22	13

（三）浦东新区综合为老服务中心管理制度情况

从管理制度设置看，浦东新区综合为老服务中心内各项管理制度设置较为全面，如图 4-31 所示。在老年人服务档案中，基本信息、老年人每日出入登记、当日状况记录等信息是记录比例高的三类信息，如图 4-32 所示。

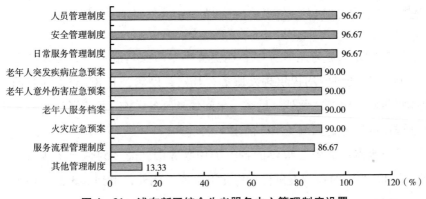

图 4-31 浦东新区综合为老服务中心管理制度设置

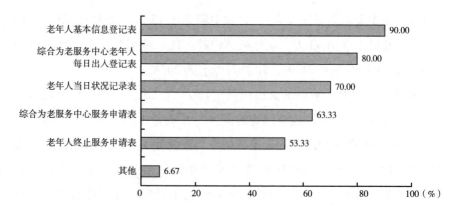

图 4 - 32　浦东新区综合为老服务中心老年人服务档案记录的主要信息

（四）浦东新区综合为老服务中心服务水平情况

浦东新区综合为老服务中心，在被调查时过去的一周内，平均每家机构每天服务老人数为 26.30 人，其中，半失能老人数为 5.38 人，全失能老人数为 2.32 人。从开业运营时间看，截至调查时间，平均运营时长为 47.11 个月，如表 4 - 34 所示。从被服务老人住家与综合为老服务中心地理距离看，最远距离平均值为 6.07 公里。

表 4 - 34　浦东新区综合为老服务中心服务人数

	每天服务老人数			自机构运营以来运营时长(月)
	总人数	半失能老人数	全失能老人数	
平均	26.30	5.38	2.32	47.11
标准差	11.74	6.18	5.55	30.03
观测数	27	21	19	27

浦东新区综合为老服务中心提供各类生活照料服务中，最多的是理发，93.33% 的机构均提供理发服务；其次是助餐，有 83.33% 的被调查机构提供此项服务。此外，助浴、午间休息服务、安全服务等，也是提供比例较高的服务，如图 4 - 33 所示。

综合为老服务中心提供的各类护理服务中，最多的是提示或协助服药，有 40.00% 的被调查机构提供此类服务。此外，不到 1/3 的机构提供认知症照护、协助排泄、口腔护理等，各类护理服务提供的情况如图 4 -

34 所示。在 3 家设立护理站的机构中，主要提供基础护理、消毒隔离技术指导、营养指导、社区康复指导和健康宣教服务。

在提供的医疗服务中，63.33% 的被调查机构提供日常健康管理服务（常见疾病预防，测量血压、血糖、体温等）；40.00% 的被调查机构提供联系紧急救护、建立健康档案等；其余各类服务如图 4-35 所示。

在提供的精神慰藉服务中，60.00% 的被调查机构提供陪聊（言语沟通），此外，情绪疏导、心理健康咨询和心理健康教育也是提供较多的精神慰藉服务，如图 4-36 所示。

在提供的文化娱乐服务中，超过 73.33% 的被调查机构提供手工制作、电视影视、看（听）戏曲、唱歌等文化娱乐服务，其他各类服务提供情况如图 4-37 所示。

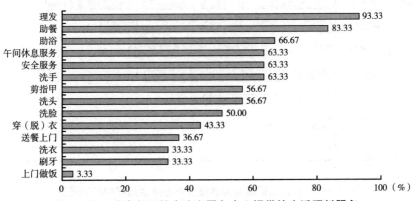

图 4-33　浦东新区综合为老服务中心提供的生活照料服务

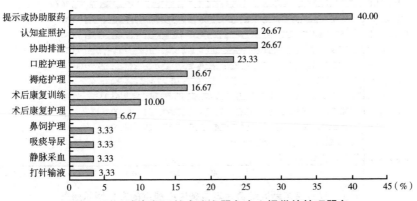

图 4-34　浦东新区综合为老服务中心提供的护理服务

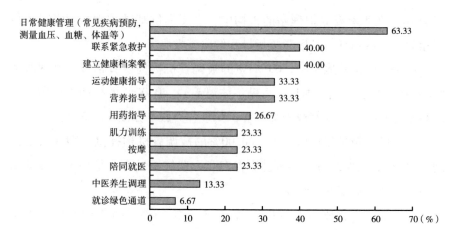

图4-35　浦东新区综合为老服务中心提供的医疗服务情况

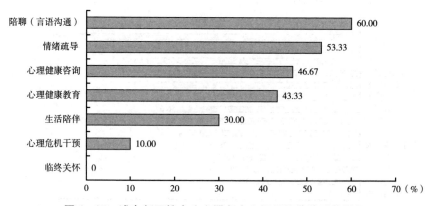

图4-36　浦东新区综合为老服务中心提供的精神慰藉服务

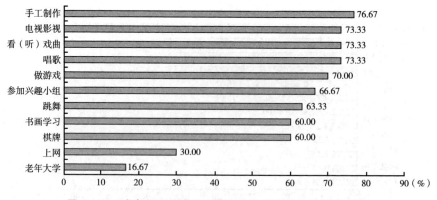

图4-37　浦东新区综合为老服务中心提供的文化娱乐服务

在被调查的综合为老服务中心中，有 16 家机构提供照料者服务技术指导，有 15 家机构提供养老辅具租赁服务，有 9 家机构提供喘息服务，还有 12 家机构为老人提供上门服务。在 12 家为老人提供上门服务的机构中，66.67% 的提供助餐助浴，75.00% 的提供护理服务，33.33% 的提供医疗服务。

在被调查机构中，有 13 家机构实现了"一网覆盖"信息管理，建成了本区域统一网络门户和数据库；有 14 家机构设有"一站式"办事窗口；20 家机构实施老人统一需求评估与审核；18 家机构实现综合体公共服务平台的枢纽作用；16 家机构能够整合各种综合为老服务资源，实现"一体化资源统筹"。此外，9 家机构有承接本机构服务项目的社会组织，最主要的是委托运营管理。8 家机构报告有特色服务项目。

（五）浦东新区综合为老服务中心其他情况

被调查综合为老服务中心有 13 家机构提供了政府财政补贴情况。平均而言，每家机构获得政府财政补贴 212.76 万元，13 家机构共计获得 2765.88 万元补贴。开办费补贴总额为 816.00 万元，年度补贴共计 965.88 万元。补贴内容在购买服务和水电煤两方面。仅有 9 家机构提供了经营收入数据，6 家机构提供了成本开支数据，统计结果如表 4 - 35 所示。

表 4 - 35　浦东新区综合为老服务中心接收政府财政补贴统计

单位：万元

	政府财政补贴			自开业以来获得经营收入	自开业以来支付各类成本费用
	补贴总额	包含开办补贴	包含年度补贴		
平均	212.76	54.40	96.59	2.08	50.26
标准差	203.64	94.1.11	164.1.25	4.14	37.03
求和	2765.88	816.00	965.88	18.72	301.55
观测数	13	15	10	9	6

在被调查综合为老服务中心中，14 家机构报告了长期经营能否赢利的问题，全部 14 家机构均认为不能够赢利。从影响综合为老服务中心入住率的因素看，地理位置是最为重要的因素，其次是交通便捷程度，如图 4 - 38 所示。在被调查的 30 家综合为老服务中心中，有 2 家机构是连锁经营机构。

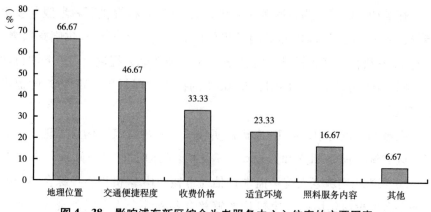

图4-38 影响浦东新区综合为老服务中心入住率的主要因素

（万广圣）

第二节 闵行区社区养老发展现状

一 闵行区日间照料中心发展现状

闵行区日间照料中心调查共获得有效样本39家，从服务机构类型看，39家全为非营利性机构；从服务机构地理区位看，内环线以内1家，中环线以外、外环线以内5家，外环线以外33家；从机构开始运营时间来看，82.05%的日间照料中心于2014年及之后开始运营，各年份运营机构数量如图4-39所示。

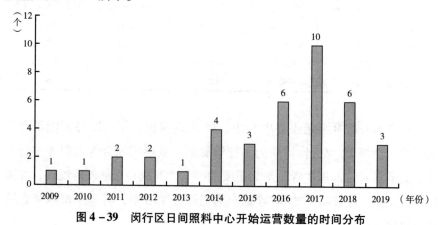

图4-39 闵行区日间照料中心开始运营数量的时间分布

（一）闵行区日间照料中心硬件设施情况

（1）设施面积与功能区域设置

在日间照料中心设施面积上，调查结果显示，建筑总面积平均值为 1214.30 平方米，以 700 平方米的建筑面积居多，使用面积平均值为 859.16 平方米，室外活动场地面积平均值为 234.58 平方米，室外绿地面积平均值为 157.83 平方米（见表 4 - 36）。

表 4 - 36　闵行区日间照料中心设施面积

单位：平方米

	总建筑面积	使用面积	室外活动场地面积	室外绿地面积
平均	1214.30	859.16	234.58	157.83
标准差	1356.63	1084.22	412.23	258.36
观测数	38	37	38	36

在被调查的日间照料中心中，设置比例最高的基本服务区域为公共活动区域和生活服务区域，占比均为 92.31%，设置保健服务区域的比例为 63.29%（见表 4 - 37）。从各个服务区域面积来看，生活服务区域平均面积最大，为 251.59 平方米；公共活动区域平均面积为 199.68 平方米，详见表 4 - 38。63.29% 的机构设置了保健服务区域，27 家提供保健服务区域面积的被调查机构数据显示，保健服务区域的平均面积为 67.31 平方米。

表 4 - 37　闵行区日间照料中心基本服务区域设置

	生活服务区域	公共活动区域	保健服务区域	服务保障区域
无	2(5.13%)	2(5.13%)	11(28.21%)	15(38.46%)
有	36(92.31%)	36(92.31%)	27(63.29%)	23(58.97%)
缺失	1(2.56%)	1(2.56%)	1(2.56%)	1(2.56%)

表 4 - 38　闵行区日间照料中心基本服务区域面积

单位：平方米

	生活服务区域面积	公共活动区域面积	保健服务区域面积	服务保障区域面积
平均	251.59	199.68	67.31	54.30
标准差	669.69	207.50	122.78	118.43
观测数	36	36	27	23

基本生活辅助用房配置中，公共卫生间、餐厅及公用浴室是配置比例较高的辅助用房，污物处理间的配置比例最低，为35.90%，如图4－40所示。对提供各类基本生活辅助用房面积的样本进行统计，结果显示，餐厅的平均面积最大，为84.81平方米；污物处理间的面积基本相近，平均面积为4.36平方米。各类生活辅助用房面积统计数据如表4－39所示。

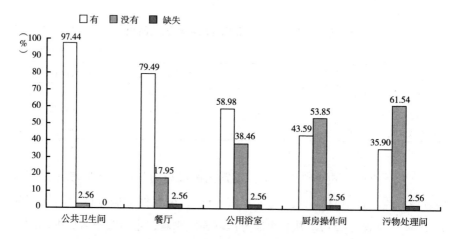

图4－40　闵行区日间照料中心生活辅助用房配置情况

表4－39　闵行区日间照料中心生活辅助用房配置面积

单位：平方米

	公共卫生间面积	餐厅面积	公用浴室面积	厨房操作间面积	污物处理间面积
平均	29.95	84.81	10.64	26.28	4.36
标准差	34.33	179.91	14.10	53.77	7.67
观测数	39	38	39	38	38

在医疗保健用房配置上，闵行区的日间照料中心中，医务室/卫生室的配置率最高，达到69.23%；其次为康复训练室，配置率达到33.34%。中医保健室和临终关怀室的配置比例较低，分别为17.95%和7.69%（见图4－41）。对提供医疗保健用房面积的机构进行统计，结果显示，医务室/卫生室的配置面积最大，平均面积为27.00平方米，其他数据如表4－40所示。

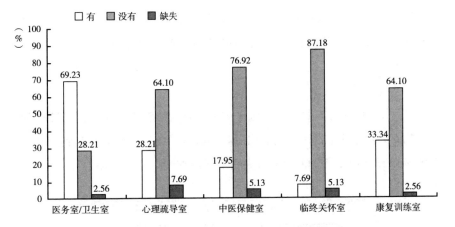

图 4 -41 闵行区日间照料中心医疗保健用房配置情况

表 4 -40 闵行区日间照料中心医疗保健用房面积

单位：平方米

	医务室/卫生室	心理疏导室	中医保健室	康复训练室
平均	27.00	4.54	3.78	4.22
标准差	34.36	8.01	11.45	5.19
观测数	27	11	7	13

在公共活动用房配置上，阅览室、多功能厅、电影/电视室是配置较多的公共活动用房，其他公共活动用房配置情况如图 4 -42 所示。

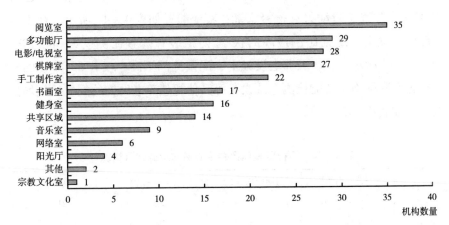

图 4 -42 闵行区日间照料中心公共活动用房配置情况

此外，有 31 家被调查机构报告设置了办公用房，平均办公用房面积为 31.99 平方米；17 家被调查机构报告还设置了其他用房，平均用房面积为 6.59 平方米。

（2）服务设备配置

在服务设备配置方面，闵行区被调查的日间照料中心中，健身器材和功能轮椅以及康复训练器具是配置比例高的服务设备，占比分别达到 41.03%、35.90% 和 33.33%，其他服务设备的配置情况如图 4-43 所示。

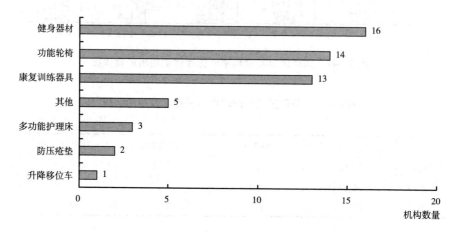

图 4-43　闵行区日间照料中心服务设备配置情况

在消防设施配置上，所有机构配备了灭火器、消防栓，此外，也有 19 家机构配置了自动火灾报警系统，其他配置如表 4-41 所示。在安全设施的配置上，配置比例最高的扶手/防撞装置配置比例仅为 58.97%，如图 4-44 所示。在智慧养老设施上，配置比例不高，仅有 53.85% 的机构配置互联网络，智能检测系统设备等其他智慧养老设施的配置比例均比较低，如表 4-42 所示。

表 4-41　闵行区日间照料中心消防设施配置情况

	灭火器、消防栓	消防喷淋系统	自动火灾报警	其他
无	0	23	20	21
有	39	16	19	0
缺失	0	0	0	18

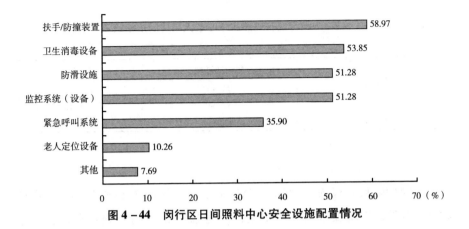

图 4-44　闵行区日间照料中心安全设施配置情况

表 4-42　闵行区日间照料中心智慧养老设施配置情况

	互联网络	物联网设施	智能检测系统设备	远程医疗设备
没有配置	16	31	30	32
配置	21	4	7	2
缺失	2	4	2	5

　　闵行区被调查日间照料中心中，21 家机构配备了应急电源设备，3 家机构配备了老人接送车辆，2 家机构配备了物品采购车辆。其中，13 家机构报告服务场所设置在建筑物的一层或底层，26 家机构报告设置在建筑物的二层及以上楼层，18 家机构均配置了电梯或无障碍设施。

　　在服务设施中，平均每家机构设置床位数为 11.84 张。老人休息室平均每家机构设置 1.86 间，单间容纳老人数平均值为 13.00 人。老人服务设施的其他信息如表 4-43 和表 4-44 所示。在被调查的 39 家日间照料中心中，仅有 6 家机构设置了护理站，平均面积为 63.89 平方米，并且其中 5 家配备了诊室，平均面积为 27 平方米；6 家配备了治疗室，平均面积为 23.67 平方米；2 家配置了处置室，平均面积为 15 平方米。

表 4-43　闵行区日间照料中心老人服务设施信息

	总床位数	护理床位数	老人休息室数	单间容纳老人数
平均	11.84	5.03	1.86	13.00
标准差	18.34	18.42	1.34	7.80
观测数	37	33	37	37

表 4 - 44　闵行区日间照料中心老人用房的规格设置

单位：厘米

	房门净宽度	室内走道净宽度
平均	94.43	181.83
标准差	32.54	75.16
观测数	35	35

（3）服务设施辨识度

在闵行区被调查的 39 家日间照料中心中，有 21 家机构对其外观建筑做过色调处理以增加机构的辨识度；31 家服务机构的外观具有醒目的标识；31 家服务机构具有独立的出入口。

（二）闵行区日间照料中心人员配置情况

（1）护理员

闵行区被调查机构中的 22 家报告了护理员数量，共计 110 人，平均每家机构护理员 5.5 人。护理员中有 61 人来自本地。从护理员的年龄构成上看，60.90% 的护理员年龄在 51 岁及以上，所占比例最高，各年龄段分布如表 4 - 45 所示。从护理员的学历构成看，以初中及以下居多，占比 71.82%，如表 4 - 46 所示。

表 4 - 45　护理员年龄构成

单位：%

	21~30 岁	31~40 岁	41~50 岁	51 岁及以上
占比	0	4.55	34.55	60.90

表 4 - 46　护理员学历构成

单位：%

	初中及以下	高中/中职	大专/高职	本科及以上
占比	71.82	28.18	0	0

（2）医生与护士

在被调查的日间照料中心中，仅有 11 家机构配备了 21 名医生，其中兼职医生人数为 8 人。从医生的职称结构看，17 人为主治医师及以下，3

人为副主任医师，1 人为主任医师。从医生的学历结构看，专科学历 9 人，本科学历 8 人，硕士研究生学历 4 人。

在护士配备上，仅有 11 家机构报告配置了 16 名护士。从年龄构成上看，21～30 岁的 2 人，31～40 岁的 3 人，41～50 岁的 4 人，51 岁及以上的 7 人。从学历构成看，高中/中职学历 15 人，大专/高职学历 1 人。

（3）其他技术人员

在康复师的配置上，2 家机构报告配备了 3 名康复师。从年龄结构看，其中 2 人为 31～40 岁，1 人为 51 岁及以上。从学历结构看，1 人为高中/中职学历，2 人为本科及以上学历。

在营养师的配置上，共计 5 家机构报告配备了 6 名营养师。从营养师的年龄结构看，3 人为 31～40 岁，2 人为 41～50 岁，1 人为 51 岁及以上。从学历结构看，高中/中职学历 3 人，大专/高职学历 2 人，本科及以上学历 1 人。

（4）管理人员及其他

在管理人员配置上，共计 38 家机构报告配备了 153 名管理人员，平均每家机构配备 4.03 名管理人员。从管理人员的学历结构看，初中及以下学历 17 人，高中/中职学历 33 人，大专/高职学历 63 人，本科及以上学历 40 人。从年龄结构看，21～30 岁的 12 人，31～40 岁的 27 人，41～50 岁的 54 人，51 岁及以上的 60 人。

在被调查的 39 家日间照料中心中，39 家机构全都报告了员工总人数，共计 288 人，平均每家机构员工数为 7.38 人。近一年内，员工离职人数共计为 12 人。截至调查时间点，在服务志愿者平均每家机构 21.94 人，在服务义工平均每家机构 3.36 人，如表 4-47 所示。其中，志愿者提供的服务主要有各类慰问康乐服务、维持现场秩序、做游戏、打扫卫生等；义工提供的服务相对集中，主要为卫生清洁、老人照看与协助活动策划等。

表 4-47 闵行区日间照料中心工作人员统计数据

	员工总人数	最近一年内离职人数	目前在服务志愿者人数	目前在服务义工人数
平均	7.38	0.32	21.94	3.36
标准差	9.57	1.14	26.61	11.62
观测数	39	38	37	36

（三）闵行区日间照料中心管理制度情况

闵行区日间照料中心内，各项管理制度设置均比较全面，如图4-45所示。其中，日常服务管理制度是各个服务机构最为关注的管理制度，除老年人基本信息登记外，还有服务申请信息、当日状况记录信息、每日出入登记信息等，均是各个机构重点登记的信息，如图4-46所示。

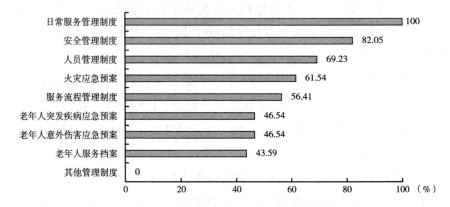

图4-45　闵行区日间照料中心内部管理制度设置情况

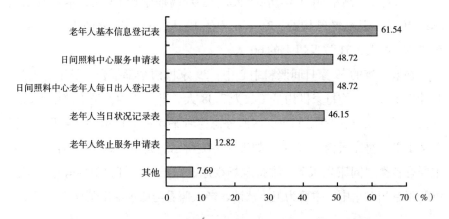

图4-46　闵行区日间照料中心老人服务档案记录的主要信息

（四）闵行区日间照料中心服务水平情况

闵行区日间照料中心，在被调查时过去的一周内，每家每天服务老人数的平均值为23.59人，其中，半失能老人数为每家机构每天平均1.18人，全失能老人每家机构每天平均为0.24人。每家机构每天服务的老人中，正常老人平均值为 22.49 人，各失能等级对应的人数如表 4 - 48 所示。从被服务老人住家与日间照料中心之间的最远距离看，平均值为 2.62 公里。

表 4 - 48　闵行区日间照料中心平均每天服务老人数

| | 每天服务老人数 | | | 按失能等级区分 | | | |
	总人数	半失能老人数	全失能老人数	正常老人	1 级	2 级	3 级	4 级及以上
平均	23.59	1.18	0.24	22.49	0.24	0.29	0.03	0.20
标准差	15.39	2.24	1.32	15.60	0.92	0.96	0.17	0.72
观测数	39	38	37	37	34	35	34	35

在被调查的 39 家机构中，79.49% 的服务机构提供就餐服务；提供最多的娱乐服务是读书阅览，89.74% 的机构提供此类服务，棋牌、健身也是主要提供的娱乐服务（见图 4 - 47）；在生活照料服务中，测血压、理发是最常见的服务，92.31% 的被调查机构提供测血压服务，82.05% 的机构提供理发服务，如图 4 - 48 所示；在饮食服务中，53.85% 的机构提供送餐上门服务，仅有一家机构提供上门做饭服务；在提供的各类健康教育咨询服务中，占比高的是安全教育、保健养生和常见疾病预防，详见图 4 - 49；在提供的心理慰藉服务中，沟通与情绪疏导是最常见的两种服务，见图 4 - 50；在保健康复服务中，各项服务的供给比例并不高，其中按摩服务是提供最多的服务，28.21% 的机构均提供按摩服务，其次为中医传统保健，详见图 4 - 51；调查的 39 家机构中，有 6 家机构设立护理站，6 家机构全部提供基础护理服务、营养指导服务和健康宣教服务；另外，还有 3 家提供专科护理服务；1 家提供临终护理服务；2 家提供消毒隔离技术指导；4 家提供社区康复指导；1 家还提供其他护理服务。

在闵行区日间照料中心中，有 10 家机构报告了本机构服务项目有社会组织承接服务项目情况，服务的主要内容为老人日间照料、康复及认知训练以及心理疏导等。在机构服务特色方面，11 家机构报告认为自身有特色服务提供。在服务收费方面，收费主要包括托管费、餐

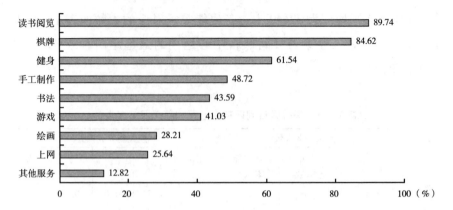

图 4 - 47　闵行区日间照料中心提供的文化娱乐服务

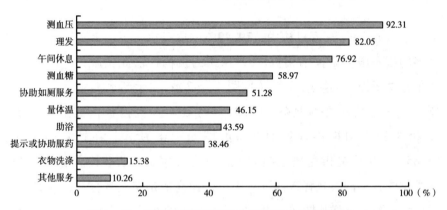

图 4 - 48　闵行区日间照料中心提供的生活照料服务

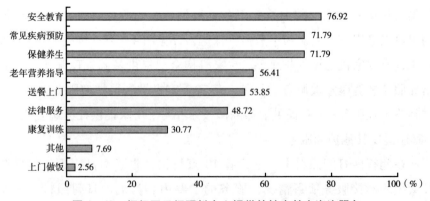

图 4 - 49　闵行区日间照料中心提供的健康教育咨询服务

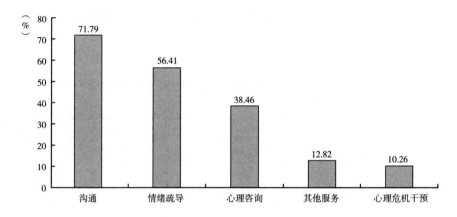

图 4-50　闵行区日间照料中心提供的心理慰藉服务

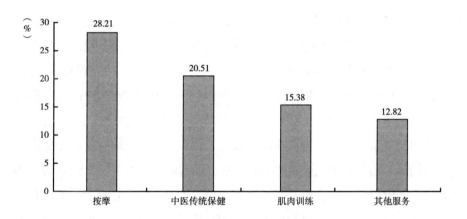

图 4-51　闵行区日间照料中心提供的保健康复服务

费两个类别。

（五）闵行区日间照料中心其他情况

在被调查的日间照料机构中，有 21 家机构报告了接受政府补贴的情况，共计获得各类政府补贴 527.47 万元，平均每家机构 25.12 万元。在各类补贴的总额中，包含开办补贴 167.00 万元，年度补贴 234.97 万元。从补贴费用内容看，45.95% 的受补贴机构用于购买服务费，32.43% 的受补贴机构用于水电煤免费，还有 21.62% 的受补贴机构用于其他项目。在经营业绩方面，有 23 家机构能够并愿意提供经营数据。自开业以来，平均每家服务机构获得经营收入 2.20 万元，但是经营成本支出平均每家达到 34.75 万元，反映了日间照料中心目前只能靠政府补贴运行的经营困境。

表 4-49　闵行区日间照料中心接收政府财政补贴统计

单位：万元

	政府财政补贴			自开业以来获得经营收入	自开业以来支付各类成本费用
	补贴总额	包含开办补贴	包含年度补贴		
平均	25.12	8.79	12.37	2.20	34.75
标准差	46.40	16.96	21.62	6.40	82.14
求和	527.47	167.00	234.97	50.69	590.74
观测数	21	19	19	23	17

影响老人选择使用日间照料机构服务的因素有多种，调查对象报告显示，地理位置和交通便捷程度是影响很大的因素，超过 50.00% 的被调查机构均认为这两个因素最为重要（见图 4-52）。79.49% 的被调查机构认为，到本机构来的老人数量还是比较多的，但也有 20.51% 的被调查机构认为，到本机构来的老人数量不多。81.58% 的被调查机构认为，他们在经营中能够留住老人在本机构使用服务，但仅有 22.22% 的被调查机构认为他们能从服务的老人那里收到相关项目的服务费。此外，2.94% 的被调查机构能够做到多元化赢利。被调查对象反馈，出现上述经营中无法有效赢利的主要原因，一是机构属于非营利机构，很多机构不收取服务费，不能赢利；二是老人群体为低收入人群，难以支付相关费用；三是老年人对收费项目比较敏感，难以接受。

被调查服务机构中，有 4 家服务机构是连锁经营的日间照护机构。在政府支持帮助建议上，被调查机构主要提出如下建议：第一，希望更多机构能够享受政府补贴，实现各类资源的共享对接，加大宣传力度，提高日间照料机构的人气；第二，增加关键设备资源上的支持，打通社会福利组织与日间照料机构的对接，让老人能够得到更好的服务；第三，便利老人享受服务，提供便利交通工具或者交通补贴等；第四，政府根据实际的运行状况，完善包括养老服务供给者整体素质制度、服务机构监管制度、服务水平衡量指标制度等各项制度。

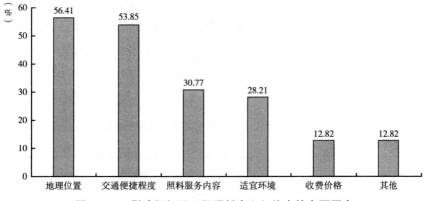

图 4 – 52　影响闵行区日间照料中心入住率的主要因素

二　闵行区长者照护之家发展现状

闵行区长者照护之家调查共获得有效样本 9 家，从服务机构类型看，8 家为非营利性机构，1 家为其他类型；从服务机构地理区位看，内环线以内 1 家，中环线以外、外环线以内 2 家，外环线以外 6 家；从机构开始运营时间来看，被调查的长者照护之家均在 2015 年及之后开始运营，各年份运营机构数量如图 4 – 53 所示。

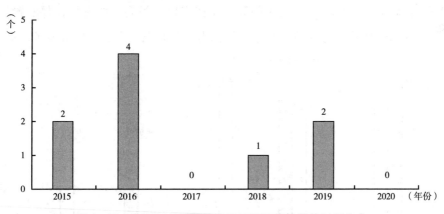

图 4 – 53　闵行区长者照护之家开始运营数量的时间分布

（一）闵行区长者照护之家硬件设置情况

（1）设施面积与功能区域设置

在长者照护之家机构设施面积上，调查结果显示，单个机构建筑总面积平均值为 1015.74 平方米，被调查长者照护之家的最大单家机构面积达到 2533.00 平方米；老年人居室总（使用）面积平均值为每家 702.86 平方米；床均建筑面积为 14.00 平方米，居室内单床的使用面积平均值为 6.44 平方米（见表 4 - 50）。

表 4 - 50　闵行区长者照护之家各项面积统计

单位：平方米

	总建筑面积	老年人居室总（使用）面积	床均建筑面积	居室单床使用面积
平均	1015.74	702.86	14.00	6.44
标准差	609.49	462.66	10.85	5.90
观测数	9	7	7	7

在被调查的长者照护之家中，有 7 家机构设置了独立的出入口。从机构用房性质看，其中 3 家机构的用房属于居住类用房，3 家为非居住类用房，3 家为其他类型用房。从机构的周边环境看，机构周边 300 米范围内，有公共绿化或花园的有 7 家，有室外公共活动场所的有 6 家。

从机构内基本生活辅助用房的配置情况看，各类型辅助用房配置的比例均比较高，其中，公共卫生间和公用浴室比例最高，所有机构都配置，如图 4 - 54 所示。总体看，在单个机构内，公共卫生间设置数量最多，平

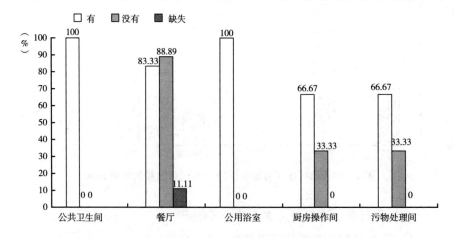

图 4 - 54　闵行区长者照护之家基本生活辅助用房配置情况

均值为 4.13 间，餐厅、公用浴室、厨房操作间和污物处理间平均每家机构设置为 1 间左右。从面积看，其中餐厅是每家机构配置面积最大的生活辅助用房，单家机构的平均面积达到 61.00 平方米，如表 4-51 所示。

表 4-51　闵行区长者照护之家的基本生活辅助用房配置数量及面积

单位：间，平方米

	公共卫生间		餐厅		公用浴室		厨房操作间		污物处理间	
	房间数	共计面积	房间数	共计面积	房间数	共计面积	房间数	共计面积	房间数	共计面积
平均	4.13	31.03	0.88	61.00	1.50	29.50	0.63	37.86	0.75	4.71
标准差	2.53	32.81	0.35	42.58	0.53	11.86	0.52	32.39	0.71	4.15
观测数	8	8	8	8	8	8	8	7	8	7

在医疗保健用房配置上，医务室/卫生室的配置比例最高，达到 55.56%，中医保健室和临终关怀室均没有配置，如图 4-55 所示。在公共活动用房配置方面，多功能厅是配置比例最高的公共活动用房，9 家机构全部设置了多功能厅，此外，阅览室、棋牌室也是配置比例较高的活动用房，见图 4-56 所示。

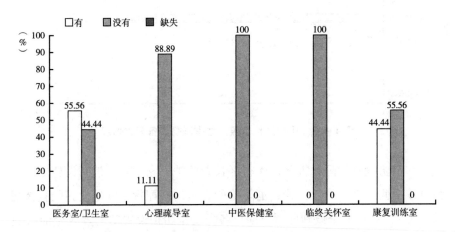

图 4-55　闵行区长者照护之家医疗保健用房配置情况

（2）服务设备配置

在服务设备配置上，闵行区长者照护之家中多功能护理床的配置比例

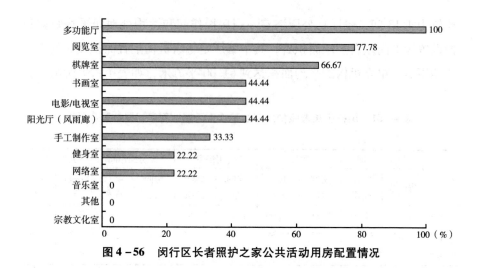

图 4 – 56　闵行区长者照护之家公共活动用房配置情况

最高，88.89％ 的机构配备此类设备，其次是功能轮椅等，如图 4 – 57
所示。

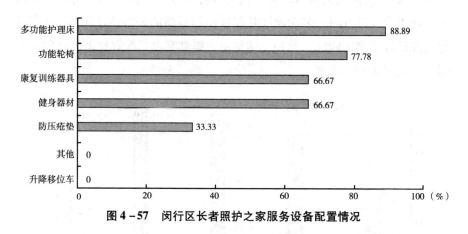

图 4 – 57　闵行区长者照护之家服务设备配置情况

在消防设施的配置方面，闵行区长者照护之家中各类消防设施的配置
相对较全面，基本的灭火器、消防栓所有机构都配置，其他设施配置情况
见表 4 – 52。在安全设施配置方面，各类安全防护设置的配置较全面（见
图 4 – 58），所有机构都配置扶手/防撞装置、卫生消毒设备、紧急呼叫系
统、健康系统（设备）。在智慧养老设施配置方面，已经各有 3 家机构配
置了物联网设施和智能检测系统设备（如表 4 – 53）。在 9 家机构中，有 6
家机构配置了应急电源设备。

表 4 - 52　闵行区长者照护之家消防设施配置情况

	灭火器、消防栓	消防喷淋系统	自动火灾报警	其他
无	0	2	1	2
有	9	7	8	1
缺失	0	0	0	6

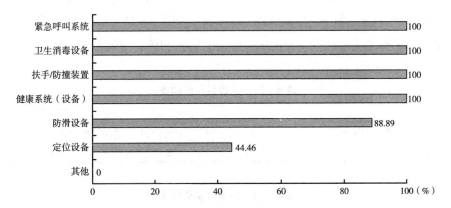

图 4 - 58　闵行区长者照护之家各类安全设施配置情况

表 4 - 53　闵行区长者照护之家智慧养老设施配置情况

	互联网络	物联网设施	智能检测系统设备	远程医疗设备
没有配置	2	5	5	6
配置	6	3	3	1
缺失	1	1	1	2

　　从机构设置床位数看，闵行区长者照护之家平均每家机构设置床位数为 32.67 张，其中，护理床位数平均值为 27.22 张（如表 4 - 54）。在 9 家机构中，没有机构配置认知症照护床位。此外，超过 50% 的机构设有医务室/卫生室，5 家机构设有社区卫生服务中心延伸医务室/站；没有机构设置护理站。

表 4 - 54　闵行区长者照护之家床位配置情况

	床位数	其中护理床位数
平均	32.67	27.22
标准差	12.81	15.19
观测数	9	9

（二）闵行区长者照护之家人员配置情况

（1）护理员

闵行区被调查 9 家长者照护之家护理员总数为 58 人，平均每家机构护理员为 6.44 人。护理员来自本地的人员数量为 12 人，外地来源中以安徽地区居多。从护理员的年龄结构看，以 40 岁以上年龄群为主，其中，41～50岁占比 29.31%，51 岁及以上占比 63.79%，如表 4－55 所示。从护理员的学历构成看，以初中及以下学历为主，占比 74.14%，如表 4－56 所示。

表 4－55　护理员年龄构成

单位：%

	21～30 岁	31～40 岁	41～50 岁	51 岁及以上
占比	1.73	5.17	29.31	63.79

表 4－56　护理员学历构成

单位：%

	初中及以下	高中/中职	大专/高职	本科及以上
占比	74.14	25.86	0	0

（2）医生与护士

有 3 家机构报告配备了医生，并且每家机构配备 1 名医生，所有配备的医生职称都为主治医师及以下职称。从医生的学历结构看，2 名为专科，1 名为本科。5 家机构报告配备了 5 名护士。从护士的年龄结构看，3名护士年龄为 21～30 岁，1 名为 41～50 岁、1 名为 51 岁及以上。从护士的学历结构看，5 人均为高中/中职学历。

（3）其他技术人员

在被调查机构中，有 2 家机构配备了 2 名康复师，均为接受康复技能专业培训人员。康复师的年龄均为 31～40 岁。从学历结构看，2 名均为本科及以上学历。

在营养师配置上，有 3 家机构配备了 3 名营养师。从年龄结构看，2名营养师为 21～30 岁，1 名为 31～40 岁。从学历结构看，1 名为大专/高职学历，本科及以上学历 2 人。

（4）管理人员及其他

在管理人员配置上，其中 9 家机构报告共计配置了 22 名管理人员，平均每个机构配备 2.44 名管理人员。从管理人员的学历结构看，高中/中职学历 1 人，大专/高职学历 12 人，本科及以上学历 9 人。从年龄结构看，21~30 岁的 3 人，31~40 岁的 6 人，41~50 岁的 8 人，51 岁及以上的 5 人。

9 家被调查机构报告了员工总人数，共计 107 人，平均每家机构员工数为 11.89 人。近一年内，员工离职人数共计为 25 人。截至调查时间点，在服务志愿者及义工人数如表 4-57 所示。其中，志愿者提供服务主要有做活动、陪伴、做游戏等；义工主要是提供一些生活上的帮助。此外，被调查机构中，没有机构设置护理站。

表 4-57 闵行区长者照护之家服务机构工作人员统计数据

	员工总人数	最近一年内离职人数	目前在服务志愿者人数	目前在服务义工人数
平均	11.89	3.13	2.78	0
标准差	7.24	2.23	8.33	0
观测数	9	8	9	7

（三）闵行区长者照护之家管理制度情况

从闵行区被调查长者照护之家的各项管理制度设置看，各机构均设置了各类管理制度，且设置的比例均比较高，其中较为重要的老年人突发意外应急预案、老年人突发疾病应急预案、火灾应急预案和安全管理制度，所有机构都全部配置，如图 4-59 所示。在老年人服务档案制度中，重点规范各类老年人服务档案的建设，各类老年人服务档案包含的主要信息情况如图 4-60 所示。

（四）闵行区长者照护之家服务水平情况

闵行区长者照护之家，在被调查时过去的一周内，每家每天服务老人数的平均值为 15.78 人，其中，半失能老人数为每家机构每天平均为 5.25 人，全失能老人每家机构每天平均为 3.63 人。每家机构每天服务的老人中，正常老人平均值为 7.71 人，各失能等级对应的人数如表 4-58 所示。从被服务老人住家与长者照护之家之间的最远距离看，平均值为 14.87 公里。

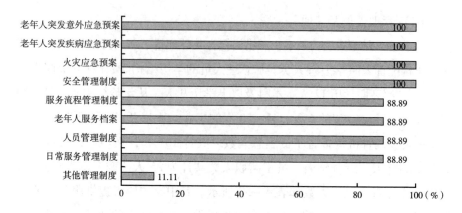

图 4-59 闵行区长者照护之家制定的管理制度

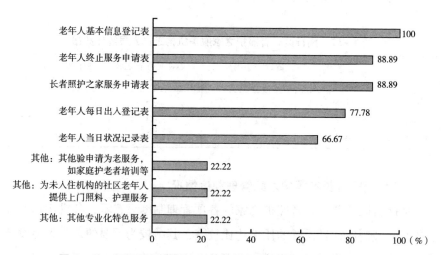

图 4-60 闵行区长者照护之家老年人服务档案包含的主要信息

表 4-58 闵行区长者照护之家平均每天服务人数

	每天服务老人数			按失能等级区分				
	总人数	半失能老人数	全失能老人数	正常老人	1级	2级	3级	4级及以上
平均	15.78	5.25	3.63	7.71	1.50	2.63	2.25	6.25
标准差	7.00	4.40	3.54	11.31	1.85	2.00	1.71	6.04
观测数	9	8	8	7	8	8	4	8

平均而言，每位老人入住时间平均值为 322.17 天；其中，老人转出本机构后，需要继续护理、康复的老人累计而言，每家机构平均 3.63 人。

收住等级为 4 级及以上的老人每家机构平均为 18.22 人，如表 4－59
所示。

表 4－59　闵行区长者照护之家服务老人情况

	每位老人入住时间(天)	出机构后需继续护理人数	收住 4 级及以上老人
平均	322.17	3.63	18.22
标准差	306.52	3.96	19.61
观测数	6	8	9

　　闵行区长者照护之家中提供的基本服务最多的是个人生活照料服务，
占比为 100%，其次是住宿服务、代办服务等，如图 4－61 所示。9 家长
者照护之家中，8 家提供助餐服务和助浴服务。

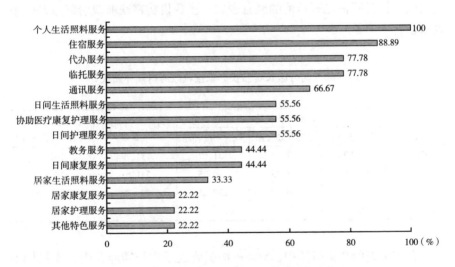

图 4－61　闵行区长者照护之家提供的基本服务

　　闵行区被调查长者照护之家中，9 家机构全部设立了老人入住筛选标
准，6 家机构设立了老人出院评估标准。5 家长者照护之家报告了床位的
轮转时间，平均而言，床位轮转时间为 153.00 天。有 1 家机构报告经营
过程中有老人“霸床”现象，该机构曾有 2 位老人有过“霸床”现象，
平均“霸床”时间为 200 天。

　　长者照护之家中，白天平均每家机构有 3～4 名养老护理员在岗，晚

上有 1~2 名养老护理员在岗。在被调查的机构中，有 2 家机构拥有承接本机构服务项目的社会组织，承接的服务项目均为莘庄工业区机构与社区养老服务融入发展培训及文化服务课程计划。在被调查的长者照护之家中，仅有 2 家机构报告提供特色服务项目。

（五）闵行区长者照护之家其他情况

在被调查长者照护之家中，有 8 家机构提供了政府财政补贴情况。平均而言，每家机构获得政府补贴 67.69 万元，8 家机构共计获得 541.54 万元补贴，其中开办费补贴总额为 380.50 万元。补贴内容主要为水电煤免费、以奖代补和其他形式。有 6 家机构提供了经营收入与成本开支数据，统计结果显示，自开业以来平均每家长者照护之家获得的经营收入为 131.79 万元，但是支付各类成本平均每家 167.63 万元，如表 4－60 所示。这反映了长者照护之家目前的经营现状，多数机构靠获取政府财政补贴来维持运营。

表 4－60　闵行区长者照护之家接收政府财政补贴统计

单位：万元

	政府财政补贴			自开业以来获得经营收入	自开业以来支付各类成本费用
	补贴总额	包含开办补贴	包含年度补贴		
平均	67.69	47.56	21.67	131.79	167.63
标准差	64.36	43.25	19.25	231.61	202.26
求和	541.54	380.50	130.04	790.72	1005.76
观测数	8	8	6	6	6

在被调查的 9 家机构中，5 家机构明确表示在长期经营中，本机构不能赢利；仅有 2 家机构表示能够赢利。对影响长者照护之家入住率的主要因素，地理位置是最为重要的影响因素（如图 4－62）。9 家机构中，6 家机构明确反馈到机构的老人不多，3 家机构认为到机构的老人比较多。入住老人不多的主要原因，一是地理交通位置不佳；二是宣传力度不够，知名度不高；三是经济能力的限制，政府帮扶有限。

在被调查的 9 家机构中，有 6 家机构给出了主要服务项目的收费情况。其中，涉及的项目主要是住宿费、餐费和护理费，少数还有代办费和陪诊费，收费标准上，住宿费和护理费在 1000~5000 元不等；长护险

100~200 元/天；餐费 1000~2000 元不等；其他的代办费和陪诊费为 100 元/小时左右。

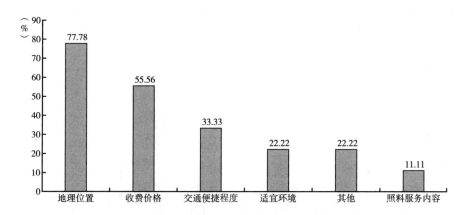

图 4-62　影响闵行区长者照护之家入住率的主要因素

被调查机构对政府提供支持帮助长者照护之家运营的建议主要为：一是帮助机构在社区宣传推广，让更多的老人了解和接受机构；二是对机构提供更多资金、设备上的支持。在被调查机构中有 4 家机构是连锁化经营，其中 3 家在上海连锁机构都在 20 家以上。他们认为连锁经营的优点主要是形成规模后能够进行大数据分析，从而提供更专业的智能化管理，并且服务人员更加专业、资源能够共享；缺点主要是个别分部的监管难度很大，支持力度不够等。

各大机构认为各类市场主体进入社区养老领域主要的问题有：一是新进入的主体难以获得消费人群，从而难以生存下去；二是费用方面，定价过高，老人难以接受，费用过低，机构难以生存下去。总的来说，主要的问题还是资金和供求方面的问题。各机构都认为，应当让民非养老机构获得一定的利润，这样能够让这些机构有能力购买更多服务的设备，提供更好的服务。

三　闵行区综合为老服务中心发展现状

闵行区综合为老服务中心调查共获得有效样本 21 家，从服务机构类型看，21 家被调查机构均为非营利性机构；从服务机构地理区位看，中环线以外、外环线以内 3 家，外环线以外 18 家；从机构开始运营时间来看，除 1 家综合为老服务中心在 2005 年成立并运营外，其余机构均在 2011 年及之后开始运营，2017 年成立机构数量最多，共有 6 家，各年份运营机构数量如图 4 - 63 所示。

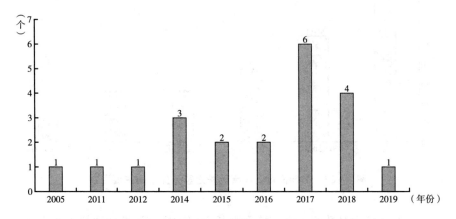

图 4 - 63　闵行区综合为老服务中心成立运营时间分布

（一）闵行区综合为老服务中心硬件设施情况

（1）设施与功能区域

闵行区被调查综合为老服务中心，平均每家机构的建筑面积为 1335.72 平方米，老年人居室总（使用）面积平均为每家机构 657.55 平方米，如表 4 - 61 所示。

表 4 - 61　闵行区综合为老服务中心设施面积

单位：平方米

	总建筑面积	老年人居室总（使用）面积
平均	1335.72	657.55
标准差	894.72	731.73
观测数	21	21

在被调查的 21 家机构中，有 19 家机构设有独立的出入口。从机构用房性质看，有 1 家机构的用房属于居住类房屋，18 家机构的用房属于非居住类，2 家为其他房屋。被调查机构中，有 18 家机构周边 300 米范

围内有公共绿化或花园，17 家机构周边 300 米范围内有室外公共活动
场所。

在各类基本生活辅助用房配置上，公共卫生间、餐厅是配置高的生活
辅助用房，90% 以上的被调查机构均有配置，如图 4 - 64 所示。其中，公
共卫生间的数量是各类基本生活辅助用房中配置最多的，平均每家机构的
卫生间数量为 3.5 间。其余各类生活辅助用房的间数平均每家机构 1 间左
右，如表 4 - 62 所示

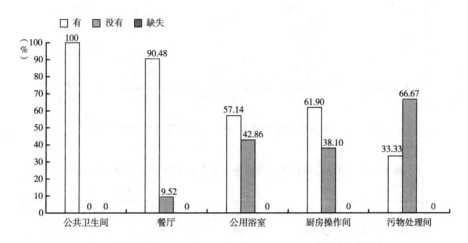

图 4 - 64　闵行区综合为老服务中心基本生活辅助用房配置

表 4 - 62　闵行区综合为老服务中心基本生活辅助用房配置数量及面积

单位：间，平方米

	公共卫生间		餐厅		公用浴室		厨房操作间		污物处理间	
	房间数	共计面积	房间数	共计面积	房间数	共计面积	房间数	共计面积	房间数	共计面积
平均	3.50	34.59	0.84	51.71	1.05	15.79	0.63	29.42	0.37	3.88
标准差	2.06	24.62	0.37	68.14	1.61	22.81	0.50	60.66	0.50	6.06
观测数	20	19	19	18	19	19	19	18	19	19

在医疗保健用房配置上，95.71% 机构配备了医务室/卫生室，
57.14% 的被调查机构配置了心理疏导室，是配置比例高的两类医疗保健
用房，如图 4 - 65 所示。其中，医务室/卫生室的配置数量和面积最大，

平均每家机构有 1~2 间，平均面积达到 44.00 平方米，其他保健用房的配置数量和面积情况如表 4-63 所示。

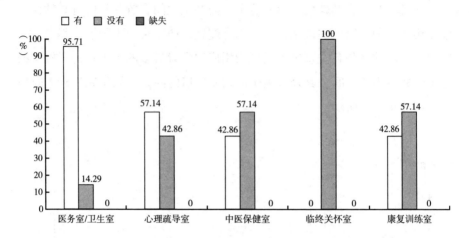

图 4-65 闵行区综合为老服务中心医疗保健用房配置情况

表 4-63 闵行区综合为老服务中心医疗保健用房配置数量及面积

单位：间，平方米

	医务室/卫生室		心理疏导室		中医保健室		临终关怀室		康复训练室	
	房间数	共计面积	房间数	共计面积	房间数	共计面积	房间数	共计面积	房间数	共计面积
平均	1.44	44.00	0.61	14.06	0.61	9.93	0	0	0.53	15.00
标准差	1.54	47.24	0.50	19.62	0.78	13.25	0	0	0.51	18.71
观测数	18	18	18	18	18	17	17	16	17	17

在各类公共活动用房配置上，阅览室和电影/电视室是配置比例高的公共活动用房，配置比例分别为 95.41% 和 85.71%，此外，棋牌室和多功能厅比例也均在 70% 以上，如图 4-66 所示。

（2）服务设备配置

被调查综合为老服务中心配置的各类服务设备中，康复训练器具是配置比例最高的服务设备，38.10% 的被调查机构配置了此类服务设备。各类服务设备的配置情况如图 4-67 所示。

在消防设施的配置上，被调查机构的各类消防设施配置比例均比较高，如表 4-64 所示。在综合为老服务中心内，各类安全设备的配

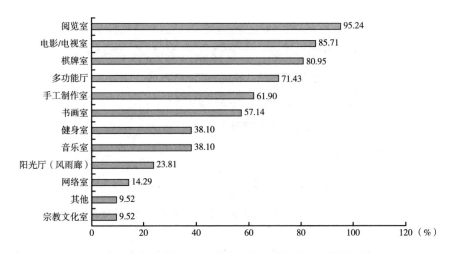

图 4 - 66 闵行区综合为老服务中心公共活动用房配置情况

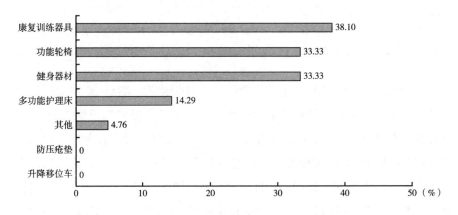

图 4 - 67 闵行区综合为老服务中心服务设备配置情况

置比例也比较高，如图 4 - 68 所示。在智慧养老设施的配置上，除互联网络外，其他各类智慧养老智能设备的配置比例并不高，如表 4 - 65 所示。

表 4 - 64 闵行区综合为老服务中心的消防设施配置情况

	灭火器、消防栓	消防喷淋系统	自动火灾报警	其他
无	0	11	9	7
有	21	10	12	0
缺失	0	0	0	14

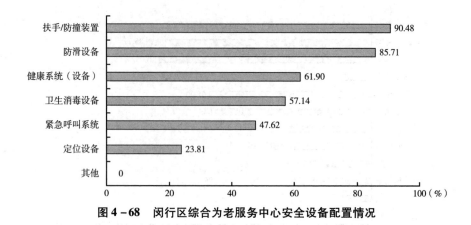

图 4 - 68　闵行区综合为老服务中心安全设备配置情况

表 4 - 65　闵行区综合为老服务心智慧养老设施配置情况

	互联网络	物联网设施	智能检测系统设备	远程医疗设备
没有配置	7	15	17	17
配置	12	4	1	2
缺失	2	2	3	2

　　从被调查综合为老服务中心设置的床位数量来看，共计 20 家机构报告了床位数量，平均每家机构设置 20.89 张床，平均每家机构设置 2.25 张护理床位，如表 4 - 66。在被调查的机构中，有 3 家机构设有医务室/卫生室，有 13 家机构设有社区卫生服务中心延伸医务室/站。超过 95% 的机构设立护理站，平均每家机构设置的护理站面积平均值为 15.33 平方米。在内设护理站机构中，2 家机构均设有治疗室和处置室，1 家机构设有诊室。

表 4 - 66　闵行区综合为老服务中心设置床位数

	总床位数	护理床位数
平均	20.89	2.25
标准差	7.49	5.46
观测数	20	20

（二）闵行区综合为老服务中心人员配置情况

（1）护理员

　　被调查机构中，21 家机构汇报了护理员配备的人数，共计 55 人，平均每家机构配备了 2.62 名护理员。其中，来自本地的护理员人数达到 42

人。从护理员的年龄构成看，41～50 岁占比 29.09%，51 岁及以上占比 60.00%，护理人员普遍年龄较大（如表 4-67）。从护理员的学历结构看，以初中及以下学历为主，占比 76.36%。

表 4-67　护理员年龄构成

单位：%

	21～30 岁	31～40 岁	41～50 岁	51 岁及以上
占比	0	10.91	29.09	60.00

表 4-68　护理员学历构成

单位：%

	初中及以下	高中/中职	大专/高职	本科及以上
占比	76.36	23.64	0	0

（2）医生和护士

被调查机构中，仅有 2 家机构报告配备了 8 名医生，医生的职称结构为主治医师及以下 7 名，副主任医师 1 名；学历构成为专科 4 名、本科 4 名。

在护士人员配置上，仅有 2 家机构报告配备了共计 2 名护士，2 名护士均为 31～40 岁，且 1 名学历为高中/中职，1 名为本科及以上学历。

（3）其他技术人员

在被调查机构中，只有 1 家机构报告配备了 1 名康复师，该康复师年龄为 31～40 岁，且为大专/高职学历。

有 4 家机构报告配备了 4 名营养师。从营养师的年龄看，21～30 岁 1 名，41～50 岁 2 名，51 岁及以上 1 名。从营养师的学历看，高中/中职学历 2 名，大专/高职学历 2 名。

（4）管理人员及其他

在管理人员配置上，20 家被调查机构报告了人数配置情况，共计有 57 名管理人员，平均每家机构配备 2.85 名管理人员。从管理人员的学历结构看，高中/中职学历 15 人，大专/高职学历 26 人，本科及以上学历 16 人。从年龄结构看，21～30 岁的 12 人，31～40 岁的 10 人，41～50 岁的 20 人，51 岁及以上的 15 人。被调查机构中平均每家机构员工数为 7.43 人。近一年内，员工离职人数共计为 6 人。截至调查时间点，在服务志愿者及义工人数情况如表 4 - 69 所示。在被调查机构中，有 14 家机构配备了养老顾问，养老顾问主要来自本机构、医院等，服务时间主要集中在工作日上午正常上班时间。

表 4 - 69　闵行区综合为老服务中心员工及志愿者/义工人数

	员工总人数	最近一年内离职人数	目前在服务志愿者人数	目前在服务义工人数
平均	7.43	0.32	13.67	1.52
标准差	7.57	1.16	12.96	3.17
观测数	21	19	21	21

（三）闵行区综合为老服务中心管理制度情况

从管理制度设置看，闵行区综合为老服务中心内各项管理制度设置较为全面，如图 4 - 69 所示。在老年人服务档案中，基本信息登记是记录比例最高的信息，如图 4 - 70 所示。

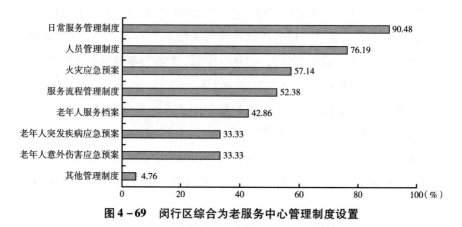

图 4 - 69　闵行区综合为老服务中心管理制度设置

（四）闵行区综合为老服务中心服务水平情况

闵行区综合为老服务中心，在被调查时过去的一周内，平均每家机构每天服务老人数为 24.80 人，其中，半失能老人数为 1.80 人，全失能老人数为 0.10 人。从开业运营时间看，截至调查时间，平均运营时长为 56.95 个月，如表 4 - 70 所示。从被服务老人住家与综合为老服务中心地理距离看，最远距离平均值为 2.39 公里。

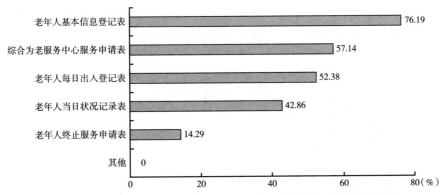

图 4-70 闵行区综合为老服务中心老年人服务档案记录的主要信息

表 4-70 闵行区综合为老服务中心服务人数

	每天服务老人数			自机构运营以来运营时长（月）
	总人数	半失能老人数	全失能老人数	
平均	24.80	1.80	0.10	56.95
标准差	15.70	4.57	0.31	37.29
观测数	20	20	20	21

闵行区综合为老服务中心提供各类生活照料服务中，最多的是理发和助餐服务，76.19% 的机构均提供此类服务；其次是助浴服务，有52.38% 的被调查机构提供此项服务，如图 4-71 所示。

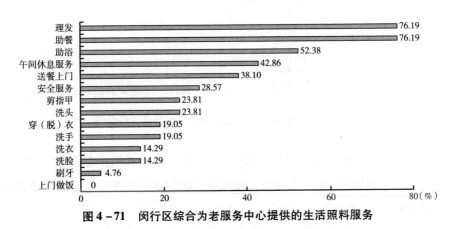

图 4-71 闵行区综合为老服务中心提供的生活照料服务

综合为老服务中心提供的各类护理服务中，最多的是提示或协助服药，有 19.05% 的被调查机构提供此类服务，各类护理服务提供的情况如

图 4 - 72 所示。在 3 家设立护理站的机构中，主要提供基础护理、消毒隔离技术指导、营养指导、社区康复指导和健康宣教服务。

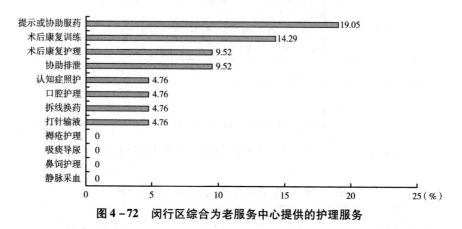

图 4 - 72　闵行区综合为老服务中心提供的护理服务

在提供的医疗服务中，57.14% 的被调查机构提供日常健康管理服务（常见疾病预防，测量血压、血糖、体温等），其余各类服务如图 4 - 73 所示。

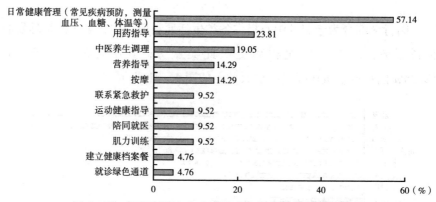

图 4 - 73　闵行区综合为老服务中心提供的医疗服务情况

在提供的精神慰藉服务中，52.38% 的被调查机构提供陪聊（言语沟通），此外，情绪疏导、心理健康教育和心理健康咨询也是提供较多的精神慰藉服务，如图 4 - 74 所示。

在提供的文化娱乐服务中，超过 70.00% 的被调查机构提供看书看报、棋牌、手工制作等文化娱乐服务，其他各类服务提供情况如图 4 - 75 所示。

在被调查的综合为老服务中心中，有 4 家机构提供照料者服务技术指导，

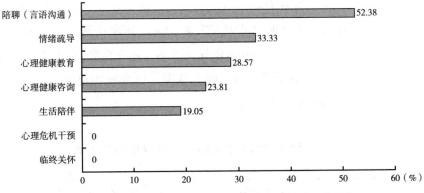

图 4 - 74 闵行区综合为老服务中心提供的精神慰藉服务

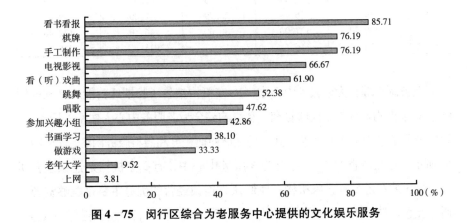

图 4 - 75 闵行区综合为老服务中心提供的文化娱乐服务

有 5 家机构提供养老辅具租赁服务，有 1 家机构提供喘息服务，还有 8 家机构为老人提供上门服务。在 8 家为老人提供上门服务的机构中，所有机构提供助餐、助浴服务，37.50% 的机构提供护理服务，25% 的机构提供医疗服务。

在被调查机构中，有 5 家机构实现了"一网覆盖"信息管理，建成了本区域统一网络门户和数据库；有 7 家机构设有"一站式"办事窗口；4 家机构实施老人统一需求评估与审核；7 家机构实现综合体公共服务平台的枢纽作用；7 家机构能够整合各种综合为老服务资源，实现"一体化资源统筹"。此外，5 家机构有承接本机构服务项目的社会组织，最主要的是委托运营管理。4 家机构报告有特色服务项目。

（五）闵行区综合为老服务中心其他情况

被调查综合为老服务中心有 16 家机构提供了政府财政补贴情况。平均而言，每家机构获得政府补贴 26.92 万元，16 家机构共计获得 430.70 万元补贴，其中开办费补贴总额为 127.00 万元、年度补贴共计 230.00 万元。补贴内容主要为购买服务和水电煤两方面，还有少部分为以奖代劳和其他方面。有 15 家机构提供了经营收入数据，15 家机构提供了成本开支数据，统计结果如表 4-71 所示。

表 4-71　闵行区综合为老服务中心接收政府财政补贴统计

单位：万元

| | 政府财政补贴 | | | 自开业以来获得经营收入 | 自开业以来支付各类成本费用 |
	补贴总额	包含开办补贴	包含年度补贴		
平均	26.92	7.94	15.33	1.03	11.49
标准差	39.42	16.43	28.79	2.00	19.28
求和	430.70	127.00	230.00	15.50	172.40
观测数	16	16	15	15	15

在被调查综合为老服务中心中，16 家机构报告了长期经营能否赢利的问题，16 家机构均认为不能够赢利。从影响综合为老服务中心入住率的因素看，地理位置是最为重要的因素，其次是交通便捷程度和照料服务内容，如图 4-76 所示。在被调查的 21 家综合为老服务中心中，有 3 家机构是连锁经营机构，最多的在上海有 5 家机构，他们认为连锁经营的优势主要是能够资源互通，互相扶持，不足在于资金不足，难以购买更多的设备以提供更好的服务。

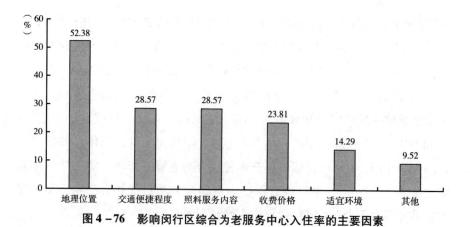

图 4-76　影响闵行区综合为老服务中心入住率的主要因素

（王卫乐　张俭琛）

第三节　宝山区社区养老发展现状

一　宝山区日间照料中心发展现状

宝山区日间照料中心调查共获得有效样本 11 家，从服务机构类型看，1 家为营利性机构，10 家为其他类型；从服务机构地理区位看，中环线以外、外环线以内 1 家，外环线以外 10 家；从机构开始运营时间来看，90.9% 的日间照料中心于 2015 年及之后开始运营，各年份运营机构数量如图 4-77 所示。

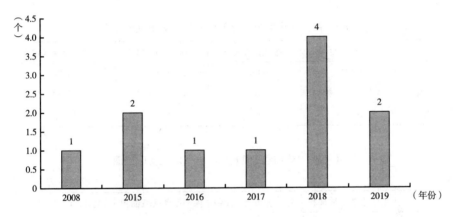

图 4-77　宝山区日间照料中心开始运营数量的时间分布

（一）宝山区日间照料中心硬件设施情况

（1）设施面积与功能区域设置

在日间照料服务机构设施面积上，调查结果显示，建筑总面积平均值为 408.41 平方米，以 300 平方米的建筑面积居多，使用面积平均值为 340.00 平方米，室外活动场地面积平均值为 150.00 平方米，室外绿地面积平均值为 100.00 平方米（见表 4-72）。

在被调查的日间照料中心中，设置比例最高的基本服务区域为生活服务区域和公共活动区域，占比为 100.00%，设置保健服务区域的比例为 72.73%，设置服务保障区域的比例为 63.64%（见表 4-73）。从各个服务区域面积来看，生活服务区域平均面积最大，为 72.83 平方米，详见表4-74。72.73%的机构设置了保健服务区域，4家提供保健服务区域面积的被调查机构数据显示，保健服务区域的平均面积为33.00平方米。

表4-72 宝山区日间照料中心设施面积

单位：平方米

	总建筑面积	使用面积	室外活动场地面积	室外绿地面积
平均	408.41	340.00	150.00	100.00
标准差	217.96	180.71	150.00	100.00
观测数	11	11	11	11

表4-73 宝山区日间照料中心基本服务区域设置

	生活服务区域	公共活动区域	保健服务区域	服务保障区域
无	0(0%)	0(0%)	3(27.27%)	4(36.36%)
有	11(100.00%)	11(100.00%)	8(72.73%)	7(63.64%)
缺失	0(0%)	0(0%)	0(0%)	0(0%)

表4-74 宝山区日间照料中心基本服务区域面积

单位：平方米

	生活服务区域面积	公共活动区域面积	保健服务区域面积	服务保障区域面积
平均	72.83	10.33	33.00	10.67
标准差	79.96	85.32	33.41	9.02
观测数	11	11	11	11

基本生活辅助用房配置中，公共卫生间、餐厅及厨房操作间是配置比例高的辅助用房，公用浴室和污物处理间的配置比例最低，为36.36%，如图4-78所示。对提供各类基本生活辅助用房面积的样本进行统计，结果显示，餐厅的平均面积最大，为43.75平方米；公共卫生间平均面积为25.50平方米；厨房操作间平均面积为15.20平方米；公用浴室和污物处理间的面积较小，平均面积分别为10.00平方米和1.50平方米。各类生活辅助用房面积统计数据如表4-75所示。

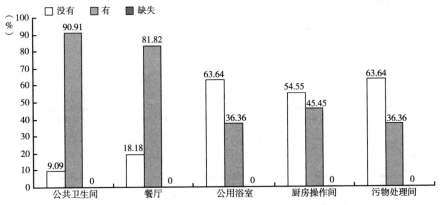

图 4 - 78　宝山区日间照料中心生活辅助用房配置

表 4 - 75　宝山区日间照料中心生活辅助用房配置面积

单位：平方米

	公共卫生间面积	餐厅面积	公用浴室面积	厨房操作间面积	污物处理间面积
平均	25.50	43.75	10.00	15.20	1.50
标准差	12.16	21.62	0	8.61	0.50
观测数	11	11	11	11	11

在医疗保健用房配置上，宝山区的日间照料中心中，总体配置率都偏低；其中心理疏导室的配置率最高，达到 36.36%；其次为康复训练室，配置率达到 27.27%。临终关怀室的配置率最低，仅为 9.09%（如图 4 - 79）。对提供医疗保健用房面积的机构进行统计，结果显示，医务室/卫生

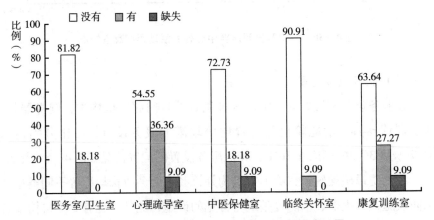

图 4 - 79　宝山区日间照料中心医疗保健用房配置

室和中医保健室的配置面积较大，平均面积分别为 32.50 平方米和 30.00 平方米，其他数据如表 4-76 所示。

表 4-76　宝山区日间照料中心医疗保健用房面积

单位：平方米

	医务室/卫生室	心理疏导室	中医保健室	康复训练室
平均	32.50	18.33	30.00	20.33
标准差	10.61	7.64	0.00	16.74
观测数	11	11	11	11

在公共活动用房配置上，阅览室、多功能厅、棋牌室是配置较多的公共活动用房，其他公共活动用房配置情况如图 4-80 所示。

此外，有 10 家被调查机构报告设置了办公用房，平均办公用房面积为 20.4 平方米；1 家被调查机构报告还设置了其他用房。

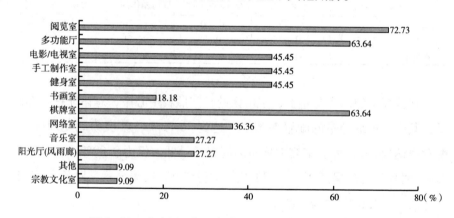

图 4-80　宝山区日间照料中心公共活动用房配置情况

（2）服务设备配置

在服务设备配置方面，宝山区被调查的日间照护机构中，健身器材、康复训练器具、功能轮椅是配置比例较高的服务设置，占比分别达到 63.74%、36.36% 和 36.36%，其他服务设置的配置情况如图 4-81 所示。

在消防设施配置上，除 1 家机构外，其他服务机构均配置不同类型的消防设施，灭火器、消防栓是最为常见的设施，此外，也有 5 家机构配置了自动火灾报警系统，如表 4-77 所示。各类安全设施的配置，扶手/防

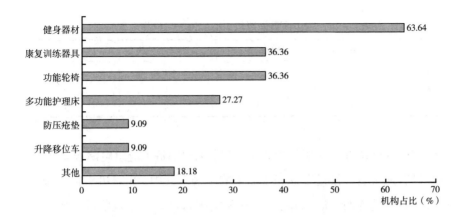

图 4 – 81　宝山区日间照料中心服务设备配置情况

撞装置、防滑设备和卫生消毒设备是最常见的设施，配置比例达到
72.73%；此外，监控系统（设备）也是主要的安全监管手段，配置比例
达到 63.64%，如图 4 – 82 所示。在智慧养老设施上，除了有超过 50% 的
机构配置了互联网络，智能检测系统设备等其他智慧养老设施的配置比例
均比较低，见表 4 – 78 所示。

表 4 – 77　宝山区日间照料中心消防设施配置情况

	灭火器、消防栓	消防喷淋系统	自动火灾报警	其他
无	1	9	6	1
有	10	2	5	0
缺失	0	0	0	11

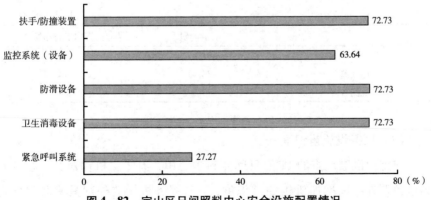

图 4 – 82　宝山区日间照料中心安全设施配置情况

表4-78 宝山区日间照料中心智慧养老设施配置情况

	互联网络	物联网设施	智能检测系统设备	远程医疗设备
没有配置	5	1	1	2
配置	6	1	1	0
缺失	0	9	9	9

宝山区被调查日间照料中心中，3家机构配备了应急电源设备，11机构都没有配备老人接送车辆和物品采购车辆。其中，9家机构报告服务场所设置在建筑物的一层或底层，2家机构报告设置在建筑物的二层及以上楼层，2家机构均无配置电梯或无障碍设施。

在服务设施中，平均每家机构设置床位数仅为2.90张，所有机构都没有设置护理床位。老人休息室平均每家机构设置1.33间，单间容纳老人数平均值为12.75人。老人服务设施的其他信息如表4-79和表4-80所示。在被调查的11家日间照料中心中，有2家机构设置护理站。

表4-79 宝山区日间照料中心老人服务设施信息

	总床位数	护理床位数	老人休息室数	单间容纳老人数
平均	2.90	0	1.33	12.75
标准差	9.17	0	1.11	10.86
观测数	10	10	9	8

表4-80 宝山区日间照料中心老人用房的规格设置

单位：厘米

	房门净宽度	室内走道净宽度
平均	91.02	148.91
标准差	36.41	74.89
观测数	9	9

（3）服务设施辨识度

在宝山区被调查的11家日间照料中心中，有3家机构对其外观建筑做过色调处理以增加机构的辨识度；7家服务机构的外观具有醒目的标识；5家服务机构具有独立的出入口。

（二）宝山区日间照料中心人员配置情况

（1）护理员

宝山区被调查机构中的 11 家报告了护理员数量，共计 22 人，平均每家机构护理员 2 人。护理员中有 5 人来自本地。从护理员的年龄构成上看，59.09% 的护理员年龄在 51 岁及以上，各年龄段分布如表 4 - 81 所示。从护理员的学历构成看，以初中及以下居多，占比 77.27%，其他学历构成如表 4 - 82 所示。

表 4 - 81 护理员年龄构成

单位：%

	20 岁及以下	21 ~ 30 岁	31 ~ 40 岁	41 ~ 50 岁	51 岁及以上
占比	10.00	0	13.64	27.27	59.09

表 4 - 82 护理员学历构成

单位：%

	初中及以下	高中/中职	大专/高职	本科及以上
占比	77.27	22.73	0	0

（2）医生与护士

在被调查的日间照料中心中，仅有 1 家机构报告配备了 2 名医生。从医生的职称结构看，2 名医生均为主治医师，从医生的学历结构看，为专科学历。

在护士配备上，仅有 2 家机构报告配备了 2 名护士。从年龄构成上看，均为 51 岁及以上。从学历构成看，均为高中/中职学历。

（3）其他技术人员

在康复师的配置上，2 家机构报告配备了 2 名康复师，年龄均为 21 ~ 30 岁。从学历结构看，2 人均为大专/高职学历。

在营养师的配置上，仅 2 家机构报告配备了 2 名营养师。从营养师的年龄结构看，21 ~ 30 岁和 31 ~ 40 岁的各 1 人。从学历结构看，高中/中职学历 1 人，大专/高职学历 1 人。

（4）管理人员及其他

在管理人员配置上，共计 9 家机构报告配置了 13 名管理人员，平均每家机构配备 1.44 名管理人员。从管理人员的学历结构看，初中及以下学历

1人，高中/中职学历4人，大专/高职学历8人。从年龄结构看，21～30岁的1人，31～40岁的3人，41～50岁的5人，51岁及以上的4人。

在被调查的11家日间照料中心中，员工总人数为25人，平均每家机构员工数为2.09人。近一年内，员工离职人数共计为0人。截至调查时间点，在服务志愿者平均每家机构5.1人，在服务义工平均每家机构2人，如表4-83所示。其中，志愿者提供的服务主要有各类慰问康乐服务、健康讲座与健康检查、生活便民服务以及陪聊沟通等；义工提供的服务相对集中，主要为卫生清洁、老人照看与生活服务等。

表4-83 宝山区日间照料中心工作人员统计数据

	员工总人数	最近一年内离职人数	目前在服务志愿者人数	目前在服务义工人数
平均	2.09	0	5.10	2.00
标准差	1.97	0	7.11	5.01
观测数	11	11	10	10

（三）宝山区日间照料中心管理制度情况

宝山区日间照料中心内，各项管理制度设置均比较全面，如图4-83所示。其中，人员管理制度、日常服务管理制度和老年人服务档案是各个服务机构最为关注的管理制度，除老人基本信息登记外，还有服务申请信息、老人当日状况记录信息、每日出入登记信息等，均是各个机构重点登记的信息，如图4-84所示。

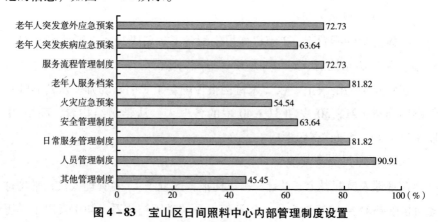

图4-83 宝山区日间照料中心内部管理制度设置

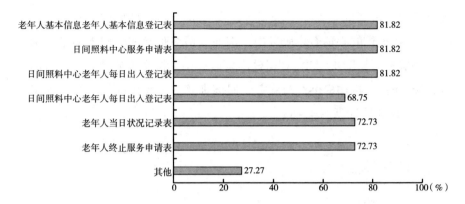

图 4 - 84　宝山区日间照料中心老人服务档案记录的主要信息

（四）宝山区日间照料中心服务水平情况

宝山区日间照料中心，在被调查时过去的一周内，每家每天服务老人数的平均值为 14.30 人，其中，半失能老人数为每家机构每天平均 1.50 人。每家机构每天服务的老人中，正常老人平均值为 12.75 人，各失能等级对应的人数如表 4 - 84 所示。从被服务老人住家与日间照料中心之间的最远距离看，平均值为 1.67 公里。

表 4 - 84　宝山区日间照料中心平均每天服务老人数

	每天服务老人数			按失能等级区分				
	总人数	半失能老人数	全失能老人数	正常老人	1 级	2 级	3 级	4 级及以上
平均	14.30	1.50	0	12.75	6.00			
标准差	13.75	1.73	0	9.89	—			
观测数	10	4	3	4	1	0	0	0

在被调查的 11 家机构中，72.73% 的服务机构提供就餐服务；9.09% 的机构提供棋牌和健身等娱乐服务，但是缺乏手工制作、游戏、阅读等娱乐服务（见图 4 - 85）；81.82% 的被调查机构提供午间休息服务；45.45% 的机构提供协助如厕服务；在生活照料服务中，测血压、测血糖、量体温是最常见的服务，如图 4 - 86 所示；在饮食服务中，有一家机构提供送餐上门服务，没有机构提供上门做饭服务；在提供的各类健康教育咨

询服务中，最多的是老年营养指导、保健养生和常见疾病预防，详见图
4－87；在提供的心理慰藉服务中，沟通、情绪疏导和心理咨询是最常见
的三种服务，见图4－88；在保健康复服务中，按摩服务是提供最多的服
务，36.36%的机构提供按摩服务，肌肉训练、中医传统保健和其他服务
均为18.18%，详见图4－89。

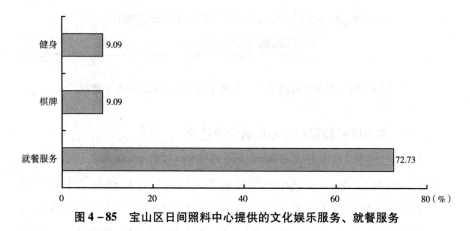

图4－85　宝山区日间照料中心提供的文化娱乐服务、就餐服务

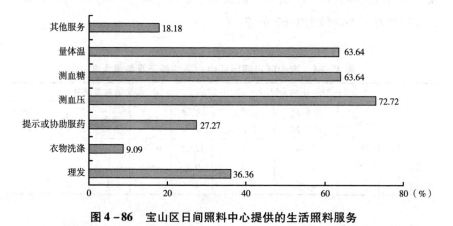

图4－86　宝山区日间照料中心提供的生活照料服务

在宝山区日间照料服务机构中，有3家机构报告了本机构服务项
目有社会组织承接服务项目的情况，服务的主要内容为委托运营管理、
老年人居家服务等。在机构服务特色方面，1家机构报告认为自身有特
色服务提供。在服务收费方面，收费主要包括助餐、管理费两个
类别。

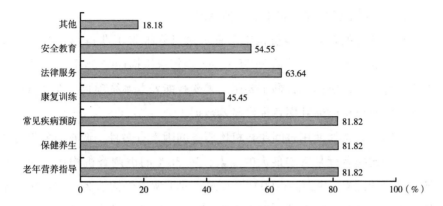

图 4 – 87　宝山区日间照料中心提供的健康教育咨询服务

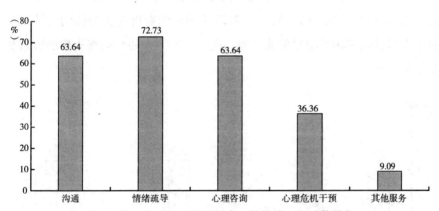

图 4 – 88　宝山区日间照料中心提供的心理慰藉服务

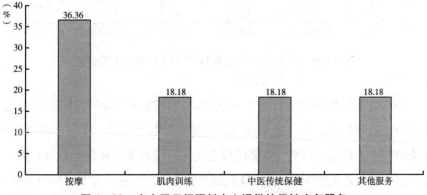

图 4 – 89　宝山区日间照料中心提供的保健康复服务

（五）宝山区日间照料中心其他情况

在被调查的日间照料机构中，有 1 家机构报告了获得政府补贴的情况，共计获得各类政府补贴 35 万元，平均每家机构接受 35 万元。从补贴费用内容看，该机构的补贴主要用于采购智能养老系统项目。在经营业绩方面，没有机构能够并愿意提供经营数据。

影响老人选择使用日间照料机构服务的因素有多种，调查对象报告显示，交通便捷程度是影响最大的因素，36.36% 的被调查机构均认为这是最为重要的因素（见图 4-90）。63.64% 的被调查机构认为，到本机构来的老人数量还是比较多的，但也有 36.36% 的被调查机构认为，到本机构来的老人数量不多。72.73% 的被调查机构认为，他们在经营中能够留住老人在本机构使用服务，但仅有 27.27% 的被调查机构认为他们能从服务的老人那里收到相关项目的服务费。此外，9.09% 的被调查机构能够做到多元化赢利。

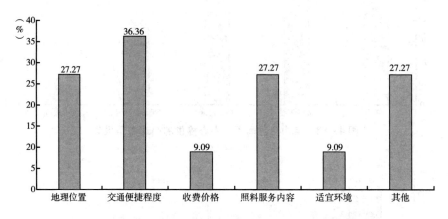

图 4-90　影响宝山区日间照料中心入住率的主要因素

被调查服务机构中，仅有 1 家服务机构是连锁经营的日间照护机构。在政府支持帮助建议上，被调查机构主要提出如下建议：第一，希望相关政府部门给予日间照料机构更多的资金支持、场地支持和业务指导；第二，提高接受服务老人的待遇，提高他们的支付能力；第三，加强日间照料机构的宣传力度，文化娱乐活动实现社区资源共享，增加社会各界的公益赞助等；第四，提高助餐的针对性、配餐的多样性，建立老人特色的个人用餐档案。

二　宝山区长者照护之家发展现状

宝山区长者照护之家调查共获得有效样本 4 家，从服务机构类型看，1 家为非营利性机构，3 家为营利性机构；从服务机构地理区位看，中环线以外、外环线以内为 1 家，外环线之外为 3 家；从机构开始运营时间来看，被调查的长者照护之家均在 2017 年及之后开始运营，各年份运营机构数量如图 4 - 91 所示。

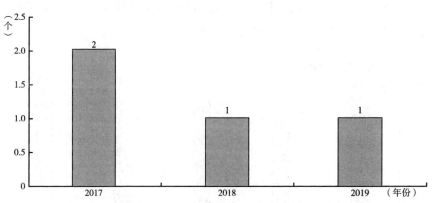

图 4 - 91　宝山区长者照护之家开始运营数量的时间分布

（一）宝山区长者照护之家硬件设置情况

（1）设施面积与功能区域设置

在长者照护之家机构设施面积上，调查结果显示，单个机构建筑总面积平均值为 932.50 平方米，在被调查的机构中只有一家机构提供了老年人居室总（使用）面积为 210.00 平方米，也只有一家机构提供居室内单床的使用面积平均值为 2.40 平方米（见表 4 - 85）。

表 4 - 85　宝山区长者照护之家各项面积统计

单位：平方米

	总建筑面积	老年人居室总（使用）面积	床均建筑面积	居室单床使用面积
平均	932.50	210.00	—	2.40
标准差	631.58	0	—	0
观测数	4	1	0	1

在被调查的长者照护之家中，有3家机构设置了独立的出入口。从机构用房性质看，其中2家机构的用房属于居住类用房，其余为非居住类用房或其他类型用房。从机构的周边环境看，机构周边300米范围内，有公共绿化或花园的有4家，有室外公共活动场所的有2家。

从机构内基本生活辅助用房的配置情况看，各类型辅助用房配置的比例均比较高，其中，公共卫生间、公用浴室和污物处理间比例最高，达到100%，如图4-92所示。总体看，在单个机构内，公共卫生间设置数量最多，平均值为2.33间，餐厅、公用浴室、厨房操作间和污物处理间平均每家机构设置为1～2间，如表4-86所示。

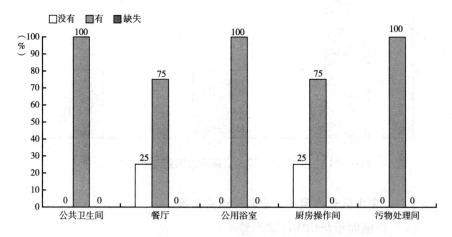

图4-92 宝山区长者照护之家基本生活辅助用房配置情况

表4-86 宝山区长者照护之家基本生活辅助用房配置数量及面积

单位：间，平方米

	公共卫生间		餐厅		公用浴室		厨房操作间		污物处理间	
	房间数	共计面积	房间数	共计面积	房间数	共计面积	房间数	共计面积	房间数	共计面积
平均	2.33	—	1.00	—	2.00	—	1.00	—	1.00	—
标准差	1.53	—	0	—	1.73	—	0	—	0	—
观测数	4	0	2	0	3	0	2	0	3	0

在医疗保健用房配置上，康复训练室的配置比例最高，达到50%，仅有25%的机构设有医务室/卫生室，其他医疗保健用房基本没有配置，

如图 4 - 93 所示。在公共活动用房配置方面，棋牌室是配置比例最高的公共活动用房，有 75% 的机构设置了棋牌室。此外，手工制作室、多功能厅、健身室和电影/电视室也是配置比例较高的活动用房，见图 4 - 94所示。

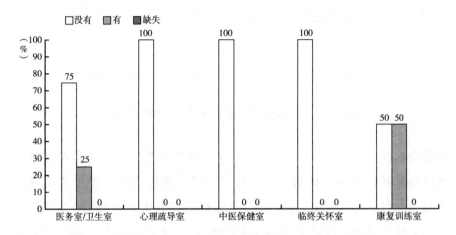

图 4 - 93　宝山区长者照护之家医疗保健用房配置情况

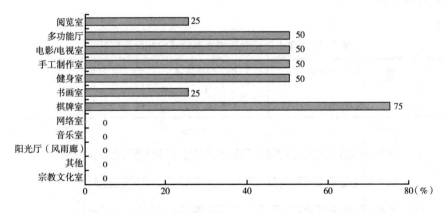

图 4 - 94　宝山区长者照护之家公共活动用房配置情况

（2）服务设备配置

在服务设备配置上，宝山区长者照护之家中康复训练器、功能轮椅、多功能护理床和防压疮垫是配置比例最高的，75% 的机构配备此类设备；其次是健身器材，达到 50% 的配置比例，如图 4 - 95 所示。

在消防设施的配置方面，宝山区长者照护之家中各类消防设施的

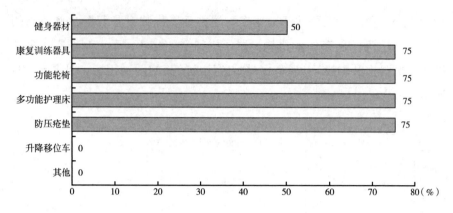

图4-95 宝山区长者照护之家服务设备配置情况

配置相对较全面（见表4-87）。在安全设施配置方面，各类安全防护设置的配置较全面（见图4-96），18.75%的机构已经使用老人定位设备。在智慧养老设施配置方面，2家机构设置了互联网络，2家机构配置了智能检测系统设备（如表4-88）。在4家机构中，都配置了应急电源设备。

表4-87 宝山区长者照护之家消防设施配置情况

	灭火器、消防栓	消防喷淋系统	自动火灾报警
无	0	1	0
有	4	3	4

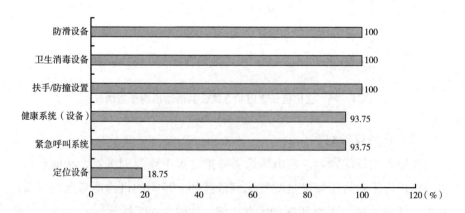

图4-96 宝山区长者照护之家各类安全设施配置情况

表 4 - 88　宝山区长者照护之家智慧养老设施配置情况

	互联网络	物联网设施	智能检测系统设备	远程医疗设备
没有配置	2	2	0	1
配置	2	0	2	1
缺失	0	2	2	2

　　从机构设置床位数看，宝山区长者照护之家平均每家机构设置床位数为 36.20 张，其中，护理床位数平均值为 20.40 张（如表 4 - 89）。在 4 家机构中，有 2 家机构报告配置了认知症照护床位，共计 234 张认知症照护床位。

表 4 - 89　宝山区长者照护之家床位配置情况

	床位数	护理床位数
平均	36.20	20.40
标准差	13.41	18.77
观测数	4	4

（二）宝山区长者照护之家人员配置情况

（1）护理员

　　宝山区被调查 4 家长者照护之家机构内护理员总数为 19 人，平均每家机构护理员为 4.75 人。护理员来自安徽、江苏居多。从护理员的年龄结构看，以 50 岁以上年龄群为主，其中，41～50 岁占比 42.11%，51 岁及以上占比 52.63%，如表 4 - 90 所示。从护理员的学历构成看，以初中及以下学历为主，占比 68.42%，如表 4 - 91 所示。

表 4 - 90　护理员年龄构成

单位：%

	21～30 岁	31～40 岁	41～50 岁	51 岁及以上
占比	0	5.26	42.11	52.63

表 4 - 91　护理员学历构成

单位：%

	初中及以下	高中/中职	大专/高职	本科及以上
占比	68.42	31.58	0	0

（2）医生与护士

仅有 1 家机构报告配备了 1 名医生，学历为大专，职称为主治医师。2 家机构报告共计配置了 2 名护士。从护士的年龄结构看，51 岁及以上 2 人。从护士的学历结构看，2 人均为高职/中职学历。

（3）其他技术人员

在被调查机构中，有 2 家机构报告配备了 2 名康复师，均为接受康复技能专业培训人员。康复师的年龄均为 21～30 岁。从学历结构看，2 人均为大专/高职学历。

在营养师配置上，有 2 家机构报告配备了 2 名营养师。营养师中 21～30 岁 1 人，51 岁及以上 1 人。营养师的学历分布为，高中/中职学历 1 人，本科及以上学历 1 人。

（4）管理人员及其他

在管理人员配置上，4 家机构报告共计配置了 8 名管理人员，平均每家机构配备 2 名管理人员。从管理人员的学历结构看，初中及其以下学历 1 人，高中/中职学历 2 人，大专/高职学历 4 人，本科及以上学历 1 人。从年龄结构看，21～30 岁的 1 人，31～40 岁的 2 人，41～50 岁的 3 人，51 岁及以上的 2 人。

4 家被调查机构报告了员工总人数，平均每家机构员工数为 9 人。近一年内，员工离职人数共计为 3 人。截至调查时间点，在服务志愿者及义工人数如表 4 - 92 所示。其中，志愿者提供服务主要有各类慰问康乐服务以及陪聊沟通等。此外，被调查机构中，仅有 1 家设立了护理站。

（三）宝山区长者照护之家管理制度情况

从宝山区被调查长者照护之家的各项管理制度设置看，各机构均设置了各类管理制度，且设置的比例均比较高，如图 4 - 97 所示。在老年人服务档案制度中，重点规范各类老年人服务档案的建设，各类老年人服务档案包含的主要信息情况如图 4 - 98 所示。

表 4 -92　宝山区长者照护之家工作人员统计数据

	员工总人数	最近一年内离职人数	目前在服务志愿者人数	目前在服务义工人数
平均	9.00	0.75	7.50	0
标准差	2.92	1.34	15.00	0
观测数	4	4	4	4

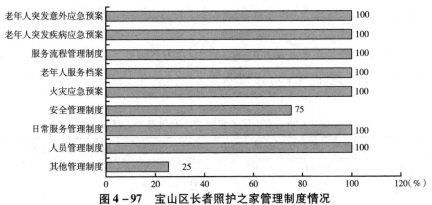

图 4 -97　宝山区长者照护之家管理制度情况

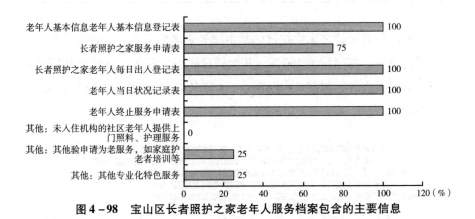

图 4 -98　宝山区长者照护之家老年人服务档案包含的主要信息

（四）宝山区长者照护之家服务水平情况

宝山区长者照护之家，在被调查时过去的一周内，每家每天服务老人数的平均值为 18.40 人，其中，半失能老人数为每家机构每天平均为 8.00 人，全失能老人每家机构每天平均为 5.60 人。各失能等级对应的人数如表 4 -93 所示。从被服务老人住家与长者照护之家之间的最远距离看，平均值为 37.67 公里。

表4-93　宝山区长者照护之家平均每天服务人数

	每天服务老人数			按失能等级区分				
	总人数	半失能老人数	全失能老人数	正常老人	1级	2级	3级	4级及以上
平均	18.40	8.00	5.60	11.00	—	—	1.00	15.00
标准差	7.34	6.44	4.39	—	—	—	—	9.90
观测数	4	4	4	1	0	0	1	2

1家机构提供了老人入住时间，平均值为90.00天。收住等级为4级及以上的老人每家机构平均为15.00人。

表4-94　宝山区长者照护之家服务老人情况

	每位老人入住时间(天)	出机构后需继续护理人数	收住4级及以上老人
平均	90.00	—	15.00
标准差	—	—	—
观测数	1	0	1

宝山区长者照护之家中提供的基本服务最多的两种是住宿服务和个人生活照料服务，占比均为100%，其次是日间护理服务、日间康复服务和日间生活照料服务，如图4-99所示。4家长者照护之家均提供助餐服务和助浴服务。

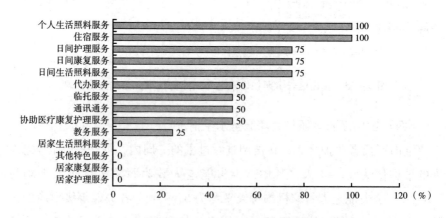

图4-99　宝山区长者照护之家提供的基本服务

宝山区被调查长者照护之家中，4 家机构均设立了老人入住筛选标准，2 家机构设立了老人出院评估标准。2 家长者照护之家报告了床位的轮转时间，平均而言，床位轮转时间为 135 天。

长者照护之家中，白天平均每家机构有 3～4 名养老护理员在岗，晚上有 1～2 名养老护理员在岗。在被调查的机构中，有 3 家机构拥有承接本机构服务项目的社会组织，承接的服务项目主要有委托运营管理、为老服务等。在被调查的长者照护之家中，有 2 家机构报告提供特色服务项目。

（五）宝山区长者照护之家其他情况

在被调查长者照护之家中，有 1 家机构提供了政府财政补贴情况，补贴为开办费补贴，总额为 10 万元。4 家机构均不提供经营收入与成本开支数据。

对影响长者照护之家入住率的主要因素，照料服务内容、收费价格和交通便捷程度是最为重要的影响因素（见图 4－100）。4 家机构均认为到本机构的老人比较多。

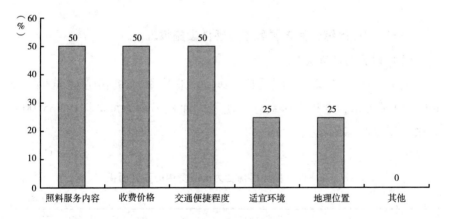

图 4－100　影响宝山区长者照护之家入住率的主要因素

被调查机构对政府提供支持帮助长者照护之家运营的建议，主要为：一是提高护理人员的配置及其工作技能和水平；二是加强长者照护之家的文化、娱乐等软件配套服务；三是提高政府的支持和家属的理解。在被调查机构中有 2 家机构是连锁化经营。

三 宝山区综合为老服务中心发展现状

宝山区综合为老服务中心调查共获得有效样本 6 家，从服务机构类型看，6 家被调查机构均为非营利性机构；从服务机构地理区位看，中环线以外、外环线以内 2 家，外环线以外 4 家；从机构开始运营时间来看，机构均在 2015 年及之后开始运营，各年份运营机构数量如图 4 - 101 所示。

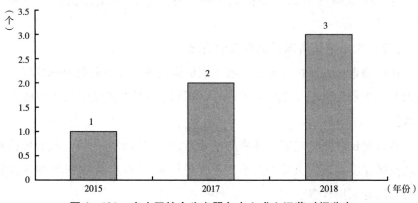

图 4 - 101　宝山区综合为老服务中心成立运营时间分布

（一）宝山区综合为老服务中心硬件设施情况

（1）设施与功能区域

宝山区被调查综合为老服务中心，平均每家机构的建筑面积为1469.60 平方米，老年人居室总（使用）面积平均为每家机构 465.00 平方米，如表 4 - 95 所示。

表 4 - 95　宝山区综合为老服务中心设施面积

单位：平方米

	总建筑面积	老年人居室总(使用)面积
平均	1469.60	465.00
标准差	1234.94	49.50
观测数	5	2

在被调查的 6 家机构中，有 5 家机构设有独立的出入口。从机构用房性质看，有 5 家机构的用房属于非居住类，1 家属于其他房屋。被调查机

构中，6 家机构周边 300 米范围内均有公共绿化或花园，周边 300 米范围内均有室外公共活动场所。

在各类基本生活辅助用房配置上，公共卫生间是配置最高的生活辅助用房，6 家被调查机构均有配置，如图 4－102 所示。其中，公共卫生间的数量是各类基本生活辅助用房中配置最多的，平均每家机构的卫生间数量在 3.33 间，平均面积达到 26.75 平方米。其余各类生活辅助用房的间数平均每家机构 1~2 间，如表 4－96 所示。

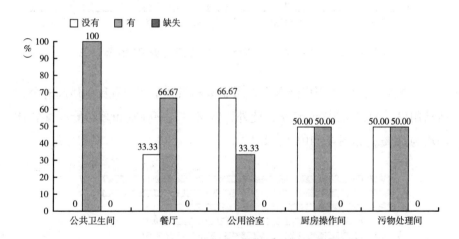

图 4－102 宝山区综合为老服务中心基本生活辅助用房配置

表 4－96 宝山区综合为老服务中心基本生活辅助用房配置数量及面积

单位：间，平方米

	公共卫生间		餐厅		公用浴室		厨房操作间		污物处理间	
	房间数	共计面积	房间数	共计面积	房间数	共计面积	房间数	共计面积	房间数	共计面积
平均	3.33	26.75	1.00	100.90	2.00	—	1.00	60.65	1.50	20.00
标准差	2.58	15.56	0	27.01	1.41	—	0	36.27	0.71	0
观测数	6	4	4	2	2	0	4	2	2	1

在医疗保健用房配置上，1/3 的被调查机构配置了医务室/卫生室、心理疏导室、中医保健室和康复训练室，但是所有机构均没有设置临终关怀室，如图 4－103 所示。

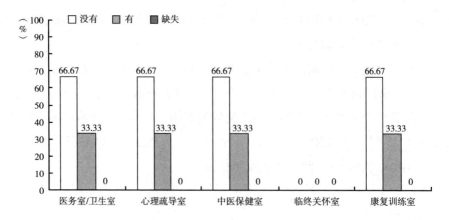

图 4-103 宝山区综合为老服务中心医疗保健用房配置情况

在各类公共活动用房配置上，阅览室和棋牌室是配置比例最高的公共活动用房，配置均为 66.67%，此外，网络室、书画室和多功能厅配置比例均为 50%，如图 4-104 所示。

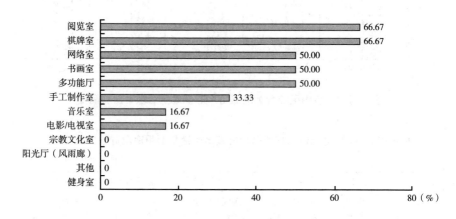

图 4-104 宝山区综合为老服务中心公共活动用房配置情况

（2）服务设备配置

被调查综合为老服务中心配置的各类服务设备中，康复训练器具、功能轮椅和健身器材是配置比例较高的服务设置，超过 50.00% 的被调查机构配置了这类服务设备。各类服务设备的配置情况如图 4-105 所示。

在消防设施的配置上，被调查机构的各类消防设施配置比例均比较

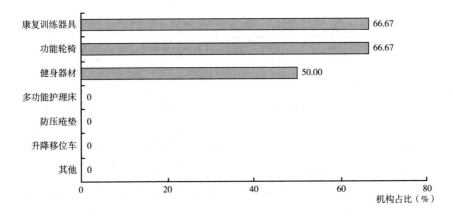

图 4 – 105　宝山区综合为老服务中心服务设备配置

高，如表 4 – 97 所示。在综合为老服务中心内，扶手/反转装置、防滑设备、卫生消毒设备的配置比例最高，如图 4 – 106 所示。在智慧养老设施的配置上，除互联网络外，其他各类智慧养老智能设备几乎没有配置，如表 4 – 98 所示。

表 4 – 97　宝山区综合为老服务中心消防设施配置情况

	灭火器、消防栓	消防喷淋系统	自动火灾报警	其他
无	0	0	0	0
有	6	5	5	0
缺失	0	0	0	6

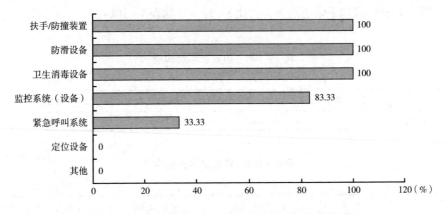

图 4 – 106　宝山区综合为老服务中心安全设备配置情况

表4-98 宝山区综合为老服务中心智慧养老设施配置情况

	互联网络	物联网设施	智能检测系统设备	远程医疗设备
没有配置	3	3	0	0
配置	3	0	0	0
缺失	0	3	6	6

从被调查综合为老服务中心设置的床位数量来看，共计2家机构报告了床位数量，平均每家机构设置20张床。此外，平均每家机构设置约4张护理床位，如表4-99。在被调查的机构中，有2家机构设有社区卫生服务中心延伸医务室/站。

表4-99 宝山区综合为老服务中心设置床位数

	总床位数	护理床位数
平均	20.00	4.00
标准差	0	8.94
观测数	2	5

（二）宝山区综合为老服务中心人员配置情况

（1）护理员

在被调查机构中，6家机构报告配备了28名护理员，平均每家机构配备了4.67名护理员，护理员主要来自安徽。从护理员的年龄构成看，41～50岁占比28.57%，51岁及以上占比50.00%（如表4-100）。从护理员的学历结构看，以初中及以下学历居多，占比82.14%（如表4-101）。

表4-100 护理员年龄构成

单位：%

	21～30岁	31～40岁	41～50岁	51岁及以上
占比	7.14	14.29	28.57	50.00

表4-101 护理员学历构成

单位：%

	初中及以下	高中/中职	大专/高职	本科及以上
占比	82.14	17.86	0	0

（2）医生和护士

被调查机构中，仅有 1 家机构报告配备了 2 名医生，医生的职称均为主治医师或以下，学历为本科。

在护士人员配置上，仅有 1 家机构报告配备了 1 名护士，年龄为 41～50 岁，高中/中职学历。

（3）其他技术人员

在被调查的 6 家机构中，均未报告配有康复师和营养师。

（4）管理人员及其他

在管理人员配置上，6 家被调查机构报告人数配置情况，共计有 22 名管理人员，平均每个机构配备 3.67 名管理人员。从管理人员的学历结构看，初中及以下学历 1 人，高中/中职学历 4 人，大专/高职学历 13 人，本科及以上学历 4 人。从年龄结构看，21～30 岁的 1 人，31～40 岁的 7 人，41～50 岁的 11 人，51 岁及以上的 3 人。

6 家被调查机构均报告了员工总人数，平均每家机构员工数为 11.50 人。近一年内，员工离职人数共计为 1 人。6 家被调查机构均无义工和志愿者服务。6 家机构均未设置护理站。在被调查机构中，有 4 家机构配备了养老顾问，养老顾问主要来自本机构及政府，服务时间主要集中在工作日正常上班时间。

表 4 - 102　宝山区综合为老服务中心员工及志愿者/义工人数

	员工总人数	最近一年内离职人数	目前在服务志愿者人数	目前在服务义工人数
平均	11.50	0.17	0	0
标准差	10.06	0.41	0	0
观测数	6	6	6	6

（三）宝山区综合为老服务中心管理制度情况

从管理制度设置看，宝山区综合为老服务中心内各项管理制度设置较为全面，如图 4 - 107 所示。在老年人服务档案中，基本信息、服务申请、当日状况记录等信息是记录比例高的信息，如图 4 - 108 所示。

（四）宝山区综合为老服务中心服务水平情况

宝山区综合为老服务中心，在被调查时过去的一周内，平均每家机构

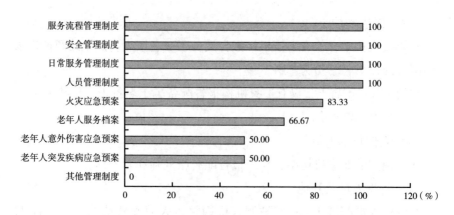

图 4－107　宝山区综合为老服务中心管理制度设置

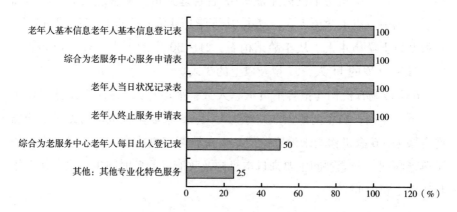

图 4－108　宝山区综合为老服务中心老年人服务档案记录的主要信息

每天服务老人数为 27.67 人，其中，半失能老人数为 10.33 人，全失能老人数为 13.67 人。从开业运营时间看，截至调查时间，平均运营时长为 46.00 个月，如表 4－103 所示。从被服务老人住家与综合为老服务中心地理距离看，最远距离平均值为 4.00 公里。

表 4－103　宝山区综合为老服务中心服务人数

	每天服务老人数			自机构运营以来运营时长（月）
	总人数	半失能老人数	全失能老人数	
平均	27.67	10.33	13.67	46.00
标准差	14.42	7.64	13.05	3.88
观测数	6	3	3	6

宝山区综合为老服务中心提供各类生活照料服务中，最多的是助餐，83.33%的机构均提供助餐服务；其次是助浴和洗手，有 66.67% 的被调查机构提供此类服务。此外，送餐上门等也是提供比例较高的服务，如图 4－109 所示。

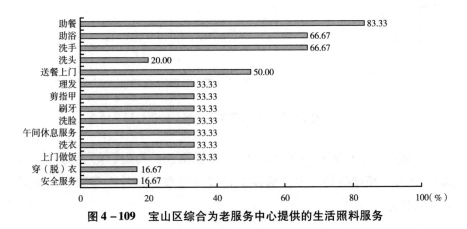

图 4－109　宝山区综合为老服务中心提供的生活照料服务

综合为老服务中心提供的各类护理服务中，最多的是提示或协助服药、口腔护理、褥疮护理和术后康复护理，有 16.67% 的被调查机构提供此类服务，其他各类护理服务几乎不提供，如图 4－110 所示。6 家机构均未设立护理站。

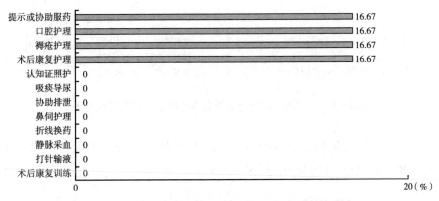

图 4－110　宝山区综合为老服务中心提供的护理服务

在提供的医疗服务中，16.68% 的被调查机构提供按摩、联系紧急救护、陪同就医、营养指导和日常健康管理，其余各类服务如图 4－111 所示。

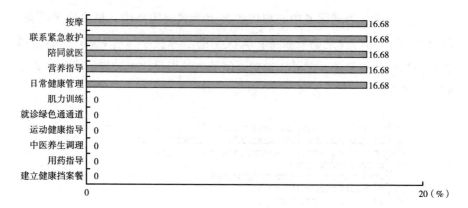

图4-111　宝山区综合为老服务中心提供的医疗服务情况

在提供的精神慰藉服务中，100%的被调查机构提供陪聊（言语沟通），此外，情绪疏导、生活陪伴也是提供较多的精神慰藉服务，如图4-112所示。

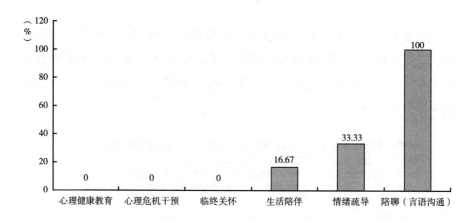

图4-112　宝山区综合为老服务中心提供的精神慰藉服务

在提供的文化娱乐服务中，有超过50%的被调查机构提供棋牌、看书看报、书画学习等娱乐活动，其他各类服务提供情况如图4-113所示。

在被调查的综合为老服务中心中，有1家机构提供照料者服务技术指导，有1家机构提供喘息服务，还有4家机构为老人提供上门服务。在4家为老人提供上门服务的机构中，100%的机构提供助餐助浴，50%的提

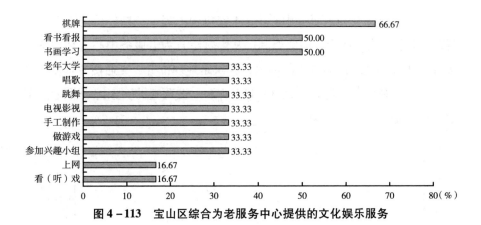

图 4 - 113　宝山区综合为老服务中心提供的文化娱乐服务

供护理服务，但是都不提供医疗服务。

在被调查机构中，有 4 家机构实现了"一网覆盖"信息管理，建成了本区域统一网络门户和数据库；有 4 家机构设有"一站式"办事窗口；3 家机构实施老人统一需求评估与审核；1 家机构实现综合体公共服务平台的枢纽作用；4 家机构能够整合各种综合为老服务资源，实现"一体化资源统筹"。此外，2 家机构有承接本机构服务项目的社会组织，最主要的是委托运营管理。服务项目主要是保洁、洗涤和生活护理等为老服务，6 家机构均无有特色服务项目。

（五）宝山区综合为老服务中心其他情况

被调查综合为老服务中心有 1 家机构提供了政府财政补贴情况，获得了 178.00 万元的政府补贴，其中开办费补贴总额为 60.00 万元，年度补贴共计 118.00 万元。补贴内容主要用于购买服务费。6 家机构均未提供经营收入数据和成本开支数据，统计结果如表 4 - 104 所示。

表 4 - 104　宝山区综合为老服务中心接收政府财政补贴统计

单位：万元

	政府财政补贴			自开业以来获得经营收入	自开业以来支付各类成本费用
	补贴总额	包含开办补贴	包含年度补贴		
平均	178.00	60.00	118.00	—	—
标准差	0	0	0	—	—
求和	178.00	60.00	118.00	—	—
观测数	1	1	1	0	0

在被调查综合为老服务中心中，4 家机构汇报了长期经营能否赢利的问题，4 家机构均认为不能够赢利。从影响综合为老服务中心入住率的因素看，适宜环境是最为重要的因素，其次是地理位置、交通便捷程度、收费价格和照料服务内容，如图 4 – 114 所示。被调查的 6 家综合为老服务中心都不是连锁经营机构。

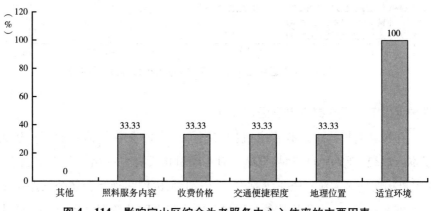

图 4 – 114　影响宝山区综合为老服务中心入住率的主要因素

（施毓凤　程洪涛）

第四节　松江区社区养老发展现状

一　松江区日间照料中心发展现状

松江区日间照料中心调查共获得有效样本 18 家，从服务机构类型看，此 18 家皆为非营利性机构；从服务机构地理区位看，中环线以外、外环线以内 1 家，外环线以外 17 家；从机构开始运营时间来看，88.9% 的日间照料中心于 2011 年及之后开始运营，各年份开始运营的机构数量如图 4 – 115 所示。

（一）松江区日间照料中心硬件设施情况

（1）设施面积与功能区域设置

在日间照料服务机构设施面积上，调查结果显示，建筑总面积平均值

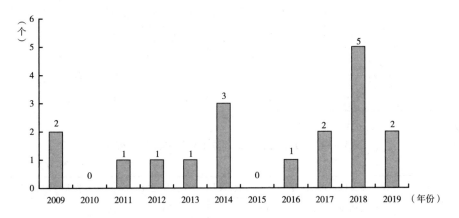

图4－115 松江区日间照料中心开始运营数量的时间分布

为661.53平方米，使用面积平均值为585.41平方米，室外活动场地面积平均值为651.06平方米，室外绿地面积平均值为533.33平方米（见表4－105）。

表4－105 松江区日间照料中心设施面积

单位：平方米

	总建筑面积	使用面积	室外活动场地面积	室外绿地面积
平均	661.53	585.41	651.06	533.33
标准差	475.88	488.68	969.99	848.40
观测数	17	17	16	15

在被调查的日间照料中心中，设置比例最高的基本服务区域为公共活动区域，占比为100.00%，设置比例较高的基本服务区域为生活服务区域和保健服务区域，占比分别为89.00%和83.34%，设置服务保障区域的比例为72.22%（见表4－106）。从各个服务区域面积来看，公共活动区域平均面积最大，为196.43平方米；生活服务区域平均面积为189.23平方米，详见表4－107。83.34%的机构设置了保健服务区域，11家提供保健服务区域面积的被调查机构数据显示，保健服务区域的平均面积为174.55平方米。

表4-106　松江区日间照料中心中基本服务区域设置

	生活服务区域	公共活动区域	保健服务区域	服务保障区域
无	1(5.55%)	0(0%)	1(5.55%)	3(16.67%)
有	16(89.00%)	18(100.00%)	15(83.34%)	13(72.22%)
缺失	1(5.55%)	0(0%)	2(14.4.11%)	2(14.4.11%)

表4-107　松江区日间照料中心中基本服务区域面积

单位：平方米

	生活服务区域面积	公共活动区域面积	保健服务区域面积	服务保障区域面积
平均	189.23	196.43	174.55	72.73
标准差	267.22	258.21	179.69	55.69
观测数	13	14	11	11

基本生活辅助用房配置中，公共卫生间和餐厅是配置比例高的辅助用房，其次为公用浴室和厨房操作间，污物处理间的配置比例最低，为44.44%，如图4-116所示。对提供各类基本生活辅助用房面积的样本进行统计，结果显示，餐厅的平均面积最大，为130.40平方米；污物处理间的面积最小，平均面积为7.91平方米。各类生活辅助用房面积统计数据如表4-108所示。

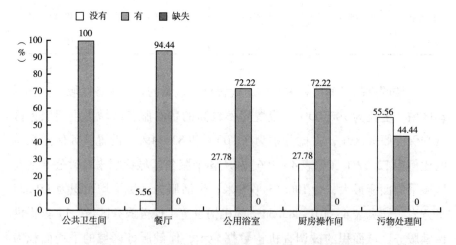

图4-116　松江区日间照料中心生活辅助用房配置

表 4 -108　松江区日间照料中心生活辅助用房配置面积

单位：平方米

	公共卫生间面积	餐厅面积	公用浴室面积	厨房操作间面积	污物处理间面积
平均	21.68	130.40	38.51	29.42	7.91
标准差	10.52	278.15	34.43	19.87	5.44
观测数	15	15	12	12	10

　　在医疗保健用房配置上，松江区的日间照料中心中，心理疏导室的配置率最高，达到 72.22%；其次为医务室/卫生室和康复训练室，配置率达到 55.56%。中医保健室和临终关怀室的配置比例较低，仅分别为 33.33% 和 11.11%（如图 4 -117）。对提供医疗保健用房面积的机构进行统计，结果显示，康复训练室和医务室/卫生室的配置面积较大，平均面积分别为 58.82 平方米和 41.70 平方米，其他数据如表 4 -109 所示。

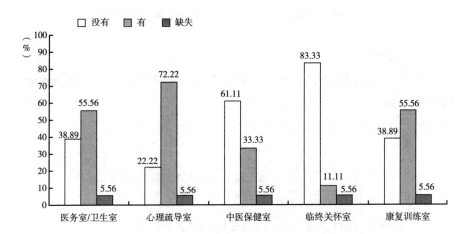

图 4 -117　松江区日间照料中心医疗保健用房配置

表 4 -109　松江区日间照料中心医疗保健用房面积

单位：平方米

	医务室/卫生室	心理疏导室	中医保健室	康复训练室
平均	41.70	23.77	10.20	58.82
标准差	36.15	24.35	8.80	54.22
观测数	10	13	10	11

在公共活动用房配置上，阅览室、电影/电视室、多功能厅和棋牌室是配置较多的公共活动用房，其他公共活动用房配置情况如图4–118所示。

此外，有16家被调查机构报告设置了办公用房，平均办公用房面积约为31.62平方米；8家被调查机构报告还设置了其他用房。

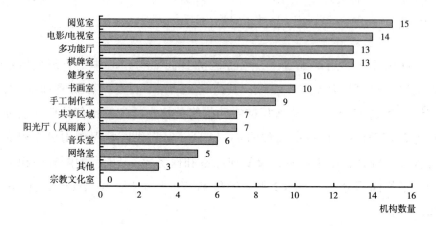

图4–118　松江区日间照料中心公共活动用房配置情况

（2）服务设备配置

在服务设备配置方面，松江区被调查的日间照料中心中，功能轮椅、康复训练器具是配置比例高的服务设置，占比分别达到72.22%和66.67%，其他服务设置的配置情况如图4–119所示。

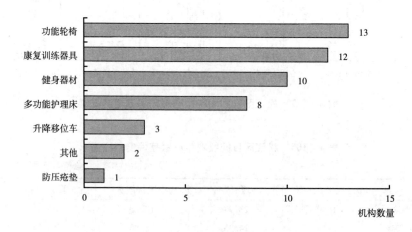

图4–119　松江区日间照料中心服务设施配置情况

在消防设施配置上，除 1 家机构外，其他服务机构均配置不同类型的消防设施，灭火器、消防栓是最为常见的设施，此外，也有 7 家机构配置了自动火灾报警系统。各类安全设施的配置方面，已经有一半以上的机构配置了基本相应设施，如图 4-120 所示。在智慧养老设施上，设置的配置比例不高，在已告知的机构信息中，仅有 50% 的机构配置互联网络，远程医疗设备等其他智慧养老设施的配置比例均比较低，见表 4-111。

表 4-110 松江区日间照料中心的消防设施配置情况

	灭火器、消防栓	消防喷淋系统	自动火灾报警	其他
无	0	5	9	0
有	17	10	7	2
缺失	1	3	2	16

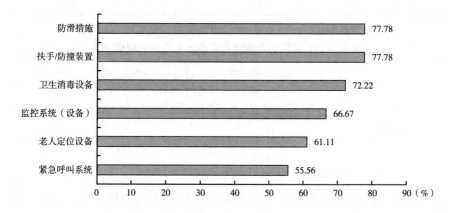

图 4-120 松江区日间照料中心安全设施配置情况

表 4-111 松江区日间照料中心智慧养老设施配置情况

	互联网络	物联网设施	智能检测系统设备	远程医疗设备
没有配置	3	7	6	9
配置	9	5	6	3
缺失	6	6	6	6

松江区被调查日间照料中心中，12 家机构配备了应急电源设备，1 家机构配备了老人接送车辆，2 家机构配备了物品采购车辆。其中，14 家机

构报告服务场所设置在建筑物的一层或底层，4家机构报告设置在建筑物的二层及以上楼层，除1家机构未配置电梯外，其他3家均配置了电梯或无障碍设施。

在服务设施中，平均每家机构设置床位数为9.21张，部分机构设置了护理床位。老人休息室平均每家机构设置4.38间，单间容纳老人数平均值为17.06人。老人服务设施的其他信息如表4-112和表4-113所示。在被调查的18家日间照料中心中，有6家机构设置了护理站。

表4-112 松江区日间照料中心老人服务设施信息

	总床位数	护理床位数	老人休息室数	单间容纳老人数
平均	9.21	3.95	4.38	17.06
标准差	12.98	8.34	0.48	14.81
观测数	14	12	16	16

表4-113 松江区日间照料中心老人用房的规格设置

	房门净宽度（厘米）	室内走道净宽度（厘米）
平均	119.76	185.63
标准差	55.42	167.70
观测数	17	16

（3）服务设施辨识度

在松江区被调查的18家日间照料中心中，有8家机构对其外观建筑做过色调处理以增加机构的辨识度；16家服务机构的外观具有醒目的标识；15家服务机构具有独立的出入口。

（二）松江区日间照料中心人员配置情况

（1）护理员

松江区被调查机构中的16家报告了护理员数量，共计83人，平均每家机构护理员5.19人。护理员大部分来自本地。从护理员的年龄构成上看，54.22%的护理员年龄在51岁及以上，各年龄段分布如表4-114所示。从护理员的学历构成看，以初中及以下为主，占比为73.49%，其他学历构成如表4-115所示。

表 4 – 114　护理员年龄构成

单位：%

	21 ~ 30 岁	31 ~ 40 岁	41 ~ 50 岁	51 岁及以上
占比	0	14.46	31.32	54.22

表 4 – 115　护理员学历构成

单位：%

	初中及以下	高中/中职	大专/高职	本科及以上
占比	73.49	26.51	0	0

（2）医生与护士

在被调查的日间照料中心中，有 10 家机构报告配备了 15 名医生，其中兼职医生人数为 7 人。从医生的职称结构看，主要是主治医师及以下。从医生的学历结构看，13 人为专科学历，2 人为本科学历。

在护士的配备上，有 10 家机构报告配置了 15 名护士。从年龄构成上看，21 ~ 30 岁的 1 人，31 ~ 40 岁的 3 人，41 ~ 50 岁的 4 人，51 岁及以上的 7 人。从学历构成看，高中/中职学历 13 人，大专/高职学历 2 人。

（3）其他技术人员

在康复师的配置上，7 家机构报告配置了 8 名康复师。从年龄结构看，21 ~ 30 岁的 1 人，31 ~ 40 岁的 2 人，41 ~ 50 岁的 5 人。从学历结构看，高中/中职学历 5 人，大专/高职学历 2 人，本科及以上学历 1 人。

在营养师的配置上，仅有 3 家机构报告配备了 3 名营养师。从营养师的年龄结构看，31 ~ 40 岁的 1 人，41 ~ 50 岁的 2 人。从学历结构看，大专/高职学历 2 人，本科及以上学历 1 人。

（4）管理人员及其他

在管理人员配置上，共计 16 家机构报告配置了 36 名管理人员，平均每家机构配备 2.25 名管理人员。从管理人员的学历结构看，初中及以下学历 4 人，高中/中职学历 10 人，大专/高职学历 12 人，本科及以上学历 10 人。从年龄结构看，21 ~ 30 岁的 2 人，31 ~ 40 岁 3 人，41 ~ 50 岁的 19 人，51 岁及以上的 12 人。

被调查的 18 家日间照料中心都报告了员工总人数，共计 261 人，平均每家机构员工数为 14.5 人。近一年内，员工离职人数共计为 15 人。截至调查时间点，在服务志愿者平均每家机构 22.85 人，在服务义工平均每家机构 1.27 人，如表 4-116 所示。其中，志愿者提供服务主要有直接服务于老人的各类小组活动、文娱活动、陪伴聊天、节目表演；服务于日间照护机构管理的维护秩序、登记宣告、人员疏导、法律咨询、卫生清洁等；义工提供的服务主要为照料疏导、陪伴老人、打扫卫生等。

表 4-116　松江区日间照料中心工作人员统计数据

	员工总人数	最近一年内离职人数	目前在服务志愿者人数	目前在服务义工人数
平均	14.50	1.07	22.85	1.27
标准差	32.07	1.91	27.45	2.83
观测数	18	14	14	11

（三）松江区日间照料中心管理制度情况

松江区日间照料中心内，各项管理制度设置均比较全面，如图 4-121 所示。其中，老年人服务档案除老人基本信息登记外，还有日间照料中心服务申请、老人当日状况记录等信息，但实施机构占比较小，如图 4-122 所示。

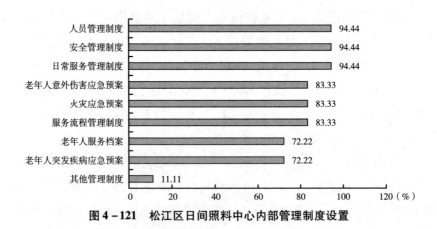

图 4-121　松江区日间照料中心内部管理制度设置

（四）松江区日间照料中心服务水平情况

松江区日间照料中心，在被调查时过去的一周内，每家每天服务老人数的平均值为 17 人，其中，半失能老人每家机构每天平均为 1.23 人，

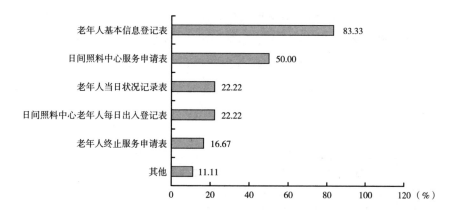

图 4－122　松江区日间照料中心老人服务档案记录的主要信息

全失能老人每家机构每天平均为 0.17 人。每家机构每天服务的老人中，正常老人平均值为 16 人，各失能等级对应的人数如表 4－117 所示。从被服务老人住家与日间照料中心之间的最远距离看，平均值为 3.92公里。

表 4－117　松江区日间照料中心平均每天服务老人数

	每天服务老人数			按失能等级区分				
	总人数	半失能老人数	全失能老人数	正常老人	1 级	2 级	3 级	4 级及以上
平均	17.00	1.23	0.17	16.00	2.14	1.17	0	0.60
标准差	4.24	2.17	0.58	4.58	2.12	1.60	0	1.34
观测数	18	13	12	11	7	6	5	5

　　在被调查的 18 家机构中，77.78% 的服务机构提供就餐服务；提供最多的娱乐服务是棋牌，94.44% 的机构提供此类服务，读书阅览和健身也是主要提供的娱乐服务（见图 4－123）；88.89% 的被调查机构提供午间休息服务；50.00% 的机构提供协助如厕服务；在生活照料服务中，测血压、测血糖是最常见的服务，如图 4－124 所示；在饮食服务中，55.56% 的机构提供送餐上门服务，但被调查的机构中无一家机构提供上门做饭服务；在提供的各类健康教育咨询服务中，较多的是常见疾病预防、保健养生和老年营养指导，详见图 4－125；在提供的心理慰藉服

务中，沟通与情绪疏导是最常见的两种服务，见图4-126；在保健康复服务中，按摩服务是提供最多的服务，66.67%的机构均提供按摩服务，其次为肌肉训练服务，详见图4-127；在6家设立护理站的机构中，护理站主要提供基础护理、专科护理、营养指导、社区康复指导、健康宣教。

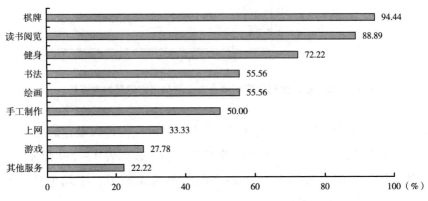

图4-123　松江区日间照料中心提供的文化娱乐服务

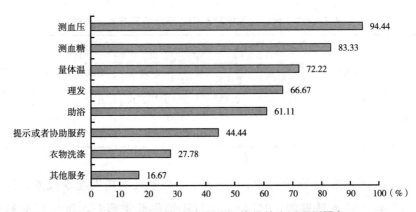

图4-124　松江区日间照料中心提供的生活照料服务

在松江区日间照料服务机构中，有8家机构报告了本机构服务项目有社会组织承接服务项目情况，服务的主要内容为日间照料、托管运营、公益活动、助餐等。在机构服务特色方面，4家机构报告认为自身有特色服务提供。在服务收费方面，收费主要集中在助残、助浴等服务费用和推拿、拔罐等康复费用。

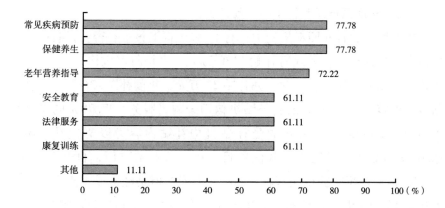

图4-125　松江区日间照料中心提供的健康教育咨询服务

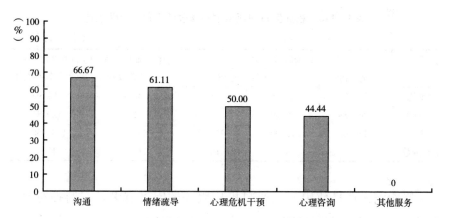

图4-126　松江区日间照料中心提供的心理慰藉服务

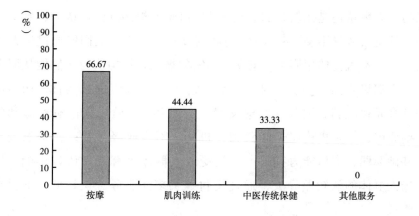

图4-127　松江区日间照料中心提供的保健康复服务

（五）松江区日间照料中心其他情况

在被调查的日间照料机构中，有13家机构汇报了是否获得政府补贴的情况，共计获得各类政府补贴1180万元，平均每家机构90.77万元。在各类补贴的总额中，包含开办补贴22万元，年度补贴236万元。从补贴费用内容看，33.33%的受补贴机构用于购买服务，27.78%的受补贴机构用于水电煤，16.67%的受补贴机构补贴内容为以奖代补，还有16.67%的受补贴机构用于其他项目。在经营业绩方面，自开业以来，18家机构平均每家获得经营收入46.74万元，但是经营成本支出平均每家达到102.98万元，反映了松江区日间照料中心目前的经营困境。

表4-118　松江区日间照料中心接收政府财政补贴统计

单位：万元

	政府财政补贴			自开业以来获得经营收入	自开业以来支付各类成本费用
	补贴总额	包含开办补贴	包含年度补贴		
平均	90.77	2.75	23.60	46.74	102.98
标准差	263.88	5.49	51.48	71.96	129.31
求和	1180.00	22.00	236.00	841.39	1750.58
观测数	13	8	10	18	17

影响老人选择使用日间照料机构服务的因素有多种，调查对象报告显示，地理位置是影响最大的因素，55.56%的被调查机构认为这个因素最为重要（见图4-128）。88.89%的被调查机构认为，到本机构来的老人数量还是比较多的，仅有11.11%的被调查机构认为，到本机构来的老人数量不多。88.89%的被调查机构认为，他们能通过经营留住老人在本机构使用服务，有77.78%的被调查机构认为他们能从服务的老人那里收到相关项目的服务费。此外，22.22%的被调查机构能够做到多元化赢利。被调查对象反馈，出现上述经营中无法有效赢利的主要原因，一是机构属于非营利性机构，不收取服务费；二是老人经济基础薄弱，支付能力有限；三是受老人群体固有观念认识影响，城乡老人群体的认知差异大，通过支付购买多元服务意识较低，支付意愿较低。

被调查服务机构中，有13家服务机构是连锁经营的日间照护机构。

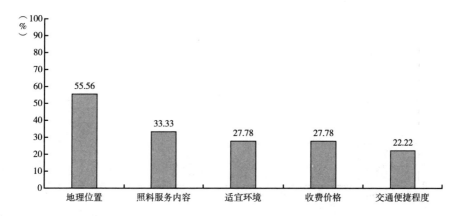

图 4 - 128　影响松江区日间照料中心入住率的主要因素

在政府支持帮助建议上，被调查机构主要提出如下建议：第一，希望更多机构能够享受政府补贴，特别是设施设备等的财政支持，实现各类资源的共享对接。例如，提供医疗及护理资源的支持、提供餐饮多样化的资源支持等。第二，希望政府能够出台标准化文件，例如，配置标准化、医养结合标准化等。第三，增加对从业人员的专业培训，提供与老人相适应的文化活动配套服务。

二　松江区长者照护之家发展现状

松江区长者照护之家调查共获得有效样本 4 家，从服务机构类型看，被调查的 4 家全部为非营利性机构；从服务机构地理区位看，这 4 家的位置都在外环线之外；从机构开始运营时间来看，被调查的长者照护之家均在 2016 年及之后开始运营，各年份运营机构数量如图 4 - 129 所示。

（一）　松江区长者照护之家硬件设置情况

（1）设施面积与功能区域设置

在长者照护之家设施面积上，调查结果显示，单个机构建筑总面积平均值为 1272.25 平方米，老年人居室总（使用）面积平均值为每家 1046.67 平方米，床均建筑面积平均值为 14.00 平方米，居室内单床的使用面积平均值为 12.00 平方米（见表 4 - 119）。

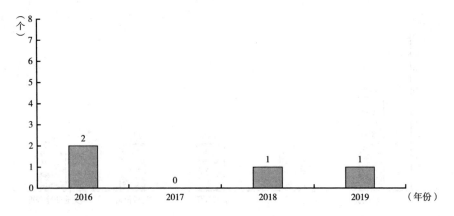

图4-129　松江区长者照护之家开始运营数量的时间分布

表4-119　松江区长者照护之家的各项面积统计

单位：平方米

	总建筑面积	老年人居室总 （使用）面积	床均建筑面积	居室单床 使用面积
平均	1272.25	1046.67	14.00	12.00
标准差	601.47	678.50	8.12	10.68
观测数	4	3	4	4

在被调查的长者照护之家中，4家机构都设置了独立的出入口。从机构用房性质看，2家机构的用房属于居住类用房，1家属于非居住类房屋，1家为其他用房性质。从机构的周边环境看，机构周边300米范围内，有公共绿化或花园的有4家，有室外公共活动场所的有3家。

从机构内基本生活辅助用房的配置情况看，各类型辅助用房配置的比例均比较高，其中，除厨房操作间的配置率为75%外，其他基本生活辅助用房配置都达到了100%，如图4-130所示。总体看，在单个机构内，公共卫生间、餐厅、公用浴室、厨房操作间和污物处理间平均每家机构的设置均为1~2间。从面积看，其中餐厅是每家机构配置面积最大的生活辅助用房，单家机构的平均面积达到103.33平方米，如表4-120所示。

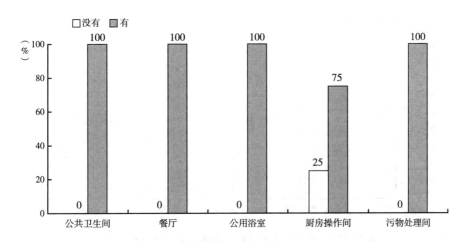

图 4 - 130　松江区长者照护之家的基本生活辅助用房配置情况

表 4 - 120　松江区长者照护之家的基本生活辅助用房配置数量及面积

单位：间，平方米

	公共卫生间		餐厅		公用浴室		厨房操作间		污物处理间	
	房间数	共计面积	房间数	共计面积	房间数	共计面积	房间数	共计面积	房间数	共计面积
平均	1.50	18.67	1.33	103.33	1.50	33.33	1.67	30.00	1.00	13.33
标准差	0.50	1.89	0.47	68.48	0.50	4.71	1.25	24.49	0	4.71
观测数	4	3	3	3	4	3	3	3	4	3

　　在医疗保健用房配置上，心理疏导室的配置比例最高，达到 75%，中医保健室和临终关怀室的配置比例最低，在被调查的机构中都没有设立中医保健室和临终关怀室，如图 4 - 131 所示。在公共活动用房配置方面，电影/电视室是配置比例最高的公共活动用房，被调查的机构 100% 设置了电影/电视室。此外，多功能厅、阅览室、棋牌室、手工制作室和阳光厅（风雨廊）也是配置比例较高的活动用房，如图 4 - 132 所示。

　　（2）服务设备配置

　　在服务设备配置上，松江区长者照护之家中多功能护理床和健身器材配置比例最高，100% 的机构配备此类设备，其次是功能轮椅和康复训练器具等，如图 4 - 133 所示。

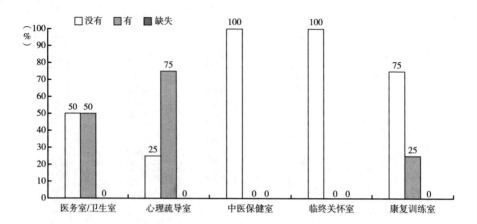

图 4 - 131　松江区长者照护之家医疗保健用房配置情况

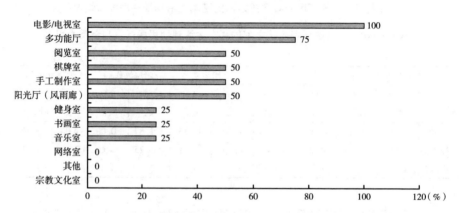

图 4 - 132　松江区长者照护之家公共活动用房配置情况

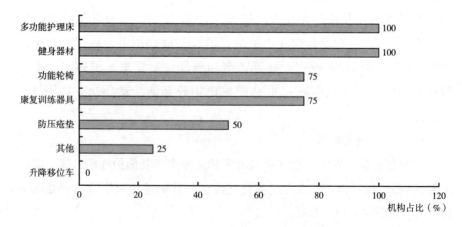

图 4 - 133　松江区长者照护之家服务设备配置情况

在消防设施的配置方面，松江区长者照护之家中各类消防设施的配置相对较全面（见表 4 - 121）。在安全设施配置方面，各类安全防护设置的配置较全面（见图 4 - 134），25% 的机构已经使用老人定位设备。在智慧养老设施配置方面，已经各有 1 家机构配置了远程医疗设备和智能检测系统设备（如表 4 - 122）。在 4 家机构中，所有机构配置了应急电源设备。

表 4 - 121　松江区长者照护之家消防设施配置情况

	灭火器、消防栓	消防喷淋系统	自动火灾报警
无	0	1	0
有	4	3	4

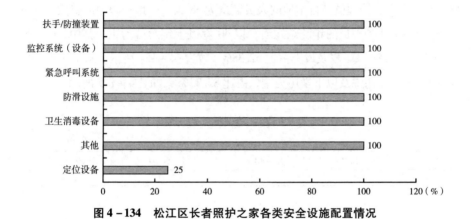

图 4 - 134　松江区长者照护之家各类安全设施配置情况

表 4 - 122　松江区长者照护之家智慧养老设施配置情况

	互联网络	物联网设施	智能检测系统设备	远程医疗设备
没有配置	2	3	2	1
配置	1	0	1	1
缺失	1	1	1	2

从机构设置床位数看，松江区长者照护之家平均每家机构设置床位数为 30.00 张，其中，护理床位数平均值为 20.75 张（如表 4 - 123）。在被调查的 4 家机构中都还未配置认知症照护床位。此外，有 2 家机构设有医务室/卫生室，1 家机构设有社区卫生服务中心延伸医务室/站；有 1 家机

构设有护理站，护理站的面积在 25 平方米左右，其中诊室面积约为 3.9 平方米，治疗室约为 3.9 平方米，处置室为 3.9 平方米。

表 4 – 123　松江区长者照护之家床位配置情况

	床位数	护理床位数
平均	30.00	20.75
标准差	21.95	15.31
观测数	4	4

（二）　松江区长者照护之家人员配置情况

（1）护理员

松江区被调查 4 家长者照护之家护理员总数为 42 人，平均每家机构护理员为 10.5 人。护理员来自本地的人员数量为 38 人，外地来源中以安徽、江苏等地居多。从护理员的年龄结构看，以 40 岁以上年龄群为主，其中，41～50 岁占比 35.71%，51 岁及以上占比 52.38%，如表 4 – 124 所示。从护理员的学历构成看，以初中及以下学历为主，占比 83.33%，如表 4 – 125 所示。

表 4 – 124　护理员年龄构成

单位：%

	21～30 岁	31～40 岁	41～50 岁	51 岁及以上
占比	0	11.90	35.71	52.38

表 4 – 125　护理员学历构成

单位：%

	初中及以下	高中/中职	大专/高职	本科及以上
占比	83.33	16.67	0	0

（2）医生与护士

仅有 4 家机构报告配备了 4 名医生，其中，3 名主治医师及以下职称、1 名主任医师。从医生的学历结构看，主要是专科学历。4 家机构报告配备了 4 名护士。护士的年龄结构看，41～50 岁的 2 人，51 岁及以上的 2 人。从护士的学历结构看，4 人均为高中/中职学历。

（3）其他技术人员

在被调查机构中，仅有 2 家机构报告配备了 2 名康复师，均为接受康

复技能专业培训人员。康复师的年龄分布为 21～30 岁 1 人，31～40 岁 1
人。从学历结构看，高中/中职学历、大专/高职学历各 1 人。

在营养师配置上，仅有 1 家机构报告配备了 1 名营养师，年龄 31～
40 岁，大专/高职学历。

（4）管理人员及其他

在管理人员配置上，4 家机构报告共配置了 10 名管理人员，平均每
个机构配备 2.5 名管理人员。从管理人员的学历结构看，高中/中职学历
2 人，大专/高职学历 6 人，本科及以上学历 2 人。从年龄结构看，21～
30 岁的 2 人，31～40 岁的 2 人，41～50 岁的 3 人，51 岁及以上的 3 人。
4 家被调查机构报告了员工总人数，共计 63 人，平均每家机构员工数为
15.75 人。近一年内，平均每家机构员工离职人数 1 人。截至调查时间
点，在服务志愿者及义工人数如表 4-126 所示。其中，志愿者提供服务
主要有各类慰问康乐服务以及老年活动授课等；义工提供的服务主要为生
活服务、卫生清洁。此外，被调查机构中，仅有 1 家设立了护理站。

表 4-126　松江区长者照护之家服务机构工作人员统计数据

	员工总人数	最近一年内离职人数	目前在服务志愿者人数	目前在服务义工人数
平均	15.75	1.00	16.67	2.50
标准差	8.38	1.00	15.28	4.36
观测数	4	3	3	4

（三）　松江区长者照护之家管理制度情况

从松江区被调查长者照护之家的各项管理制度设置看，各机构均设置
了各类管理制度，且设置的比例均非常高，如图 4-135 所示。在老年人
服务档案制度中，重点规范各类老年人服务档案的建设，各类老年人服务
档案包含的主要信息情况如图 4-136 所示。

（四）　松江区长者照护之家服务水平情况

松江区长者照护之家，在被调查时过去的一周内，每家每天服务老人
数的平均值为 16 人，其中，半失能老人数为每家机构每天平均 4.25 人，全
失能老人每家机构每天平均为 10.75 人。每家机构每天服务的老人中，正常

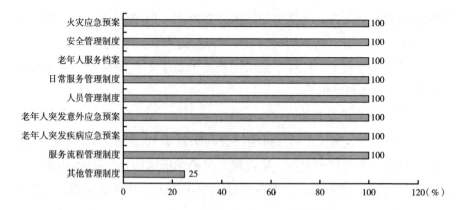

图 4 – 135　松江区长者照护之家制定的管理制度

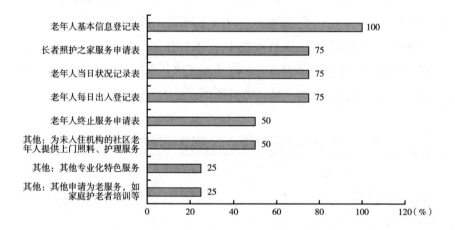

图 4 – 136　松江区长者照护之家老年人服务档案包含的主要信息

老人平均值为 1.00 人，各失能等级对应的人数如表 4 – 127 所示。从被服务老人住家与长者照护之家之间的最远距离看，平均值为 18.33 公里。

表 4 – 127　松江区长者照护之家平均每天服务人数

	每天服务老人数			按失能等级区分				
	总人数	半失能老人数	全失能老人数	正常老人	1 级	2 级	3 级	4 级及以上
平均	16.00	4.25	10.75	1.00	2.00	4.67	4.33	11.50
标准差	15.21	7.23	12.84	1.41	2.83	5.03	7.51	10.91
观测数	4	4	4	2	2	3	3	4

平均而言，每位老人入住时间平均值为 151.67 天；其中，老人转出本机构后，需要继续护理、康复的老人累计而言，每家机构平均 3.67 人。收住等级为 4 级及以上的老人每家机构平均为 15.67 人。

表 4 – 128 松江区长者照护之家服务老人情况

	每位老人入住 时间（天）	出机构后需继续 护理人数（人）	收住 4 级及 以上老人（人）
平均	151.67	3.67	15.67
标准差	155.26	4.50	17.44
观测数	3	3	3

松江区长者照护之家中提供的基本服务最多的两种是个人生活照料服务和代办服务，占比都为 75%，其次是住宿服务、日间生活照料服务、协助医疗康复护理服务、日间康复服务，如图 4 – 137 所示。4 家长者照护之家均提供助餐服务和助浴服务。

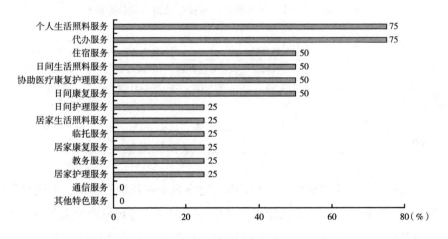

图 4 – 137 松江区长者照护之家提供的基本服务

松江区被调查长者照护之家中，2 家机构设立了老人入住筛选标准，3 家机构设立了老人出院评估标准。1 家长者照护之家报告了床位的轮转时间，平均而言，床位轮转时间为 90 天。有 1 家机构报告经营过程中有老人“霸床”现象，1 家机构曾有 1 位老人有过“霸床”现象，平均“霸床”时间为 200 天。

长者照护之家中，白天平均每家机构有 5 名养老护理员在岗，晚上平均有 3 名养老护理员在岗。在被调查的机构中，有 2 家机构拥有承接本机构服务项目的社会组织，承接的服务项目主要有老人康乐服务等。在被调查的长者照护之家中，有 2 家机构报告提供特色服务项目。

（五）松江区长者照护之家其他情况

在被调查长者照护之家中，有 3 家机构提供了政府财政补贴情况。平均而言，每家机构获得政府补贴 105.00 万元，3 家机构共计获得 315.00 万元补贴，其中开办费补贴总额为 247.00 万元。补贴内容按照占比从多到少分别为：购买服务费、水电煤免费、以奖代补。仅有 1 家机构提供了经营收入与成本开支数据，统计结果显示，自开业以来平均每家长者照护之家获得的经营收入为 300.00 万元，但是支付各类成本平均每家 280.00万元，如表 4 – 129 所示。这反映了该区长者照护之家目前的经营现状，多数机构需要靠获取政府财政补贴来维持运营。

表 4 – 129　松江区长者照护之家接收政府财政补贴统计

单位：万元

	政府财政补贴			自开业以来获得经营收入	自开业以来支付各类成本费用
	补贴总额	包含开办补贴	包含年度补贴		
平均	105.00	123.50	115.00	300.00	280.00
标准差	86.21	25.50	0.00	0.00	0.00
求和	315.00	247.00	115.00	300.00	280.00
观测数	3	2	1	1	1

在被调查的 4 家机构中，3 家机构明确表示在长期经营中，本机构不能赢利。对影响长者照护之家入住率的主要因素，地理位置是最为重要的影响因素（见图 4 – 138）。4 家机构中，2 家机构明确反馈到该机构的老人不多，2 家机构认为到机构的老人比较多。入住老人不多的主要原因，一是地理交通位置不佳；二是老人对长者照护之家的认知度低。

被调查机构对政府提供支持帮助长者照护之家运营的建议，主要为：一是提升政策支持，区别城乡经济差距；二是提供财政补贴和运营补贴，如床位费等；三是在软实力方面给予员工更多培训交流的机会；四是加强宣传长者照护之家的理念。在被调查机构中有 1 家机构是连锁化经营，该

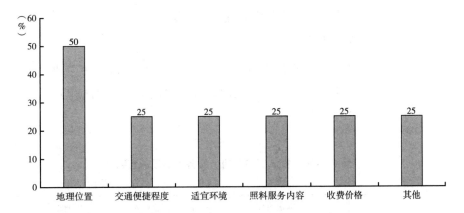

图 4 - 138　影响松江区长者照护之家入住率的主要因素

机构认为连锁化经营能够节约成本、规范管理；同时，目前机构定位模糊是长者照护之家进入社区养老领域碰到的主要问题。

三　松江区综合为老服务中心发展现状

松江区内综合为老服务中心调查共获得有效样本 7 家，从服务机构类型看，7 家被调查机构均为非营利性机构；从服务机构地理区位看，所有机构都在外环线之外；从机构开始运营时间来看，除 1 家综合为老服务中心在 2009 年成立并运营外，其余机构均在 2018 年及之后开始运营，各年份运营机构数量如图 4 - 139 所示。

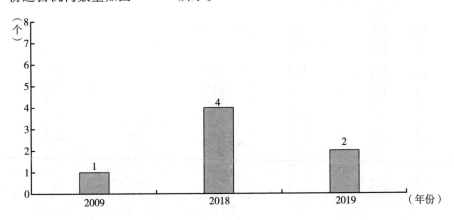

图 4 - 139　松江区综合为老服务中心成立运营时间分布

（一）松江区综合为老服务中心硬件设施情况

（1）设施与功能区域

松江区被调查综合为老服务中心，平均每家机构的建筑面积为1045.57平方米，老年人居室总（使用）面积平均为每家机构835.71平方米，如表4-130所示。

表4-130 松江区综合为老服务中心设施面积

单位：平方米

	总建筑面积	老年人居室总(使用)面积
平均	1045.57	835.71
标准差	288.56	400.49
观测数	7	7

在被调查的7家机构中，有6家机构设有独立的出入口。从机构用房性质看，有4家机构的用房属于非居住类房屋，3家机构的用房属于非居住类或其他房屋。被调查机构中，有7家机构周边300米范围内有公共绿化或花园，6家机构周边300米范围内有室外公共活动场所。

在各类基本生活辅助用房配置上，公共卫生间和餐厅是配置最高的生活辅助用房，100%的被调查机构均有配置，如图4-140所示。

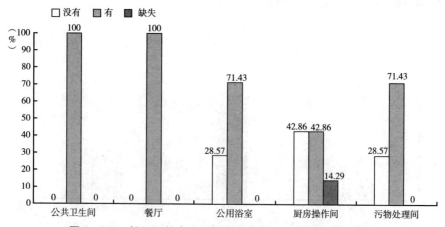

图4-140 松江区综合为老服务中心基本生活辅助用房配置

其中，平均每家机构的卫生间数量在 2～3 间，平均面积达到 24.20 平方米。其余各类生活辅助用房的情况如表 4－131 所示。

表 4－131　松江区综合为老服务中心基本生活辅助用房配置数量及面积

单位：间，平方米

	公共卫生间		餐厅		公用浴室		厨房操作间		污物处理间	
	房间数	共计面积	房间数	共计面积	房间数	共计面积	房间数	共计面积	房间数	共计面积
平均	2.67	24.20	1.33	53.40	1.17	48.00	0.80	17.33	0.67	7.50
标准差	1.11	13.89	0.47	29.84	0.69	29.02	0.75	13.20	0.47	5.59
观测数	6	5	6	5	6	4	5	3	6	4

在医疗保健用房配置上，100% 的被调查机构配置了心理疏导室，57.14% 的被调查机构配置了康复训练室，是配置比例高的两类医疗保健用房，如图 4－141 所示。其中，康复训练室的配置面积平均每家机构为 60.00 平方米，心理疏导室平均每家机构的面积为 23.33 平方米。

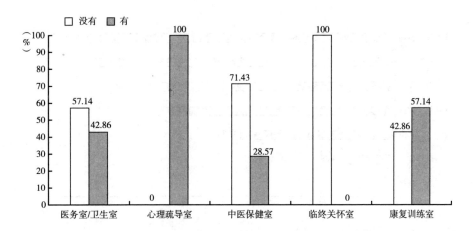

图 4－141　松江区综合为老服务中心医疗保健用房配置情况

在各类公共活动用房配置上，多功能厅和电影/电视室是配置比例最高的公共活动用房，配置比例皆为 100%，此外，阅览室、棋牌室、手工制作室和书画室的配置比例也均在 85% 以上，如图 4－142 所示。

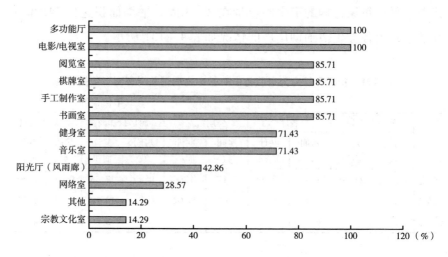

图4-142　松江区综合为老服务中心公共活动用房配置情况

（2）服务设备配置

被调查综合为老服务中心配置的各类服务设备中，康复训练器具和功能轮椅是配置比例最高的服务设备，超过85.00%的被调查机构配置了这两类服务设备。各类服务设备的配置情况如图4-143所示。

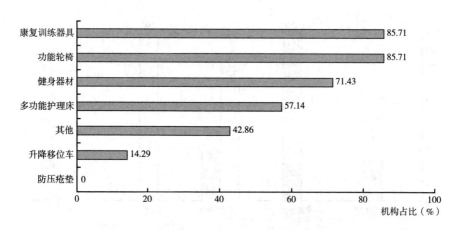

图4-143　松江区综合为老服务中心服务设备配置

在消防设施的配置上，被调查机构的各类消防设施配置比例均比较高，如表4-132所示。在综合为老服务中心内，各类安全保护装置的配置比例也比较高，如图4-144所示。在智慧养老设施的配置上，除互联网络外，其他各类智慧养老智能设备的配置比例并不高，如表 4 – 133 所示。

表 4 – 132　松江区综合为老服务中心消防设施配置情况

	灭火器、消防栓	消防喷淋系统	自动火灾报警	其他
无	0	2	2	1
有	7	5	5	1
缺失	0	0	0	5

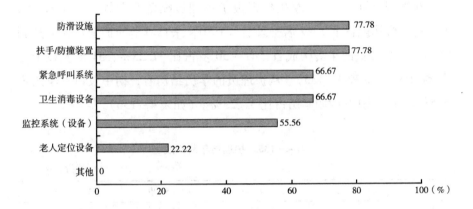

图 4 – 144　松江区综合为老服务中心安全设备配置情况

表 4 – 133　松江区综合为老服务中心智慧养老设施配置情况

	互联网络	物联网设施	智能检测系统设备	远程医疗设备
没有配置	1	4	2	3
配置	4	0	3	3
缺失	2	3	2	1

从被调查综合为老服务中心设置的床位数量来看，平均每家机构设置 16.33 张床，平均每家机构设置 4.40 张护理床位，如表 4 – 134。在被调查的机构中，有 2 家机构设有医务室/卫生室，有 1 家机构设有社区卫生服务中心延伸医务室/站。有 3 家机构设立护理站，平均每家机构设置的护理站面积平均值为 157.33 平方米。在内设护理站中，3 家机构均设有诊室、治疗室和处置室。

表 4 - 134　松江区综合为老服务中心设置床位数

	总床位数	护理床位数
平均	16.33	4.40
标准差	4.04	6.07
观测数	5	5

（二）松江区综合为老服务中心人员配置情况

（1）护理员

在被调查机构中，7 家机构汇报了护理员配备的人数，共计 16 人，平均每家机构配备了 2.29 名护理员。其中，来自本地的护理员人数达到 12 名。从护理员的年龄构成看，41～50 岁占比 31.25%，51 岁及以上占比 56.25%（如表 4 - 135）。从护理员的学历结构看，初中及以下学历占比 68.75%，高中/中职学历占比 31.25%。（如表 4 - 136）。

表 4 - 135　护理员年龄构成
单位：%

	21～30 岁	31～40 岁	41～50 岁	51 岁及以上
占比	0	12.50	31.25	56.25

表 4 - 136　护理员学历构成
单位：%

	初中及以下	高中/中职	大专/高职	本科及以上
占比	68.75	31.25	0	0

（2）医生和护士

被调查机构中，仅有 2 家机构报告配置了 3 名医生，医生的职称均为主治医师及以下，学历为 2 人专科、1 人本科。在护士人员配置上，仅有 3 家机构报告配备了 6 名护士，其中，护士年龄构成，21～30 岁 2 名，31～40 岁 1 名，51 岁及以上 3 名。护士学历构成上，6 名均为高中/中职学历。

（3）其他技术人员

在被调查机构中，有 2 家报告配有康复师，每家机构配置了 1 人。从康复师的年龄看，21～30 岁 1 名，31～40 岁 1 名。从康复师的学历看，大专及以上学历 2 名。

仅有 1 家机构报告配置了 1 名营养师，年龄为 31 ~ 40 岁，学历为大专。

（4）管理人员及其他

在管理人员配置上，7 家被调查机构报告了人数配置情况，共计有 17 名管理人员，平均每家机构配备 2.43 名管理人员。从管理人员的学历结构看，初中及以下学历 1 人，高中/中职学历 3 人，大专/高职学历 8 人，本科及以上学历 5 人。从年龄结构看，21 ~ 30 岁的 2 人，31 ~ 40 岁的 3 人，41 ~ 50 岁的 8 人，51 岁及以上的 4 人。

被调查机构中共计 7 家报告了员工总人数，平均每家机构员工数为 5.86 人。近一年内，员工离职人数共计为 8 人。截至调查时间点，在服务志愿者及义工人数情况，如表 4 - 137 所示。在设置护理站的 3 家机构内，配置了 4 名执业注册护士。在被调查机构中，有 4 家机构配备了养老顾问，总计 8 名，养老顾问都来自本机构，服务时间主要集中在工作日正常上班时间。

表 4 - 137　松江区综合为老服务中心员工及志愿者/义工人数

	员工总人数	最近一年内离职人数	目前在服务志愿者人数	目前在服务义工人数
平均	5.86	1.14	25.00	2.83
标准差	3.34	2.19	7.46	4.40
观测数	7	7	6	6

（三）松江区综合为老服务中心管理制度情况

从管理制度设置看，松江区综合为老服务中心内各项管理制度设置较为全面，如图 4 - 145 所示。在老年人服务档案中，老年人基本信息登记表是记录比例最高的信息，其他档案记录信息如图 4 - 146 所示。

（四）松江区综合为老服务中心服务水平情况

松江区综合为老服务中心，在被调查时过去的一周内，平均每家机构每天服务老人数为 28.57 人，其中，半失能老人数为 3.29 人，全失能老

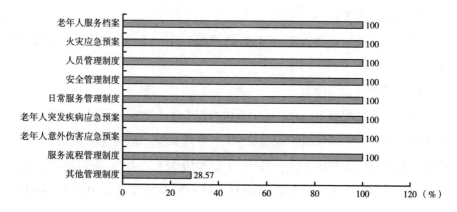

图4-145　松江区综合为老服务中心管理制度设置

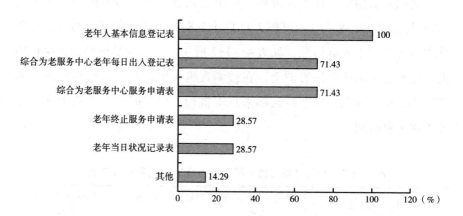

图4-146　松江区综合为老服务中心老年人服务档案记录的主要信息

人数为0.57人。从开业运营时间看，截至调查时间，平均运营时长为55.00个月，如表4-138人。从被服务老人住家与综合为老服务中心地理距离看，最远距离平均值为7.67公里。

表4-138　松江区综合为老服务中心服务人数

	每天服务老人数			自机构运营以来运营时长（月）
	总人数	半失能老人数	全失能老人数	
平均	28.57	3.29	0.57	55.00
标准差	13.46	4.89	1.40	40.43
观测数	7	7	7	7

松江区综合为老服务中心提供的各类生活照料服务中，最多的是理发和助餐，85.71%的机构均提供这两项服务；其次是午间休息服务、安全服务、助浴这三项服务，有 71.43% 的被调查机构提供这几项服务。此外，剪指甲、洗头等也是提供比例较高的服务，如图 4 – 147 所示。

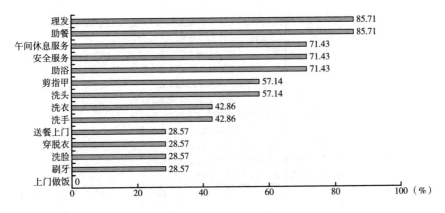

图 4 – 147　松江区综合为老服务中心提供的生活照料服务

综合为老服务中心提供的各类护理服务中，最多的是提示或协助服药和术后康复护理，有 28.57% 的被调查机构提供此类服务。此外，不到 20% 的机构提供认知症照护、协助排泄、术后康复训练等，各类护理服务提供的情况如图 4 – 148 所示。在 3 家设立护理站的机构中，主要提供基础护理、专科护理、营养指导、社区康复指导和健康宣教服务。

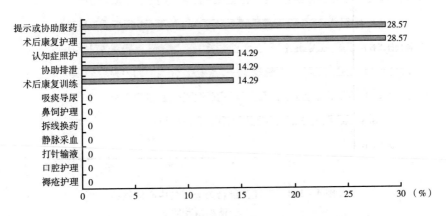

图 4 – 148　松江区综合为老服务中心提供的护理服务

在提供的医疗服务中，71.43%的被调查机构提供日常健康管理服务（常见疾病预防，测量血压、血糖、体温等）；57.14%的被调查机构提供运动健康指导、用药指导、建立健康档案餐等；其余各类服务如图4-149所示。

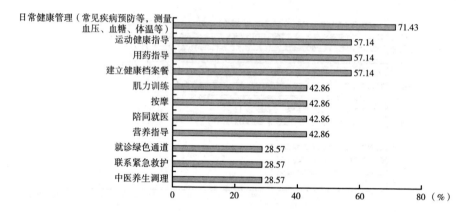

**图4-149　松江区综合为老服务中心提供的
医疗服务情况**

在提供的精神慰藉服务中，85.71%的被调查机构提供陪聊（言语沟通）、情绪疏导和心理健康教育，此外其他精神慰藉服务情况如图4-150所示。

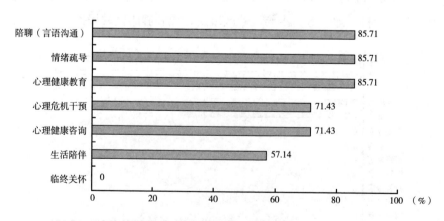

**图4-150　松江区综合为老服务中心提供的
精神慰藉服务**

在提供的文化娱乐服务中，松江区所有被调查机构都提供手工制作、电视影视、看（听）戏曲、棋牌、跳舞、唱歌、看书看报等文化娱乐服务，其他各类服务提供情况如图 4 – 151 所示。

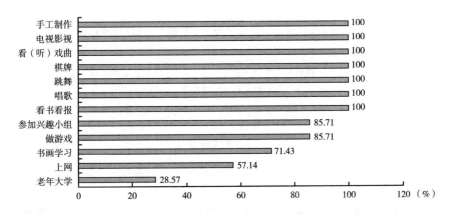

图 4 – 151　松江区综合为老服务中心提供的文化娱乐服务

在被调查的综合为老服务中心中，有 4 家机构提供照料者服务技术指导，有 5 家机构提供养老辅具租赁服务，有 3 家机构提供喘息服务，还有 6 家机构为老人提供上门服务。在 6 家为老人提供上门服务的机构中，83.33% 的提供助餐助浴，50.00% 的提供护理服务，33.33% 的提供医疗服务，还有 33.33% 的提供其他服务。

在被调查机构中，有 2 家机构实现了"一网覆盖"信息管理，建成了本区域统一网络门户和数据库；有 4 家机构设有"一站式"办事窗口；2 家机构实施老人统一需求评估与审核；5 家机构实现综合体公共服务平台的枢纽作用；5 家机构能够整合各种综合为老服务资源，实现"一体化资源统筹"。此外，5 家机构有承接本机构服务项目的社会组织，最主要的是康乐服务、心理讲座和中医服务。5 家机构报告有特色服务项目。

（五）松江区综合为老服务中心其他情况

被调查综合为老服务中心有 6 家机构提供了政府财政补贴情况。平均而言，每家机构获得政府补贴 20.00 万元，6 家机构共计获得 120.00 万元补贴。开办费补贴总额为 3.00 万元，年度补贴共计 70.00

万元。补贴内容在购买服务费和水电煤免费两方面。仅有 3 家机构提供了经营收入数据，并提供了成本开支数据，统计结果如表 4 - 139 所示。

表 4 - 139　松江区综合为老服务中心接收政府财政补贴统计

单位：万元

	政府财政补贴			自开业以来获得经营收入	自开业以来支付各类成本费用
	补贴总额	包含开办补贴	包含年度补贴		
平均	20.00	1.00	17.50	0.79	49.30
标准差	15.86	1.41	18.87	0.61	40.49
求和	120.00	3.00	70.00	2.37	147.90
观测数	6	3	4	3	3

在被调查综合为老服务中心中，6 家机构报告了长期经营能否赢利的问题，其中 5 家机构认为不能够赢利。从影响综合为老服务中心入住率的因素看，地理位置是最为重要的因素，其次是交通便捷程度和适宜环境，如图 4 - 152 所示。在被调查的 7 家综合为老服务中心中，有 2 家机构是连锁经营机构，他们认为连锁经营模式能够实现资源共享、降低经营成本，统一管理。

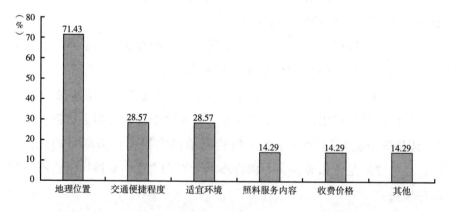

图 4 - 152　影响松江区综合为老服务中心入住率的主要因素

（汪颖霞）

第五节　奉贤区社区养老发展现状

一　奉贤区日间照料中心发展现状

奉贤区日间照料中心调查共获得有效样本 24 家，从服务机构类型看，21 家为非营利性机构，3 家为营利性机构，非营利性的日间照料中心占到 87.5%；从服务机构地理区位看，奉贤区地处郊区，全部在外环线以外；从机构开始运营时间来看，70.8% 的日间照料中心于 2015 年及之后开始运营，各年份运营机构数量如图 4－153 所示。

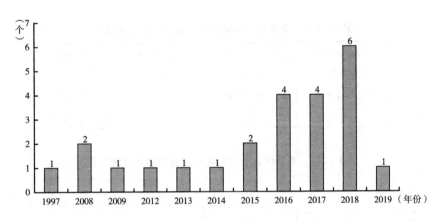

图 4－153　奉贤区日间照料中心开始运营数量的时间分布

（一）奉贤区日间照料中心硬件设施情况

（1）设施面积与功能区域设置

在日间照料服务机构设施面积上，调查结果显示，建筑总面积平均值为 660.63 平方米，以 500 平方米左右的建筑面积居多，使用面积平均值为 548.32 平方米，室外活动场地面积平均值为 414.25 平方米，室外绿地面积平均值为 277.50 平方米（见表 4－140）。

在被调查的日间照料中心中，设置比例比较高的基本服务区域为公共活动区域和生活服务区域，占比分别为 91.67% 和 79.17%，设置保健服务区域的比例为 75.00%（见表 4－141）。从各个服务区域面积来看，公共活动区域平均面积最大，为 200.67 平方米；生活服务区域平均面积为 92.22 平方米，详见表 4 - 142。75.00% 的机构设置了保健服务区域，10 家提供保健服务区域面积的被调查机构数据显示，保健服务区域的平均面积为 76.60 平方米。

表 4 - 140　奉贤区日间照料中心设施面积

单位：平方米

	总建筑面积	使用面积	室外活动场地面积	室外绿地面积
平均	660.63	548.32	414.25	277.50
标准差	536.88	265.16	703.11	564.53
观测数	24	23	16	12

表 4 - 141　奉贤区日间照料中心基本服务区域设置

	生活服务区域	公共活动区域	保健服务区域	服务保障区域
无	5(20.83%)	2(8.33%)	5(20.83%)	8(33.33%)
有	19(79.17%)	22(91.67%)	18(75.00%)	13(54.17%)
缺失	0	0	1(4.17%)	3(12.50%)

表 4 - 142　奉贤区日间照料中心中基本服务区域面积

单位：平方米

	生活服务区域面积	公共活动区域面积	保健服务区域面积	服务保障区域面积
平均	92.22	200.67	76.60	65.56
标准差	60.50	148.298	47.70	90.57
观测数	9	15	10	9

基本生活辅助用房配置中，整体的配置比例都较高，其中全部机构都配置了公共卫生间，而污物处理间的配置比例最低，为 62.50%，如图 4 - 154 所示。对提供各类基本生活辅助用房面积的样本进行统计，结果显示，餐厅的平均面积最大，为 67.31 平方米；污物处理间的平均面积最小，仅为 12.64 平方米。各类生活辅助用房面积统计数据如表 4 - 143 所示。

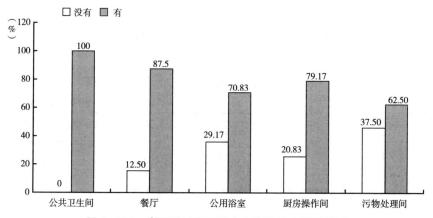

图 4-154 奉贤区日间照料中心生活辅助用房配置

表 4-143 奉贤区日间照料中心生活辅助用房配置面积

单位：平方米

	公共卫生间面积	餐厅面积	公用浴室面积	厨房操作间面积	污物处理间面积
平均	34.71	67.31	19.92	40.07	12.64
标准差	28.66	85.04	10.16	36.85	9.69
观测数	17	16	12	15	11

在医疗保健用房配置上，奉贤区的日间照料中心整体配置率都不高，医务室/卫生室和康复训练室的配置率最高，达到 50%；其次为心理疏导室，配置率达到 41.67%。中医保健室和临终关怀室的配置比例较低，仅分别为 25.00% 和 4.17%（如图 4-155）。对提供医疗保健用房面积的机

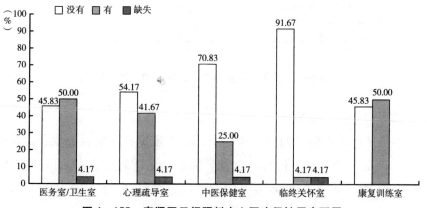

图 4-155 奉贤区日间照料中心医疗保健用房配置

构进行统计，结果显示，医务室/卫生室和康复训练室的配置面积较大，平均面积分别为 67.38 平方米和 46.36 平方米，其他数据如表 4－144 所示。

表 4－144　奉贤区日间照料中心医疗保健用房面积

单位：平方米

	医务室/卫生室	心理疏导室	中医保健室	康复训练室
平均	67.38	24.17	25.20	46.36
标准差	58.97	18.55	7.43	25.01
观测数	8	6	5	11

在公共活动用房配置上，棋牌室、阅览室、电影/电视室和健身室是配置较多的公共活动用房，其中棋牌室的配置率达 100%，其他公共活动用房配置情况如图 4－156 所示。

此外，有 23 家被调查机构报告设置了办公用房，22 个有效数据中平均办公用房面积为 50.10 平方米；2 家被调查机构报告还设置了其他用房。

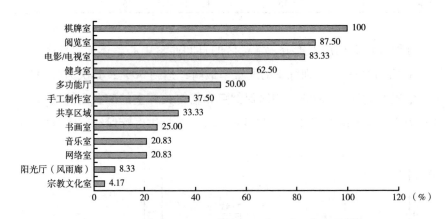

图 4－156　奉贤区日间照料中心公共活动用房配置情况

（2）服务设备配置

奉贤区被调查的日间照护机构中，有 2 家没有配置服务设备。其余 22 家日间照护机构中，健身器材和功能轮椅是配置比例高的服务设备，占比分别达到 86.36% 和 63.64%，其他服务设备的配置情况如图 4－157 所示。

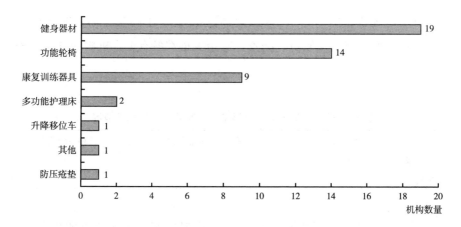

图4-157　奉贤区日间照料中心服务设备配置情况

在消防设施配置上，奉贤区日间照料中心均配置不同类型的消防设置，灭火器、消防栓是最为常见的设施，24家日间照护机构全部配置。此外，也有8家机构配置了自动火灾报警系统，5家配置了消防喷淋系统。各类安全设施的配置，2家机构数据缺失，其中防滑设备是配置比例最高的，占比79.17%，其他机构配置情况如图4-158所示。在智慧养

表4-145　奉贤区日间照料中心的消防设施配置情况

	灭火器、消防栓	消防喷淋系统	自动火灾报警
无	0	19	16
有	24	5	8

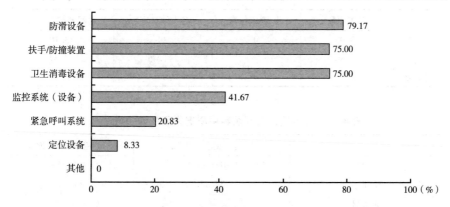

图4-158　奉贤区日间照料中心安全设施配置情况

老设施上，配置比例不高，仅有 5 家机构配置了不同类型的智能养老设施，其中互联网络有 4 家机构配置，其余类型都各有 1 家机构配置，见表4－146 所示。

表4－146　奉贤区日间照料中心智慧养老设施配置情况

	互联网络	物联网设施	智能检测系统设备	远程医疗设备
没有配置	20	23	23	23
配置	4	1	1	1

奉贤区被调查日间照料中心中，13 家机构配备了应急电源设备，3 家机构配备了老人接送车辆，没有机构专门配备物品采购车辆。其中，11 家机构报告服务场所设置在建筑物的一层或底层，13 家机构报告设置在建筑物的二层及以上楼层，13 家机构中仅有 4 家配置了电梯或无障碍设施。

在服务设施中，22 个有效观测样本平均每家机构设置床位数为 9.09 张，其中老人休息室平均每家机构设置 2 间，单间容纳老人数平均值为 13.10 人。老人服务设施的其他信息如表4－147 和表4－148 所示。在被调查的 24 家日间照料中心中，仅有 1 家机构设置了护理站，建筑面积达 220 平方米，配备有诊室、治疗室和处置室。

表4－147　奉贤区日间照料中心老人服务设施信息

	总床位数	护理床位数	老人休息室数	单间容纳老人数
平均	9.09	1	2	13.10
标准差	13.36	—	1.46	8.47
观测数	22	1	20	20

表4－148　奉贤区日间照料中心老人用房的规格设置

	房门净宽度（厘米）	室内走道净宽度（厘米）
平均	100.83	158.75
标准差	34.13	25.42
观测数	24	24

（3）服务设施辨识度

在奉贤区被调查的 24 家日间照料中心中，有 10 家机构对其外观建筑做过色调处理以增加机构的辨识度；24 家服务机构的外观全部具有醒目的标识；19 家服务机构具有独立的出入口。

（二）奉贤区日间照料中心人员配置情况

（1）护理员

奉贤区被调查机构中的 4 家报告了护理员数量，共计 8 人，平均每家机构护理员 2 人，其中 4 人来自本地。从护理员的年龄构成上看，62.50% 的护理员年龄在 51 岁及以上，各年龄段分布如表 4 - 149 所示。从护理员的学历构成看，以初中及以下居多，占比为 71.42%，其他学历构成如表 4 - 150 所示。

表 4 - 149　护理员年龄构成

单位：%

	21~30 岁	31~40 岁	41~50 岁	51 岁及以上
占比	0	12.50	25.00	62.50

表 4 - 150　护理员学历构成

单位：%

	初中及以下	高中/中职	大专/高职	本科及以上
占比	71.42	28.58	0	0

（2）医生与护士

在被调查的日间照料中心中，仅有 3 家机构报告分别配备了 1 名医生，从医生的职称结构看，全部为主治医师及以下。从医生的学历结构看，全部为专科学历。

在护士配备上，没有一家机构报告配有护士。

（3）其他技术人员

在康复师的配置上，3 家机构报告配置了 3 名康复师，全部接受过康复技能专业培训。从年龄结构看，21~30 岁的 1 人，41~50 岁的 2 人。从学历结构看，3 名康复师全部为大专/高职学历。

在营养师的配置上，没有一家机构报告配有营养师。

（4）管理人员及其他

在管理人员配置上，共计24家机构报告配置了56名管理人员，平均每家机构配备2.08名管理人员。从管理人员的学历结构看，初中及以下学历6人，高中/中职学历15人，大专/高职学历23人，本科及以上学历12人。从年龄结构看，21～30岁的4人，31～40岁的7人，41～50岁的31人，51岁及以上的14人。

在被调查的24家日间照料中心，员工人数共计87人，平均每家机构员工数为3.63人。22家被调研机构提供了明细数据，其中近一年内员工离职人数共计为1人。截至调查时间点，在服务志愿者及义工的平均数如表4－151所示。其中，志愿者提供服务主要有聊天、助餐、组织活动、打扫卫生等。

表4－151　奉贤区日间照料中心工作人员统计数据

	员工总人数	最近一年内离职人数	目前在服务志愿者人数	目前在服务义工人数
平均	3.63	0.05	6.27	0.18
标准差	2.58	0.21	9.20	0.85
观测数	24	22	22	22

（三）奉贤区日间照料中心管理制度情况

奉贤区日间照料中心内，各项管理制度设置均比较全面，如图4－159所示。其中，安全管理制度是各个服务机构最为关注的管理制度，除老年人基本信息登记外，还有服务申请信息、老年人当日状况记录信息、每日出入登记信息等，均是各个机构重点登记的信息，如图4－160所示。

（四）奉贤区日间照料中心服务水平情况

奉贤区日间照料中心，在被调查时过去的一周内，每家每天服务老人数的平均值为18.71人，其中，半失能老人数为每家机构每天平均1.13人。每家机构每天服务的老人中，正常老人平均值为18.50人，各失能等级对应的人数均缺失。从被服务老人住家与日间照料中心之间的最远距离看，平均值为5.96公里。

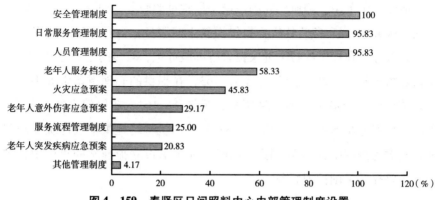

图 4 - 159　奉贤区日间照料中心内部管理制度设置

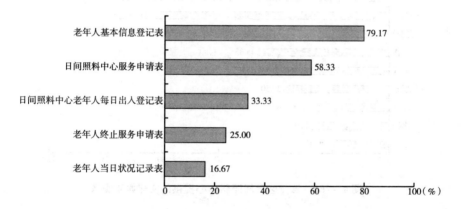

图 4 - 160　奉贤区日间照料中心老人服务档案记录的主要信息

表 4 - 152　日间照料中心平均每天服务老人数

	每天服务老人数			按失能等级区分				
	总人数	半失能老人数	全失能老人数	正常老人	1 级	2 级	3 级	4 级及以上
平均	18.71	1.13	0	18.50	—	—	—	—
标准差	5.74	1.81	0	5.72	—	—	—	—
观测数	24	8	6	10	0	0	0	0

在被调查的 24 家机构中，87.5% 的服务机构提供就餐服务；提供较多的娱乐服务是棋牌和读书阅览，占比分别为 100% 和 95.83%，健身、手工制作、游戏也是主要提供的娱乐服务（见图 4 - 161）；75.00% 的被调查机构提供午间休息服务；而仅有 12.50% 的机构提供协助如厕服务；

在生活照料服务中，测血压和测血糖是最常见的服务，如图 4-162 所示；在饮食服务中，41.67% 的机构提供送餐上门服务，没有一家机构提供上门做饭服务；在提供的各类健康教育咨询服务中，较多的是保健养生、老年营养指导和安全教育，详见图 4-163；在提供的心理慰藉服务中，沟通与情绪疏导是最常见的两种服务，见图 4-164；在保健康复服务中，中医传统保健是提供最多的服务，33.33% 的机构均提供中医传统保健服务，其次为按摩服务，详见图 4-165；在 1 家设立护理站的机构中，护理站主要提供基础护理服务。

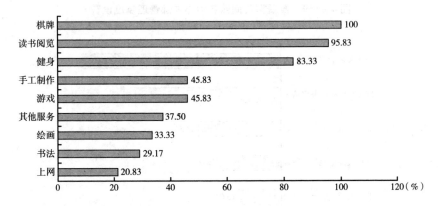

图 4-161　奉贤区日间照料中心提供的文化娱乐服务

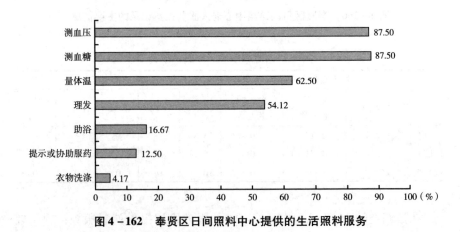

图 4-162　奉贤区日间照料中心提供的生活照料服务

在奉贤区日间照料服务机构中，有 4 家机构报告了本机构服务项目有社会组织承接服务项目情况，服务的主要内容为为老服务、社工服务等。

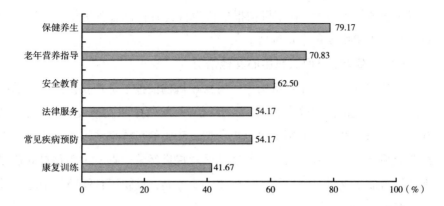

图 4 – 163　奉贤区日间照料中心提供的健康教育咨询服务

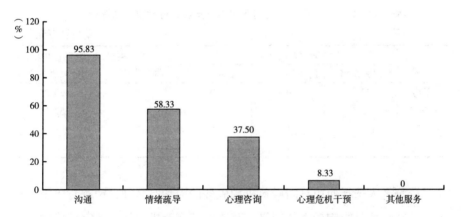

图 4 – 164　奉贤区日间照料中心提供的心理慰藉服务

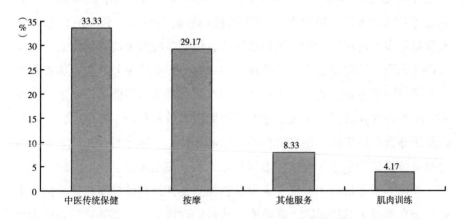

图 4 – 165　奉贤区日间照料中心提供的保健康复服务

在机构服务特色方面，6家机构报告认为自身有特色服务提供。在服务收费方面，收费主要集中在餐费。

（五）奉贤区日间照料中心其他情况

在被调查的日间照料机构中，有4家机构汇报了是否获得政府补贴的情况，共计获得各类政府补贴168万元，平均每家机构接受42万元。从补贴费用内容看，主要用于水电煤免费，50%的机构享受了这一待遇。在经营业绩方面，仅有4家机构能够并愿意提供经营数据，主要是自开业以来的经营成本支出，平均每家达到50.25万元，反映了日间照料中心目前的经营困境。

表4-153　奉贤区日间照料中心接收政府财政补贴统计

单位：万元

	政府财政补贴			自开业以来获得经营收入	自开业以来支付各类成本费用
	补贴总额	包含开办补贴	包含年度补贴		
平均	42	0	10	0	50.25
标准差	32.78	—	—	—	52.24
求和	168	1	10	0	201
观测数	4	1	1	1	4

影响老人选择使用日间照料机构服务的因素有多种，调查对象报告显示，适宜环境是影响最大的因素，75%的被调查机构认为适宜环境因素最为重要（见图4-166）。91.67%的被调查机构认为，到本机构来的老人数量还是比较多的，但也有8.33%的被调查机构认为，到本机构来的老人数量不多。所有的被调查机构都认为，他们在经营中能够留住老人在本机构使用服务，但仅有1家被调查机构认为他们能从服务的老人那里收到相关项目的服务费。此外，所有的被调查机构都认为不能够做到多元化赢利。被调查对象反馈，出现上述经营中无法有效赢利的主要原因，一是机构属于非营利性机构，很多机构不收取服务费，不能赢利；二是老人群体对收费价格比较敏感，收费变动影响老人服务使用选择。

被调查服务机构中，有3家服务机构是连锁经营的日间照护机构，主要分布在奉贤区和杨浦区。在政府支持帮助建议上，大部分被调查机构提出希望政府在资金、设备和药品等方面提供支持。

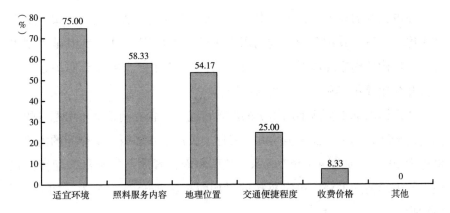

图 4-166 影响奉贤区日间照料中心入住率的主要因素

二 奉贤区长者照护之家发展现状

奉贤区长者照护之家调查共获得有效样本 3 家，从服务机构类型看，1 家为非营利性机构，2 家为营利性机构；从服务机构地理区位看，3 家长者照护之家服务机构全部在外环线之外；从机构开始运营时间来看，被调查的长者照护之家均在 2015 年之后建成，分别为 2016 年、2017 年、2019 年各有 1 家开始运营。

（一）奉贤区长者照护之家硬件设置情况

（1）设施面积与功能区域设置

在长者照护之家机构设施面积上，调查结果显示，单个机构建筑总面积平均值为 1373.33 平方米，老年人居室总（使用）面积平均值为每家686.67 平方米；床均建筑面积为 11.67 平方米，居室内单床的使用面积平均值为 10 平方米（见表 4-154）。

表 4-154 奉贤区长者照护之家各项面积统计

单位：平方米

	总建筑面积	老年人居室总（使用）面积	床均建筑面积	居室单床使用面积
平均	1373.33	686.67	11.67	10
标准差	962.57	422.53	3.512	2.828
观测数	3	3	3	2

在被调查的长者照护之家中，有 2 家机构设置了独立的出入口。从机构用房性质看，其中 2 家机构的用房属于居住类用房，1 家为其他类型用房。从机构的周边环境看，机构周边 300 米范围内，3 家长者照护之家都有公共绿化或花园和室外公共活动场所。

从机构内基本生活辅助用房的配置情况看，各类型辅助用房配置的比例均比较高，其中，公共卫生间、餐厅、公用浴室和厨房操作间的配置比例都为 100%，如图 4 - 167 所示。从面积看，餐厅是每家机构配置面积最大的生活辅助用房，单家机构的平均面积达到 35.5 平方米，如表 4 - 155 所示。

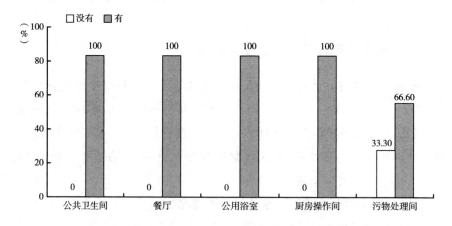

图 4 - 167 奉贤区长者照护之家基本生活辅助用房配置情况

表 4 - 155 奉贤区长者照护之家基本生活辅助用房配置数量及面积

单位：间，平方米

	公共卫生间		餐厅		公用浴室		厨房操作间		污物处理间	
	房间数	共计面积	房间数	共计面积	房间数	共计面积	房间数	共计面积	房间数	共计面积
平均	2.5	40	1	35.5	1.33	8.5	1.33	15	1	5
标准差	2.12	—	0	20.51	0.58	9.12	0.58	7.07	0	—
观测数	2	1	3	2	3	2	3	2	3	1

在医疗保健用房配置上，配置率很低，仅 1 家机构配置了医务室/卫生室，面积为 20 平方米，其他医疗保健用房都没有。在公共活动用房配

置方面，棋牌室和阅览室是配置比例最高的公共活动用房，配置比例高达
100%。此外，健身室、手工制作室、书画室、网络室和宗教文化室均没
有配置，见图 4 - 168 所示。

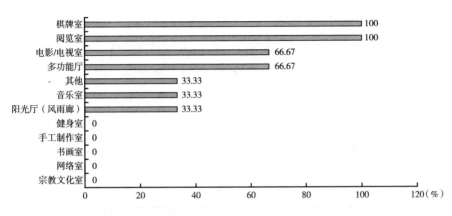

图 4 - 168 奉贤区长者照护之家公共活动用房配置情况

（2）服务设备配置

在服务设备配置上，奉贤区长者照护之家中健身器材配置比例最高，
3 家机构全部配备此类设备，其次是功能轮椅和多功能护理床，如表 4 -
156 所示。

表 4 - 156 奉贤区长者照护之家服务设备配置情况

	多功能护理床	防压疮垫	功能轮椅	升降移位车	健身器材	康复训练器具	其他
无	1	3	1	2	0	3	2
有	2	0	2	1	3	0	1

在消防设施的配置方面，奉贤区长者照护之家中各类消防设施的配置
相对较全面（见表 4 - 157）。在安全设施配置方面，各类安全防护设置的
配置较全面（见图 4 - 169）。在智慧养老设施配置方面，3 家机构都配置
了互联网络和物联网设施（如表 4 - 158）。3 家机构中全部配置了应急电
源设备。

表4-157　奉贤区长者照护之家消防设施配置情况

	灭火器、消防栓	消防喷淋系统	自动火灾报警
无	0	0	1
有	3	3	2

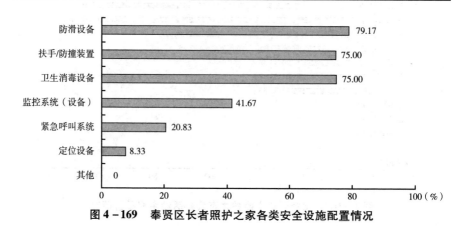

图4-169　奉贤区长者照护之家各类安全设施配置情况

表4-158　奉贤区长者照护之家智慧养老设施配置情况

	互联网络	物联网设施	智能检测系统设备	远程医疗设备
没有配置	0	0	1	1
配置	3	3	0	0
缺失	0	0	2	2

从机构设置床位数看，奉贤区长者照护之家平均每家机构设置床位数为35张，没有专门设置护理床位。在3家机构中，有1家机构报告配置了认知症照护床位，共计8张认知症照护床位。此外，有1家机构设有医务室/卫生室，1家机构设有社区卫生服务中心延伸医务室/站；有1家机构设有护理站，护理站的面积为20平方米，护理站设置有诊室和治疗室功能。

（二）奉贤区长者照护之家人员配置情况

（1）护理员

奉贤区被调查3家长者照护之家机构内护理员总数为21人，平均每家机构护理员为7人，护理员全部来自本地。从护理员的年龄结构看，以

40 岁以上年龄群为主，其中，41～50 岁占比 19.05%，51 岁及以上占比 76.19%，如表 4-159 所示。从护理员的学历构成看，以初中及以下学历为主，占比 80.95%，如表 4-160 所示。

表 4-159 护理员年龄构成

单位：%

	21～30 岁	31～40 岁	41～50 岁	51 岁及以上
占比	4.76	0	19.05	76.19

表 4-160 护理员学历构成

单位：%

	初中及以下	高中/中职	大专/高职	本科及以上
占比	80.95	19.05	0	0

（2）医生与护士

在 3 家长者照护之家机构中，仅有 1 家机构报告配备了 2 名医生，2 名均为本科学历，主治医师及以下职称。1 家机构报告配备了 2 名护士，2 名护士均为高中/中职学历，年龄在 51 岁及以上。

（3）其他技术人员

在被调查机构中，3 家机构均没有报告配备康复师和营养师。

（4）管理人员及其他

在管理人员配置上，3 家机构报告共计配置了 9 名管理人员，平均每家机构配备 3 名管理人员。从管理人员的学历结构看，初中及以下学历 3 人，高中/中职学历 2 人，大专/高职学历 4 人。从年龄结构看，21～30 岁 1 人，31～40 岁 2 人，41～50 岁 3 人，51 岁及以上 3 人。

3 家被调查机构报告了员工总人数，共计 33 人，平均每家机构员工数为 11 人。近一年内，员工离职人数共计为 6 人。截至调查时间点，在服务志愿者及义工人数如表 4-161 所示。其中，志愿者提供服务主要有打扫卫生和陪聊沟通等。此外，被调查机构中，仅有 1 家设立了护理站，没有配置执业注册护士。

表 4 - 161　奉贤区长者照护之家工作人员统计数据

	员工总人数	最近一年内离职人数	目前在服务志愿者人数	目前在服务义工人数
平均	11.00	2.00	1.67	0
标准差	8.54	3.46	2.89	0
观测数	3	3	3	3

（三）奉贤区长者照护之家管理制度情况

从奉贤区被调查长者之间的各项管理制度设置看，各机构均设置了各类管理制度，且设置的比例均比较高，如图 4 - 170 所示。在老年人服务档案制度中，重点规范各类老年人服务档案的建设，各类老年人服务档案包含的主要信息情况如图 4 - 171 所示。

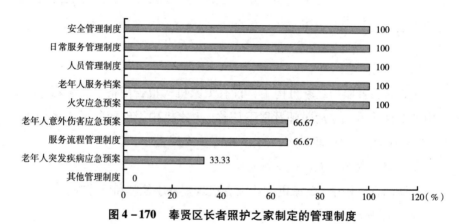

图 4 - 170　奉贤区长者照护之家制定的管理制度

图 4 - 171　奉贤区长者照护之家老年人服务档案包含的主要信息

（四）奉贤区长者照护之家服务水平情况

奉贤区长者照护之家，在被调查时过去的一周内，每家每天服务老人数的平均值为 19 人，只有 1 家机构为失能老人提供服务，其中，半失能老人数为 15 人，全失能老人为 7 人。每家机构每天服务的老人中，正常老人平均值为 17 人，按失能等级的服务人员数量信息缺失，如表 4 - 162 所示。从被服务老人住家与长者照护之家之间的最远距离看，平均值为 9.67 公里。

表 4 - 162　奉贤区长者照护之家平均每天服务人数

| | 每天服务老人数 | | | 按失能等级区分 | | | | |
	总人数	半失能老人数	全失能老人数	正常老人	1 级	2 级	3 级	4 级及以上
平均	19.00	15.00	7.00	17.00	0.00	0.00	0.00	0.00
标准差	4.00	—	—	2.83	0.00	0.00	0.00	0.00
观测数	3	1	1	2	0	0	0	0

平均而言，每位老人入住时间平均值为 158.89 天；老人转出本机构后，需要继续护理、康复的老人和收住等级为 4 级及以上的老人的数据，3 家被调查机构均没有提供，如表 4 - 163 所示。。

表 4 - 163　奉贤区长者照护之家服务老人情况

	每位老人入住时间（天）	出机构后需继续护理人数	收住 4 级及以上老人
平均	158.89	0.00	0.00
标准差	121.26	0.00	0.00
观测数	1	0	0

奉贤区长者照护之家中提供的基本服务最多的两种是住宿服务和个人生活照料服务，3 家机构都提供，其次是日间康复服务、日间护理服务、通信服务和代办服务，有 2 家机构提供，如图 4 - 172 所示。此外，3 家长者照护之家均提供助餐服务，助浴服务只有 2 家机构提供。

奉贤区被调查长者照护之家中，3 家机构设立了老人入住筛选标准，

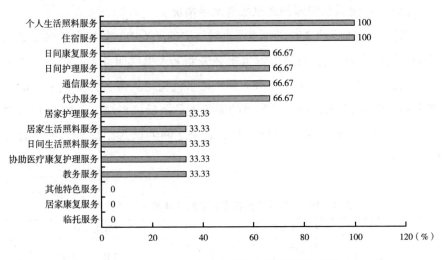

图 4 - 172 奉贤区长者照护之家提供的基本服务

而老人出院评估标准都没有设立。没有机构报告床位的轮转时间，有 1 家
机构报告经营过程中有老人"霸床"现象，曾有 3 位老人有过"霸床"
现象。

长者照护之家中，3 家机构白天平均每家有 3 名养老护理员在岗，晚
上有养老护理员在岗仅有 2 家机构，平均在岗人数为 2.5 人。在被调查的
机构中，有 1 家机构拥有承接本机构服务项目的社会组织，没有机构报告
提供特色服务项目。

（五）奉贤区长者照护之家其他情况

在被调查长者照护之家中，对政府财政补贴情况和机构自运营以来的
营业收入、各类成本费用和赢利情况，3 家机构均没有提供相关数据。

对影响长者照护之家入住率的主要因素，地理位置是最为重要的影响
因素（见图 4 - 173）。3 家机构明确反馈到该机构的老人不多，入住老人
不多的主要原因，一是费用偏高，老人收入普遍较低，无力承担费用；二
是政府补贴不到位。

被调查机构对政府提供支持帮助长者照护之家运营的建议，主要为：
一是增加义工、志愿者和社区补助经费；二是政府加大资金支持和硬件支
持。被调查机构 3 家机构均不是连锁经营。

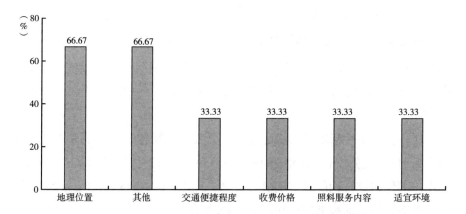

图 4 - 173 影响奉贤区长者照护之家入住率的主要因素

三 奉贤区综合为老服务中心发展现状

奉贤区综合为老服务中心调查共获得有效样本 9 家，从服务机构类型看，6 家被调查机构为非营利性机构，3 家为营利性机构；从服务机构地理区位看，9 家综合为老服务中心均在外环线之外；从机构开始运营时间来看，奉贤区综合为老服务中心成立时间都较晚，其中 3 家 2017 年建成运营，6 家 2018 年建成运营。

（一）奉贤区综合为老服务中心硬件设施情况

（1）设施与功能区域

奉贤区被调查综合为老服务中心，平均每家机构的建筑面积为 913.67 平方米，老年人居室总（使用）面积平均为每家机构 600.00 平方米，如表 4 - 164 所示。

表 4 - 164 奉贤区综合为老服务中心设施面积

单位：平方米

	总建筑面积	老年人居室总（使用）面积
平均	913.67	600.00
标准差	717.08	100.00
观测数	9	3

在被调查的 9 家机构中，有 8 家机构设有独立的出入口。从机构用房性质看，有 1 家机构的用房属于居住类房屋，8 家机构的用房属于非居住类或其他房屋。被调查机构中，有 9 家机构周边 300 米范围内有公共绿化或花园，4 家机构周边 300 米范围内有室外公共活动场所。

在各类基本生活辅助用房配置上，公共卫生间和厨房操作间是配置高的生活辅助用房，占比分别为 100.00% 和 88.89%，如图 4 - 174 所示。其中，平均每家机构的卫生间数量在 2 ~ 3 间，平均面积达到 24.29 平方米。其余各类生活辅助用房如表 4 - 165 所示。

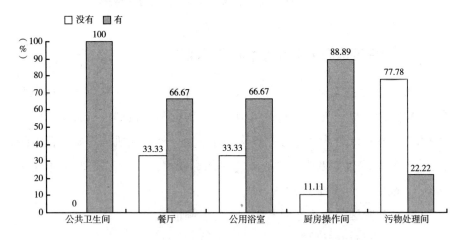

图 4 - 174　奉贤区综合为老服务中心基本生活辅助用房配置

表 4 - 165　奉贤区综合为老服务中心基本生活辅助用房配置数量及面积

单位：间，平方米

	公共卫生间		餐厅		公用浴室		厨房操作间		污物处理间	
	房间数	共计面积	房间数	共计面积	房间数	共计面积	房间数	共计面积	房间数	共计面积
平均	2.33	24.29	1.00	70.00	1.00	13.00	1.13	48.33	1.00	10.00
标准差	1.41	16.83	0	21.60	0	4.47	0.35	41.31	0	—
观测数	9	7	6	4	6	5	8	6	2	1

在医疗保健用房配置上，66.67% 的被调查机构配置了康复训练室，是配置比例最高的医疗保健用房，其次是中医保健室和心理疏导室，如图

4－175 所示。其中，康复训练室的配置面积平均每家机构为 37.5 平方米。

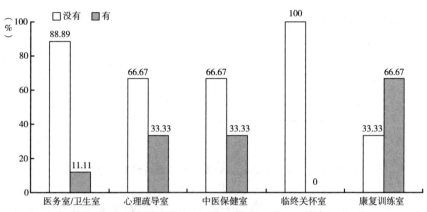

图 4－175　奉贤区综合为老服务中心医疗保健用房配置情况

在各类公共活动用房配置上，棋牌室和多功能厅是配置比例最高的公共活动用房，配置比例都为 77.78%，此外，电影/电视室、阅览室的配置比例也均在 60% 以上，如图 4－176 所示。

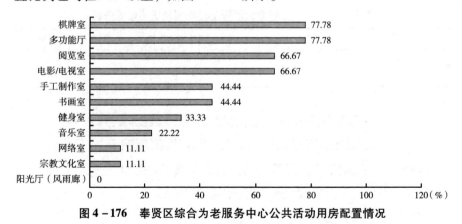

图 4－176　奉贤区综合为老服务中心公共活动用房配置情况

（2）服务设备配置

被调查综合为老服务中心配置的各类服务设备中，健身器材和康复训练器具是配置比例较高的服务设置，占比分别为 66.67% 和 44.44%。各类服务设备的配置情况如图 4－177 所示。

在消防设施的配置上，被调查机构的各类消防设施配置比例均比较

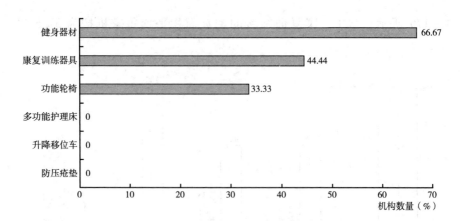

图 4 – 177　奉贤区综合为老服务中心服务设备配置情况

高，如表 4 – 166 所示。在综合为老服务中心内，各类安全保护装置的配置比例也比较高，如图 4 – 178 所示。在智慧养老设施的配置上，3 家机构没有配置，其他机构除互联网络外，其他各类智慧养老智能设备的配置比例并不高，如表 4 – 167 所示。

表 4 – 166　奉贤区综合为老服务中心消防设施配置情况

	灭火器、消防栓	消防喷淋系统	自动火灾报警
无	0	5	2
有	9	4	7

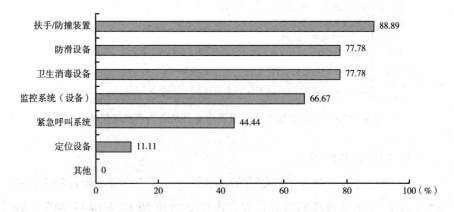

图 4 – 178　奉贤区综合为老服务中心安全设备配置情况

表 4 - 167　奉贤区综合为老服务中心智慧养老设施配置情况

	互联网络	物联网设施	智能检测系统设备	远程医疗设备
没有配置	3	6	4	4
配置	6	2	4	3
缺失	0	1	1	2

从综合为老服务中心设置的床位数量来看，被调查的 9 家机构均没有报告配置床位数情况。在被调查的机构中，有 1 家机构设有医务室/卫生室，有 3 家机构设有社区卫生服务中心延伸医务室/站，有 1 家机构设立护理站，护理站面积平均值为 20.00 平方米，并在护理站内设置了诊室、治疗室和处置室功能。

（二）奉贤区综合为老服务中心人员配置情况

（1）护理员

在被调查的综合为老服务中心机构中，仅有 1 家机构报告了护理员配备的人数，计 6 人，全部来自本地。从护理员的年龄构成看，主要是41 ~ 50 岁的，从护理员的学历结构看，全部是初中及以下学历。

（2）管理人员及其他

在管理人员配置上，9 家被调查机构报告人数配置情况，共计有 31 名管理人员，平均每个机构配备 3.44 名管理人员。从管理人员的学历结构看，高中/中职学历 7 人，大专/高职学历 18 人，本科及以上学历 6 人。从年龄结构看，21 ~ 30 岁 2 人，31 ~ 40 岁 6 人，41 ~ 50 岁 15 人，51 岁及以上 8 人。

在被调查的 9 家综合为老服务中心中，均没有机构报告医生、护士、康复师和营养师等其他技术人员的配备数据。

被调查机构中共计 9 家报告了员工总人数，平均每家机构员工数为 7.00 人，近一年内，没有员工离职。截至调查时间点，在服务志愿者及义工人数情况，如表 4 - 168 所示。在被调查机构中，有 2 家机构配备了养老顾问，养老顾问主要来自本机构，服务时间全天或者是工作日 9 点到 15 点 30 分。

表4-168 奉贤区综合为老服务中心员工及志愿者/义工人数

	员工总人数	最近一年内离职人数	目前在服务志愿者人数	目前在服务义工人数
平均	7.00	0	9.88	0
标准差	7.21	0	11.84	0
观测数	9	7	8	7

（三）奉贤区综合为老服务中心管理制度情况

从管理制度设置看，奉贤区综合为老服务中心内各项管理制度设置较为全面，其中安全管理制度和日常服务管理制度所有机构全面覆盖，如图4-179所示。在老年人服务档案中，基本信息是记录比例最高的，如图4-180所示。

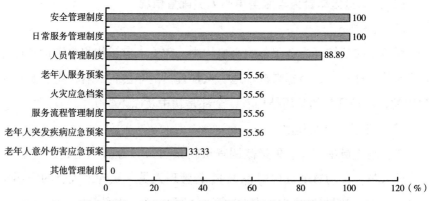

图4-179 奉贤区综合为老服务中心制定的管理制度

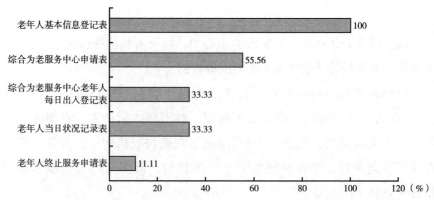

图4-180 奉贤区综合为老服务中心老年人服务档案记录的主要信息

（四）奉贤区综合为老服务中心服务水平情况

奉贤区综合为老服务中心，在被调查时过去的一周内，平均每家机构每天服务老人数为 35.56 人，其中，半失能老人数为 5 人，全失能老人数为 0 人。从开业运营时间看，截至调查时间，平均运营时长为 35.22 个月，如表 4 - 169。从被服务老人住家与综合为老服务中心地理距离看，最远距离平均值为 6.38 公里。

表 4 - 169　奉贤区综合为老服务中心服务人数

	每天服务老人数			自机构运营以来运营时长（月）
	总人数	半失能老人数	全失能老人数	
平均	35.56	5.00	0	35.22
标准差	9.17	—	—	8.35
观测数	9	1	0	9

奉贤区综合为老服务中心提供的各类生活照料服务中，最多的是午间休息服务和助浴，66.67% 的机构均提供这两项服务；其次是理发和助餐，有 55.56% 的被调查机构提供此项服务，如图 4 - 181 所示。

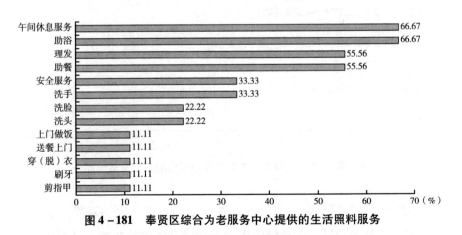

图 4 - 181　奉贤区综合为老服务中心提供的生活照料服务

综合为老服务中心提供的服务项目包括提示或协助服药、术后康复训练和术后康复护理等，各类护理服务提供的情况如图 4 - 182 所示。1 家机构设立护理站，主要提供基础护理、营养指导、社区康复指导和健康宣教服务。

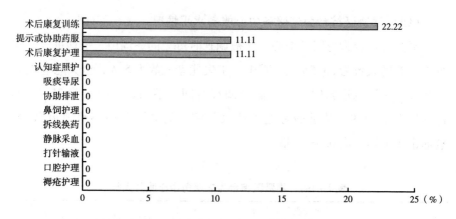

图4-182 奉贤区综合为老服务中心提供的护理服务

在提供的医疗服务中，66.67%的被调查机构提供日常健康管理服务（常见疾病预防，测量血压、血糖、体温等）；33.33%的被调查机构提供营养指导服务，其余各类服务如图4-183所示。

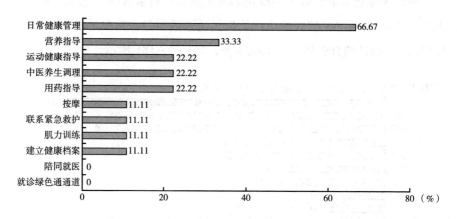

图4-183 奉贤区综合为老服务中心提供的医疗服务情况

在提供的精神慰藉服务中，66.67%的被调查机构提供陪聊（言语沟通），此外，情绪疏导、心理健康咨询也是提供较多的精神慰藉服务，如图4-184所示。

在提供的文化娱乐服务中，超过55.56%的被调查机构提供电视影视、棋牌、看书看报、唱歌、手工制作、做游戏和书画学习等文化娱乐服务，其他各类服务提供情况如图4-185所示。

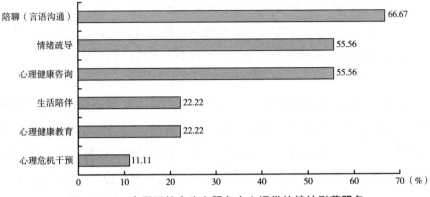

图 4 - 184 奉贤区综合为老服务中心提供的精神慰藉服务

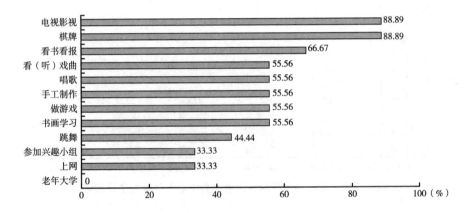

图 4 - 185 奉贤区综合为老服务中心提供的文化娱乐服务

在被调查的综合为老服务中心中，有 3 家机构提供照料者服务技术指导，有 2 家机构提供养老辅具租赁服务，有 9 家机构提供喘息服务，还有 1 家机构为老人提供上门服务。3 家为老人提供上门服务的机构均提供助餐助浴，其中 1 家机构还提供护理服务和医疗服务。

在被调查机构中，有 3 家机构实现了"一网覆盖"信息管理，建成了本区域统一网络门户和数据库；有 4 家机构设有"一站式"办事窗口；1 家机构实施老人统一需求评估与审核；2 家机构实现综合体公共服务平台的枢纽作用；2 家机构能够整合各种综合为老服务资源，实现"一体化资源统筹"。此外，7 家机构有承接本机构服务项目的社会组织，最主要的是为老服务。4 家机构报告有特色服务项目。

（五）奉贤区综合为老服务中心其他情况

被调查9家综合为老服务中心均没有提供政府财政补贴情况，以及自营业以来的营业收入和各类成本费用，仅有3家机构报告补贴的内容为水电煤免费。

在被调查综合为老服务中心中，9家机构汇报了长期经营能否赢利的问题，全部9家机构均认为不能够赢利。从影响综合为老服务中心入住率的因素看，照料服务内容是最为重要的因素，其次是地理位置，如图4－186所示。在被调查的9家综合为老服务中心中，有6家机构是连锁经营机构。

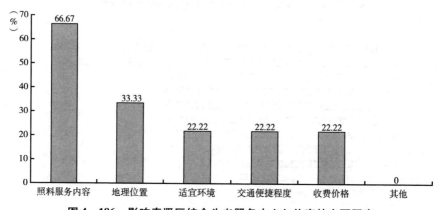

图4－186　影响奉贤区综合为老服务中心入住率的主要因素

（濮桂萍）

第六节　嘉定区社区养老发展现状

一　嘉定区日间照料中心发展现状

嘉定区日间照料中心调查共获得有效样本11家，从服务机构类型看，10家为非营利性机构，1家为其他类型；从服务机构地理区位看，内环线以内1家，内环线以外、中环线以内0家，中环线以外、外环线以内1家，外环线以外9家；从机构开始运营时间来看，72.73％的日间照料中心于2010年及之后开始运营，各年份运营机构数量如图4－187所示。

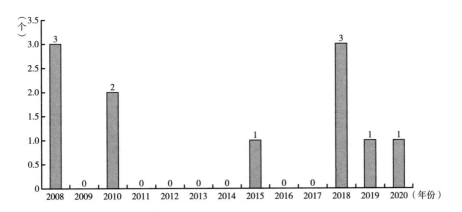

图 4 - 187　嘉定区日间照料中心开始运营数量的时间分布

（一）嘉定区日间照料中心硬件设施情况

（1）设施面积与功能区域设置

在日间照料服务机构设施面积上，调查结果显示，建筑总面积平均值为 662.64 平方米，以 500 平方米的建筑面积居多，使用面积平均值为 505.75 平方米，室外活动场地面积平均值为 401.78 平方米，室外绿地面积平均值为 164.00 平方米（见表 4 - 170）。

表 4 - 170　嘉定区日间照料中心设施面积

单位：平方米

	总建筑面积	使用面积	室外活动场地面积	室外绿地面积
平均	662.64	505.75	401.78	164.00
标准差	427.71	432.92	524.74	251.01
观测数	11	8	9	9

在被调查的日间照料中心中，设置比例最高的基本服务区域为公共活动区域和生活服务区域，占比都为 72.73%，设置保健服务区域的比例为 63.64%（见表 4 - 171）。从各个服务区域面积来看，生活服务区平均面积最大，为 98.86 平方米；公共活动区域平均面积为 84.17 平方米，详见表 4 - 172。63.64% 的机构设置了保健服务区域，6 家提供保健服务区域面积的被调查机构数据显示，保健服务区域的平均面积为 89.33 平方米。

表 4 – 171　嘉定区日间照料中心基本服务区域设置

	生活服务区域	公共活动区域	保健服务区域	服务保障区域
无	0(0%)	0(0%)	1(9.09%)	1(9.09%)
有	8(72.73%)	8(72.73%)	7(63.64%)	7(63.64%)
缺失	3(27.27%)	3(27.27%)	3(27.27%)	3(27.27%)

表 4 – 172　嘉定区日间照料中心基本服务区域面积

单位：平方米

	生活服务区域面积	公共活动区域面积	保健服务区域面积	服务保障区域面积
平均	98.86	84.17	89.33	78.14
标准差	90.64	106.70	106.67	78.83
观测数	7	6	6	7

　　基本生活辅助用房配置中，公共卫生间是配置比例最高的辅助用房，污物处理间的配置比例最低，为 18.18%，如图 4 – 188 所示。对提供各类基本生活辅助用房面积的样本进行统计，结果显示，餐厅的平均面积最大，为 76.80 平方米；污物处理间的面积基本相近，平均面积为 5.00 平方米。各类生活辅助用房面积统计数据如表 4 – 173 所示。

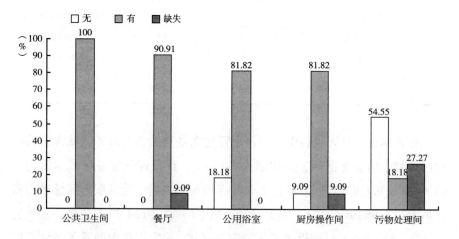

图 4 – 188　嘉定区日间照料中心生活辅助用房配置

表 4 - 173　嘉定区日间照料中心中生活辅助用房配置面积

单位：平方米

	公共卫生间面积	餐厅面积	公用浴室面积	厨房操作间面积	污物处理间面积
平均	35.63	76.80	13.00	52.44	5.00
标准差	28.72	87.77	5.48	58.89	0
观测数	8	10	6	9	2

在医疗保健用房配置上，嘉定区的日间照料中心中，心理疏导室的配置率最高，达到 63.64%；其次为康复训练室，配置率达到 54.55%。中医保健室和医务室/卫生室的配置比例较低，仅分别为 36.36% 和 45.45%（如图 4 - 189）。对提供医疗保健用房面积的机构进行统计，结果显示，康复训练室的配置面积最大，平均面积为 20.00 平方米，其他数据如表 4 - 174 所示。

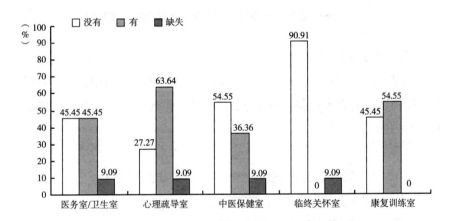

图 4 - 189　嘉定区日间照料中心医疗保健用房配置

表 4 - 174　嘉定区日间照料中心医疗保健用房面积

单位：平方米

	医务室/卫生室	心理疏导室	中医保健室	康复训练室
平均	14.00	17.86	12.67	20.00
标准差	8.94	11.50	6.43	17.32
观测数	5	7	3	5

在公共活动用房配置上，阅览室、多功能厅、书画室是配置较多的公共活动用房，其他公共活动用房配置情况如图 4 - 190 所示。

此外，有11家被调查机构报告设置了办公用房，平均办公用房面积为45.50平方米；5家被调查机构报告还设置了其他用房。

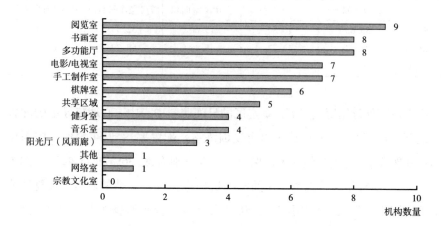

图4-190　嘉定区日间照料中心公共活动用房配置情况

（2）服务设备配置

在服务设备配置方面，嘉定区被调查的日间照护机构中，健身器材是配置比例最高的服务设备，占比达到72.73%，其他服务设备的配置情况如图4-191所示。

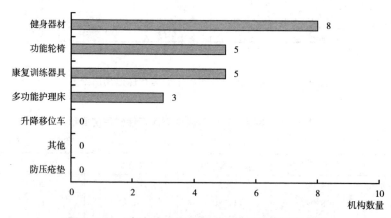

图4-191　嘉定区日间照料中心服务设备配置情况

在消防设施配置上，11家服务机构均配置不同类型的消防设施，灭火器、消防栓是最为常见的设施，此外，也有4家机构配置了自动火灾报警系统。各类安全设施的配置，有 60% 左右的机构配置了相应设施，如图 4 – 192 所示。在智慧养老设施上，配置比例不高，有 63.64% 的机构配置互联网络，智能检测系统设备等其他智慧养老设施的配置比例均比较低，见表 4 – 176 所示。

表 4 – 175　嘉定区日间照料中心消防设施配置情况

	灭火器、消防栓	消防喷淋系统	自动火灾报警	其他
无	0	5	7	1
有	11	5	4	0
缺失	0	1	0	10

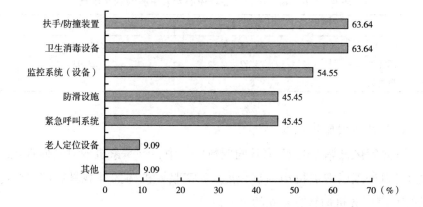

图 4 – 192　嘉定区日间照料中心安全设施配置情况

表 4 – 176　嘉定区日间照料中心智慧养老设施配置情况

	互联网络	物联网设施	智能检测系统设备	远程医疗设备
没有配置	1	4	6	7
配置	7	3	1	0
缺失	3	4	4	4

嘉定区被调查日间照料中心中，3 家机构配备了应急电源设备，都没有配备老人接送车辆，没有配备物品采购车辆。其中，6 家机构报告服务场所设置在建筑物的一层或底层，5 家机构报告设置在建筑物的二层及以上楼层，6 家机构配置了电梯或无障碍设施。

在服务设施中，平均每家机构设置床位数为 24.89 张，部分机构设置了护理床位。老人休息室平均每家机构设置 2.09 间，单间容纳老人数平均值为 14.82 人。老人服务设施的其他信息如表 4 – 177 和表 4 – 178 所示。在被调查的 11 家日间照料中心中，仅有 3 家机构设置了护理站。

表 4 – 177　嘉定区日间照料中心老人服务设施信息

	总床位数	护理床位数	老人休息室数	单间容纳老人数
平均	24.89	1.20	2.09	14.82
标准差	7.93	1.64	0.94	7.77
观测数	9	5	11	11

表 4 – 178　嘉定区日间照料中心老人用房的规格设置

	房门净宽度（厘米）	室内走到净宽度（厘米）
平均	94.38	176.75
标准差	23.52	23.03
观测数	8	8

（3）服务设施辨识度

在嘉定区被调查的 11 家日间照料中心中，有 5 家机构对其外观建筑做过色调处理以增加机构的辨识度；7 家服务机构的外观具有醒目的标识；10 家服务机构具有独立的出入口。

（二）嘉定区日间照料中心人员配置情况

（1）护理员

嘉定区被调查机构中的 9 家报告了护理员数量，共计 41 人，平均每家机构护理员 4.56 人。护理员大部分来自本地。从护理员的年龄构成上看，60.99% 的护理员年龄在 51 岁及以上，各年龄段分布如表 4 – 179 所示。从护理员的学历构成看，以初中及以下居多，占比为 73.17%，其他学历构成如表 4 – 180 所示。

表 4 – 179　护理员年龄构成

单位：%

	21~30 岁	31~40 岁	41~50 岁	51 岁及以上
占比	0	7.31	31.70	60.99

表 4 - 180　护理员学历构成

单位：%

	初中及以下	高中/中职	大专/高职	本科及以上
占比	73.17	26.837	0	0

（2）医生与护士

在被调查的日间照料中心中，仅有 1 家机构报告配备了 1 名兼职医生。

在护士配备上，仅有 2 家机构报告配置了 2 名护士。从年龄构成上看，都为 31～40 岁。从学历构成看，2 人都为大专/高职。

（3）其他技术人员

在康复师的配置上，4 家机构报告配备了 5 名康复师。从年龄结构看，21～30 岁 1 人，31～40 岁 1 人，41～50 岁 3 人。从学历结构看，都为大专/高职学历。

在营养师的配置上，2 家机构报告配备了 2 名营养师。从营养师的年龄结构看，都为 21～30 岁。从学历结构看，都是大专/高职学历。

（4）管理人员及其他

在管理人员配置上，共计 8 家机构报告配备了 20 名管理人员，平均每家机构配备 2.50 名管理人员。从管理人员的学历机构看，初中及以下学历 2 人，高中/中职学历 3 人，大专/高职学历 13 人，本科及以上学历 2 人。从年龄结构看，21～30 岁 3 人，31～40 岁 2 人，41～50 岁 7 人，51 岁及以上 8 人。

在被调查的 11 家日间照料中心中，10 家机构报告了员工总人数，共计 118 人，平均每家机构员工数为 11.80 人。近一年内，员工离职人数共计为 2 人。截至调查时间点，在服务志愿者和义工人数如表 4 - 181 所示。其中，志愿者提供服务主要有卫生清洁、老人照看与生活服务、健康讲座与健康检查、做游戏、生活便民服务以及陪聊沟通等。

表 4 - 181　嘉定区日间照料中心工作人员统计数据

	员工总人数	最近一年内离职人数	目前在服务志愿者人数	目前在服务义工人数
平均	11.80	0.33	20.00	0
标准差	10.76	0.52	19.29	0
观测数	10	6	9	11

（三）嘉定区日间照料中心管理制度情况

嘉定区日间照料中心内，各项管理制度设置均比较全面，如图4－193所示。其中，日常服务管理制度是各个服务机构最为关注的管理制度，在老年人服务档案中，除老年人基本信息登记外，还有服务申请信息、老年人当日状况记录信息、每日出入登记信息等，均是各个机构重点登记的信息，如图4－194所示。

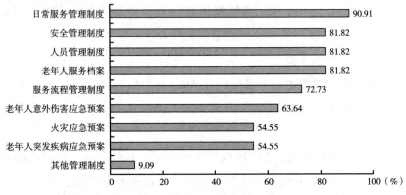

图4－193　嘉定区日间照料中心内部管理制度设置情况

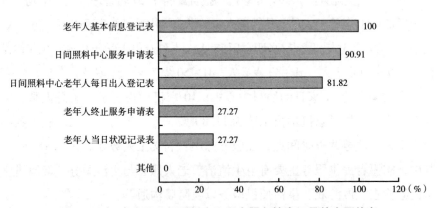

图4－194　嘉定区日间照料中心老人服务档案记录的主要信息

（四）嘉定区日间照料中心服务水平情况

嘉定区日间照料中心，在被调查时过去的一周内，每家每天服务老人数的平均值为15.91人，其中，半失能老人数每家机构每天平均为1.25人。每家机构每天服务的老人中，正常老人平均值为8人，各失能等级对应的人数如表 4 - 182 所示。从被服务老人住家与日间照料中心之间的最远距离看，平均值为 3. 20 公里。

表 4 - 182　日间照料中心平均每天服务老人数

	每天服务老人数			按失能等级区分				
	总人数	半失能老人数	全失能老人数	正常老人	1 级	2 级	3 级	4 级及以上
平均	15. 91	1. 25	0	8. 00	4. 50	4. 83	1. 60	1. 00
标准差	8. 78	2. 82	0	8. 17	3. 21	5. 35	1. 52	2. 00
观测数	11	8	6	7	6	6	5	6

在被调查的 11 家机构中，81.82% 的服务机构提供就餐服务；提供最多的娱乐服务是读书阅览和手工制作，90.91% 的机构提供这两种服务，棋牌、绘画、书法也是主要提供的娱乐服务（见图 4 - 195）；63.64% 的被调查机构提供午间休息服务；54.55% 的机构提供协助如厕服务；在生活照料服务中，测血压、理发是最常见的服务，如图 4 - 196 所示；在饮食服务中，81.82% 的机构提供送餐上门服务，没有机构提供上门做饭服务；在提供的各类健康教育咨询服务中，多见的是常见疾病预防、保健养生、安全教育和老年营养指导，详见图 4 - 197；在提供的心理慰藉服务中，心理咨询与情绪疏导是最常见的两种服务，见图 4 - 198；在保健康复服务中，中医传统保健服务是提供最多的服务，63.64%

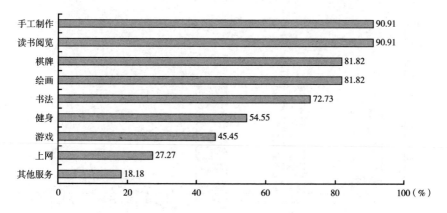

图 4 - 195　嘉定区日间照料中心提供的文化娱乐服务

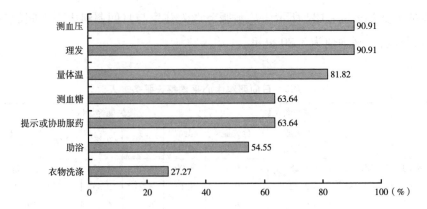

图 4 – 196　嘉定区日间照料中心提供的生活照料服务

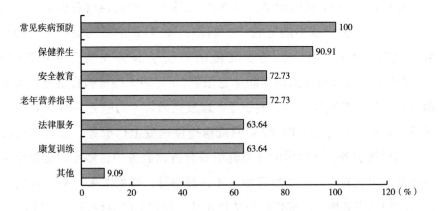

图 4 – 197　嘉定区日间照料中心提供的健康教育咨询服务

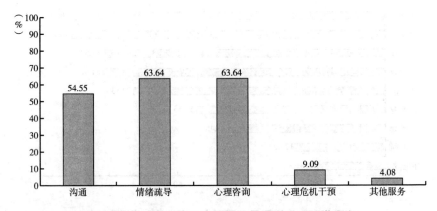

图 4 – 198　嘉定区日间照料中心提供的心理慰藉服务

的机构均提供这类服务，其次为按摩服务，详见图 4 - 199；在 3 家设立护理站的机构中，护理站主要提供基础护理、消毒隔离技术指导、营养指导和社区康复指导等。

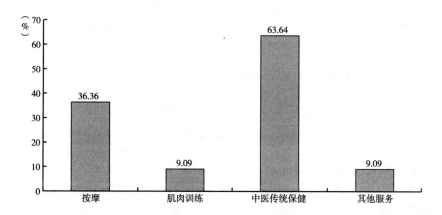

图 4 - 199　嘉定区日间照料中心提供的保健康复服务

在嘉定区日间照料中心中，有 4 家机构报告了本机构服务项目有社会组织承接服务项目情况，服务的主要内容为委托运营管理、老人日间照料、医疗和康复服务等。在服务收费方面，收费主要包括托管费、餐费两个类别。

（五）嘉定区日间照料中心其他情况

在被调查的日间照料机构中，有 6 家机构汇报了是否获得政府补贴的情况，共计获得各类政府补贴 305.00 万元，平均每家机构 50.83 万元。在各类补贴的总额中，包含开办补贴 190.20 万元，年度补贴 114.80 万元。从补贴费用内容看，几乎所有受补贴机构补贴内容都为以奖代补。在经营业绩方面，仅有 1 家机构能够并愿意提供经营数据。自开业以来，这家服务机构获得经营收入 78.00 万元，但是经营成本支出达到 90.00 万元，反映了日间照料中心目前的经营困境。

影响老人选择使用日间照料机构服务的因素有多种，调查对象报告显示，交通便捷程度是影响最大的因素，54.55% 的被调查机构均认为这个因素最为重要（见图 4 - 200）。63.64% 的被调查机构认为，到本机构来的老人数量还是比较多的，但也有 36.36% 的被调查机构认为，到本机构来的老人数量不多。90.91%的被调查机构认为，他们在经营中能够留住老人在本机构使用服务，但仅有63.64%的被调查机构认为他们能从服务的老人那里收到相关项目的服务费。此外，9.09%的被调查机构能够做到多元化赢利。被调查对象反馈，出现上述经营中无法有效赢利的主要原因是机构属于非营利机构，很多机构不收取服务费，不能赢利。

表4-183 嘉定区日间照料中心接收政府财政补贴统计

单位：万元

	政府财政补贴			自开业以来获得经营收入	自开业以来支付各类成本费用
	补贴总额	包含开办补贴	包含年度补贴		
平均	50.83	31.70	19.13	78.00	90.00
标准差	39.30	26.92	15.98	—	—
求和	305.00	190.20	114.80	78.00	90.00
观测数	6	6	6	1	1

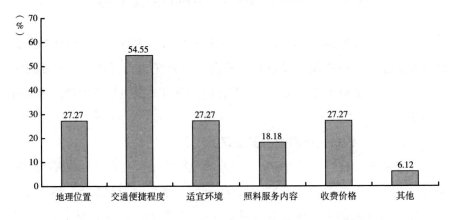

图4-200 影响嘉定区日间照料中入住率的主要因素

被调查服务机构中，11家服务机构都不是连锁经营的日间照护机构。在政府支持帮助建议上，被调查机构主要提出如下建议：第一，希望增加运作经费，实现日托享受长护险；第二，政府政策支持，提供多样化运营模式。

二 嘉定区长者照护之家发展现状

嘉定区长者照护之家调查获得有效样本7家，从服务机构类型看，7家均为非营利性机构；从服务机构地理区位看，内环线以内 1 家，外环线以外 6 家；从机构开始运营时间来看，被调查的长者照护之家有 71.43% 在 2015 年及之后开始运营，各年份运营机构数量如图 4 - 201 所示。

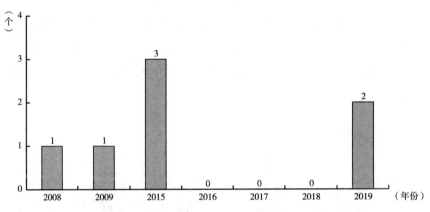

图 4 - 201　嘉定区长者照护之家开始运营数量的时间分布

（一）嘉定区长者照护之家硬件设置情况

（1）设施面积与功能区域设置

在长者照护之家设施面积上，调查结果显示，单个机构建筑总面积平均值为 1335.45 平方米，老年人居室总（使用）面积平均值为每家 395.50 平方米，床均建筑面积为 15.83 平方米，居室内单床的使用面积平均值为 12.00 平方米（见表 4 - 184）。

表 4 - 184　嘉定区长者照护之家各项面积统计

单位：平方米

	总建筑面积	老年人居室总 （使用）面积	床均建筑面积	居室单床使用面积
平均	1335.45	395.50	15.83	12.00
标准差	814.04	283.84	4.79	5.10
观测数	7	6	6	5

在被调查的长者照护之家中，有 6 家机构设置了独立的出入口。从机构用房性质看，其中 5 家机构的用房属于居住类用房，其余为非居住类用房或其他类型用房。从机构的周边环境看，机构周边 300 米范围内，有公

共绿化或花园的有 7 家，有室外公共活动场所的有 7 家。

从机构内基本生活辅助用房的配置情况看，各类型辅助用房配置的比例均比较高，其中，餐厅和厨房操作间的比例最高，达到 100.00%，如图 4－202 所示。总体看，在单个机构内，公共卫生间设置数量最多，平均值为 4.50 间，餐厅、厨房操作间和污物处理间平均每家机构设置为 1～2 间。从面积看，其中餐厅是每家机构配置面积最大的生活辅助用房，单家机构的平均面积达到 112.57 平方米，如表 4－185 所示。

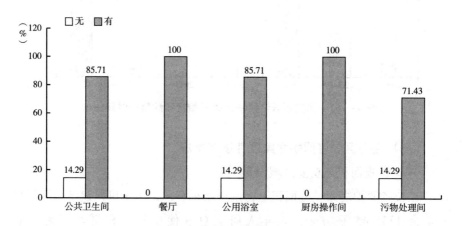

图 4－202　嘉定区长者照护之家基本生活辅助用房配置情况

表 4－185　嘉定区长者照护之家基本生活辅助用房配置数量及面积

单位：间，平方米

	公共卫生间		餐厅		公用浴室		厨房操作间		污物处理间	
	房间数	共计面积	房间数	共计面积	房间数	共计面积	房间数	共计面积	房间数	共计面积
平均	4.50	16.17	1.71	112.57	3.50	19.83	1.14	70.14	1.00	18.00
标准差	4.97	13.86	1.25	72.52	5.17	20.61	0.38	64.14	0	15.36
观测数	6	6	7	7	6	6	7	7	5	5

在医疗保健用房配置上，康复训练室的配置比例最高，达到 42.86%，中医保健室和临终关怀室的配置比例最低，没有机构设有中医保健室和临终关怀室，如图 4－203 所示。在公共活动用房配置方面，棋

牌室是配置比例最高的公共活动用房，有 85.71% 的机构设置了棋牌室。此外，电影/电视室、手工制作室、多功能厅也是配置比例较高的活动用房，见图 4 - 204 所示。

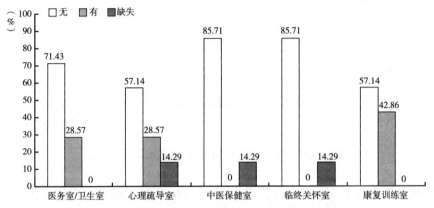

图 4 - 203　嘉定区长者照护之家医疗保健用房配置情况

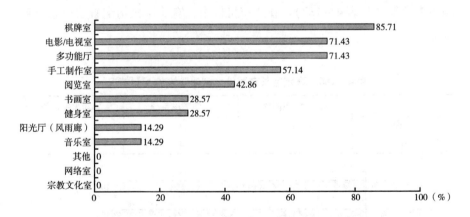

图 4 - 204　嘉定区长者照护之家公共活动用房配置情况

（2）服务设备配置

在服务设备配置上，嘉定区长者照护之家中功能轮椅配置比例最高，57.14% 的机构配备此类设备，其次是康复训练器具和多功能护理床等，如图 4 - 205 所示。

在消防设施的配置方面，嘉定区长者照护之家中各类消防设施的配置相对较全面（见表 4 - 186）。在安全设施配置方面，各类安全防护设置的

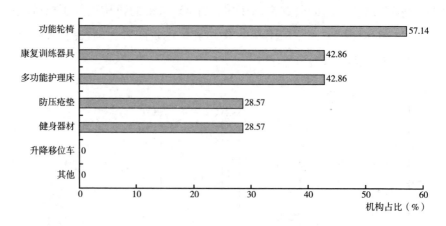

图4－205　嘉定区长者照护之家服务设备配置情况

配置较全面（见图4－206），42.86%的机构已经使用老人定位设备。在智慧养老设施配置方面，已经各有2家机构配置了互联网络设施和智能检测系统设备（如表4－187）。在7家机构中，有5家机构配置了应急电源设备。

表4－186　嘉定区长者照护之家消防设施配置情况

	灭火器、消防栓	消防喷淋系统	自动火灾报警
无	0	3	1
有	7	4	6

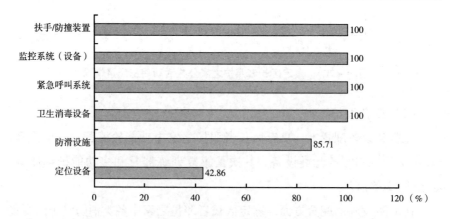

图4－206　嘉定区长者照护之家各类安全设施配置情况

表 4 -187　嘉定区长者照护之家智慧养老设施配置情况

	互联网络	物联网设施	智能检测系统设备	远程医疗设备
没有配置	1	2	1	2
配置	2	0	2	1
缺失	4	5	4	4

从机构设置床位数看，嘉定区长者照护之家平均每家机构设置床位数为 32.43 张，其中，护理床位数平均值为 21.67 张（如表 4 -188）。在 7 家机构中，有 1 机构报告配置了认知症照护床位，共计 30 张认知症照护床位。此外，有 2 家机构设有社区卫生服务中心延伸医务室/站；有 1 家机构设有护理站，护理站的面积在 15 平方米左右，其中处置室为 15 平方米。

表 4 -188　嘉定区长者照护之家床位配置情况

	床位数	护理床位数
平均	32.43	21.67
标准差	4.61	4.89
观测数	7	6

（二）嘉定区长者照护之家人员配置情况

（1）护理员

嘉定区被调查 7 家长者照护之家机构内护理员总数为 31 人，平均每家机构护理员为 4.43 人。护理员来自本地的人员数量为 29 人，外地来源中以安徽、河南等地居多。从护理员的年龄结构看，以 51 岁及以上年龄群为主，51 岁及以上占比 61.29%，如表 4 -189 所示。

从护理员的学历构成看，以初中及以下学历为主，占比 74.19%，如表 4 -190 所示。

表 4 -189　护理员年龄构成

单位：%

	21～30 岁	31～40 岁	41～50 岁	51 岁及以上
占比	0	6.45	32.26	61.29

表 4-190　护理员学历构成

单位：%

	初中及以下	高中/中职	大专/高职	本科及以上
占比	74.19	25.81	0	0

（2）医生与护士

仅有 2 家机构报告配备了 2 名医生，均为主治医师及以下职称，大专学历。7 家机构报告共计配备了 7 名护士。护士的年龄结构看，21～30 岁 1 名，41～50 岁 4 名，51 岁及以上 2 名。从护士的学历结构看，高中/中职 5 名，大专/高职学历 2 名。

（3）其他技术人员

在被调查机构中，7 家机构都未报告配备了康复师。

在营养师配置上，有 1 家机构报告配备了 1 名营养师，营养师的学历为高中/中职学历。

（4）管理人员及其他

在管理人员配置上，其中 7 家机构报告共计配备了 18 名管理人员，平均每家机构配备 2.57 名管理人员。从管理人员的学历结构看，初中及以下学历 3 人，高中/中职学历 6 人，大专/高职学历 7 人，本科及以上学历 2 人。从年龄结构看，31～40 岁 2 人，41～50 岁 9 人，51 岁及以上 7 人。

7 家被调查机构报告了员工总人数，平均每家机构员工数为 11.86 人。近一年内，员工离职人数共计为 5 人。截至调查时间点，在服务志愿者及义工人数如表 4-191 所示。其中，志愿者提供服务主要有各类慰问康乐服务以及陪聊沟通、卫生清洁、生活服务等。此外，被调查机构中，仅有 1 家设立了护理站，共计配置了 1 名执业注册护士。

表 4-191　嘉定区长者照护之家工作人员统计数据

	员工总人数	最近一年内离职人数	目前在服务志愿者人数	目前在服务义工人数
平均	11.86	0.71	5.33	0
标准差	6.09	1.25	12.11	0
观测数	7	7	6	5

（三）嘉定区长者照护之家管理制度情况

从嘉定区被调查长者照护之家的各项管理制度设置看，各机构均设置了各类管理制度，且设置的比例均比较高，如图 4 - 207 所示。在老年人服务档案制度中，重点规范各类老年人服务档案的建设，各类老年人服务档案包含的主要情况如图 4 - 208 所示。

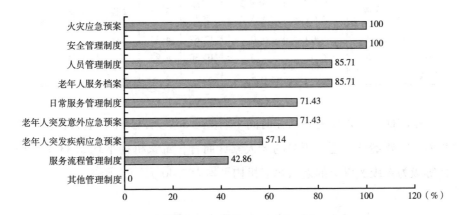

图 4 - 207　嘉定区长者照护之家制定的管理制度

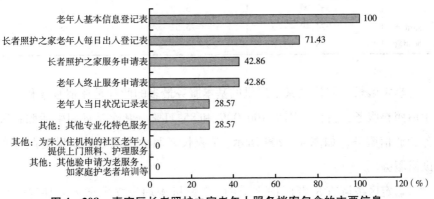

图 4 - 208　嘉定区长者照护之家老年人服务档案包含的主要信息

（四）嘉定区长者照护之家服务水平情况

嘉定区长者照护之家，在被调查时过去的一周内，每家每天服务老人数的平均值为 15.43 人，其中，半失能老人数为每家机构每天平均 9.00 人，全失能老人数每家机构每天平均为 0 人。每家机构每天服务的老人中，正常老人平均值为 12.67 人，各失能等级对应的人数如表 4 - 192 所

示。从被服务老人住家与长者照护之家之间的最远距离看，平均值为
15.00 公里。

表 4-192　嘉定区长者照护之家平均每天服务人数

	每天服务老人数			按失能等级区分				
	总人数	半失能老人数	全失能老人数	正常老人	1 级	2 级	3 级	4 级及以上
平均	15.43	9.00	0	12.67	4.33	7.00	6.67	8.00
标准差	5.65	6.38	0	10.50	4.93	3.27	5.51	4.24
观测数	7	4	4	3	3	4	3	2

平均而言，每位老人入住时间平均值为 332 天；其中，老人转出本机
构后，需要继续护理、康复的老人累计而言，每家机构平均 5.33 人。收
住等级为 4 级及以上的老人每家机构平均为 5.40 人。

表 4-193　嘉定区长者照护之家服务老人情况

	每位老人入住时间（天）	出机构后需继续护理人数（人）	收住 4 级及以上老人（人）
平均	332.00	5.33	5.40
标准差	324.49	5.51	5.50
观测数	5	3	5

嘉定区长者照护之家中提供的基本服务最多的两种是住宿服务和个人
生活照料服务，占比分别为 100.00% 和 85.71%，其次是日间生活照料服
务和通信服务，如图 4-209 所示。7 家长者照护之家均提供助餐服务和
助浴服务。

嘉定区被调查长者照护之家中，7 家机构均设立了老人入住筛选标
准，2 家机构设立了老人出院评估标准。1 家长者照护之家报告了床位的
轮转时间，床位轮转时间为 600 天。7 家机构报告经营过程中都无老人
"霸床"现象。

长者照护之家中，白天平均每家机构有 2~3 名养老护理员在岗，晚
上有 1~2 名养老护理员在岗。在被调查的机构中，7 家机构都没有报告
承接本机构服务项目的社会组织。在被调查的长者照护之家中，仅有 2 家

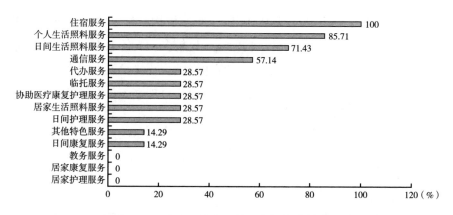

图 4 – 209　嘉定区长者照护之家提供的基本服务

机构报告提供特色服务项目。

（五）嘉定区长者照护之家其他情况

在被调查长者照护之家中，有 6 家机构提供了政府财政补贴情况。平均而言，每家机构获得政府补贴 355.82 万元，6 家机构共计获得 2134.93 万元补贴，其中开办费补贴总额为 197 万元。补贴内容在购买服务费、水电煤免费、以奖代补三种形式上的比例相当。仅有 2 家机构提供了经营收入与成本开支数据，统计结果显示，自开业以来平均每家长者照护之家获得的经营收入为 1384.54 万元，但是支付各类成本平均每家 2714.75 万元，如表 4 – 194 所示。这反映了长者照护之家目前的经营现状，多数机构靠获取政府财政补贴来维持运营。

表 4 – 194　嘉定区长者照护之家接收政府财政补贴统计

单位：万元

	政府财政补贴			自开业以来获得经营收入	自开业以来支付各类成本费用
	补贴总额	包含开办补贴	包含年度补贴		
平均	355.82	49.25	13.56	1384.54	2714.75
标准差	718.84	42.20	10.88	1942.92	3823.94
求和	2134.93	197.00	54.25	2769.08	5429.49
观测数	6	4	4	2	2

在被调查的 7 家机构中，4 家机构明确表示在长期经营中，本机构不能赢利。对影响长者照护之家入住率的主要因素，地理位置是最为重要的

影响因素（见图4－210）。7家机构中，6家机构明确反馈到该机构的老人不多，仅有1家机构认为到机构的老人比较多。入住老人不多的主要原因，一是地理位置不佳，交通不便，周边老人少；二是老人观念影响；三是大多机构只收住本村老人；四是机构只收住自理老人，对行动不便及意识不清楚的皆不收住。

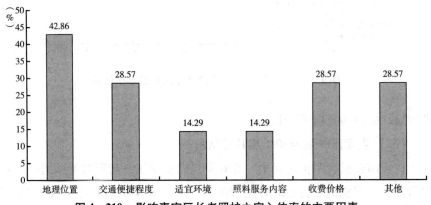

图4－210　影响嘉定区长者照护之家入住率的主要因素

被调查机构对政府提供支持帮助长者照护之家运营的建议，主要为：一是资金补助，增加运行补贴，加大对机构的宣传力度；二是帮助机构完善管理制度、标准服务流程，对工作人员有严格的考核机制，有效控制不安全因素，全面提升服务质量。在被调查机构中有2家机构是连锁化经营，他们认为连锁化经营品牌效应好，满足不同程度的认知症群体需求。同时，他们认为运营成本高也是制约机构生存的重要因素。

三　嘉定区综合为老服务中心发展现状

嘉定区综合为老服务中心调查共获得有效样本10家，从服务机构类型看，10家被调查机构均为非营利性机构；从服务机构地理区位看，中环线以外、外环线以内1家，外环线以外9家；从机构开始运营时间来看，10家机构均在2017年及之后开始运营，各年份运营机构数量如图4－211所示。

（一）嘉定区综合为老服务中心硬件设施情况

（1）设施与功能区域

嘉定区被调查综合为老服务中心，平均每家机构的建筑面积为

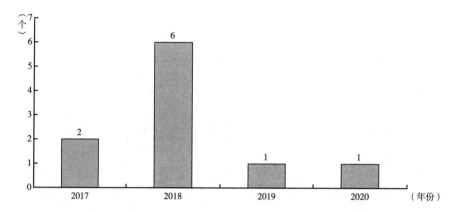

图 4 – 211　嘉定区综合为老服务中心成立运营时间分布

1242.90 平方米，最大的机构达到 2500.00 平方米。其中，老年人居室总（使用）面积平均为每家机构 443.56 平方米，如表 4 – 195 所示。

表 4 – 195　嘉定区综合为老服务中心设施面积

单位：平方米

	总建筑面积	老年人居室总(使用)面积
平均	1242.90	443.56
标准差	512.41	322.63
观测数	10	9

在被调查的 10 家机构中，有 9 家机构设有独立的出入口。从机构用房性质看，有 1 家机构的用房属于居住类房屋，9 家机构的用房属于非居住类或其他房屋。被调查机构中，有 9 家机构周边 300 米范围内有公共绿化或花园，8 家机构周边 300 米范围内有室外公共活动场所。

在各类基本生活辅助用房配置上，公共卫生间、餐厅、公用浴室是配置最高的生活辅助用房，100% 的被调查机构均有配置，如图 4 – 212 所示。其中，公共卫生间平均每家机构的数量在 3 ~ 4 间，平均面积达到 41.89 平方米。其余各类生活辅助用房的间数如表 4 – 196 所示。

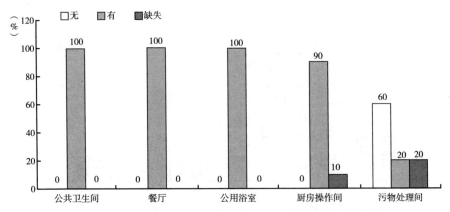

图 4 - 212　嘉定区综合为老服务中心基本生活辅助用房配置

表 4 - 196　嘉定区综合为老服务中心基本生活辅助用房配置数量及面积

单位：间，平方米

	公共卫生间		餐厅		公用浴室		厨房操作间		污物处理间	
	房间数	共计面积	房间数	共计面积	房间数	共计面积	房间数	共计面积	房间数	共计面积
平均	3.80	41.89	1.22	109.44	1.40	14.88	1.25	53.13	0.67	2.33
标准差	1.87	25.64	0.67	88.76	0.52	11.05	0.71	56.31	0.58	2.52
观测数	10	9	9	9	10	8	8	8	3	3

在医疗保健用房配置上，70%的被调查机构配置了康复训练室，60%的被调查机构配置了心理疏导室，是配置比例最高的两类医疗保健用房，如图 4 - 213 所示。其中，康复训练室的配置面积平均每家机构为 28.00平方米，心理疏导室平均每家机构的面积为 19.00 平方米。

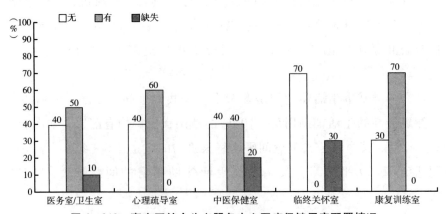

图 4 - 213　嘉定区综合为老服务中心医疗保健用房配置情况

在各类公共活动用房配置上，阅览室和书画室是配置比例最高的公共活动用房，配置比例都为 90.00%，此外，电影/电视室和多功能厅的配置比例也均在 70% 以上，如图 4 – 214 所示。

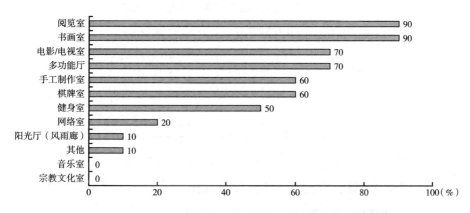

图 4 – 214　嘉定区综合为老服务中心公共活动用房配置情况

（2）服务设备配置

被调查综合为老服务中心配置的各类服务设备中，健身器材和功能轮椅是配置比例高的服务设备，超过 50% 的被调查机构配置了这两类服务设备。各类服务设备的配置情况如图 4 – 215 所示。

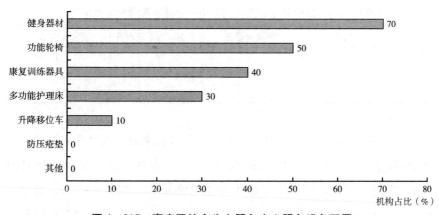

图 4 – 215　嘉定区综合为老服务中心服务设备配置

在消防设施的配置上，被调查机构的各类消防设施配置比例均比较高，如表 4 – 197 所示。在综合为老服务中心内，各类安全保护装置的配置比例也比较高，如图 4-216 所示。在智慧养老设施的配置上，除互联网络外，其他各类智慧养老智能设备的配置比例并不高，如表 4-198 所示。

表 4-197　嘉定区综合为老服务中心消防设施配置情况

	灭火器、消防栓	消防喷淋系统	自动火灾报警	其他
无	0	5	4	0
有	10	4	5	0
缺失	0	1	1	10

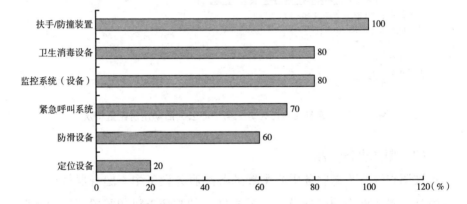

图 4-216　嘉定区综合为老服务中心安全设备配置情况

表 4-198　嘉定区综合为老服务中心智慧养老设施配置情况

	互联网络	物联网设施	智能检测系统设备	远程医疗设备
没有配置	2	5	4	5
配置	4	0	1	0
缺失	4	5	5	5

　　从被调查综合为老服务中心设置的床位数量来看，共计 7 家机构报告了床位数量，平均每家机构设置 22.14 张床，其中，床位数最多的达到 30 张。此外，平均每家机构设置 0.60 张护理床位，如表 4-199。在被调查的机构中，有 5 家机构设有医务室/卫生室，有 0 家机构设有社区卫生服务中心延伸医务室/站。有 2 家机构设立护理站，平均每家机构设置的护理站面积平均值为 65.00 平方米。在内设护理站机构中，2 家机构均设有治疗室和处置室，1 家机构设有诊室。

表 4-199　嘉定区综合为老服务中心设置床位数

	总床位数	护理床位数
平均	22.14	0.60
标准差	3.93	0.89
观测数	7	5

（二）嘉定区综合为老服务中心人员配置情况

（1）护理员

在被调查机构中，9 家机构报告配备了 63 名护理员，平均每家机构配备了 7 名护理员，大部分来自本区。从护理员的年龄构成看，31~40 岁占比 3.17%，41~50 岁占比 31.75%，51 岁及以上占比 65.08%（如表 4-200）。从护理员的学历结构看，初中及以下学历占比 79.36%（如表 4-201）。

表 4-200　护理员年龄构成

单位：%

	21~30 岁	31~40 岁	41~50 岁	51 岁及以上
占比	0	3.17	31.75	65.08

表 4-201　护理员学历构成

单位：%

	初中及以下	高中/中职	大专/高职	本科及以上
占比	79.36	20.64	0	0

（2）医生和护士

被调查机构中，仅有 1 家机构报告配备了 1 名医生，大专学历，主治医师职称。

（3）其他技术人员

在被调查机构中，10 家机构都没有报告配备了康复师和营养师。

（4）管理人员及其他

在管理人员配置上，9 家被调查机构报告了人数配置情况，共计有 56 名管理人员，平均每家机构配备 6.22 名管理人员。从管理人员的学历结构看，初中及以下学历 7 人，高中/中职学历 9 人，大专/高职学历 25 人，本科及以上学历 15 人。从年龄结构看，21~30 岁 11 人，31~40 岁 15 人，41~50 岁 18 人，51 岁及以上 12 人。

被调查机构中，平均每家机构员工数为 16.60 人。近一年内，员工离职人数共计为 9 人。截至调查时间点，在服务志愿者及义工人数情况，如表 4-202 所示。在被调查机构中，10 家机构都配备了养老顾问，养老顾问主要来自本机构、社区综合服务中心，服务时间主要集中在工作日正常上班时间。

表 4-202　嘉定区综合为老服务中心员工及志愿者/义工人数

	员工总人数	最近一年内离职人数	目前在服务志愿者人数	目前在服务义工人数
平均	16.60	1.13	15.71	0
标准差	6.60	1.55	15.04	0
观测数	10	8	7	4

（三）嘉定区综合为老服务中心管理制度情况

从管理制度设置看，嘉定区综合为老服务中心内各项管理制度设置较为全面，如图 4-217 所示。在老年人服务档案中，基本信息、服务申请、老年人每日出入登记等信息是记录比例最高的三类信息，如图 4-218 所示。

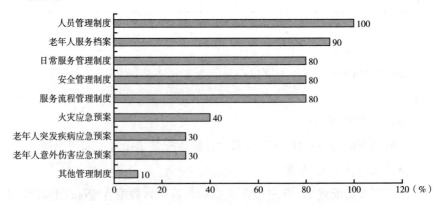

图 4-217　嘉定区综合为老服务中心管理制度设置情况

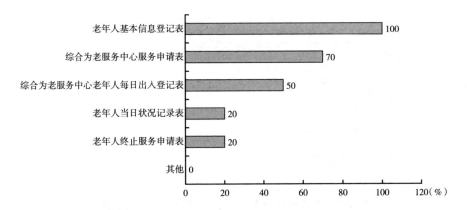

图 4 - 218　嘉定区综合为老服务中心老年人服务档案记录的主要信息

（四）嘉定区综合为老服务中心服务水平情况

嘉定区综合为老服务中心，在被调查时过去的一周内，平均每家机构每天服务老人数为 20.10 人，其中，半失能老人数为 0.50 人，全失能老人数为 0 人。从开业运营时间看，截至调查时间，平均运营时长为 31.00 个月，如表 4 - 203 所示。从被服务老人住家与综合为老服务中心地理距离看，最远距离平均值为 4.75 公里。

表 4 - 203　嘉定区综合为老服务中心服务人数

	每天服务老人数			自机构运营以来运营时长（月）
	总人数	半失能老人数	全失能老人数	
平均	20.10	0.50	0	31.00
标准差	10.33	0.84	0	7.86
观测数	10	6	6	10

嘉定区综合为老服务中心提供的各类生活照料服务中，最多的是助餐和送餐上门，100% 的机构均提供这两类服务；其次是助浴，有 70% 的被调查机构提供此项服务。此外，理发、剪指甲、洗衣等，也是提供比例较高的服务，如图 4 - 219 所示。

综合为老服务中心提供的各类护理服务中，仅有 2 家提供提示或协助服药服务，其他服务均未提供，各类护理服务提供的情况如图 4 - 220 所示。在 2 家设立护理站的机构中，主要提供基础护理服务。

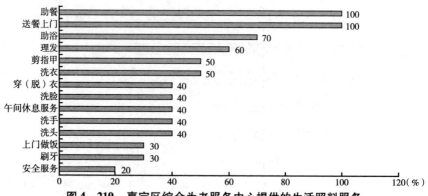

图 4 - 219 嘉定区综合为老服务中心提供的生活照料服务

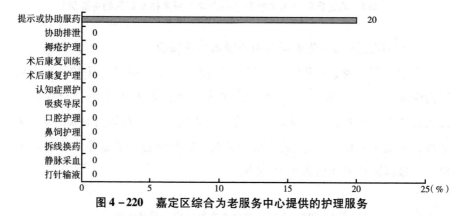

图 4 - 220 嘉定区综合为老服务中心提供的护理服务

在提供的医疗服务中，60%的被调查机构提供日常健康管理服务（常见疾病预防，测量血压、血糖、体温等）；30%的被调查机构提供运动健康指导、按摩等；其余各类服务如图 4 - 221 所示。

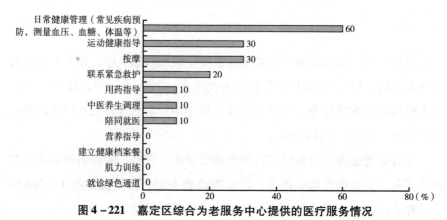

图 4 - 221 嘉定区综合为老服务中心提供的医疗服务情况

在提供的精神慰藉服务中，50% 的被调查机构提供陪聊（言语沟通），此外，情绪疏导、心理健康教育等也是提供较多的精神慰藉服务，如图 4 - 222 所示。

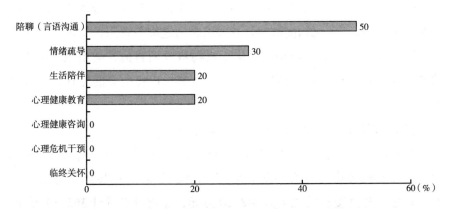

图 4 - 222　嘉定区综合为老服务中心提供的精神慰藉服务

在提供的文化娱乐服务中，超过 70% 的被调查机构提供看书看报、手工制作、电视影视、看（听）戏曲、唱歌等文化娱乐服务，其他各类服务提供情况如图 4 - 223 所示。

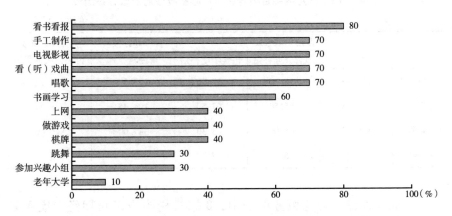

图 4 - 223　嘉定区综合为老服务中心提供的文化娱乐服务

在被调查的综合为老服务中心中，有 2 家机构提供照料者服务技术指导，有 3 家机构提供养老辅具租赁服务，有 1 家机构提供喘息服务，还有 9 家机构为老人提供上门服务。在 9 家为老人提供上门服务的机构中，

100%的提供助餐助浴，55.56%的提供护理服务。

在被调查机构中，有4家机构实现了"一网覆盖"信息管理，建成了本区域统一网络门户和数据库；有4家机构设有"一站式"办事窗口；4家机构实施老人统一需求评估与审核；5家机构实现综合体公共服务平台的枢纽作用；4家机构能够整合各种综合为老服务资源，实现"一体化资源统筹"。此外，5家机构有承接本机构服务项目的社会组织，最主要的是委托运营管理、日间照料、老年大学等。1家机构报告有特色服务项目。

（五）嘉定区综合为老服务中心其他情况

被调查综合为老服务中心有7家机构提供了政府财政补贴情况。平均而言，每家机构获得政府补贴119.43万元，7家机构共计获得836.00万元补贴。开办费补贴总额为348.00万元，年度补贴共计363.30万元。补贴内容在购买服务、水电煤和以奖代补三个方面比例相当。仅有2家机构提供了经营收入数据，3家机构提供了成本开支数据，统计结果如表4-204所示。

表4-204 嘉定区综合为老服务中心接收政府财政补贴统计

单位：万元

	政府财政补贴			自开业以来获得经营收入	自开业以来支付各类成本费用
	补贴总额	包含开办补贴	包含年度补贴		
平均	119.43	58.00	51.90	193.50	282.13
标准差	54.23	55.59	67.50	194.45	388.74
求和	836.00	348.00	363.30	387.00	846.40
观测数	7	6	7	2	3

在被调查综合为老服务中心中，8家机构报告了长期经营能否赢利的问题，8家机构均认为不能够赢利。从影响综合为老服务中心入住率的因素看，地理位置和交通便捷程度是最为重要的因素，如图4-224所示。在被调查的10家综合为老服务中心中，均不是连锁经营机构。

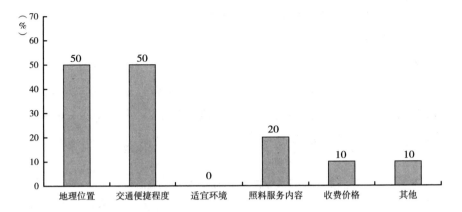

图 4 - 224　影响嘉定区综合为老服务中心入住率的主要因素

（张　捷　常姗姗）

第七节　青浦区社区养老发展现状

一　青浦区日间照料中心发展现状

青浦区日间照料中心调查共获得有效样本 42 家，从服务机构类型看，39 家为非营利性机构，1 家为营利性机构，2 家为其他类型；从服务机构地理区位看，内环线以外、中环线以内 1 家，外环线以外 41 家；从机构开始运营时间来看，92.86% 的日间照料中心于 2015 年及之后开始运营，各年份运营机构数量如图 4 - 225 所示。

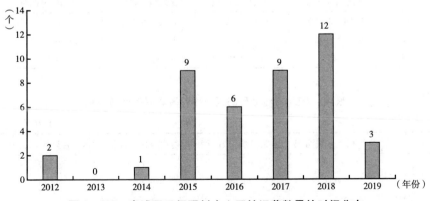

图 4 - 225　青浦区日间照料中心开始运营数量的时间分布

497

（一）青浦区日间照料中心硬件设施情况

（1）设施面积与功能区域设置

在日间照料中心设施面积上，调查结果显示，建筑总面积平均值为311.39 平方米，以 300 平方米的建筑面积居多，使用面积平均值为250.42 平方米，室外活动场地面积平均值为 256.25 平方米，室外绿地面积平均值为 114.12 平方米（见表 4 - 205）。

表 4 - 205　青浦区日间照料中心设施面积

单位：平方米

	总建筑面积	使用面积	室外活动场地面积	室外绿地面积
平均	311.39	250.42	256.25	114.12
标准差	300.87	232.85	305.48	243.07
观测数	41	38	36	34

在被调查的日间照料中心中，设置比例最高的基本服务区域为公共活动区域和保健服务区域，占比分别为 64.29% 和 52.38%（见表 4 - 206）。从各个服务区域面积来看，公共活动区域平均面积最大，为 97.96 平方米；生活服务区域平均面积为 30.96 平方米，详见表 4 - 207。52.38% 的机构设置了保健服务区域，29 家提供保健服务区域面积的被调查机构数据显示，保健服务区域的平均面积为 39.21 平方米。

表 4 - 206　青浦区日间照料中心基本服务区域设置

	生活服务区域	公共活动区域	保健服务区域	服务保障区域
无	18(42.86%)	8(19.05%)	12(28.57%)	18(42.86%)
有	16(38.10%)	27(64.29%)	22(52.38%)	16(38.10%)
缺失	8(19.05%)	7(16.67%)	8(19.05%)	8(19.05%)

表 4 - 207　青浦区日间照料中心基本服务区域面积

单位：平方米

	生活服务区域面积	公共活动区域面积	保健服务区域面积	服务保障区域面积
平均	30.96	97.96	39.21	34.17
标准差	45.41	120.58	61.20	49.18
观测数	26	28	29	24

基本生活辅助用房配置中，公共卫生间是配置比例最高的辅助用房，公用浴室的配置比例最低，如图 4 – 226 所示。对提供各类基本生活辅助用房面积的样本进行统计，结果显示，公共卫生间的平均面积最大，为 19.82 平方米，各类生活辅助用房面积统计数据如表 4 – 208 所示。

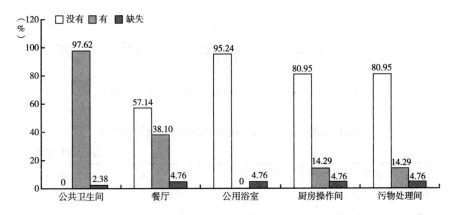

图 4 – 226　青浦区日间照料中心生活辅助用房配置

表 4 – 208　青浦区日间照料中心中生活辅助用房配置面积

单位：平方米

	公共卫生间面积	餐厅面积	公用浴室面积	厨房操作间面积	污物处理间面积
平均	19.82	15.86	0	4.33	2.28
标准差	13.15	21.25	0	10.46	4.78
观测数	38	29	22	24	25

在医疗保健用房配置上，青浦区的日间照料中心中，医务室/卫生室的配置率最高，达到 59.52%；其次为康复训练室，配置率达到 26.19%，中医保健室和临终关怀室的配置比例较低（如图 4 – 227）。对提供医疗保健用房面积的机构进行统计，结果显示，医务室/卫生室的配置面积最大，平均面积为 40.55 平方米，其他数据如表 4 – 209 所示。

在公共活动用房配置上，阅览室、棋牌室、电影/电视室是配置较多的公共活动用房，其他公共活动用房配置情况如图 4 – 228 所示。

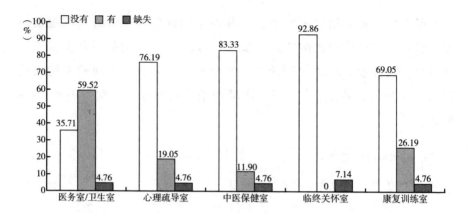

图4-227　青浦区日间照料中心医疗保健用房配置

表4-209　青浦区日间照料中心医疗保健用房面积

单位：平方米

	医务室/卫生室	心理疏导室	中医保健室	康复训练室
平均	40.55	5.32	5.24	14.15
标准差	46.82	9.87	10.30	14.72
观测数	33	22	21	26

此外，有32家被调查机构报告设置了办公用房，平均办公用房面积为25.76平方米；27家被调查机构报告还设置了其他用房。

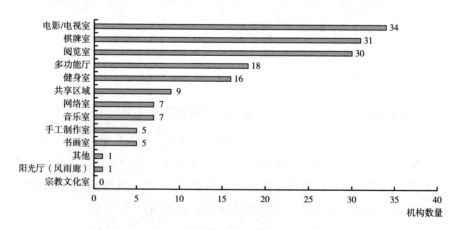

图4-228　青浦区日间照料中心公共活动用房配置情况

（2）服务设备配置

在服务设备配置方面，青浦区被调查的日间照护机构中，康复训练器具、健身器材是配置比例较高的服务设备，占比分别达到 28.57% 和 52.38%，其他服务设备的配置情况如图 4 - 229 所示。

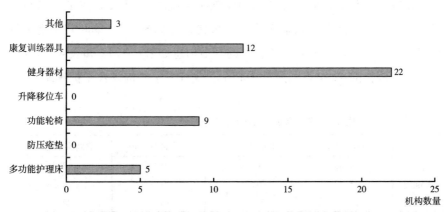

图 4 - 229　青浦区日间照料中心服务设备配置情况

在消防设施配置上，各服务机构均配置有不同类型的消防设施，灭火器、消防栓是最为常见的设施，此外，也有 13 家机构配置了自动火灾报警系统。各类安全设施的配置，仅有 50% 左右的基本配置了相应设施。在智慧养老设施上，配置比例不高，仅有 32.26% 的机构配置互联网络，智能检测系统设备等其他智慧养老设施的配置比例均比较低，见表 4 - 211 所示。

表 4 - 210　青浦区日间照料中心消防设施配置情况

	灭火器、消防栓	消防喷淋系统	自动火灾报警	其他
无	4	29	28	10
有	37	12	13	0
缺失	1	1	1	32

表 4 - 211　青浦区日间照料中心智慧养老设施配置情况

	互联网络	物联网设施	智能检测系统设备	远程医疗设备
没有配置	23	30	31	33
配置	10	3	2	0
缺失	9	9	9	9

　　青浦区被调查日间照料中心中，23 家机构配备了应急电源设备，1 家机构配备了老人接送车辆，2 家机构配备了物品采购车辆。其中，26 家机构报告服务场所设置在建筑物的一层或底层，16 家机构报告设置在建筑物的二层及以上楼层，3 家机构均配置了电梯或无障碍设施。

　　在服务设施中，平均每家机构设置床位数为 1.85 张，少部分机构设置了护理床位。老人休息室平均每家机构设置 0.81 间，单间容纳老人数平均值为 13.86 人。老人服务设施的其他信息如表 4-212 和表 4-213 所示。在被调查的 42 家日间照料中心中，仅有 1 家机构设置了护理站。

表 4-212　青浦区日间照料中心老人服务设施信息

	总床位数	护理床位数	老人休息室数	单间容纳老人数
平均	1.85	0.29	0.81	13.86
标准差	5.48	1.31	0.60	14.35
观测数	26	21	31	28

表 4-213　青浦区日间照料中心老人用房的规格设置

	房门净宽度（厘米）	室内走道净宽度（厘米）
平均	145.17	181.71
标准差	69.83	76.78
观测数	36	35

（3）服务设施辨识度

　　在青浦区被调查的 42 家日间照料中心中，有 12 家机构对其外观建筑做过色调处理以增加机构的辨识度；26 家服务机构的外观具有醒目的标识；30 家服务机构具有独立的出入口。

（二）青浦区日间照料中心人员配置情况

（1）护理员

　　青浦区被调查机构中的 39 家报告了护理员数量，共计 43 人，平均每家机构 1.10 人，护理员主要来自本地。从护理员的年龄构成上看，60.47% 的护理员年龄在 51 岁及以上，各年龄段分布如表 4-214 所示。从护理员的学历构成看，初中及以下占比为 72.09%，其他学历构成如表 4-215 所示。

表 4 – 214　护理员年龄构成

单位：%

	21 ~ 30 岁	31 ~ 40 岁	41 ~ 50 岁	51 岁及以上
占比	0	9.30	30.23	60.47

表 4 – 215　护理员学历构成

单位：%

	初中及以下	高中/中职	大专/高职	本科及以上
占比	72.09	27.91	0	0

（2）医生与护士

在被调查的日间照料中心中，仅有 14 家机构配备了 14 名医生，主要以兼职医生为主。从医生的职称结构看，13 人为主治医师及以下，1 人为副主任医师。从医生的学历结构看，11 人为专科学历，3 人为本科学历。

在护士配备上，仅有 2 家机构报告配备了 2 名护士。从年龄构成上看，均为 51 岁及以上，从学历构成看，高中/中职学历有 1 人，另外 1 人情况未告知。

（3）其他技术人员

在康复师和营养师的配置上，42 家机构均未报告配备情况。

（4）管理人员及其他

在管理人员配置上，共计 35 家机构报告配备了 72 名管理人员，平均每家机构配备 2.06 名管理人员。从管理人员的学历结构看，初中及以下学历 7 人，高中/中职学历 20 人，大专/高职学历 35 人，本科及以上学历 10 人。从年龄结构看，21 ~ 30 岁的 4 人，31 ~ 40 岁的 23 人，41 ~ 50 岁的 33 人，51 岁及以上的 12 人。

在被调查的 42 家日间照料中心中，37 家机构报告了员工总人数，共计 96.00 人，平均每家机构员工数为 2.59 人。近一年内，员工离职人数共计为 1 人。截至调查时间点，在服务志愿者及义工人数情况如表 4 – 216 所示。其中，志愿者提供服务主要有各类慰问康乐服务、健康讲座与健康检查、生活便民服务以及陪聊沟通等；义工提供的服务相对集中，主要为卫生清洁、老人照看与生活服务等。

表 4－216　青浦区日间照料中心工作人员统计数据

	员工总人数	最近一年内离职人数	目前在服务志愿者人数	目前在服务义工人数
平均	2.59	0.03	2.91	0.64
标准差	1.91	0.18	2.67	0.99
观测数	37	31	35	28

（三）青浦区日间照料中心管理制度情况

青浦区日间照料中心内，各项管理制度设置均比较全面，如图 4－230 所示。其中，老年人基本信息登记表是各个服务机构最为关注的管理制度，除老年人基本信息登记外，还有服务申请信息、老年人当日状况记录信息、每日出入登记信息等，均是各个机构重点登记的信息，如图 4－231 所示。

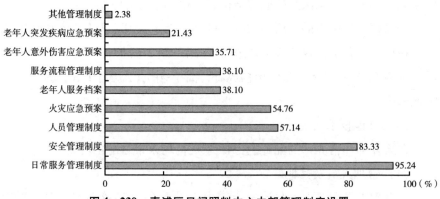

图 4－230　青浦区日间照料中心内部管理制度设置

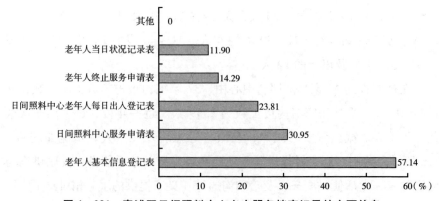

图 4－231　青浦区日间照料中心老人服务档案记录的主要信息

（四）青浦区日间照料中心服务水平情况

青浦区日间照料中心，在被调查时过去的一周内，每家每天服务老人数的平均值为 17.18 人，其中，半失能老人数每家机构每天平均为 0.86 人，全失能老人每家机构每天平均为 0.16 人。每家机构每天服务的老人中，正常老人平均值为 16.50 人，各失能等级对应的人数如表 4-217 所示。从被服务老人住家与日间照料中心之间的最远距离看，平均值为 2.63 公里。

表 4-217 青浦区日间照料中心平均每天服务老人数

	每天服务老人数			按失能等级区分			
	总人数	半失能老人数	全失能老人数	正常老人	1级	2级	3级	4级及以上
平均	17.18	0.86	0.16	16.50	1.35	0.29	0	0.17
标准差	7.39	2.15	0.50	7.73	2.83	1.21	0	0.71
观测数	40	21	19	32	17	17	17	18

在被调查的 42 机构中，52.38% 的服务机构提供就餐服务；提供最多的娱乐服务是棋牌，85.71% 的机构提供此类服务，读书阅览、手工制作、健身也是主要提供的娱乐服务（见图 4-232）；57.14% 的被调查机构提供午间休息服务；33.33% 的机构提供协助如厕服务；在生活照料服务中，测血压、测血糖是较多的服务，如图 4-233 所示；在饮食服务中，33.33% 的机构提供送餐上门服务，仅有一家机构提供上门做饭服务；在提供的各类健康教育咨询服务中，较多的是保健养生、安全教育、老年营养指导和常见疾病预防，详见图 4-234；在提供的心理慰藉服务中，沟通与情绪疏导是最常见的两种服务，见图 4-235；在保健康复服务中，中医传统保健服务是提供最多的服务，28.57% 的机构均提供按摩服务，详见图 4-236；在 1 家设立护理站的机构中，护理站主要提供基础护理、营养指导和社区康复指导。

在青浦区日间照料服务机构中，有 8 家机构报告了本机构服务项目有社会组织承接服务项目情况，服务的主要内容为委托运营管理和老人日间照料。在机构服务特色方面，2 家机构报告认为自身有特色服务提供。在服务收费方面，主要是餐费。

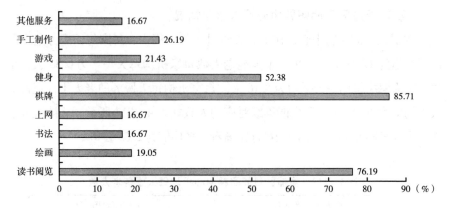

图 4 - 232　青浦区日间照料中心提供的文化娱乐服务

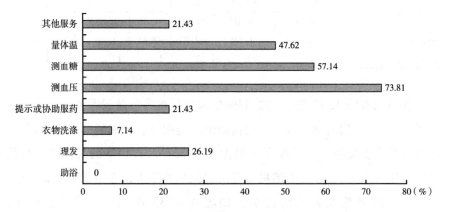

图 4 - 233　青浦区日间照料中心提供的生活照料服务

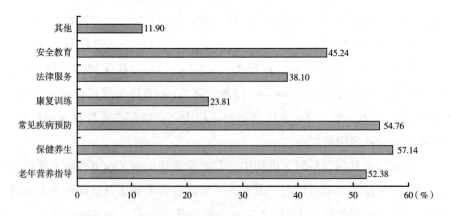

图 4 - 234　青浦区日间照料中心提供的健康教育咨询服务

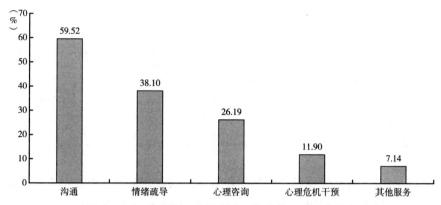

图 4-235 青浦区日间照料中心提供的心理慰藉服务

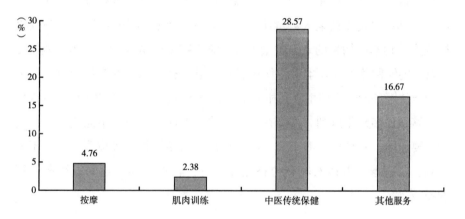

图 4-236 青浦区日间照料中心提供的保健康复服务

（五）青浦区日间照料中心其他情况

在被调查的日间照料中心中，有 31 家机构汇报了是否获得政府补贴的情况，共计获得各类政府补贴 572.50 万元，平均每家机构 18.47 万元。在各类补贴的总额中，包含开办补贴 338.00 万元，年度补贴 44.10 万元。从补贴费用内容看，只有 14 家机构报告了补贴情况，其中，25.81% 的受补贴机构用于购买服务，6.45% 的受补贴机构用于水电煤。在经营业绩方面，仅有 11 家机构能够并愿意提供经营数据。自开业以来，平均每家服务机构获得经营收入 4.55 万元，但是经营成本支出平均每家达到 9.03 万元，反映了日间照料中心目前的经营困境。

表 4 – 218　青浦区日间照料中心接收政府财政补贴统计

单位：万元

	政府财政补贴			自开业以来获得经营收入	自开业以来支付各类成本费用
	补贴总额	包含开办补贴	包含年度补贴		
平均	18.47	15.36	2.59	4.55	9.03
标准差	23.21	21.42	3.81	6.70	13.02
观测数	31	22	17	11	12

影响老人选择使用日间照料机构服务的因素有多种，调查对象报告显示，地理位置和照料服务内容是影响较大的因素，50.00%以上的被调查机构均认为这两个因素最为重要（见图4 – 237）。80.56%的被调查机构认为，到本机构来的老人数量还是比较多的，但也有19.44%的被调查机构认为，到本机构来的老人数量不多。88.24%的被调查机构认为，他们在经营中能够留住老人在本机构使用服务，但仅有8.82%的被调查机构认为他们能从服务的老人那里收到相关项目的服务费。此外，8.33%的被调查机构能够做到多元化赢利。被调查对象反馈，出现上述经营中无法有效赢利的主要原因，一是机构属于非营利性机构，很多机构不收取服务费，不能赢利；二是老人群体对收费价格比较敏感，收费变动影响老人服务使用选择。

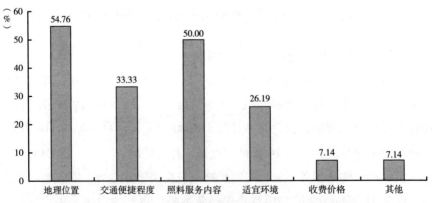

图 4 – 237　影响青浦区日间照料中心入住率的主要因素

被调查服务机构中，有2家服务机构是连锁经营的日间照护机构。在政府支持帮助建议上，被调查机构主要提出如下建议：第一，希望更多机构能够享受政府补贴，实现各类资源的共享对接，提高日间照料机构的人气。例如，日间照料服务机构与养老院对接、开通医院直通车方便老人就医、基层社区帮助机构宣传等。第二，提高日间照护机构从业人员的待遇，增加对从业人员的专业照护技能培训。第三，便利老人享受服务，提供便利交通工具或者交通补贴等，第三，希望政府出资购入健身器材，能让老人多锻炼。

二　青浦区长者照护之家发展现状

青浦区长者照护之家调查共获得 2 份有效样本，从服务机构类型看，2 家均为非营利性机构；从服务机构地理区位看，2 家全部在外环线以外；从机构开始运营时间来看，分别在 2017 年和 2018 年建成运营。

（一）青浦区长者照护之家硬件设置情况

（1）设施面积与功能区域设置

在长者照护之家设施面积上，调查结果显示，2 个长者照护之家的总建筑面积分别为 1350 平方米和 650 平方米，平均面积为 1000 平方米，老年人居室总（使用）面积平均值为每家 475 平方米，床均建筑面积为 21 平方米，居室内单床的使用面积平均值为 8.65 平方米（见表 4－219）。

表 4－219　青浦区长者之家的各项面积统计

单位：平方米

	总建筑面积	老年人居室总（使用）面积	床均建筑面积	居室单床使用面积
平均	1000	475	21	8.65
标准差	494.97	106.07	15.56	0.92
观测数	2	2	2	2

在被调查的长者照护之家中，2 家机构均设置了独立的出入口。从机构用房性质看，2 家机构的用房均属于非居住类用房。从机构的周边环境看，机构周边 300 米范围内，2 家机构都有公共绿化或花园和室外公共活动场所。

从机构内基本生活辅助用房的配置情况看，2 家机构均配置了公共卫生间、餐厅、公用浴室、厨房操作间和污物处理间各类型辅助用房。总体看，在单个机构内，厨房操作间设置数量最多，平均为3间，公共卫生间和公用浴室均为2间，餐厅和污物处理间均为1间。从面积看，其中厨房操作间是每家机构配置面积最大的生活辅助用房，单家机构的平均面积达到53平方米，如表4-220所示。

表4-220　青浦区长者照护之家基本生活辅助用房配置情况

	公共卫生间		餐厅		公用浴室		厨房操作间		污物处理间	
	房间数	共计面积	房间数	共计面积	房间数	共计面积	房间数	共计面积	房间数	共计面积
平均	2	17.9	1	90	2	36.5	3	53	1	5.2
标准差	0	10.04	0	14.14	0	16.26	1.41	4.24	0	0.29
观测数	2	2	2	2	2	2	2	2	2	2

在医疗保健用房配置上，1家机构配置了1间医务室/卫生室和1间心理疏导室，面积分别为25平方米和10平方米；另1家机构则配置了5间医务室/卫生室和1间中医保健室，面积分别为150平方米和25平方米。

在公共活动用房配置方面，1家机构只配置了阅览室，另一家机构则配置了阅览室、棋牌室、电影/电视室、书画室、多功能厅、阳光厅（风雨廊）、手工制作室；健身室、音乐室、网络室和宗教文化室均没有配置，见图4-238所示。

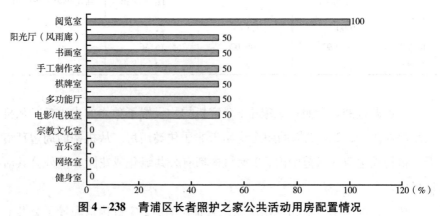

图4-238　青浦区长者照护之家公共活动用房配置情况

（2）服务设备配置

在服务设备配置上，青浦区被调查的 2 家长者照护之家，其中 1 家只配置了防压疮垫，而另 1 家机构则配置了除升降移位车以外的其他所有服务设备，如表 4 - 221 所示。

表 4 - 221　青浦区长者照护之家服务设备配置情况

	多功能护理床	防压疮垫	功能轮椅	升降移位车	健身器材	康复训练器具
无	1	0	1	2	1	1
有	1	2	1	0	1	1

在消防设施的配置方面，青浦区长者照护之家中各类消防设施的配置全面，2 家机构均配置了所有消防设施。在安全设施配置方面，各类安全防护设置的配置较全面（见图 4 - 239），2 家机构都已经配置了扶手/防撞装置、卫生消毒设备、防滑设备和紧急呼叫系统。在智慧养老设施配置方面，1 家机构只配置了互联网络，另 1 家则配置了互联网络、物联网设施、智能检测系统设备和远程医疗设备所有的智慧养老设施。2 家机构全部配置了应急电源设备。

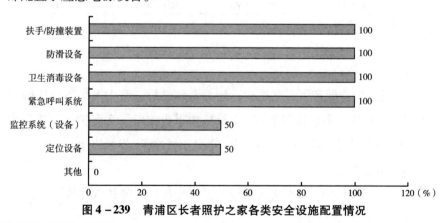

图 4 - 239　青浦区长者照护之家各类安全设施配置情况

从机构设置床位数看，青浦区 2 家长者照护之家共计 94 张，其中护理床位 22 张，平均每家机构设置床位数为 47 张。在 2 家机构中，有 1 家机构报告配置了认知症照护床位，共计 16 张认知症照护床位。此外，2 家机构均有内设医疗机构，有 1 家机构设有医务室/卫生室和社区卫生服务中心延伸医务室/站，1 家机构设有医务室/卫生室；有 1 家机构设有护理站，护理站的建筑面积为 30 平方米，护理站设置有诊室、治疗室和处置室功能。

（二）青浦区长者照护之家人员配置情况

（1）护理员

青浦区被调查 2 家长者照护之家护理员总数为 9 人，平均每家机构护理员为 4.5 人，护理员中有 8 人来自本地。从护理员的年龄结构看，以 40 岁以上年龄群为主，其中，41 ~ 50 岁占比 22.22%，51 岁及以上占比 55.56%，如表 4 - 222 所示。从护理员的学历构成看，以初中及以下学历为主，占比 77.78%，如表 4 - 223 所示。

表 4 - 222　护理员年龄构成

单位：%

	21 ~ 30 岁	31 ~ 40 岁	41 ~ 50 岁	51 岁及以上
人数	0	22.22	22.22	55.56

表 4 - 223　护理员学历构成

单位：%

	初中及以下	高中/中职	大专/高职	本科及以上
占比	77.78	22.22	0	0

（2）医生与护士

2 家机构报告配备了 3 名医生，均为专科学历，其中 1 名主治医师及以下职称，其他 2 名未报告职称。2 家机构报告配备了 3 名护士，均为大专/高职学历，1 名年龄在 31 ~ 40 岁，2 名年龄在 51 岁及以上。

（3）其他技术人员

在被调查机构中，2 家机构均没有报告配备康复师和营养师情况。

（4）管理人员及其他

在管理人员配置上，2 家机构报告共计配置了 7 名管理人员，平均每家机构配备 3.5 名管理人员。从管理人员的学历结构看，初中及以下学历 2 人，高中/中职学历 4 人，大专/高职学历 1 人。从年龄结构看，41 ~ 50 岁 2 人，51 岁及以上 5 人。

2 家被调查机构报告了员工总人数，共计 25 人，平均每家机构员工数为 12.5 人。近一年内，没有员工离职。截至调查时间点，仍在机构提供服务的志愿者和义工人数如表 4 – 224 所示。志愿者提供服务主要有慰问、打扫卫生、理发、剪指甲和陪聊沟通等；义工提供的服务主要有帮助老人整理房间，心理疏导，散步聊天等。此外，被调查机构中，有 1 家设立了护理站，配备有执业注册护士。

表 4 – 224　青浦区长者照护之家服务机构工作人员统计数据

	员工总人数	最近一年内离职人数	目前在服务志愿者人数	目前在服务义工人数
平均	12.5	0	11.5	1
标准差	0.71	0	13.44	0
观测数	2	2	2	2

（三）青浦区长者照护之家管理制度情况

从青浦区被调查长者照护之家的各项管理制度设置看，2 家机构均设置了所有管理制度，包括安全管理制度、日常服务管理制度、人员管理制度、老年人服务档案、火灾应急预案、老年人意外伤害应急预案、服务流程管理制度、老年人突发疾病应急预案。在老年人服务档案制度中，重点规范各类老年人服务档案的建设，其中 1 家机构只设置了老年人基本信息登记表，另 1 家则所有老年人服务档案都有设置。各类老年人服务档案包含的主要信息情况如图 4 – 240 所示。

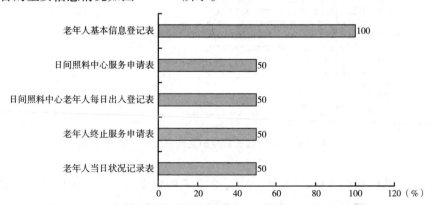

图 4 – 240　青浦区长者照护之家老年人服务档案包含的主要信息

（四）青浦区长者之家服务水平情况

青浦区长者照护之家每家机构在调查时过去一周内每天服务老人数为26.50 人，其中，半失能老人数为 7 人，全失能老人数为 2 人。2 家机构每天服务的老人中，正常老人为 11 人，2 级老人 8 人，3 级老人 7 人，4 级老人 27 人，如表 4 - 225 所示。从被服务老人住家与长者之家之间的最远距离看，只有 1 家机构报告为 3 公里。

表 4 - 225　青浦区长者照护之家平均每天服务人数

	每天服务老人数			按失能等级区分				
	总人数	半失能老人数	全失能老人数	正常老人	1 级	2 级	3 级	4 级及以上
平均	26.5	7	2	5.5	0	4	3.5	13.5
标准差	3.54	2.83	1.41	3.54	0	1.41	4.95	6.36
观测数	2	2	2	2	2	2	2	2

青浦区长者照护之家中提供的基本服务最多的是通信服务、住宿服务、个人生活照料服务和协助医疗康复护理服务，2 家机构都提供，其次是日间康复服务、日间护理服务、日间生活照料服务、教务服务和代办服务，有 1 家机构提供，如图 4 - 241 所示。此外，2 家长者照护之家均提供助餐服务和助浴服务。

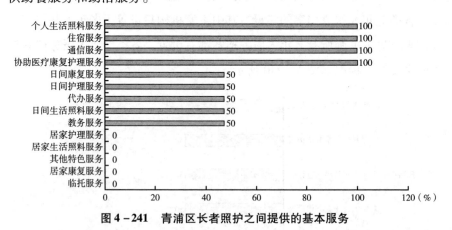

个人生活照料服务 100
住宿服务 100
通信服务 100
协助医疗康复护理服务 100
日间康复服务 50
日间护理服务 50
代办服务 50
日间生活照料服务 50
教务服务 50
居家护理服务 0
居家生活照料服务 0
其他特色服务 0
居家康复服务 0
临托服务 0

0　　20　　40　　60　　80　　100　　120（%）

图 4 - 241　青浦区长者照护之间提供的基本服务

青浦区被调查长者照护之家中，2 家机构均设立了老人入住筛选标准和老人出院评估标准。1 家机构报告了床位的轮转时间为 1 年，没有机构报告经营过程中有老人"霸床"现象。

长者照护之家中，2 家机构白天平均每家有 3.5 名养老护理员在岗，晚上平均有 1.5 名医疗护理员在岗。在被调查的机构中，有 1 家机构拥有承接本机构服务项目的社会组织，提供特色服务项目主要有为老生活照料、心理辅导等。

（五）青浦区长者照护之家其他情况

在被调查长者照护之家中，2 家机构共获得政府财政补贴合计 238 万元，其中 1 家机构报告补贴内容包括购买服务费和水电煤免费。1 家机构能实现盈亏平衡，另 1 家则不能赢利。

对影响长者照护之家入住率的主要因素，1 家机构认为收费价格影响入住率，而另 1 家则认为是交通便捷程度；1 家机构明确反馈到该机构的老人不多，入住老人不多的主要原因，一是费用偏高，老人收入普遍较低，无力承担费用；二是政府补贴不到位。

被调查机构对政府提供支持帮助长者照护之家运营的建议，主要为：一是应根据规模大小或按入住老人费给予运营者直接补贴，并建立常规机制，同时取消三年补贴限期；二是政府对私营企业给予政策上的支持。2 家被调查机构均不是连锁经营。

三　青浦区综合为老服务中心发展现状

青浦区综合为老服务中心调查共获得有效样本 1 家，该综合为老服务中心地理位置处于外环线以外，2018 年 7 月建成运营，为非营利性机构。

（一）青浦区综合为老服务中心硬件设施情况

（1）设施与功能区域

被调查的综合为老服务中心有独立出入口，总建筑面积为 1125 平方米，老年人居室总（使用）面积为 993.66 平方米。从机构用房性质看，该机构的用房属于居住类房屋，周边 300 米范围内有公共绿化或花园和室外公共活动场所。

在各类基本生活辅助用房配置上，被调查机构配置有 9 间卫生间，总面积 36 平方米；1 间餐厅，面积为 126 平方米；1 间厨房操作间，面积为 32 平方米；2 间污物处理间，总面积为 40 平方米。

在医疗保健用房配置上，被调查机构配置了 1 间医务室/卫生室、1 间中医保健室、1 间临终关怀室和 3 间康复训练室，其中医务室/卫生室的面积为 30 平方米，临终关怀室的面积为 26 平方米。

在各类公共活动用房配置上，被调查机构没有配置阳光厅（风雨廊），其他的如阅览室、棋牌室、多功能厅、电影/电视室、阅览室、音乐室、宗教文化室等活动用房均有配置。

（2）服务设备配置

在各类服务设备方面，被调查的综合为老服务中心仅配置防压疮垫和健身器材。

在消防设施的配置上，被调查综合为老服务中心包括灭火器、消防栓，消防喷淋系统和自动火灾报警系统等各类消防设施均配置齐全。

在综合为老服务中心内，各类安全保护装置也均有配置，包括扶手/防撞装置、卫生消毒设备、防滑设备、紧急呼叫系统、监控系统（设备）和定位设备。

在智慧养老设施的配置上，被调查的综合为老服务中心没有报告相关的信息。

从综合为老服务中心设置的床位数量来看，被调查的综合为老服务中心配置 25 张床位，其中护理床位 12 张。在被调查综合为老服务中心中，没有内设医疗机构，但设有护理站，护理站面积为 50.00 平方米，并在护理站内设置了诊室、治疗室和处置室功能，面积分别为 23 平方米、23 平方米和 4 平方米。

（二）青浦区综合为老服务中心人员配置情况

（1）护理员

在被调查的综合为老服务中心报告配备了 5 名护理员，主要来自本地。从护理员的年龄构成看，41~50 岁占比 40.00%，51 岁及以上占比 60.00%。从护理员的学历结构看，初中及以下学历占比 80.00%，高中/中职学历占比 20%。

（2）医生及护士

在被调查机构中，配备了 2 名医生，2 人均为专科学历和主治医师及以下职称。同时配备了 3 名护士，从年龄结构看，41~50 岁 1 人，51 岁及以上 2 人；从学历结构看，3 人均为高中/中职学历。

（3）管理人员及其他

在管理人员配置上，被调查的综合为老服务中心报告配备了 3 名管理人员。从管理人员的学历结构看，高中/中职学历 2 人，大专/高职学历 1 人。从年龄结构看，31～40 岁 1 人，41～50 岁 1 人，51 岁及以上 1 人。

在被调查的综合为老服务中心中，配备康复师 1 名，年龄在 51 岁及以上，高中/中职学历；没有配置营养师等其他技术人员。

被调查综合为老服务中心员工总人数为 15 人，近一年内离职 2 人。截至调查时间点，仍在综合为老服务中心提供志愿者服务的人数为 5 人，义工 1 人。志愿者主要提供理发、过生日等服务；义工主要提供聊天服务。该机构设置了护理站，配置有 1 名执业注册护士和 3 名其他护理人员。

（三）青浦区综合为老服务中心管理制度情况

从管理制度设置看，被调查的综合为老服务中心内各项管理制度设置较为全面，包括安全管理制度、日常服务管理制度、人员管理制度、老年人服务档案、火灾应急预案、老年人突发疾病应急预案和老年人意外伤害应急预案等。在老年人服务档案中，信息档案仅有老年人基本信息登记表。

（四）青浦区综合为老服务中心服务水平情况

被调查的综合为老服务中心，在被调查时过去的一周内，平均每天服务老人数为 21 人，其中，半失能老人数为 5 人，全失能老人数为 7 人。从被服务老人住家与综合为老服务中心地理距离看，最远距离平均值为 15 公里。

被调查的综合为老服务中心提供的基本服务有生活照料服务、护理服务、医疗服务、精神慰藉服务和文化娱乐服务，其中生活照料服务包括助餐和助浴两项；护理服务包括术后康复训练和术后康复护理两项；医疗服务包括建立健康档案、营养指导和日常健康管理（常见疾病预防，测量血压、血糖、体温）三项；精神慰藉服务包括心理健康教育、心理健康咨询和情绪疏导三项；文化娱乐服务包括看书看报、跳舞、做游戏三项。

被调查的综合为老服务中心内设立护理站，主要提供基础护理服务。

此外，该机构还提供照料者服务技术指导、养老辅具租赁服务、喘息服务以及为老人提供上门服务，为老人提供上门服务的内容包括助餐助浴和护理服务。

被调查机构实现了"一网覆盖"信息管理，建成了本区域统一网络门户和数据库；设有"一站式"办事窗口；实施为老人统一需求评估与审核；实现了综合体公共服务平台的枢纽作用；同时能够整合各种综合为老服务资源，实现"一体化资源统筹"。此外，该机构有承接本机构服务项目的社会组织，但未报告社会组织名称和服务项目。

（孙　林　时　尉）

第八节　金山区社区养老发展现状

一　金山区日间照料中心发展现状

金山区日间照料中心调查共获得有效样本 49 家，从服务机构类型看，48 家为非营利性机构，1 家为营利性机构；从服务机构地理区位看，49 家都位于外环线以外；从机构开始运营时间来看，75.5% 的日间照料中心于 2011 年及之后开始运营，各年份运营机构数量如图 4－242 所示。

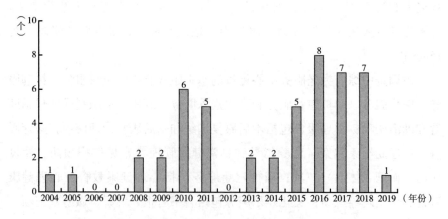

图 4－242　金山区日间照料中心开始运营数量的时间分布

（一）金山区日间照料中心硬件设施情况

（1）设施面积与功能区域设置

在日间照料中心设施面积上，调查结果显示，建筑总面积平均值为461.02 平方米，以 300 平方米的建筑面积居多，使用面积平均值为368.82 平方米，最大使用面积达到 2530 平方米，最小仅为 46 平方米,，室外活动场地面积平均值为 216.88 平方米，室外绿地面积平均值为414.2 平方米（见表 4 – 226）。

表 4 – 226　金山区日间照料中心设施面积

单位：平方米

	总建筑面积	使用面积	室外活动场地面积	室外绿地面积
平均	461.02	368.82	216.88	414.2
标准差	270.92	180.41	140.60	412.60
观测数	49	47	32	15

在被调查的日间照料中心中，设置比例最高的基本服务区域为公共活动区域和生活服务区域，占比分别为 93.88% 和 85.71%，设置保健服务区域的比例为 73.47%（见表 4 –227）。从各个服务区域面积来看，公共活动区域平均面积最大，为 176.61 平方米；生活服务区域平均面积为 110.38 平方米，详见表 4 –228。73.47% 的机构设置了保健服务区域，34 家提供保健服务区域面积的被调查机构数据显示，保健服务区域的平均面积为 109.85 平方米。

表 4 –227　金山区日间照料中心基本服务区域设置

	生活服务区域	公共活动区域	保健服务区域	服务保障区域
无	6(12.24%)	3(6.12%)	12(24.48%)	29(59.18%)
有	42(85.71%)	46(93.88%)	36(73.47%)	15(30.61%)
缺失	1(2.05%)	0(0%)	1(2.05%)	5(10.21%)

表 4 –228　金山区日间照料中心基本服务区域面积

单位：平方米

	生活服务区域面积	公共活动区域面积	保健服务区域面积	服务保障区域面积
平均	110.38	176.61	109.58	46.79
标准差	100.79	161.85	95.04	49.37
观测数	39	41	35	14

基本生活辅助用房配置中，公共卫生间、餐厅是配置比例高的辅助用房，污物处理间的配置比例最低，为20.41%，如图4-243所示。对提供各类基本生活辅助用房面积的样本进行统计，结果显示，餐厅的平均面积最大，为36.2平方米；污物处理间的面积基本相近，平均面积为10.64平方米。各类生活辅助用房面积统计数据如表4-229所示。

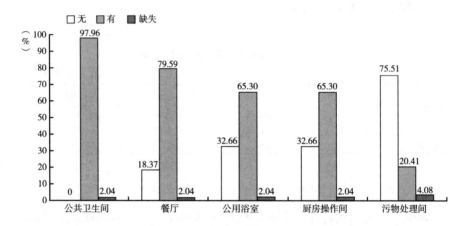

图4-243　金山区日间照料中心生活辅助用房配置

表4-229　金山区日间照料中心生活辅助用房配置面积

单位：平方米

	公共卫生间面积	餐厅面积	公用浴室面积	厨房操作间面积	污物处理间面积
平均	27.16	36.2	17.23	22.7	10.64
标准差	17.45	26.26	8.71	14.57	5.14
观测数	44	35	30	30	11

在医疗保健用房配置上，金山区的日间照料中心中，康复训练室和心理疏导室的配置率最高，达到40.82%；其次为医务室/卫生室，配置率达到28.57%。中医保健室和临终关怀室的配置比例较低，仅分别为10.20%和6.12%（如图4-244）。对提供医疗保健用房面积的机构进行统计，结果显示，医务室/卫生室和康复训练室的配置面积最大，平均面积分别为33.27平方米和23.93平方米，其他数据如表4-230所示。

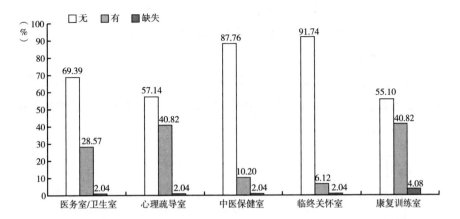

图 4 - 244 金山区日间照料中心医疗保健用房配置

表 4 - 230 金山区日间照料中心医疗保健用房面积

单位：平方米

	医务室/卫生室	心理疏导室	中医保健室	康复训练室
平均	33.27	15.05	18.75	23.93
标准差	20.24	5.69	14.91	9.45
观测数	11	19	4	14

在公共活动用房配置上，阅览室、棋牌室、健身室是配置较多的公共活动用房，其他公共活动用房配置情况如图 4 - 245 所示。

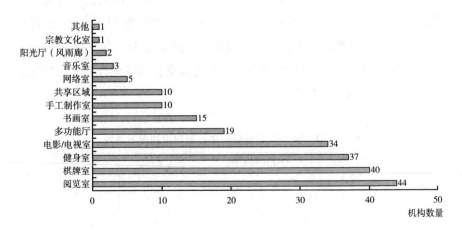

图 4 - 245 金山区日间照料中心公共活动用房配置情况

此外，有32家被调查机构报告设置了办公用房，平均办公用房面积为18.23平方米；9家被调查机构报告还设置了其他用房。

（2）服务设备配置

在服务设备配置方面，金山区被调查的日间照料中心中，健身器材是配置比例最高的服务设置，占比达到79.59%，其他服务设置的配置情况如图4-246所示。

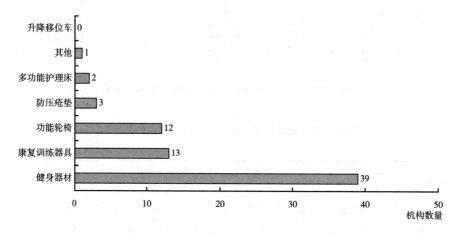

图4-246　金山区日间照料中心服务设备配置情况

在消防设施配置上，49家服务机构均配置不同类型的消防设施，灭火器、消防栓是最为常见的设施，此外，也有16家机构配置了自动火灾报警系统。各类安全设施的配置，有73.47%的机构配置了扶手/防撞装置，如图4-247所示。在智慧养老设施上，配置比例不高，仅有8.16%的机构配置互联网络，智能检测系统设备等其他智慧养老设施的配置比例均比较低，见表4-232所示。

表4-231　金山区日间照料中心消防设施配置情况

	灭火器、消防栓	消防喷淋系统	自动火灾报警	其他
无	1	42	33	18
有	48	7	16	0
缺失	0	0	0	31

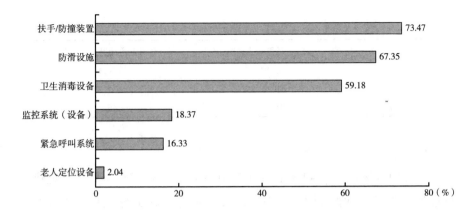

图4-247　金山区日间照料中心安全设施配置情况

表4-232　金山区日间照料中心智慧养老设施配置情况

	互联网络	物联网设施	智能检测系统设备	远程医疗设备
没有配置	9	9	12	12
配置	4	3	0	0
缺失	36	37	37	37

金山区被调查日间照料中心中，仅有15家机构配备了应急电源设备，2家机构配备了老人接送车辆，6家机构配备了物品采购车辆。其中，16家机构报告服务场所设置在建筑物的一层或底层，33家机构报告设置在建筑物的二层及以上楼层，2家机构配置了电梯或无障碍设施。

在服务设施中，平均每家机构设置床位数为14.50张，均没有设置护理床位。老人休息室平均每家机构设置1.74间，单间容纳老人数平均值为16.26人。老人服务设施的其他信息如表4-233和表4-234所示。在被调查的49家日间照料中心中，仅有1家机构设置了护理站。

表4-233　金山区日间照料中心老人服务设施信息

	总床位数	护理床位数	老人休息室数	单间容纳老人数
平均	14.50	0	1.74	16.26
标准差	11.45	0	0.69	5.50
观测数	43	0	43	43

表 4 - 234　金山区日间照料中心老人用房的规格设置

	房门净宽度(厘米)	室内走道净宽度(厘米)
平均	102.81	159.13
标准差	29.08	37.82
观测数	48	46

（3）服务设施辨识度

在金山区被调查的 49 家日间照料中心中，有 30 家机构对其外观建筑做过色调处理以增加机构的辨识度；42 家服务机构的外观具有醒目的标识；40 家服务机构具有独立的出入口。

（二）金山区日间照料中心人员配置情况

（1）护理员

金山区被调查机构中的 7 家报告了护理员数量，共计 15 人，平均每家机构护理员 2.14 人，护理员主要来自本地。从护理员的年龄构成上看，66.67% 的护理员年龄在 51 岁及以上，各年龄段分布如表 4 - 235 所示。从护理员的学历构成看，以初中及以下居多，占比 80.00%，其他学历构成如表 4 - 236 所示。

表 4 - 235　护理员年龄构成

单位：%

	21~30 岁	31~40 岁	41~50 岁	51 岁及以上
占比	0	0	33.33	66.67

表 4 - 236　护理员学历构成

单位：%

	初中及以下	高中/中职	大专/高职	本科及以上
占比	80.00	20.00	0	0

（2）医生与护士

在被调查的日间照料中心中，仅有 16 家机构报告配备了 16 名医生，以兼职医生为主。从医生的职称结构看，15 人为主治医师及以下，1 人为副主任医师。从医生的学历结构看，13 人为专科学历，3 人为本科学历。

在护士配备上，仅有 1 家机构报告配备了 1 名护士，其年龄为 31 ~ 40 岁，学历为大专/高职。

（3）其他技术人员

在康复师的配置上，2 家机构报告配备了共计 2 名康复师。从年龄结构看，21 ~ 30 岁和 31 ~ 40 岁各 1 人。从学历结构看，2 人均为高中/中职学历。

在营养师的配置上，49 家机构均未报告配备营养师。

（4）管理人员及其他

在管理人员配置上，共计 48 家机构报告配置了 91 名管理人员，平均每家机构配备 1.90 名管理人员。从管理人员的学历机构看，初中及以下学历 20 人，高中/中职学历 29 人，大专/高职学历 35 人，本科及以上学历 7 人。从年龄结构看，21 ~ 30 岁 6 人，31 ~ 40 岁 24 人，41 ~ 50 岁 47 人，51 岁及以上 14 人。

在被调查的 49 家日间照料中心中，48 家机构报告了员工总人数，共计 129 人，平均每家机构员工数为 2.69 人。近一年内，员工离职人数共计为 2 人。截至调查时间点，在服务志愿者平均每家机构 8.02 人，如表 4 - 237 所示，其中，志愿者提供服务主要有各类慰问康乐服务、健康讲座与健康检查、康复训练、生活便民服务、卫生清洁以及陪聊沟通等。

表 4 - 237　金山区日间照料中心工作人员统计数据

	员工总人数	最近一年内离职人数	目前在服务志愿者人数	目前在服务义工人数
平均	2.69	0.07	8.02	0
标准差	2.80	0.37	10.26	0
观测数	48	30	43	49

（三）金山区日间照料中心管理制度情况

金山区日间照料中心内，各项管理制度设置均比较全面，如图 4 - 248 所示。其中，日常服务管理制度是各个服务机构最为关注的管理制度，在老年人服务档案中，除老年人基本信息登记外，还有服务申请信息、老年人当日状况记录信息、每日出入登记信息等，均是各个机构重点登记的信息，如图4-249所示。

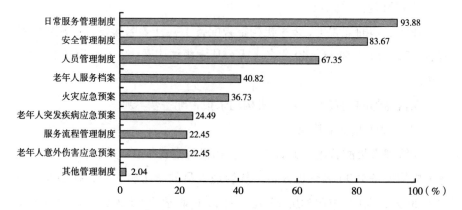

图4-248　金山区日间照料中心内部管理制度设置

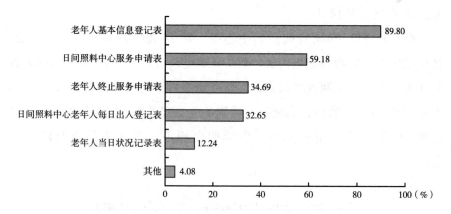

图4-249　金山区日间照料中心老人服务档案记录的主要信息

（四）金山区日间照料中心服务水平情况

金山区日间照料中心，在被调查时过去的一周内，每家每天服务老人数的平均值为15.67人，其中，半失能老人数每家机构每天平均为1.22人，全失能老人数每家机构每天平均为0.25人。每家机构每天服务的老人中，正常老人平均值为15人，各失能等级对应的人数如表4-238所示。从被服务老人住家与日间照料中心之间的最远距离看，平均值为5.16公里。

表 4 - 238　金山区日间照料中心平均每天服务老人数

	每天服务老人数			按失能等级区分				
	总人数	半失能老人数	全失能老人数	正常老人	1 级	2 级	3 级	4 级及以上
平均	15.67	1.22	0.25	15.69	0.56	0	0	0
标准差	5.64	2.73	0.71	5.50	1.13	0	0	0
观测数	49	9	8	16	9	9	9	9

在被调查的 49 家机构中，61.22% 的服务机构提供就餐服务；提供最多的娱乐服务是读书阅览和棋牌，83.67% 的机构提供此类服务，健身也是主要提供的娱乐服务（见图 4 - 250）；91.84% 的被调查机构提供午间休息服务；6.12% 的机构提供协助如厕服务；在生活照料服务中，测血压、测血糖、量体温是最常见的服务，如图 4 - 251 所示；在饮食服务中，28.57% 的机构提供送餐上门服务，没有机构提供上门做饭服务；在提供的各类健康教育咨询服务中，较多的是老年营养指导、保健养生和法律服务，详见图 4 - 252；在提供的心理慰藉服务中，沟通与情绪疏导是最常见的两种服务，见图 4 - 253；在保健康复服务中，中医传统保健服务是提供较多的服务，26.53% 的机构均提供中医传统保健服务，还有按摩服务等，详见图 4 - 254；在 1 家设立护理站的机构中，护理站主要提供基础护理、营养指导。

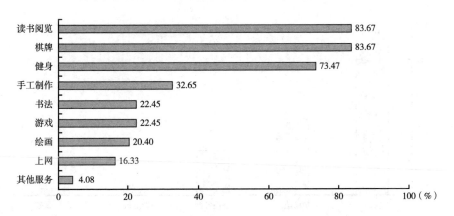

图 4 - 250　金山区日间照料中心提供的文化娱乐服务

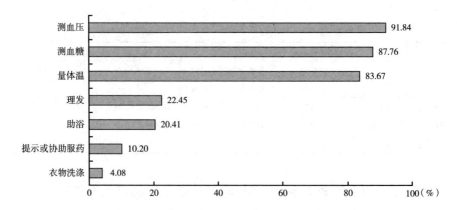

图 4 – 251　金山区日间照料中心提供的生活照料服务

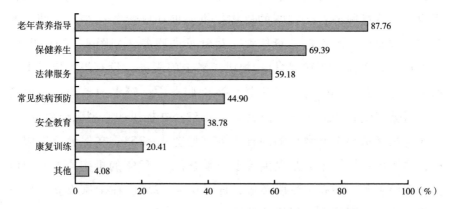

图 4 – 252　金山区日间照料中心提供的健康教育咨询服务

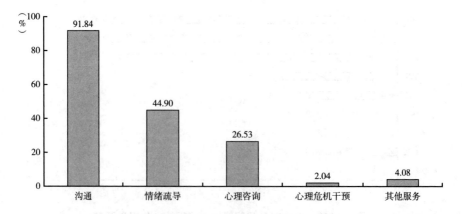

图 4 – 253　金山区日间照料中心提供的心理慰藉服务

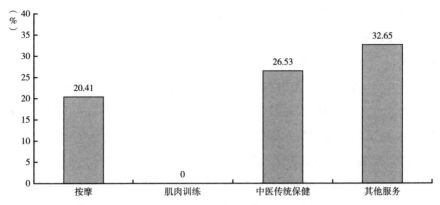

图 4 - 254　金山区日间照料中心提供的保健康复服务

在金山区日间照料中心中，有 9 家机构报告了本机构服务项目有社会组织承接服务项目情况，服务的主要内容为老人日间生活照料、居家生活照料服务等。在机构服务特色方面，5 家机构报告认为自身有特色服务提供。在服务收费方面，收费主要集中在餐费。

（五）金山区日间照料中心其他情况

在被调查的日间照料中心中，有 11 家机构汇报了是否获得政府补贴的情况，共计获得各类政府补贴 1392 万元，平均每家机构 126.55 万元。在各类补贴的总额中，包含开办补贴 920 万元，年度补贴 352 万元。从补贴费用内容看，15.63% 的受补贴机构用于购买服务，90.63% 的受补贴机构用于水电煤。在经营业绩方面，仅 2 家机构提供了经营数据。自开业以来，经营成本支出达到 17.50 万元，反映了日间照料中心目前的经营困境。

表 4 - 239　金山区日间照料中心接收政府财政补贴统计

单位：万元

	政府财政补贴			自开业以来获得经营收入	自开业以来支付各类成本费用
	补贴总额	包含开办补贴	包含年度补贴		
平均	126.55	115	88	0	17.50
标准差	163.28	82.64	141.91	0	24.75
求和	1392	920.00	352	0	35.00
观测数	11	8	4	49	2

影响老人选择使用日间照料机构服务的因素有多种，调查对象报告显示，地理位置是影响最大的因素，65.31%的被调查机构均认为这个因素最为重要（见图4-255）。56.94%的被调查机构认为，到本机构来的老人数量还是比较多的，但也有10.20%的被调查机构认为，到本机构来的老人数量不多。100%的被调查机构认为，他们在经营中能够留住老人在本机构消费服务，但仅有6.12%的被调查机构认为他们能从服务的老人那里收到相关项目的服务费。此外，49家被调查机构均认为其不能做到多元化赢利。被调查对象反馈，出现上述经营中无法有效赢利的主要原因是机构属于非营利性机构，由政府管理，很多机构不收取服务费，不能赢利。

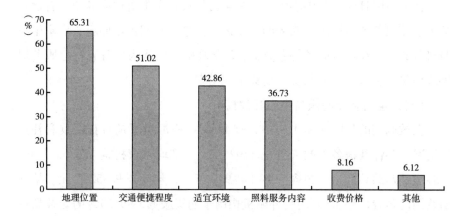

图4-255　影响金山区日间照料中心入住率的主要因素

被调查服务机构中，有5家服务机构是连锁经营的日间照护机构。在政府支持帮助建议上，被调查机构主要提出如下建议：第一，希望更多机构能够享受政府补贴，实现各类资源的共享对接，优化硬件配置，增加健身器材、资金补贴；第二，对日间照料机构服务人员，提高从业人员的待遇，增加对从业人员的专业照护技能培训；第三，多安排一些娱乐活动，增加节日慰问，希望更多的志愿者和公益组织到机构来。

二　金山区长者照护之家发展现状

金山区长者照护之家调查共获得有效样本2家，从服务机构类型看，

2 家均为非营利性机构；从服务机构地理区位看，2 家都位于外环线以外；从机构开始运营时间来看，被调查的长者照护之家均在 2015 年及之后开始运营，各年份运营机构数量如图 4 - 256 所示。

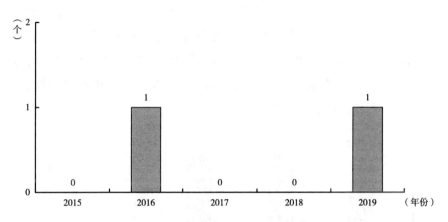

图 4 - 256　金山区长者照护之家开始运营数量的时间分布

（一）　金山区长者照护之家硬件设置情况

（1）设施面积与功能区域设置

在长者照护之家机构设施面积上，调查结果显示，单个机构建筑总面积平均值为 425.00 平方米，被调查长者照护之家的最大单家机构面积达到 600.00 平方米；老年人居室总（使用）面积平均值为每家 50.00 平方米；床均建筑面积为 5.00 平方米；居室内单床的使用面积平均值为 2.50 平方米（见表 4 - 240）。

表 4 - 240　金山区长者照护之家各项面积统计

单位：平方米

	总建筑面积	老年人居室总（使用)面积	床均建筑面积	居室单床使用面积
平均	425.00	50.00	5.00	2.50
标准差	247.49	70.71	7.07	3.54
观测数	2	2	2	2

在被调查的长者照护之家中，2 家机构均设置了独立的出入口。从机构用房性质看，其中 1 家机构的用房属于居住类用房，另外 1 家为非居住

类用房。从机构的周边环境看，机构周边300米范围内，有公共绿化或花园的有2家，有室外公共活动场所的有2家。

从机构内基本生活辅助用房的配置情况看，各类型辅助用房配置的比例均比较高，其中，2家机构均配置有公共卫生间、餐厅和公用浴室，如图4-257所示。总体看，在单个机构内，公共卫生间设置数量最多，平均值为3间，污物处理间为0，其他介于0.5~2.5间。从面积看，其中餐厅是每家机构配置面积最大的生活辅助用房，单家机构的平均面积达到20平方米，如表4-241所示。

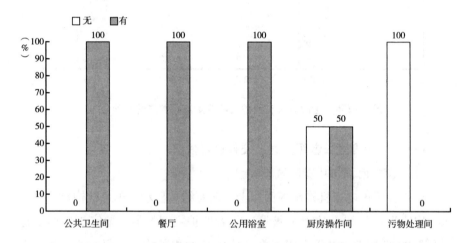

图4-257 金山区长者照护之家基本生活辅助用房配置情况

表4-241 金山区长者照护之家基本生活辅助用房配置数量及面积

单位：间，平方米

	公共卫生间		餐厅		公用浴室		厨房操作间		污物处理间	
	房间数	共计面积	房间数	共计面积	房间数	共计面积	房间数	共计面积	房间数	共计面积
平均	3.00	18.00	1.00	20.00	2.50	10.00	0.50	15.00	0	0
标准差	1.41	—	0	—	2.12	—	0.71	24.21	0	0
观测数	2	1	2	1	2	1	2	2	2	2

在医疗保健用房配置上，康复训练室的配置比例最高，达到100%，中医保健室和临终关怀室的配置比例很低，2家机构均未配置，如图4-

258 所示。在公共活动用房配置方面，电影/电视室和阅览室是配置比例最高的公共活动用房，2 家机构均设置了电影/电视室和阅览室。此外，手工制作室、书画室、健身室和棋牌室也是配置比例较高的活动用房，见图 4 - 259 所示。

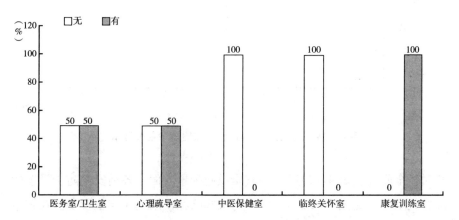

图 4 - 258　金山区长者照护之家医疗保健用房配置情况

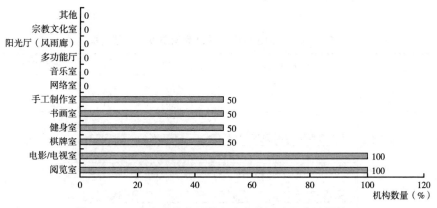

图 4 - 259　金山区长者照护之家公共活动用房配置情况

（2）服务设备配置

在服务设备配置上，金山区长者照护之家中康复训练器具配置比例最高，100% 的机构配备此类设备，其次是防压疮垫和多功能护理床等，如图 4 - 260 所示。

在消防设施的配置方面，金山区长者照护之家中各类消防设施的配置

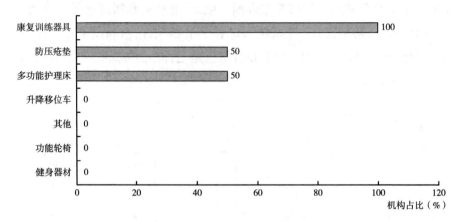

图 4 - 260　金山区长者照护之家服务设备配置情况

相对较全面（见表 4 - 242）。在安全设施配置方面，各类安全防护设置的配置较全面（见图 4 - 261），50% 的机构已经使用老人定位设备。在智慧养老设施配置方面，已经有 1 家机构配置了物联网设施（如表 4 - 243）。2 家机构均配置了应急电源设备。

表 4 - 242　金山区长者照护之家消防设施配置情况

	灭火器、消防栓	消防喷淋系统	自动火灾报警
无	0	1	0
有	2	1	2

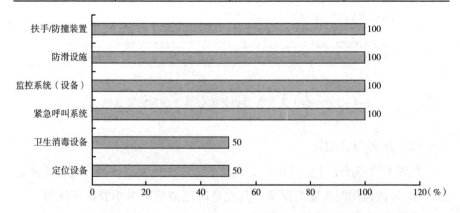

图 4 - 261　金山区长者照护之家各类安全设施配置情况

表 4 - 243　金山区长者照护之家智慧养老设施配置情况

	互联网络	物联网设施	智能检测系统设备	远程医疗设备
没有配置	0	0	1	1
配置	2	1	0	0
缺失	0	1	1	1

从机构设置床位数看，金山区长者照护之家平均每家机构设置床位数为 21.50 张，其中，护理床位数平均值为 10.50 张（如表 4 - 244）。在 2 家机构中，均未配置认知症照护床位。此外，有 1 家机构设有医务室/卫生室，1 家机构设有社区卫生服务中心延伸医务室/站；有 1 家机构设有护理站，护理站的面积在 20 平方米左右。

表 4 - 244　金山区长者照护之家床位配置情况

	床位数	护理床位数
平均	21.50	10.50
标准差	10.61	14.85
观测数	2	2

（二）金山区长者照护之家人员配置情况

（1）护理员

金山区被调查 2 家长者照护之家机构内护理员总数为 8 人，平均每家机构护理员为 4 人，主要来自本地。从护理员的年龄结构看，以 51 岁及以上年龄群为主，占比 62.50%，如表 4 - 245 所示。从护理员的学历构成看，以初中及以下学历为主，占比 75.00%，如表 4 - 246 所示。

表 4 - 245　护理员年龄构成

单位：%

	21~30 岁	31~40 岁	41~50 岁	51 岁及以上
占比	0	0	37.50	62.50

表4-246　护理员学历构成

单位：%

	初中及以下	高中/中职	大专/高职	本科及以上
占比	75.00	25.00	0	0

（2）医生与护士

在2家长者照护之家机构中，均未报告配备了医生。2家机构报告配备了2名护士，护士的年龄为51岁及以上，学历为大专/高职。

（3）其他技术人员

在被调查机构中，有1家机构配备了1名康复师，为接受康复技能专业培训人员，康复师的年龄为21~30岁，高中/中职学历。

在营养师配置上，2家机构均未报告配备情况。

（4）管理人员及其他

在管理人员配置上，其中2家机构报告共计配置了4名管理人员，平均每家机构配备2名管理人员。从管理人员的学历结构看，初中及以下学历1人，高中/中职学历2人，大专/高职学历1人。从年龄结构看，21~30岁1人，41~50岁1人，51岁及以上2人。

2家被调查机构报告了员工总人数，共计16人，平均每家机构员工数为8人。近一年内，员工离职人数共计为0人。截至调查时间点，在服务志愿者及义工人数如表4-247所示。其中，志愿者提供的服务主要有卫生清洁、生活服务以及陪聊沟通等。此外，被调查机构中，仅有1家设立了护理站，共计配置了2名执业注册护士。

表4-247　金山区长者照护之家服务机构工作人员统计数据

	员工总人数	最近一年内离职人数	目前在服务志愿者人数	目前在服务义工人数
平均	8.00	0	34.00	0
标准差	4.24	0	5.66	0
观测数	2	2	2	2

（三）金山区长者照护之家管理制度情况

从金山区被调查长者照护之家的各项管理制度设置看，各机构均设置了各类管理制度，且设置的比例均比较高，如图 4 - 262 所示。在老年人服务档案制度中，重点规范各类老年人服务档案的建设，各类老年人服务档案包含的主要信息情况如图 4 - 263 所示。

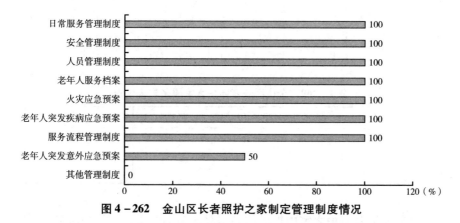

图 4 - 262　金山区长者照护之家制定管理制度情况

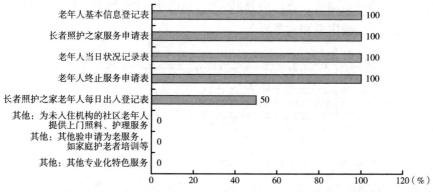

图 4 - 263　金山区长者照护之家老年人服务档案包含的主要信息

（四）金山区长者照护之家服务水平情况

金山区长者照护之家，在被调查时过去的一周内，每家每天服务老人数的平均值为 11.00 人，各失能等级对应的人数如表 4 - 248 所示。从被服务老人住家与长者照护之家之间的最远距离看，平均值为 10.00 公里。

一家机构提供老人入住平均时间，平均值为 60 天；收住等级为 4 级及以上的老人每家机构平均为 3.50 人。

表4-248　金山区长者照护之家平均每天服务人数

	每天服务老人数			按失能等级区分				
	总人数	半失能老人数	全失能老人数	正常老人	1级	2级	3级	4级及以上
平均	11.00	—	—	7.00	—	—	5.00	11.00
标准差	5.66	—	—	—	—	—	—	5.66
观测数	2	0	0	1	0	0	1	2

表4-249　金山区长者照护之家服务老人情况

	每位老人入住时间（天）	出机构后需继续护理人数（人）	收住4级及以上老人（人）
平均	60.00	0	3.50
标准差	0	0	4.95
观测数	1	2	2

金山区长者照护之家中提供的基本服务最多的是日间护理服务、日间康复服务和住宿服务，占比均为100%，如图4-264所示。2家长者照护之家均提供助餐服务和助浴服务。

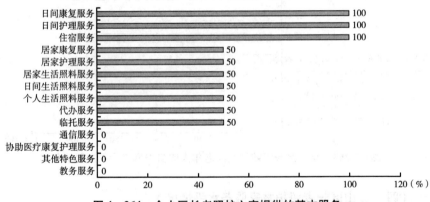

图4-264　金山区长者照护之家提供的基本服务

金山区被调查长者照护之家中，2家机构都设立了老人入住筛选标准，未设立老人出院评估标准。1家长者照护之家报告了床位的轮转时间，平均而言，床位轮转时间为90天。2家机构报告经营过程中没有老人"霸床"现象。

长者照护之家中，白天平均每家机构有2名养老护理员在岗，晚上有1~2名养老护理员在岗。在被调查的机构中，有1家机构拥有承接本机构服务项目的社会组织，承接的服务项目主要有日间生活照料、居家生活照料服务等。在被调查的长者照护之家中，有 1 家机构报告提供特色服务项目。

（五）金山区长者照护之家其他情况

在被调查长者照护之家中，有 1 家机构提供了政府财政补贴情况。该家机构共获得 120 万元补贴，其中开办补贴总额为 120 万元。补贴内容在购买服务费、水电煤免费、以奖代补三种形式上的比例相当。2 家机构均未提供经营收入与成本开支数据。

表 4－250　金山区长者照护之家服务机构接收政府财政补贴统计

单位：万元

	政府财政补贴		
	补贴总额	包含开办补贴	包含年度补贴
平均	120.00	120.00	0
标准差	—	—	0
求和	120.00	120.00	0
观测数	1	1	1

在被调查的 2 家机构中，2 家机构明确表示在长期经营中，本机构不能赢利。对影响长者照护之家入住率的主要因素，照料服务内容和适宜环境是最为重要的影响因素（见图 4－265）。2 家机构中，1 家机构明确反馈到该机构的老人不多，1 家机构认为到机构的老人比较多。入住老人不多的主要原因，该机构认为是长者照护之家入住门槛高，老人入住长者照护之家多以评估登记为重度为主。

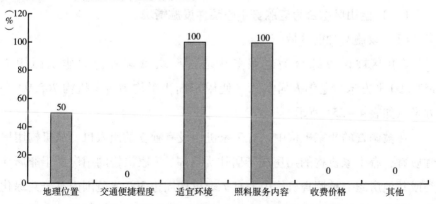

图 4－265　影响金山区长者照护之家入住率的主要因素

被调查机构对政府提供支持帮助长者照护之家运营的建议，主要有：一是需要政府扶持维修，帮助机构完善硬件设施；二是对机构的工作人员工资待遇改善给予支持。在被调查机构中有1家机构是连锁化经营，他们认为连锁化经营能够实现资源互通共享，运营模式相同，方便统一管理；同时，难招到合适的护理人员，外地企业难以打入上海市也是制约机构生存的重要因素。

三　金山区综合为老服务中心发展现状

金山区综合为老服务中心调查共获得有效样本8家，从服务机构类型看，8家被调查机构均为非营利性机构；从服务机构地理区位看，8家都位于外环线以外；从机构开始运营时间来看，8家机构均在2013年及之后开始运营，各年份运营机构数量如图4－266所示。

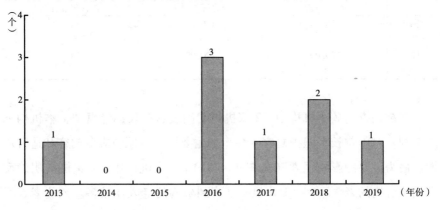

图4－266　金山区综合为老服务中心成立运营时间分布

（一）金山区综合为老服务中心硬件设施情况

（1）设施与功能区域

金山区被调查综合为老服务中心，平均每家机构的建筑面积为1525.00平方米，老年人居室总（使用）面积平均为每家机构765.00平方米，如表4－251所示。

在被调查的8家机构中，有7家机构设有独立的出入口。从机构用房性质看，有1家机构的用房属于居住类房屋，7家机构的用房属于非居住类或其他房屋。被调查机构中，有7家机构周边300米范围内有公共绿化或花园，8家机构周边300米范围内有室外公共活动场所。

表 4 - 251　金山区综合为老服务中心设施面积

单位：平方米

	总建筑面积	老年人居室总（使用）面积
平均	1525.00	765.00
标准差	293.73	255.70
观测数	8	8

　　在各类基本生活辅助用房配置上，公共卫生间、公用浴室是配置高的生活辅助用房，75% 以上的被调查机构均有配置，如图 4 - 267 所示。其中，平均每家机构的卫生间数量在 2～3 间，平均面积达到 42.86 平方米。其余各类生活辅助用房情况如表 4 - 252 所示。

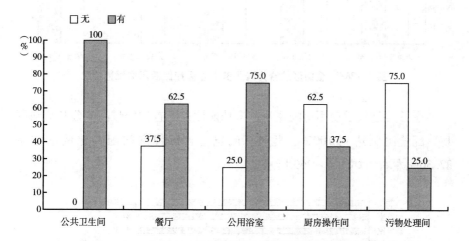

图 4 - 267　金山区综合为老服务中心基本生活辅助用房配置

表 4 - 252　金山区综合为老服务中心基本生活辅助用房配置数量及面积

单位：间，平方米

	公共卫生间		餐厅		公用浴室		厨房操作间		污物处理间	
	房间数	共计面积	房间数	共计面积	房间数	共计面积	房间数	共计面积	房间数	共计面积
平均	2.88	42.86	1.20	117.50	2.33	29.00	1.50	30.00	0.67	22.50
标准差	1.73	19.76	0.45	161.94	1.86	8.94	1.73	18.03	0.58	10.61
观测数	8	7	5	4	6	5	4	3	3	2

在医疗保健用房配置上，75.00%的被调查机构配置了康复训练室，62.50%的被调查机构配置了心理疏导室，是配置比例最高的两类医疗保健用房，如图4－268所示。其中，康复训练室的配置面积平均每家机构为23.60平方米，心理疏导室平均每家机构的面积为12.20平方米。

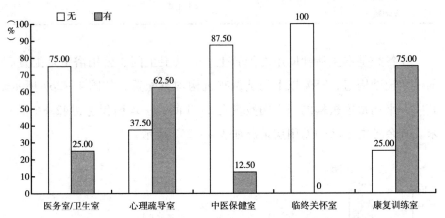

图4－268　金山区综合为老服务中心医疗保健用房配置情况

在各类公共活动用房配置上，多功能厅是配置比例最高的公共活动用房，配置比例达到100%，此外，阅览室、棋牌室的配置比例也均在87.50%左右，如图4－269所示。

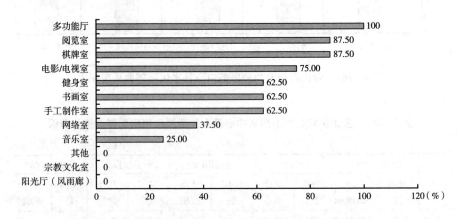

图4－269　金山区综合为老服务中心公共活动用房配置情况

（2）服务设备配置

被调查综合为老服务中心配置的各类服务设备中，健身器材和功能轮

椅是配置比例最高的服务设备，超过 62.50% 的被调查机构配置了这两类
服务设备。各类服务设备的配置情况如图 4 - 270 所示。

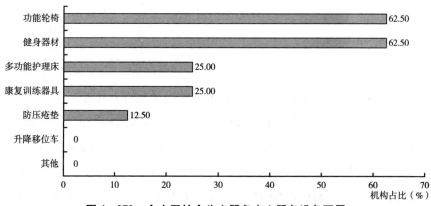

图 4 - 270　金山区综合为老服务中心服务设备配置

在消防设施的配置上，被调查机构的各类消防设施配置比例均比较
高，如表 4 - 253 所示。在综合为老服务中心内，各类安全保护装置的配置
比例也比较高，如图 4 - 271 所示。在智慧养老设施的配置上，除互联网络
外，其他各类智慧养老智能设备的配置比例并不高，如表 4 - 254 所示。

表 4 - 253　金山区综合为老服务中心消防设施配置情况

	灭火器、消防栓	消防喷淋系统	自动火灾报警	其他
无	0	1	1	1
有	8	7	7	1
缺失	0	0	0	6

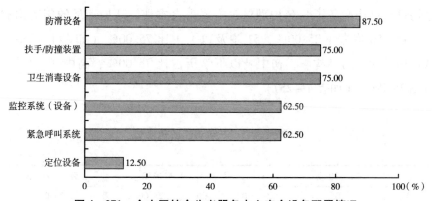

图 4 - 271　金山区综合为老服务中心安全设备配置情况

表 4 - 254　金山区综合为老服务中心智慧养老设施配置情况

	互联网络	物联网设施	智能检测系统设备	远程医疗设备
没有配置	0	2	1	3
配置	5	1	2	0
缺失	3	5	5	5

从被调查综合为老服务中心设置的床位数量来看，共计 3 家机构报告了床位数量，平均每家机构设置 15 张床，平均每家机构设置 4.14 张护理床位，如表 4 - 255。在被调查的机构中，有 25% 的机构设置医务室/卫生室，有 3 家机构设有社区卫生服务中心延伸医务室/站。有 1 家机构设立护理站，护理站的面积为 50.00 平方米。在护理站中，没有设诊室、治疗室和处置室。

表 4 - 255　金山区综合为老服务中心设置床位数

	总床位数	护理床位数
平均	15.00	4.14
标准差	6.56	8.01
观测数	3	7

（二）金山区综合为老服务中心人员配置情况

（1）护理员

在被调查机构中，2 家机构汇报了护理员配备的人数，共计 16 人，平均每家机构配备了 8 名护理员，主要来自本地。从护理员的年龄构成看，41～50 岁占比 25.00%，51 岁及以上占比 75.00%（如表 4 - 256）。从护理员的学历结构看，初中及以下学历占比 75.00%，高中/中职学历占比 25.00%（如表 4 - 257）。

表 4 - 256　护理员年龄构成

单位：%

	21～30 岁	31～40 岁	41～50 岁	51 岁及以上
占比	0	0	25.00	75.00

表 4－257 护理员学历构成

单位：%

	初中及以下	高中/中职	大专/高职	本科及以上
占比	75.00	25.00	0	0

（2）医生和护士

被调查机构中，没有机构报告配备医生和护士情况。

（3）其他技术人员

在被调查机构中，有 1 家机构报告配备了 1 名康复师，年龄为 21～30 岁，学历为大专/高职学历。

没有机构报告配备营养师情况。

（4）管理人员及其他

在管理人员配置上，6 家被调查机构报告了人数配置情况，共计有 17 名管理人员，平均每家机构配备 2.83 名管理人员。从管理人员的学历结构看，初中及以下学历 2 人，高中/中职学历 7 人，大专/高职学历 6 人，本科及以上学历 2 人。从年龄结构看，21～30 岁 2 人，31～40 岁 3 人，41～50 岁 5 人，51 岁及以上 7 人。

被调查机构中，平均每家机构员工数为 11.75 人。近一年内，员工离职人数共计为 0 人。截至调查时间点，在职服务志愿者及义工人数情况，如表 4－258 所示。8 家机构均未设置护理站。在被调查机构中，有 5 家机构配备了养老顾问，养老顾问主要来自本机构，服务时间主要集中在工作日正常上班时间。

表 4－258 金山区综合为老服务中心员工及志愿者/义工人数

	员工总人数	最近一年内离职人数	目前在服务志愿者人数	目前在服务义工人数
平均	11.75	0	21.33	0
标准差	8.10	0	10.93	0
观测数	8	6	6	5

（三）金山区综合为老服务中心管理制度情况

从管理制度设置看，金山区综合为老服务中心内各项管理制度设置较为全面，如图 4-272 所示。在老年人服务档案中，基本信息、老人每日出入登记、服务申请等信息是记录比例最高的三类信息，如图 4-273 所示。

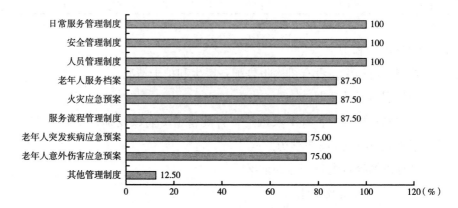

图 4-272　金山区综合为老服务中心管理制度设置

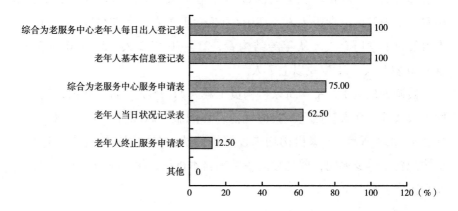

图 4-273　金山区综合为老服务中心老年人服务档案记录的主要信息

（四）金山区综合为老服务中心服务水平情况

金山区综合为老服务中心，在被调查时过去的一周内，平均每家机构每天服务老人数为 27.13 人，其中，半失能老人数为 1.25 人，全失能老人数为 0 人。从开业运营时间看，截至调查时间，平均运营时长为 43.63 个月，如表 4-259 人。从被服务老人住家与综合为老服务中心地理距离看，最远距离平均值为 6.29 公里。

表 4 - 259　金山区综合为老服务中心服务人数

	每天服务老人数			自机构运营以来运营时长（月）
	总人数	半失能老人数	全失能老人数	
平均	27.13	1.25	0	43.63
标准差	14.56	2.50	0	22.83
观测数	8	4	3	8

　　金山区综合为老服务中心提供各类生活照料服务中，最多的是助浴和午间休息服务，87.50% 的机构均提供这两种服务；其次是助餐，有62.50% 的被调查机构提供此项服务。此外，理发、剪指甲等也是提供比例较高的服务，如图 4 - 274 所示。

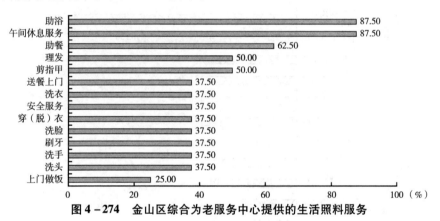

图 4 - 274　金山区综合为老服务中心提供的生活照料服务

　　综合为老服务中心提供的各类护理服务中，最多的是提示或协助服药，有 50.00% 的被调查机构提供此类服务。此外，不到 1/3 的机构提供认知症照护、吸痰导尿、口腔护理等，各类护理服务提供的情况如图 4 - 275 所示。在 1 家设立护理站的机构中，主要提供基础护理、专科护理、营养指导、社区康复指导和健康宣教服务。

　　在提供的医疗服务中，87.50% 的被调查机构提供日常健康管理服务（常见疾病预防，测量血压、血糖、体温等）；62.50% 的被调查机构提供联系紧急救护服务；其余各类服务如图 4 - 276 所示。

　　在提供的精神慰藉服务中，75.00% 的被调查机构提供陪聊（言语沟通），此外，心理健康教育、情绪疏导和心理健康咨询也是提供较多的精神慰藉服务，如图 4 - 277 所示。

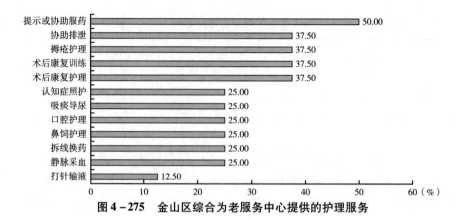

图4-275　金山区综合为老服务中心提供的护理服务

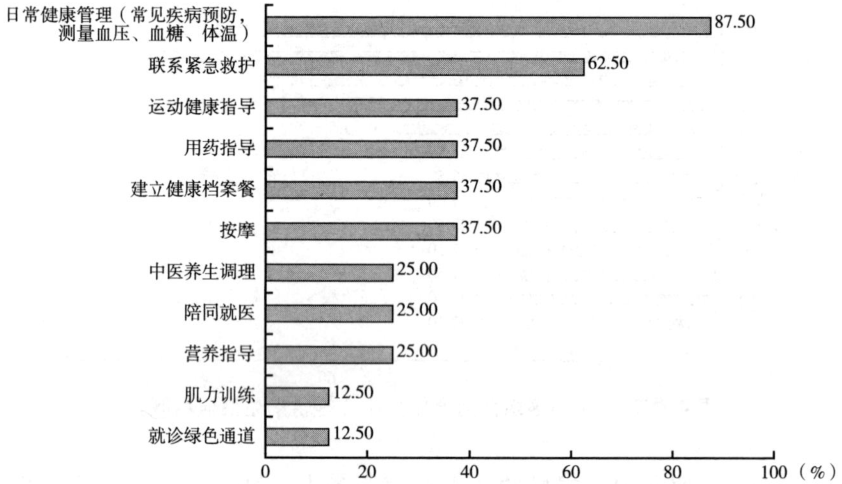

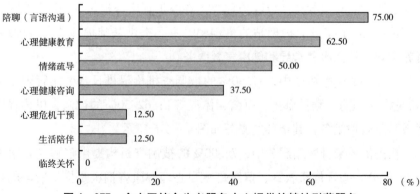

图4-276　金山区综合为老服务中心提供的医疗服务情况

图4-277　金山区综合为老服务中心提供的精神慰藉服务

在提供的文化娱乐服务中，所有的被调查机构都提供看书看报服务，超过 87.50% 的被调查机构提供手工制作、电视影视、看（听）戏曲、做游戏等文化娱乐服务，其他各类服务提供情况如图 4－278 所示。

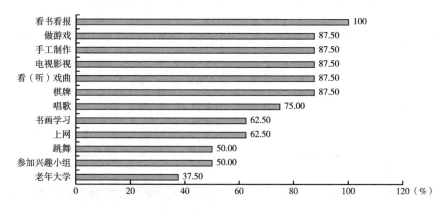

图 4－278 金山区综合为老服务中心提供的文化娱乐服务

在被调查的综合为老服务中心中，有 6 家机构提供照料者服务技术指导，有 4 家机构提供养老辅具租赁服务，有 1 家机构提供喘息服务，还有 2 家机构为老人提供上门服务。在 2 家为老人提供上门服务的机构中，100% 的提供助餐助浴、护理服务，50.00% 的提供医疗服务。

在被调查机构中，有 2 家机构实现了"一网覆盖"信息管理，建成了本区域统一网络门户和数据库；有 3 家机构设有"一站式"办事窗口；2 家机构实施老人统一需求评估与审核；6 家机构实现综合体公共服务平台的枢纽作用；4 家机构能够整合各种综合为老服务资源，实现"一体化资源统筹"。此外，5 家机构有承接本机构服务项目的社会组织，最主要的是日托服务和长护险。1 家机构报告有特色服务项目。

（五）金山区综合为老服务中心其他情况

被调查综合为老服务中心有 2 家机构提供了政府财政补贴情况。平均而言，每家机构获得政府补贴 66.00 万元，2 家机构共计获得 132.00 万元补贴。开办费补贴总额为 72.00 万元，年度补贴共计 60.00 万元。补贴都在水电煤免费方面。8 家机构都未提供经营收入数据和成本开支数据，统计结果如表 4 - 260 所示。

表 4 - 260 金山区综合为老服务中心接收政府财政补贴统计

单位：万元

	政府财政补贴		
	补贴总额	包含开办补贴	包含年度补贴
平均	66.00	72.00	60.00
标准差	8.49	—	—
求和	132.00	72.00	60.00
观测数	2	1	1

在被调查综合为老服务中心中，6 家机构汇报了长期经营能否赢利的问题，6 家机构均认为不能够赢利。从影响综合为老服务中心入住率的因素看，地理位置是最为重要的因素，其次是交通便捷程度和照料服务内容，如图 4 - 279 所示。在被调查的 8 家综合为老服务中心中，有 2 家机构是连锁经营机构。

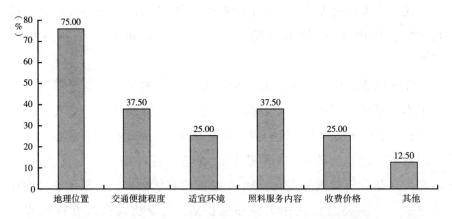

图 4 - 279 影响金山区综合为老服务中心入住率的主要因素

（常姗姗 张 捷）

第九节 崇明区社区养老发展现状

一 崇明区日间照料中心发展现状

崇明区日间照料中心调查共获得有效样本 18 家，从服务机构类型看，18 家均为非营利性机构；从服务机构地理区位看，18 家均为外环线以外；从机构开始运营时间来看，88.89% 的机构都是在 2016 年之后开始运营，各年份运营机构数量如图 4－280 所示。

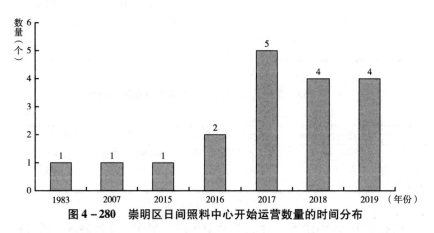

图 4－280 崇明区日间照料中心开始运营数量的时间分布

（一）崇明区日间照料服务机构硬件设施情况

（1）设施面积与功能区域设置

在日间照料中心设施面积上，调查结果显示，建筑总面积平均值为 1302.33 平方米，以 1400 平方米的建筑面积居多；使用面积平均值为 513.15 平方米，室外活动场地面积平均值为 280.00 平方米，室外绿地面积平均值为 282.00 平方米（见表 4－261）。

表 4－261 崇明区日间照料中心设施面积

单位：平方米

	总建筑面积	使用面积	室外活动场地面积	室外绿地面积
平均	1302.33	513.15	280.00	282.00
标准差	1952.82	507.33	213.70	256.16
观测数	17	13	10	5

在被调查的日间照料中心中，设置比例最高的基本服务区域为公共活动区域和服务保障区域，占比分别为88.89%和83.33%，设置生活服务区域的比例为77.78%（见表4-262）。从各个服务区域面积来看，生活服务区域平均面积最大，为870.00平方米；公共活动区域平均面积为99.17平方米，详见表4-263。61.11%的机构设置了保健服务区域，11家提供保健服务区域面积的被调查机构数据显示，保健服务区域的平均面积为87.60平方米。

表4-262　崇明区日间照料中心基本服务区域设置

	生活服务区域	公共活动区域	保健服务区域	服务保障区域
无	2(14.11%)	0(0%)	4(22.22%)	1(5.56%)
有	14(77.78%)	16(88.89%)	11(61.11%)	15(83.33%)
缺失	2(11.11%)	2(11.11%)	3(16.67%)	2(11.11%)

表4-263　崇明区日间照料中心基本服务区域面积

单位：平方米

	生活服务区域面积	公共活动区域面积	保健服务区域面积	服务保障区域面积
平均	870.00	99.17	87.60	81.25
标准差	2510.02	69.47	92.21	81.21
观测数	11	12	10	12

基本生活辅助用房配置中，公共卫生间、餐厅、公用浴室、厨房操作间是配置比例较高的辅助用房，污物处理间的配置比例最低，为22.22%，如图4-281所示。对提供各类基本生活辅助用房面积的样本进

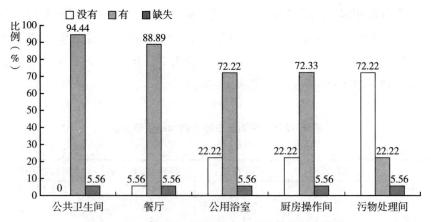

图4-281　崇明区日间照料中心生活辅助用房配置

行统计，结果显示，餐厅的平均面积最大，为 52.64 平方米；污物处理间的面积基本相近，平均面积为 8.75 平方米。各类生活辅助用房面积统计数据如表 4 - 264 所示。

表 4 - 264　崇明区日间照料中心生活辅助用房配置面积

单位：平方米

	公共卫生间面积	餐厅面积	公用浴室面积	厨房操作间面积	污物处理间面积
平均	27.87	52.64	29.55	34.96	8.75
标准差	17.28	26.75	13.90	22.83	8.30
观测数	15	14	11	11	4

在医疗保健用房配置上，崇明区的日间照料中心中，康复训练室的配置率最高，达到 55.56%；其次为医务室/卫生室，配置率达到 50.00%。中医保健室和临终关怀室的配置比例较低，仅分别为 16.67% 和 5.56%（如图 4 - 282）。对提供医疗保健用房面积的机构进行统计，结果显示，医务室/卫生室和康复训练室的配置面积较大，平均面积分别为 53.44 平方米和 26.89 平方米，其他数据如表 4 - 265 所示。

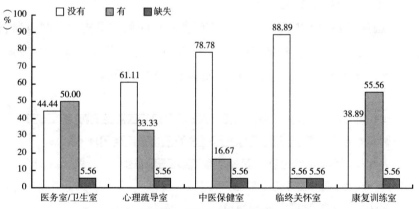

图 4 - 282　崇明区日间照料中心医疗保健用房配置

在公共活动用房配置上，阅览室、电影/电视室是配置较多的公共活动用房，其他公共活动用房配置情况如图 4 - 283 所示。

此外，有 14 家被调查机构报告设置了办公用房，平均办公用房面积为 53.23 平方米；3 家被调查机构报告还设置了其他用房。

表 4－265　崇明区日间照料中心医疗保健用房面积

单位：平方米

	医务室/卫生室	心理疏导室	中医保健室	康复训练室
平均	53. 44	16. 67	13. 20	26. 89
标准差	40. 11	12. 18	21. 71	28. 72
观测数	9	6	5	9

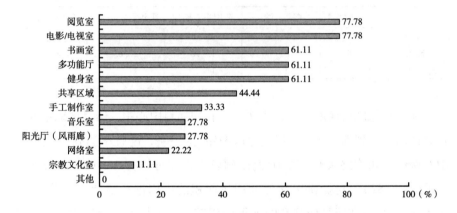

图 4 －283　崇明区日间照料中心公共活动用房配置情况

（2）服务设备配置

在服务设备配置方面，崇明区被调查的日间照护机构中，健身器材、康复训练器具是配置比例较高的服务设备，占比分别达到 72. 22% 和 55. 56% ，其他服务设备的配置情况如图 4 －284 所示。

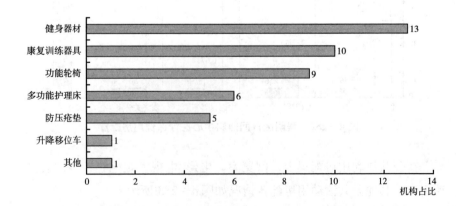

图 4 －284　崇明区日间照料中心服务设施配置情况

在消防设施配置上，灭火器、消防栓是最为常见的设施，此外，也有 12 家机构配置了自动火灾报警系统。各类安全设施的配置，卫生消毒设备、扶手/防撞装置、防滑设备和监控系统（设备）都是最常见的安全设施，配置率都在 80% 以上，如图 4-285 所示。在智慧养老设施上，设施的配置比例不高，仅有 33.33% 的机构配置互联网络，智能检测系统设备等其他智慧养老设施的配置比例均比较低，见表 4-267 所示。

表 4-266 崇明区日间照料中心消防设施配置情况

	灭火器、消防栓	消防喷淋系统	自动火灾报警	其他
无	1	5	5	9
有	16	12	12	0
缺失	1	1	1	9

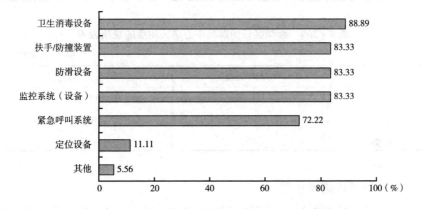

图 4-285 崇明区日间照料中心安全设施配置情况

表 4-267 崇明区日间照料中心智慧养老设施配置情况

	互联网络	物联网设施	智能检测系统设备	远程医疗设备
没有配置	7	12	12	12
配置	6	1	1	1
缺失	5	5	5	5

崇明区被调查日间照料中心中，6 家机构配备了应急电源设备，2 家机构配备了物品采购车辆。其中，15 家机构报告服务场所设置在建筑物的一层或底层，3 家机构报告设置在建筑物的二层及以上楼层，3 家机构

均配置了电梯或无障碍设施。

在服务设施中，平均每家机构设置床位数为 17.60 张，其中，有 9 家机构报告设置了护理床位。老人休息室平均每家机构设置 1.13 间，单间容纳老人数平均值为 15.43 人。老人服务设施的其他信息如表 4－268 和表 4－269 所示。在被调查的 18 家日间照料中心中，仅有 2 家机构设置了护理站。

表 4－268　崇明区日间照料中心老人服务设施信息

	总床位数	护理床位数	老人休息室数	单间容纳老人数
平均	17.60	8.72	1.13	15.43
标准差	19.25	12.33	0.74	15.08
观测数	15	9	15	14

表 4－269　崇明区日间照料中心老人用房的规格设置

单位：厘米

	房门净宽度	室内走道净宽度
平均	116.20	138.67
标准差	43.16	43.07
观测数	15	15

（3）服务设施辨识度

在崇明区被调查的 18 家日间照料中心中，有 14 家机构对其外观建筑做过色调处理以增加机构的辨识度；17 家服务机构的外观具有醒目的标识；17 家服务机构具有独立的出入口。

（二）崇明区日间照料中心人员配置情况

崇明区被调查机构中的 17 家报告了护理员数量，共计 60 人，平均每家机构护理员 3.53 人，护理员大部分来自本地。从护理员的年龄构成上看，60.00% 的护理员年龄在 51 岁及以上，各年龄段分布如表 4－270 所示。从护理员的学历构成看，以初中及以下居多，占比 75.00%，其他学历构成如表 4－271 所示。

表 4 - 270　护理员年龄构成

	21 ~ 30 岁	31 ~ 40 岁	41 ~ 50 岁	51 岁及以上
占比（%）	0	5.00	35.00	60.00

表 4 - 271　护理员学历构成

	初中及以下	高中/中职	大专/高职	本科及以上
占比（%）	75.00	25.00	0	0

（2）医生与护士

在被调查的日间照料中心中，仅有 8 家机构配备了 8 名医生，其中兼职医生人数为 6 人。从医生的职称结构看，7 人为主治医师及以下。从医生的学历结构看，6 人为专科学历，2 人为本科学历。

在护士配备上，仅有 13 家机构报告配备了 16 名护士。从年龄构成上看，21 ~ 30 岁 1 人，31 ~ 40 岁 3 人，41 ~ 50 岁 6 人，51 岁及以上 6 人。从学历构成看，高中/中职学历 14 人，大专/高职学历 2 人。

（3）其他技术人员

在康复师的配置上，3 家机构报告配备了 3 名康复师。从年龄结构看，41 ~ 50 岁 2 名，51 岁及以上 1 名。从学历结构看，2 名是高中/中职学历，1 名是大专/高职学历。

在营养师的配置上，共计 15 家机构报告均无配置营养师。

（4）管理人员及其他

在管理人员配置上，共计 16 家机构报告配置了 28 名管理人员，平均每家机构配备 1.87 名管理人员。从管理人员的学历结构看，初中及以下学历 3 人，高中/中职学历 14 人，大专/高职学历 10 人，本科及以上学历 1 人。从年龄结构看，21 ~ 30 岁 1 人，31 ~ 40 岁 5 人，41 ~ 50 岁 8 人，51 岁及以上 14 人。

在被调查的 18 家日间照料中心中，15 家机构报告了员工总人数，共计 142 人，平均每家机构员工数为 9.47 人。近一年内，员工离职人数共计为 7 人。截至调查时间点，在服务志愿者平均每家机构 7.27 人，在服务义工平均每家机构 6.13 人，如表 4 - 272 所示。其中，志愿者提供服务主要有剪发、健康检查、康复指导、日常管理、表演慰问以及陪聊沟通等；义工提供的服务相对集中，主要为卫生清洁、老人照看与生活服务等。

表 4-272　崇明区日间照料中心工作人员统计数据

	员工总人数	最近一年内离职人数	目前在服务志愿者人数	目前在服务义工人数
平均	9.47	1.17	7.27	6.13
标准差	15.17	2.86	10.40	9.58
观测数	15	6	11	8

（三）崇明区日间照料中心管理制度情况

崇明区日间照料中心内，各项管理制度设置均比较全面，如图 4-286 所示。其中，服务流程管理制度、日常服务管理制度、安全管理制度关注度居前，除老人基本信息登记外，还有服务申请信息、老人当日状况记录信息、每日出入登记信息等，均是各个机构重点登记的信息，如图 4-287 所示。

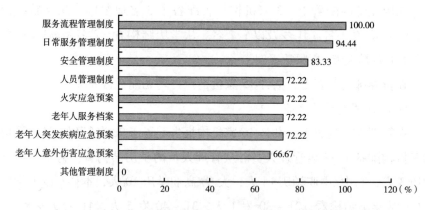

图 4-286　崇明区日间照料中心内部管理制度设置

（四）崇明区日间照料中心服务水平情况

崇明区日间照料中心，在被调查时过去的一周内，每家每天服务老人数的平均值为 13.29 人，其中，半失能老人数每家机构每天平均为 1.18人，全失能老人数每家机构每天平均为 0.80 人。每家机构每天服务的老

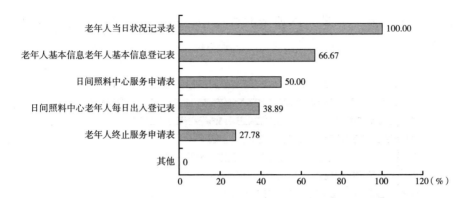

图 4 - 287 崇明区日间照料中心老人服务档案记录的主要信息

人中，正常老人平均值为 13.38 人，各失能等级对应的人数如表 4 - 273 所示。从被服务老人住家与日间照料中心之间的最远距离看，平均值为 12.20 公里。

表 4 - 273 崇明区日间照料中心平均每天服务老人数

	每天服务老人数			按失能等级区分				
	总人数	半失能老人数	全失能老人数	正常老人	1 级	2 级	3 级	4 级及以上
平均	13.29	1.18	0.80	13.38	2.17	1.17	0	0.50
标准差	7.05	2.71	2.53	11.64	3.49	2.86	0	1.23
观测数	17	11	10	8	6	6	6	6

在被调查的 18 家机构中，72.22% 的服务机构提供就餐服务；提供最多的娱乐服务是读书阅览和棋牌，健身、绘画、书法和手工制作也是主要提供的娱乐服务（见图 4 - 288）；88.89% 的被调查机构提供午间休息服务；33.33% 的机构提供协助如厕服务；在生活照料服务中，量体温、测血糖是最常见的服务，如图 4 - 289 所示；在饮食服务中，55.56% 的机构提供送餐上门服务，没有机构提供上门做饭服务；在提供的各类健康教育咨询服务中，最多的是老年营养指导服务，详见图 4 - 290；在提供的心理慰藉服务中，沟通与情绪疏导是最常见的两种服务，见图 4 - 291；在保健康复服务中，中医传统保健是提供最多的服务，11.11% 的机构均提供肌肉训练和按摩服务，详见

图 4 – 292；在 2 家设立护理站的机构中，护理站主要提供基础护理服务。

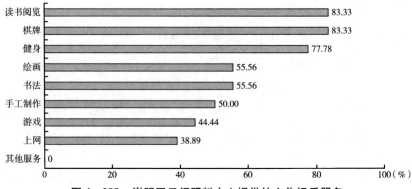

图 4 – 288 崇明区日间照料中心提供的文化娱乐服务

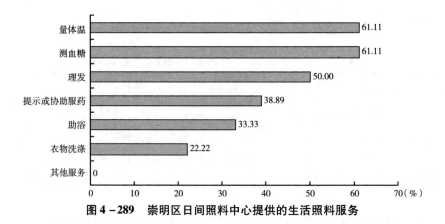

图 4 – 289 崇明区日间照料中心提供的生活照料服务

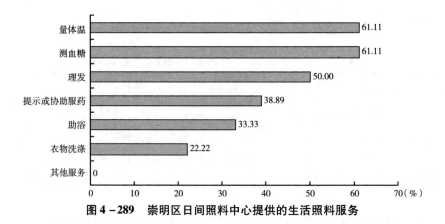

图 4 – 290 崇明区日间照料中心提供的健康教育咨询服务

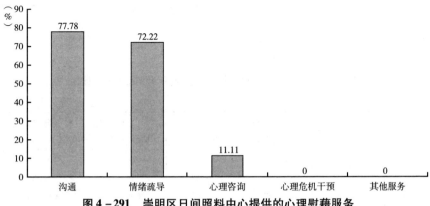

图 4 - 291　崇明区日间照料中心提供的心理慰藉服务

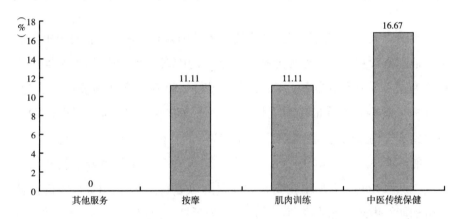

图 4 - 292　崇明区日间照料中心提供的保健康复服务

在崇明区日间照料中心中，有 1 家机构报告了本机构服务项目有社会组织承接服务项目情况，服务的主要内容为委托运营管理。在机构服务特色方面，1 家机构报告认为自身有特色服务提供。在服务收费方面，收费主要包括餐费和助浴两个类别。

（五）崇明区日间照料中心其他情况

在被调查的日间照料机构中，有 7 家机构汇报了是否获得政府补贴的情况，共计获得各类政府补贴 155 万元，平均每家机构 22.07 万元。在各类补贴的总额中，包含开办补贴 93 万元，年度补贴 16 万元。从补贴费用内容看，4.39% 的受补贴机构用于购买服务，9.72% 的受补贴机构用于水电煤。在经营业绩方面，仅有 3 家机构能够并愿意提供经营数据。自开业以来，平均每家服务机构获得经营收入 200 万元，经营成本支出平均每家达到 153 万元。

表 4 - 274　崇明区日间照料中心接收政府财政补贴统计

单位：万元

	政府财政补贴			自开业以来获得经营收入	自开业以来支付各类成本费用
	补贴总额	包含开办补贴	包含年度补贴		
平均	22.07	15.42	2.67	200.00	153.00
标准差	34.40	33.11	6.53	346.41	304.67
求和	155.00	93.00	16.00	600.00	612.00
观测数	7	6	6	3	4

影响老人选择使用日间照料机构服务的因素有多种，调查对象报告显示，地理位置和交通便捷程度是影响最大的因素，55.56% 的被调查机构均认为这两个因素最为重要（见图 4 - 293）。50.00% 的被调查机构认为，到本机构来的老人数量还是比较多的，但也有 44.44% 的被调查机构认为，到本机构来的老人数量不多。66.67% 的被调查机构认为，他们在经营中能够留住老人在本机构消费服务，但仅有 5.56% 的被调查机构认为他们能从服务的老人那里收到相关项目的服务费。此外，11.11% 的被调查机构能够做到多元化赢利。被调查对象反馈，出现上述经营中无法有效赢利的主要原因是机构属于非营利性机构，很多机构不收取服务费，不能赢利。

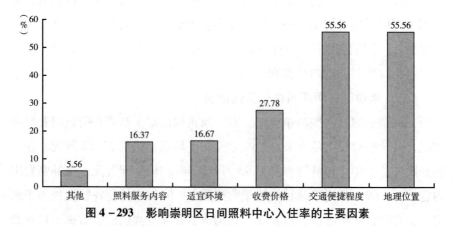

图 4 - 293　影响崇明区日间照料中心入住率的主要因素

被调查服务机构中，有 2 家服务机构是连锁经营的日间照护机构。在政府支持帮助建议上，被调查机构主要提出如下建议：第一，农村老人的经济收入比较低，应该增加更多的免费或者公费服务项目；第二，增加日间照料服务机构的专业人员比例；第三，适当增加或者提高日间照料服务机构的补贴。

二　崇明区长者照护之家发展现状

崇明区长者照护之家调查共获得有效样本 4 家，从服务机构类型看，4 家均为非营利性机构；从服务机构地理区位看，4 家均位于外环线以外；从机构开始运营时间来看，被调查的长者照护之家均在 2018 年及之后开始运营，各年份运营机构数量如图 4 – 294 所示。

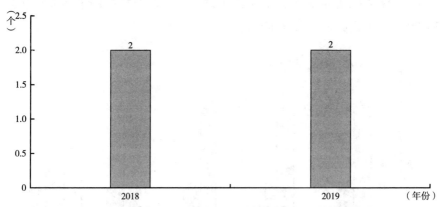

图 4 – 294　崇明区长者照护之家开始运营数量的时间分布

（一）崇明区长者照护之家硬件设置情况

（1）设施面积与功能区域设置

在长者照护之家机构设施面积上，调查结果显示，单个机构建筑总面积平均值为 1343.25 平方米，老年人居室总（使用）面积平均值为每家562.00 平方米，床均建筑面积为 2.00 平方米，居室内单床的使用面积平均值为 2.00 平方米（见表 4 – 275）。

在被调查的长者照护之家中，有 3 家机构设置了独立的出入口。从机构用房性质看，4 家机构均为其他类型用房。从机构的周边环境看，机构周边 300 米范围内，有公共绿化或花园的有 2 家，有室外公共活动场所的有 4 家。

表 4 – 275　崇明区长者照护之家各项面积统计

单位：平方米

	总建筑面积	老年人居室总（使用）面积	床均建筑面积	居室单床使用面积
平均	1343.25	562.00	2.00	2.00
标准差	1047.86	218.66	—	—
观测数	4	3	1	1

从机构内基本生活辅助用房的配置情况看，除了污物处理间之外各类型辅助用房配置的比例均比较高，如图 4 – 295 所示。总体看，在单个机构内，公共卫生间设置数量最多，平均值为 4.00 间。从面积看，其中餐厅是每家机构配置面积最大的生活辅助用房，单家机构的平均面积达到50.00 平方米，如表 4 – 276 所示。

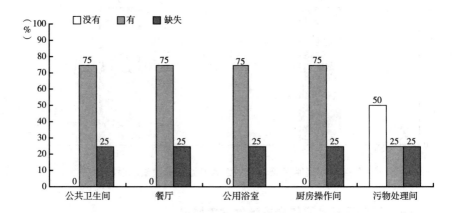

图 4 – 295　崇明区长者照护之家基本生活辅助用房配置情况

表 4 – 276　崇明区长者照护之家基本生活辅助用房配置数量及面积

单位：间，平方米

	公共卫生间		餐厅		公用浴室		厨房操作间		污物处理间	
	房间数	共计面积	房间数	共计面积	房间数	共计面积	房间数	共计面积	房间数	共计面积
平均	4.00	26.67	1.00	50.00	2.00	36.67	1.67	40.00	0.33	25.00
标准差	3.46	5.77	0	30.00	0	5.77	1.16	26.46	0.58	—
观测数	3	3	3	3	3	3	3	3	3	1

在医疗保健用房配置上，医务室/卫生室和心理疏导室的配置比例最高，均达到 50.00%，中医保健室和临终关怀室均无配置，如图 4 - 296 所示。在公共活动用房配置方面，棋牌室、阅览室、电影/电视室和书画室是配置比例最高的公共活动用房，75.00% 的机构都有设置，其他公共活动用房配置情况见图 4 - 297 所示。

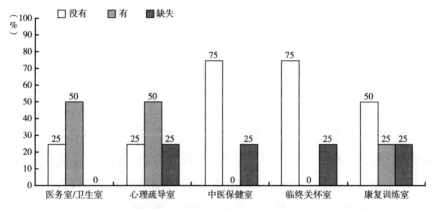

图 4 - 296　崇明区长者照护之家医疗保健用房配置情况

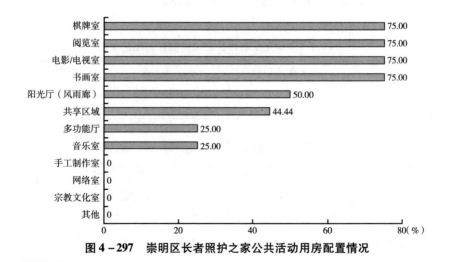

图 4 - 297　崇明区长者照护之家公共活动用房配置情况

（2）服务设备配置

在服务设备配置上，崇明区长者照护之家中健身器材和功能轮椅配置比例最高，均达到了 100%，其次是康复训练器具、多功能护理床和防压疮垫等，如图 4 - 298 所示。

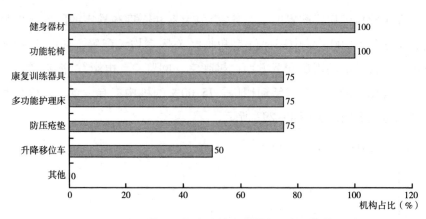

图 4 – 298　崇明区长者照护之家服务设备配置情况

在消防设施的配置方面，崇明区长者照护之家中各类消防设施的配置相对较全面（见表 4 – 277）。在安全设施配置方面，各类安全防护设置的配置较全面（见图 4 – 299），25% 的机构已经使用老人定位设备。在智慧养老设施配置方面，已经各有 1 家机构配置了物联网设施、智能检测系统设备、互联网络和远程医疗设备（如表 4 – 278）。

表 4 – 277　崇明区长者照护之家消防设施配置情况

	灭火器、消防栓	消防喷淋系统	自动火灾报警
无	0	0	0
有	4	4	4

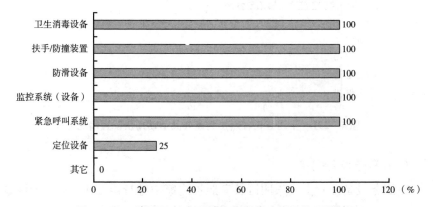

图 4 – 299　崇明区长者照护之家各类安全设施配置情况

表 4－278 崇明区长者照护之家智慧养老设施配置情况

	互联网络	物联网设施	智能检测系统设备	远程医疗设备
没有配置	3	3	3	3
配置	1	1	1	1
缺失	0	0	0	0

从机构设置床位数看，崇明区长者照护之家平均每家机构设置床位数为 26.25 张，其中，护理床位数平均值为 15.75 张（如表 4－279）。此外，有 2 家机构设有医务室/卫生室，2 家机构设有社区卫生服务中心延伸医务室/站；有 1 家机构设有护理站。

表 4－279 崇明区长者照护之家床位配置情况

	床位数	护理床位数
平均	26.25	15.75
标准差	17.50	22.77
观测数	4	4

（二）崇明区长者照护之家人员配置情况

（1）护理员

崇明区被调查 4 家长者照护之家报告了护理员总数为 12 人，平均每家机构护理员为 3 人，大部分来自本区。从护理员的年龄结构看，以 51 岁及以上年龄群为主，占比 58.33%，如表 4－280 所示。从护理员的学历构成看，以初中及以下学历为主，占比 75.00%，如表 4－281 所示。

表 4－280 护理员年龄构成

单位：%

	21～30 岁	31～40 岁	41～50 岁	51 岁及以上
占比	0	8.33	33.34	58.33

表 4－281 护理员学历构成

单位：%

	初中及以下	高中/中职	大专/高职	本科及以上
占比	75.00	25.00	0	0

（2）医生与护士

在4家长者照护之家机构中，有3家机构报告配备了4名医生，4名医生均为主治医师及以下职称。从医生的学历结构看，3名医生为专科学历，1名医生为本科学历。3家机构报告共计配备了3名护士。从护士的年龄结构看，均为51岁及以上。从护士的学历结构看，高中/中职学历2人，大专/高职学历1人。

（3）其他技术人员

在被调查机构中，1家机构报告配备了1名康复师，为接受康复技能专业培训人员。康复师的年龄为41～50岁，学历为高中/中职。

在营养师配置上，4家机构均未报告配备情况。

（4）管理人员及其他

在管理人员配置上，4家机构报告共计配备了11名管理人员，平均每家机构配备2.75名管理人员。从管理人员的学历结构看，高中/中职学历5人，大专/高职学历4人，本科及以上学历2人。从年龄结构看，31～40岁2人，41～50岁5人，51岁及以上4人。

3家被调查机构报告了员工总人数，平均每家机构员工数为14.67人。近一年内，员工离职人数共计为1人。截至调查时间点，仍在机构提供志愿者服务的人数为10人，义工人数为0人。自被调查机构运营以来，平均每家运营机构志愿者累计人数为20人，如表4－282所示。此外，被调查机构中，仅有1家设立了护理站。

表4－282　崇明区长者照护之家服务机构工作人员统计数据

	员工总人数	最近一年内离职人数	目前在服务志愿者人数	目前在服务义工人数
平均	14.67	1.00	5.00	0
标准差	10.69	—	7.07	—
观测数	3	1	2	1

（三）崇明区长者照护之家管理制度情况

从崇明区被调查长者照护之家的各项管理制度设置看，各机构均设置了各类管理制度，且设置的比例均比较高，如图 4－301 所示。在老年人服务档案制度中，重点规范各类老年人服务档案的建设，各类老年人服务档案包含的主要信息情况如图 4－302 所示。

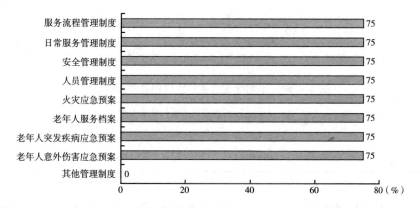

图 4－301　崇明区长者照护之家制定管理制度情况

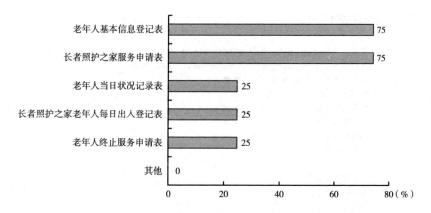

图 4－302　崇明区长者照护之家老年人服务档案包含的主要信息

（四）崇明区长者照护之家服务水平情况

崇明区长者照护之家，在被调查时过去的一周内，每家每天服务老人数的平均值为 12 人，其中，半失能老人数为 0.50 人，全失能老人数每家机构每天平均为 8.50 人。平均而言，老人入住时间平均值为360 天。

表4-283 崇明区长者照护之家平均每天服务人数

	每天服务老人数			按失能等级区分				
	总人数	半失能老人数	全失能老人数	正常老人	1级	2级	3级	4级及以上
平均	12.00	0.50	8.50	0	0	0	0	0
标准差	11.46	1.00	13.87	0	0	0	0	0
观测数	4	4	4	0	0	0	0	0

表4-284 崇明区长者照护之家服务老人情况

	每位老人入住时间(天)	出机构后需继续护理人数	收住四级及以上老人
平均	360.00	—	—
标准差	0	—	—
观测数	2	0	0

崇明区长者照护之家中提供的基本服务最多的是个人生活照料服务，占比为75%，其他服务如图4-303所示。4家长者照护之家均提供助餐服务和助浴服务。

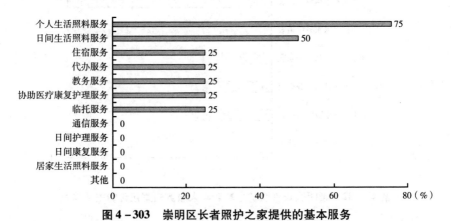

图4-303 崇明区长者照护之家提供的基本服务

崇明区被调查长者照护之家中，2家机构设立了老人入住筛选标准和老人出院评估标准。2家长者照护之家报告了床位的轮转时间，平均而言，床位轮转时间为360天。4家机构均无老人"霸床"现象。

长者照护之家中，白天平均每家机构有2名养老护理员在岗，晚上有1名养老护理员在岗。在被调查的机构中，有4家机构均无承接本机构服务项目的社会组织。在被调查的长者照护之家中，4家机构均报告没有提供特色服务项目。

（五）崇明区长者照护之家其他情况

在被调查长者照护之家中，均无提供政府财政补贴情况。但是机构提到补贴主要用于水电煤和购买服务上。没有机构提供经营收入与成本开支数据。

被调查的 4 家机构均明确表示在长期经营中，本机构不能赢利。对影响长者照护之家入住率的主要因素，交通便捷程度和地理位置是最为重要的影响因素（见图 4－304）。4 家机构中，2 家机构明确反馈到该机构的老人不多，2 家机构认为到机构的老人比较多。在被调查机构中有 2 家机构是连锁化经营。

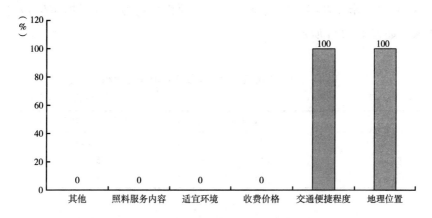

图 4－304　影响崇明区长者照护之家入住率的主要因素

三　崇明区综合为老服务中心发展现状

崇明区综合为老服务中心调查了 18 家。从服务机构类型看，18 家被调查机构均为非营利性机构；从服务机构地理区位看，18 家被调查机构均位于外环线以外；从机构开始运营时间来看，18 家机构均在 2017 年及之后开始运营，各年份运营机构数量如图 4－305 所示。

（一）崇明区综合为老服务中心硬件设施情况

（1）设施与功能区域

崇明区被调查综合为老服务中心，平均每家机构的建筑面积为

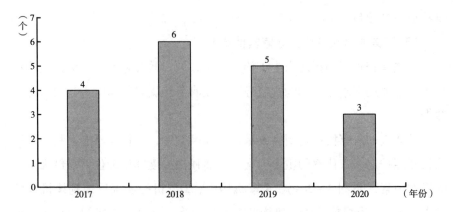

图 4 – 305　崇明区综合为老服务中心成立运营时间分布

1034.04 平方米，老年人居室总（使用）面积平均为每家机构 469.14 平方米，如表 4 – 285 所示。

表 4 – 285　崇明区综合为老服务中心设施面积

单位：平方米

	总建筑面积	老年人居室总（使用）面积
平均	1034.04	469.14
标准差	612.19	458.45
观测数	18	14

在被调查的 18 家机构中，有 17 家机构设有独立的出入口。从机构用房性质看，有 1 家机构的用房属于居住类房屋，17 家机构的用房属于非居住类或其他房屋。被调查机构中，有 14 家机构周边 300 米范围内有公共绿化或花园，18 家机构周边 300 米范围内均有室外公共活动场所。

在各类基本生活辅助用房配置上，公共卫生间、餐厅是配置最高的生活辅助用房，90% 以上的被调查机构均有配置，如图 4 – 306 所示。其中，公共卫生间的数量和面积是各类基本生活辅助用房中配置最多的，平均每家机构的公共卫生间数量在 3 ~ 4 间，平均面积达到 27.53 平方米。其余各类生活辅助用房的情况如表 4 – 286 所示。

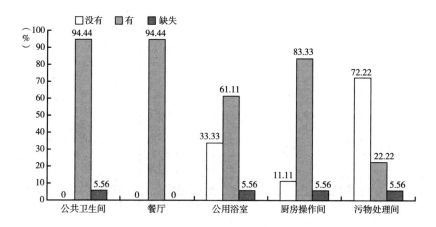

图 4 - 306　崇明区综合为老服务中心基本生活辅助用房配置

表 4 - 286　崇明区综合为老服务中心基本生活辅助用房配置数量及面积

单位：间，平方米

	公共卫生间		餐厅		公用浴室		厨房操作间		污物处理间	
	房间数	共计面积	房间数	共计面积	房间数	共计面积	房间数	共计面积	房间数	共计面积
平均	3.59	27.53	1.24	61.82	1.53	21.31	1.20	36.51	0.36	6.60
标准差	1.84	15.48	0.56	32.98	1.30	16.87	0.41	22.20	0.51	5.68
观测数	17	17	17	17	15	13	15	15	11	5

在医疗保健用房配置上，72.22% 的被调查机构配置了医务室/卫生室，55.56% 的被调查机构配置了康复训练室，是配置比例最高的两类医疗保健用房，如图 4 - 307 所示。其中，医务室/卫生室的配置面积平均每家机构为 35.08 平方米，康复训练室的配置面积平均每家机构为 32.64 平方米，心理疏导室平均每家机构的面积为 15.5 平方米。

在各类公共活动用房配置上，棋牌室、阅览室和电影/电视室是配置比例最高的公共活动用房，配置比例均为 83.33%，此外，多功能厅、书画室的配置比例也均在 60% 以上，如图 4 - 308 所示。

（2）服务设备配置

被调查综合为老服务中心配置的各类服务设备中，功能轮椅是配置比例最高的服务设备，100% 的被调查机构配置了这类服务设备。各类服务设备的配置情况如图 4 - 309 所示。

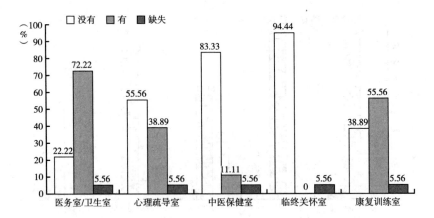

图4-307　崇明区综合为老服务中心医疗保健用房配置情况

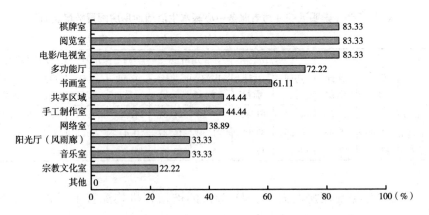

图4-308　崇明区综合为老服务中心公共活动用房配置情况

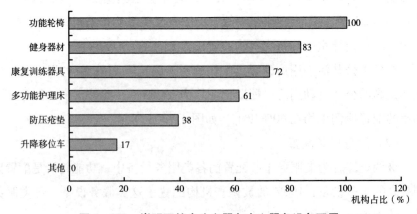

图4-309　崇明区综合为老服务中心服务设备配置

在消防设施的配置上，被调查机构的各类消防设施配置比例均比较高，如表 4 - 287 所示。在综合为老服务中心内，各类安全保护装置的配置比例也比较高，如图 4 - 310 所示。在智慧养老设施的配置上，除互联网络外，其他各类智慧养老智能设备的配置比例并不高，如表 4 - 288 所示。

表 4 - 287　崇明区综合为老服务中心消防设施配置情况

	灭火器、消防栓	消防喷淋系统	自动火灾报警	其他
无	0	5	2	1
有	16	10	14	1
缺失	2	3	2	16

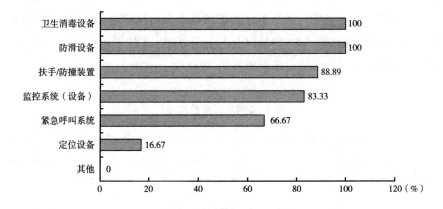

图 4 - 310　崇明区综合为老服务中心安全设备配置情况

表 4 - 288　崇明区综合为老服务中心智慧养老设施配置情况

	互联网络	物联网设施	智能检测系统设备	远程医疗设备
没有配置	10	15	15	15
配置	6	1	1	1
缺失	2	2	2	2

从被调查综合为老服务中心设置的床位数量来看，平均每家机构设置 14.77 张床，平均每家机构设置 7.35 张护理床位，如表 4 - 289。在被调查的机构中，14 家机构均设置医务室/卫生室和社区卫生服务中心延伸医务室/站。有 3 家机构设立护理站，平均每家机构设置的护理站面积平均

值为 53.00 平方米。在内设护理站机构中，3 家机构设有诊室和处置室，2 家设有治疗室。

表 4 – 289　崇明区综合为老服务中心设置床位数

	总床位数	护理床位数
平均	14.77	7.35
标准差	14.01	13.61
观测数	18	18

（二）崇明区综合为老服务中心人员配置情况

（1）护理员

在被调查机构中，8 家机构报告配备了 20 名护理员，平均每家机构配备了 2.50 名护理员，其中，来自本地的护理员 5 名。从护理员的年龄构成看，41～50 岁占比 35.00%，51 岁及以上占比 55.00%（如表 4 – 290）。从护理员的学历结构看，初中及以下学历占比 75.00%，其他如表 4 – 291 所示。

表 4 – 290　员年龄构成

单位：%

	21～30 岁	31～40 岁	41～50 岁	51 岁及以上
占比	0	10.00	35.00	55.00

表 4 – 291　护理员学历构成

单位：%

	初中及以下	高中/中职	大专/高职	本科及以上
占比	75.00	25.00	0	0

（2）医生和护士

被调查机构中，有 11 家机构报告配备了 11 名医生，主治医师及以下职称 10 人，副主任医师 1 人，专科学历 9 人，本科学历 2 人。在护士人员配置上，有 4 家机构报告配备了 4 名护士，护士年龄构成，41～50 岁的 3 名，51 岁及以上 1 名。护士学历构成，高中/中职学历 1 名，大专/高职学历 3 名。

（3）其他技术人员

在被调查机构中，2 家机构报告配备了 2 名康复师。从康复师的年龄看，41～50 岁 1 名，51 岁及以上 1 名。从康复师的学历看，高中/中职学历 1 名，大专/高职学历 1 名。

没有机构报告配备营养师情况。

（4）管理人员及其他

在管理人员配置上，18 家被调查机构报告人数配置情况，共计有 38 名管理人员，平均每家机构配备 2.11 名管理人员。从管理人员的学历结构看，初中及以下学历 4 人，高中/中职学历 25 人，大专/高职学历 9 人。从年龄结构看，31～40 岁 3 人，41～50 岁 20 人，51 岁及以上 15 人。

被调查机构中，平均每家机构员工数为 7.44 人。近一年内，员工离职人数共计为 0 人。截至调查时间点，在服务志愿者及义工人数情况，如表 4－292 所示。在设置护理站的 3 家机构内，配置了 1 名执业注册护士，1 名康复治疗师，1 名社区护士，1 名其他护理人员。在被调查机构中，有 12 家机构配备了养老顾问，养老顾问主要来自本机构、社区综合服务中心及志愿者，服务时间主要集中在工作日正常上班时间。

表 4－292　崇明区综合为老服务中心员工及志愿者/义工人数

	员工总人数	最近一年内离职人数	目前在服务志愿者人数	目前在服务义工人数
平均	7.44	0	5.93	2.25
标准差	7.42	0	9.69	3.91
观测数	18	11	14	12

（三）崇明区综合为老服务中心管理制度情况

从管理制度设置看，崇明区综合为老服务中心内各项管理制度设置较为全面，如图 4－311 所示。在老年人服务档案中，基本信息、综合为老服务中心服务申请、老年人每日出入登记是记录比例最高的三类信息，如图 4－312 所示。

（四）崇明区综合为老服务中心服务水平情况

崇明区综合为老服务中心，在被调查时过去的一周内，平均每家机构每天服务老人数为 13.82 人，其中，半失能老人数为 1.67 人，全失能老人数为 0.36 人。从开业运营时间看，截至调查时间，平均运营时长为 16

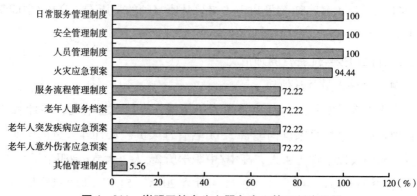

图 4 - 311　崇明区综合为老服务中心管理制度设置

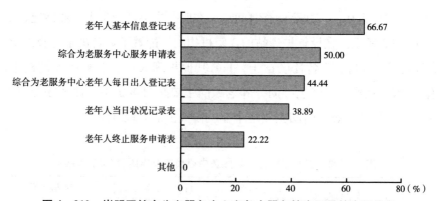

图 4 - 312　崇明区综合为老服务中心老年人服务档案记录的主要信息

个月，如表 4 - 293 人。从被服务老人住家与综合为老服务中心地理距离看，最远距离平均值为 14.53 公里。

表 4 - 293　崇明区综合为老服务中心服务人数

	每天服务老人数			自机构运营以来运营时长（月）
	总人数	半失能老人数	全失能老人数	
平均	13.82	1.67	0.36	16
标准差	15.75	5.18	1.34	4.03
观测数	17	15	14	16

崇明区综合为老服务中心提供的各类生活照料服务中，最多的是助餐，94.44% 的机构均提供助餐服务；其次是理发，有 55.56% 的被调查机构提供此项服务，如图 4 - 313 所示。

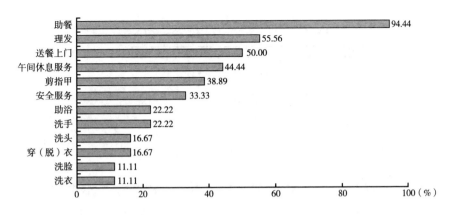

图 4 – 313　崇明区综合为老服务中心提供的生活照料服务

综合为老服务中心提供的各类护理服务中，最多的是术后康复训练和提示或协助服药，有 16.67% 的被调查机构提供此类服务。此外，还有一些机构提供术后康复护理、认知症照护等服务，各类护理服务提供的情况如图 4 – 314 所示。在 3 家设立护理站的机构中，主要提供基础护理服务。

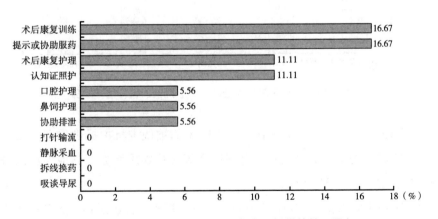

图 4 – 314　崇明区综合为老服务中心提供的护理服务

在提供的医疗服务中，38.89% 的被调查机构提供建立健康档案餐服务，33.33% 的机构提供用药指导，其余各类服务如图 4 – 315 所示。

在提供的精神慰藉服务中，60.00% 以上的被调查机构提供陪聊（言语沟通）、情绪疏导服务，心理健康咨询和心理健康教育也是提供较多的精神慰藉服务，如图 4 – 316 所示。

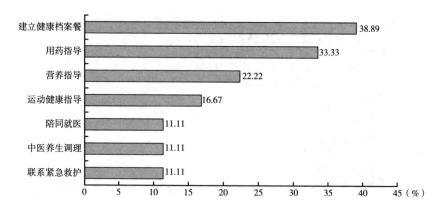

图4-315　崇明区综合为老服务中心提供的医疗服务情况

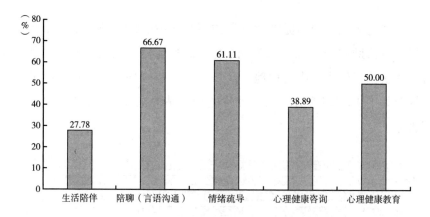

图4-316　崇明区综合为老服务中心提供的精神慰藉服务

在提供的文化娱乐服务中，超过90％的被调查机构提供看书看报服务，72.22％的机构提供棋牌、电视影视等文化娱乐服务，其他各类服务提供情况如图4-317所示。

在被调查的综合为老服务中心中，有1家机构提供照料者服务技术指导，有1家机构提供养老辅具租赁服务，有1家机构提供喘息服务，还有6家机构为老人提供上门服务。在6家为老人提供上门服务的机构中，都提供助餐助浴，66.67％的提供护理服务，66.67％的提供医疗服务。

在被调查机构中，有4家机构实现了"一网覆盖"信息管理，建成了本区域统一网络门户和数据库；有9家机构设有"一站式"办事窗口；6家机构实施老人统一需求评估与审核；8家机构实现综合体公共服务平

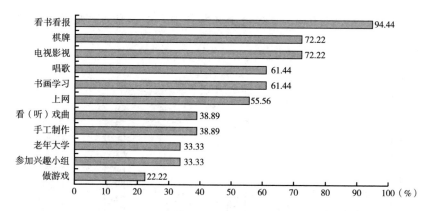

图 4 - 317　崇明区综合为老服务中心提供的文化娱乐服务

台的枢纽作用；8 家机构能够整合各种综合为老服务资源，实现"一体化资源统筹"。此外，3 家机构有承接本机构服务项目的社会组织，最主要的是委托运营管理。1 家机构报告有特色服务项目。

（五）崇明区综合为老服务中心其他情况

被调查综合为老服务中心有 9 家机构提供了政府财政补贴情况。平均而言，每家机构获得政府补贴 36.50 万元，共计获得 329.00 万元补贴。开办费补贴总额为 233.00 万元。补贴内容在购买服务和水电煤两方面。仅有 6 家机构提了经营收入数据，8 家机构提供了成本开支数据，统计结果如表 4 - 294 所示。

表 4 - 294　崇明区综合为老服务中心接收政府财政补贴统计

单位：万元

	政府财政补贴			自开业以来获得经营收入	自开业以来支付各类成本费用
	补贴总额	包含开办补贴	包含年度补贴		
平均	36.50	33.21	0	1.88	5.50
标准差	52.53	59.98	0	4.61	8.85
求和	329.00	233.00	0	11.00	44.00
观测数	9	7	5	6	8

在被调查综合为老服务中心中，14 家机构汇报了长期经营能否赢利的问题，14 家机构均认为不能够赢利。从影响综合为老服务中心入住率的因素看，地理位置是最为重要的因素，其次是交通便捷程度，如图 4 -

318 所示。在被调查的 18 家综合为老服务中心中，有 4 家机构是连锁经营机构。

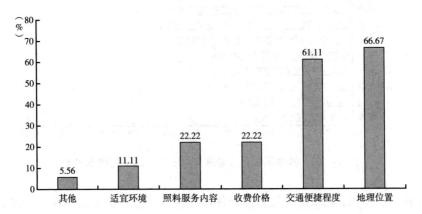

图 4-318　影响崇明区综合为老服务中心入住率的主要因素

（施毓凤　吴　萍）

第五章　上海市中心城区社区养老评价分析

根据《上海市城市总体规划（2017—2035）》《上海市城乡规划条例》及百度百科等对上海市中心城区的划分，将上海市外环线以内的区域界定为中心城区。据此，本次调研获得的 698 个有效样本中有 330 个样本位于中心城区，其中日间照料中心 180 家、长者照护之家和综合为老服务中心各 75 家，主要分布在黄浦区、虹口区、静安区、杨浦区、普陀区、徐汇区、长宁区、浦东新区、闵行区、宝山区、嘉定区。

第一节　上海市中心城区日间照料中心评价分析

一　日间照料中心评价体系

（一）上海市中心城区日间照料中心评价指标体系

日间照料中心评价指标体系共分成三个层次，由 4 项一级指标、27 项二级指标和 139 项三级指标构成，其中一级指标包括管理制度、硬件设施、人员配备和服务水平。

（1）管理制度指标

管理制度指标体现了日间照料中心的管理水平，包括基本管理制度和信息档案制度两项二级指标，下面又细分为日常服务管理制度、安全管理制度、人员管理制度、火灾应急预案、老年人服务档案、服务流程管理制度、老年人突发疾病应急预案、老年人突发意外应急预案和其它管理制度以及老年人基本信息登记表、日间照料中心服务申请表、日间照料中心老年人每日出入登记表、老年人当日状况记录表、老年人终止服务申请表、为未入住机构的社区老年人提供上门照料、其他申请为老服务和其他专业化特色服务这17项三级指标。

（2）硬件设施指标

硬件设施是服务质量的基本保障，该指标包括基本服务区域、生活辅助用房配置、医疗保健用房配置、公共活动用房配置、服务设备配置、消防设施配置、安全设施配置、智慧养老设施配置和其它9项二级指标，下面又细分为生活服务区域、保健服务区域、公共活动区域、服务保障区域、公共卫生间、餐厅、公用浴室、厨房操作间、污物处理间、医务室/卫生室、心理疏导室、中医保健室、康复训练室、阅览室、棋牌室、电影/电视室、健身室、网络室、音乐室、多功能厅、阳光厅、手工制作室、宗教文化室等52项三级指标。

（3）人员配备指标

人员配备情况直接关系到日间照料中心的服务能力、服务水平，包括护理员配置、医生配置、护士配置、康复师配置、营养师配置和管理人员配置6项二级指标，下面又细分为护理员人数、护理员年龄结构、护理员学历、医生人数、医生职称、医生学历、护士人数、护士年龄结构、护士学历、康复师人数、康复师年龄结构等18项三级指标。

（4）服务水平指标

服务水平指标量化了日间照料中心提供的各类服务项目，包括入住情况、服务情况、基本服务、护理站服务、文化娱乐服务、生活照料服务、饮食服务、健康教育咨询服务、心理慰藉服务、保健康复服务10项二级指标，下面又细分为失能老人入住比例、就餐服务、午间休息服务、协助如厕服务、基础护理服务、专科护理、临终护理、消毒隔离技术指导、营养指导、社区康复指导、健康宣教、其他护理服务、读书阅读、绘画、书法等49项三级指标。

表 5－1　日间照料中心评价指标体系

一级指标	二级指标	三级指标
管理制度	基本管理制度	日常服务管理制度
		安全管理制度
		人员管理制度
		火灾应急预案
		老年人服务档案
		服务流程管理制度
		老年人突发疾病应急预案
		老年人突发意外应急预案
		其它管理制度
	信息档案制度	老年人基本信息登记表
		日间照料中心服务申请表
		日间照料中心老年人每日出入登记表
		老年人当日状况记录表
		老年人终止服务申请表
		其它:为未入住机构的社区老年人提供上门照料、护理服务
		其它:其它申请为老服务,如家庭护老者培训等
		其它:其它专业化特色服务
硬件设施	基本服务区域	生活服务区域
		保健服务区域
		公共活动区域
		服务保障区域
	生活辅助用房配置	公共卫生间
		餐厅
		公用浴室
		厨房操作间
		污物处理间
	医疗保健用房配置	医务室/卫生室
		心理疏导室
		中医保健室
		康复训练室
	公共活动用房配置	阅览室
		棋牌室
		电影/电视室
		书画室
		网络室
		健身室
		音乐室
		多功能厅
		阳光厅
		宗教文化室
		手工制作室
		共享区域
		其它

续表

一级指标	二级指标	三级指标
硬件设施	服务设备配置	多功能护理床
		防压疮垫
		多功能轮椅
		升降移位车
		健身器材
		康复训练器具
		其它配置
	消防设施配置	灭火器、消防栓
		消防喷淋系统
		自动火灾报警
		其它
	安全设施配置	扶手/防撞装置
		卫生消毒设备
		防滑设施
		紧急呼叫系统
		监控系统（设备）
		定位设备
		应急电源设备
		其它
	智能养老设施配置(有,无)	互联网络
		智能检测系统设备
		物联网设施
		远程医疗设备
	其它	外观建筑是否色调处理
		外观是否有醒目标识
		是否有独立出入口
人员配备	护理员配置	护理员人数
		护理员年龄结构
		护理员学历
	医生配置	医生人数
		医生职称
		医生学历
	护士配置	护士人数
		护士年龄结构
		护士学历

续表

一级指标	二级指标	三级指标
人员配备	康复师配置	康复师人数
		康复师年龄结构
		康复师学历
	营养师配置	营养师人数
		营养师学历
		营养师年龄
	管理人员配置	管理人员人数
		管理人员学历
		管理人员年龄结构
服务水平	入住情况	失能老人入住比例
		日均服务人数
	服务情况	总服务人数
		失能老人服务人数
	基本服务	就餐服务
		午间休息服务
		协助如厕服务
	护理站服务(有,无)	基础护理服务
		专科护理
		临终护理
		消毒隔离技术指导
		营养指导
		社区康复指导
		健康宣教
		其他护理服务
	文化娱乐服务	读书阅读
		绘画
		书法
		上网
		棋牌
		健身
		游戏
		手工制作
		其他服务
	生活照料服务	助浴
		理发
		衣物洗涤
		提示或协助服务
		测血压
		量体温
		其他服务

续表

一级指标	二级指标	三级指标
服务水平	饮食服务	送餐上门
		上门做饭
	健康教育咨询服务	老年营养指导
		保健养生
		常见疾病预防
		康复训练
		法律服务
		安全教育
		其它
	心理慰藉服务	沟通
		情绪疏导
		心理咨询
		心理危机干预
		其它服务
	保健康复服务	按摩
		肌肉训练
		中医传统保健
		其他服务

（二）日间照料中心评价指标权重

评价指标权重由专家打分确定，专家根据各个指标的重要程度对指标进行背靠背打分，对日间照料中心指标体系中一级、二级和三级指标进行赋权打分，共计三轮，最后取平均值，该评价指标体系的权重结果如表5-2所示。

表5-2 日间照料中心评价指标权重

	指标内容	权重
一级指标	管理制度指标	0.200
	硬件设施指标	0.200
	人员配备指标	0.350
	服务水平指标	0.250
	总计	1

各个一级指标的具体权重如下所示：

（1）管理制度指标

日间照料中心评价体系中管理制度评价指标的权重为 0.200，其具体权重如 5-3 所示。

表5-3　日间照料中心管理制度评价指标权重

一级指标	权重	二级指标	权重	三级指标	权重
管理制度	0.200	基本管理制度	0.400	日常服务管理制度	0.100
				安全管理制度	0.100
				人员管理制度	0.100
				火灾应急预案	0.050
				老年人服务档案	0.150
				服务流程管理制度	0.150
				老年人突发疾病应急预案	0.150
				老年人突发意外应急预案	0.150
				其它管理制度	0.050
		信息档案制度	0.600	老年人基本信息登记表	0.150
				日间照料中心服务申请表	0.050
				日间照料中心老年人每日出入登记表	0.100
				老年人当日状况记录表	0.250
				老年人终止服务申请表	0.050
				其它:为未入住机构的社区老年人提供上门照料、护理服务	0.200
				其它:其它申请为老服务,如家庭护老者培训等	0.100
				其它:其它专业化特色服务	0.100

（2）硬件设施指标

日间照料中心评价体系中硬件设施评价指标的权重为 0.200，其具体权重如表5-4 所示。

表5-4　日间照料中心硬件设施评价指标权重

一级指标	权重	二级指标	权重	三级指标	权重
硬件设施	0.200	基本服务区域	0.100	生活服务区域	0.250
				保健服务区域	0.300
				公共活动区域	0.300
				服务保障区域	0.150

续表

一级指标	权重	二级指标	权重	三级指标	权重
硬件设施	0.200	生活辅助用房配置	0.100	公共卫生间	0.200
				餐厅	0.200
				公用浴室	0.200
				厨房操作间	0.200
				污物处理间	0.200
		医疗保健用房配置	0.200	医务室/卫生室	0.250
				心理疏导室	0.250
				中医保健室	0.300
				康复训练室	0.200
		公共活动用房配置	0.150	阅览室	0.100
				棋牌室	0.100
				电影/电视室	0.100
				书画室	0.100
				网络室	0.050
				健身室	0.100
				音乐室	0.050
				多功能厅	0.100
				阳光厅	0.050
				宗教文化室	0.050
				手工制作室	0.100
				共享区域	0.050
				其它	0.050
		服务设备配置	0.200	多功能护理床	0.150
				防压疮垫	0.100
				多功能轮椅	0.150
				升降移位车	0.150
				健身器材	0.200
				康复训练器具	0.200
				其它配置	0.050
		消防设施配置	0.100	灭火器、消防栓	0.300
				消防喷淋系统	0.250
				自动火灾报警	0.250
				其它	0.200
		安全设施配置	0.100	扶手/防撞装置	0.200
				卫生消毒设备	0.100
				防滑设施	0.200
				紧急呼叫系统	0.150
				监控系统(设备)	0.200
				定位设备	0.050
				应急电源设备	0.050
				其它	0.050

续表

一级指标	权重	二级指标	权重	三级指标	权重
硬件设施	0.200	智能养老设施配置	0.025	互联网络	0.300
				智能检测系统设备	0.300
				物联网设施	0.200
				远程医疗设备	0.200
		其它	0.025	外观建筑是否色调处理	0.350
				外观是否有醒目标识	0.350
				是否有独立出入口	0.300

（3）人员配备指标

日间照料中心评价体系中人员配置评价指标的权重为 0.350，其具体权重如表 5-5 所示。

表 5-5 日间照料中心人员配备评价指标权重

一级指标	权重	二级指标	权重	三级指标	权重
人员配备	0.350	护理员配置	0.250	护理员人数	0.500
				护理员年龄结构	0.350
				护理员学历	0.150
		医生配置	0.200	医务人数	0.400
				医生职称	0.300
				医生学历	0.300
		护士配置	0.250	护士人数	0.500
				护士年龄结构	0.250
				护士学历	0.250
		康复师配置	0.100	康复师人数	0.500
				康复师年龄结构	0.250
				康复师学历	0.250
		营养师配置	0.100	营养师人数	0.500
				营养师学历	0.250
				营养师年龄	0.250
		管理人员配置	0.100	管理人员人数	0.300
				管理人员学历	0.500
				管理人员年龄结构	0.200

（4）服务水平指标

日间照料中心评价体系中服务水平评价指标的权重为 0.250，其具体权重如表 5-6 所示。

表 5－6 日间照料中心服务水平评价指标权重

一级指标	权重	二级指标	权重	三级指标	权重
服务水平	0.250	入住情况	0.050	失能老人入住比例	0.300
				日均服务人数	0.700
		服务情况	0.050	总服务人数	0.500
				失能老人服务人数	0.500
		基本服务	0.100	就餐服务	0.400
				午间休息服务	0.400
				协助如厕服务	0.200
		护理站服务	0.100	基础护理服务	0.250
				专科护理	0.150
				临终护理	0.100
				消毒隔离技术指导	0.150
				营养指导	0.100
				社区康复指导	0.100
				健康宣教	0.100
				其他护理服务	0.050
		文化娱乐服务	0.100	读书阅读	0.100
				绘画	0.100
				书法	0.100
				上网	0.100
				棋牌	0.100
				健身	0.200
				游戏	0.100
				手工制作	0.100
				其他服务	0.100
		生活照料服务	0.150	助浴	0.200
				理发	0.100
				衣物洗涤	0.200
				提示或协助服务	0.200
				测血压	0.100
				量体温	0.100
				其他服务	0.100
		饮食服务	0.100	送餐上门	0.600
				上门做饭	0.400

续表

一级指标	权重	二级指标	权重	三级指标	权重
服务水平	0.250	健康教育咨询服务	0.150	老年营养指导	0.200
				保健养生	0.100
				常见疾病预防	0.300
				康复训练	0.200
				法律服务	0.100
				安全教育	0.050
				其它	0.050
		心理慰藉服务	0.100	沟通	0.250
				情绪疏导	0.250
				心理咨询	0.150
				心理危机干预	0.250
				其它服务	0.100
		保健康复服务	0.100	按摩	0.200
				肌肉训练	0.200
				中医传统保健	0.400
				其他服务	0.200

二 上海市中心城区日间照料中心排名及分析

（一）上海市中心城区日间照料中心综合排名及分析

上海市中心城区城日间照料中心 100 强综合得分及排名如表 5 - 7 所示。

表 5 - 7 上海市中心城区城日间照料中心 100 强综合得分及排名

排名	机构名称	属地	总得分
1	闵行区古美路街道平吉二村老人日间服务中心	闵行区	88.216
2	黄浦区五里桥街道老年人日间照护中心	黄浦区	82.716
3	上海爱照护日间照护中心	普陀区	80.323
4	市长宁区江苏路街道社区日间照护服务中心	长宁区	80.285
5	黄浦区小东门街道温馨老年日间服务中心	黄浦区	80.076
6	长宁区天山老年人日间服务中心	长宁区	78.819
7	杨浦区社会福利院老年人日间服务中心	杨浦区	78.678
8	爱志旺(上海)健康管理有限公司	徐汇区	77.265

续表

排名	机构名称	属地	总得分
9	长风隆德日间照护服务中心	普陀区	75.651
10	长宁区北新泾街道日间照护中心	长宁区	72.173
11	顺昌日托所	黄浦区	71.046
12	长宁区新华社区老年人日间服务中心	长宁区	70.640
13	延吉街道第三老年人日间服务中心	杨浦区	69.405
14	徐汇区虹梅社区老年人日间服务中心	徐汇区	69.184
15	全程久久健康	普陀区	68.729
16	定海路社区（顺平）老年人日间服务中心	杨浦区	67.925
17	长宁区周家桥街道老年日间照护中心	长宁区	67.917
18	徐家汇街道龙吴路老年人日间照护中心	徐汇区	67.660
19	小东门道康家弄日间照护中心	黄浦区	67.629
20	浦东新区张江老年人日间服务中心	浦东新区	67.227
21	斜土社区长寿家园康馨苑老年人日间服务中心	徐汇区	67.226
22	福寿康曲阳路街道长者日间照护机构	虹口区	67.162
23	普陀区长寿社区安远日间服务家园	普陀区	66.680
24	黄浦区豫园街道日间照料服务中心	黄浦区	66.277
25	浦东新区金杨社区老年人日间服务中心	浦东新区	65.598
26	惠泽社区事务服务中心	普陀区	64.727
27	万里社区老年人日间照护中心	普陀区	64.439
28	延吉新村社区第一老年人日间服务中心	杨浦区	64.389
29	五角场社区（国定）日间照护中心	杨浦区	64.097
30	新江湾城社区第二老年人日间服务中心	杨浦区	63.655
31	殷行街道日间照护服务中心	杨浦区	63.564
32	浦东新区南码头社区老年人日间照护中心	浦东新区	63.444
33	张江青铜老年人日间服务中心	浦东新区	63.325
34	闵行区七宝社区华爱长者照护之家	闵行区	62.288
35	浦东新区沪东社区朱家门老年人日间服务中心	浦东新区	61.980
36	嘉兴路街道日娜照护中心三站	虹口区	61.631
37	永胜老年人日间照护中心	黄浦区	61.278
38	高桥潼港一村老年人日间照护中心	浦东新区	61.177
39	静安区石门社区老年人日间照护中心	静安区	61.159
40	闵行区七宝社区日间照护中心	闵行区	60.873
41	浦东新区王港老年人日间照护中心	浦东新区	60.796
42	浦东新区潍坊源竹老年日间服务中心	浦东新区	60.644
43	西镇老年人日间照护中心	浦东新区	60.416
44	徐汇区天平社区嘉善路老年人日间服务中心	徐汇区	60.290

续表

排名	机构名称	属地	总得分
45	高桥潼港老年人日间服务中心	浦东新区	60.154
46	虹桥街道社区日间照护中心	长宁区	59.694
47	浦东新区潍坊三村老年人日间服务中心	浦东新区	59.610
48	虹桥镇老年人日间服务中心	闵行区	59.496
49	杨浦区平凉路街道社区综合为老服务中心	杨浦区	59.247
50	老西门街道老年人日间照护中心	黄浦区	58.898
51	周家渡街道老年人日间照护中心	浦东新区	58.502
52	浦东新区潍坊十村老年人日间服务中心	浦东新区	58.380
53	未来街区老年人日间服务中心	普陀区	58.181
54	浦东新区潍坊二村老年人日间服务中心	浦东新区	58.043
55	芷江西路日间照护中心	静安区	58.006
56	高桥学前街老年人日间服务中心	浦东新区	57.984
57	杨浦区殷行街道老年人日间服务中心	杨浦区	57.775
58	徐汇区虹梅街道古美社区老年人日间服务中心	徐汇区	57.358
59	徐汇区龙华区怡乐家园老人日间照护中心	徐汇区	57.143
60	浦东新区唐镇老年人日间照护中心	浦东新区	57.120
61	浦东新区三林爱博老年人日间服务中心	浦东新区	57.010
62	长宁区程家桥街道日间照护服务中心日间照护	长宁区	56.876
63	五角场社区老年人日间服务中心	杨浦区	56.656
64	徐汇区徐家汇街道南丹老年日间照护中心	徐汇区	56.416
65	浦东新区潍坊馨丰社区服务社	浦东新区	56.322
66	徐家汇街道老年人日间服务中心	徐汇区	56.200
67	徐汇区龙华社区怡乐家园老人日间照料中心	徐汇区	56.200
68	浦东新区南码头社区沂南老年人日间照护中心	浦东新区	55.864
69	半淞园社区老年人日间照料中心	黄浦区	55.540
70	浦东新区塘桥社区老年人日间服务中心	浦东新区	55.527
71	浦东新区高东杨园社区老年人日间服务中心	浦东新区	55.489
72	金桥社区日间照护中心	浦东新区	55.396
73	浦东新区花木东城老年人日间照护中心	浦东新区	55.386
74	浦东新区洋泾街道星海老年人日间服务中心	浦东新区	55.067
75	徐汇田林社区乐龄老年人日间服务中心	徐汇区	55.033
76	杨浦区四平路街道老年人日间服务中心	杨浦区	54.489
77	长宁区康逸敬老院老年人日间照料中心	长宁区	54.340
78	浦东新区金桥镇申江老年人日间照护中心	浦东新区	54.249
79	浦东新区东沟社区老年人日间服务中心	浦东新区	54.136
80	洋泾街道巨野老年人日间照护中心	浦东新区	53.104

排名	机构名称	属地	总得分
81	杨浦区控江四村老年人日间服务中心	杨浦区	53.017
82	虹口区四川北路街道虹叶老年日间服务站	虹口区	52.871
83	黄浦区瑞金二路街道锦江日间照料站	黄浦区	52.656
84	浦东新区潍坊馨半社区服务社	浦东新区	52.327
85	浦东新区东明社区老年人日间服务中心	浦东新区	52.077
86	德州老年人日间服务中心	浦东新区	52.031
87	四平街道日间照护服务中心	杨浦区	52.029
88	静安区彭浦镇场中路2600弄老年人日间服务中心	静安区	51.992
89	浦东新区东明社区新月老年人日间服务中心	浦东新区	51.727
90	虹口区凉城新村街道第一市民驿站老年日间照料中心	虹口区	51.717
91	上南乐居日间服务中心	浦东新区	51.693
92	北蔡社区陈桥老年人日间照护中心	浦东新区	51.165
93	甘泉片区老年人日间服务中心	普陀区	51.152
94	浦东新区上钢老年人日间服务中心	浦东新区	51.068
95	南京东路街道龙泉老人日托所	黄浦区	50.939
96	徐汇区康健社区寿昌坊老年人日间照护中心	徐汇区	50.557
97	宜川社区老年人日间服务中心	普陀区	50.488
98	浦东新区东明社区凌兆老年人日间服务中心	浦东新区	50.165
99	天目西路街道长安路老年人日间服务中心	静安区	49.836
100	平凉社区老年人日间照料中心	杨浦区	49.836
平均得分	—	—	60.729

由表5-7可以看出，上海市中心城区日间照料中心100强的平均得分为60.729分，其中有41家日间照料中心的得分达到平均分，剩余的59家均低于平均分。其中，排名前三的日照料中心分别为闵行区古美路街道平吉二村老人日间服务中心、黄浦区五里桥街道老年人日间照护中心和上海爱照护日间照护中心，得分分别为88.216、82.716和80.323，排名靠后的三家机构分别是平凉社区老年人日间照料中心、天目西路街道长安路老年人日间服务中心和浦东新区东明社区凌兆老年人日间服务中心，得分分为49.836，49.836和50.165，总的来说，各养老机构的得分呈现出逐渐下降的趋势，从得分层次来看，80分以上的机构有5家，70分以上的机构有12家，高分机构较少，低分机构较多。

为了了解上海市中心城区日间照料机构各项一级指标的具体得分情

况，有必要对其进行深入的研究。对上海市日间照料机构的各项一级指标进行标准化，再计算出其各项一级指标的平均得分，画出如图 5 - 1 进行分析。

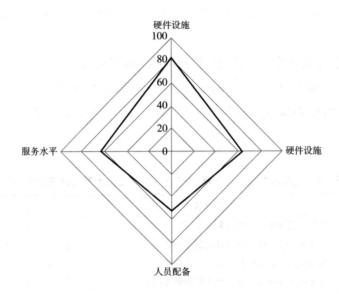

图 5 - 1　上海市中心城区日间照料中心 100 强各项一级指标均值

由图 5 - 1 可以看出，上海市中心城区日间照料中心各项一级指标中，其中得分最高的是管理制度指标，平均得分为 82.160，其次是硬件设施指标，平均得分为 65.089，第三名是服务水平指标，平均得分为 62.255，最低的是人员配备指标，平均得分为 52.769。而这四项一级指标的权重分别为：管理制度指标 0.200、硬件设施指标 0.200、人员配备指标 0.350、服务水平指标 0.250。其中，人员配备指标和服务水平指标的权重较大，因而使得上海市中心城区日间照料中心的总平均得分低于管理制度指标的平均得分，且和人员配备指标相近。而较高权重的人员配备指标得分较低，在一定程度上拉低了总平均得分。

以上结果表明上海市日间照料机构人员配备不足，还有较大的提升空间。从总体得分来说，没有一家日间照料中心得分超过 90 分，同时中心城区日间照料中心的平均得分仅为 60.715 分，100 强日间照料机构中有 59 家机构得分低于平均得分，说明各个机构在整体上发展不足。从各个指标得分来看，各个机构的管理制度发展较好，具有较高的水平，而人员配备和服务水平指标得分较低，说明目前各机构缺少相关的专业服务人员，同时缺少专业的服务训练。基于以上分析，未来各日间照护机构需要多从老人服务角度以及机构设施入手，增加相关专业人员，提高服务质量。

（二）上海市中心城区日间照料中心 100 强单项排名

（1）上海市中心城区日间照料中心 100 强管理制度单项排名与分析

上海市中心城区日间照料中心 100 强管理制度单项结果如表 5 - 8 所示。

表 5 - 8　上海市中心城区日间照料中心 100 强管理制度单项排名及得分

排名	机构名称	属地	得分
1	甘泉片区老年人日间服务中心	普陀区	98.21
2	长宁区江苏路街道颐家日间服务中心	长宁区	85.15
3	福寿康曲阳路街道长者日间照护机构	虹口区	85.10
4	长宁区江苏路街道社区日间照护服务中心	长宁区	83.98
5	徐汇区康健社区寿昌坊老年人日间照护中心	徐汇区	83.96
6	周家渡街道老年人日间照护中心	浦东新区	83.95
7	徐汇区虹梅社区老年人日间服务中心	徐汇区	83.93
8	浦东新区南码头社区六里老年人日间照护中心	浦东新区	83.91
9	张江青铜老年人日间服务中心	浦东新区	83.88
10	北蔡社区陈桥老年人日间照护中心	浦东新区	83.85
11	高桥潼港老年人日间服务中心	浦东新区	83.83
12	高桥潼港一村老年人日间照护中心	浦东新区	83.82
13	普陀区长寿社区安远日间服务家园	普陀区	83.80
14	万里社区老年人日间照护中心	普陀区	83.78
15	高桥学前街老年人日间服务中心	浦东新区	83.75
16	浦东新区东沟社区老年人日间服务中心	浦东新区	83.74
17	长风隆德日间照护服务中心	普陀区	83.72
18	普陀区长风新村街道综合为老服务中心	普陀区	83.70
19	浦东新区唐镇老年人日间照护中心	浦东新区	83.68
20	浦东新区王港老年人日间照护中心	浦东新区	83.65
21	浦东新区花木东城老年人日间照护中心	浦东新区	83.64
22	长宁区周家桥街道老年日间照护中心	长宁区	83.62
23	长宁区程家桥街道日间照护服务中心日间照护	长宁区	83.60
24	长宁新华社区西法华老年人日间服务中心	长宁区	83.58

排名	机构名称	属地	得分
25	上海爱照护日间照护中心	普陀区	83.57
26	闵行区古美路街道平吉二村老人日间服务中心	闵行区	83.55
27	徐汇区天平社区嘉善路老年人日间服务中心	徐汇区	83.53
28	浦东新区潍坊二村老年人日间服务中心	浦东新区	83.51
29	静安区彭浦镇场中路2600弄老年人日间服务中心	静安区	83.50
30	浦东新区潍坊源竹老年日间服务中心	浦东新区	83.48
31	浦东新区潍坊三村老人人日间服务中心	浦东新区	83.46
32	金桥社区日间照护中心	浦东新区	83.45
33	静安区共和新社区老年人日间服务中心	静安区	83.44
34	天目西路街道长安路老年人日间服务中心	静安区	83.41
35	杨浦区控江四村老年人日间服务中心	杨浦区	83.37
36	杨浦区平凉路街道社区综合为老服务中心	杨浦区	83.36
37	芷江西路日间照护中心	静安区	83.35
38	新江湾城社区第二老年人日间服务中心	杨浦区	83.33
39	延吉街道第三老年人日间服务中心	杨浦区	83.31
40	四平街道日间照护服务中心	杨浦区	83.30
41	静安区石门社区老年人日间照护中心	静安区	83.29
42	徐汇区龙华社区怡乐家园老人日间照料中心	徐汇区	83.27
43	徐汇区长桥罗秀老年人日间服务中心	徐汇区	83.26
44	长宁区天山老年人日间服务中心	长宁区	83.24
45	浦东新区金桥镇申江老年人日间照护中心	浦东新区	83.22
46	曹家渡街道恒裕老年人日间照护中心	静安区	83.21
47	虹口区凉城新村街道第一市民驿站老年日间照料中心	虹口区	83.19
48	嘉兴路街道日娜照护中心三站	虹口区	83.18
49	曲阳社区乐龄日间照料中心	虹口区	83.16
50	浦东新区金杨社区老年人日间服务中心	浦东新区	83.15
51	徐汇区虹梅街道古美社区老年人日间服务中心	徐汇区	83.13
52	永胜老年人日间照护中心	黄浦区	83.11
53	外滩街道日间照护中心	黄浦区	83.10
54	黄浦区五里桥街道老年人日间照护中心	黄浦区	83.09
55	顺昌日托所	黄浦区	83.07
56	延吉新村社区第一老年人日间服务中心	杨浦区	83.06
57	老西门街道老年人日间照护中心	黄浦区	83.04
58	五角场社区老年人日间服务中心	杨浦区	83.02
59	平凉社区老年人日间照料中心	杨浦区	83.00
60	定海路社区(顺平)老年人日间服务中心	杨浦区	82.98
61	杨浦区大桥社区老年人日间服务中心	杨浦区	82.96
62	徐家汇街道老年人日间服务中心	徐汇区	82.93

排名	机构名称	属地	得分
63	徐家汇街道南丹老年日间照护中心	徐汇区	82.91
64	宜川社区老年人日间服务中心	普陀区	82.89
65	徐汇田林社区乐馨老年日间照护中心	徐汇区	82.87
66	徐汇田林社区乐龄老年人日间服务中心	徐汇区	82.85
67	真如真西一居老年人日间服务中心	普陀区	82.83
68	惠泽社区事务服务中心	普陀区	82.81
69	上南乐居日间服务中心	浦东新区	81.56
70	黄浦区小东门街道温馨老年日间服务中心	黄浦区	81.50
71	未来街道老年人日间服务中心	普陀区	79.95
72	爱志旺(上海)健康管理有限公司	徐汇区	79.90
73	浦东新区沪东社区朱家门老年人日间服务中心	浦东新区	79.86
74	浦东新区三林爱博老年人日间服务中心	浦东新区	79.81
75	浦东新区南码头社区沂南老年人日间照护中心	浦东新区	79.77
76	浦东新区东明社区新月老年人日间服务中心	浦东新区	79.73
77	浦东新区东明社区老年人日间服务中心	浦东新区	79.68
78	浦东新区南码头社区老年人日间照护中心	浦东新区	79.65
79	浦东新区东明社区凌兆老年人日间服务中心	浦东新区	79.62
80	虹桥街道社区日间照护服务中心(日间照护)	长宁区	79.60
81	长宁区新华社区老年人日间服务中心	长宁区	79.58
82	浦东新区花木牡丹老年日间服务中心	浦东新区	79.55
83	浦东新区洋泾街道星海老年人日间服务中心	浦东新区	79.52
84	平凉第二老年人日间服务中心	杨浦区	79.49
85	闵行区七宝社区华爱日间照护	闵行区	79.47
86	闵行区古美路街道平吉一村老年日托站	闵行区	79.44
87	黄浦区瑞金二路街道日间照护服务中心老年日间照料站	黄浦区	79.41
88	好帮手枫林日间照料中心	徐汇区	79.40
89	控江路街道社区老年人日间服务中心	杨浦区	79.37
90	五角场社区(国定)日间照护中心	杨浦区	79.34
91	宜川中远两湾城社区老年人日间照料中心	普陀区	79.31
92	虹口区四川北路街道溧阳老年日间照护站	虹口区	77.56
93	静安寺老年人日间服务中心(愚谷村日托所)	静安区	77.50
94	虹桥镇老年人日间服务中心	闵行区	77.48
95	浦东新区潍坊馨丰社区服务社	浦东新区	77.45
96	浦东新区塘桥社区老年人日间服务中心	浦东新区	77.41
97	浦东新区花木钦泽老年人日间服务中心	浦东新区	77.38
98	杨浦区社会福利院老年人日间服务中心	杨浦区	77.34
99	真如星河片区老年人日间照料中心	普陀区	77.32
100	石泉一村老年人日间服务中心	普陀区	77.30
平均得分	—	—	82.16

由表 5-8 可得，上海市中心城区日间照料中心 100 强管理制度单项得分均值为 82.16 分，其中 68 家机构的管理制度得分超过平均分，有 32 家机构的管理制度得分低于平均分。其中，甘泉片区老年人日间服务中心得分最高为 98.21 分，管理制度排名靠后的 3 家机构为石泉一村老年人日间服务中心、真如星河片区老年人日间照料中心和杨浦区社会福利院老年人日间服务中心。同时管理制度得分单项超过 90 分的机构有 1 家，超过 80 分和 70 分的机构分别有 70 家和 100 家，以上说明上海市中心城区日间照料中心的管理制度指标总体处于较高的水平，前 100 强机构均超过了 70 分。

（2）上海市中心城区日间照料中心 100 强硬件设施单项排名与分析

表 5-9　上海市中心城区日间照料中心 100 强硬件设施单项排名及得分

排名	机构名称	属地	得分
1	杨浦区社会福利院老年人日间服务中心	杨浦区	89.224
2	徐汇区龙华区怡乐家园老人日间照护中心	徐汇区	85.917
3	金桥社区日间照护中心	浦东新区	84.572
4	浦东新区金桥镇申江老年人日间照护中心	浦东新区	84.572
5	小东门街道康家弄日间照护中心	黄浦区	84.390
6	徐汇区虹梅街道古美社区老年人日间服务中心	徐汇区	83.493
7	普陀区长寿社区安远日间服务家园	普陀区	83.250
8	浦东新区张江老年人日间服务中心	浦东新区	82.811
9	闵行区古美路街道平吉二村老人日间服务中心	闵行区	80.322
10	杨浦区殷行街道老年人日间服务中心	杨浦区	78.765
11	长宁区天山老年人日间服务中心	长宁区	78.561
12	上海爱照护日间照护	普陀区	77.667
13	长宁区周家桥街道老年人日间照护中心	长宁区	77.458
14	爱志旺（上海）健康管理有限公司	徐汇区	77.432
15	静安区彭浦镇场中路 2600 弄老年人日间服务中心	静安区	76.947
16	徐家汇街道老年人日间服务中心	徐汇区	76.932
17	外滩街道日间照护中心	黄浦区	76.531
18	徐汇区虹梅社区老年人日间服务中心	徐汇区	76.432
19	黄浦区五里桥街道老年人日间照护中心	黄浦区	75.531
20	黄浦区小东门街道温馨老年日间服务中心	黄浦区	75.520
21	顺昌日托所	黄浦区	75.217
22	长宁区江苏路街道社区日间照护服务中心	长宁区	75.145
23	定海路社区（顺平）老年人日间服务中心	杨浦区	75.020
24	斜土社区长寿家园康馨苑老年人日间服务中心	徐汇区	75.020

续表

排名	机构名称	属地	得分
25	徐汇区康健社区寿昌坊老年人日间照护中心	徐汇区	74.822
26	张江青铜老年人日间服务中心	浦东新区	73.811
27	长宁区北新泾街道日间照护	长宁区	73.239
28	虹桥镇老年人日间服务中心	闵行区	73.239
29	长宁区程家桥街道日间照护服务中心	长宁区	73.224
30	高桥潼港一村老年人日间照护中心	浦东新区	72.739
31	闵行区七宝社区华爱日间照护中心	闵行区	71.697
32	长宁区新华社区老年人日间服务中心	长宁区	70.800
33	平凉社区老年人日间照料中心	杨浦区	70.717
34	殷行街道日间照护服务中心	杨浦区	70.509
35	闵行区古美路街道平吉一村老年日托站	闵行区	70.250
36	高桥潼港老年人日间服务中心	浦东新区	70.197
37	真如星河片区老年人日间照料中心	普陀区	68.520
38	新江湾城社区第二老年人日间服务中心	杨浦区	68.375
39	虹口区凉城新村街道第一市民驿站老年日间照料中心	虹口区	68.213
40	长风隆德日间照护服务中心	普陀区	68.103
41	浦东新区三林爱博老年人日间服务中心	浦东新区	67.822
42	浦东新区潍坊源竹老年日间服务中心	浦东新区	67.388
43	浦东新区潍坊馨半社区服务社	浦东新区	66.520
44	万里社区老年人日间照护中心	普陀区	66.020
45	杨浦区五角场镇老年人日间服务中心	杨浦区	65.357
46	万里社区老年人日间照护中心	浦东新区	64.853
47	四平街道日间照护服务中心	杨浦区	64.682
48	浦东新区沪东社区朱家门老年人日间服务中心	浦东新区	64.667
49	浦东新区花木东城老年人日间照护中心	浦东新区	64.606
50	浦东新区王港老年人日间照护中心	浦东新区	63.088
51	周家渡街道老年人日间照护中心	浦东新区	63.072
52	延吉新村社区第一老年人日间服务中心	杨浦区	62.805
53	徐汇田林社区乐馨老年日间照护中心	徐汇区	62.697
54	徐汇区徐家汇街道龙吴路老年人日间照护中心	徐汇区	62.083
55	宜川社区老年人日间服务中心	普陀区	62.057
56	曹杨梅岭南片区老年人日间照料中心	普陀区	61.853
57	浦东新区潍坊二村老年人日间服务中心	浦东新区	61.129
58	真新街道社区日间照护服务中心	嘉定区	60.822
59	黄浦区豫园街道日间照料服务中心	黄浦区	60.724
60	五角场社区（国定）日间照护中心	杨浦区	60.504
61	天目西路街道长安路老年人日间服务中心	静安区	59.656
62	五角场社区老年人日间服务中心	杨浦区	59.114
63	芷江西路日间照护中心	静安区	59.080

续表

排名	机构名称	属地	得分
64	上南乐居日间服务中心	浦东新区	58.849
65	静安区石门社区老年人日间照护中心	静安区	58.645
66	浦东新区金杨社区老年人日间服务中心	浦东新区	58.145
67	福寿康曲阳路街道长者日间照护机构	虹口区	57.515
68	浦东新区潍坊十村老年人日间服务中心	浦东新区	57.406
69	浦东新区洋泾街道星海老年人日间服务中心	浦东新区	57.061
70	普陀区桃浦镇东部片区老年人日间照护中心	普陀区	57.004
71	祥和名邸老年人日间服务中心	普陀区	56.792
72	平凉路街道第三老年人日间照料中心	杨浦区	56.724
73	浦东新区南码头社区沂南老年人日间照护中心	浦东新区	56.331
74	西镇老年人日间照护中心	浦东新区	56.250
75	杨浦区长白新村街道老年人日间照护中心	杨浦区	56.072
76	全程久久健康	普陀区	55.974
77	洋泾街道巨野老年人日间照护中心	浦东新区	55.857
78	浦东新区潍坊三村老年人日间服务中心	浦东新区	54.978
79	高桥学前街老年人日间服务中心	浦东新区	54.947
80	徐汇区天平社区嘉善路老年人日间服务中心	徐汇区	54.838
81	浦东新区东明社区老年人日间服务中心	浦东新区	54.697
82	杨浦区控江四村老年人日间服务中心	杨浦区	54.072
83	虹桥街道社区日间照护服务中心（日间照护）	长宁区	53.932
84	黄浦区五里桥社区老年日间照料站（2托）	黄浦区	53.531
85	浦东新区高东杨园社区老年人日间服务中心	浦东新区	53.353
86	长宁区康逸敬老院老年人日间照料中心	长宁区	53.202
87	老西门街道老年人日间照护中心	黄浦区	53.118
88	永胜老年人日间照护中心	黄浦区	52.728
89	宝兴老年人日间照护中心	黄浦区	52.728
90	甘泉片区老年人日间服务中心	普陀区	52.463
91	北蔡社区陈桥老年人日间照护中心	浦东新区	52.145
92	浦东新区花木牡丹老年人日间服务中心	浦东新区	52.044
93	杨浦区长白新村街道常欢老年人日间服务中心	杨浦区	51.936
94	浦东新区东明社区凌兆老年人日间服务中心	浦东新区	51.750
95	康健社区日间照料服务社	徐汇区	51.697
96	长寿年长－长寿社区老年人日间服务中心	普陀区	51.675
97	浦东新区东明社区新月老年人日间服务中心	浦东新区	51.645
98	徐汇区漕河泾社区老年人日间服务中心	徐汇区	51.377
99	白玉敬老院日间照料中心	普陀区	51.364
100	浦东新区高东社区老年人日间服务中心	浦东新区	51.311
平均得分	—	—	65.099

由表5-9可得，上海市中心城区日间照料中心100强硬件设施单项得分均值为65.099分，其中有45家机构的硬件设施得分超过平均分，有55家养老机构的硬件设施得分低于平均分。硬件设施得分排名前3名的分别为杨浦区社会福利院老年人日间服务中心、徐汇区龙华区怡乐家园老人日间照护中心和金桥社区日间照护中心，得分依次为89.224分、85.917分以及84.572分，硬件设施排名靠后的3家机构分别为浦东新区高东社区老年人日间服务中心、白玉敬老院日间照料中心和徐汇区漕河泾社区老年人日间服务中心，得分依次为51.311分、51.364分以及51.377分。得分最高与最低的机构之间相差37.913分，差距较大，同时硬件设施得分单项超过90分的机构有0家，超过80分和70分的机构分别有9家和36家，100强机构中有36%的机构得分超过70分，以上说明上海市中心城区日间照料中心的硬件设施指标还有较大的发展空间。

（3）上海市中心城区日间照料中心100强人员配备单项指标排名与分析

表5-10　上海市中心城区日间照料中心100强人员配备单项指标排名及得分

排名	机构名称	属地	得分
1	长宁区江苏路街道社区日间照护服务中心	长宁区	95.569
2	闵行区古美路街道平吉二村老人日间服务中心	闵行区	94.421
3	全程久久健康	普陀区	94.133
4	黄浦区小东门街道温馨老年日间服务中心	黄浦区	94.050
5	黄浦区五里桥街道老年人日间照护中心	黄浦区	92.195
6	杨浦区社会福利院老年人日间服务中心	杨浦区	90.095
7	长风隆德日间照护服务中心	普陀区	86.487
8	黄浦区豫园街道日间照料服务中心	黄浦区	85.801
9	长宁区天山老年人日间服务中心	长宁区	82.020
10	上海爱照护日间照护	普陀区	81.695
11	爱志旺(上海)健康管理有限公司	徐汇区	80.615
12	浦东新区金杨社区老年人日间服务中心	浦东新区	75.790
13	长宁区北新泾街道日间照护	长宁区	74.187
14	延吉街道第三老年人日间服务中心	杨浦区	73.771
15	徐家汇街道龙吴路老年人日间照护中心	徐汇区	72.620
16	浦东新区张江老年人日间服务中心	浦东新区	67.742
17	斜土社区长寿家园康馨苑老年人日间服务中心	徐汇区	66.740

排名	机构名称	属地	得分
18	惠泽社区事务服务中心	普陀区	66.724
19	黄浦区瑞金二路街道锦江日间照料站	黄浦区	66.560
20	西镇老年人日间照护中心	浦东新区	66.314
21	长宁区康逸敬老院老年人日间照料中心	长宁区	66.251
22	长宁区新华社区老年人日间服务中心	长宁区	65.525
23	福寿康曲阳路街道长者日间照护机构	虹口区	65.424
24	五角场社区(国定)日间照护中心	杨浦区	65.384
25	虹口区四川北路街道虹叶老年日间服务站	虹口区	65.143
26	顺昌日托所	黄浦区	64.715
27	徐汇区虹梅社区老年人日间服务中心	徐汇区	63.432
28	闵行区七宝社区华爱日间照护	闵行区	60.322
29	德州老年人日间服务中心	浦东新区	57.580
30	浦东新区上钢老年人日间服务中心	浦东新区	57.580
31	嘉兴路街道日娜照护中心三站	虹口区	57.377
32	延吉新村社区第一老年人日间服务中心	杨浦区	57.309
33	南京东路街道龙泉老人日托所	黄浦区	57.261
34	殷行街道日间照护服务中心	杨浦区	57.150
35	闵行区古美路街道平吉一村老年日托站	闵行区	57.131
36	白玉敬老院日间照料中心	普陀区	56.354
37	徐汇田林社区乐龄老年人日间服务中心	徐汇区	55.889
38	虹桥街道社区日间照护服务中心	长宁区	55.182
39	浦东新区南码头社区老年人日间照护中心	浦东新区	55.040
40	定海路社区(顺平)老年人日间服务中心	杨浦区	55.006
41	徐家汇街道南丹老年日间照护中心	徐汇区	54.912
42	未来街区老年人日间服务中心	普陀区	54.588
43	长宁区周家桥街道老年日间照护中心	长宁区	54.536
44	浦东新区塘桥社区老年人日间服务中心	浦东新区	53.443
45	小东门街道康家弄日间照护中心	黄浦区	53.377
46	徐汇区天平社区嘉善路老年人日间服务中心	徐汇区	53.148
47	普陀区长寿社区安远日间服务家园	普陀区	51.941
48	半淞园社区老年人日间照料中心	黄浦区	51.442
49	杨浦区长白新村街道常欢老年人日间服务中心	杨浦区	48.396
50	湖南街道日间照护服务中心	徐汇区	48.339
51	杨浦区长白新村街道老年人日间照护中心	杨浦区	48.132
52	杨浦区四平路街道老年人日间服务中心	杨浦区	47.959
53	老西门街道老年人日间照护中心	黄浦区	47.844

排名	机构名称	属地	得分
54	永胜老年人日间照护中心	黄浦区	47.771
55	杨浦区殷行街道老年人日间服务中心	杨浦区	47.771
56	长宁区江苏路街道逸仙日间照护服务中心	长宁区	47.747
57	打浦第三老年日托所	黄浦区	47.321
58	新江湾城社区第二老年人日间服务中心	杨浦区	47.242
59	万里社区老年人日间照护中心	普陀区	47.092
60	浦东新区潍坊三村老年人日间服务中心	浦东新区	46.948
61	打浦桥第一日托所	黄浦区	45.622
62	长宁区程家桥街道日间照护服务中心日间照护	长宁区	44.995
63	平凉路街道第三老年人日间照料中心	杨浦区	44.978
64	打浦第二老年日托所	黄浦区	44.405
65	浦东新区潍坊源竹老年日间服务中心	浦东新区	43.794
66	浦东新区潍坊十村老年人日间服务中心	浦东新区	43.345
67	浦东新区高东杨园社区老年人日间服务中心	浦东新区	42.086
68	浦东新区潍坊二村老年人日间服务中心	浦东新区	40.862
69	浦东新区沪东社区朱家门老年人日间服务中心	浦东新区	39.633
70	南京东路街道新昌老人日托所	黄浦区	39.133
71	南京东路街道三德老人日托所	黄浦区	39.133
72	虹桥镇老年人日间服务中心	闵行区	39.099
73	静安区石门社区老年人日间照护中心	静安区	39.067
74	周家渡街道老年人日间照护中心	浦东新区	38.984
75	五角场社区老年人日间服务中心	杨浦区	38.979
76	浦东新区洋泾街道星海老年人日间服务中心	浦东新区	38.938
77	南京东路街道平望老人日托所	黄浦区	38.873
78	瑞金二路街道社区生活服务中心老年日间照料站	黄浦区	38.771
79	张江青铜老年人日间服务中心	浦东新区	38.769
80	浦东新区王港老年人日间照护中心	浦东新区	38.148
81	黄浦区五里桥社区老年日间照料站（3托）	黄浦区	38.122
82	康健社区日间照料服务社	徐汇区	38.061
83	浦东新区东沟社区老年人日间服务中心	浦东新区	37.779
84	虹口区曲阳社区老年日托站	虹口区	37.121
85	豫园街道老年人日间照料服务中心	黄浦区	36.904
86	浦东新区潍坊馨丰社区服务社	浦东新区	36.656
87	浦东新区唐镇老年人日间照护中心	浦东新区	35.762
88	洋泾街道巨野老年人日间照护中心	浦东新区	35.593
89	浦东新区花木芳芯老年人日间照护中心	浦东新区	32.449

排名	机构名称	属地	得分
90	浦东新区潍坊馨半社区服务社	浦东新区	30.133
91	徐家汇街道老年人日间服务中心	徐汇区	30.049
92	黄浦区五里桥社区老年日间照料站(2托)	黄浦区	29.893
93	高桥学前街老年人日间服务中心	浦东新区	29.842
94	控江路街道社区老年人日间服务中心	杨浦区	29.809
95	北蔡社区陈桥老年人日间照护中心	浦东新区	29.768
96	静安寺老年人日间服务中心(愚谷村日托所)	静安区	29.765
97	浦东新区花木东城老年人日间照护中心	浦东新区	29.761
98	静安区江宁路街道老年人日间服务中心	静安区	29.758
99	宜川社区老年人日间服务中心	普陀区	29.755
100	真如八一老年人日间照料中心	普陀区	29.747
平均得分	—	—	52.769

由表5-10可得，上海市中心城区日间照料中心100强人员配备单项得分均值为52.769分，其中有46家机构的人员配备得分超过平均分，有54家养老机构的人员配备得分低于平均分。人员配备得分的前3名分别为长宁区江苏路街道社区日间照护服务中心、闵行区古美路街道平吉二村老人日间服务中心和全程久久健康，得分依次为95.569分、94.421分以及94.133分，人员配备排名靠后的3家机构分别为真如八一老年人日间照料中心、宜川社区老年人日间服务中心和静安区江宁路街道老年人日间服务中心，得分分别为29.747分、29.755分、29.758分。以上说明中心城区日间照料中心在人员配备指标上面存在较大的不足，有长足的发展空间，同时人员配备指标得分单项超过90分的机构有6家，超过80分和70分的机构分别有11家和15家。

（4）上海市中心城区日间照料中心100强服务水平单项指标排名与分析

表5-11 上海市中心城区日间照料中心100强服务水平单项指标排名及得分

排名	机构名称	属地	得分
1	闵行区古美路街道平吉二村老人日间服务中心	闵行区	92.143
2	芷江西路日间照护中心	静安区	85.540
3	小东门街道康家弄日间照护中心	黄浦区	83.000

续表

排名	机构名称	属地	得分
4	高桥潼港一村老年人日间照护中心	浦东新区	80.000
5	上海爱照护日间照护	普陀区	79.221
6	高桥学前街老年人日间服务中心	浦东新区	78.560
7	高桥潼港老年人日间服务中心	浦东新区	77.160
8	浦东新区沪东社区朱家门老年人日间服务中心	浦东新区	77.150
9	静安区石门社区老年人日间照护中心	静安区	76.750
10	浦东新区南码头社区沂南老年人日间照护中心	浦东新区	74.793
11	张江青铜老年人日间服务中心	浦东新区	74.050
12	黄浦区五里桥街道老年人日间照护中心	黄浦区	73.833
13	浦东新区王港老年人日间照护中心	浦东新区	73.083
14	浦东新区南码头社区老年人日间照护中心	浦东新区	72.750
15	天目西路街道长安路老年人日间服务中心	静安区	72.450
16	长宁区天山老年人日间服务中心	长宁区	72.080
17	万里社区老年人日间照护中心	普陀区	72.010
18	浦东新区唐镇老年人日间照护中心	浦东新区	71.512
19	长宁区新华社区老年人日间服务中心	长宁区	70.783
20	浦东新区三林爱博老年人日间服务中心	浦东新区	70.650
21	永胜老年人日间照护中心	黄浦区	70.087
22	爱志旺（上海）健康管理有限公司	徐汇区	69.950
23	延吉街道第三老年人日间服务中心	杨浦区	68.650
24	殷行街道日间照护服务中心	杨浦区	68.450
25	定海路社区（顺平）老年人日间服务中心	杨浦区	68.433
26	全程久久健康	普陀区	67.950
27	洋泾街道巨野老年人日间照护中心	浦东新区	67.929
28	长宁区北新泾街道日间照护	长宁区	67.640
29	顺昌日托所	黄浦区	67.010
30	新江湾城社区第二老年人日间服务中心	杨浦区	66.850
31	杨浦区四平路街道老年人日间服务中心	杨浦区	66.716
32	静安区彭浦镇场中路2600弄老年人日间服务中心	静安区	66.390
33	浦东新区潍坊十村老年人日间服务中心	浦东新区	65.920
34	长宁区周家桥街道老年日间照护中心	长宁区	65.904
35	徐汇区龙华区怡乐家园老人日间照护中心	徐汇区	65.750
36	外滩街道日间照护中心	黄浦区	65.182
37	虹桥镇老年人日间服务中心	闵行区	63.710
38	周家渡街道老年人日间照护中心	浦东新区	63.550
39	黄浦区小东门街道温馨老年日间服务中心	黄浦区	63.410

续表

排名	机构名称	属地	得分
40	平凉社区老年人日间照料中心	杨浦区	63.410
41	浦东新区高东杨园社区老年人日间服务中心	浦东新区	63.330
42	徐汇区龙华社区怡乐家园老人日间照料中心	徐汇区	63.250
43	浦东新区东明社区老年人日间服务中心	浦东新区	62.850
44	浦东新区花木东城老年人日间照护中心	浦东新区	62.350
45	浦东新区潍坊源竹老年日间服务中心	浦东新区	62.050
46	嘉兴路街道日娜照护中心三站	虹口区	61.960
47	徐家汇街道龙吴路老年人日间照护中心	徐汇区	61.860
48	杨浦区控江四村老年人日间服务中心	杨浦区	61.850
49	浦东新区潍坊三村老年人日间服务中心	浦东新区	61.650
50	徐家汇街道南丹老年日间照护中心	徐汇区	61.510
51	浦东新区潍坊馨丰社区服务社	浦东新区	61.420
52	浦东新区东明社区新月老年人日间服务中心	浦东新区	61.393
53	平凉路街道第三老年人日间照料中心	杨浦区	61.366
54	福寿康曲阳路街道长者日间照护机构	虹口区	61.330
55	徐汇区虹梅社区老年人日间服务中心	徐汇区	61.117
56	长宁区江苏路街道社区日间照护服务中心	长宁区	60.980
57	普陀区长寿社区安远日间服务家园	普陀区	60.809
58	惠泽社区事务服务中心	普陀区	60.550
59	延吉新村社区第一老年人日间服务中心	杨浦区	60.464
60	长风隆德日间照护服务中心	普陀区	60.308
61	老西门街道老年人日间照护中心	黄浦区	59.650
62	浦东新区潍坊二村老年人日间服务中心	浦东新区	59.450
63	斜土社区长寿家园康馨苑老年人日间服务中心	徐汇区	58.051
64	五角场社区老年人日间服务中心	杨浦区	57.800
65	浦东新区沪东新村街道沪新老年人日间服务中心	浦东新区	57.750
66	浦东新区洋泾街道星海老年人日间服务中心	浦东新区	56.750
67	浦东新区东沟社区老年人日间服务中心	浦东新区	56.670
68	浦东新区潍坊馨半社区服务社	浦东新区	56.632
69	未来街道老年人日间服务中心	普陀区	56.453
70	平凉第二老年人日间服务中心	杨浦区	56.150
71	徐汇区天平社区嘉善路老年人日间服务中心	徐汇区	56.050
72	徐家汇街道老年人日间服务中心	徐汇区	55.650
73	浦东新区东明社区凌兆老年人日间服务中心	浦东新区	55.627
74	杨浦区社会福利院老年人日间服务中心	杨浦区	55.600
75	湖南街道日间照护服务中心	徐汇区	55.433

续表

排名	机构名称	属地	得分
76	浦东新区高东社区老年人日间服务中心	浦东新区	55.221
77	北蔡社区陈桥老年人日间照护中心	浦东新区	54.617
78	虹桥街道社区日间照护服务中心	长宁区	54.183
79	上南乐居日间服务中心	浦东新区	54.003
80	黄浦区豫园街道日间照料服务中心	黄浦区	53.930
81	浦东新区高东社区老年人日间服务中心	浦东新区	53.620
82	半淞园社区老年人日间照料中心	黄浦区	53.340
83	徐汇区虹梅街道古美社区老年人日间服务中心	徐汇区	53.310
84	西镇老年人日间照护中心	浦东新区	53.050
85	浦东新区南码头社区六里老年人日间照护中心	浦东新区	52.793
86	五角场社区（国定）日间照护中心	杨浦区	52.575
87	浦东新区塘桥社区老年人日间服务中心	浦东新区	52.530
88	浦东新区张江老年人日间服务中心	浦东新区	52.030
89	真如星河片区老年人日间照料中心	普陀区	51.637
90	长宁区江苏路街道颐家日间服务中心	长宁区	50.650
91	徐汇区长桥罗秀老年人日间服务中心	徐汇区	50.283
92	好帮手枫林日间照料中心	徐汇区	50.230
93	真新街道社区日间照护服务中心	嘉定区	49.917
94	杨浦区殷行街道老年人日间服务中心	杨浦区	49.400
95	四平街道日间照护服务中心	杨浦区	49.200
96	金桥社区日间照护中心	浦东新区	47.980
97	杨浦区五角场镇老年人日间服务中心	杨浦区	46.760
98	凉城新村街道第一市民驿站老年日间照料中心	虹口区	46.424
99	曹杨梅岭南片区老年人日间照料中心	普陀区	46.000
100	宜川社区老年人日间服务中心	普陀区	45.250
平均得分	—	—	62.255

　　由表5-11可得，上海市中心城区日间照料中心100强服务水平单项得分均值为62.255分，其中有44家机构的服务水平得分超过平均分，有56家养老机构的服务水平得分低于平均分。服务水平得分排名前3名的分别为闵行区古美路街道平吉二村老人日间服务中心、芷江西路日间照护中心和小东门街道康家弄日间照护中心，得分依次为92.143分、85.540分以及83.000分，服务水平排名后3名的机构分别为宜川社区老年人日间服务中心、曹杨梅岭南片区老年人日间照料中心和凉城新村街道第一市

民驿站老年日间照料中心，得分依次为 45. 250 分、46. 000 分、46. 424 分。得分最高与最低的机构之间相差 46. 893 分，差距较大，说明各机构在服务水平指标内的差距较大，有长足的发展空间，同时服务水平指标得分单项超过 90 分的机构有 1 家，超过 80 分和 70 分的机构分别有 4 家和 21 家。

（三）上海市中心城区日间照料中心各行政区排名与分析

（1）上海市中心城区行政区日间照料中心各行政区综合排名与分析

上海市中心城区日间照料中心各行政区的总平均得分与排名如表 5 - 12 所示。

表 5 – 12　上海市中心城区日间照料中心各行政区总平均得分与排名汇总表

排名	行政区	总平均得分
1	徐汇区	63. 907
2	长宁区	61. 892
3	闵行区	60. 861
4	普陀区	59. 638
5	黄浦区	58. 075
6	杨浦区	56. 780
7	虹口区	56. 778
8	浦东新区	54. 141
9	静安区	50. 039
总平均值	—	58. 012

注：宝山区和嘉定区日间照料中心有效样本中位于中心城区的分别只有 1 家，故不参加行政区之间的排名。

根据表 5 - 12 可以画出如图 5 - 2 所示的上海市中心城区日间照料中心各行政区总平均得分的排名汇总图。

从表 5 - 12 和图 5 - 2 可以看出，上海市各行政区日间照料中心各行政区总平均得分的排名第一的为徐汇区，总平均得分为 63. 907；排名第二的是长宁区，总平均得分为 61. 892；排名第三的为闵行区，总平均得分为 60. 861。上海市中心城区日间照料中心各行政区总平均得分的总平均值为 58. 012，上海市中心城区中有 5 区的总平均得分超过了该平均值，有 4 个区的总平均得分低于该平均值。

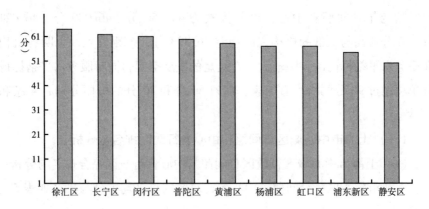

图5-2　上海市中心城区日间照料中心各行政区平均得分排名汇总图

（2）上海市中心城区行政区日间照料中心各行政区管理制度单项排名与分析

上海市中心城区日间照料中心各行政区管理制度单项指标平均得分与排名如表5-13所示。

表5-13　上海市中心城区日间照料中心各行政区管理制度
单项指标总平均得分与排名汇总表

排名	行政区	管理制度得分
1	长宁区	76.360
2	徐汇区	76.183
3	普陀区	75.733
4	黄浦区	75.728
5	虹口区	75.716
6	杨浦区	75.637
7	静安区	75.605
8	浦东新区	75.227
9	闵行区	73.313
总平均值	—	75.500

根据表5-13可以作出如图5-3所示的上海市中心城区日间照料中心各行政区管理制度单项指标平均得分的排名汇总图。

从表5-13和图5-3可以看出，上海市中心城区日间照料中心各行政区管理制度单项平均得分的排名第一的为长宁区，平均得分为76.360；

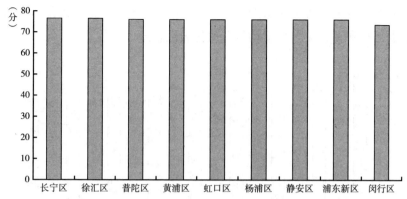

图5－3　上海市中心城区日间照料中心各行政区管理制度单项指标平均得分排名汇总图

排名第二的是徐汇区，平均得分为76.183；排名第三的为普陀区，平均得分为75.733。各行政区管理制度单项平均得分的总平均值为75.500，有7个区的总平均得分超过了该平均值，有2个区的总平均得分低于该平均值。以上结果说明上海市中心城区日间照料中心各行政区在管理制度指标上的总体得分表现较好，各个行政区之间差距不大。

（3）上海市中心城区行政区日间照料中心各行政区硬件设施单项指标排名与分析

上海市中心城区日间照料中心各行政区硬件设施单项指标平均得分与排名如表5－14所示。

表5－14　上海市中心城区日间照料中心各行政区硬件设施单项指标总平均得分与排名汇总表

排名	行政区	硬件设施得分
1	闵行区	66.970
2	长宁区	63.493
3	徐汇区	63.359
4	黄浦区	60.659
5	杨浦区	58.487
6	静安区	58.173
7	虹口区	57.881
8	普陀区	57.522
9	浦东新区	57.050
总平均值	—	60.399

根据表5-14可以作出如图5-4所示的上海市中心城区日间照料中心各行政区硬件设施单项平均得分的排名汇总图。

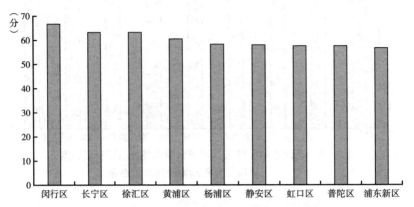

**图5-4　上海市中心城区日间照料中心各行政区硬件设施
单项指标平均得分排名汇总图**

从表5-14和图5-4可以看出，上海市中心城区日间照料中心各行政区硬件设施单项指标平均得分排名第一的为闵行区，平均得分为66.970；排名第二的是长宁区，平均得分为63.493；排名第三的为徐汇区，平均得分为63.359。各行政区硬件设施单项平均得分的总平均值为60.399，有4个区的总平均得分超过了该平均值，有5个区的机构总平均得分低于该平均值。以上结果说明上海市中心城区行政区日间照料中心各行政区在硬件设施上的总体得分表现一般，有较大的提升空间。

（4）上海市中心城区日间照料中心各行政区人员配备单项指标排名与分析

上海市中心城区日间照料中心各行政区人员配备单项指标平均得分与排名如表5-15所示。

**表5-15　上海市中心城区日间照料中心各行政区人员
配备单项指标总平均得分与排名汇总表**

排名	行政区	人员配备得分
1	长宁区	56.300
2	徐汇区	55.614
3	普陀区	55.214

续表

排名	行政区	人员配备得分
4	闵行区	49.615
5	虹口区	49.514
6	杨浦区	47.267
7	黄浦区	46.605
8	浦东新区	38.678
9	静安区	28.924
总平均值	—	47.526

根据表5-15可以作出如图5-5所示的上海市中心城区日间照料中心各行政区人员配备单项指标平均得分的排名汇总图。

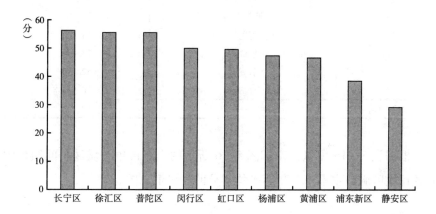

**图5-5　上海市中心城区日间照料中心各行政区人员
配备单项指标平均得分排名汇总图**

从表5-15和图5-5可以看出，上海市中心城区日间照料中心各行政区人员配备单项指标平均得分排名第一的为长宁区，平均得分为56.300；排名第二的是徐汇区，平均得分为55.614；排名第三的为普陀区，平均得分为55.214。各行政区人员配备单项指标平均得分的总平均值为47.526，有5个区的总平均得分超过了该平均值，有4个区的总平均得分低于该平均值。以上结果说明上海市中心城区日间照料中心各行政区在人员配备指标上的总体得分表现不佳，得分较低，有较大的提升空间，同时各个行政区之间有较大的差距，部分行政区得分较低。

（5）上海市中心城区日间照料中心各行政区服务水平单项指标排名与分析

上海市中心城区日间照料中心各行政区服务水平单项指标平均得分与排名如表5–16所示。

表5–16　上海市中心城区日间照料中心各行政区服务
水平单项指标总平均得分与排名汇总表

排名	行政区	服务水平得分
1	徐汇区	66.133
2	闵行区	64.755
3	黄浦区	57.945
4	长宁区	56.866
5	浦东新区	56.594
6	普陀区	54.647
7	杨浦区	53.645
8	静安区	52.570
9	虹口区	50.914
总平均值	—	57.119

根据表5–16可以作出如图5–6所示的上海市中心城区日间照料中心各行政区服务水平单项指标平均得分的排名汇总图。

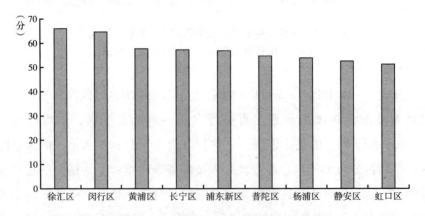

图5–6　上海市中心城区日间照料中心各行政区
服务水平单项指标平均得分排名汇总图

从表5－16和图5－6可以看出，上海市中心城区日间照料中心各行政区服务水平单项指标平均得分排名第一的为徐汇区，平均得分为66.133；排名第二的是闵行区，平均得分为64.755；排名第三的为黄浦区，平均得分为57.945。各行政区服务水平单项指标的总平均值为57.119，有3个区的总平均得分超过了该平均值，有6个区的总平均得分低于该平均值。以上结果说明上海市中心城区日间照料中心各行政区在服务水平指标上的总体得分表现不佳，平均得分较低，有较大的提升空间，同时各个行政区之间有一定的差距，部分行政区在服务水平指标上平均得分较低，需要长足的进步。

第二节　上海市中心城区长者照护之家评价分析

一　长者照护之家评价体系

（一）上海市中心城区长者照护之家评价指标体系

长者照护之家评价指标体系共分成三个层次，由4项一级指标、19项二级指标和103项三级指标构成，其中一级指标包括管理制度、硬件设施、人员配备和服务水平。

（1）管理制度指标

管理制度指标体现了长者照护之家的管理水平，包括基本管理制度和信息档案制度2项二级指标，下面又细分为日常服务管理制度、安全管理制度、人员管理制度、火灾应急预案、老年人服务制度、服务流程管理制度、老年人突发疾病应急预案、老年人突发意外应急预案和其它管理制度以及老年人基本信息登记表、长者照护之家服务申请表、长者照护之家老年人每日出入登记表、老年人当日状况登记表、老年人终止服务申请表、为未入住机构的社区老年人提供上门照料护理服务、其它申请为老服务和其它专业化特色服务17项三级指标。

（2）硬件设施指标

硬件设施是服务质量的基本保障，指标包括生活辅助用房配置、医疗保健用房配置、公共活动用房配置、服务设备配置、消防设施配置、安全设施配置以及医疗设施配置 7 项二级指标，下面又细分为公共卫生间、餐厅、公用浴室、厨房操作间、污物处理间、医务室/卫生室、心理疏导室、中医保健室、临终关怀室、康复训练室、阅览室、棋牌室、电影/电视室、健身室、网络室、音乐室、多功能厅、阳光厅（风雨廊）、电影室、手工制作室、宗教文化室等 43 个三级指标。

（3）人员配备指标

人员配备情况直接关系到长者照护之家的服务能力、服务水平，包括护理员配置、医生配置、护士配置、康复师配置、营养师配置和管理人员配置 6 项二级指标，下面又细分为护理员人数、护理员年龄结构、护理员学历、医生人数、医生职称、医生学历、护士人数、护士年龄结构、护士学历、康复师人数、康复师年龄结构等 18 个三级指标。

（4）服务水平指标

服务水平指标量化了长者照护之家提供的各类服务项目，包括入住情况、入出院情况、基本服务和护理站服务 4 个二级指标，下面又细分为失能老人入住比例、入住率、入院标准、出院标准、住宿服务、个人生活照料服务、代办服务、教育服务、协助医疗康复护理服务、通信服务、日间服务、居家服务、其它特色服务、基础护理服务、专科护理等 22 项三级指标。

表 5 - 17　长者照护之家评价指标体系

一级指标	二级指标	三级指标
管理制度	基本管理制度	日常服务管理制度
		安全管理制度
		人员管理制度
		火灾应急预案
		老年人服务制度
		服务流程管理制度
		老年人突发疾病应急预案
		老年人突发意外应急预案
		其它管理制度

续表

一级指标	二级指标	三级指标
管理制度	信息档案制度	老年人基本信息登记表
		长者照护之家服务申请表
		长者照护之家老年人每日出入登记表
		老年人当日状况记录表
		老年人终止服务申请表
		其它：为未入住机构的社区老年人提供上门照料、护理服务
		其它：其它申请为老服务，如家庭护老者培训等
		其它：其它专业化特色服务
硬件设施	生活辅助用房配置	公共卫生间
		餐厅
		公用浴室
		厨房操作间
		污物处理间
	医疗保健用房配置	医务室/卫生室
		心理疏导室
		中医保健室
		临终关怀室
		康复训练室
	公共活动用房配置	阅览室
		棋牌室
		电影/电视室
		健身室
		网络室
		音乐室
		多功能厅
		阳光厅（风雨廊）
		电影室
		手工制作室
		宗教文化室
		其它配置
	服务设备配置	多功能护理床
		防压疮垫
		多功能轮椅
		升降移位车
		健身器材
		康复训练器具
		其它配置

续表

一级指标	二级指标	三级指标
硬件设施	消防设施配置	灭火器、消防栓
		消防喷淋系统
		自动火灾报警
		应急电源设备
	安全设施配置	扶手/防撞装置
		卫生消毒设备
		防滑设施
		紧急呼叫系统
		监控系统（设备）
		定位设备
		其它
	医疗设施配置	智慧养老设施
		内设医疗机构
		是否有护理站
人员配备	护理员配置	护理员人数
		护理员年龄结构
		护理员学历
	医生配置	医生人数
		医生职称
		医生学历
	护士配备	护士人数
		护士年龄结构
		护士学历
	康复师配置	康复师人数
		康复师年龄结构
		康复师学历
	营养师配置	营养师人数
		营养师学历
		营养师年龄
	管理人员配置	管理人员人数
		管理人员学历
		管理人员年龄结构
服务水平	入住情况	失能老人入住比例
		入住率
	入出院情况	入院标准
		出院标准

一级指标	二级指标	三级指标
服务水平	基本服务	住宿服务
		个人生活照料服务
		代办服务
		教育服务
		协助医疗康复护理服务
		通信服务
		临托服务
		日间服务
		居家服务
		其它特色服务
	护理站服务	基础护理服务
		专科护理
		临终护理
		消毒隔离技术指导
		营养指导
		社区康复指导
		健康宣教
		其它护理服务

（二）长者照护之家评价指标权重

评价指标权重由专家打分确定，专家根据各个指标的重要程度对指标进行背靠背打分，对长者照护之家指标体系中一级、二级和三级指标进行赋权打分，共计三轮，最后取平均值，该评价指标体系的权重结果如表5-18所示。

表5-18　长者照护之家评价指标权重

	指标内容	权重
一级指标	管理制度指标	0.200
	硬件设施指标	0.200
	人员配备指标	0.350
	服务水平指标	0.250
总计		1.000

各个一级指标的具体权重如下所示：

（1）管理制度指标

长者照护之家评价体系中管理制度评价指标的权重为 0.200，其具体权重如表 5-19 所示。

表 5-19　长者照护之家管理制度评价指标权重

一级指标	权重	二级指标	权重	三级指标	权重
管理制度	0.200	基本管理制度	0.400	日常服务管理制度	0.100
				安全管理制度	0.100
				人员管理制度	0.100
				火灾应急预案	0.050
				老年人服务制度	0.150
				服务流程管理制度	0.150
				老年人突发疾病应急预案	0.150
				老年人突发意外应急预案	0.150
				其它管理制度	0.050
		信息档案制度	0.600	老年人基本信息登记表	0.150
				长者照护之家服务申请表	0.050
				长者照护之家老年人每日出入登记表	0.100
				老年人当日状况记录表	0.250
				老年人终止服务申请表	0.050
				其它：为未入住机构的社区老年人提供上门照料、护理服务	0.200
				其它：其它申请为老服务，如家庭护老者培训等	0.100
				其它：其它专业化特色服务	0.100

（2）硬件设施指标

长者照护之家养老机构评价体系中硬件设施指标的权重为 0.200，其具体权重如表 5-20 所示。

表 5-20　长者照护之家硬件设施评价指标权重

一级指标	权重	二级指标	权重	三级指标	权重
硬件设施	0.200	生活辅助用房配置	0.100	公共卫生间	0.200
				餐厅	0.200
				公用浴室	0.200
				厨房操作间	0.200
				污物处理间	0.200

续表

一级指标	权重	二级指标	权重	三级指标	权重
硬件设施	0.200	医疗保健用房配置	0.200	医务室/卫生室	0.250
				心理疏导室	0.150
				中医保健室	0.300
				临终关怀室	0.100
				康复训练室	0.200
		公共活动用房配置	0.150	阅览室	0.100
				棋牌室	0.100
				电影/电视室	0.100
				健身室	0.100
				网络室	0.050
				音乐室	0.100
				多功能厅	0.150
				阳光厅(风雨廊)	0.050
				电影室	0.050
				手工制作室	0.100
				宗教文化室	0.050
				其它配置	0.050
		服务设备配置	0.200	多功能护理床	0.150
				防压疮垫	0.100
				多功能轮椅	0.150
				升降移位车	0.150
				健身器材	0.200
				康复训练器具	0.200
				其它配置	0.050
		消防设施配置	0.100	灭火器、消防栓	0.300
				消防喷淋系统	0.250
				自动火灾报警	0.250
				应急电源设备	0.200
		安全设施配置	0.100	扶手/防撞装置	0.200
				卫生消毒设备	0.150
				防滑设施	0.200
				紧急呼叫系统	0.150
				监控系统(设备)	0.200
				定位设备	0.050
				其它	0.050
		医疗设施配置	0.150	智慧养老设施	0.300
				内设医疗机构	0.400
				是否有护理站	0.300

（3）人员配备指标

长者照护之家评价体系中人员配置评价指标的权重为 0.350，其具体权重如表 5 - 21 所示。

表 5 - 21　长者照护之家人员配备评价指标权重

一级指标	权重	二级指标	权重	三级指标	权重
人员配备	0.350	护理员配置	0.250	护理员人数	0.500
				护理员年龄结构	0.350
				护理员学历	0.150
		医生配置	0.200	医务人数	0.400
				医生职称	0.300
				医生学历	0.300
		护士配置	0.250	护士人数	0.500
				护士年龄结构	0.250
				护士学历	0.250
		康复师配置	0.100	康复师人数	0.500
				康复师年龄结构	0.250
				康复师学历	0.250
		营养师配置	0.100	营养师人数	0.500
				营养师学历	0.250
				营养师年龄	0.250
		管理人员配置	0.100	管理人员人数	0.300
				管理人员学历	0.500
				管理人员年龄结构	0.200

（4）服务水平指标

长者照护之家评价体系中服务水平评价指标的权重为 0.250，其具体权重如表 5 - 22 所示。

表 5 - 22　长者照护之家服务水平评价指标权重

一级指标	权重	二级指标	权重	三级指标	权重
服务水平	0.250	入住情况	0.200	失能老人入住比例	0.400
				入住率	0.600
		入出院情况	0.200	出院标准	0.500
				入院标准	0.500

续表

一级指标	权重	二级指标	权重	三级指标	权重
服务水平	0.250	基本服务	0.350	住宿服务	0.100
				个人生活照料服务	0.100
				代办服务	0.100
				教育服务	0.100
				协助医疗康复护理服务	0.100
				通信服务	0.050
				临托服务	0.050
				日间服务	0.150
				居家服务	0.200
				其它特色服务	0.050
		护理站服务	0.250	基础护理服务	0.250
				专科服务	0.150
				临终护理	0.100
				消毒隔离技术指导	0.150
				营养指导	0.100
				社区康复指导	0.100
				健康宣教	0.100
				其它护理服务	0.050

二　上海市中心城区长者照护之家排名及分析

（一）上海市中心城区长者照护之家综合排名及分析

上海市中心城区长者照护之家 50 强综合得分及排名如表 5 - 23 所示。

表 5 - 23　上海市中心城区长者照护之家 50 强综合得分及排名

排名	机构名称	属地	总得分
1	万里爱照护长者照护之家	普陀区	90.731
2	普陀全程久久长者照护之家	普陀区	84.859
3	徐汇区龙华街道怡乐长者照护之家	徐汇区	83.472
4	小东门社区明龙长者照护之家	黄浦区	82.828
5	安远长者照护之家	普陀区	79.255
6	浦兴社区福苑长者照护之家	浦东新区	79.165
7	长宁区江苏路街道长者照护之家	长宁区	78.446
8	长宁区周家桥街道长者照护之家	长宁区	77.214

排名	机构名称	属地	总得分
9	虹梅社区长者照护之家	徐汇区	76.594
10	黄浦区五里桥街道长者照护之家	黄浦区	76.546
11	徐汇区田林社区悦颐长者照护之家	徐汇区	76.553
12	外滩长者照护之家	黄浦区	76.437
13	枫林社区爱照护长者照护之家	徐汇区	75.748
14	真如社区爱照护长者照护之家	普陀区	75.072
15	斜土路社区长寿家园康新苑长者照护之家	徐汇区	74.963
16	长宁区天山街道长者照护之家	长宁区	74.737
17	石二社区福苑长者照护之家	静安区	73.451
18	普陀区真如意长者照护之家	普陀区	72.559
19	天平社区长者照护之家	徐汇区	71.475
20	延吉社区(吉善)长者照护之家	杨浦区	71.275
21	闵行区古美社区艾为康长者照护之家	闵行区	71.010
22	长征社区爱照护长者照护之家	普陀区	70.369
23	黄浦区瑞金街道长者照护之家	黄浦区	69.891
24	五角场镇社区(国定)长者照护之家	杨浦区	68.542
25	天目西社区长者照护之家	静安区	68.478
26	南京东路社区长者照护之家	黄浦区	68.215
27	忆桃园长者照护之家	普陀区	67.175
28	豫园街道长者照护之家	黄浦区	66.920
29	普陀区曹家巷长者照护之家	普陀区	66.364
30	长宁区北新泾街道长者照护之家	长宁区	66.216
31	洋泾社区长者照护之家	浦东新区	65.583
32	南丹长者照护之家	徐汇区	64.917
33	浦东新区金杨社区长者照护之家	浦东新区	63.981
34	黄浦区瑞金二路街道瑞福长者照护之家	黄浦区	63.749
35	闵行区七宝社区华爱长者照护之家	闵行区	63.359
36	徐汇区田林社区乐怡长者照护之家	徐汇区	62.431
37	陆家嘴社区长者照护之家	浦东新区	62.050
38	东明社区长者照护之家	浦东新区	61.167
39	康健社区寿昌坊长者照护之家	徐汇区	60.723
40	长征社区馨越长者照护之家	普陀区	60.222
41	慧生活幸福长者照护之家	长宁区	59.398
42	黄浦区小东门街道长者照护之家	黄浦区	59.281
43	徐汇区漕河泾社区长者照护之家	徐汇区	58.499
44	殷行街道综合为老服务中心	杨浦区	58.105
45	曹杨社区长者照护之家	普陀区	57.895
46	甘泉社区慧享福长者照护之家	普陀区	57.861
47	打浦桥长者照护之家	黄浦区	57.529
48	淮海中路街道长者照护之家	黄浦区	57.488
49	江湾镇社区爱照护长者照护之家	虹口区	56.942
50	天山社区颐养长者照护之家	长宁区	56.823
平均得分	—	—	68.851

由表 5-23 可以看出，上海市中心城区长者照护之家 50 强综合平均得分为 68.851 分，其中有 23 家机构的得分达到平均分。排名前三的机构分别为万里爱照护长者照护之家、普陀全程久久长者照护之家和徐汇区龙华街道怡乐长者照护之家，得分分别为 90.731、84.859 和 83.472；排名靠后的三家机构分别是天山社区颐养长者照护之家、江湾镇社区爱照护长者照护之家、淮海中路街道长者照护之家，得分分别为 56.823、56.942 和 57.488，得分最高与最低相差 33.908 分．由此可以得出，中心城区长者照护之家得分差距较大。从得分层次来看，80 分以上的长者照护之家有 4 家，70 分以上的长者照护之家有 22 家，各个机构之间得分差距较小，呈现出逐步递减的态势。

为了了解上海市中心城区长者照护之家各项一级指标的具体得分情况，有必要对其进行深入的研究。对上海市长者照护之家的各项一级指标进行标准化，再计算出其各项一级指标的平均得分，画出如图 5-7 进行分析。

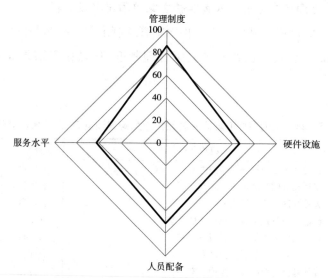

图 5-7　上海市中心城区长者照护之家 50 强各项一级指标均值

由图 5-7 可以看出，上海市中心城区长者照护之家各项一级指标中，得分最高的是管理制度指标，平均得分为 86.134，其次是硬件设施指标，平均得分为 67.085，第三名是人员配备指标，平均得分为 70.265，最低的是服务水平指标，平均得分为 61.560。而这四项一级指标的权重分别为：管理制度指标 0.200、硬件设施指标 0.200、人员配备指标 0.350、服务水平指标 0.250。其中，人员配备指标和服务水平指标的权重较大，因而使得上海市中心城区长者照护之家的总平均得分低于管理制度指标的平均得分，而较高权重的服务水平指标得分较低，在一定程度上拉低了总平均得分。

以上结果表明上海市长者照护之家各方面还需要进一步发展，还有较大的提升空间。从总体得分来说，仅有一家长者照护之家得分超过 90 分，同时中心城区长者照护之家的平均得分仅为 68.851 分，其中有 27 家机构得分低于平均得分，说明各个机构在整体上发展还不足。从各个指标得分来看，各个机构的管理制度发展较好，有较高的水平，而人员配备和服务水平指标得分较低，说明目前各机构缺少相关的专业服务人员，同时缺少专业的服务训练。基于以上分析，未来各长者照护之家需要多从老人服务角度入手，增加相关专业人员和提高服务质量。

（二）上海市中心城区长者照护之家单项排名及分析

（1）上海市中心城区长者照护之家管理制度单项排名与分析

上海市中心城区长者照护之家管理制度 50 强排名结果如表 5-24 所示。

表 5-24 上海市中心城区长者照护之家管理制度 50 强排名及得分

排名	机构名称	属地	得分
1	长征社区爱照护长者照护之家	普陀区	99.082
2	安远长者照护之家	普陀区	99.068
3	天平社区长者照护之家	徐汇区	99.041
4	徐汇区田林社区悦颐长者照护之家	徐汇区	99.019
5	长宁区江苏路街道长者照护之家	长宁区	97.443
6	普陀区真如意长者照护之家	普陀区	96.877
7	真如社区爱照护长者照护之家	普陀区	96.715
8	万里爱照护长者照护之家	普陀区	95.755
9	普陀全程久久长者照护之家	普陀区	95.637
10	长宁区周家桥街道长者照护之家	长宁区	94.953
11	天目西社区长者照护之家	静安区	94.628
12	延吉社区（吉善）长者照护之家	杨浦区	92.402

续表

排名	机构名称	属地	得分
13	黄浦区瑞金二路街道瑞福长者照护之家	黄浦区	92.300
14	外滩长者照护之家	黄浦区	91.978
15	洋泾社区长者照护之家	浦东新区	90.982
16	彭浦镇幸福新苑长者照护之家	静安区	90.941
17	石二社区福苑长者照护之家	静安区	90.509
18	浦东新区金杨社区长者照护之家	浦东新区	90.486
19	黄浦区瑞金街道长者照护之家	黄浦区	90.484
20	徐汇区田林社区乐怡长者照护之家	徐汇区	90.462
21	大桥社区(长隆)长者照护之家	杨浦区	90.448
22	斜土路社区长寿家园康新苑长者照护之家	徐汇区	90.441
23	浦兴社区福苑长者照护之家	浦东新区	89.189
24	康健社区寿昌坊长者照护之家	徐汇区	87.093
25	黄浦区小东门街道长者照护之家	黄浦区	86.647
26	虹梅社区长者照护之家	徐汇区	86.519
27	半淞园路街道长者照护之家	黄浦区	85.281
28	徐汇区龙华街道怡乐长者照护之家	徐汇区	84.442
29	南丹长者照护之家	徐汇区	84.438
30	徐汇区漕河泾社区长者照护之家	徐汇区	84.011
31	长白社区(常健)长者照护之家	杨浦区	84.009
32	江湾镇社区爱照护长者照护之家	虹口区	82.075
33	枫林社区爱照护长者照护之家	徐汇区	82.071
34	普陀区曹家巷长者照护之家	普陀区	79.743
35	长征社区馨越长者照护之家	普陀区	79.501
36	提篮桥社区丹徒路长者照护之家	虹口区	79.406
37	四川北路社区溧阳长者照护之家	虹口区	79.403
38	忆桃园长者照护之家	普陀区	79.132
39	曹杨社区长者照护之家	普陀区	79.121
40	天山社区颐养长者照护之家	长宁区	76.469
41	徐汇区长桥长者照护之家	徐汇区	76.467
42	甘泉社区慧享福长者照护之家	普陀区	75.021
43	慧生活幸福长者照护之家	长宁区	74.911
44	长宁区北新泾街道长者照护之家	长宁区	74.829
45	虹桥社区颐养虹南长者照护之家	长宁区	74.824
46	仙霞社区逸仙长者照护之家	长宁区	74.611
47	长宁区程家桥街道社区长者照护之家	长宁区	74.562
48	闵行区古美社区艾为康长者照护之家	闵行区	74.517
49	金桥社区长者照护之家	浦东新区	74.413
50	闵行区七宝社区华爱长者照护之家	闵行区	74.377
平均得分	—	—	86.134

由表 5-24 可得，上海市中心城区长者照护之家管理制度 50 强得分均值为 86.134 分，其中有 26 家机构的管理制度得分超过平均分，其余 24 家机构的管理制度得分低于平均分，排名前三的分别是长征社区爱照护长者照护之家 99.082 分、安远长者照护之家 99.068、天平社区长者照护之家 99.041 分；排名后三名的机构分别为闵行区七宝社区华爱长者照护之家、金桥社区长者照护之家、闵行区古美社区艾为康长者照护之家，得分依次为 74.377 分、74.413 分以及 74.517 分。得分最高与最低的机构之间相差 24.705 分，同时管理制度得分单项超过 90 分的机构有 22 家，超过 80 分低于 90 分的机构有 11 家，以上说明上海市中心城区长者照护之家的管理制度指标总体处于较高的水平。

（2）上海市中心城区长者照护之家硬件设施单项排名与分析

表 5-25　上海市中心城区长者照护之家硬件设施 50 强排名及得分

排名	机构名称	属地	得分
1	虹梅社区长者照护之家	徐汇区	99.670
2	徐汇区田林社区悦颐长者照护之家	徐汇区	90.611
3	小东门社区明龙长者照护之家	黄浦区	86.103
4	长宁区周家桥街道长者照护之家	长宁区	79.278
5	万里爱照护长者照护之家	普陀区	77.654
6	安远长者照护之家	普陀区	77.557
7	东明社区长者照护之家	浦东新区	76.269
8	康健社区寿昌坊长者照护之家	徐汇区	76.182
9	金桥社区长者照护之家	浦东新区	74.711
10	普陀全程久久长者照护之家	普陀区	73.487
11	外滩长者照护之家	黄浦区	73.456
12	闵行区七宝社区华爱长者照护之家	闵行区	72.224
13	南京东路社区长者照护之家	黄浦区	72.079
14	长宁区江苏路街道长者照护之家	长宁区	71.667
15	浦兴社区福苑长者照护之家	浦东新区	71.603
16	殷行街道长者照护之家	杨浦区	71.246
17	忆桃园长者照护之家	普陀区	70.663
18	黄浦区五里桥街道长者照护之家	黄浦区	70.567
19	斜土路社区长寿家园康新苑长者照护之家	徐汇区	70.158
20	延吉社区（吉善）长者照护之家	杨浦区	69.778
21	徐汇区龙华街道怡乐长者照护之家	徐汇区	69.346

续表

排名	机构名称	属地	得分
22	石二社区福苑长者照护之家	静安区	69.009
23	天平社区长者照护之家	徐汇区	66.891
24	甘泉社区慧享福长者照护之家	普陀区	66.167
25	五角场镇社区(国定)长者照护之家	杨浦区	65.524
26	天目西社区长者照护之家	静安区	64.818
27	陆家嘴社区长者照护之家	浦东新区	64.465
28	北蔡长者照护之家	浦东新区	63.857
29	普陀区陆一长者照护之家	普陀区	63.733
30	淮海中路街道长者照护之家	黄浦区	63.646
31	长征社区馨越长者照护之家	普陀区	63.197
32	徐汇区长桥长者照护之家	徐汇区	63.123
33	洋泾社区长者照护之家	浦东新区	62.561
34	彭浦镇幸福新苑长者照护之家	静安区	61.978
35	提篮桥社区丹徒路长者照护之家	虹口区	61.800
36	闵行区古美社区艾为康长者照护之家	闵行区	60.891
37	长宁区天山街道长者照护之家	长宁区	60.379
38	徐汇区漕河泾社区长者照护之家	徐汇区	60.279
39	曹杨社区长者照护之家	普陀区	60.107
40	黄浦区小东门街道长者照护之家	黄浦区	60.102
41	南丹长者照护之家	徐汇区	59.860
42	长征社区爱照护长者照护之家	普陀区	59.589
43	浦东新区金杨社区长者照护之家	浦东新区	56.984
44	徐汇区田林社区乐怡长者照护之家	徐汇区	56.035
45	豫园街道长者照护之家	黄浦区	55.557
46	长宁区程家桥街道社区长者照护之家	长宁区	55.260
47	枫林社区爱照护长者照护之家	徐汇区	55.149
48	天山社区颐养长者照护之家	长宁区	53.965
49	四川北路社区溧阳长者照护之家	虹口区	53.168
50	打浦桥长者照护之家	黄浦区	51.847
平均得分	—	—	67.085

由表 5-25 可得，上海市中心城区长者照护之家硬件设施 50 强得分均值为 67.085 分，其中有 22 家机构的硬件设施得分超过平均分，有 28 家机构的硬件设施得分低于平均分。硬件设施得分前 3 名的机构分别为虹梅社区长者照护之家、徐汇区田林社区悦颐长者照护之家和小东门社区明

龙长者照护之家，得分依次为99.670分、90.611分以及86.103分，硬件设施排名后3名的机构分别为打浦桥长者照护之家、四川北路社区溧阳长者照护之家和天山社区颐养长者照护之家，得分依次为51.847分、53.168分以及53.965分。得分最高与最低的机构之间相差47.823分，差距较大，同时硬件设施得分超过90分的机构有2家，超过80分低于90分的长者照护之家只有1家。以上说明上海市中心城区长者照护之家硬件设施还有较大的发展空间。

（3）上海市中心城区长者照护之家人员配备单项排名与分析

表5-26 上海市中心城区长者照护之家人员配备50强排名及得分

排名	机构名称	属地	得分
1	徐汇区龙华街道怡乐长者照护之家	徐汇区	99.584
2	普陀全程久久长者照护之家	普陀区	98.673
3	小东门社区明龙长者照护之家	黄浦区	94.485
4	万里爱照护长者照护之家	普陀区	94.073
5	枫林社区爱照护长者照护之家	徐汇区	93.708
6	浦兴社区福苑长者照护之家	浦东新区	93.243
7	黄浦区五里桥街道长者照护之家	黄浦区	90.856
8	长宁区江苏路街道长者照护之家	长宁区	86.421
9	豫园街道长者照护之家	黄浦区	85.417
10	南京东路社区长者照护之家	黄浦区	85.363
11	斜土路社区长寿家园康新苑长者照护之家。	徐汇区	85.086
12	闵行区古美社区艾为康长者照护之家	闵行区	85.055
13	长宁区北新泾街道长者照护之家	长宁区	83.284
14	外滩长者照护之家	黄浦区	82.796
15	长宁区天山街道长者照护之家	长宁区	81.316
16	普陀区曹家巷长者照护之家	普陀区	78.204
17	真如社区爱照护长者照护之家	普陀区	77.897
18	普陀真如意长者照护之家	普陀区	77.512
19	长征社区爱照护长者照护之家	普陀区	77.267
20	黄浦区瑞金街道长者照护之家	黄浦区	74.577
21	五角场镇社区（国定）长者照护之家	杨浦区	73.322
22	虹梅社区长者照护之家	徐汇区	71.304
23	忆桃园长者照护之家	普陀区	70.087
24	洋泾社区长者照护之家	浦东新区	69.897
25	天平社区长者照护之家	徐汇区	66.988

续表

排名	机构名称	属地	得分
26	打浦桥长者照护之家	黄浦区	66.764
27	延吉社区(吉善)长者照护之家	杨浦区	64.602
28	浦东新区金杨社区长者照护之家	浦东新区	64.493
29	南丹长者照护之家	徐汇区	64.455
30	陆家嘴社区长者照护之家	浦东新区	63.879
31	黄浦区瑞金二路街道瑞福长者照护之家	黄浦区	61.741
32	慧生活幸福长者照护之家	长宁区	61.379
33	徐汇区田林社区悦颐长者照护之家	徐汇区	60.883
34	淮海中路街道长者照护之家	黄浦区	59.619
35	安远长者照护之家	普陀区	59.59
36	徐汇区田林社区乐怡长者照护之家	徐汇区	59.329
37	石二社区福苑长者照护之家	静安区	58.705
38	长宁区程家桥街道社区长者照护之家	长宁区	57.389
39	闵行区七宝社区华爱长者照护之家	闵行区	56.877
40	塘桥社区长者照护之家	浦东新区	55.999
41	东明社区长者照护之家	浦东新区	54.781
42	黄浦区小东门街道长者照护之家	黄浦区	54.502
43	长宁区周家桥街道长者照护之家	长宁区	54.01
44	天山社区颐养长者照护之家	长宁区	51.981
45	长白社区(常健)长者照护之家	杨浦区	51.954
46	江浦社区(康善)长者照护之家	杨浦区	51.817
47	长白社区(常乐)长者照护之家	杨浦区	51.056
48	殷行街道长者照护之家	杨浦区	50.995
49	仙霞社区逸仙长者照护之家	长宁区	50.806
50	江湾镇社区爱照护长者照护之家	虹口区	49.221
平均得分	—	—	70.265

由表 5-26 可得，上海市中心城区长者照护之家人员配备 50 强得分均值为 70.265 分，其中有 22 家机构的人员配备得分超过平均分，有 28 家机构的人员配备得分低于平均分。人员配备得分的前 3 名分别为徐汇区龙华街道怡乐长者照护之家、普陀全程久久长者照护之家、小东门社区明龙长者照护之家，得分依次为 99.584 分、98.673 分以及 94.485 分，人员配备排名后 3 位的机构分别为江湾镇社区爱照护长者照护之家、仙霞社区逸仙长者照护之家、殷行街道长者照护之家，得分依次为 49.221 分、

50.806 分和 50.995 分。得分最高与最低的机构之间相差 50.363 分，差距非常大。人员配备指标得分单项超过 90 分的机构有 7 家，超过 80 分低于 90 分的有 8 家。以上说明上海市中心城区长者照护之家人员配备整体水平一般，还有较大的发展空间。

（4）上海市中心城区长者照护之家服务水平单项指标排名与分析

表 5 – 27　上海市中心城区长者照护之家服务水平 50 强排名及得分

排名	机构名称	属地	得分
1	长宁区周家桥街道长者照护之家	长宁区	93.861
2	万里爱照护长者照护之家	普陀区	92.594
3	安远长者照护之家	普陀区	90.852
4	天目西社区长者照护之家	静安区	90.758
5	石二社区福苑长者照护之家	静安区	84.653
6	真如社区爱照护长者照护之家	普陀区	78.959
7	长宁区天山街道长者照护之家	长宁区	78.367
8	小东门社区明龙长者照护之家	黄浦区	73.766
9	徐汇区田林社区悦颐长者照护之家	徐汇区	69.259
10	普陀全程久久长者照护之家	普陀区	66.903
11	黄浦区瑞金街道长者照护之家	黄浦区	65.514
12	普陀区真如意长者照护之家	普陀区	65.298
13	延吉社区（吉善）长者照护之家	杨浦区	64.917
14	甘泉社区慧享福长者照护之家	普陀区	64.583
15	徐汇区龙华街道怡乐长者照护之家	徐汇区	64.457
16	黄浦区五里桥街道长者照护之家	黄浦区	63.224
17	枫林社区爱照护长者照护之家	徐汇区	62.808
18	闵行区古美社区智汇坊长者照护之家	闵行区	61.003
19	长征社区馨越长者照护之家	普陀区	60.761
20	五角场镇社区（国定）长者照护之家	杨浦区	60.696
21	徐汇区漕河泾社区长青照护之家	徐汇区	58.558
22	普陀区陆一长者照护之家	普陀区	58.507
23	普陀区曹家巷长者照护之家	普陀区	58.288
24	天平社区长者照护之家	徐汇区	58.201
25	浦兴社区福苑长者照护之家	浦东新区	57.509
26	长宁区江苏路街道长者照护之家	长宁区	57.507
27	外滩长者照护之家	黄浦区	57.504
28	闵行区古美社区艾为康长者照护之家	闵行区	56.632
29	闵行区七宝社区华爱长者照护之家	闵行区	56.501

续表

排名	机构名称	属地	得分
30	慧生活幸福长者照护之家	长宁区	56.433
31	普陀区岚西长者照护之家	普陀区	56.254
32	虹梅社区长者照护之家	徐汇区	56.007
33	曹杨社区长者照护之家	普陀区	55.306
34	彭浦镇幸福新苑长者照护之家	静安区	54.979
35	北蔡长者照护之家	浦东新区	54.783
36	豫园街道长者照护之家	黄浦区	54.753
37	黄浦区瑞金二路街道瑞福长者照护之家	黄浦区	54.750
38	南丹长者照护之家	徐汇区	54.256
39	四川北路社区溧阳长者照护之家	虹口区	53.805
40	江湾镇社区爱照护长者照护之家	虹口区	53.021
41	斜土路社区长寿家园康新苑长者照护之家	徐汇区	52.253
42	忆桃园长者照护之家	普陀区	50.758
43	南京东路社区长者照护之家	黄浦区	50.451
44	长宁虹桥社区颐养虹南长者照护之家	长宁区	50.242
45	天山社区颐养长者照护之家	长宁区	50.167
46	康健社区寿昌坊长者照护之家	徐汇区	50.002
47	半淞园路街道长者照护之家	黄浦区	50.103
48	徐汇区田林社区乐怡长者照护之家	徐汇区	49.514
49	长宁区北新泾街道长者照护之家	长宁区	49.352
50	陆家嘴社区长者照护之家	浦东新区	48.372
平均得分	—	—	61.560

　　由表 5-27 可得，上海市中心城区长者照护之家服务水平单项得分均值为 61.560 分，其中有 17 家机构的服务水平得分超过平均分，有 33 家机构的服务水平得分低于平均分。服务水平得分前 3 名的分别为长宁区周家桥街道长者照护之家、万里爱照护长者照护之家和安远长者照护之家，得分依次为 93.861 分、92.594 分以及 90.852 分，服务水平排名后 3 位的机构分别为陆家嘴社区长者照护之家、长宁区北新泾街道长者照护之家和徐汇区田林社区乐怡长者照护之家，得分依次为 48.372 分、49.352 分和 49.514 分。得分最高与最低的机构之间相差 45.489 分，差距非常大。服务水平指标得分单项超过 90 分的机构有 4 家，超过 80 分和 70 分的机构分别有 5 家和 8 家。以上说明上海市中心城区长者照护之家的服务水平还不高，有较大的提升空间。

（三）上海市中心城区长者照护之家各行政区排名与分析

（1）上海市中心城区长者照护之家各行政区综合排名与分析

上海市中心城区长者照护之家各行政区的总平均得分与排名如表5-28所示。

表5-28 上海市中心城区长者照护之家各行政区总平均得分与排名汇总表

排名	行政区	总平均得分
1	徐汇区	69.083
2	普陀区	67.799
3	黄浦区	66.362
4	长宁区	61.744
5	闵行区	61.292
6	浦东新区	59.239
7	杨浦区	58.135
8	虹口区	54.680
9	静安区	54.185
总平均值	—	61.391

注：宝山区长者照护之家有效样本中位于中心城区的只有1家，故不参加行政区之间的排名。

根据表5-28可以画出如图5-8所示的上海市中心城区长者照护之家各行政区总平均得分的排名汇总图。

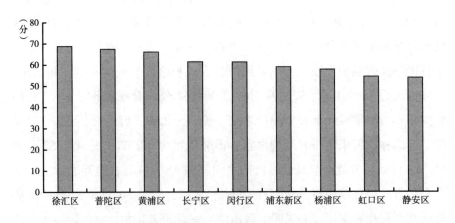

图5-8 上海市中心城区长者照护之家各行政区平均得分排名

从表 5 - 28 和图 5 - 8 可以看出，上海市中心城区各行政区长者照护之家总平均得分排名第一的为徐汇区，总平均得分为 69.083；排名第二的是普陀区，总平均得分为 67.799；排名第三的为黄浦区，总平均得分为 66.362；各行政区总平均得分的总平均值为 61.391，有 4 个区的总平均得分超过了该平均值，有 5 个区的总平均得分低于该平均值。

（2）上海市中心城区长者照护之家各行政区管理制度单项排名与分析

上海市中心城区长者照护之家各行政区管理制度单项平均得分与排名如表 5 - 29 所示。

表 5 - 29　上海市中心城区长者照护之家各行政区管理制度总平均得分与排名汇总表

排名	行政区	管理制度得分
1	徐汇区	87.550
2	普陀区	86.430
3	虹口区	80.283
4	杨浦区	80.060
5	静安区	79.952
6	长宁区	78.490
7	黄浦区	78.050
8	浦东新区	77.877
9	闵行区	70.310
总平均值	—	79.889

根据表 5 - 29 可以作出如图 5 - 9 所示的上海市中心城区长者照护之家各行政区管理制度单项平均得分的排名汇总图。

从表 5 - 29 和图 5 - 9 可以看出，上海市中心城区长者照护之家各行政区管理制度单项平均得分排名第一的为徐汇区，平均得分为 87.550；排名第二的是普陀区，平均得分为 86.430；排名第三的为虹口区，平均得分为 80.283。各行政区管理制度单项平均得分的总平均值为 79.889，有 5 个区的总平均得分超过了该平均值，有 4 个区的总平均得分低于该平均值。以上结果说明上海市各行政区长者照护之家在管理制度上的总体得分表现尚可，但各个行政区之间仍有差距。

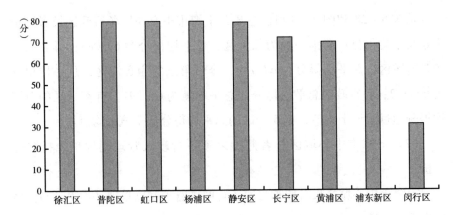

图5-9　上海市中心城区长者照护之家各行政区
管理制度平均得分排名汇总图

（3）上海市中心城区长者照护之家各行政区硬件设施单项排名与分析

上海市中心城区长者照护之家各行政区硬件设施单项平均得分与排名如表5-30所示。

表5-30　上海市中心城区长者照护之家各行政区硬件
设施单项总平均得分与排名汇总表

排名	行政区	硬件设施得分
1	徐汇区	69.936
2	浦东新区	61.748
3	黄浦区	61.723
4	闵行区	61.418
5	普陀区	60.810
6	杨浦区	56.086
7	长宁区	55.181
8	虹口区	55.083
9	静安区	54.547
总平均值	—	59.615

根据表5-30可以作出如图5-10所示的上海市中心城区长者照护之家各行政区硬件设施单项平均得分的排名汇总图。

从表5-30和图5-10可以看出，上海市中心城区长者照护之家各行

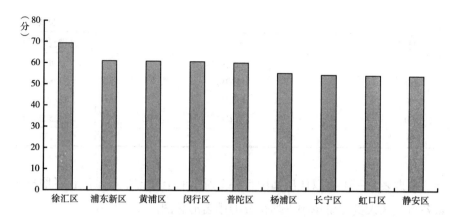

图 5 – 10 上海市中心城区长者照护之家各行政区硬件
设施单项平均得分排名汇总图

政区硬件设施单项平均得分排名第一的为徐汇区，平均得分为 69.936；
排名第二的是浦东新区，平均得分为 61.748；排名第三的为黄浦区，平
均得分为 61.723；硬件设施单项平均得分的总平均值为 59.615，有 5 个
区的总平均得分超过了该平均值，有 4 个区的总平均得分低于该平均值。
以上结果说明上海市中心城区长者照护之家各行政区在硬件设施上的总体
得分表现不佳，得分较低，有较大的提升空间，且各个行政区之间有较大
的差距。

（4）上海市中心城区长者照护之家各行政区人员配备单项排名与
分析

上海市中心城区长者照护之家各行政区人员配备单项平均得分与排名
如表 5 – 31 所示。

表 5 – 31 上海市中心城区长者照护之家各行政区人员配备
单项总平均得分与排名汇总表

排名	行政区	人员配备得分
1	黄浦区	71.780
2	徐汇区	67.030
3	普陀区	63.392
4	长宁区	60.662
5	闵行区	58.387

续表

排名	行政区	人员配备得分
6	浦东新区	55.837
7	杨浦区	53.809
8	虹口区	43.303
9	静安区	36.522
总平均值	—	56.747

根据表 5-31 可以作出如图 5-11 所示的上海市中心城区长者照护之家各行政区人员配备单项平均得分的排名汇总图。

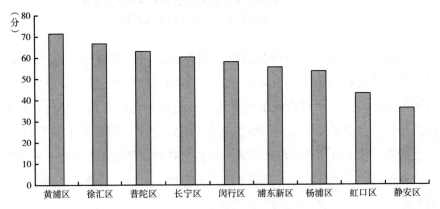

图 5-11　上海市中心城区长者照护之家各行政区
人员配备单项平均得分排名汇总图

从表 5-31 和图 5-11 可以看出，上海市中心城区长者照护之家各行政区人员配备单项平均得分排名第一的为黄浦区，平均得分为 71.780；排名第二的是徐汇区，平均得分为 67.030；排名第三的为普陀区，平均得分为 63.392；人员配备单项平均得分的总平均值为 56.747，有 5 个区的总平均得分超过了该平均值，有 4 个区的总平均得分低于该平均值。以上结果说明上海市中心城区长者照护之家各行政区在人员配备上的总体得分表现不佳，得分较低，有较大的提升空间，同时各个行政区之间有较大的差距，部分行政区得分较低。

（5）上海市中心城区长者照护之家各行政区服务水平单项排名与分析

上海市中心城区长者照护之家各行政区服务水平单项平均得分与排名如表 5 - 32 所示。

表 5 - 32　上海市中心城区长者照护之家各行政区服务水平
总平均得分与排名汇总表

排名	行政区	服务水平得分
1	普陀区	64.654
2	闵行区	58.044
3	静安区	58.009
4	徐汇区	56.500
5	长宁区	55.114
6	黄浦区	53.138
7	虹口区	49.802
8	杨浦区	48.290
9	浦东新区	47.086
总平均值	—	54.515

根据表 5 - 32 可以作出如图 5 - 12 所示的上海市中心城区长者照护之家各行政区服务水平单项平均得分的排名汇总图。

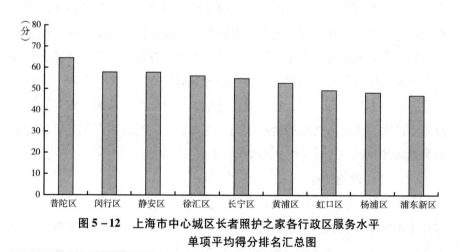

图 5 - 12　上海市中心城区长者照护之家各行政区服务水平
单项平均得分排名汇总图

从表 5 - 31 和图 5 - 12 可以看出，上海市中心城区长者照护之家各行政区服务水平单项平均得分排名第一的为普陀区，平均得分为 64.654；排名第二的是闵行区，平均得分为 58.044；排名第三的为静安区，平均得分为 58.009；人员配备单项平均得分的总平均值为 54.515，有 5 个区的总平均得分超过了该平均值，有 4 个区的总平均得分低于该平均值。以上结果说明上海市中心城区长者照护之家各行政区在服务水平上的总体得分表现不佳，平均得分较低，有较大的提升空间，同时各个行政区之间有较大的差距，部分行政区在服务水平指标上平均得分太低，需要长足的进步。

第三节　上海市中心城区综合为老服务中心评价分析

一　综合为老服务中心评价体系

（一）综合为老服务中心评价指标体系

综合为老服务中心评价指标体系共分成三个层次，由 4 项一级指标、24 项二级指标和 148 项三级指标构成，其中一级指标包括管理制度、硬件设施、人员配备和服务水平。

（1）管理制度指标

管理制度指标体现了综合为老服务中心的管理水平，包括基本管理制度和信息档案制度 2 项二级指标，下面又细分为日常服务管理制度、安全管理制度、人员管理制度、火灾应急预案、老年人服务制度、服务流程管理制度、老年人突发疾病应急预案、老年人突发意外应急预案和其它管理制度以及老年人基本信息登记表、综合为老服务中心服务申请表、综合为老服务中心老年人每日出入登记表、老年人当日状况记录表、老年人终止服务申请表、为未入住机构的社区老年人提供上门照料护理服务、其它申请为老服务和其它专业化特色服务等 17 项三级指标。

（2）硬件设施指标

硬件设施是服务质量的基本保障，指标包括生活辅助用房配置、医疗保健用房配置、公共活动用房配置、服务设备配置、消防设施配置、安全设施配置、智能养老设施配置和医疗机构配置 8 项二级指标，下面又细分为公共卫生间、餐厅、公用浴室、厨房操作间、污物处理间、医务室/卫生室、心理疏导室、中医保健室、临终关怀室、康复训练室、阅览室、棋牌室、电影/电视室、书画室、网络室、健身室、音乐室、多功能厅、阳光厅、宗教文化室、手工制作室等 45 个三级指标。

（3）人员配备指标

人员配备情况直接关系到综合为老服务中心的服务能力、服务水平，包括护理员配置、医生配置、护士配置、康复师配置、营养师配置和管理人员配置 6 项二级指标，下面又细分为护理员人数、护理员年龄结构、护理员学历、医生人数、医生职称、医生学历、护士人数、护士年龄结构、护士学历、康复师人数、康复师年龄结构等 18 个三级指标。

（4）服务水平指标

服务水平指标量化了综合为老服务中心提供的各类服务项目，包括入住情况、生活照料服务、护理服务、文化娱乐服务、医疗服务、精神慰藉服务、护理站服务和其他服务 8 个二级指标，下面又细分为失能老人入住比例、日均服务人数、助餐、助浴、理发、洗头、剪指甲、洗手、刷牙、洗脸、穿（脱）衣、安全服务、午间休息服务、洗衣、送餐上门、上门做饭、术后康复服务、术后康复训练、褥疮护理、口腔护理、打针输液、静脉采血等 70 项三级指标。

表 5-33　综合为老服务中心评价指标体系

一级指标	二级指标	三级指标
管理制度	基本管理制度	日常服务管理制度
		安全管理制度
		人员管理制度
		火灾应急预案
		老年人服务档案
		服务流程管理制度
		老年人突发疾病应急预案
		老年人突发意外应急预案
		其它管理制度
	信息档案制度	老年人基本信息登记表
		综合为老服务中心服务申请表
		综合为老服务中心老年人每日出入登记表
		老年人当日状况记录表
		老年人终止服务申请表
		其它：为未入住机构的社区老年人提供上门照料、护理服务
		其它：其它申请为老服务，如家庭护老者培训等
		其它：其它专业化特色服务

右上角：续表

一级指标	二级指标	三级指标
硬件设施	生活辅助用房配置	公共卫生间
		餐厅
		公用浴室
		厨房操作间
		污物处理间
	医疗保健用房配置	医务室/卫生室
		心理疏导室
		中医保健室
		临终关怀室
		康复训练室
	公共活动用房配置	阅览室
		棋牌室
		电影/电视室
		书画室
		网络室
		健身室
		音乐室
		多功能厅
		阳光厅
		宗教文化室
		手工制作室
		其它
	服务设备配置	多功能护理床
		防压疮垫
		多功能轮椅
		升降移位车
		健身器材
		康复训练器具
		其它配置
	消防设施配置	灭火器、消防栓
		消防喷淋系统
		自动火灾报警
		其它
	安全设施配置	扶手/防撞装置
		卫生消毒设备
		防滑设施
		紧急呼叫系统
		监控系统(设备)
		定位设备
		其它

续表

一级指标	二级指标	三级指标
硬件设施	智慧养老设施配置(有,无)	互联网络
		智能检测系统设备
		物联网设施
		远程医疗设备
	医疗机构设置	内设医疗机构
		是否设立护理站
人员配备	护理员配置	护理员人数
		护理员年龄结构
		护理员学历
	医生配置	医生人数
		医生职称
		医生学历
	护士配备	护士人数
		护士年龄结构
		护士学历
	康复师配置	康复师人数
		康复师年龄结构
		康复师学历
	营养师配置	营养师人数
		营养师学历
		营养师年龄
	管理人员配置	管理人员人数
		管理人员学历
		管理人员年龄结构
服务水平	入住情况	失能老人入住比例
		日均服务人数
	生活照料服务	助餐
		助浴
		理发
		洗头
		剪指甲
		洗手
		刷牙
		洗脸
		穿(脱)衣
		安全服务
		午间休息服务
		洗衣
		送餐上门
		上门做饭

续表

一级指标	二级指标	三级指标
服务水平	护理服务	术后康复服务
		术后康复训练
		褥疮护理
		口腔护理
		打针输液
		静脉采血
		拆线换药
		鼻饲护理
		协助排泄
		吸痰导尿
		认知症照护
		提示或协助服药
	文化娱乐服务	看书看报
		上网
		老年大学
		唱歌
		跳舞
		棋牌
		书画学习
		看戏曲
		电视影视
		手工制作
		做游戏
		参加兴趣小组
	医疗服务	建立健康档案餐
		营养指导
		日常健康管理(疾病预防,测量血压、血糖、体温等)
		用药指导
		陪同就医
		中医养生调理
		运动健康指导
		联系紧急救护
		就诊绿色通道
		按摩
		肌力训练

续表

一级指标	二级指标	三级指标
服务水平	精神慰藉服务	心理健康教育
		心理健康咨询
		情绪疏导
		陪聊
		生活陪伴
		心理危机干预
		临终关怀
	护理站服务（有,无）	基础护理服务
		专科护理
		临终护理
		消毒隔离技术指导
		营养指导
		社区康复指导
		健康宣教
		其它
	其他服务	照料者服务技术指导
		养老辅具租赁
		喘息
		上门服务

（二）综合为老服务中心评价指标体系权重

评价指标权重由专家打分确定，专家根据各个指标的重要程度对指标进行背靠背打分，对综合为老服务中心指标体系中一级、二级和三级指标进行赋权打分，共计三轮，最后取平均值，该评价指标体系的权重结果如表 5 - 34 所示。

表 5 - 34 综合为老服务中心评价指标权重

	指标内容	权重
一级指标	管理制度指标	0.200
	硬件设施指标	0.200
	人员配备指标	0.350
	服务水平指标	0.250
	总计	1

各个一级指标的具体权重如下所示。

（1）管理制度指标

综合为老服务中心评价体系中管理制度评价指标的权重为0.200，其具体权重如表5-35所示。

表5-35　综合为老服务中心管理制度评价指标权重

一级指标	权重	二级指标	权重	三级指标	权重
管理制度	0.200	基本管理制度	0.400	日常服务管理制度	0.100
				安全管理制度	0.100
				人员管理制度	0.100
				火灾应急预案	0.050
				老年人服务制度	0.150
				服务流程管理制度	0.150
				老年人突发疾病应急预案	0.150
				老年人突发意外应急预案	0.150
				其它管理制度	0.050
		信息档案制度	0.600	老年人基本信息登记表	0.150
				综合为老服务中心服务申请表	0.050
				综合为老服务中心老年人每日出入登记表	0.100
				老年人当日状况记录表	0.250
				老年人终止服务申请表	0.050
				其它:为未入住机构的社区老年人提供上门照料、护理服务	0.200
				其它:其它申请为老服务,如家庭护老者培训等	0.100
				其它:其它专业化特色服务	0.100

（2）硬件设施指标

综合为老服务中心评价体系中硬件设施评价指标的权重为0.200，其具体权重如表5-36所示。

表5-36　综合为老服务中心硬件设施评价指标权重

一级指标	权重	二级指标	权重	三级指标	权重
硬件设施	0.200	生活辅助用房配置	0.100	公共卫生间	0.200
				餐厅	0.200
				公用浴室	0.200
				厨房操作间	0.200
				污物处理间	0.200

续表

一级指标	权重	二级指标	权重	三级指标	权重
硬件设施	0.200	医疗保健用房配置	0.200	医务室/卫生室	0.250
				心理疏导室	0.150
				中医保健室	0.300
				临终关怀室	0.100
				康复训练室	0.200
		公共活动用房配置	0.100	阅览室	0.100
				棋牌室	0.100
				电影/电视室	0.100
				书画室	0.100
				网络室	0.050
				健身室	0.100
				音乐室	0.100
				多功能厅	0.100
				阳光厅	0.050
				宗教文化室	0.050
				手工制作室	0.100
				其它	0.050
		服务设备配置	0.200	多功能护理床	0.150
				防压疮垫	0.100
				多功能轮椅	0.150
				升降移位车	0.150
				健身器材	0.200
				康复训练器具	0.200
				其它配置	0.050
		消防设施配置	0.100	灭火器、消防栓	0.300
				消防喷淋系统	0.250
				自动火灾报警	0.250
				其它	0.200
		安全设施配置	0.100	扶手/防撞装置	0.200
				卫生消毒设备	0.150
				防滑设施	0.200
				紧急呼叫系统	0.150
				监控系统(设备)	0.200
				定位设备	0.050
				其它	0.050

续表

一级指标	权重	二级指标	权重	三级指标	权重
硬件设施	0.200	智慧养老设施配置	0.100	互联网络	0.300
				智能检测系统设备	0.300
				物联网设施	0.200
				远程医疗设备	0.200
		医疗机构设置	0.100	内设医疗机构	0.500
				是否设立护理站	0.500

（3）人员配备指标

综合为老服务中心评价体系中人员配置评价指标的权重为0.350，其具体权重如表5－37所示。

表5－37　综合为老服务中心人员配备评价指标权重

一级指标	权重	二级指标	权重	三级指标	权重
人员配备	0.350	护理员配置	0.250	护理员人数	0.500
				护理员年龄结构	0.350
				护理员学历	0.150
		医生配置	0.200	医务人数	0.400
				医生职称	0.300
				医生学历	0.300
		护士配置	0.250	护士人数	0.500
				护士年龄结构	0.250
				护士学历	0.250
		康复师配置	0.100	康复师人数	0.500
				康复师年龄结构	0.250
				康复师学历	0.250
		营养师配置	0.100	营养师人数	0.500
				营养师学历	0.250
				营养师年龄	0.250
		管理人员配置	0.100	管理人员人数	0.300
				管理人员学历	0.500
				管理人员年龄结构	0.200

（4）服务水平指标

综合为老服务中心评价体系中服务水平评价指标的权重为0.250，其具体权重如表5－38所示。

表 5 – 38　综合为老服务中心服务水平评价指标权重

一级指标	权重	二级指标	权重	三级指标	权重
服务水平	0.250	入住情况	0.100	失能老人入住比例	0.400
				日均服务人数	0.600
		生活照料服务	0.150	助餐	0.050
				助浴	0.050
				理发	0.050
				洗头	0.050
				剪指甲	0.050
				洗手	0.050
				刷牙	0.050
				洗脸	0.050
				穿（脱）衣	0.050
				安全服务	0.050
				午间休息服务	0.150
				洗衣	0.100
				送餐上门	0.150
				上门做饭	0.100
		护理服务	0.200	术后康复服务	0.050
				术后康复训练	0.050
				褥疮护理	0.100
				口腔护理	0.050
				打针输液	0.100
				静脉采血	0.100
				拆线换药	0.100
				鼻饲护理	0.050
				协助排泄	0.100
				吸痰导尿	0.100
				认知症照护	0.150
				提示或协助服药	0.050
		文化娱乐服务	0.150	看书看报	0.100
				上网	0.050
				老年大学	0.150
				唱歌	0.050
				跳舞	0.050
				棋牌	0.100
				书画学习	0.100
				看戏曲	0.050

续表

一级指标	权重	二级指标	权重	三级指标	权重
服务水平	0.250	文化娱乐服务	0.150	电视影视	0.050
				手工制作	0.100
				做游戏	0.100
				参加兴趣小组	0.100
		医疗服务	0.150	建立健康档案餐	0.150
				营养指导	0.050
				日常健康管理（疾病预防，测量血压、血糖、体温）	0.150
				用药指导	0.100
				陪同就医	0.050
				中医养生调理	0.150
				运动健康指导	0.150
				联系紧急救护	0.050
				就诊绿色通道	0.050
				按摩	0.050
				肌力训练	0.050
		精神慰藉服务	0.100	心理健康教育	0.200
				心理健康咨询	0.200
				情绪疏导	0.200
				陪聊	0.100
				生活陪伴	0.100
				心理危机干预	0.100
				临终关怀	0.100
		护理站服务	0.100	基础护理服务	0.250
				专科服务	0.150
				临终护理	0.100
				消毒隔离技术指导	0.150
				营养指导	0.100
				社区康复指导	0.100
				健康宣教	0.100
				其他护理服务	0.050
		其他服务	0.050	照料者服务技术指导	0.200
				养老辅具租赁	0.200
				喘息	0.300
				上门服务	0.300

二 上海市中心城区综合为老服务中心排名及分析

（一）上海市中心城区综合为老服务中心综合排名及分析

上海市中心城区综合为老服务中心 50 强综合得分及排名如表 5－39 所示。

表 5－39 上海市中心城区综合为老服务中心 50 强综合得分及排名

排名	机构名称	属地	总得分
1	长寿西沙综合为老服务中心	普陀区	88.319
2	徐家汇街道社区综合为老服务中心	徐汇区	86.455
3	田林街道文定汇综合为老服务中心	徐汇区	85.189
4	南码头街道总结为老服务中心	浦东新区	83.922
5	斜土路街道综合为老服务中心	徐汇区	81.583
6	黄浦区五里桥街道综合为老服务中心	黄浦区	77.667
7	长宁区江苏路街道社区综合为老服务中心	长宁区	75.040
8	长宁区北新泾街道综合为老服务中心	长宁区	73.995
9	陆家嘴街道社区综合为老服务中心	浦东新区	72.854
10	杨浦区延吉社区综合为老服务中心	杨浦区	72.753
11	凌云街道社区综合为老服务中心	徐汇区	71.234
12	虹桥街道社区综合为老服务中心	长宁区	69.361
13	徐汇区虹梅街道社区综合为老服务中心	徐汇区	68.944
14	万里街道社区综合为老服务中心	普陀区	66.682
15	长宁区周家桥街道社区综合为老服务中心	长宁区	65.196
16	淮海中路街道综合为老服务中心	黄浦区	63.999
17	长桥街道综合为老服务中心	徐汇区	63.312
18	北蔡综合为老服务中心	浦东新区	63.223
19	静安区石门二路街道社区综合为老服务中心	静安区	63.093
20	五角场社区(国定)综合为老服务中心	杨浦区	61.457
21	浦东新区东明路街道综合为老服务中心	浦东新区	59.518
22	长宁区程家桥街道综合为老服务中心	长宁区	57.930
23	漕河泾街道社区综合为老服务中心	徐汇区	57.778
24	小东门街道综合为老服务中心	黄浦区	57.670
25	黄浦区南京东路街道综合为老服务中心	黄浦区	57.636
26	平凉路街道综合为老服务中心	杨浦区	56.499
27	普陀长征同心家园·金沙片区	普陀区	56.329
28	老西门街道社区综合为老服务中心	黄浦区	55.884
29	黄浦区豫园街道综合为老服务中心	黄浦区	54.446

排名	机构名称	属地	总得分
30	上海杨浦区定海路街道综合为老服务中心	杨浦区	54.165
31	静安区共和新路第二社区综合为老服务中心	静安区	51.103
32	瑞金二路街道综合为老服务中心锦江社区分中心	黄浦区	50.192
33	四川北路街道社区综合为老服务中心	虹口区	49.698
34	花木街道综合为老服务中心	浦东新区	49.513
35	浦东新区三林爱博老年人综合为老服务中心	浦东新区	49.308
36	殷行街道综合为老服务中心	杨浦区	48.755
37	浦东新区高东镇综合为老服务中心	浦东新区	48.745
38	浦东新区金桥社区综合为老服务中心	浦东新区	62.044
39	闵行区虹桥镇社区综合为老服务中心	闵行区	47.869
40	徐汇区康健社区综合为老服务中心	徐汇区	47.343
41	宜川社区综合为老服务中心	普陀区	46.850
42	潍坊新村街道社区综合为老服务中心	浦东新区	45.905
43	曲阳路街道综合为老服务中心	虹口区	44.930
44	殷行新村街道社区综合为老服务中心	杨浦区	43.919
45	梅岭南片区社区综合为老服务中心	普陀区	43.760
46	静安区彭浦镇第一社区综合为老服务中心	静安区	43.417
47	四平街道综合为老服务中心	杨浦区	42.648
48	长海路街道综合为老服务中心	杨浦区	42.159
49	控江路街道社区综合为老服务中心	杨浦区	42.076
50	虹口区广中路街道社区综合为老服务中心	虹口区	41.642
平均得分	—	—	59.280

由表5-39可以看出，上海市中心城区综合为老服务中心50强综合平均得分为59.280分，有21家机构的得分达到平均分，剩余的29家机构均低于平均分。其中，排名前三的综合为老服务机构分别为长寿西沙综合为老服务中心、徐家汇街道社区综合为老服务中心、田林街道文定汇综合为老服务中心，得分分别为88.319、86.455和85.189，排名靠后的3家养老机构分别是虹口区广中路街道社区综合为老服务中心、控江路街道社区综合为老服务中心、长海路街道综合为老服务中心，得分分别为41.642、42.076和42.159，得分最高与最低机构相差46.677分，由此可以得出，中心城区综合为老服务中心得分差距较大。从得分层次来看，80分以上的综合为老服务中心有5家，其余综合为老服务中心得分均低于

80 分，高分机构较少，低分机构较多。

　　为了了解上海市中心城区综合为老服务中心各项一级指标的具体得分情况，有必要对其进行深入的研究。对上海市中心城区综合为老服务中心各项一级指标进行标准化，再计算出其各项一级指标的平均得分，画出如图 5 - 13 进行分析。

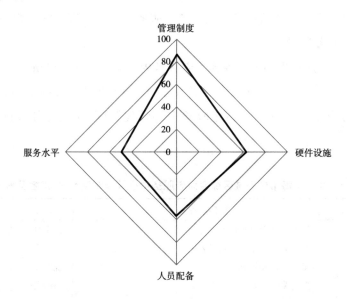

图 5 - 13　上海市中心城区综合为老服务中心 50 强各项一级指标均值

　　由图 5 - 13 可以看出，上海市中心城区综合为老服务中心 50 强各项一级指标中，得分最高的是管理制度指标，平均得分为 85.761，其次是硬件设施指标，平均得分为 61.072，第三名是人员配备指标，平均得分为 57.098，最低的是服务水平指标，平均得分为 48.991。而这四项一级指标的权重分别为：管理制度指标 0.200、硬件设施指标 0.200、人员配备指标 0.350、服务水平指标 0.250。其中，人员配备指标和服务水平指标的权重较大，因而使得上海市中心城区综合为老服务中心的总平均得分低于管理制度指标的平均得分，且和人员配备指标相近。而较高权重的服务水平指标得分较低，在一定程度上拉低了总平均得分。

　　以上结果表明上海市中心城区综合为老服务中心各方面发展不足，还有较大的提升空间。从总体得分来说，没有一家综合为老服务中心得分超过 90 分，同时上海市中心城区综合为老服务中心 50 强的平均得分仅为 59.280 分，其中有 29 家机构得分低于平均得分，说明各个机构在整体上发展不足。从各个指标得分来看，各个机构的管理制度发展较好，具有较高的水平，而人员配备和服务水平指标得分较低，说明目前各机构缺少相关的专业服务人员，同时缺少专业的服务训练。基于以上分析，未来各综合为老服务中心需要从更多地满足老人服务需求的角度，增加相关专业人员，提高服务质量。

（二）上海市中心城区综合为老服务中心单项排名及分析

（1）上海市中心城区综合为老服务中心管理制度单项排名与分析

上海市中心城区综合为老服务中心管理制度 50 强得分及排名如表 5-40 所示。

表 5-40　上海市中心城区综合为老服务中心管理制度 50 强排名及得分

排名	机构名称	属地	得分
1	南码头街道综合为老服务中心	浦东新区	94.669
2	田林街道文定汇综合为老服务中心	徐汇区	94.613
3	北蔡综合为老服务中心	浦东新区	94.589
4	凌云街道综合为老服务中心	徐汇区	94.567
5	曲阳路街道综合为老服务中心	虹口区	94.548
6	徐家汇街道社区综合为老服务中心	徐汇区	94.516
7	万里街道社区综合为老服务中心	普陀区	94.478
8	虹桥街道社区综合为老服务中心	长宁区	92.8798
9	淮海中路街道综合为老服务中心	黄浦区	92.876
10	长宁区周家桥街道社区综合为老服务中心	长宁区	92.869
11	控江路街道社区综合为老服务中心	杨浦区	92.847
12	宜川社区综合为老服务中心	普陀区	92.823
13	长桥街道综合为老服务中心	徐汇区	92.819
14	斜土路街道综合为老服务中心。	徐汇区	92.767
15	浦东新区三林爱博老年人综合为老服务中心	浦东新区	92.756
16	长宁区程家桥街道综合为老服务中心	长宁区	92.748
17	长宁区北新泾街道综合为老服务中心	长宁区	92.739
18	漕河泾街道社区综合为老服务中心	徐汇区	92.727
19	陆家嘴街道社区综合为老服务中心	浦东新区	92.669
20	静安区彭浦镇第一社区综合为老服务中心	静安区	92.615
21	浦东新区金桥社区综合为老服务中心	浦东新区	92.565

续表

排名	机构名称	属地	得分
22	静安区共和新路第二社区综合为老服务中心	静安区	92.414
23	天目西路街道综合为老服务中心	静安区	92.378
24	平凉路街道社区综合为老服务中心	杨浦区	92.333
25	杨浦区延吉社区综合为老服务中心	杨浦区	92.288
26	浦东新区高东镇综合为老服务中心	浦东新区	92.252
27	静安区石门二路街道社区综合为老服务中心	静安区	92.135
28	黄浦区五里桥街道综合为老服务中心	黄浦区	88.071
29	杨浦区定海路街道综合为老服务中心	杨浦区	86.436
30	四平街道综合为老服务中心	杨浦区	86.391
31	静安区北站社区综合为老服:	静安区	86.313
32	徐汇区虹梅街道社区综合为老服务中心	徐汇区	86.267
33	浦东新区东明路街道综合为老服务中心	浦东新区	86.240
34	普陀区长风新村街道综合为老服务中心	普陀区	86.211
35	潍坊新村街道社区综合为老服务中心	浦东新区	86.091
36	外滩街道综合为老服务中心	黄浦区	84.323
37	老西门街道社区综合为老服务中心	黄浦区	80.185
38	五角场社区(国定)综合为老服务中心	杨浦区	80.159
39	闵行区虹桥镇社区综合为老服务中心	闵行区	80.042
40	高行老年人综合服务中心	浦东新区	78.544
41	星河片区社区综合为老服务中心	普陀区	74.726
42	长寿西沙综合为老服务中心	普陀区	74.537
43	徐汇区康健社区综合为老服务中心	徐汇区	71.678
44	平南居邻里中心——综合为老服务中心	闵行区	67.889
45	四川北路街道社区综合为老服务中心	虹口区	65.727
46	静安区大宁路街道社区综合为老服务中心	静安区	65.588
47	静安区江宁路街道社区综合为老服务中心	静安区	65.463
48	长海路街道综合为老服务中心	杨浦区	65.417
49	小东门街道综合为老服务中心	黄浦区	65.382
50	瑞金二路街道综合为老服务中心锦江社区分中心	黄浦区	61.891
平均得分	—	—	85.761

　　由表 5-40 可得,上海市中心城区综合为老服务中心管理制度 50 强得分均值为 85.761 分,其中有 35 家机构的管理制度得分超过平均分。排名前三的机构分别是南码头街道综合为老服务中心 94.669 分、田林街道文定汇综合为老服务中心 94.613 分、北蔡综合为老服务中心 94.589 分;

排名最后三名的机构分别是瑞金二路街道综合为老服务中心锦江社区分中心 61.891 分、小东门街道综合为老服务中心 65.382 分、长海路街道综合为老服务中心 65.417 分。管理制度得分单项超过 90 分的机构有 27 家，超过 80 分的机构有 39 家。以上说明上海市中心城区综合为老服务中心的管理制度指标总体处于较高水平。

（2）上海市中心城区综合为老服务中心硬件设施单项排名与分析

表 5 -41   上海市中心城区综合为老服务中心硬件设施 50 强排名及得分

排名	机构名称	属地	得分
1	田林街道文定汇综合为老服务中心	徐汇区	86.798
2	长寿西沙综合为老服务中心	普陀区	86.289
3	徐家汇街道社区综合为老服务中心	徐汇区	82.877
4	虹桥街道社区综合为老服务中心	长宁区	80.500
5	浦东新区三林爱博老年人综合为老服务中心	浦东新区	78.105
6	长宁区江苏路街道社区综合为老服务中心	长宁区	75.974
7	小东门街道综合为老服务中心	黄浦区	74.436
8	长宁区周家桥街道社区综合为老服务中心	长宁区	74.067
9	凌云街道社区综合为老服务中心	徐汇区	72.655
10	杨浦区延吉社区综合为老服务中心	杨浦区	71.754
11	南码头街道总结为老服务中心	浦东新区	70.208
12	徐汇区虹梅街道社区综合为老服务中心	徐汇区	69.132
13	普陀长征同心家园·金沙片区	普陀区	69.123
14	北蔡综合为老服务中心	浦东新区	68.050
15	陆家嘴街道社区综合为老服务中心	浦东新区	67.135
16	黄浦区五里桥街道综合为老服务中心	黄浦区	66.988
17	浦东新区东明路街道综合为老服务中心	浦东新区	66.789
18	长桥街道综合为老服务中心	徐汇区	66.763
19	殷行新村街道社区综合为老服务中心	杨浦区	66.424
20	斜土路街道综合为老服务中心。	徐汇区	64.436
21	静安区彭浦镇第一社区综合为老服务中心	静安区	62.675
22	长宁区北新泾街道综合为老服务中心	长宁区	62.442
23	闵行区虹桥镇社区综合为老服务中心	闵行区	62.211
24	长宁区程家桥街道综合为老服务中心	长宁区	62.173
25	黄浦区南京东路街道综合为老服务中心	黄浦区	61.918
26	五角场社区(国定)综合为老服务中心	杨浦区	61.839
27	杨浦区定海路街道综合为老服务中心	杨浦区	61.708

排名	机构名称	属地	得分
28	殷行街道综合为老服务中心	杨浦区	61.439
29	淮海中路街道综合为老服务中心	黄浦区	61.439
30	外滩街道综合为老服务中心	黄浦区	61.000
31	星河片区社区综合为老服务中心	普陀区	59.158
32	老西门街道社区综合为老服务中心	黄浦区	58.635
33	浦东新区金桥社区综合为老服务中心	浦东新区	57.904
34	长征镇新城片区综合为老服务中心	普陀区	56.871
35	曲阳路街道综合为老服务中心	虹口区	53.868
36	浦东新区塘桥社区老年服务中心	浦东新区	53.421
37	淞南镇社区综合为老服务中心	宝山区	52.646
38	平凉路街道社区综合为老服务中心	杨浦区	52.588
39	万里街道社区综合为老服务中心	普陀区	52.544
40	花木街道综合为老服务中心	浦东新区	51.395
41	黄浦区瑞金二路街道社区综合为老服务中心	黄浦区	51.251
42	静安区石门二路街道社区综合为老服务中心	静安区	49.377
43	普陀区长风新村街道综合为老服务中心	普陀区	49.278
44	天目西路街道综合为老服务中心	静安区	49.123
45	徐汇区康健社区综合为老服务中心	徐汇区	48.942
46	黄浦区豫园街道综合为老服务中心	黄浦区	47.962
47	长海路街道综合为老服务中心	杨浦区	47.281
48	虹口区嘉兴路街道社区综合为老服务中心	虹口区	46.851
49	嘉定区真新街道社区综合为老服务中心	嘉定区	45.921
50	静安区大宁路街道社区综合为老服务中心	静安区	42.895
平均得分	—	—	62.105

由表 5 - 41 可得，上海市中心城区综合为老服务中心硬件设施 50 强得分均值为 62.105 分，其有 24 家机构的硬件设施得分超过平均分。硬件设施得分前 3 名的分别为田林街道文定汇综合为老服务中心、长寿西沙综合为老服务中心和徐家汇街道社区综合为老服务中心，得分依次为 86.798 分、86.289 分以及 82.877 分，硬件设施排名后 3 名的机构分别为静安区大宁路街道社区综合为老服务中心、嘉定区真新街道社区综合为老服务中心和虹口区嘉兴路街道社区综合为老服务中心，得分依次为 42.895 分、45.921 分以及 46.851 分。得分最高与最低的机构之间相差 43.903 分，差距很大。硬件设施得分单项超过 90 分的机构有 0 家，超过

80 分和 70 分的综合为老服务中心机构分别有 4 家和 11 家。以上说明上海市中心城区综合为老服务中心的硬件设施还有较大的提升空间。

（3）上海市中心城区综合为老服务中心人员配备单项指标排名与分析

表 5 −42　上海市中心城区综合为老服务中心人员配备 50 强排名及得分

排名	机构名称	属地	得分
1	长寿西沙综合为老服务中心	普陀区	97.480
2	徐家汇街道社区综合为老服务中心	徐汇区	97.252
3	长宁区江苏路街道社区综合为老服务中心	长宁区	95.408
4	南码头街道综合为老服务中心	浦东新区	93.274
5	斜土路街道综合为老服务中心	徐汇区	91.680
6	黄浦区五里桥街道综合为老服务中心	黄浦区	85.800
7	长宁区北新泾街道综合为老服务中心	长宁区	83.912
8	黄浦区南京东路街道综合为老服务中心	黄浦区	81.165
9	田林街道文定汇综合为老服务中心	徐汇区	80.179
10	杨浦区延吉社区综合为老服务中心	杨浦区	74.346
11	黄浦区豫园街道综合为老服务中心	黄浦区	72.040
12	五角场社区(国定)综合为老服务中心	杨浦区	69.632
13	凌云街道综合为老服务中心	徐汇区	68.860
14	徐汇区虹梅街道社区综合为老服务中心	徐汇区	67.242
15	漕河泾街道社区综合为老服务中心	徐汇区	66.214
16	瑞金二路街道综合为老服务中心锦江社区分中心	黄浦区	61.815
17	万里街道社区综合为老服务中心	普陀区	57.755
18	淮海中路街道综合为老服务中心	黄浦区	57.673
19	陆家嘴街道社区综合为老服务中心	浦东新区	57.598
20	静安区石门二路街道社区综合为老服务中心	静安区	56.798
21	小东门街道综合为老服务中心	黄浦区	56.483
22	长宁区程家桥街道综合为老服务中心	长宁区	56.451
23	北蔡综合为老服务中心	浦东新区	56.094
24	殷行街道综合为老服务中心	杨浦区	55.637
25	花木街道综合为老服务中心	浦东新区	55.392
26	杨浦区定海路街道综合为老服务中心	杨浦区	54.284
27	静安区共和新路第二社区综合为老服务中心	静安区	53.384
28	虹口区广中路街道社区综合为老服务中心	虹口区	52.450
29	四川北路街道社区综合为老服务中心	虹口区	51.437
30	虹桥街道社区综合为老服务中心	长宁区	50.922

续表

排名	机构名称	属地	得分
31	长宁区周家桥街道社区综合为老服务中心	长宁区	50.782
32	老西门街道社区综合为老服务中心	黄浦区	49.577
33	长征镇新城片区综合为老服务中心	普陀区	47.331
34	长桥街道综合为老服务中心	徐汇区	47.217
35	虹口区凉城新村街道社区综合为老服务中心	虹口区	46.247
36	宜川社区综合为老服务中心	普陀区	45.617
37	殷行新村街道社区综合为老服务中心	杨浦区	44.985
38	平凉路街道社区综合为老服务中心	杨浦区	44.688
39	浦东新区东明路街道综合为老服务中心	浦东新区	42.730
40	普陀长征同心家园·金沙片区	普陀区	38.983
41	梅岭南片区社区综合为老服务中心	普陀区	37.503
42	徐汇区康健社区综合为老服务中心	徐汇区	36.874
43	浦东新区高东镇综合为老服务中心	浦东新区	33.750
44	潍坊新村街道社区综合为老服务中心	浦东新区	33.750
45	闵行区虹桥镇社区综合为老服务中心	闵行区	33.232
46	控江路街道社区综合为老服务中心	杨浦区	32.990
47	四平街道综合为老服务中心	杨浦区	32.819
48	嘉定区真新街道社区综合为老服务中心	嘉定区	32.497
49	静安区北站社区综合为老服务中心	静安区	32.432
50	高行老年人综合服务中心	浦东新区	32.240
平均得分	—	—	57.098

由表 5-42 可得，上海市中心城区综合为老服务中心人员配备 50 强得分均值为 57.098 分，其中有 19 家机构的人员配备得分超过平均分。人员配备得分前 3 名的分别为长寿西沙综合为老服务中心、徐家汇街道社区综合为老服务中心和长宁区江苏路街道社区综合为老服务中心，得分依次为 97.480 分、97.252 分以及 95.408 分，人员配备排名后 3 名的机构分别是高行老年人综合服务中心 32.240 分、静安区北站社区综合为老服务中心 32.432 分和嘉定区真新街道社区综合为老服务中心 32.497 分。人员配备指标得分单项超过 90 分的机构有 5 家，超过 80 分和 70 分的综合为老服务中心机构分别有 9 家和 11 家。总体来讲，上海市中心城区综合为老服务中心人员配备较低，客观上影响了机构的服务水平和质量，需要有较大的提升。

（4）上海市中心城区综合为老服务中心服务水平单项指标排名与分析

表 5-43 上海市中心城区综合为老服务中心服务水平 50 强排名及得分

排名	机构名称	属地	得分
1	长寿西沙综合为老服务中心	普陀区	88.150
2	田林街道文定汇综合为老服务中心	徐汇区	83.379
3	陆家嘴街道社区综合为老服务中心	浦东新区	82.933
4	长宁区江苏路街道社区综合为老服务中心	长宁区	75.000
5	南码头街道总结为老服务中心	浦东新区	73.200
6	斜土路街道综合为老服务中心	徐汇区	72.217
7	万里街道社区综合为老服务中心	普陀区	68.250
8	徐家汇街道社区综合为老服务中心	徐汇区	67.750
9	虹桥街道社区综合为老服务中心	长宁区	67.450
10	黄浦区五里桥街道综合为老服务中心	黄浦区	66.500
11	浦东新区三林爱博老年人综合为老服务中心	浦东新区	60.578
12	静安区石门二路街道社区综合为老服务中心	静安区	59.650
13	长桥街道综合为老服务中心	徐汇区	59.500
14	徐汇区虹梅街道社区综合为老服务中心	徐汇区	57.314
15	长宁区周家桥街道社区综合为老服务中心	长宁区	56.148
16	杨浦区延吉社区综合为老服务中心	杨浦区	55.700
17	凌云街道社区综合为老服务中心	徐汇区	54.750
18	长宁区北新泾街道综合为老服务中心	长宁区	54.364
19	梅岭南片区社区综合为老服务中心	普陀区	53.000
20	淮海中路街道综合为老服务中心	黄浦区	51.800
21	浦东新区东明路街道综合为老服务中心	浦东新区	51.017
22	平凉路街道综合为老服务中心	杨浦区	47.500
23	曲阳路街道综合为老服务中心	虹口区	47.250
24	北蔡综合为老服务中心	浦东新区	44.250
25	长海路街道综合为老服务中心	杨浦区	43.500
26	四川北路街道社区综合为老服务中心	虹口区	43.250
27	老西门街道社区综合为老服务中心	黄浦区	43.077
28	徐汇区康健社区综合为老服务中心	徐汇区	41.250
29	浦东新区高东镇综合为老服务中心	浦东新区	40.114
30	普陀长征同心家园·金沙片区	普陀区	39.800
31	小东门街道综合为老服务中心	黄浦区	39.750
32	虹口区广中路街道社区综合为老服务中心	虹口区	39.500
33	普陀区甘泉路街道社区综合为老服务中心	普陀区	39.500
34	天目西路街道综合为老服务中心	静安区	37.400

排名	机构名称	属地	得分
35	虹口区嘉兴路街道社区综合为老服务中心	虹口区	37.250
36	外滩街道综合为老服务中心	黄浦区	37.250
37	静安区彭浦镇第一社区综合为老服务中心	静安区	37.148
38	新江湾城街道社区综合为老服务中心	杨浦区	36.750
39	虹口区凉城新村街道社区综合为老服务中心	虹口区	36.500
40	静安区共和新路第二社区综合为老服务中心	静安区	36.250
41	淞南镇社区综合为老服务中心	宝山区	35.690
42	五角场社区(国定)综合为老服务中心	杨浦区	34.750
43	潍坊新村街道社区综合为老服务中心	浦东新区	34.500
44	虹口区欧阳路街道社区综合为老服务中心	虹口区	32.500
45	漕河泾街道社区综合为老服务中心	徐汇区	32.400
46	花木街道综合为老服务中心	浦东新区	31.700
47	闵行区虹桥镇社区综合为老服务中心	闵行区	31.150
48	黄浦区豫园街道综合为老服务中心	黄浦区	30.750
49	普陀区长风新村街道综合为老服务中心	普陀区	30.500
50	颐华片区综合为老服务中心	普陀区	29.650
平均得分	—	—	48.991

由表5-43可得，上海市中心城区综合为老服务中心服务水平50强得分均值为48.991分，其有21家机构的服务水平得分超过平均分。服务水平得分前3名的分别为长寿西沙综合为老服务中心、田林街道文定汇综合为老服务中心和陆家嘴街道社区综合为老服务中心，得分依次为88.150分、83.379分和82.933分；服务水平排名后3名的机构分别为颐华片区综合为老服务中心、普陀区长风新村街道综合为老服务中心和黄浦区豫园街道综合为老服务中心，得分依次为29.650分、30.500分和30.750分。得分最高与最低的机构之间相差58.500分，差距非常大。服务水平指标得分单项超过90分的机构有0家，超过80分和70分的综合为老服务中心机构分别有3家和6家。以上说明上海市中心城区综合为老服务中心的服务水平还不高，有较大的提升空间。

（三）上海市中心城区综合为老服务中心各行政区排名与分析

（1）上海市中心城区综合为老服务中心各行政区综合排名与分析

上海市中心城区综合为老服务中心各行政区的总平均得分与排名如表5-44所示。

表5－44　上海市中心城区综合为老服务中心各行政区得分与排名汇总表

排名	行政区	总平均得分
1	徐汇区	70.230
2	长宁区	68.304
3	浦东新区	50.170
4	杨浦区	49.635
5	黄浦区	46.733
6	普陀区	44.420
7	静安区	41.799
8	闵行区	40.188
9	虹口区	38.913
10	宝山区	36.907
总平均值	—	48.730

注：嘉定区综合为老服务中心有效样本中位于中心城区的只有1家，故不参与行政区之间排名。

根据表5－44可以画出如图5－14所示的上海市各行政区养老机构总平均得分的排名汇总图。

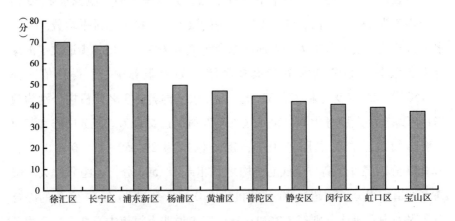

图5－14　上海市中心城区综合为老服务中心各行政区平均得分与排名

从表5－44和图5－14可以看出，上海市中心城区综合为老服务中心各行政区总平均得分排名第一的为徐汇区，总平均得分为70.230分；排名第二的是长宁区，总平均得分为68.304分；排名第三的为浦东新区，总平均得分为50.170分；各行政区总平均得分的总平均值为48.730分，有 4 个区的机构总平均得分超过了该平均值，有 6 个区的机构总平均得分低于该平均值。

（2）上海市中心城区综合为老服务中心各行政区管理制度单项排名与分析

上海市中心城区综合为老服务中心各行政区管理制度平均得分与排名如表 5 – 45 所示。

**表 5 – 45　上海市中心城区综合为老服务中心各行政区
管理制度总平均得分与排名汇总表**

排名	行政区	管理制度得分
1	徐汇区	89.989
2	静安区	83.841
3	长宁区	81.946
4	浦东新区	77.479
5	杨浦区	75.084
6	闵行区	73.965
7	黄浦区	64.975
8	普陀区	60.893
9	宝山区	56.470
10	虹口区	47.207
总平均值	—	71.185

根据表 5 – 45 可以作出如图 5 – 15 所示的上海市中心城区综合为老服务中心各行政区管理制度单项平均得分的排名汇总图。

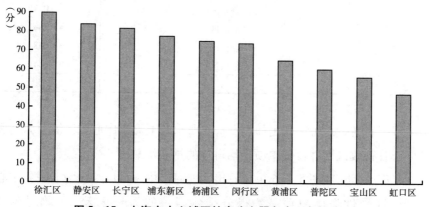

**图 5 – 15　上海市中心城区综合为老服务中心各行政区
管理制度平均得分排名汇总图**

从表 5-45 和图 5-15 可以看出，上海市中心城区综合为老服务中心各行政区管理制度单项平均得分排名第一的为徐汇区，平均得分为89.989 分；排名第二的是静安区，平均得分为 83.841 分；排名第三的为长宁区，平均得分为 81.946 分。各行政区管理制度单项平均得分的总平均值为 71.185 分，有 6 个区的机构总平均得分超过了该平均值，有 4 个区的机构总平均得分低于该平均值。以上结果说明上海市中心城区各行政区综合为老服务中心在管理制度指标上的总体得分表现尚可，但各个行政区之间存在差距。

（3）上海市中心城区综合为老服务中心各行政区硬件设施单项排名与分析

上海市中心城区综合为老服务中心各行政区硬件设施单项平均得分与排名如表 5-46 所示。

表 5-46 上海市中心城区综合为老服务中心各行政区
硬件设施总平均得分与排名汇总表

排名	行政区	硬件设施得分
1	长宁区	71.031
2	徐汇区	66.427
3	黄浦区	54.658
4	浦东新区	53.400
5	杨浦区	53.295
6	闵行区	49.489
7	普陀区	47.092
8	宝山区	45.208
9	静安区	38.258
10	虹口区	35.644
总平均值	—	51.450

根据表 5-46 可以作出如图 5-16 所示的上海市中心城区综合为老服务中心各行政区硬件设施单项平均得分的排名汇总图。

从表 5-46 和图 5-16 可以看出，上海市中心城区综合为老服务中心各行政区硬件设施单项平均得分排名第一的为长宁区，平均得分为71.031 分；排名第二的是徐汇区，平均得分为 66.427 分；排名第三的为

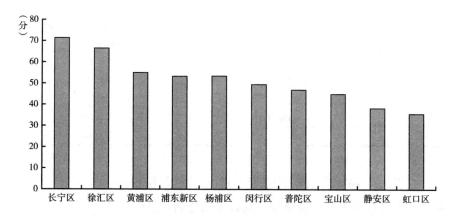

图 5 – 16　上海市中心城区综合为老服务中心
各行政区硬件设施单项平均得分排名汇总图

黄浦区，平均得分为 54.658 分；上各行政区硬件设施单项平均得分的总平均值为 51.450 分，有 5 个地区的机构总平均得分超过了该平均值，有 5 个区的机构总平均得分低于该平均值。以上结果说明上海市中心城区综合为老服务中心各行政区在硬件设施上的总体得分表现不佳，得分较低，有较大的提升空间，且各个行政区之间有较大的差距。

（4）上海市中心城区综合为老服务中心各行政区人员配备单项排名与分析

上海市中心城区综合为老服务中心各行政区人员配备单项平均得分与排名如表 5 – 47 所示。

表 5 – 47　上海市中心城区综合为老服务中心各行政区
人员配备总平均得分与排名汇总表

排名	行政区	人员配备得分
1	徐汇区	69.440
2	长宁区	67.495
3	杨浦区	44.425
4	黄浦区	40.403
5	浦东新区	38.551
6	虹口区	37.180

续表

排名	行政区	人员配备得分
7	普陀区	36.979
8	宝山区	29.958
9	闵行区	28.824
10	静安区	27.717
总平均值	—	42.097

根据表5-47可以作出如图5-17所示的上海市中心城区综合为老服务中心各行政区人员配备单项平均得分的排名汇总图。

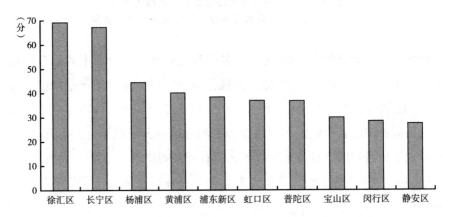

图5-17 上海市中心城区综合为老服务中心各行政区
人员配备单项平均得分排名汇总图

从表5-47和图5-17可以看出，上海市中心城区综合为老服务中心各行政区人员配备单项平均得分排名第一的为徐汇区，平均得分为69.440分；排名第二的是长宁区，平均得分为67.495分；排名第三的为杨浦区，平均得分为44.425分；各行政区人员配备单项平均得分的总平均值为42.097分，有3个区的机构总平均得分超过了该平均值，有7个区的机构总平均得分低于该平均值。以上结果说明，上海市中心城区综合为老服务中心各行政区在人员配备上的总体得分表现不佳，得分较低，有较大的提升空间，同时各个行政区之间有较大的差距，部分行政区得分较低。

（5）上海市中心城区综合为老服务中心各行政区服务水平单项排名与分析

上海市中心城区综合为老服务中心各行政区服务水平单项平均得分与排名如表5－48所示。

表5－48　上海市中心城区综合为老服务中心各行政区
服务水平总平均得分与排名汇总表

排名	行政区	服务水平得分
1	徐汇区	58.570
2	长宁区	56.342
3	浦东新区	42.004
4	普陀区	39.521
5	虹口区	37.321
6	黄浦区	34.661
7	杨浦区	33.642
8	静安区	30.714
9	宝山区	24.345
10	闵行区	21.637
总平均值	—	37.876

根据表5－48可以作出如图5－18所示的上海市中心城区综合为老服务中心各行政区服务水平单项平均得分的排名汇总图。

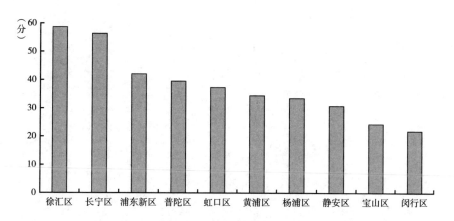

图5－18　上海市中心城区综合为老服务中心各行
政区服务水平单项平均得分排名汇总图

从表 5 - 48 和图 5 - 18 可以看出，上海市中心城区综合为老服务中心各行政区服务水平单项平均得分排名第一的为徐汇区，平均得分为 58.570 分；排名第二的是长宁区，平均得分为 56.342 分；排名第三的为浦东新区，平均得分为 42.004 分；各行政区平均得分的总平均值为 37.876 分，有 4 个区的机构总平均得分超过了该平均值，有 6 个区的机构总平均得分低于该平均值。以上结果说明上海市中心城区综合为老服务中心各行政区在服务水平上的总体得分表现不佳，平均得分较低，有较大的提升空间，同时各个行政区之间有较大的差距，部分行政区在服务水平指标上平均得分太低，需要长足的进步。

（黄　钢　吴　韬　钱芝网　俞立平　程凯林）

第六章 上海市郊区社区养老
评价分析

根据《上海市城市总体规划（2017—2035）》《上海市城乡规划条例》及百度百科等对上海市中心城区的划分，将上海市外环线以外的区域界定为郊区。据此，本次调研获得的 698 个有效样本中有 363 个样本位于郊区，其中日间照料中心 230 家、长者照护之家 39 家、综合为老服务中心 94 家，主要分布在崇明区、奉贤区、青浦区、松江区、金山区、宝山区、嘉定区、闵行区、浦东新区、徐汇区（3 家）、长宁区（1 家）。

第一节 上海市郊区日间照料中心评价分析

一 日间照料中心评价体系

日间照料中心评价指标体系及权重参见第五章第一节"一 日间照料中心评价体系"。

二 上海市郊区日间照料中心排名及分析

（一）上海郊区日间照料中心综合排名及分析

上海市郊区日间照料中心 100 强综合得分及排名如表 6-1 所示。

表 6-1 上海市郊区日间照料中心 100 强综合得分及排名

排名	机构名称	属地	总得分
1	浦东新区曹路期颐老年日间服务中心	浦东新区	71.431
2	泖港镇老年人日间照料中心	松江区	68.555
3	浦东新区周浦吾老老老年人日间照护中心	浦东新区	64.752

续表

排名	机构名称	属地	总得分
4	周浦镇老年人日间服务中心	浦东新区	62.540
5	嘉定镇街道乐龄老年人日间服务中心	嘉定区	60.665
6	松江区小昆山镇小昆山敬老院老年人日间照料中心	松江区	60.512
7	城桥金日社区日间照料中心	崇明区	60.242
8	松江区小昆山镇新集镇社区老年人日间照料中心	松江区	60.234
9	浦东新区康桥镇老年人日间照护中心	浦东新区	60.116
10	永丰街道谷水日间照料中心	松江区	60.071
11	得胜村日间照护中心	松江区	58.489
12	松江区小昆山镇大港社区日间照料中心	松江区	56.853
13	中山街道方东居委会日托得胜村日间照料中心	松江区	55.726
14	浦东新区惠南民乐社区老年人日间照护中心	浦东新区	54.934
15	上海崇明嘉龙养老院日间照护中心	崇明区	54.548
16	叶榭镇金家村老年人日间照料服务站	松江区	54.177
17	闵行区莘庄镇沁馨日间照料中心	闵行区	53.821
18	嘉定街道老年人日间服务中心	嘉定区	53.583
19	上海闵行区继王敬老院(内设)	闵行区	53.579
20	石湖荡镇新源村老年人日间照护中心	松江区	53.288
21	浦东新区新场老年人日间照护中心	浦东新区	53.386
22	崇明区建设镇日间照护服务中心	崇明区	52.533
23	金山区社会福利院日间照护中心	金山区	52.119
24	吉祥坊邻里中心日间照料中心	闵行区	51.355
25	鹤沙航城老年人日间照护中心	浦东新区	51.251
26	华泾社区日间照料中心	徐汇区	50.916
27	汽轮邻里日间照料中心	闵行区	50.602
28	浦东新区万祥社区老年人日间照护中心	浦东新区	50.144
29	上海闵行区悠然居日间服务中心	闵行区	49.988
30	浦东新区曹路金海华城老年人日间照护中心	浦东新区	49.560
31	浦东新区桃源老年人日间照护中心	浦东新区	49.526
32	浦东新区南汇新城老年人日间照护中心	浦东新区	48.794
33	金山区漕泾镇第二老年人日间照料服务中心	金山区	48.154
34	崇明堡镇全程玖玖长者日间照护之家	崇明区	48.062
35	沧源邻里日间照料中心	闵行区	47.96
36	江镇社区晚霞老年人日间照护中心	浦东新区	47.743
37	友谊路街道老年人日间服务中心	宝山区	48.202
38	浦东新区三林社区懿德老年人日间照护中心	浦东新区	47.401
39	陈家镇日间照护服务中心	崇明区	47.008

排名	机构名称	属地	总得分
40	顾村镇白杨村老年日间照护中心	宝山区	46.790
41	浦东新区泥城镇老年人日间服务中心	浦东新区	46.630
42	金泽镇莲湖村老年人日间服务中心	青浦区	45.900
43	漕泾村老年人日间照料中心	青浦区	45.206
44	申港社区日间照料中心	浦东新区	44.543
45	戬浜老年人日间服务中心	嘉定区	44.218
46	浦东惠南镇惠馨苑老年人日间照护中心	浦东新区	43.593
47	爱博一村第一老人日间服务中心	闵行区	43.543
48	新成路街道老年人日间服务中心	嘉定区	42.986
49	新村乡新洲村日间照料服务点	崇明区	42.820
50	嘉定区徐行镇老年人日间服务中心	嘉定区	42.700
51	南翔镇劳动街老年人日间照护中心	嘉定区	42.384
52	闵行区马桥镇金星老年日间照料中心	闵行区	42.378
53	闵行区华漕日间照护服务中心	闵行区	42.237
54	月浦镇马泾桥日间照料中心	宝山区	41.881
55	石湖荡镇洙桥村老年人日间照料中心	松江区	41.230
56	崇明区竖新镇大椿村日间服务中心	崇明区	40.975
57	三湘四季老年人日间照料中心	松江区	40.875
58	新虹日间照护服务中心	闵行区	40.732
59	纪元日间照护服务中心	闵行区	40.573
60	嘉定区嘉定镇街道(高昌路)老年人日间服务中心	嘉定区	40.533
61	浦东新区合庆镇社区老年人日间照护中心	浦东新区	39.400
62	浦东新区宣桥社区老年人日间照护中心	浦东新区	38.794
63	廊下镇勇敢村老年人日间服务中心	金山区	38.758
64	廊下镇第二老年人日间服务中心	金山区	38.742
65	奉贤区南桥镇六墩村老年人日间照护中心	奉贤区	38.345
66	闵行区莘庄镇绿梅老年人日间照料中心	闵行区	38.279
67	浦东新区泥城镇老年人日间照护中心	浦东新区	38.099
68	石化街道老年人日间照料服务中心	金山区	37.443
69	廊下镇老年人日间服务中心	金山区	37.437
70	新海镇红星老年日间照料中心	崇明区	37.402
71	南翔镇东园社区老年人日间服务中心	嘉定区	37.176
72	爱博第二老年人日间服务中心	闵行区	36.823
73	浦东新区书院镇丽泽社区老年日间服务中心	浦东新区	36.816
74	香花桥街道爱星村老年人日间服务中心	青浦区	36.482
75	金家村老年人日间照料中心	青浦区	36.392

续表

排名	机构名称	属地	总得分
76	奉贤区金汇镇明星村老年人日间照护中心	奉贤区	36.078
77	方松街道弘翔邻居日间照料	松江区	35.840
78	闵行区马桥镇银林坊日间照料中心	闵行区	35.641
79	奉贤区金海社区老年人日间照护中心	奉贤区	35.491
80	奉贤区青村镇解放村老年人日间照护中心	奉贤区	35.357
81	夏阳街道界泾港社区老年人日间照料中心	青浦区	35.179
82	新村乡新乐日间照料服务点	崇明区	35.165
83	高境镇老年人日间照料中心	宝山区	35.080
84	奉贤区柘林镇柘林村老年人日间照护中心	奉贤区	34.966
85	山阳镇东方村日间服务中心	金山区	34.768
86	岑卜村日间服务中心	青浦区	34.717
87	新浜镇老年人日间照料中心	松江区	34.326
88	浦东新区合庆开心老年人日间服务中心	浦东新区	34.115
89	紫薇日间照料中心	闵行区	33.999
90	奉贤区海湾镇五四社区老年人日间照护中心	奉贤区	33.921
91	新青浦社区老年人日间照料中心	青浦区	33.233
92	青华日间照料中心	青浦区	33.148
93	东风老年日间服务中心	闵行区	32.887
94	浦东新区祝桥镇老年人日间服务中心	浦东新区	32.879
95	奉贤区南桥镇江海敬老院老年人日间照护中心	奉贤区	32.820
96	惠明邻里中心老年人日托服务	闵行区	32.367
97	仓桥社区老年人日间照料中心	青浦区	32.273
98	金葫芦老年人日间照料中心	青浦区	32.249
99	廊下镇中民村老年人日间服务中心	金山区	32.026
100	奉贤区庄行镇新叶村老年人日间照护中心	奉贤区	31.923
平均得分	—	—	44.424

　　由表 6-1 可以看出，上海市郊区日间照料中心 100 强的平均得分为 44.424 分，其中有 44 家机构的得分达到平均分，剩余的 56 家机构均低于平均分，其中排名前三的机构分别为浦东新区曹路期颐老年日间服务中心、泖港镇老年人日间照料中心和浦东新区周浦老吾老老年人日间照护中心，得分分别为 71.431、68.555 和 64.752，排名靠后的三家机构分别是奉贤区庄行镇新叶村老年人日间照护中心、廊下镇中民村老年人日间服务中心和金葫芦老年人日间照料中心，得分分别为 31.923、32.026 和

32.249，得分最高与最低机构相差 39.508 分，由此可以得出，郊区日间照料中心得分差距很大。从得分层次来看，80 分以上的机构有 0 家，70分以上的机构有 1 家，60 分以上的机构有 10 家。以上说明上海市郊区日间照料中心整体水平不高。

为了了解上海市郊区日间照料中心 100 强各项一级指标的具体得分情况，有必要对其进行深入的研究。对 100 强机构的各项一级指标进行标准化，再计算出其各项一级指标的平均得分，画出如图 6-1 进行分析。

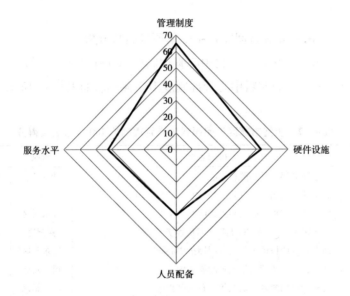

图 6-1　上海市郊区日间照料中心 100 强各项一级指标均值

由图 6-1 可以看出，上海市郊区日间照料中心 100 强各项一级指标中，得分最高的是管理制度指标，平均得分为 65.482，其次是硬件设施指标，平均得分为 53.105，第三名是服务水平指标，平均得分为 43.405，最低的是人员配备指标，平均得分为 39.912。而这四项一级指标的权重分别为：管理制度指标 0.200、硬件设施指标 0.200、人员配备指标0.350、服务水平指标 0.250。其中，人员配备指标和服务水平指标的权重较大，因而使得上海市郊区日间照料中心 100 强的总平均得低于管理制度指标的平均得分，而较高权重的服务水平和人员配备指标得分较低，在一定程度上拉低了总平均得分。

　　以上结果表明上海市郊区日间照料中心100强发展水平还不高，还有较大的提升空间。从总体得分来说，没有得分超过80分的，整体平均得分仅为44.424分，低于中心城区的平均得分，说明各个机构在整体发展上存在不足。从各个指标得分来看，各个机构的管理制度发展较好，有较高的水平，而人员配备和服务水平指标得分较低，说明目前各机构缺少相关的专业服务人员，同时缺少专业的服务训练。基于以上分析，未来各日间照护机构需要多从老人服务角度入手，增加相关专业人员和提高服务质量。

（二）上海市郊区日间照料中心单项排名与分析

（1）上海市郊区日间照料中心管理制度100强排名与分析

上海市郊区日间照料中心管理制度100强排名如表6-2所示。

表6-2　上海市郊区日间照料中心管理制度100强排名及得分

排名	机构名称	属地	得分
1	泖港镇老年人日间照料中心	松江区	92.176
2	廊下镇第二老年人日间服务中心	金山区	80.953
3	浦东新区宣桥社区老年人日间照护中心	浦东新区	80.445
4	嘉定镇街道（高昌路）老年人日间服务中心	嘉定区	80.304
5	浦东新区康桥镇老年人日间照护中心	浦东新区	78.650
6	浦东新区祝桥镇老年人日间服务中心	浦东新区	78.603
7	浦东新区周浦老吾老老年人日间照护中心	浦东新区	78.575
8	浦东新区曹路期颐老年日间服务中心	浦东新区	78.546
9	浦东新区曹路金海华城老年人日间照护中心	浦东新区	78.537
10	江镇社区晚霞老年人日间照护中心	浦东新区	78.509
11	鹤沙航城老年人日间照护中心	浦东新区	78.490
12	浦东新区惠南民乐社区老年人日间照护中心	浦东新区	78.471
13	浦东新区南汇新城老年人日间照护中心	浦东新区	78.452
14	浦东新区万祥社区老年人日间照护中心	浦东新区	78.424
15	浦东新区泥城镇老年人日间照护中心	浦东新区	78.405
16	闵行区马桥镇银林坊日间照料中心	闵行区	78.377
17	闵行区悠然居日间照料中心	闵行区	78.349
18	汽轮邻里日间照料中心	闵行区	78.330
19	浦东新区桃源老年人日间照护中心	浦东新区	78.302
20	周浦镇老年人日间服务中心	浦东新区	78.283
21	高境镇老年人日间照料中心	宝山区	78.264

排名	机构名称	属地	得分
22	罗店镇宝欣苑三居老年人日间照护中心	宝山区	78.246
23	友谊路街道老年人日间服务中心	宝山区	78.217
24	顾村镇白杨村老年日间照护中心机构	宝山区	78.199
25	永丰街道谷水日间照料中心	松江区	78.180
26	金葫芦老年人日间照料中心	青浦区	78.161
27	金家村老年人日间照料中心	青浦区	78.152
28	漕泾村老年人日间照料中心	青浦区	78.133
29	长兴凤辰乐苑老年人日间服务中心	崇明区	78.114
30	长兴社区老年人日间服务中心	崇明区	78.086
31	崇明区竖新镇大椿村日间服务中心	崇明区	78.076
32	崇明区建设镇综合为老服务中心日间照护中心	崇明区	78.048
33	华泾社区日间照料中心	徐汇区	74.495
34	浦东新区新场老年人日间照护中心	浦东新区	74.493
35	闵行区莘庄镇绿梅老年人日间照料中心	闵行区	74.495
36	闵行区莘庄镇沁馨日间照料中心	闵行区	74.491
37	浦东新区老港滨海老年人日间照护中心	浦东新区	74.488
38	沧源邻里日间照料中心	闵行区	74.485
39	东风老年日间服务中心	闵行区	74.481
40	爱博一村第一老人日间服务中心	闵行区	74.476
41	城桥金日社区日间照料中心	崇明区	74.473
42	杨行镇和家欣苑老年人日托中心	宝山区	73.160
43	金山区社会福利院日间照护中心	金山区	73.132
44	方夏村老年人日间照料中心	青浦区	73.094
45	浦东新区三林社区懿德老年人日间照护中心	浦东新区	71.167
46	浦东新区泥城镇老年人日间服务中心	浦东新区	68.855
47	金山卫镇钱圩老年人日间服务中心	金山区	67.445
48	石湖荡镇洙桥村老年人日间照料中心	松江区	67.443
49	奉贤区海湾旅游区老年人日间照护中心	奉贤区	66.740
50	崇明区港西镇社区综合为老服务中心日间照料中心	崇明区	65.330
51	浦东新区书院镇丽泽社区老年日间服务中心	浦东新区	63.215
52	闵行区颛桥老年人日间照料中心	闵行区	63.212
53	嘉定镇街道老年人日间服务中心	嘉定区	63.205
54	崇明区竖河为老服务日间照护中心	崇明区	61.805
55	惠明邻里中心老年人日托服务	闵行区	61.335
56	月浦镇马泾桥日间照料中心	宝山区	61.100
57	爱博第二老年人日间服务中心	闵行区	60.397

续表

排名	机构名称	属地	得分
58	新成路街道老年人日间服务中心	嘉定区	60.395
59	浦东新区合庆镇社区老年人日间照护中心	浦东新区	59.690
60	金山工业区恒康居民区老年人日间服务中心	金山区	58.750
61	申港社区日间照料中心	浦东新区	56.870
62	浩光村老年人日间服务中心	金山区	56.842
63	三湘四季老年人日间照料中心	松江区	56.823
64	方松街道弘翔邻居日间照料中心	松江区	56.785
65	安亭镇老年人日间服务中心	嘉定区	56.748
66	浦东新区合庆开心老年人日间服务中心	浦东新区	56.259
67	松江区小昆山镇小昆山敬老院老年人日间照料中心	松江区	56.165
68	嘉定区徐行镇老年人日间服务中心	嘉定区	56.156
69	奉贤区青村镇新张村老年人日间照护中心	奉贤区	55.695
70	南翔镇劳动街老年人日间照护中心	嘉定区	54.990
71	奉贤区金汇镇明星村老年人日间照护中心	奉贤区	54.849
72	奉贤区青村镇桃园村老年人日间照护中心	奉贤区	54.821
73	嘉定镇街道乐龄老年人日间服务中心	嘉定区	54.755
74	石化街道东礁老年人日间服务中心	金山区	54.050
75	庙行镇怡馨老年人日间照料中心	宝山区	53.815
76	金山工业区老年人日间服务中心	金山区	53.580
77	浦东新区惠南东城老年人日间照护中心	浦东新区	53.439
78	浦东惠南镇惠馨苑老年人日间照护中心	浦东新区	53.326
79	金山区漕泾镇第二老年人日间照料服务中心	金山区	53.298
80	奉贤区柘林镇柘林村老年人日间照护中心	奉贤区	53.260
81	奉贤区金海社区老年人日间照护中心	奉贤区	53.223
82	新农老年人日间服务中心	金山区	53.195
83	廊下镇老年人日间服务中心	金山区	53.176
84	夏阳街道界泾港社区老年人日间照料中心	青浦区	53.157
85	崇明嘉龙养老院日间照护中心	崇明区	53.091
86	北门居委会老年人日间照料服务中心	金山区	51.935
87	岑卜村日间服务中心	青浦区	50.055
88	金山区吕巷镇干巷老年人日间服务中心	金山区	50.224
89	秦阳村老年人日间照料中心	金山区	50.177
90	新青浦社区老年人日间照料中心	青浦区	50.055
91	得胜村日间照料中心	松江区	50.027
92	中山街道方东居委会日托	松江区	49.952
93	新村乡新洲村日间照料服务点	崇明区	49.914

续表

排名	机构名称	属地	得分
94	新海镇红星老年日间照料中心	崇明区	49.876
95	新村乡新乐日间照料服务点	崇明区	49.858
96	戬浜老年人日间服务中心	嘉定区	49.829
97	奉贤区海湾镇五四社区老年人日间照护中心	奉贤区	48.648
98	奉贤区青村镇吴房村老年人日间照护中心	奉贤区	48.645
99	浦东新区祝桥镇老年人日间服务中心	浦东新区	47.406
100	闵行区马桥镇银林坊日间照料中心	闵行区	46.295
平均得分	—	—	65.482

由表6-2可得，上海市郊区日间照料中心管理制度100强得分均值为65.482分，其中有49家机构的管理制度得分超过平均分，另外51家机构的管理制度得分低于平均分。泖港镇老年人日间照料中心排名第一（92.176分），廊下镇第二老年人日间服务中心排名第二（80.953分），浦东新区宣桥社区老年人日间照护中心排名第三（80.445分）。管理制度排名后3名的机构分别为闵行区马桥镇银林坊日间照料中心、浦东新区祝桥镇老年人日间服务中心和奉贤区青村镇吴房村老年人日间照护中心，得分分别为46.295分、47.406分和48.645分。与上海市中心城区日间照料中心相比较，郊区日间照料中心管理制度的平均分远远低于中心城区，90分以上的只有1家，80分以上的只有4家。以上说明上海市郊区日间照料中心的管理制度总体处于一般水平，需要大力提升。

（2）上海市郊区日间照料中心硬件设施100强排名与分析

表6-3 上海市郊区日间照料中心硬件设施100强排名及得分

排名	日间照护养老机构的名称	属地	得分
1	金山区社会福利院日间照护中心	金山区	71.903
2	得胜村日间照护中心	松江区	69.533
3	浦东新区曹路期颐老年日间服务中心	浦东新区	69.286
4	周浦镇老年人日间服务中心	浦东新区	68.397
5	浦东新区周浦老吾老老年日间照护中心	浦东新区	67.944
6	中山街道方东居委会日托	松江区	67.340
7	城桥金日社区日间照料中心	崇明区	66.870
8	松江区小昆山镇新集镇社区老年人日间照料中心	松江区	63.264

续表

排名	日间照护养老机构的名称	属地	得分
9	嘉定镇街道乐龄老年人日间服务中心	嘉定区	62.945
10	叶榭镇金家村老年人日间照料服务站	松江区	62.380
11	浦东新区合庆镇社区老年人日间照护中心	浦东新区	62.268
12	爱博一村第一老人日间服务中心	闵行区	61.961
13	新村乡新洲村日间照料服务点	崇明区	61.849
14	崇明区建设镇综合为老服务中心日间照护中心	崇明区	61.217
15	松江区小昆山镇小昆山敬老院老年人日间照料中心	松江区	61.038
16	崇明区堡镇虹宝社区日间照料中心	崇明区	60.892
17	奉贤区金汇镇明星村老年人日间照护中心	奉贤区	60.250
18	长兴凤辰乐苑老年人日间服务中心	崇明区	59.713
19	浦东新区桃源老年人日间照护中心	浦东新区	59.667
20	浦东新区宣桥社区老年人日间照护中心	浦东新区	59.550
21	奉贤区金海社区老年人日间照护中心	奉贤区	59.472
22	闵行区继王敬老院（内设）	闵行区	59.450
23	金泽镇爱国村老年人日间照护中心	青浦区	59.058
24	浦东新区南汇新城老年人日间照护中心	浦东新区	58.303
25	金泽镇莲湖村老年人日间服务中心	青浦区	57.878
26	浦东新区曹路金海华城老年人日间照护中心	浦东新区	57.526
27	泖港镇老年人日间照料中心	松江区	57.414
28	崇明堡镇全程玖玖长者日间照护之家	崇明区	57.117
29	浦航日间照料中心	闵行区	56.676
30	浦东新区三林社区懿德老年人日间照护中心	浦东新区	56.659
31	南翔镇东园社区老年人日间服务中心	嘉定区	56.508
32	奉贤区柘林镇柘林村老年人日间照护中心	奉贤区	56.358
33	石湖荡镇新源村老年人日间照护中心	松江区	56.324
34	戬浜老年人日间服务中心	嘉定区	56.318
35	奉贤区南桥镇六墩村老年人日间照护中心	奉贤区	56.290
36	金家村老年人日间照料中心	青浦区	55.362
37	永丰街道谷水日间照料中心	松江区	55.194
38	东平镇平悦老年人日间服务中心	崇明区	55.077
39	月浦镇马泾桥日间照料中心	宝山区	54.937
40	新成路街道老年人日间服务中心	嘉定区	54.803
41	华泾社区日间照料中心	徐汇区	54.383
42	廊下镇第二老年人日间服务中心	金山区	54.210
43	爱博第二老年人日间服务中心	闵行区	53.947
44	崇明嘉龙养老院日间照护中心	崇明区	53.925

续表

排名	日间照护养老机构的名称	属地	得分
45	闵行区马桥镇金星老年日间照料中心	闵行区	53.914
46	浦东新区万祥社区老年人日间照护中心	浦东新区	53.662
47	崇明区竖新镇大椿村日间服务中心	崇明区	52.823
48	闵行区马桥镇银春苑老年人日间照料中心	闵行区	52.678
49	叶家桥路日间照料中心	闵行区	52.499
50	方松街道弘翔邻居日间照料	松江区	52.420
51	申港社区日间照料中心	浦东新区	52.403
52	嘉定区嘉定镇街道(高昌路)老年人日间服务中心	嘉定区	52.392
53	闵行区莘庄镇绿梅老年人日间照料中心	闵行区	52.359
54	顾村镇白杨村老年日间照护中心	宝山区	52.348
55	廊下镇勇敢村老年人日间服务中心	金山区	52.085
56	中山街道方东居委会日托	松江区	52.085
57	奉贤区青村镇青村居委老年人日间照护中心	奉贤区	51.962
58	浦东新区康桥镇老年人日间照护中心	浦东新区	51.906
59	绿华镇综合为老服务中心日间照料中心	崇明区	51.649
60	新海镇红星老年日间照料中心	崇明区	51.615
61	青华日间照料中心	青浦区	51.162
62	松江区小昆山镇大港社区日间照料中心	松江区	50.698
63	奉贤区青村镇解放村老年人日间照护中心	奉贤区	50.653
64	浦东新区新场老年人日间照护中心	浦东新区	50.273
65	浦东新区祝桥镇老年人日间服务中心	浦东新区	49.484
66	金山区山阳镇华新村老年人日间服务中心	金山区	49.144
67	廊下镇老年人日间服务中心	金山区	48.428
68	奉贤区金汇镇资福村老年人日间照护中心	奉贤区	48.394
69	石湖荡镇洙桥村老年人日间照料中心	松江区	48.148
70	新村乡新乐日间照料服务点	崇明区	48.003
71	长兴社区老年人日间服务中心	崇明区	47.835
72	奉贤区庄行镇新叶村老年人日间照护中心	奉贤区	47.734
73	嘉定区徐行镇老年人日间服务中心	嘉定区	47.712
74	浦东新区川沙新镇六灶社区老年人日间照护中心	浦东新区	46.689
75	浦东新区泥城镇老年人日间照护中心	浦东新区	46.062
76	廊下镇景展居委会老年人日间服务中心	金山区	45.978
77	奉贤区青村镇申隆一村老年人日间照护中心	奉贤区	45.878
78	吉祥坊邻里中心日间照料中心	闵行区	45.839
79	长兴村老年日间照护中心	金山区	45.665
80	闵行区莘庄镇沁馨日间照料中心	闵行区	45.212

续表

排名	日间照护养老机构的名称	属地	得分
81	香花桥街道爱星村老年人日间服务中心	青浦区	45.145
82	朱家角镇王金村日间照料中心	青浦区	45.028
83	山阳镇东方村日间服务中心	金山区	44.950
84	浦东新区合庆开心老年人日间服务中心	浦东新区	44.849
85	闵行区颛桥老年人日间照料中心	闵行区	44.642
86	闵行区马桥镇元松日间照料中心	闵行区	44.631
87	石化街道老年人日间照料服务中心	金山区	44.603
88	嘉定镇街道老年人日间服务中心	嘉定区	44.513
89	奉贤区青村镇桃园村老年人日间照护中心	奉贤区	44.323
90	金泽镇钱盛村老年人日间照护中心	青浦区	44.289
91	新青浦社区老年人日间照料中心	青浦区	43.658
92	崇明蘭馨老年日托所	崇明区	43.619
93	江镇社区晚霞老年人日间照护中心	浦东新区	43.534
94	金山卫镇钱圩老年人日间服务中心	金山区	43.512
95	崇明区新河镇永丰村日间照料中心	崇明区	43.434
96	闵行区马桥镇银林坊日间照料中心	闵行区	43.400
97	朱家角镇新胜村日间照料中心	青浦区	43.372
98	高境镇老年人日间照料中心	宝山区	43.333
99	闵行区悠然居日间服务中心	闵行区	43.311
100	永康老年人日间照料中心	闵行区	43.155
平均得分	—	—	53.105

由表6-3可得，上海市郊区日间照料中心硬件设施100强得分均值为53.105分，其中有46家机构的硬件设施得分超过平均分，有54家机构的硬件设施得分低于平均分。硬件设施得分前3名的分别为金山区社会福利院日间照护中心、得胜村日间照护中心和浦东新区曹路期颐老年日间服务中心，得分依次为71.903分、69.533分以及69.286分，硬件设施排名后3名的机构分别为永康老年人日间照料中心、闵行区悠然居日间服务中心和高境镇老年人日间照料中心，得分依次为43.155分、43.311分以及43.333分。得分最高与最低的机构之间相差28.748分，差距较大。硬件设施得分单项超过80分的机构为0家，超过70分的机构有1家，与中心城区相比较有一定的差距。以上说明上海市郊区日间照料中心的硬件设施总体配备还需要进一步改善。

（3）上海市郊区日间照料中心人员配备 100 强排名与分析

表 6 - 4　上海市郊区日间照料中心人员配备 100 强排名及得分

排名	机构名称	属地	得分
1	浦东新区曹路期颐老年日间服务中心	浦东新区	78.495
2	吉祥坊邻里中心日间照料中心	闵行区	73.965
3	松江区小昆山镇小昆山敬老院老年人日间照料中心	松江区	71.997
4	松江区小昆山镇新集镇社区老年人日间照料中心	松江区	71.558
5	松江区小昆山镇大港社区日间照料中心	松江区	71.509
6	永丰街道谷水日间照料中心	松江区	71.010
7	闵行区继王敬老院(内设)	闵行区	70.781
8	城桥金日社区日间照料中心	崇明区	69.309
9	崇明堡镇全程玖玖长者日间照护之家	崇明区	67.091
10	浦东新区周浦老吾老老年人日间照护中心	浦东新区	65.157
11	泖港镇老年人日间照料中心	松江区	64.253
12	石湖荡镇新源村老年人日间照护中心	松江区	64.114
13	浦东新区惠南民乐社区老年人日间照护中心	浦东新区	63.662
14	嘉定镇街道乐龄老年人日间服务中心	嘉定区	62.979
15	嘉定镇街道老年人日间服务中心	嘉定区	62.944
16	崇明嘉龙养老院日间照护中心	崇明区	62.844
17	周浦镇老年人日间服务中心	浦东新区	62.767
18	闵行区莘庄镇沁馨日间照料中心	闵行区	61.716
19	得胜村日间照护中心	松江区	59.411
20	金山区漕泾镇第二老年人日间照料服务中心	金山区	58.976
21	浦东新区康桥镇老年人日间照护中心	浦东新区	55.312
22	叶榭镇金家村老年人日间照料服务站	松江区	54.483
23	永丰街道仓城日间照料中心	松江区	52.041
24	浦东惠南镇惠馨苑老年人日间照护中心	浦东新区	51.036
25	浦东新区新场老年人日间照护中心	浦东新区	49.337
26	新浜镇老年人日间照料中心	松江区	48.951
27	华泾社区日间照料中心	徐汇区	48.817
28	金泽镇金泽村老年人日间服务中心	青浦区	48.341
29	闵行区悠然居日间服务中心	闵行区	47.784
30	鹤沙航城老年人日间照护中心	浦东新区	47.558
31	浦东新区泥城镇老年人日间服务中心	浦东新区	47.477
32	沧源邻里日间照料	闵行区	46.909
33	汽轮邻里日间照料中心	闵行区	46.821
34	崇明区建设镇综合为老服务中心日间照护中心	崇明区	45.352

续表

排名	机构名称	属地	得分
35	闵行区马桥镇银春苑老年人日间照料中心	闵行区	42.271
36	三湘四季老年人日间照料中心	松江区	41.800
37	申港社区日间照料中心	浦东新区	41.319
38	奉贤区南桥镇江海敬老院老年人日间照护中心	奉贤区	41.119
39	新村乡新洲村日间照料服务点	崇明区	40.924
40	友谊路街道老年人日间服务中心	宝山区	40.612
41	金山区社会福利院日间照护中心	金山区	40.521
42	顾村镇白杨村老年日间照护机构	宝山区	39.861
43	金泽镇莲湖村老年人日间服务中心	青浦区	39.210
44	石化街道老年人日间照料服务中心	金山区	38.571
45	香花桥街道爱星村老年人日间服务中心	青浦区	36.513
46	闵行区马桥镇金星老年日间照料中心	闵行区	36.246
47	岑卜村日间服务中心	青浦区	36.128
48	金泽镇爱国村老年人日间照护中心	青浦区	36.026
49	南翔镇劳动街老年人日间照护中心	嘉定区	35.562
50	浦东新区南汇新城老年人日间照护中心	浦东新区	34.677
51	戬浜老年人日间服务中心	嘉定区	33.652
52	浦东新区三林社区懿德老年人日间照护中心	浦东新区	32.974
53	东方村日间照料中心	青浦区	32.806
54	江镇社区晚霞老年人日间照护中心	浦东新区	32.766
55	崇明区新河镇永丰村日间照料中心	崇明区	32.654
56	朱泾镇五龙村老年人日间服务中心	金山区	32.598
57	永康老年人日间照料中心	闵行区	32.474
58	浦东新区曹路金海华城老年人日间照护中心	浦东新区	32.458
59	漕泾村老年人日间照料中心	青浦区	32.404
60	浦东新区桃源老年人日间照护中心	浦东新区	31.010
61	浦东新区宣桥社区老年人日间照护中心	浦东新区	30.887
62	浦航日间照料中心	闵行区	30.779
63	长兴凤辰乐苑老年人日间服务中心	崇明区	30.427
64	嘉定区徐行镇老年人日间服务中心	嘉定区	29.438
65	青城社区老年人日间照料中心	青浦区	28.935
66	奉贤区南桥镇六墩村老年人日间照护中心	奉贤区	28.730
67	山阳镇东方村日间服务中心	金山区	27.544
68	新成路街道老年人日间服务中心	嘉定区	25.384
69	东风老年日间服务中心	闵行区	25.303
70	叶家桥路日间照料中心	闵行区	25.303

续表

排名	机构名称	属地	得分
71	青平社区老年人日间照料中心	青浦区	25.303
72	夏阳街道界泾港社区老年人日间照料中心	青浦区	25.197
73	青湖社区老年人日间照料中心	青浦区	25.197
74	爱博第二老年人日间服务中心	闵行区	25.143
75	闵行区颛桥老年人日间照料中心	闵行区	25.143
76	紫薇日间照料中心	闵行区	25.143
77	惠明邻里中心老年人日托服务	闵行区	25.090
78	金泽镇东星村老年人日间服务中心	青浦区	25.090
79	仓桥社区老年人日间照料中心	青浦区	25.090
80	中山街道方东居委会日托	松江区	25.090
81	佳乐苑社区老年人日间照料中心	青浦区	24.984
82	夏阳街道青园社区老年人日间照料中心	青浦区	24.984
83	闵行区莘庄镇绿梅老年人日间照料中心	闵行区	24.868
84	新村乡新乐日间照料服务点	崇明区	24.834
85	崇明区竖新镇大椿村日间服务中心	崇明区	24.685
86	金山区张堰镇秦望村社区老年人日间服务中心	金山区	24.534
87	闵行区浦江镇江玮路老年人日间照料中心	闵行区	24.528
88	浦东新区合庆开心老年人日间服务中心	浦东新区	24.455
89	月浦镇马泾桥日间照料中心	宝山区	24.385
90	青华日间照料中心	青浦区	24.322
91	南翔镇东园社区老年人日间服务中心	嘉定区	24.322
92	浦东新区书院镇丽泽社区老年人日间服务中心	浦东新区	24.235
93	新海镇红星老年日间照料中心	崇明区	24.098
94	桑园村老年人日间照料中心	金山区	24.085
95	奉贤区海湾镇五四社区老年人日间照护中心	奉贤区	23.813
96	爱博一村第一老人日间服务中心	闵行区	23.654
97	闵行区马桥镇元松日间照料中心	闵行区	23.654
98	金山工业区老年人日间服务中心	金山区	23.590
99	闵行区马桥镇银林坊日间照料中心	闵行区	23.563
100	闵行区马桥镇银春苑老年人日间照料中心	闵行区	23.484
平均得分	—	—	39.912

由表6－4可得，上海市郊区日间照料中心人员配备100强得分均值为39.912分，其中有41家机构的人员配备得分超过平均分，有59家机构的人员配备得分低于平均分。人员配备得分前3名的分别为浦东新区曹

路期颐老年日间服务中心、吉祥坊邻里中心日间照料中心和松江区小昆山镇小昆山敬老院老年人日间照料中心，得分依次为78.495分、73.965分和71.997分，人员配备排名后3名的机构分别为闵行区马桥镇银春苑老年人日间照料中心、闵行区马桥镇银林坊日间照料中心和金山工业区老年人日间服务中心，得分分别为23.484分、23.563分和23.590分。人员配备指标得分单项超过80分的机构有0家，超过70分的机构有7家，超过60分的有18家，比中心城区要低一些，这说明郊区日间照料中心在人员配备方面有较大提升空间。

（4）上海市郊区日间照料中心服务水平100强排名与分析

表6-5　上海市郊区日间照料中心服务水平100强排名及得分

排名	机构名称	属地	得分
1	泖港镇老年人日间照料中心	松江区	67.478
2	浦东新区康桥镇老年人日间照护中心	浦东新区	61.236
3	嘉定镇街道乐龄老年人日间服务中心	嘉定区	60.727
4	浦东新区曹路期颐老年日间服务中心	浦东新区	60.200
5	得胜村日间照料中心	松江区	55.635
6	石湖荡镇新源村老年人日间照护中心	松江区	55.635
7	小昆山镇小昆山敬老院老年人日间照料中心	松江区	55.466
8	汽轮邻里日间照料中心	闵行区	55.427
9	叶榭镇金家村老年人日间照料服务站	松江区	53.682
10	浦东新区周浦老吾老老年人日间照护中心	浦东新区	53.640
11	小昆山镇新集镇社区老年人日间照料中心	松江区	53.320
12	吉祥坊邻里中心日间照料中心	闵行区	51.603
13	闵行区马桥镇银春苑老年人日间照料中心	闵行区	51.308
14	廊下镇勇敢村老年人日间服务中心	金山区	51.000
15	友谊路街道老年人日间服务中心	宝山区	50.721
16	江镇社区晚霞老年人日间照护中心	浦东新区	50.666
17	南翔镇劳动街老年人日间照护中心	嘉定区	50.258
18	川沙新镇六灶社区老年人日间照护中心	浦东新区	50.120
19	小昆山镇大港社区日间照料中心	松江区	50.120
20	奉贤区青村镇解放村老年人日间照护中心	奉贤区	49.800
21	鹤沙航城老年人日间照护中心	浦东新区	48.632
22	永丰街道谷水日间照料中心	松江区	48.171
23	周浦镇老年人日间服务中心	浦东新区	48.120

续表

排名	机构名称	属地	得分
24	嘉定区徐行镇老年人日间服务中心	嘉定区	47.800
25	浦东新区桃源老年人日间照护中心	浦东新区	47.544
26	浦东新区曹路金海华城老年人日间照护中心	浦东新区	47.520
27	浦东新区新场老年人日间照护中心	浦东新区	47.400
28	金泽镇钱盛村老年人日间照护中心	青浦区	47.000
29	城桥金日社区日间照料中心	崇明区	46.974
30	方松街道弘翔邻居日间照料	松江区	46.520
31	闵行区继王敬老院(内设)	闵行区	46.240
32	金泽镇莲湖村老年人日间服务中心	青浦区	46.035
33	新成路街道老年人日间服务中心	嘉定区	45.995
34	戬浜老年人日间服务中心	嘉定区	45.800
35	东风老年日间服务中心	闵行区	45.768
36	崇明嘉龙养老院日间照护中心	崇明区	45.627
37	浦东新区三林社区懿德老年人日间照护中心	浦东新区	44.340
38	紫薇日间照料中心	闵行区	43.528
39	奉贤区柘林镇柘林村老年人日间照护中心	奉贤区	43.413
40	奉贤区青村镇青村居委老年人日间照护中心	奉贤区	43.400
41	闵行区马桥镇元松日间照料中心	闵行区	42.826
42	石湖荡镇洙桥村老年人日间照料中心	松江区	42.760
43	漕泾村老年人日间照料中心	青浦区	42.600
44	月浦镇马泾桥日间照料中心	宝山区	42.576
45	奉贤区金汇镇明星村老年人日间照护中心	奉贤区	42.400
46	嘉定镇街道老年人日间服务中心	嘉定区	42.232
47	奉贤区金海社区老年人日间照护中心	奉贤区	42.200
48	金家村老年人日间照料中心	青浦区	42.200
49	廊下镇第二老年人日间服务中心	金山区	42.016
50	廊下镇老年人日间服务中心	金山区	42.000
51	东平镇平悦老年人日间服务中心	崇明区	41.800
52	浦东新区泥城镇老年人日间服务中心	浦东新区	41.720
53	浦东新区南汇新城老年人日间照护中心	浦东新区	40.984
54	浦东新区惠南民乐社区老年人日间照护中心	浦东新区	40.760
55	青华日间照料中心	青浦区	40.464
56	南翔镇东园社区老年人日间服务中心	嘉定区	40.400
57	闵行区马桥镇金星老年日间照料中心	闵行区	40.400
58	朱泾镇老年人日间服务中心	金山区	40.336
59	奉贤区海湾镇五四社区老年人日间照护中心	奉贤区	40.200

续表

排名	机构名称	属地	得分
60	绿华镇综合为老服务中心日间照料中心	崇明区	40.200
61	浦东新区书院镇丽泽社区老年日间服务中心	浦东新区	40.066
62	奉贤区青村镇吴房村老年人日间照护中心	奉贤区	40.000
63	后岗村日间照料中心	金山区	39.800
64	闵行区悠然居日间服务中心	闵行区	39.496
65	仓桥社区老年人日间照料中心	青浦区	39.426
66	金山区社会福利院日间照护中心	金山区	39.400
67	惠明邻里中心老年人日托服务	闵行区	39.000
68	闵行区马桥镇银林坊日间照料中心	闵行区	38.934
69	长兴凤辰乐苑老年人日间服务中心	崇明区	38.853
70	建设镇综合为老服务中心日间照护中心	崇明区	38.800
71	竖新镇大椿村日间服务中心	崇明区	38.800
72	嘉定镇街道（高昌路）老年人日间服务中心	嘉定区	38.560
73	合庆镇社区老年人日间照护中心	浦东新区	38.552
74	夏阳街道界泾港社区老年人日间照料中心	青浦区	38.472
75	三湘四季老年人日间照料中心	松江区	38.360
76	沧源邻里日间照料中心	闵行区	38.310
77	莘庄镇绿梅老年人日间照料中心	闵行区	38.018
78	佳乐苑社区老年人日间照料中心	青浦区	37.752
79	宣桥社区老年人日间照护中心	浦东新区	37.599
80	金山工业区恒康居民区老年人日间服务中心	金山区	37.294
81	夏阳街道青园社区老年人日间照料中心	青浦区	37.264
82	永丰街道仓城日间照料中心	松江区	37.200
83	永康老年人日间照料中心	闵行区	37.000
84	石化街道东礁老年人日间服务中心	金山区	36.920
85	闵行区莘庄镇沁馨日间照料中心	闵行区	36.541
86	高境镇老年人日间照料中心	宝山区	36.520
87	叶家桥路日间照料中心	闵行区	36.334
88	爱博一村第一老人日间服务中心	闵行区	36.274
89	新海镇红星老年日间照料中心	崇明区	36.272
90	奉贤区金汇镇资福村老年人日间照护中心	奉贤区	36.040
91	浩光村老年人日间服务中心	金山区	36.000
92	颛桥老年人日间照料中心	闵行区	35.978
93	庄行镇新叶村老年人日间照护中心	奉贤区	35.800
94	华泾社区日间照料中心	徐汇区	35.694
95	廊下镇中民村老年人日间服务中心	金山区	35.400

续表

排名	机构名称	属地	得分
96	奉贤区青村镇申隆一村老年人日间照护中心	奉贤区	35.200
97	申港社区日间照料中心	浦东新区	35.070
98	金山区漕泾镇第二老年人日间照料服务中心	金山区	34.894
99	崇明区堡镇虹宝社区日间照料中心	崇明区	34.833
100	廊下镇景展居委会老年人日间服务中心	金山区	34.800
平均得分	—	—	43.405

由表 6-5 可得，上海市郊区日间照料中心服务水平 100 强单项得分均值为 43.405 分，其中有 39 家机构的服务水平得分超过平均分，有 61 家机构的服务水平得分低于平均分。服务水平得分前 3 名的分别为泖港镇老年人日间照料中心、浦东新区康桥镇老年人日间照护中心和嘉定镇街道乐龄老年人日间服务中心，得分依次为 67.478 分、61.236 分以及 60.727 分；服务水平排名后 3 名的机构分别为廊下镇景展居委会老年人日间服务中心、崇明区堡镇虹宝社区日间照料中心和金山区漕泾镇第二老年人日间照料服务中心，得分依次为 34.800 分、34.833 分和 34.894 分。以上说明各机构在服务水平指标上的差距较大，服务水平指标需要有较大的提升。服务水平指标得分单项超过 70 分的机构 0 家，超过 60 分的机构仅有 4 家，高分机构很少，低分机构太多，说明上海市郊区日间照护机构的服务水平不高。

（三）上海市郊区日间照料中心各行政区排名与分析

（1）上海市郊区日间照料中心各行政区综合排名与分析

上海市郊区日间照料中心各行政区的总平均得分与排名如表 6-6 所示。

表 6-6　上海市郊区日间照料中心各行政区总平均得分与排名汇总表

排名	行政区	总平均得分
1	松江区	45.821
2	浦东新区	42.618
3	崇明区	39.582
4	闵行区	39.291

续表

排名	行政区	总平均得分
5	嘉定区	38.791
6	宝山区	38.634
7	青浦区	35.957
8	金山区	35.142
9	奉贤区	34.556
总平均值	—	38.821

注：徐汇区日间照料中心有效样本中位于郊区的只有1家，故不参加行政区之间的排名。

根据表6-6可以画出如图6-2所示的上海市郊区日间照料中心各行政区总平均得分的排名汇总图。

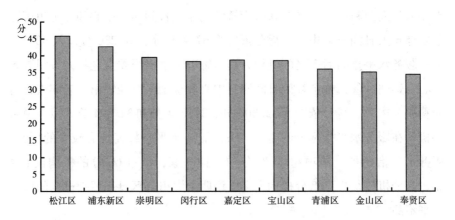

图6-2 上海市郊区日间照料中心各行政区总平均得分排名

从表6-6和图6-2可以看出，上海市郊区日间照料中心各行政区总平均得分排名第一的为松江区，总平均得分为45.821；排名第二的是浦东新区，总平均得分为42.618；排名第三的为崇明区，总平均得分为39.582；各行政区总平均得分的总平均值为38.821，有4个区的机构总平均得分超过了该平均值，有5个区的养老机构总平均得分低于该平均值。

（2）上海市郊区日间照料中心各行政区管理制度单项排名与分析

上海市郊区日间照料中心各行政区管理制度单项平均得分与排名如表6-7所示。

表6-7　上海市郊区日间照料中心各行政区管理制度平均得分与排名汇总表

排名	行政区	管理制度得分
1	宝山区	64.509
2	浦东新区	64.073
3	闵行区	63.130
4	青浦区	59.378
5	崇明区	58.901
6	松江区	57.322
7	嘉定区	53.816
8	金山区	52.553
9	奉贤区	49.274
总平均值	—	58.106

根据表6-7可以作出如图6-3所示的上海市郊区日间照料中心各行政区管理制度单项平均得分的排名汇总图。

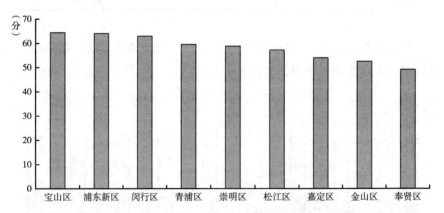

图6-3　上海市郊区日间照料中心各行政区管理制度单项平均得分排名汇总图

从表6-7和图6-3可以看出，上海市郊区日间照料中心各行政区管理制度单项平均得分排名第一的为宝山区，平均得分为64.509；排名第二的是浦东新区，平均得分为64.073；排名第三的为闵行区，平均得分为63.130。各行政区平均得分的总平均值为58.106，有5个区的机构总平均得分超过了该平均值，有4个区的机构总平均得分低于该平均值。以上结果说明上海市郊区各行政区日间照料中心在管理制度上的总体得分表现尚可，但各个行政区之间有差距。

（3）上海市郊区日间照料中心各行政区硬件设施单项排名与分析

上海市郊区日间照料中心各行政区硬件设施单项平均得分与排名如表6-8所示。

表6-8　上海市郊区日间照料中心各行政区硬件设施总平均得分与排名汇总表

排名	行政区	硬件设施得分
1	松江区	47.753
2	浦东新区	45.681
3	崇明区	44.780
4	嘉定区	44.140
5	奉贤区	42.932
6	闵行区	41.378
7	宝山区	41.346
8	金山区	41.216
9	青浦区	40.715
总平均值	—	43.327

根据表6-8可以作出如图6-4所示的上海市郊区日间照料中心各行政区硬件设施单项平均得分的排名汇总图。

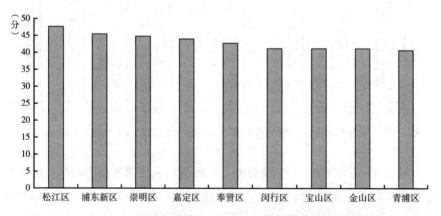

图6-4　上海市郊区日间照料中心各行政区硬件设施单项平均得分排名汇总图

从表6-8和图6-4可以看出，上海市郊区日间照料中心各行政区硬件设施单项平均得分排名第一的为松江区，平均得分为47.753；排名第二的是浦东新区，平均得分为45.681；排名第三的为崇明区，平均得分为44.780；各行政区硬件设施单项平均得分的总平均值为43.327，有4个区的机构总平均得分超过了该平均值，有5个区的机构总平均得分低于该平均值。以上结果说明上海市郊区日间照料中心在硬件设施上的总体得分表现不佳，得分较低，有较大的提升空间，且各个行政区之间有较大的差距。

（4）上海市郊区日间照料中心各行政区人员配备单项排名与分析

上海市郊区日间照料中心各行政区人员配备单项平均得分与排名如表6-9所示。

表6-9　上海市郊区日间照料中心各行政区人员配备总平均得分与排名汇总表

排名	行政区	人员配备得分
1	松江区	44.367
2	浦东新区	34.224
3	崇明区	32.287
4	嘉定区	29.964
5	闵行区	27.273
6	宝山区	26.728
7	金山区	25.849
8	奉贤区	23.875
9	青浦区	23.444
总平均值	—	29.779

根据表6-9可以作出如图6-5所示的上海市郊区日间照料中心各行政区人员配备单项平均得分的排名汇总图。

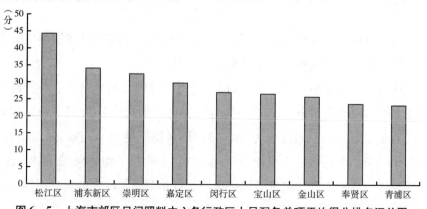

图6-5　上海市郊区日间照料中心各行政区人员配备单项平均得分排名汇总图

从表 6-9 和图 6-5 可以看出，上海市郊区日间照料中心各行政区人员配备单项平均得分排名第一的为松江区，平均得分为 44.367；排名第二的是浦东新区，平均得分为 34.224；排名第三的为崇明区，平均得分为 32.287；各行政区人员配备单项平均得分的总平均值为 29.779，有 4 个区的机构总平均得分超过了该平均值，有 5 个区的机构总平均得分低于该平均值。以上结果说明上海市郊区各行政区日间照料中心在人员配备上的总体得分表现不佳，有较大的提升空间，同时各个行政区之间有较大的差距，部分行政区得分较低。

（5）上海市郊区日间照料中心各行政区服务水平单项排名与分析

上海市郊区日间照料中心各行政区服务水平单项平均得分与排名如表 6-10 所示。

表 6-10　上海市郊区日间照料中心各行政区服务水平总平均得分与排名汇总表

排名	行政区	服务水平得分
1	松江区	37.772
2	嘉定区	34.853
3	浦东新区	34.757
4	宝山区	32.454
5	闵行区	31.375
6	青浦区	30.934
7	奉贤区	30.634
8	崇明区	30.180
9	金山区	29.366
总平均值	—	32.481

根据表 6-10 可以作出如图 6-6 所示的上海市郊区日间照料中心各行政区服务水平单项平均得分的排名汇总图。

从表 6-10 和图 6-6 可以看出，上海市郊区日间照料中心各行政区服务水平单项平均得分排名第一的为松江区，平均得分为 37.772；排名第二的是嘉定区，平均得分为 34.853；排名第三的为浦东新区，平均得分为 34.757；各行政区人员配备单项平均得分的总平均值为 32.481，有 3 个区的机构总平均得分超过了该平均值，有 6 个区的养老机构总平均得分低于该平均值。以上结果说明上海市郊区各行政区日间照料中心在服务水

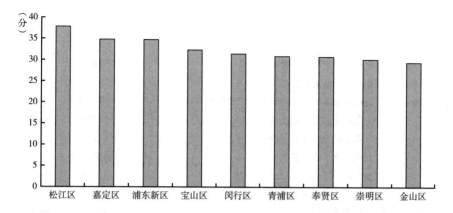

图6-6　上海市郊区日间照料中心各行政区服务水平单项平均得分排名汇总图

平上的总体得分表现不佳，平均得分较低，有较大的提升空间，同时各个行政区之间有较大的差距，部分行政区在服务水平指标上平均得分太低，需要长足的进步。

第二节　上海市郊区长者照护之家评价分析

一　长者护照护之家评价体系

长者照护之家评价指标体系及权重参见第五章第二节"一　长者照护之家评价体系"。

二　上海市郊区长者照护之家排名及分析

（一）上海市郊区长者照护之家综合排名及分析

上海市郊区长者照护之家20强综合得分及排名如表6-11所示。

表6-11　上海市郊区长者照护之家20强综合得分及排名

排名	机构名称	属地	总得分
1	闵行莘庄工业区社区爱照护长者照护之家	闵行区	62.271
2	华泾社区长者照护之家	徐汇区	60.373
3	新泾镇综合为老服务中心（长者照护之家）	长宁区	56.409

续表

排名	机构名称	属地	总得分
4	顾村社区慧享福长者照护之家	宝山区	56.394
5	永丰谷水长者照护之家	松江区	55.380
6	青浦区金泽社区银辉长者照护之家	青浦区	53.754
7	嘉定区马陆慧享福长者照护之家	嘉定区	52.970
8	叶榭社区堰泾长者照护之家	松江区	51.509
9	闵行江浦江春天长者照护之家	浦东新区	51.283
10	浦东新区惠南民乐社区长者照护之家	浦东新区	50.907
11	嘉定区南翔社区嘉祥福爱家长者照护之家	嘉定区	50.645
12	小昆山镇长者照护之家	松江区	48.295
13	闵行区梅陇社区吴介巷长者照护之家	闵行区	46.873
14	青浦夏阳街道社区旭升长者照护之家	青浦区	46.149
15	崇明堡镇长者照护之家	崇明区	42.458
16	宝山友谊慧享福长者照护之家	宝山区	39.710
17	奉贤区高桥长者照护之家	奉贤区	36.925
18	马陆社区彭赵长者照护之家	嘉定区	36.134
19	闵行区银桥社区万福年华长者照护之家	闵行区	36.014
20	金山区漕泾镇汇安长者照护之家	金山区	36.003
平均得分	—	—	48.523

由表 6-11 可以看出，上海市郊区长者照护之家 20 强平均得分为 48.523 分，其中有 11 家机构的得分达到平均分，剩余的 9 家机构均低于平均分。排名前三的分别为闵行莘庄工业区社区爱照护长者照护之家、华泾社区长者照护之家、新泾镇综合为老服务中心（长者照护之家），得分分别为 62.271、60.373 和 56.409；排名靠后的三家机构分别是金山区漕泾镇汇安长者照护之家、闵行区银桥社区万福年华长者照护之家和马陆社区彭赵长者照护之家，得分分别为 36.003、36.014 和 36.134，得分最高与最低机构相差 26.268 分，得分差距较大。从得分层次来看，60 分以上的只有 2 家，50 分以上的有 11 家，总体水平不高。

为了了解上海市郊区长者照护之家各项一级指标的具体得分情况，有必要对其进行深入的研究。对上海市郊区长者照顾之家的各项一级指标进行标准化，再计算出其各项一级指标的平均得分，画出如图 6-7 进行分析。

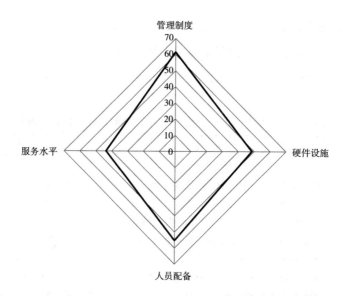

图 6 – 7　上海市郊区长者照护之家 20 强各项一级指标均值

由图 6 – 7 可以看出，上海市郊区长者照护之家各项一级指标中，得分最高的是管理制度指标，平均得分为 61.543，其次是人员配备指标，平均得分为 54.720，第三名是硬件设施指标，平均得分为 48.578，最低的是服务水平指标，平均得分为 43.990。而这四项一级指标的权重分别为：管理制度指标 0.200、硬件设施指标 0.200、人员配备指标 0.350、服务水平指标 0.250。其中，人员配备指标和服务水平指标的权重较大，因而使得上海市郊区长者照护之家的总平均得分低于管理制度指标的平均得分，且和人员配备指标相近。而较高权重的服务水平指标得分较低，在一定程度上拉低了总平均得分。

以上结果表明上海市郊区长者照顾之家各方面发展不足，还有较大的提升空间。从总体得分来说，没有一家长者照顾之家养老机构得分超过 70 分，同时郊区长者照护之家 20 强的平均得分仅为 48.523 分，低于中心城区的平均得分，说明各个机构在整体上发展存在不足。从各个指标得分来看，各个机构的管理制度相对较好，而服务水平指标得分较低，说明目前各机构提供的服务项目还不多。基于以上分析，未来郊区各长者照顾之家需要多从老人的服务需求角度入手，多多增加养老服务项目，提高服务质量。

（二）上海市郊区长者照护之家单项排名与分析

（1）上海市郊区长者照护之家管理制度单项排名与分析

上海市郊区长者照护之家管理制度 20 强排名如表 6 – 12 所示。

表 6 – 12　上海市郊区长者照护之家管理制度 20 强排名及得分

排名	机构名称	属地	得分
1	永丰谷水长者照护之家	松江区	80.870
2	闵行莘庄工业区社区爱照护长者照护之家	闵行区	77.872
3	华泾社区长者照护之家	徐汇区	74.931
4	新泾镇综合为老服务中心（长者照护之家）	长宁区	73.144
5	嘉定区南翔社区嘉祥福爱家长者照护之家	嘉定区	68.122
6	顾村社区慧享福长者照护之家	宝山区	66.000
7	青浦区金泽社区银辉长者照护之家	青浦区	65.124
8	浦东新区惠南民乐社区长者照护之家	浦东新区	61.825
9	老港滨海社区长者照护之家	浦东新区	61.654
10	马陆社区彭赵长者照护之家	嘉定区	61.148
11	浦东新区万祥社区长者照护之家	浦东新区	60.126
12	泖港社区怡蓥长者照护之家	松江区	58.170
13	闵行区银桥社区万福年华长者照护之家	闵行区	56.772
14	友谊社区馨谊长者照护之家	宝山区	56.103
15	闵行区梅陇社区吴介巷长者照护之家	闵行区	55.908
16	崇明堡镇长者照护之家	崇明区	53.167
17	叶榭社区堰泾长者照护之家	松江区	51.927
18	金山区石化街道长乐长者照护之家	金山区	51.173
19	嘉定区马陆慧享福长者照护之家	嘉定区	49.903
20	宝山友谊慧享福长者照护之家	宝山区	46.921
平均得分	—	—	61.543

　　由表 6 – 12 可得，上海市郊区长者照护之家管理制度 20 强得分均值为 61.543 分，其中有 9 家机构的管理制度得分超过平均分，有 11 家机构的管理制度得分低于平均分。其中，永丰谷水长者照护之家、闵行莘庄工业区社区爱照护长者照护之家和华泾社区长者照护之家是排名前三的机构，得分依次为 80.870、77.872 和 74.931。管理制度排名后 3 名的机构分别为宝山友谊慧享福长者照护之家、嘉定区马陆慧享福长者照护之家和金山区石化街道长乐长者照护之家，得分依次为 46.921、49.903 以及

51.173。通过以上得分可以看到有些机构的制度不够健全，郊区长者照顾之家的管理制度总体处于一般的水平。

（2）上海市郊区长者照顾之家硬件设施 20 强排名与分析

表 6-13　上海市郊区长者照护之家硬件设施 20 强排名及得分

排名	机构名称	属地	得分
1	新泾镇综合为老服务中心（长者照护之家）	长宁区	74.453
2	华泾社区长者照护之家	徐汇区	71.297
3	嘉定区南翔社区嘉祥福爱家长者照护之家	嘉定区	58.119
4	小昆山镇长者照护之家	松江区	51.673
5	闵行区浦江春天长者照护之家	浦东新区	50.727
6	宝山友谊慧享福长者照护之家	宝山区	48.829
7	叶榭社区堰泾长者照护之家	松江区	48.791
8	闵行区银桥社区万福年华长者照护之家	闵行区	47.624
9	青浦区金泽社区银辉长者照护之家	青浦区	47.234
10	嘉定安亭社区赵巷长者照护之家	嘉定区	46.904
11	嘉定马陆慧享福长者照护之家	嘉定区	46.694
12	顾村社区慧享福长者照护之家	宝山区	45.996
13	闵行莘庄工业区社区爱照护长者照护之家	闵行区	45.891
14	永丰谷水长者照护之家	松江区	45.111
15	新海镇红星长者照护之家	崇明区	41.905
16	新村乡新洲村长者照护之家	崇明区	41.791
17	奉贤区高桥长者照护之家	奉贤区	41.333
18	嘉定工业区社区虬桥长者照护之家	嘉定区	40.980
19	浦东新区万祥社区长者照护之家	浦东新区	39.202
20	嘉定马陆社区北管长者照护之家	嘉定区	37.003
平均得分	—	—	48.578

由表 6-13 可得，上海市郊区长者照护之家硬件设施 20 强得分均值为 48.578 分，其中有 7 家机构的硬件设施得分超过平均分，有 13 家机构的硬件设施得分低于平均分。硬件设施得分前 3 名的分别为新泾镇综合为老服务中心（长者照护之家）、华泾社区长者照护之家和嘉定区南翔社区嘉祥福爱家长者照护之家，得分依次为 74.453 分、71.297 分以及 58.119 分；硬件设施排名后 3 名的机构分别为嘉定马陆社区北管长者照护之家、浦东新区万祥社区长者照护之家、嘉定工业区社区虬桥长者照护之家，得

分依次为37.003分、39.202分和40.980分。得分最高与最低的机构之间相差37.450分，差距较大。硬件设施得分超过80分的机构为0，超过70分的仅有2家。以上说明上海市郊区长者照护之家硬件设施存在很大的不足，有较大的提升空间。

（3）上海市郊区长者照顾之家人员配备20强排名与分析

表6-14　上海市郊区长者照护之家人员配备20强排名及得分

排名	机构名称	属地	得分
1	闵行区浦江春天长者照护之家	浦东新区	76.366
2	叶榭社区堰泾长者照护之家	松江区	72.465
3	顾村社区慧享福长者照护之家	宝山区	66.570
4	崇明堡镇长者照护之家	崇明区	63.796
5	浦东新区惠南民乐社区长者照护之家	浦东新区	61.867
6	小昆山镇长者照护之家	松江区	59.781
7	华泾社区长者照护之家	徐汇区	58.363
8	青浦区金泽社区银辉长者照护之家	青浦区	58.306
9	闵行莘庄工业区社区爱照护长者照护之家	闵行区	57.660
10	闵行区梅陇社区吴介巷长者照护之家	闵行区	57.264
11	崇明区三星镇敬老院长者照护之家	崇明区	55.149
12	青浦夏阳街道社区旭升长者照护之家	青浦区	54.074
13	永丰谷水长者照护之家	松江区	50.561
14	嘉定区马陆慧享福长者照护之家	嘉定区	49.180
15	宝山友谊慧享福长者照护之家	宝山区	47.684
16	嘉定区南翔社区嘉祥福爱家长者照护之家	嘉定区	44.704
17	嘉定马陆社区戬浜长者照护之家	嘉定区	43.952
18	浦东新区南汇新城申港社区长者照护之家	浦东新区	41.227
19	新泾镇综合为老服务中心(长者照护之家)	长宁区	38.757
20	奉贤区高桥长者照护之家	奉贤区	36.680
平均得分	—	—	54.720

由表6-14可得，上海市郊区长者照护之家人员配备单项得分均值为54.720分，其中有11家机构的人员配备得分超过平均分，有9家机构的人员配备得分低于平均分。人员配备得分前3名的分别为闵行区浦江春天长者照护之家、叶榭社区堰泾长者照护之家和顾村社区慧享福长者照护之家，得分依次为76.366分、72.465分以及66.570分；人员配备排名后3

名的机构分别为奉贤区高桥长者照护之家、新泾镇综合为老服务中心
（长者照护之家）和浦东新区南汇新城申港社区长者照护之家，得分依次
为 36.680 分、38.757 分和 41.227 分。得分最高与最低的机构之间相差
39.686 分，说明各机构在人员配置上的差距较大，同时人员配备指标得
分超过 80 分的机构为 0 家，超过 70 分的机构有 2 家。

（4）上海市郊区长者照顾之家服务水平 20 强排名与分析

表 6-15 上海市郊区长者照护之家服务水平 20 强排名及得分

排名	机构名称	属地	得分
1	闵行莘庄工业区社区爱照护长者照护之家	闵行区	69.351
2	嘉定区马陆慧享福长者照护之家	嘉定区	65.750
3	新泾镇综合为老服务中心（长者照护之家）	长宁区	53.302
4	青浦夏阳街道社区旭升长者照护之家	青浦区	53.060
5	崇明区三星镇敬老院长者照护之家	崇明区	52.501
6	永丰谷水长者照护之家	松江区	49.953
7	闵行区浦江春天长者照护之家	浦东新区	46.222
8	友谊社区馨谊长者照护之家	宝山区	44.511
9	青浦区金泽社区银辉长者照护之家	青浦区	43.502
10	华泾社区长着照护之家	徐汇区	42.801
11	顾村社区慧享福长者照护之家	宝山区	42.783
12	闵行区梅陇社区吴介巷长者照护之家	闵行区	42.000
13	嘉定区南翔社区嘉祥爱家长者照护之家	嘉定区	39.000
14	浦东新区惠南民乐社区长者照护之家	浦东新区	38.251
15	马陆社区彭赵长者照护之家	嘉定区	35.753
16	金山区漕泾镇汇安长者照护之家	金山区	35.750
17	奉贤区高桥长者照护之家	奉贤区	34.405
18	小昆山镇长者照护之家	松江区	32.751
19	嘉定马陆社区戬浜长者照护之家	嘉定区	29.253
20	浦东新区南汇新城申港社区长者照护之家	浦东新区	28.900
平均得分	—	—	43.990

由表 6-15 可得，上海市郊区长者照护之家服务水平单项得分均值为
43.990 分，有 8 家机构的服务水平得分超过平均分，有 12 家机构的服务
水平得分低于平均分。其中，服务水平得分前 3 名的分别为闵行莘庄工业
区社区爱照护长者照护之家、嘉定区马陆慧享福长者照护之家和新泾镇综

合为老服务中心（长者照护之家），得分依次为69.351分、65.750分以及53.302分；服务水平排名后3名的机构分别为浦东新区南汇新城申港社区长者照护之家、嘉定马陆社区戬浜长者照护之家和小昆山镇长者照护之家，得分依次为28.900分、29.253分和32.751分。得分最高与最低的机构之间相差40.451分，说明各机构在服务水平上的差距较大，同时服务水平指标得分单项超过70分的机构为0家，超过60分的有2家，高分机构很少。以上说明上海市郊区长者照护之家服务水平有较大的发展空间。

（三）上海市郊区长者照护之家各行政区排名与分析

（1）上海市郊区长者照护之家各行政区综合排名与分析

上海市郊区长者照护之家各行政区总平均得分与排名如表6-16所示。

表6-16　上海市郊区长者照护之家各行政区总平均得分与排名汇总表

排名	行政区	总平均得分
1	嘉定	59.497
2	宝山	51.497
3	青浦	38.338
4	浦东新区	37.228
5	闵行	36.247
6	松江	35.704
7	金山	35.413
8	崇明	35.235
9	奉贤	34.247
总平均值	—	40.387

注：徐汇区和长宁区长者照护之家有效样本中位于郊区的分别只有1家，故不参加行政区之间的排名。

根据表6-16可以画出如图6-8所示的上海市郊区长者照护之家各行政区总平均得分的排名汇总图。

从表6-16和图6-8可以看出，上海市郊区长者照护之家各行政区总平均得分排名第一的是嘉定区，总平均得分为59.497；排名第二的是宝山区，总平均得分为51.497；排名第三的为青浦区，总平均得分为

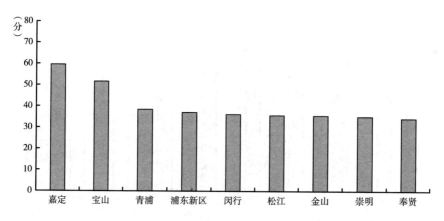

图 6-8　上海市郊区长者照护之家各行政区平均得分排名

38.338；上海市郊区长者照顾之家各行政区总平均得分的总平均值为40.387，有 2 个区的总平均得分超过了该平均值，有 7 个区的机构总平均得分低于该平均值。

（2）上海市郊区长者照护之家各行政区管理制度单项排名与分析

上海市郊区长者照护之家各行政区管理制度单项平均得分与排名如表 6-17 所示。

表 6-17　上海市郊区长者照护之家各行政区管理制度总平均得分与排名汇总表

排名	行政区	管理制度得分
1	嘉定	64.341
2	浦东新区	61.030
3	松江	59.931
4	青浦	58.144
5	宝山	56.341
6	崇明	47.196
7	闵行	33.669
8	奉贤	31.669
9	金山	29.049
总平均值	—	49.041

根据表 6-17 可以作出如图 6-9 所示的上海市郊区长者照护之家各行政区管理制度单项平均得分的排名汇总图。

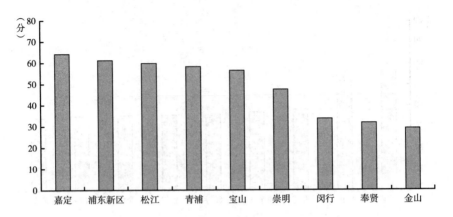

图 6-9　上海市各行政区养老机构管理制度单项平均得分排名汇总图

从表 6-17 和图 6-9 可以看出，上海市郊区长者照护之家各行政区管理制度单项平均得分排名第一的为嘉定区，平均得分为 64.341；排名第二的是浦东新区，平均得分为 61.030；排名第三的为松江区，平均得分为 59.931。上海市郊区长者照顾之家各行政区管理制度单项平均得分的总平均值为 49.041，有 5 个区的总平均得分超过了该平均值，有 4 个区的机构总平均得分低于该平均值。以上结果说明上海市郊区长者照护之家各行政区在管理制度上的总体得分表现尚可，但各个行政区之间有较大差距。

（3）上海市郊区长者照护之家各行政区硬件设施单项排名与分析

上海市郊区长者照护之家各行政区硬件设施单项平均得分与排名如表 6-18 所示。

表 6-18　上海市郊区长者照护之家各行政区硬件设施总平均得分与排名汇总表

排名	行政区	硬件设施得分
1	青浦	59.453
2	松江	56.297
3	浦东新区	49.381
4	嘉定	47.676
5	宝山	39.676
6	闵行	34.994
7	奉贤	32.994

续表

排名	行政区	硬件设施得分
8	崇明	32.261
9	金山	32.022
总平均值	—	42.750

根据表 6 - 18 可以作出如图 6 - 10 所示的上海市郊区长者照护之家各行政区硬件设施单项平均得分的排名汇总图。

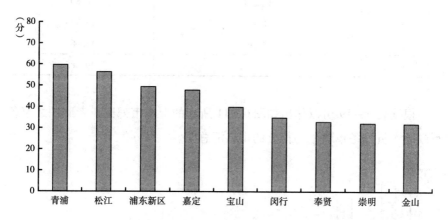

图 6 - 9　上海市郊区长者照护之家各行政区
硬件设施单项平均得分排名汇总图

从表 6 - 18 和图 6 - 10 可以看出，上海市郊区长者照护之家各行政区硬件设施单项平均得分排名第一的为青浦区，平均得分为 59.453；排名第二的是松江区，平均得分为 56.297；排名第三的为浦东新区，平均得分为 49.381；上海市郊区长者照顾之家各行政区硬件设施单项平均得分的总平均值为 42.750，有 4 个区的总平均得分超过了该平均值，有 5 个区的总平均得分低于该平均值。以上结果说明上海市郊区长者照护之家各行政区在硬件设施上的总体得分表现一般，有较大的提升空间，且各个行政区之间有较大的差距。

（4）上海市郊区长者照护之家各行政区人员配备单项排名与分析

上海市郊区长者照护之家各行政区人员配备单项平均得分与排名如表 6 - 19 所示。

表 6-19　上海市郊区长者照护之家各行政区人员配备总平均得分与排名汇总表

排名	行政区	人员配备得分
1	嘉定	75.800
2	宝山	67.800
3	金山	52.318
4	闵行	44.200
5	奉贤	42.200
6	崇明	31.616
7	浦东新区	18.807
8	松江	15.739
9	青浦	14.982
总平均值	—	40.385

　　根据表 6-19 可以作出如图 6-11 所示的上海市郊区长者照护之家各行政区人员配备单项平均得分的排名汇总图。

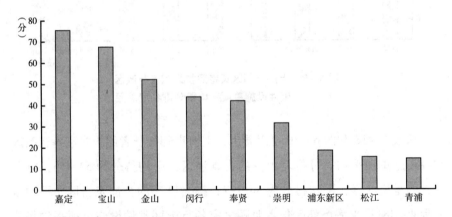

图 6-11　上海市郊区长者照护之家各行政区人员配备单项平均得分排名汇总图

　　从表 6-19 和图 6-11 可以看出，上海市郊区长者照护之家各行政区人员配备单项平均得分排名第一的为嘉定区，平均得分为 75.800；排名第二的是宝山区，平均得分为 67.800；排名第三的为金山区，平均得分为 52.318；各行政区人员配备单项平均得分的总平均值为 40.385，有 5 个区的机构总平均得分超过了该平均值，有 4 个区的机构总平均得分低于该平均值。以上结果说明上海市郊区长者照护之家各行政区在人员配备上的总体得分表现不佳，有较大的提升空间，同时各个行政区之间有较大的差距，部分行政区得分较低。

（5）上海市郊区长者照护之家各行政区服务水平单项排名与分析

上海市郊区长者照护之家各行政区服务水平单项平均得分与排名如表6－20所示。

表6－20　上海市郊区长者照护之家各行政区服务水平总平均得分与排名汇总表

排名	行政区	服务水平得分
1	嘉定	42.255
2	青浦	38.300
3	宝山	34.255
4	浦东新区	34.252
5	崇明	33.112
6	闵行	28.179
7	松江	27.800
8	奉贤	26.179
9	金山	19.550
总平均值	—	31.542

根据表6－20可以作出如图6－12所示的上海市郊区长者照护之家各行政区服务水平单项平均得分的排名汇总图。

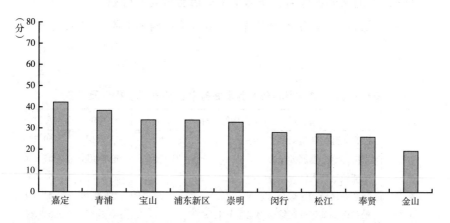

图6－12　上海市郊区长者照护之家各行政区服务水平单项平均得分排名汇总图

从表 6 - 20 和图 6 - 12 可以看出，上海市郊区长者照护之家各行政区服务水平单项平均得分排名第一的为嘉定区，平均得分为 42.255；排名第二的是青浦区，平均得分为 38.300；排名第三的为宝山区，平均得分为 34.255；上海市郊区长者照护之家各行政区人员配备单项平均得分的总平均值为 31.542，有 5 个区的机构总平均得分超过了该平均值，有 4 个区的机构总平均得分低于该平均值。以上结果说明上海市郊区长者照护之家各行政区在服务水平上的总体得分表现不佳，比中心城区长者照护之家要低得多，有较大的提升空间，同时各个行政区之间有较大的差距，部分行政区在服务水平指标上平均得分太低，需要长足的进步。

第三节　上海市郊区综合为老服务中心评价分析

一　综合为老服务中心评价体系

综合为老服务中心评价指标体系及权重参见第五章第三节"一　综合为老服务中心评价体系"。

二　上海市郊区综合为老服务中心排名与分析

（一）上海市郊区综合为老服务中心综合排名及分析

上海市郊区综合为老服务中心 50 强综合得分及排名如表 6 - 21 所示。

表 6 - 21　上海市郊区综合为老服务中心 50 强综合得分及排名

排名	综合为老养老机构的名称	属地	总得分
1	闵行区浦锦街道锦颐浦瑞综合为老服务中心	闵行区	69.320
2	惠南综合为老服务中心	浦东新区	55.976
3	周浦镇老年人综合服务中心	浦东新区	55.047
4	浦东新区新场镇综合为老服务中心	浦东新区	53.328
5	松江区泖港镇社区综合为老服务中心	松江区	51.263
6	青浦区朱家角镇综合为老服务中心	青浦区	51.079

排名	综合为老养老机构的名称	属地	总得分
7	嘉定区南翔镇综合为老服务中心	嘉定区	50.989
8	崇明堡镇长者照护之家综合为老服务中心	崇明区	50.971
9	闵行区华漕综合为老服务中心	闵行区	49.574
10	奉贤区海湾镇综合为老服务中心	奉贤区	49.407
11	吴泾社区综合为老服务中心	闵行区	48.678
12	浦东新区曹路镇金海华城老年人综合服务中心	浦东新区	46.202
13	顾村镇社区综合为老服务中心	宝山区	45.684
14	金山区石化街道社区综合为老服务中心	金山区	45.459
15	松江区永丰街道社区综合为老服务中心	松江区	45.065
16	崇明区城桥镇社区综合为老服务中心	崇明区	44.804
17	浦东新区南汇新城综合为老服务中心	浦东新区	44.265
18	浦东新区祝桥江镇社区老年服务中心	浦东新区	43.449
19	松江区小昆山镇社区综合为老服务中心	松江区	43.156
20	闵行区莘庄镇沁馨社区综合为老服务中心	闵行区	42.814
21	新虹为老服务中心	闵行区	42.643
22	城桥镇综合为老服务中心金日分中心	崇明区	42.367
23	嘉定区菊园新区综合为老服务中心	嘉定区	41.703
24	得胜村综合为老服务中心	松江区	41.031
25	友谊路街道社区综合为老服务中心	宝山区	40.447
26	金山工业区综合为老服务中心	金山区	39.582
27	浦东新区万祥综合为老服务中心	浦东新区	38.188
28	七宝镇社区综合为老服务中心	闵行区	38.162
29	张江老年综合服务中心	浦东新区	38.095
30	泥城镇综合为老服务中心	浦东新区	38.055
31	嘉定区江桥镇社区综合为老服务中心	嘉定区	37.823
32	华漕镇纪王综合为老服务中心	闵行区	37.472
33	申港社区综合为老服务中心	浦东新区	37.353
34	华泾镇综合为老服务中心	徐汇区	36.962
35	浦东新区航头镇鹤沙航城老年人综合服务中心	浦东新区	36.754
36	崇明区新村乡综合为老服务中心	崇明区	36.479
37	陈家镇综合为老服务中心	崇明区	35.765
38	枫泾镇综合为老服务中心	金山区	35.389
39	嘉定区徐行镇综合为老服务中心	嘉定区	35.035
40	崇明区绿华镇综合为老服务中心	崇明区	35.016
41	青溪综合为老服务中心	奉贤区	34.728
42	嘉定区安亭镇综合为老服务中心	嘉定区	34.446

续表

排名	综合为老养老机构的名称	属地	总得分
43	奉浦街道综合为老服务中心	奉贤区	34.078
44	浦东新区宣桥社区老年服务中心	浦东新区	33.603
45	新河镇永丰村综合为老服务中心	崇明区	33.531
46	港沿镇综合为老服务中心	崇明区	33.420
47	嘉定区外冈镇综合为老服务中心	嘉定区	33.199
48	金山区廊下镇社区综合为老服务中心	金山区	33.009
49	东平镇综合为老服务中心	崇明区	33.008
50	高境镇社区综合为老服务中心	宝山区	32.293
平均得分	—	—	41.723

由表 6-21 可以看出，上海市郊区综合为老服务中心 50 强综合平均得分为 41.723 分，其中有 22 家机构的得分达到平均分，剩余的 28 家机构均低于平均分。排名前三的综合为老服务机构分别为闵行区浦锦街道锦颐浦瑞综合为老服务中心、惠南综合为老服务中心和周浦镇老年人综合服务中心，得分分别为 69.320 分、55.976 分和 55.047 分，排名靠后的三家机构分别是高境镇社区综合为老服务中心、东平镇综合为老服务中心和金山区廊下镇社区综合为老服务中心，得分分别为 32.293 分、33.008 分和 33.009 分，得分最高与最低机构相差 37.027 分。由此可以得出，郊区的综合为老服务中心得分差距很大。从得分层次来看，70 分、60 分和 50 分以上的综合为老服务中心分别有 0 家、1 家和 8 家，和中心城区相比较，郊区综合为老服务中心整体水平差距较大。

为了了解上海市郊区综合为老服务中心 50 强各项一级指标的具体得分情况，有必要对其进行深入的研究。对上海市郊区综合为老服务中心的各项一级指标进行标准化，再计算出其各项一级指标的平均得分，画出如图 6-13 进行分析。

由图 6-13 可以看出，上海市郊区综合为老服务中心各项一级指标中，得分最高的是管理制度指标，平均得分为 78.696，其次是硬件设施指标，平均得分为 53.527，第三名是人员配备指标，平均得分为 33.171，最低的是服务水平指标，平均得分为 29.265。而这四项一级指标的权重分别为：管理制度指标 0.200、硬件设施指标 0.200、人员配备指标

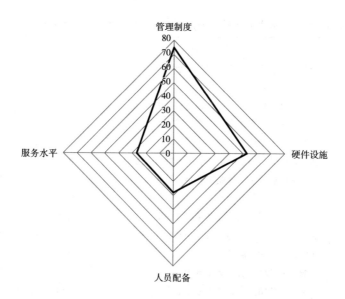

图 6 - 13　上海市郊区综合为老服务中心各项一级指标均值

0.350、服务水平指标 0.250。其中，人员配备指标和服务水平指标的权重较大，因而使得上海市郊区综合为老服务中心的总平均得分低于管理制度指标的平均得分，而权重较大的服务水平和人员配备指标得分较低，在一定程度上拉低了总平均得分。

以上结果表明上海市郊区综合为老服务中心各方面发展不足，还有较大的提升空间。从总体得分来说，没有一家综合为老服务中心养老机构得分超过 70 分，平均得分仅为 41.723 分，低于中心城区的平均得分，说明各个机构在整体上发展存在不足。从各个指标得分来看，各个机构的管理制度发展较好，而人员配备和服务水平指标得分较低，说明目前各机构缺少相关的专业服务人员，同时缺少专业的服务训练。基于以上，未来上海市郊区综合为老服务中心需要多从老人服务角度入手，增加相关专业人员和提高服务质量。

（二）上海市郊区综合为老服务中心单项排名与分析

（1）上海市郊区综合为老服务中心管理制度单项排名与分析

上海市郊区综合为老服务中心管理制度 50 强排名如表 6 - 22 所示。

表 6-22　上海市郊区综合为老服务中心管理制度 50 强排名及得分

排名	机构名称	属地	得分
1	松江区泖港镇社区综合为老服务中心	松江区	91.873
2	新虹为老服务中心	闵行区	91.703
3	松江区永丰街道社区综合为老服务中心	松江区	91.668
4	吴泾社区综合为老服务中心	闵行区	87.970
5	周浦镇老年人综合服务中心	浦东新区	87.775
6	浦东新区曹路镇金海华城老年人综合服务中心	浦东新区	87.758
7	浦东新区航头镇鹤沙航城老年人综合服务中心	浦东新区	87.742
8	惠南综合为老服务中心	浦东新区	87.736
9	浦东新区祝桥江镇社区老年服务中心	浦东新区	87.728
10	浦东新区万祥综合为老服务中心	浦东新区	87.725
11	泥城镇综合为老服务中心	浦东新区	87.721
12	吴淞街道社区综合为老服务中心	宝山区	86.671
13	嘉定区南翔镇综合为老服务中心	嘉定区	85.905
14	七宝镇社区综合为老服务中心	闵行区	85.861
15	金山区石化街道社区综合为老服务中心	金山区	85.854
16	青浦区朱家角镇综合为老服务中心	青浦区	85.841
17	嘉定区菊园新区综合为老服务中心	嘉定区	85.831
18	浦东新区宣桥社区老年服务中心	浦东新区	84.173
19	张江老年综合服务中心	浦东新区	83.873
20	浦东新区新场镇综合为老服务中心	浦东新区	83.868
21	崇明区城桥镇社区综合为老服务中心	崇明区	81.663
22	崇明堡镇长者照护之家综合为老服务中心	崇明区	81.661
23	中兴镇综合为老服务中心	崇明区	81.512
24	顾村镇社区综合为老服务中心	宝山区	80.852
25	华泾镇综合为老服务中心	徐汇区	80.362
26	枫泾镇综合为老服务中心	金山区	80.105
27	金山卫镇综合为老服务中心	金山区	80.101
28	闵行区华漕综合为老服务中心	闵行区	80.000
29	康桥镇综合为老服务中心	浦东新区	79.591
30	浦东新区南汇新城综合为老服务中心	浦东新区	79.481
31	港沿镇综合为老服务中心	崇明区	77.974
32	闵行区浦锦街道锦颐浦瑞综合为老服务中心	闵行区	76.719
33	陈家镇综合为老服务中心	崇明区	75.838
34	枫桦综合为老服务中心	闵行区	75.554
35	奉贤区海湾镇综合为老服务中心	奉贤区	73.850
36	青溪综合为老服务中心	奉贤区	73.847

排名	机构名称	属地	得分
37	奉浦街道综合为老服务中心	奉贤区	73.843
38	金山区廊下镇社区综合为老服务中心	金山区	73.582
39	友谊路街道社区综合为老服务中心	宝山区	68.597
40	东平镇综合为老服务中心	崇明区	68.590
41	崇明区绿华镇综合为老服务中心	崇明区	68.584
42	金山工业区综合为老服务中心	金山区	68.003
43	浦东新区老港综合为老服务中心	浦东新区	67.231
44	方松街道弘翔邻里家综合为老服务中心	松江区	67.126
45	金山区朱泾镇社区综合为老服务中心	金山区	65.603
46	方松街道弘翔邻居综合为老服务中心	松江区	65.574
47	大团综合为老服务中心	浦东新区	62.491
48	祝桥镇综合为老服务中心	浦东新区	61.193
49	崇明区新村乡综合为老服务中心	崇明区	60.550
50	得胜村综合为老服务中心	松江区	59.452
平均得分	—	—	78.696

由表6-22可得,上海市郊区综合为老服务中心管理制度50强得分均值为78.696分,其中有30家机构的管理制度得分超过平均分,其余20家得分低于平均分。松江区泖港镇社区综合为老服务中心排名第一,为91.873分;新虹为老服务中心排名第二,为91.703分;松江区永丰街道社区综合为老服务中心排名第三,为91.668分。管理制度排名后3名的机构分别为得胜村综合为老服务中心、崇明区新村乡综合为老服务中心和祝桥镇综合为老服务中心,得分分别为59.452分、60.550分和61.193分。以上说明上海市郊区综合为老服务中心管理制度总体水平较好,90分以上的有3家,80分以上的有28家,部分机构得分较高。

(2)上海市郊区综合为老服务中心硬件设施单项排名与分析

表6-23 上海市郊区综合为老服务中心硬件设施50强排名及得分

排名	机构名称	属地	得分
1	闵行区浦锦街道锦颐浦瑞综合为老服务中心	闵行区	78.026
2	青浦区朱家角镇综合为老服务中心	青浦区	72.678
3	吴泾社区综合为老服务中心	闵行区	71.833

排名	机构名称	属地	得分
4	嘉定区南翔镇综合为老服务中心	嘉定区	70.974
5	周浦镇老年人综合服务中心	浦东新区	68.471
6	闵行区华漕综合为老服务中心	闵行区	65.684
7	浦东新区曹路镇金海华城老年人综合服务中心	浦东新区	64.982
8	闵行区马桥镇社区综合为老服务中心	闵行区	61.825
9	奉贤区海湾镇综合为老服务中心	奉贤区	61.184
10	青溪综合为老服务中心	奉贤区	60.865
11	东平镇综合为老服务中心	崇明区	60.158
12	浦东新区新场综合为老服务中心	浦东新区	59.544
13	崇明区城桥镇社区综合为老服务中心	崇明区	59.281
14	浦东新区万祥综合为老服务中心	浦东新区	57.439
15	浦东新区南汇新城综合为老服务中心	浦东新区	56.412
16	青浦区徐泾镇综合为老服务中心	青浦区	55.939
17	申港社区综合为老服务中心	浦东新区	55.018
18	奉浦街道综合为老服务中心	奉贤区	54.830
19	三星镇综合为老服务中心	崇明区	54.503
20	奉贤区奉城镇综合为老服务中心	奉贤区	54.374
21	嘉定工业区综合为老服务中心	嘉定区	54.225
22	得胜村综合为老服务中心	松江区	54.079
23	松江区小昆山镇社区综合为老服务中心	松江区	53.439
24	大团综合为老服务中心	浦东新区	52.842
25	建设镇综合为老服务中心	崇明区	52.395
26	西渡街道综合为老服务中心	奉贤区	52.199
27	七宝镇社区综合为老服务中心	闵行区	52.020
28	崇明区新村乡综合为老服务中心	崇明区	52.018
29	城桥镇综合为老服务中心金日分中心	崇明区	51.912
30	新河镇永丰村综合为老服务中心	崇明区	51.132
31	唐镇老年人综合服务中心	浦东新区	50.120
32	嘉定区菊园新区综合为老服务中心	嘉定区	48.602
33	金山区石化街道社区综合为老服务中心	金山区	48.076
34	港沿镇综合为老服务中心	崇明区	47.623
35	张江老年综合服务中心	浦东新区	47.488
36	友谊路街道社区综合为老服务中心	宝山区	46.801
37	金汇镇泰日社区综合为老服务中心	奉贤区	45.743
38	金山区廊下镇社区综合为老服务中心	金山区	45.468
39	嘉定区徐行镇综合为老服务中心	嘉定区	45.345

续表

排名	机构名称	属地	得分
40	嘉定区江桥镇社区综合为老服务中心	嘉定区	44.681
41	金山区朱泾镇社区综合为老服务中心	金山区	44.576
42	闵行区莘庄镇沁馨社区综合为老服务中心	闵行区	44.319
43	金山区亭林镇综合为老服务中心	金山区	43.912
44	松江区石湖荡镇社区综合为老服务中心	松江区	43.833
45	华泾镇综合为老服务中心	徐汇区	43.813
46	闵行区浦江镇永康综合为老服务中心	闵行区	43.687
47	陈家镇综合为老服务中心	崇明区	43.421
48	丽花家园综合为老服务中心	闵行区	43.205
49	祝桥镇综合为老服务中心	浦东新区	43.135
50	松江区泖港镇社区综合为老服务中心	松江区	42.199
平均得分	—	—	53.527

由表 6-23 可得，上海市郊区综合为老服务中心硬件设施 50 强得分均值为 53.527 分，其中有 22 家机构的硬件设施得分超过平均分，其余 28 家机构的硬件设施得分低于平均分。硬件设施得分前 3 名的机构分别为闵行区浦锦街道锦颐浦瑞综合为老服务中心、青浦区朱家角镇综合为老服务中心和吴泾社区综合为老服务中心，得分依次为 78.026 分、72.678 分以及 71.833 分；硬件设施排名后 3 名的机构分别为松江区泖港镇社区综合为老服务中心、祝桥镇综合为老服务中心和丽花家园综合为老服务中心，得分依次为 42.199 分、43.135 分和 43.205 分。得分最高与最低的机构之间相差 35.827 分，差距较大。硬件设施得分单项超过 80 分的机构为 0，超过 70 分的综合为老服务中心机构仅有 4 家。以上说明上海市郊区综合为老服务中心硬件设施存在很大的不足，有较大的发展空间。

（3）上海市郊区综合为老服务中心人员配备单项排名与分析

表 6-24　上海市郊区综合为老服务中心人员配备 50 强排名及得分

排名	机构名称	属地	得分
1	闵行区浦锦街道锦颐浦瑞综合为老服务中心	闵行区	76.561
2	惠南综合为老服务中心	浦东新区	61.809
3	城桥镇综合为老服务中心金日分中心	崇明区	59.140

续表

排名	机构名称	属地	得分
4	崇明堡镇长者照护之家综合为老服务中心	崇明区	57.104
5	闵行区莘庄镇沁馨社区综合为老服务中心	闵行区	53.582
6	顾村镇社区综合为老服务中心	宝山区	52.101
7	浦东新区新场镇综合为老服务中心	浦东新区	51.238
8	松江区小昆山镇社区综合为老服务中心	松江区	43.804
9	华漕镇纪王综合为老服务中心	闵行区	42.694
10	友谊路街道社区综合为老服务中心	宝山区	42.645
11	金山区石化街道社区综合为老服务中心	金山区	42.339
12	闵行区华漕综合为老服务中心	闵行区	41.785
13	松江区泖港镇社区综合为老服务中心	松江区	39.726
14	嘉定区嘉定镇综合为老服务中心	嘉定区	38.916
15	浦东新区祝桥江镇社区老年服务中心	浦东新区	38.362
16	周浦镇老年人综合服务中心	浦东新区	38.279
17	青浦区朱家角镇综合为老服务中心	青浦区	36.629
18	松江区永丰街道社区综合为老服务中心	松江区	36.435
19	新虹为老服务中心	闵行区	35.533
20	崇明区新村乡综合为老服务中心	崇明区	33.545
21	嘉定区江桥镇社区综合为老服务中心	嘉定区	33.034
22	浦东新区南汇新城综合为老服务中心	浦东新区	32.998
23	奉贤区海湾镇综合为老服务中心	奉贤区	32.750
24	崇明区城桥镇社区综合为老服务中心	崇明区	30.364
25	嘉定区外冈镇综合为老服务中心	嘉定区	28.755
26	泥城镇综合为老服务中心	浦东新区	28.624
27	嘉定区安亭镇综合为老服务中心	嘉定区	28.500
28	建设镇综合为老服务中心	崇明区	28.397
29	嘉定区南翔镇综合为老服务中心	嘉定区	28.360
30	得胜村综合为老服务中心	松江区	28.250
31	嘉定区徐行镇综合为老服务中心	嘉定区	28.053
32	浦东新区航头镇鹤沙航城老年人综合服务中心	浦东新区	27.944
33	闵行区江川路街道社区综合为老服务中心	闵行区	27.729
34	崇明区绿华镇综合为老服务中心	崇明区	26.980
35	金山工业区综合为老服务中心	金山区	25.166
36	浦东新区曹路镇金海华城老年人综合服务中心	浦东新区	24.011
37	申港社区综合为老服务中心	浦东新区	23.856
38	嘉定区菊园新区综合为老服务中心	嘉定区	23.405
39	新河镇永丰村综合为老服务中心	崇明区	23.283

续表

排名	机构名称	属地	得分
40	高境镇社区综合为老服务中心	宝山区	22.546
41	崇明区竖新镇综合为老服务中心	崇明区	22.447
42	奉贤区奉城镇综合为老服务中心	奉贤区	22.155
43	吴淞街道社区综合为老服务中心	宝山区	21.959
44	方松街道弘翔邻居综合为老中心	松江区	18.737
45	祝桥镇综合为老服务中心	浦东新区	18.000
46	金山区廊下镇社区综合为老服务中心	金山区	17.533
47	崇明区新海镇红星综合为老服务中心	崇明区	17.199
48	张江老年综合服务中心	浦东新区	16.636
49	崇明区港西镇社区综合为老服务中心	崇明区	15.646
50	港沿镇综合为老服务中心	崇明区	13.001
平均得分	—	—	33.171

由表 6-24 可得，上海市郊区综合为老服务中心人员配备 50 强得分均值为 33.171 分，其中有 20 家机构的人员配备得分超过平均分，其余 30 家机构的人员配备得分低于平均分。人员配备得分前 3 名的机构分别为闵行区浦锦街道锦颐浦瑞综合为老服务中心、惠南综合为老服务中心和城桥镇综合为老服务中心金日分中心，得分依次为 76.561 分、61.809 分和 59.140 分；人员配备排名后 3 名的机构分别为港沿镇综合为老服务中心、崇明区港西镇社区综合为老服务中心和张江老年综合服务中心，得分依次为 13.001 分、15.646 分和 16.636 分。得分最高与最低的机构之间相差 63.560 分，差距较大。以上说明各机构在人员配备上的差距较大，人员配备指标得分单项超过 70 分的机构有 1 家，超过 60 分的综合为老服务中心仅有 2 家，高分机构太少，低分机构较多。

（4）上海市郊区综合为老服务中心服务水平单项排名与分析

表 6-25　上海市郊区综合为老服务中心服务水平 50 强排名及得分

排名	机构名称	属地	得分
1	吴泾社区综合为老服务中心	闵行区	51.050
2	闵行区浦锦街道锦颐浦瑞综合为老服务中心	闵行区	46.301
3	奉贤区海湾镇综合为老服务中心	奉贤区	43.752

续表

排名	机构名称	属地	得分
4	松江区泖港镇社区综合为老服务中心	松江区	42.176
5	周浦镇老年人综合服务中心	浦东新区	41.603
6	金汇镇泰日社区综合为老服务中心	奉贤区	40.500
7	金山工业区综合为老服务中心	金山区	39.753
8	高境镇社区综合为老服务中心	宝山区	39.002
9	嘉定区南翔镇综合为老服务中心	嘉定区	38.758
10	惠南综合为老服务中心	浦东新区	37.505
11	枫泾镇综合为老服务中心	金山区	36.253
12	崇明堡镇长者照护之家综合为老服务中心	崇明区	36.062
13	华泾镇综合为老服务中心	徐汇区	36.004
14	申港社区综合为老服务中心	浦东新区	33.951
15	得胜村综合为老服务中心	松江区	33.753
16	浦东新区航头镇鹤沙航城老年人综合服务中心	浦东新区	33.706
17	丽花家园综合为老服务中心	闵行区	32.252
18	陈家镇综合为老服务中心	崇明区	31.250
19	嘉定区安亭镇综合为老服务中心	嘉定区	31.000
20	浦东新区曹路镇金海华城老年人综合服务中心	浦东新区	29.013
21	新河镇永丰村综合为老服务中心	崇明区	28.536
22	嘉定区徐行镇综合为老服务中心	嘉定区	28.504
23	七宝镇社区综合为老服务中心	闵行区	27.619
24	松江区永丰街道社区综合为老服务中心	松江区	27.257
25	浦东新区新场镇综合为老服务中心	浦东新区	26.853
26	嘉定区菊园新区综合为老服务中心	嘉定区	26.509
27	青浦区朱家角镇综合为老服务中心	青浦区	26.222
28	闵行区莘庄镇沁馨社区综合为老服务中心	闵行区	25.003
29	唐泾南苑综合为老服务中心	闵行区	24.754
30	嘉定区外冈镇综合为老服务中心	嘉定区	24.265
31	浦东新区宣桥社区老年服务中心	浦东新区	24.041
32	张江老年综合服务中心	浦东新区	24.011
33	崇明区城桥镇社区综合为老服务中心	崇明区	23.952
34	闵行区浦江镇永康综合为老服务中心	闵行区	23.808
35	西渡街道综合为老服务中心	奉贤区	23.505
36	闵行区华漕综合为老服务中心	闵行区	23.258
37	浦东新区万祥综合为老服务中心	浦东新区	23.251
38	闵行区马桥镇社区综合为老服务中心	闵行区	23.013
39	东平镇综合为老服务中心	崇明区	22.504

排名	机构名称	属地	得分
40	浦东新区南汇新城综合为老服务中心	浦东新区	22.150
41	华漕镇纪王综合为老服务中心	闵行区	22.006
42	嘉定区江桥镇社区综合为老服务中心	嘉定区	21.757
43	闵行区江川路街道社区综合为老服务中心	闵行区	21.752
44	嘉定工业区综合为老服务中心	嘉定区	21.750
45	浦东新区祝桥江镇社区老年服务中心	浦东新区	21.009
46	松江区小昆山镇社区综合为老服务中心	松江区	21.005
47	奉浦街道综合为老服务中心	奉贤区	20.457
48	新虹为老服务中心	闵行区	20.385
49	青浦区徐泾镇综合为老服务中心	青浦区	20.241
50	颛桥镇综合为老服务中心	闵行区	20.239
平均得分	—	—	29.265

由表6-25可得，上海市郊区综合为老服务中心服务水平50强得分均值为29.265分，其中有19家机构的服务水平得分超过平均分，有31家机构的服务水平得分低于平均分。服务水平得分前3名的机构分别为吴泾社区综合为老服务中心、闵行区浦锦街道锦颐浦瑞综合为老服务中心和奉贤区海湾镇综合为老服务中心，得分依次为51.050分、46.301分和43.752分；服务水平排名后3名的机构分别为颛桥镇综合为老服务中心、青浦区徐泾镇综合为老服务中心和新虹为老服务中心，得分依次为20.239分、20.241分和20.385分。得分最高与最低的机构之间相差30.811分，差距较大。以上说明各机构在服务水平上的差距较大，服务水平指标得分单项超过60分的机构有0家，超过50分的机构仅有1家，高分机构很少，低分机构太多，说明上海市郊区综合为老服务中心服务水平有较大的发展空间。

（三）上海市郊区综合为老服务中心各行政区排名与分析

（1）上海市郊区综合为老服务中心各行政区综合排名与分析

上海市郊区综合为老服务中心各行政区总平均得分与排名如表6-26所示。

表6-26　上海市郊区综合为老服务中心各行政区总平均得分与排名汇总表

排名	行政区	总平均得分
1	闵行区	37.996
2	浦东新区	37.837
3	宝山区	37.375
4	嘉定区	34.869
5	松江区	33.582
6	青浦区	30.377
7	崇明区	29.744
8	金山区	29.129
9	奉贤区	27.535
总平均值	—	33.160

注：徐汇区综合为老服务中心有效样本中位于郊区的只有1家，故不参与行政区之间的排名。

根据表6-26可以画出如图6-14所示的上海市郊区综合为老服务中心各行政区总平均得分的排名汇总图。

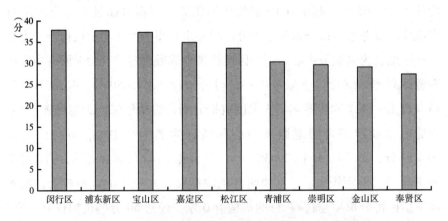

图6-14　上海市郊区综合为老服务中心各行政区平均得分排名

从表6-26和图6-14可以看出，上海市郊区综合为老服务中心各行政区总平均得分排名第一的为闵行区，总平均得分为37.996分；排名第二的是浦东新区，总平均得分为37.837分；排名第三的为宝山区，总平均得分为37.375分；各行政区总平均得分的总平均值为33.160分，有5个区的机构总平均得分超过了该平均值，有4个区的机构总平均得分低于该平均值。

（2）上海市郊区综合为老服务中心各行政区管理制度单项排名与分析

上海市郊区综合为老服务中心各行政区管理制度单项平均得分与排名如表6-27所示。

表6-27　上海市郊区综合为老服务中心各行政区管理制度平均得分与排名汇总表

排名	行政区	管理制度得分
1	浦东新区	74.223
2	宝山区	68.065
3	闵行区	62.966
4	嘉定区	53.784
5	青浦区	51.235
6	松江区	50.564
7	金山区	50.239
8	崇明区	49.653
9	奉贤区	45.232
总平均值	—	56.218

根据表6-27可以作出如图6-15所示的上海市郊区综合为老服务中心各行政区管理制度单项平均得分的排名汇总图。

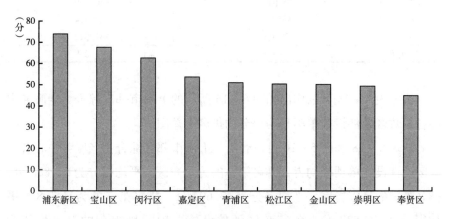

图6-15　上海市郊区综合为老服务中心各行政区
管理制度单项平均得分排名汇总图

从表6-27和图6-15可以看出，上海市郊区综合为老服务中心各行政区管理制度单项平均得分排名第一的为浦东新区，平均得分为74.223分；排名第二的是宝山区，平均得分为68.065分；排名第三的为闵行区，平均得分为62.966分。各行政区管理制度单项平均得分的总平均值为56.218分，有3个区的机构总平均得分超过了该平均值，有6个区的机构总平均得分低于该平均值。以上结果说明上海市郊区综合为老服务中心各行政区在管理制度指标上的总体得分表现尚可，但各个行政区之间仍有差距。

（3）上海市郊区综合为老服务中心各行政区硬件设施单项排名与分析

上海市郊区综合为老服务中心各行政区硬件设施单项平均得分与排名如表6-28所示。

表6-28　上海市郊区综合为老服务中心各行政区硬件设施
总平均得分与排名汇总表

排名	行政区	硬件设施得分
1	青浦区	51.888
2	闵行区	47.602
3	嘉定区	46.837
4	浦东新区	45.142
5	奉贤区	43.870
6	崇明区	40.953
7	金山区	40.799
8	松江区	40.414
9	宝山区	31.822
总平均值	—	43.259

根据表6-28可以作出如图6-16所示的上海市郊区综合为老服务中心各行政区硬件设施单项平均得分的排名汇总图。

从表6-28和图6-16可以看出，上海市郊区综合为老服务中心各行政区硬件设施单项平均得分排名第一的为青浦区，平均得分为51.888分；排名第二的是闵行区，平均得分为47.602分；排名第三的为嘉定区，平均得分为46.837分；各行政区硬件设施单项平均得分的总平均值为43.259，有5个区的机构总平均得分超过了该平均值，有4个区的机构总平均得分低于该平均值。以上结果说明上海市郊区综合为老服务中心各行

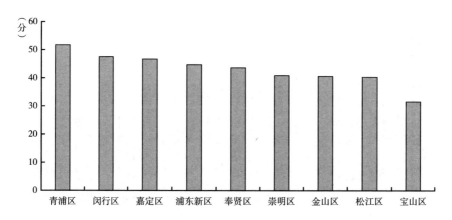

图 6－16　上海市郊区综合为老服务中心各行政区
硬件设施单项平均得分排名汇总图

政区在硬件设施上的总体得分表现不佳，得分较低，有较大的提升空间，且各行政区之间有较大的差距。

（4）上海市郊区综合为老服务中心各行政区人员配备单项排名与分析

上海市郊区综合为老服务中心各行政区人员配备单项平均得分与排名如表 6－29 所示。

表 6－29　上海市郊区综合为老服务中心各行政区
人员配备总平均得分与排名汇总表

排名	行政区	人员配备得分
1	宝山区	34.813
2	松江区	26.399
3	闵行区	26.183
4	嘉定区	24.687
5	浦东新区	23.754
6	崇明区	20.842
7	金山区	17.002
8	青浦区	16.86
9	奉贤区	13.003
总平均值	—	22.616

根据表 6－29 可以作出如图 6－17 所示的上海市郊区综合为老服务中心各行政区人员配备单项平均得分的排名汇总图。

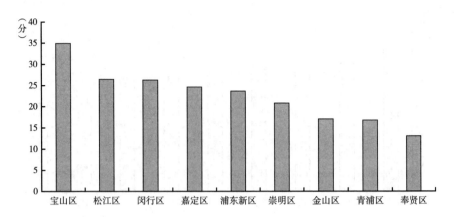

图 6 - 17　上海市郊区综合为老服务中心各行政区
人员配备单项平均得分排名汇总图

从表 6 - 29 和图 6 - 17 可以看出，上海市郊区综合为老服务中心各行政区人员配备单项平均得分排名第一的为宝山区，平均得分为 34.813 分；排名第二的是松江区，平均得分为 26.399 分；排名第三的为闵行区，平均得分为 26.183 分；各行政区人员配备单项平均得分的总平均值为 22.616 分，有 5 个区的机构总平均得分超过了该平均值，有 4 个区的机构总平均得分低于该平均值。以上结果说明上海市郊区综合为老服务中心各行政区在人员配备上的总体得分表现不佳，有较大的提升空间，同时各个行政区之间有较大的差距，部分行政区得分较低。

（5）上海市郊区综合为老服务中心各行政区服务水平单项排名与分析

上海市郊区综合为老服务中心各行政区服务水平单项平均得分与排名如表 6 - 30 所示。

表 6 - 30　上海市郊区综合为老服务中心各行政区
服务水平总平均得分与排名汇总表

排名	行政区	服务水平得分
1	闵行区	26.872
2	松江区	24.585
3	嘉定区	24.418
4	浦东新区	22.602
5	宝山区	20.854

排名	行政区	服务水平得分
6	奉贤区	20.654
7	金山区	19.881
8	崇明区	17.314
9	青浦区	15.407
总平均值	—	21.399

根据表6-30可以作出如图6-18所示的上海市郊区综合为老服务中心各行政区服务水平单项平均得分的排名汇总图。

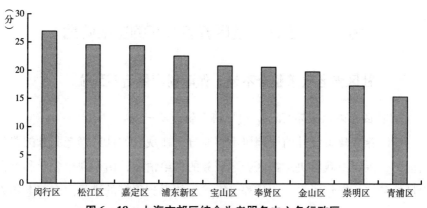

图6-18　上海市郊区综合为老服务中心各行政区
服务水平单项平均得分排名汇总图

从表6-30和图6-18可以看出，上海市郊区综合为老服务中心各行政区服务水平单项平均得分排名第一的为闵行区，平均得分为26.872分；排名第二的是松江区，平均得分为24.585分；排名第三的为嘉定区，平均得分为24.418分；各行政区人员配备单项平均得分的总平均值为21.399分，有4个区的机构总平均得分超过了该平均值，有5个区的机构总平均得分低于该平均值。以上结果说明上海市郊区综合为老服务中心各行政区在服务水平上的总体得分表现不佳，平均得分较低，有较大的提升空间，同时各个行政区之间有较大的差距，部分行政区在服务水平指标上平均得分太低，需要长足的进步。

（吴　韬　钱芝网　程凯林）

第七章　上海市社区养老存在的
主要问题与政策建议

第一节　上海市社区养老存在的主要问题

一　社区养老政策整合不畅，保障制度供给不到位

1. 社区养老政策不完善，制定内容较为单一

社区养老政策设计前期调研不够充分。在现有的社区养老服务配置与结构中，主要由政府决定社区养老服务的供给情况，由于缺乏公众和社会力量的参与，老年人多样化的养老需求不能得到很好的满足。在与老年人的访谈中我们发现，往往老年人需求最迫切的服务，社区养老机构并未提供或提供得不充分，这说明政府在规划设计社区养老服务时，需要在大量实地调研基础上进行规划。

从顶层设计来看，近年来上海市社区养老产业相关政策频频出台，但是由于我国社区养老产业刚刚起步，上海作为试点城市，没有较为成熟的经验借鉴，只能摸着石头过河，探索出符合上海经济社会发展的社区养老模式。但是由于经验过少，政策的连续性较差，并未能很好地执行。此外，在制定政策前期，对于社区养老机构及老年人的需求调查得不够清楚，使得政策的理论性较强，实践性较弱。再次，上海市社区养老政策在执行过程中，涉及民政局、街道、居委会、社区养老机构、社会团体等多个组织，各部门缺乏沟通协调，配合性不够，并未形成较为统一的决策执行主体。另一方面，政策宣传力度不够，政策的知晓率受限，比如老年群体对长护险等相关政策的了解甚少。

2. 部门壁垒未打破，相关单位缺乏协调配合

上海社区养老机构的建设运营涉及民政局、街镇办事处、居委会、民非团体等多家机构，在长护险实施过程中，又涉及卫健委、民政局、护理机构、社保局、社区卫生服务中心等单位，各单位在提供服务过程中，沟通协调较少，极易出现"踢皮球"现象，诸多问题暴露而无人解决，再加上由于现行养老体制下社区养老服务资源供给"烟囱化"严重，各部门间联动乏力，资源碎片化明显，因此出现了资源浪费与资源短缺并存的局面。

3. 社区养老服务监管评估机制不够健全

社区养老机构很多由政府出资建设、运营、监督，使得政府在社区养老产业中扮演着多个角色，因此监管不畅、评估机制缺乏透明度等问题随之而来。对于社区养老机构而言，每年的服务质量测评均由街道办事处人员执行，可操作空间过大，导致结果出现一定的偏差。通过与老人的访谈我们发现，对于申请长护险的老人而言，长护险评估手段较为单一，评估人员专业性较差，尚未建立起统一的监督管理制度，使得老年人存在诸多怨言。服务质量方面，对于助老配餐的膳食标准、护理服务员的资质认证、服务的跟踪随访等，均未形成较为成熟的统一机制，导致服务质量较低，服务专业性减弱。

二　社区嵌入式养老体系不够健全，面临不少挑战

如前所述，社区嵌入式养老能够充分利用和整合社区的闲置资源和周边的养老服务资源，具有规模不大、布点灵活、功能多元等特点，为老年人就近养老提供专业化、个性化、便利化的养老服务，让老年人"离家不离社区"，继续在熟悉的社区环境中生活，"一碗汤的距离"方便了子女探视。这一养老模式弥补家庭养老的社会化不足，避免了机构养老的结构性失调，也更利于弘扬尊老美德。实践证明，社区嵌入式养老服务模式在方向上是正确的，在操作上是可行的，在实践中也是行之有效的，但也存在不少问题。

1. 邻避效应明显，建设运营难度大

社区嵌入式养老是以长者照护之家和综合为老服务中心等社区养老服

务机构为载体的，社会上存在的对于养老服务机构的偏见——"希望有养老服务、但不要养老机构在身边"的邻避效应，在社区嵌入式养老上体现得也比较明显。由于社区嵌入式养老机构都是嵌入社区中的，有的甚至就设在居民楼的一层、二层，在建设过程中，常常受到居民阻挠而迟迟不能动工建设，有些已经建设好了也因居民反对不能如期开张运营，但房租还得照付，机构经营压力较大。

2. 床位周转率低，影响老人受益面

社区嵌入式养老服务机构兼具长期住养照料和短期托养（喘息式）照料两种功能，尤其是提供的喘息式服务更是其一大特色，深受老人和子女的欢迎，但实践中老人一旦住下，往往不愿意再离开，尤其是在部分收费偏低的长者照护之家，这就使得床位周转率比较低，受益的老人比较少，背离了社区嵌入式养老服务的初衷。究其原因，一是老人住在家门口的养老服务机构中，对环境熟悉，子女探视方便，不肯离开，如果收费还不高的话，老人和子女更不愿意离开了；二是有些区对社区嵌入式养老服务机构的床位没有周转要求，部分机构运营方为便于管理、降低成本，也不愿意周转床位；三是有些区虽然要求床位入住时间最长不超过半年，但由于街镇与运营机构并未提前约定机构内长住床位和喘息式床位的比例，因此执行起来比较困难。

3. 机构收支不能平衡，运营难以为继

"小"是社区嵌入式养老模式的突出特点之一。嵌入式养老服务机构只有几十张床位，单单依靠收取床位费，很难维持整个机构的开支与运转。一般来说，养老机构最合理的床位设置是300张左右，而如果投入比例小，要靠床位费来收回投资费用以及正常运转，是很难做到的。以上海第一家社区嵌入式养老服务机构——浦兴路街道的福苑长者照护之家为例，该机构核定床位数14张，7名员工，另有医生、护士和康复人员等6名，拥有床位数和工作人员的人数基本相同，除去其他运营成本，按照当下的收费标准来算，能够提供给每位员工的月薪只有3500元左右，是肯定不能正常运转的。

4. 运营补贴仅限民非，限制了行业发展

上海养老机构相关运营补贴惠及对象一直以来仅限于具有公益性质的

民非组织，企业不能享受，运营方为了获得补贴，大多选择在社团局登记注册为民非法人，由于不能进行利润分红，运营方往往同时会成立一家甚至几家公司，然后以委托业务外包的方式，将民非组织的相关经费打到公司里，实际上就是将钱从左口袋转移到右口袋里。而由街镇投资装修的嵌入式机构，通常由街镇注册为民非法人，相关补贴发放到街镇账户，运营方无法直接享受运营补贴和以奖代补补贴，需要通过街镇转给运营方，往往补贴分批发放，发放时间存在不确定性。所有这些不仅加大了监管的难度，不利于激发社会力量积极参与多层次养老服务供给和培育品牌养老企业，也与国家层面"对提供相同服务的经营性养老机构应享受与公益性养老机构同等补贴政策"的要求不相符合。

5. 价格机制有待理顺，收费高低易引起争议

纳入保基本养老机构名单的长者照护之家，实行的是政府定价管理，在运营初期由街镇按照市场比较法定价，且价格长期不变，未能根据机构实际运营情况，通过成本调查与监审，及时复核收费标准的合理性。同时，养老服务收费也一直未出台成本规制和监审办法，缺乏定价规则指引。

未纳入保基本管理的长者照护之家，根据文件规定，由街镇与运营方通过协议方式约定价格（民建民营机构可自主定价除外），这往往又会出现两种倾向：一种是有些街镇完全交由运营方自主定价，至于机构的定价是否合理很少关注；另一种是有些街镇对最终价格水平干预过多，与运营方就合理价格水平持不同意见，如对部分带资装修且无政府采购费用支持的自负盈亏机构限价过低，明显低于成本，也低于同区域同类设施水平养老机构的收费标准。

6. 缺乏特有的设施建设和服务质量标准，监测考评难以通过

目前，长者照护之家等社区嵌入式养老服务机构，除床均建筑面积（不低于18平方米）比传统养老机构（25～42.5平方米）有所降低外，其设施建设和服务质量监测标准往往直接套用传统养老机构标准执行，这与嵌入式养老机构的实际情况不符。如前所述，嵌入式养老机构规模较小，由于总面积有限，厨房、消防设施、洗衣间、污物间等完全按照大型养老机构要求配置较为困难，其中消防设施还可能存在社区已配置而嵌入

式养老机构又重复配置的情况。在服务质量监测方面，绿化率、电梯、医生和保安等保障性设施和人员的达标要求也较难实现，如何应对监测考评，是嵌入式机构最大的困惑之一。

7. 公用事业收费执行民用标准遇阻，急盼政策支持

根据规定，养老机构公用事业收费可执行民用标准。但不少社区嵌入式养老机构是利用商住或办公楼沿街底层改造而来的，只占整栋楼一到两层。由于没有独立的产权证和公用事业单位认可的独立计量装置，只能按照整栋楼产权证注明的商业用途执行商用收费标准。以电费为例，即使物业公司为嵌入式养老机构单独安装了"小表"，电力部门也不认可，若要执行民用标准，必须由电力部门拉专线并安装单独的计量装置，但一次性安装费用在80万～100万元，机构无法承受。

三 社区养老机构发展水平区域差异显著，需要优化平衡

1. 社区养老机构发展水平具有明显的区域差异性和非均衡性

第一，上海市社区养老机构发展水平不一。根据本次调查所获得的数据，对上海市社区养老机构发展水平进行聚类分析，可将上海市社区养老机构发展情况划分为四种类型，大部分区域处于发展水平一般和较差区域，区域差异显著，其中，徐汇区、长宁区、普陀区属于发展最好的优质潜力区；黄浦区、杨浦区、虹口区属于发展良好的良好潜力区；静安区、浦东新区、闵行区、嘉定区、宝山区、青浦区、松江区属于发展较好的中等潜力区；而崇明区、金山区、奉贤区属于发展一般的低等潜力区。

第二，在区域空间差异上，中心城区的社区养老机构发展最好，其次是近郊区，远郊区发展最差，因此上海市社区养老机构综合发展水平从空间分布总体上呈现由中心城区向远郊区递减现象，呈发散式分布。从环线分布来看，中环线以外、外环线的社区养老机构数量过少，发展水平普遍偏低，虽然其建筑面积、床位数量均显著大于内环以内的社区养老机构，但是无论从硬件设施还是人力资源、服务水平方面都处于初级发展阶段。内环线以内的社区养老机构发展普遍较好，但是也存在着显著差异，发展不平衡现象突出。

第三，从区域间差异来看，社区养老机构的硬件设施地区差异最小，

而人员配备地区差异最大。由于各个地区经济水平的提高以及政府对于社区养老产业的重视，各区硬件设施情况相差已不大，各区政府积极地为社区养老机构配备专业的生活照料、医疗、娱乐等设备。然而，各个区之间人员配备水平相差甚大，中心城区人员配备情况较好，医疗护理人员、营养师康复师数量较多，而远郊区由于地处偏远，医护人员、管理人员、康复师营养师等数量远达不到要求。如何平衡各区之间的养老人力资源，应是我们思考的方向之一。此外，上海16个区社区养老机构的承载力有一定的差距，机构平均每天服务老人的数量存在较大差别，究其原因在于，社区养老机构本身发展的不均衡性，"声誉"较好的社区养老机构更能吸引老年人，从而其机构承载力较大；而"声誉"较差的社区养老机构，对老年人的吸引力较小，服务老人数量较少。因此，如何缩小区域内差异是促进上海市社区养老服务业区域协调发展的主要任务，即需要依靠中心城区、近郊区和远郊区内部自身对养老服务业的重视和跨区域养老资源转移、养老模式探索等联动推进。

2. 社区养老机构发展水平存在"长板"和"短板"效应

本次调研从社区养老机构的硬件设施、软件设施、人员配备、服务水平等多个维度展开调查，通过统计，我们发现在影响社区养老机构发展水平的多个维度中，存在"长板"和"短板"效应。比如，静安区的社区养老产业发展处于中等水平，但是其不平衡性却非常高，说明静安区不平衡性主要来自"长板"机构承载力与"短板"人员配备的合力，这表明综合发展水平高的区域可能会掩盖其某项指标水平不足的"短板"；而浦东新区、普陀区、松江区的发展水平差异较小。以上结果说明上海市在推进社区养老服务均等化过程中，必须注意各项服务的均衡协调发展，注意弥补短缺，实现社区养老机构综合水平的全面提升。

3. 各区域社区养老机构发展水平与老龄化程度、区域经济发展情况不相适应

根据我们的调查数据进行测算发现，总体来看上海市社区养老机构发展水平和各区老龄化程度不完全匹配，且各区域之间相差较大，说明上海市社区养老产业的发展还没能更好地和人口老龄化相协调。上海市社区养老机构发展水平和区域经济处于勉强协调阶段，说明上海市社区养老产业

的发展和区域经济处于共同、协同发展阶段，但是各区之间情况不一，仍应重视远郊区养老产业的发展状况。

四　社区养老服务供需不够匹配，契合性有待改善

1. 社区养老服务供给来源单一

第一，社区养老服务资金来源供给单一，筹资渠道不畅，社区养老机构缺乏积极性。根据我们的调查发现，虽然上海市社区养老机构基本已实现街镇全覆盖，但效率低下问题仍存在，究其根源在于缺乏资金支持，社区养老机构赢利能力较差，导致积极性减弱。目前上海市社区养老由政府主导，政府通过开办补贴、以奖代补等方式对机构进行扶持。据本次调查统计，日间照料机构平均每家机构获得政府补贴 39.80 万元，长者照护之家平均每家机构获得政府补贴 76.88 万元，综合为老服务中心平均每家机构获得政府补贴 68.28 万元。而日间照料机构平均每家获得经营收入 26.82 万元，但经营成本支出平均每家达到 64.86 万元，反映了社区养老机构发展周期较长、资金回报率过低等特点。由于社区养老机构公益性较强，缺乏市场赢利的刺激，大部分机构发展的能动性减弱，这对于社区养老的长期发展将产生不利影响。

第二，社区养老服务供给主体单一，社会力量参与程度较低。从上海市社区养老机构发展历程来看，主要由政府出资建立社区养老机构，并交由街道或者第三方社会组织运营。但实地调研发现，上海并未充分组织发展社会化多元力量参与到社区养老机构的建设、运营与管理中。此外，目前的政策设计主要针对公办公营社区养老机构，对社会组织、民办运营机构、民非团体等养老服务供给方的培育与扶持力度较小，并未充分调动他们的积极性，导致社区养老机构的社会参与性不强，制约社区养老机构的发展。因此，如何充分调动多方力量参与到社区养老机构的建设和运营中，充分发挥他们各自的优势，帮助政府共同管理，逐渐放开社区养老市场，提高其运行效率，是亟待解决的社会问题。

2. 社区养老服务供需结构不平衡

一方面，目前上海市社区养老服务供给小于需求，即服务供给跟不上老年人的实际需求。体现在以下三个方面：一是日间照料机构、长者照护

之家等服务供给资源有限，无法与上海市持续攀升的老龄化率相契合；二是社区养老所提供的服务大多是基本日常生活照料，无法为失智、失能老人等特殊老年人群提供更专业化的服务；三是上海市社区养老服务目前只针对沪籍老人，非沪籍但投奔子女长期在上海居住养老的老人无法享受社区养老照护福利补贴等。

另一方面，上海市社区养老服务利用率低于服务供给量。通过调研发现，位于外环以外的某些社区养老机构规模较大，床位数量较多，除去长护险和各种政府补贴金额，收费仍然较高。加之此片区对于社区养老服务政策宣传不到位，愿意为服务买单的老人的心理预期还比较低，因此床位使用率较低，资源空置浪费。

3. 社区养老机构服务供给层次偏低

目前，上海市尚未对老年人需求进行划分，细分养老市场。政府对于社区养老扶持主要体现在养老资源总量的供给，包括养老床位数和养老硬件设施的配置。而经过调查可以发现，老年人受其年龄、身体健康状况、文化程度、经济条件、居住情况等多项因素影响，养老需求差异性明显。目前上海市社区养老机构所提供的服务项目基本能满足养老人的生存需求，对于更高层次的养老需求，还远远不能满足。同时，我们发现社区养老机构内医疗护理服务供给层次过低。"医养结合"型社区养老机构是吸引老年群体、提升服务质量的关键。随着年龄的增长，老年人对于医疗护理的需求随之增加，如何做到"医"和"养"的有效衔接是社区养老机构所面临的问题。目前，社区养老机构设置的医疗机构（站、点）真正开展医疗服务的并不多，仅提供较为简单的医疗照护服务，比如量血压、测血糖，更高层级的康养服务并没有涉及。

五 认知症照护尚未形成有效的系统方案，需要加强探索

截至 2019 年，我国大约有 1000 万失智老人，且每年都在快速增长，在世界各国排名首位，65 岁及以上老年人群的失智症发生率已高达 5.9%。按照这一比例测算，截至 2019 年底，上海市失智老人约为 31 万人，并且随着老龄化趋势的加剧，失智老人数量还在不断增加。失智老人数量迅速增加已经成为上海市人口老龄化中最严重的问题之一，如何照顾

这些老人，成为上海市无法回避的难题。目前，上海市养老床位总数只有16万多张，即使全部用来照护失智老人也远远不够，何况认知症照护床位只有区区几千张。因此，上海市绝大多数失智老人都是由家庭照料的，由于家属缺乏专业的护理知识，无法让老年痴呆患者在家庭护理中得到专业有效的治疗，再加上老年痴呆患者日常生活无法自理，而且往往行为异常，这些特殊情况也让普通家庭没办法进行有效的照料，这令大多数成年子女不堪重负，失智老人长期照护问题成为许多家庭的困扰。早在2012年，世界卫生组织曾发布一份报告称：当一个家庭成员被诊断患有阿尔茨海默病后，其照护服务提供者很容易成为第二个病人。失智已被列为全球公共卫生优先考虑的病症，它严重影响老年人和家人的生活质量，对老年人、照顾者、家庭和社会均造成巨大影响，容易产生社会隔离。虽然近几年来民政部门不断加大认知症照护的力度，《上海市养老服务条例》中也将失智老人的长期照护列入其中，但总体来讲，全市尚未形成统一的被行业认可的认知症评估标准和干预标准，缺失认知症健康教育规范，更未形成可推广、可复制的系统方案。因此，需要进一步加大实践、探索的步伐和政策支持。

六　文化养老服务不能满足消费需求，亟待加大服务供给

随着物质生活的丰裕、医疗保障水平的提高、健康期望寿命的延长，老年人对晚年美好生活的需要，已经不仅仅包括物质需要，还有对精神、文化等方面的追求，这就是文化养老。文化养老是对新时代老年人精神需求的回应，是中华优秀传统文化的传承，是坚持"以人民为中心"的内在要求。文化养老不仅能够丰富老年人生活，实现老有所学；还能够增强老年人的社会参与性、延伸老年人的价值，实现老有所为；此外，以文化娱乐、健康养生、愉悦精神为主要内容的文化养老，还能让老年人实现老有所乐。由此可见，文化养老不仅对老年人的身心健康有益，而且对于促进家庭和社会和谐，推动社会精神文明建设有着积极的作用。

当前上海市在推动文化养老方面做出了很多努力，取得了较好的成效，但仍然存在以下问题：

第一，文化养老服务的配备条件尚不够完善。

目前，上海市开展文化养老服务的场所多为老年大学、老年人活动中心（室）、养老院，书画室配备占比只有 49.15%，棋牌室配备占比 82.44%，手工制作室配备占比 58.05%；长者照护之家中阅览室配备占比 67%，书画室配备占比 50%，棋牌室配备占比 33%，手工制作室配备占比 25%；综合为老服务中心中阅览室配备占比 80.47%，书画室配备占比 56.21%，棋牌室配备占比 65.68%，手工制作室配备占比 58.58%，其数量远远无法满足老年人需求。一些老年人活动中心（室）存在硬件、软件配备不够完善的问题，部分设施陈旧、场地简陋，相应的设备和活动器材、用品也不足，绝大多数老年人文化活动的载体限于公园以及广场等传统场所。

第二，文化养老活动内容丰富性、多样性不够。

不管是社区、机构，还是老年人自发组织的文化活动，都存在活动项目较少、专业化服务项目不足的问题，文化养老尚停留在自娱自乐阶段，已有的文化服务活动缺乏创新，内容较为简单，老年人实际参与度不高，且参与人员固定化，久而久之使老年人失去参与文化活动的兴趣。

第三，老年教育供给资源有限。

老年教育产业作为精神文化养老服务产业的重要组成部分，其目的就是实现"老有所学"这一目标，但在现实中存在服务供给与需求的缺口，目前全市市级老年大学只有 4 所，全年最多容纳学员 1.329 万人；市级老年大学分校（系统校）和区级老年大学共有 62 所，全年最多容纳学员 4.07 万人；街道、乡镇级老年学校共 220 所，学员全年也只有 25.80 万人；而上海 60 岁及以上的老年人已超过 530 万人，哪怕只有 10% 的老年人有文化养老需求，文化养老需求人数也高达 53 万人，何况远远不止 10% 的老年人有文化养老需求。因此，老年大学长期"一座难求"，再加上一些老年教育机构所开设的课程门类少且供需不匹配，无法让老年人共享文化成果。老年教育作为公共产品，供给主体主要为各级政府，主体较为单一，所能提供的老年教育资源较有限，不能满足迅速发展的老年教育需求。

第四，文化为老服务缺乏专业人员。

文化养老服务人才匮乏是当前上海市文化养老服务面临的一个突出问

题。上海市的文化养老服务人员主要是居委会的行政人员、少量的社工和志愿者、养老院和社区养老服务机构中的护理人员等，还有一些临时招聘人员，他们中大部分人都没有受过基本的文化训练，文化素养不足，专业化程度不高，文化养老人才的不足已经影响了上海市文化养老的持续发展。

七 社区养老服务人才短缺，整体素质不高，需要加强培养

调查发现，很多老人不仅人均患有多种慢性疾病，其心理健康状况也欠佳，因此他们对于专业性较高的养老护理需求日益强烈，而这都需要大量的养老护理、医疗康复、精神慰藉等方面的专业人才，提升老年人的医疗护理质量以及心理健康程度。我们发现上海市社区养老机构养老专业人才匮乏，人力资源供给数量无法满足人口老龄化程度的不断加深和养老服务需求的多样化。以护理人员为例，410 家被调查的日间照料机构中 364 家报告了护理员数量，共计 969 人，平均每家机构护理员 2.66 人；被调查的长者之家机构内护理员总数为 675 人，平均每家机构护理员为 5.67 人；在被调查的综合为老服务中心中，150 家机构报告了护理员配备的人数，共计 714 人，平均每家机构配备 4.76 名护理员。依据《养老机构设施与服务要求》（DB31/T685－2013），养老床位与护理员配备比约为 4.54∶1，而测算出被调查日间照料机构实际比为 5.49∶1。由此可见，养老护理员需求数量上存在很大缺口。除护理员外，从社区养老机构员工总人数来看，上海市 698 家被调查社区养老机构员工总数为 5015 人（除去 43 家机构数据缺失），平均每家社区养老机构的员工数量为 7.66 人。其中，医生、康复师、营养师、专业管理人员数量缺口巨大，且质量不高，专业性及整体素质较差。整体而言，上海社区养老服务人员队伍主要呈现"五高五低"特征。

1. 社区养老服务人员整体年龄结构偏高，人力资源供给能力较低

受传统文化观念影响，很多人不愿意从事养老护理行业工作，加之专业院校所开设的养老护理专业过少，导致人才培养渠道不畅通。据本次日间照护机构调查统计，从护理员年龄构成上看，58.18% 的机构护理员年龄在 51 岁及以上，34.65% 的机构护士年龄为 51 岁及以上，57.26% 的机

构管理人员年龄在 51 岁及以上。据调查，目前从事社区养老服务的人员大多是外来务工者，年龄较大，对接受服务的老人需求反应相对迟缓，手脚相对不太利索，经常遭到老人的抱怨。综上，社区养老机构养老人才整体呈现出年龄偏大、养老人力资源供给不均衡的特点，缺少年轻化、专业化的养老护理团队。因此，上海市社区养老服务人员年龄较大，能力和素质等方面良莠不齐，这样的结构模式导致养老人力资源素质及能力差异较大，不均衡现象严重。

2. 社区养老服务人员临时工占比高，学历结构较低

调查显示，从护理员的学历构成看，日间照料机构中 65.24% 的护理员学历在初中及以下，79.38% 的护士学历在大专/高职及以下，本科及以上学历的管理人员仅占 27.72%，聘请的医生和执业护士等专业技术人员基本是退休人员或工厂医务室的从业人员，职称也以中初级职称居多，高级职称微乎其微，具有老年医学和老年护理专业学习教育经历的医生和护士甚少。且本市养老护理员临时工占比较高，技能等级很低，因此受护理人员专业性限制，只能为老人提供简单的生活照料，服务老人时，仅凭个人工作、生活经验，缺乏专业性知识，无法敏锐地察觉到老年人养老需求变化，不具备医疗照护知识和技能，阻碍社区养老机构的总体发展。

3. 社区养老服务人员专业性要求高，培训化率较低

第一，目前上海市缺乏大型且专业的养老服务培训机构，影响了专业人员的输出，阻碍更多的专业人士投身于养老服务中。由于养老服务业还不成熟，市场上还没有形成需求、培养、考核再投入使用的完整培训产业链，仅仅是依靠养老机构自行培训或者民政部门委托行业协会进行集训化培训，由于这些培训资源及承办能力有限，必然存在专业教师不足、培训不专业、考核机制不完备等问题。第二，养老服务类相关专业教育仍然集中分布在一些高职和高专院校之中，而普通本科和研究生及以上的学历教育层次非常稀少。目前，上海各学校主要开设的护理专业，养老类在其中只占少数。除上海城建职业学院外，仅有上海中桥职业技术学院开设有护理（养老方向）、老年服务与管理专业；中职里，上海建筑工程学校开设有护理（老年方向）专业，上海市医药学校开设有养老服务与管理专业等。

总体来说，上海对于养老护理人才的招生规模较小，近两年平均不到

500 人，而这其中能留在养老机构工作的人员更是少之又少，调查显示：在养老机构中工作的毕业生第一年的流失率为 50%～60%，第二年的流失率为 70%～80%，第三年的流失率在 90% 以上。这从根本上限制了专业养老服务从业人员数量、质量的提高。老年人是一个特殊的群体，有他们自身生理和心理上的特殊性，需要系统化专业的深度学习才能更好地了解他们，并且要通过不断地实习真正将所学知识与以后的所用知识结合起来，这都需要重视养老服务人才的培养与教育。

4. 社区养老服务人员离职率较高，社会地位偏低

在大多数人眼中，养老护理行业社会地位低、工作累、薪资少，尚未建立有效的激励体制和人才培养机制，因此养老护理人员离职率高、稳定性差。目前，上海市虽然为社区养老护理员定期开展岗前培训和专业知识测试，但职业发展目标不清晰，福利待遇过低，成为很多护理员离职的主要原因，这也在一定程度上影响了养老护理员行业整体的稳定性。暗淡的职业前景、低微的工资、高强度的工作只能加快养老服务行业专业人才的流失，留不住人才，更不用说吸引专业人才了。

5. 社区养老服务人员劳动强度较大，职业化率偏低

调查结果显示，社区养老机构中的许多失能、半失能老人均需要养老护理人员的全天候陪护，因此上海养老护理服务人员平均每天工作超过 10 小时，工作强度非常大。同时，大多数从事该服务行业的人员非科班出身，目前国家还没有统一认证的资格证书来表明养老服务专业的学历学位，也没有专业认证和职业资格考试，不能直接与职位提升和薪资的提升相挂钩。从上海养老护理服务人员的收入水平来看，平均月收入为 5000 元左右，远远低于全市平均工资水平。高强度的工作量与劳动收入的失衡，既不利于提升养老护理服务的专业水平和服务质量，也不利于提升职业声望和行业吸引力，成为人员招聘困难、人员流动性强、制约从业人员队伍发展的首要因素。

八 社区养老机构服务质量不高，服务水平有待提升

1. 社区养老服务配套设施不完善

在社区养老服务设施建设方面，服务配套设施尚不完善，部分社区养

老机构的适老化改造情况并不理想。第一，从基本情况来看，根据本次调研，以日照中心为例，建筑面积平均值为 714.49 平方米，已达到上海市社区养老机构建设标准。但是这些社区养老机构内部的配套设施仍过于单一，其中基本服务区域中占比最高的为公共服务区域、生活服务区域，占比分别为 89.27% 和 81.71%，而保健服务区域占比较少；医疗保健用房配置情况总体较差，医务室/卫生室配置率仅达到 37.80%，配置心理疏导室的机构更是少之又少。第二，在服务设备配置方面，虽然健身器材的配置比例达到了 63.41%，但功能轮椅、康复训练设备等基础性服务设施的配置情况不理想。第三，从安全保障设施来看，紧急呼叫系统、监控系统的配置比例均未达到 50%，老人定位设备在社区养老机构中应用较少，日间照料中心仅为 8.05%，有待加强。第四，从机构智慧养老设施配置情况来看，上海市社区养老机构智慧养老情况不容乐观，三种类型机构的物联网设施配置均未达到 20%，智能监测系统均未达到 30%，远程医疗设备均未达到 15%，社区养老机构的智慧养老发展非常缓慢。

2. 社区养老服务项目单一

在养老服务项目建设方面，上海市社区养老机构提供的服务项目主要涵盖六大类，分别是生活照料、医疗保健、文化娱乐、精神慰藉、老年大学、健康教育咨询。根据本次调研发现，上海市社区养老机构普遍存在服务内容繁杂且层次低等问题。服务内容仅能围绕最基础的物质需求方面开展，例如助餐、家政以及护理等板块中的少数项目。在心理疏导、文化娱乐、医疗保健等需求层面的服务内容开设较少。通过我们的访谈发现，多数老人认为现有的社区养老服务项目不能满足其全方位、丰富多彩的养老服务需求：其中，在助餐服务方面，部分老人认为饭菜质量一般，且没有针对高血压、糖尿病等慢性病人的专供午饭；在医疗保健服务方面，提供最多的项目是测血压、量体温，由于大部分的社区养老机构中不设医务室、护理站，老年人的医疗保健需求没有办法得到更好的满足；在精神文化需求方面，老年人普遍认为目前社区养老机构所提供的专业心理咨询服务缺失，文化娱乐需要基本依靠"自给自足"，虽然上海市部分社区养老机构已提供此类服务，但服务内容较为单一、服务种类较少，质量参差不齐，目前很少有为老年人提供展示其兴趣、爱好的"文化舞台"。

3. 社区养老服务专业程度低

在养老服务专业性方面，社区养老服务人员在专业性、服务质量、服务意识方面均有所欠缺，具体表现在：社区养老服务人员在上岗前有不少并未取得相关职业资格证书，也未受到专业性的职业技能培训，所提供的养老服务专业性不强；在提供服务过程中，社区养老服务人员受专业知识和技能欠缺所限，只能为老年人提供基本生活照料等较低等级的服务项目，老人的高质量服务项目无法被满足；在服务意识方面，养老服务人员并未建立系统的服务意识，无法对老年人的需求进行统一评估。

4. 社区养老服务理念欠缺

目前社区养老机构的公益性仍较强，管理者服务意识欠缺，普遍管理能力较弱，导致社区养老机构经营灵活性比较差，缺乏创新服务的动力。通过与老人的访谈我们发现，目前公办社区养老机构缺乏竞争压力，容易将入住机构或使用设施服务的老年人作为机构中的被管理者，而非被服务者，部分养老护理人员对待老人的态度较差，导致老年人的被服务体验感较弱，且服务意识仅停留在日常生活照料中，文化娱乐、精神慰藉等高层次的服务意识有待加强。

第二节　提升上海市社区养老发展水平的政策建议

一　完善社区养老政策的建议

1. 优化顶层设计，整合各级部门

首先，政府应加快建立各部门之间的沟通协作机制，明确各部门对于社区养老服务的责任清单，清晰划分部门间权限，避免"踢皮球"现象产生。同时通过整合社区养老资源，统一调配，实现各部门间的职能衔接，确保社区养老服务政策自上而下贯通，且高效执行。其次，政府应理清工作关系，将社区养老机构的管理权限下放到基层，在各区民政局的统一指导下，由相关职能部门管理，街道办事处和居委会具体操作。一方面由于街道办事处和居委会更加了解老年人的真实需求，可及时针对老年人的反馈做出调整和变化；另一方面社区居家养老服务的内容丰富，将权力下放才能充分调动街道办事处和居委会的积极性，高效推进社区养老服务的管理与实施。通过优化顶层设计，整合各级部门，打造自上而下的管理模式，才能形成打造社区居家养老服务体系的合力。

2. 建立社区养老机构规范标准

目前，一些国家已经建立了完善的社区养老机构规范和服务标准，上海市应学习发达国家成熟的经验，同时因地制宜，制定和优化符合上海市社区养老机构的管理服务标准和规范。同时，尽快建立起定期监管与动态监管联动机制以及联合监管机制，使得监管制度化、常态化和长效化，促进社区养老机构持续提升服务质量。此外，社区养老机构的相关政策规范应避免重复化累加，要提升政策整体的协调性、系统性，制定梯度式政策规划。要通过建立完善的社区养老机构服务标准以提高全市社区养老机构服务水平，避免出现服务质量参差不齐的现象，推动上海市社区养老机构协调发展。

3. 改进补贴方式，加大补贴力度

改进政策补贴方式，加大财政补贴力度，促进社区养老机构综合发展水平的提升。政府对社区养老机构的补贴应从机构补贴转向人头补贴、床位补贴，应当通过评估将补贴直接补贴给困难老人，提高困难老人进入社区养老机构的经济能力，或者根据社区养老机构服务的老人数量及护理等级发放补贴，提高社区养老机构综合发展水平，真正实现从"补床头"到"补人头"的转变。

4. 健全社区养老服务评估标准

为提高社区养老服务质量，需健全社区养老服务评估标准，定期由政府或第三方机构对社区养老服务的各项流程、环节及服务对象的满意度进行评估，利用评估结果为社区养老机构打分、排名、表彰，以监督社区养老机构的管理实施情况，调动其积极性，提升服务质量。比如，民政部门可每年针对社区养老服务对象及服务提供方设置专业的评价体系，通过设置评估维度、评价指标、评价标准等，及时向社会报告机构的运营情况。针对被服务对象，要充分考虑其身体状况、家庭收入、兴趣爱好等具体情况，评估其服务期望，以更有针对性地提供差别化养老服务。针对社区养老机构，应根据其硬件、软件设施、人员配备、机构承载力、医疗护理水平、服务质量、经营收支、财政补贴等多个维度，进行全面的评估，以更好地掌握社区养老机构的真实发展情况。

二 改进社区嵌入式养老体系的建议

1. 加强舆论宣传，加深居民的了解

一般而言，社区嵌入式养老机构在正式运营后，周围居民往往态度转变较大，在参观了机构设施和服务后，对机构持欢迎态度，希望家中老人能够入住。因此，要通过多种新闻媒介，以文字、图片和视频等多种形式，采用免费参观体验、短期试住等多种方式，加强舆论宣传，增加居民对社区嵌入式养老机构的了解，引导居民理解和支持社区嵌入式养老机构。

2. 完善社区嵌入式养老服务机构管理办法，促进床位高效周转

修订现行的《上海市社区嵌入式养老服务工作指引》，对所有社区嵌入式养老服务机构提出床位周转要求，增加喘息式床位的最低占比、最长入住时间、两次入住最短间隔时间等规定；适当发挥价格杠杆的引导作用，对入住短期托养床位的老人，做好登记管理，超期入住停止长护险支付或按照时间长短上浮收费标准；鼓励有能力的公办养老机构为老年人提供居家期上门、康复期护理、稳定期生活照料等养老服务；加大家庭养老床位建设，完善有关政策，增加居家护理服务比重。

3. 第三，多方施策，提高社区嵌入式养老服务机构的综合能力

鼓励现有的嵌入式养老服务机构在积极探索、总结经验的基础上，扩大社区嵌入式养老服务规模，通过规模化运营走集约化发展道路；制定优惠政策，支持品牌养老机构开展嵌入式养老服务，充分发挥综合性养老机构的管理和服务优势；探索将社区运营能力较弱的居家养老服务中心以及其他分散的社区养老服务机构，通过招投标等方式"让渡"给社会养老企业统一运营；鼓励社会资本投资设立嵌入式养老机构，促进养老机构进行规模化连锁经营，提高养老服务专业化、标准化水平，提升服务质量。

4. 补贴政策一视同仁，充分调动各方面的积极性

解除补贴政策的民非限制，对所有机构一视同仁，凡是提供社区嵌入式养老服务的企业，均给予民非同等待遇的运营补贴支持政策，对其招用的护理人员和专业技术人员发放同等待遇的以奖代补补贴。

5. 健全定价规则，理顺价格机制

出台上海养老服务行业成本规制和监审办法，明确进入养老服务定价成本的支出范围、各类支出计入定价成本的参数标准、成本归集方法与定价原则等，为政府定价提供核算依据，为非政府定价提供核算方法参考。对纳入保基本养老机构管理的社区嵌入式养老机构，继续坚持政府定价，定期进行成本监审，复核收费标准合理性及调价必要性；对非保基本的社区嵌入式养老机构，赋予运营方更大的定价自主权，通过市场化的价格机制，鼓励更多社会力量参与服务供给。但赋予运营方更大的定价自主权，并不意味着运营方可以随意定价，政府相关管理部门应加强对定价合理性的审核，切实履行好监管职责。

6. 建立与嵌入式机构相匹配的设施建设和服务监测标准，使得监测考评有据可依

民政与相关行业主管部门联合研究制定社区嵌入式养老机构的设施标准，优化其服务质量监测标准。

7. 出台支持政策，推动公用事业收费支持政策有效落地

建议由民政等部门建立"清单制管理"方式，通过政府"背书"，落实执行民用收费标准的优惠。具体操作上，可由公用事业单位适当减免或由街镇承担独立计量装置的一次性安装成本；或者按照商用收费标准先征收再返还一定比例；或以物业公司"小表"为基础，与公用事业单位协商确定估值方法、根据计量估值执行民用收费标准等。

三　平衡各区养老资源的建议

构建社区养老服务体系，推动养老事业发展，需要通过引入新形式、新方法，对现有养老资源进行整合，统一配置到相关社区，从而为社区老年人提供更加便利和先进的养老服务。政府要通过对相关资源进行整体的研究和评估，合理安排社区现有资源，对相关资源不足的部分进行合理补充。

1. 因地制宜明确差异化发展定位

上海市社区养老机构区域差异显著，发展不均衡格局依然存在，应制

定差异化发展战略促进其协调发展。针对中心城区经济发达、老年人养老需求多元化、高端化等特点，应发挥市场在资源配置中的决定作用，注重服务品质的提升和类型的多样化，构建多层次养老服务业体系；近郊区应加强养老服务业平台建设，建立医院、药房、养老保健中心等机构的联动平台，进一步保障大部分老人的生活，形成一体化养老服务业路径；远郊区应在保障老年人基本公共服务全覆盖的前提下，重点解决郊区空巢家庭的养老需求，实现有保障的养老服务业发展模式。

2. 建设社区养老资源平台

对现有居家和社区养老综合服务平台进行升级，统筹构筑社区资源平台。基于社区平台，协调社区间的各种设施进行互补运作，形成上海市一体化社区养老资源整合，同时打造各具侧重点、各具特色的差异化社区养老模式。通过建设社区养老资源平台，根据全市的资源分布情况，与邻近社区共建共享能满足老年人特殊需求的资源，将社区养老机构由养老照料性质发展为多样化服务性质的专业机构。如：以邻近的 5 个社区为单位，统筹规划具有一定规模的医疗资源及社区体育运动设施，设置集中化运动场馆及康复器械，为有运动康复需求的老年人就近满足其养老需求。

3. 联合社会组织整合社区养老服务内容

联合社会养老机构，保证社区与引入社会机构的协调运行。通过统筹形成全辖区老年人实时共享的服务信息目录，整合社会化养老机构服务内容，协调各区之间养老资源的差异性，交由民办运营机构为老年人提供公益性养老服务的同时，在符合市场运行规律的前提下，为全辖区有需要的老年人提供一定的增值服务。同时对于增值服务要做好监管工作，在合作合同的制定上，要明确各自的责任界限，不能敷衍了事地提供服务，要定期进行跟踪考核，合理分配服务内容、覆盖面和设备维护，建立完善的嵌入式工作运行机制。

四　增强社区养老机构供需契合性的建议

1. 拓宽资金筹措渠道

伴随着老龄化进程的不断加快，养老服务需求的增多，上海市养老产业正处于快速发展阶段，需要投入大量的人力、物力、财力，而单靠政府力量无法适应养老产业的发展。因此，政府要逐渐放开社区养老市场，引入更多的社会力量共同参与社区养老产业的建设，并对民间资本进行监督和管理，促进社区养老效率提升，保障养老服务质量，为养老产业提供新的发展动能。

2. 积极培育和扶持养老服务社会组织

发挥社会组织协同作用，培育社区养老供给多方主体。由于社会组织的发展刚刚起步，各项设施和服务还不尽完善，需要政府的引导、培育和大力扶持。政府可以通过制定相应的激励政策，吸引和鼓励更多的企业或社会组织参与到社区居家养老服务中来。如：提供税收优惠，降低社会组织参与的成本；给予低息贷款，放宽银行贷款条件，延长贷款期限；对社区居家养老服务机构的水、电费，出台支持性政策，按社会福利机构的优惠价格收缴，或者予以补贴。另外，政府还可以大力发展老年社区志愿者团队，继续扩充服务志愿者的数量，汲取更多的力量参与到社区居家养老服务的工作中来。通过鼓励社会力量管理运营居家和社区养老服务设施，培育和打造一批连锁化、品牌化、专业化的龙头社会组织或机构、企业，使社会力量成为提供居家和社区养老服务的主体。

3. 完善服务内容实现供需平衡

第一，完善社区养老服务体系。加强老年人档案服务管理，将老年人的过往及每周身体健康状况、家庭经济、社交需求、文化娱乐、精神慰藉等状况均记录在册，通过分析了解老年人最切实的需求，针对其需求为不同老人提供差异化、多样化的养老服务。在档案系统建立之后，通过对老人进行问卷调查、访谈等方式，及时了解其对社区养老机构及人员的意见和建议，并对老年人的档案进行补充、完善。

第二，在供给服务布局上，加强社区养老工作信息平台的建设，实时掌握老年群体需求变化，推进个性化养老资源的供给建设。借助服务平台先进的管理和信息化技术，将老年人、政府、社区、医疗机构和第三方服务机构紧密联系起来，为老年人生活提供全方位的服务。原则上，对于社区老年服务机构所在的每个社区，在基本养老服务设施建设的基础上，整合周边第三方企业，共同提供管家、餐饮、护理、法律咨询等服务供老年人采购。

第三，增设社区养老服务的特色内容。随着生活水平的提高，老年人在享受养老服务的时候，更加注重服务的多样性。老年群体由于年龄、经济水平、文化程度、生活习惯存在差异，千篇一律的大众型养老服务项目已然不能满足老年人多样化的养老需求。结合上海社区养老服务的发展需要，社区养老机构应该进一步丰富养老服务的种类和内容，让服务更加的有针对性，能够满足特定人群的需要。在情感层面上，应加强对老年人心理问题的关注，可与心理机构进行定期定向合作，为老年人提供心理咨询服务。此外，社区机构应积极联系高校、医院的志愿者，让更加专业的人参与到社区养老机构的服务中。在医疗照护服务方面，社区养老机构应联系专业的医生，定期到社区来为老年人看病，开展健康医疗知识讲座等。社区养老机构应在充分保障老年人基本服务需求的基础上，将老年人分层、分级，制定困难老人服务需求清单，为不同需求的老年人开展助餐助浴、日托、全托等多项保基本服务以及康复护理、精神慰藉等多层次、多样化、个性化的新型养老服务项目，并实现动态管理，为精准服务提供支撑，形成特色养老服务模式。

五　加强认知症照护的建议

第一，加强认知障碍照护床位建设。公办养老机构和公建民营养老机构要增设一定比例的认知障碍照护床位，主要用于收养政府托底保障的认知症老人；鼓励社会资本投资建设以认知症照护为主体的养老机构；参照日本学龄前幼儿看护点方式，在社区新建、改建认知症老人日间照料中心。

第二，借助专家力量制定认知障碍评估、筛查标准和预防、干预流程，构建老年人认知障碍分级照护体系，编制认知障碍社区居家照护指南。

第三，开展"健康教育"，普及认知障碍知识，提高社区居民对老年认知障碍的正确认识。

第四，联合相关公益组织开展"认知障碍风险测评"，掌握老年认知障碍风险人群的基础情况，建立"认知障碍风险人群库"，实施早期预防干预。

第五，在相关街镇及居委会开展老年人心理关爱项目试点工作，增强对常见心理行为问题和精神障碍早期识别的能力。

第六，继续在相关街道开展老年认知障碍友好社区建设试点工作，并逐步向全市推广，尽快建立老年认知障碍全流程、全方位服务体系，形成可复制可推广的"上海方案"。

第七，通过政府购买服务方式，试点为60周岁及以上优抚对象，特困、低保、低收入家庭，计生困难家庭和纯老年人家庭四类重点人群中失智老人提供"喘息服务"，让养老机构短期托管照顾老人，或是提供临时居家上门照料服务，给这些家庭减轻负担，提高他们的生活质量。依托社区综合为老服务中心等养老服务设施，建立"社区老年认知障碍支持中心"，提供防走失、防跌倒、防误食、防自杀指导和照护支持，发挥平台作用，合理配置资源，建立健全老年认知障碍友好支持网络，形成社区长效支持机制。

第八，设立"上海市失智老人照护救济基金"。失智失能老人一般都需要24小时照顾，在上海雇用一个这样的保姆每月至少需要五六千元，虽然一些区已经实行了长期护理保险制度，解决了一部分护理费用问题，但有不少老人的养老金是达不到这个水平的，建议设立"上海市失智老人照护救济基金"，重点救济特困、低保、低收入家庭、计生困难家庭的失智老人。另外，鼓励失智老人家庭采取社会保险模式，以个人缴费为主，通过购买老年护理保险来支付个人长期护理的巨额费用。

第九，联合上海相关医学院校加快培养失智老人社会化照护服务人才；每年对从事老年认知障碍照护工作的专业护理人员开展培训和职业技能认定；通过政府购买服务等方式，依托专业医疗机构、社区内的养老机构等专业社会组织，实施家庭照料者培训项目，为照顾老人的家庭成员或家政人员提供免费培训，提高其专业照护能力。

六　加大文化养老服务的建议

1. 加大投入完善文化养老设施设备

政府应加大资金投入，各部门之间应相互支持配合，建设和完善老年人文化活动场所和适老设施，为文化养老筑牢物质根基。另外，政府部门也可以动员其他的社会力量，实行公办、民办、股份制多种文化投入模式，确保有大量的资金作为打造文化养老新平台的基础，为办好具有特色的老年文化事业提供不竭的动力。

2. 发展多元化文化养老服务内容

文化养老质量高低取决于文化服务的模式与内容，政府、社区和社会组织应该针对老年人的生理、心理和兴趣爱好等特点，积极组织针对老年人群的各类文化娱乐活动，搭建文化养老服务平台，让老年人在文化养老服务体系中有所为、有所乐。一方面，根据老年人的需要和基本状况，开展一些难度不大但趣味性很强的活动，比如开展乒乓球、台球、踢毽子等比赛，鼓励老年人参加太极剑、太极拳、广场舞、健身操的锻炼，让老年人在活动中锻炼身体，体会到生命的乐趣，或开展书画、音乐、舞蹈、走秀、棋艺、手工制作等比赛，在比赛中展示自己，陶冶情操；定期组织老年人外出旅行，让他们在大自然中放松身心，在景区胜迹中陶冶情操。另一方面，打造文化学习平台和文化养生平台，比如：建立老年人图书馆，定期举办座谈会，老年人不仅学习了新知识，而且陶冶了情操，愉悦了心情；定期邀请医院的专家开展健康知识讲座，或定期对老年人的身体进行检查，在一定程度上保证老年人的身体健康；与此同时，顺应时代和科技发展，通过社会活动向老年人引介新事物、传达新观念，让老年人能够了解社会趋势，紧跟时代潮流。另外，政府相关部门还应牵头定期举办针对老年人的各类汇演等活动，让老年人始终保持高昂的斗志和饱满的热情。

3. 创新老年教育供给模式

在发扬原老年大学"文化养老"基础上，继续丰富文化内涵，扩大原有教学规模和条件，创新教学方法，通过体验式教学、远程教学和在线教学，把传统教学和网络教学结合起来，构建老年人终身学习平台。在社区建立流动老年大学，通过经常开展读书、讲座、参观、表演、游学等活动吸引更多老年人走进社区相互学习、相互交流。鼓励更多职业院校、高等院校设立老年教育相关专业，开放老年教育资源，发展非学历教育。积极探索社会各界联合办学模式，拓宽老年教育资金筹集渠道。鼓励企业、社会组织和个人设立老年教育发展基金，形成国家、企业、个人三方共筹资金的渠道，同时对从事老年教育投资的企业或公益性捐款单位、个人给予税前扣除等优惠。鼓励图书馆、艺术馆、体育馆、文化活动中心定期开展老年教育主题活动，免费为老年人活动提供场地和资源，为积极开展老年文化活动提供便利。

4. 进一步加强社区"文化养老"功能

社区是老年人实现"文化养老"的重要场所，其特点是温馨，便利。建议社区：一是每年拿出一定经费用以配套和完善文体广场、文化活动室、社区剧场、电子阅览室、公共图书馆等资源，免费为老年人提供服装、乐器和道具，激发老年人展现兴趣爱好的积极性。二是主动联合老年大学、图书馆、艺术中心等文化教育单位，聘请业务骨干到基层为老年人提供书法、舞蹈、音乐、太极拳、戏曲等方面的指导。三是在有条件的社区文化中心或居委老年活动中心乃至居民楼里，辟出一个或几个小型乃至微型的老年学习场所，作为老年大学的分教学点，安排从教育岗位上退休不久、学识与能力均符合老年大学教学资格的老教师或其他有能力者担任师资，开设出若干门适合老年人"老有所学"需求的课程。

5. 打造专业化的"文化养老"人才队伍

首先要建立健全党委领导机制，按照政治强、业务精、素质高、作风正的要求选拔社区干部。其次在志愿者建设方面，要鼓励社区退休的老干部、老学者、老教师、老艺术家加入志愿者队伍中，集中人才和资源优势，为开展社区活动、文化培训、编排文艺节目、创建文艺品牌提供高水平的指导和帮助；鼓励有时间、有精力的其他健康老年人也积极参与文化养老方面的志愿服务；完善志愿服务登记制度和为老服务"时间银行"制度，营造整个社会为他人服务就是为自己的将来服务的良好社会氛围。再次，政府要大力鼓励和支持辖区内的高校、职业院校、中小学校加入志愿者队伍中。最后，还要加强社会工作者对文化养老服务的介入，通过文化服务活动中的专业引领，增进老年人之间的互动和互助，帮助他们在社区内形成稳定的文化活动圈子，引导老年人实现自身价值，持续满足其精神文化需求。

七　强化社区养老人才培养的建议

1. 加大政府扶持力度，完善养老护理人才培养模式

第一，加强政府顶层设计，科学设计人才培养。一是要结合上海各地区的实际情况，加强与高校的沟通和联系，制定政策鼓励院校开设养老护理专业，并向定点机构输送养老服务人才；二是要建立健全养老人才培养培训体制，通过分类培养分层推进的路径，鼓励专业人才提升学历、晋升职称；三是加快培养养老行业高层次管理人才，形成以高职高专为主体、应用型本科为支撑、研究生为补充、职后培训为依托的培养格局；四是教育主管部门要统筹把控健康管理、养老服务等专业性人才的培养方案，指导学校的专业建设与改革。

第二，加大政府财政投入，强化资金政策引导。首先，加大对养老紧缺性专业院校资金投入力度。当院校开设紧缺性专业时，政府应给予一定的财政支持，帮助院校做好紧缺性专业的建设工作。其次，创新招生机制，稳定生源数量。例如实行学费减免、专项补贴、公费养老服务生等措施，吸引更多的学生就读养老服务专业，同时为学生搭建好实习渠道、就业渠道。最后，各地政府应加大补贴力度，建立养老护理服务人才薪酬补贴制度，适度减轻养老机构的用人成本。

2. 发挥院校主导作用，实现养老护理人才分层分类

第一，实现多元化人才培养，满足多层次人才需求。中职院校以基础护理人才培养为主：中职院校基于最基础的养老护理专业，培养护理人才，为养老院、社区养老机构、福利院等输送护理人才，从事基础护理工作。高职学校以培养管理人才培养为主：高职院校开办老年服务与管理专业，培养方向应侧重于老年社会工作、老年心理咨询、老年社会组织、老年文化活动策划等。培养既具备养老护理基本技能，又具备老年服务管理能力的学生，为养老机构或社会运营机构输送专业化的管理人才。本硕以研究型人才培养为主。在本科硕士的培养中，加强对养老服务产业的研究生培养力度，培养更高层次的研究型人才，同时开展对国际养老服务业发展态势的追踪研究。为上海储备养老服务产业高端人才，既作为各高校人才培养和专业发展新的增长点，又保证上海市养老服务事业有序发展。

第二，与社会养老产业紧密对接，积极进行专业教育教学改革。充分发挥职业院校人才培养优势，积极开展市场调研，做到产学研用的统一。专业人才培养方案、课程标准、内容模块设置应紧密对接养老机构的岗位及其技能需求，重点加强评判性思维能力、人际沟通和关怀能力、教育咨询能力、基础护理操作能力的培养，建立专业性、针对性强的老年护理实训基地，积极进行教育教学改革，倡导以能力培养为核心，构建校企合作的育人机制，使学校和行业共同发挥人才培养的示范效应。

3. 加强岗位再培训，提高服务技能层级

完善养老服务职业资格认证制度，针对养老护理员、健康照护员和医疗护理员、养老管理员等，进一步制定相关的等级标准，采用分类别、分档次的方法，细化相关从业标准。依据从业标准对拟上岗或者有意愿进入到下一等级的护理员进行培训，考核合格后方可颁发上岗从业等级证书。对于参加考核的人员，可适当放宽年龄和从业年限的限制，可以吸引更多有能力、有意愿的从业人员参与到社区养老服务工作中来。

开展养老服务从业人员的岗位再培训。从业人员"持证上岗"后，定期组织他们参加继续教育，当社区养老相关政策有更新时，要及时向服务人员做好新政策的传达工作；也可以定期组织到兄弟单位和服务机构进行参观学习，召开经验交流会，取长补短，提高服务技能层级，从而可以为高龄、独居、失能老人等特殊群体提供较高层级的照护服务。建立养老技能实训基地，免费向各类社区养老培训机构开放，每年对养老护理员特别是从事老年认知障碍照护工作的专业护理人员开展培训和职业技能认定，加强对机构养老企业、社区养老企业经营管理人员培训。

4. 提升养老人才待遇，增强职业认同感

首先，应提高社区养老机构工作人员待遇。养老服务工作人员处于就业歧视链，缺乏社会认同感。但是养老服务工作不仅要求工作人员具有高度的责任心和耐心，而且越来越专业，对养老服务工作人员要求越来越高。高强度的工作、低微的工资、暗淡的职业前景只能加快养老服务行业专业人才的流失。因此，政府要提高社区老年机构工作人员的待遇，提高工资福利待遇是对他们身份地位的一种认可，同时，优厚的工资福利待遇可以吸引专业的养老服务人才参与进来。

其次，强化服务人员的职业归属感。政府可以通过组织开展多样化的活动来培育他们的职业归属感，比如开展岗位竞赛、技术交流、技能比拼等活动，积极营造良好的竞争环境，鼓励养老服务人员学技术、比贡献，提高岗位技能，增强综合素质，提升服务能力，激发服务人员的集体荣誉感，增强服务组织的凝聚力和向心力，激励他们以主人翁姿态更好地投入到为老服务之中。将养老人才纳入区级人才队伍建设中，将优秀养老服务人才推荐至领军人才、拔尖人才队伍进行跟踪培养，进一步提高薪酬待遇，提升社会地位，让为老服务成为体面的岗位，为上海市进一步做优养老服务提供人才保证。

再次，加大养老服务人员宣传和表彰力度。引导社会舆论增强对养老服务工作的理解与认同，正面宣传、表彰养老服务工作方面的先进典型事迹，利用宣传媒体为养老服务业人员营造良好的从业环境。各地定期开展"优秀养老护理员""优秀养老院长"和养老服务先进（示范）单位等评选创建活动。依托行业协会、老年基金会等社会资源开展全区养老护理人员技能竞赛和优秀养老护理员的评选，对表现优秀、爱岗敬业的进行表彰奖励。

最后，设立"上海市养老人才基金"，出台养老人才积分入户特别机制。对入职的各类毕业生进入上海市养老行业专职从事养老服务工作的，各区可给予不同的入职奖励；对取得国家养老护理员初级工、中级工、高级工、技师职业资格证书，并在养老护理及管理岗位上连续从事一线养老护理与管理工作一定年限的人员，每年每月给予相应的奖励津贴。制定养老人才积分入户特别机制，凡是获得区级及以上劳动模范、五一劳动奖章的养老服务人员，以及在市级及以上养老技能大赛中获得特等奖和一、二、三等奖的养老服务人员，分别给予不同的积分入户奖励。

5. 鼓励社会力量加入社区养老服务团队

要鼓励和引导更多的社会力量加入社区养老服务团队中。发挥社会组织协同作用，支持社会组织参与开展养老教育培训、咨询评估、标准制定、质量监督及第三方认证等服务。

充分发挥志愿服务队伍的力量。志愿者激励制度是增强社会对志愿者队伍的认识，扩大志愿者队伍强有力的工具。因此政府应建立健全志愿者激励制度，如建立系统的志愿者培训、考核、评估和表彰等制度，规范志愿者服务标准，形成有效的激励机制，从而促进志愿者队伍的持续健康发展。

八　提升社区养老服务质量的建议

1. 普惠"兜底"的社区养老服务设施建设

作为与传统养老理念一脉相承的普惠"兜底"养老服务，丰富社区养老设施，提高设施的利用率，对提高社区老年人的幸福感具有重要意义。现阶段，上海市社区养老主要以完善社区服务功能为出发点，充分利用社区养老设施资源，为老年人提供普惠性的社区养老服务。

2. 兼顾个体需求的养老设施建设

老年群体由于年龄、经济水平、文化程度、生活习惯存在差异，千篇一律的大众型养老服务项目已然不能满足老年人多样化的养老需求。社区养老机构应在充分保障老年人基本服务需求的基础上，将老年人分层、分级，制定困难老人服务需求清单，为不同需求的老年人开展助餐、助浴、日托、全托、购物等多项保基本服务以及康复护理、精神慰藉等多层次、多样化、个性化的新型养老服务项目，并实现动态管理，为精准服务提供支撑，形成特色养老服务模式。比如，日常生活需求设施方面，根据老年人需求调整增加服务项目，扩大已有的服务设施，对老年活动室、助餐餐厅、休闲绿地的优化完善；精神文化生活设施方面，根据老年人需求建立老年人活动中心，开展心理咨询、法律讲座等活动，满足老年人的娱乐需要；活动场所设施方面，根据老年人的需要，开设老年班和老年聊天室，丰富老年人的文化活动，改变老年人活动以打牌、下棋、打麻将为主的单一局面。加强社区养老综合服务信息平台的建设，实时掌握老年群体需求变化，推进个性化养老资源的供给建设。利用服务平台的先进管理和信息技术，将老年人、政府、社区、医疗机构、第三方服务机构紧密联系起来，为老年人生活提供全面服务，使老年人拥有健康快乐的晚年生活。对已设置的社区老年人个性化服务设施，要加强宣传，避免出现无人知晓的情况，使老年人充分了解服务内容，提高社区养老服务水平，提高社区养老设施利用率。

3. 继续推行老年宜居社区建设

推动老年宜居环境的理念与公共政策、建筑规划、生活服务等各个环节相融合，将适老化改造纳入上海市社会治理体系中，整体规划，全面推进。发布社区适老化改造标准、居家适老化改造标准和适老化改造清单，打造适老化改造样板间。着力推进家庭适老化人居环境建设，对经评估符合条件的老年人家庭开展适老化改造，给予一定的资金补贴。着力推进老年友好居住区环境建设，在老旧小区开展综合性适老化改造、老楼加装电梯的基础上，结合城市更新，加大居住区老年友好宜居环境建设，突出对公共通道、公共照明、社区休闲绿地、街心公园、社区健身场所等公共空间的适老化改造，使老年人"下得了楼"、"出得了门"、"上得了车"。

4. 嵌入智慧养老提升服务专业性

切实厘清"智慧养老"的有效需求和真正需要的具体技术设备，破解"重技术、轻需求"、"重产品、轻服务"、"重概念、轻场景"的智慧养老现象，坚持以老年人为本、"淘宝式"就近便捷、质优价廉、形式多样的智慧养老建设方向，积极引导、扶持和发展智慧养老。构筑网格2.0大民生"全景全息"数字养老场景，推动养老领域公共数据"一网统管"，实现老人"一证通办"。加大智慧健康养老产品的应用，开发适用于老年人的 App 应用程序，鼓励养老服务机构利用智能腕带、智能药盒、智能血糖仪及相关移动应用等智能化软硬件产品，加快推行"虚拟养老院"建设和居家养老服务智能化改造。继续支持、推广、发布智慧养老应用场景解决方案，引导社会组织或企业提供新的创意，积极开发解决方案，破解供需对接瓶颈。鼓励公共服务场所消费及费用缴纳保留人工窗口，支持现金和银行卡支付，鼓励应用人脸识别，简化网上服务流程，为老年人提供语音引导、人工咨询等服务。开展老年人智能技术教育培训，将老年人运用智能技术能力列为老年教育的重点内容，打造"智慧养老场景设备体验间"，通过体验学习、尝试应用、经验交流、互动帮扶等，引导老年人体验新科技，积极融入智慧社会。

5. 建设社区养老服务沉浸式体验示范社区

建设社区居家服务沉浸式体验示范社区，通过嵌入相应的功能性设施设备，开展无障碍、适老化居住环境建设，试点老年认知障碍友好社区、家庭照护床位、辅具租赁、适老性住房改造、"老吾老计划"等项目,为老年人及其家人全景描述符合老年人生活照料、康复护理、精神慰藉等需求的社区养老服务功能及场景,为"大城养老"开展社区养老服务提供完整、可参照的样本。同时继续构建"一站式"15分钟养老服务圈、"家门口"5分钟社区生活圈、"楼道内"1分钟邻里互助圈,建立并完善社区养老服务站点,引导创建社区示范睦邻点,完善邻里互助服务。

(黄　钢　吴　韬　钱芝网　宋婉婷)

主要参考文献

［1］朱勤皓：《上海社区嵌入式养老服务发展研究——新形势下老龄工作的探索与创新》，《科学发展》2017 年第 8 期。

［2］朱勤皓：《上海社区嵌入式养老服务发展的探索与思考》，《中国民政》2017 年第 16 期。

［3］宋晓宇：《上海社区嵌入式养老发展现状及建议》，《科学发展》2020 年第 9 期。

［4］李雪、陈跃斌：《现在最缺的是大众化养老服务》，《中国民政》2019 年第 15 期。

［5］袁楠：《上海市：创新适老化改造路径》，《中国社会工作》2020 年第 29 期。

［6］周亚运：《上海市智慧养老服务发展对策研究》，东华大学硕士学位论文，2020。

［7］陈醉：《上海社区嵌入式养老的创新经验》，《党政论坛》2020 年第 1 期。

［8］张丽：《完善社区嵌入式养老服务定价机制的思路》，《科学发展》2020 年第 2 期。

［9］张俊：《推进智慧养老 提升养老质量——上海养老服务数字化转型的探索与实践》，《中国社会报》2021 年 3 月 22 日。

［10］《上海：积极推动养老服务数字化转型》，《潇湘晨报》2021 年 4 月 19 日，https：//baijiahao.baidu.com/s？id=1697455841843003564&wfr=spider&for=pc。

［11］赵荣生、余新仁：《"全龄化"社区养老的实践与思考》，《中国民政》2020 年第 9 期。

［12］《上海推出掌上养老顾问》，《中国社会报》2019 年 11 月 11 日。

［13］胡宏伟、汪钰、王晓俊、张澜：《"嵌入式"养老模式现状、评估与改进路径》，《社会保障研究》2015 年第 2 期。

［14］《上海为"居家享晚年"探路　全面推进居家环境适老化改造》，中国新闻网，2021 年 7 月 27 日，https：//www.chinanews.com/sh/2021/07 - 27/9529752.shtml。

［15］《嵌入式养老：一种最理想的养老方式》，搜狐网，2019 年 8 月 16 日，https：//www.sohu.com/a/334279801_ 100014414。

［16］《我国嵌入式养老模式发展现状、问题与经验》，腾讯网，2020 年 9 月 17 日，https：//new.qq.com/omn/20200917/20200917A02X6J00.html。

［17］《上海：社区嵌入式养老成为首选》，2019 年 6 月 3 日，http：//www.cet.com.cn/dfpd/ssxw/2255849.shtml。

［18］《上海社区"养老顾问"养老服务"做到家"》，搜狐网，2019 年 2 月 12 日，https：//www.sohu.com/a/294294672_ 120059680。

图书在版编目（CIP）数据

上海市社区养老评价报告.2021/黄钢，吴韬主编
.--北京：社会科学文献出版社，2022.6
ISBN 978-7-5201-9744-1

Ⅰ.①上…　Ⅱ.①黄…②吴…　Ⅲ.①养老-社区服
务-研究报告-上海-2021　Ⅳ.①D669.6

中国版本图书馆 CIP 数据核字（2022）第 022709 号

上海市社区养老评价报告（2021）

主　　编/黄　钢　吴　韬
副 主 编/钱芝网　万广圣　张　捷　郭　琪

出 版 人/王利民
组稿编辑/任文武
责任编辑/连凌云
责任印制/王京美

出　　版/社会科学文献出版社·城市和绿色发展分社（010）59367143
　　　　　地址：北京市北三环中路甲 29 号院华龙大厦　邮编：100029
　　　　　网址：www.ssap.com.cn
发　　行/社会科学文献出版社（010）59367028
印　　装/三河市东方印刷有限公司

规　　格/开本：787mm×1092mm　1/16
　　　　　印张：48.25　字数：762 千字
版　　次/2022 年 6 月第 1 版　2022 年 6 月第 1 次印刷
书　　号/ISBN 978-7-5201-9744-1
定　　价/120.00 元

读者服务电话：4008918866